Truth In History 28

戦国城事典

吉田龍司　著

新紀元社

本書の見方

◉紹介順について

本書の構成は、戦国時代に存在したとされる907の城(館も含む)を、北海道から九州・沖縄の順に国ごとにまとめて、各地方で章を立てて紹介しています。地域は以下の9つに分けて北から南、東から西に国を並べています。また、越後と佐渡など関連している国は順に紹介するようにしています。

北海道・東北地方／関東地方／甲信越地方／北陸地方／東海地方／近畿地方／中国地方／四国地方／九州・沖縄地方

◉各城のデータについて

・立地形態のアイコンについて

立地形態は次の6つで表記し、平山城には丘城、居館には寺社や陣屋を含めています。

山城／平山城／平城／海城／水城／居館

・築城年／廃城年について

正確な年号がわからないものについては、「頃」「以降(その年から数年後)」や「○○年間」などを用いて表記しています。また、江戸時代を通して存在し続けた城の廃城年については、すべて「明治以降」とし、居館に関してはすべて「－」としています。

・城主について

おもに戦国時代を中心とした城主の変遷を表記し、戦国時代以前や江戸時代のものは多くを省略しています。「→」は城主の直接の交代、「～」はあいだの何代かを省略した交代を示しています。

◉索引について

本書には以下の3つの索引があります。特定の年に築城された、あるいは廃止された城を調べるときなど、用途に合わせてご利用ください。

①築城年順索引……城が築城された順に並んでいます。
②廃城年順索引……城が廃止された順に並んでいます。
③50音順索引………城の50音順に並んでいます。

※「築城年順索引」「廃城年順索引」では、それぞれの年が不明の城は掲載されていません。また、廃止されたのが明治以降など、部分的に表記をまとめているものもあります。

目次　CONTENTS

北海道
東北地方

蝦夷

松前大館 まつまえおおだて 平山城

別名	徳山館
築年／廃年	不明／慶長11年（1606）
築城主	安東氏
城主	下国氏～相原氏→蠣崎光広→義広→季広→（松前）慶広
所在地	北海道松前郡松前町字福山

蠣崎氏の蝦夷経営拠点

蝦夷地を支配した蠣崎《かきざき》氏の本拠として知られる。松前《まつまえ》城（松前郡）の背後、標高約50mの舌状台地に位置する。中世の蝦夷管領《かんれい》・安東《あんどう》氏の築城で、中世に渡島《おしま》半島に分布する道南十二館《たて》のひとつ。侵略を受けたアイヌ民族としばしば合戦となった。永正《えいしょう》11年（1514）、勝山館《かつやまたて》主・蠣崎光広《みつひろ》が入城。光広は安東氏の代官となり、アイヌと和睦して蝦夷地の和人地の掌握に成功、以後拠点とする。慶長《けいちょう》11年（1606）、慶広《よしひろ》の代で松前城に移り廃城。

松前城（福山館） まつまえじょう（ふくやまだて） 平山城

別名	福山城
築年／廃年	慶長11年（1606）、嘉永3年（1850）／明治以降
築城主	松前（蠣崎）慶広、松前崇広
城主	松前慶広→公広～崇広～兼広
所在地	北海道松前郡松前町字松城

松前藩主・松前（蠣崎）氏の本拠

松前藩主・松前（蠣崎《かきざき》）氏の居城。津軽海峡に臨む当地は古来、蝦夷地の入口だった。江戸期の本丸御門などが残る。

松前氏は若狭武田《たけだ》氏（または南部《なんぶ》氏とも）の流れを汲む武田信広《のぶひろ》を祖とする一族。中世の北海道南岸は奥羽の戦乱に敗れた諸豪族が館《たて》を築いて群雄割拠した。信広は花沢館《はなざわだて》（檜山郡）主・蠣崎の客将となり、長禄《ちょうろく》元年（1457）に発生したアイヌ民族の蜂起（コシャマインの戦い）を鎮圧。後に季繁《すえしげ》の養子となって他の館主を統一。

永正《えいしょう》11年（1514）、信広の子・光広《みつひろ》が松前大館《おおだて》（松前郡）に入城し、蝦夷統括者・安東《あんどう》氏の代官となる。文禄《ぶんろく》2年（1593）、4代・慶広《よしひろ》は豊臣秀吉《とよとみひでよし》から蝦夷地支配を公認され、代官の地位を脱する。秀吉の死後は家康《いえやす》に臣従し、姓を松前と改めて松前藩初代藩主へ。さらに大館より海に近い当城（福山館）を築いた。

江戸中期、松前氏の石高は1万石だったが、交易などで大いに栄え、幕府巡検使の記録では、館は「百万石の加賀侯（前田《まえだ》氏）より上」という豪華なものだった。

江戸時代を通じて松前氏が治める。幕末に幕府はロシア船への備えとして12代・崇広《たかひろ》に館の強化と改修を命じる。ここに天守、本丸、二・三ノ丸を備えた近世松前城が誕生した。だが、海の防備を重視するあまり背後が手薄だったため、戊辰戦争で旧幕府軍に弱点を衝かれ落城。

志苔館《しのりたて》

平山城

別　名	志濃里館
築年/廃年	徳治元年(1306)？／不明
築城主	小林重弘？
城　主	小林氏
所在地	北海道函館市志海苔町

中国銭の大量出土で有名

渡党《わたりとう》(渡島《おしま》半島の和人豪族)・小林《こばやし》氏の館。半島海岸線に分布する道南十二館《たて》のひとつで、函館湾に面した海岸段丘(標高25m)に位置。小林氏は上野《こうずけ》を出自とする。長禄《ちょうろく》元年(1457)に発生したアイヌ民族の蜂起(コシャマインの戦い)で落城。その後、奪還に成功したが、永正《えいしょう》9年(1512)、アイヌに攻撃され再び陥落。落城後ほどなくして廃城となる。近年に37万枚もの中国銭が館近くより発掘された。ただし小林氏の埋蔵であるかどうかは不明。

勝山館《かつやまたて》

山城

別　名	和喜館、脇館
築年/廃年	室町中期／慶長5年(1600)前後？
築城主	武田(蠣崎)信広
城　主	武田(蠣崎)信広→光広→高広～南条廣継
所在地	北海道檜山郡上ノ国町字勝山

武田(蠣崎)信広の本拠

松前《まつまえ》(蠣崎《かきざき》)氏の祖・武田信広《たけだのぶひろ》の築城で、上ノ国町市街地の東方、夷王山(標高159m)の東山麓に位置。信広は長禄《ちょうろく》元年(1457)のコシャマインの戦いでアイヌの首長・コシャマインを討つ。信広は花沢《はなざわ》館《だて》(檜山郡)主・蠣崎家を継ぎ、当地に館を新造。政治、軍事、北方交易の一大拠点とし、蠣崎氏繁栄の礎を築く。子の光《みつ》広《ひろ》が松前大館《おおだて》(松前郡)に移転後も一族の者が入りアイヌと交戦。廃されたのは慶《けい》長《ちょう》5年(1600)前後とされるが詳細は不明。

花沢館《はなざわだて》

平山城

別　名	―
築年/廃年	嘉吉3年(1443)頃？／室町中期
築城主	蠣崎季繁？
城　主	蠣崎季繁→武田(蠣崎)信広
所在地	北海道檜山郡上ノ国町字勝山

コシャマインの戦いで残った館

渡党《わたりとう》(渡島《おしま》半島の和人豪族)・蠣崎季繁《かきざきすえしげ》の館。天ノ川南岸の台地にあり、日本海、江差地方を臨む。季繁は若狭の人。蝦夷統括者の安東氏に従い道南十二館《たて》の領主となる。長禄《ちょうろく》元年(1457)のコシャマインの戦いで十二館は次々陥落し、残るは当館と茂別館《もべつたて》(北斗市)のみに。このとき季繁の客将・武田信広《たけだのぶひろ》が館を守りアイヌ軍を破った。信広は子がない季繁に家督を譲られ館主となり和人勢力のリーダーに。後に信広が勝山館《かつやまたて》に移り当館は廃された。

根室半島チャシ跡群《ねむろはんとうちゃしあとぐん》

平山城

別　名	―
築年/廃年	16～18世紀／不明
築城主	アイヌ民族
城　主	アイヌ民族
所在地	北海道根室市温根元

アイヌの城「チャシ」の遺構

チャシはアイヌの城や砦の総称で「囲い」を意味する。祭祀、談合、物見の場として使われた。水辺に面した丘陵の突端を利用して築かれる形態が多い。北海道に約700あり、根室半島一帯に残る32か所は他地域にくらべ集中して分布。建造物はないものの、土塁、堀などの遺構がある。うち根室市のヲンネモトチャシは岬・丘の一端を堀で区切った「面崖式」(根室半島のチャシの一般的形態)の代表的なもの。廃された時期や状況は不明。

出羽

鮭延城 さけのべじょう

平山城

別名	真室城
築年/廃年	天文4年(1535)／寛永2年(1625)
築城主	鮭延(佐々木)貞綱
城主	鮭延貞綱→秀綱→戸沢政盛
所在地	山形県最上郡真室川町大字内町

最上義光に降った鮭延氏

出羽豪族・小野寺《おのでら》氏に属していた鮭延氏の居城。最上川支流、真室川左岸の丘陵に位置する。小野寺氏より鮭延の地を与えられた佐々木貞綱《ささきさだつな》が地名に倣って鮭延氏を称し、小野寺氏の南の拠点とした。天正《てんしょう》9年(1581)、秀綱《ひでつな》の代で最上義光《もがみよしあき》の攻撃を受け降伏、落城。秀綱は以後最上の重臣となったが、元和《げんな》8年(1622)の最上氏改易により古河土井《こがどい》氏に預けられ死去。代わって入城した戸沢政盛《とざわまさもり》が新庄《しんじょう》城(新庄市)を築いて移ったため廃城に。

清水城 しみずじょう

平山城

別名	ー
築年/廃年	文明8年(1476)／不明
築城主	清水(成沢)満久
城主	清水満久～義高→義氏→義親→最上氏→戸沢氏
所在地	山形県最上郡大蔵村大字清水字比良

最上兄弟、骨肉の争い

出羽の戦国大名・最上《もがみ》氏の北方拠点である。北に最上川を臨む高台に位置する。西には西の沢と呼ばれる断崖がある。当地は最上川水運の港として栄え、また庄内地方と山形内陸部を結ぶ軍事上の重要拠点でもあった。山形を本拠とする最上氏にとって、敵対する庄内豪族・武藤《むとう》氏への前線基地という位置づけである。

城主の清水氏は最上氏一門の成沢満久《なりさわみつひさ》が祖。満久の築城以降に清水氏を称し、7代138年に渡って在城した。この間、武藤氏らと激しく争い、永禄《えいろく》8年(1565)には5代・義高《よしたか》が武藤(大宝寺《だいほうじ》)義増《よします》との合戦で、城外で戦死を遂げている。

6代・義氏《よしうじ》に男子がいなかったので、最上義光《よしあき》の三男・義親《よしちか》が養子に入って家督を継いだ。義親は幼時に豊臣《とよとみ》氏への人質として大坂《おおさか》城(大阪市)に入った経緯があることから、豊臣秀頼《ひでより》と主従関係があった人物である。

大坂冬の陣目前の慶長《けいちょう》19年(1614)正月に義光が死去し、家督は義光の次男・家《いえ》親《ちか》が継いだ。家親は義親と逆に徳川家《とくがわいえ》康《やす》・秀忠《ひでただ》父子に仕えていた。最上家中は豊臣派の義親と徳川派の家親に分かれて対立。結局、家親は突如清水城を急襲して義親を自刃に追い込んだ。以後、当城は最上氏に直接管理され城番が置かれた。

元和《げんな》8年(1622)の最上氏改易後は戸沢《とざわ》氏の属城に。廃城時期は不明。

山形城　やまがたじょう

平城

別　名	霞城、最上城、霞ヶ城、吉字城
築年／廃年	延文2年（1357）／明治以降
築城主	斯波兼頼
城　主	斯波兼頼～最上義守→義光→家親→義俊→鳥居忠政～松平氏～堀田氏～水野氏
所在地	山形県山形市霞城町（霞城公園）

“最上百万石”のシンボル

戦国大名・最上義光《もがみよしあき》の本拠として著名。山形市街の西方に位置し、義光の全盛期には“最上百万石”（実際は57万石）を象徴する城として、全国でも有数の規模を誇った。さらに周辺には天童《てんどう》城（天童市）はじめ「最上四十八楯（館）」と呼ばれる支城を持ち、広大な領国を守った。

築城者は、足利《あしかが》一門で出羽探題に任じられた斯波兼頼《しばかねより》（奥州探題・斯波家兼《いえかね》の次男）である。兼頼は旧最上郡（山形市、村山郡の大部分など）に入部し、出羽内陸部の中心だった山形を本拠とした。当初の城は規模の小さいものだった。

兼頼の子孫が最上氏を称し、山形最上氏の歴史が始まる。中世の出羽国は陸奥国と同様に守護職は置かれず、探題・管《かん》領《れい》が守護に代わる権限を持った。ただし出羽は置賜《おきたま》（山形県の内陸南部）の伊達《だて》氏、庄内の武藤《むとう》（大宝寺《だいほうじ》）氏、横手の小野《おの》寺《でら》氏などが割拠し、探題は空名に過ぎなかった。戦国初期には伊達氏の勢力が高まる一方、内紛続きの最上氏は衰退へ。

しかし元亀《げんき》元年（1570）に義光が当主となり、最上氏は息を吹き返す。義光は敵対していた天童氏ら一門一族を滅ぼして最上・村山地方を平定し、戦国大名の地歩を固めた。妹の義姫《よしひめ》が伊達輝宗《てるむね》（政宗《まさむね》の父）に嫁いでいたため、伊達氏とは平穏な関係にあったが、やがて政宗と争う。

天正《てんしょう》18年（1590）、小田原攻めに参陣した義光は秀吉《ひでよし》に臣従し、本領24万石（後に57万石）を安堵され豊臣《とよとみ》大名となる。義光が山形城の大改修に乗り出したのはこのあとで、文禄年間（1592～1596）の頃と見られる。工事の中心は二ノ丸と三ノ丸の拡張だった。

近世山形城の縄張は本丸、二ノ丸、三ノ丸を同心円状に配し、3重の堀を巡らせた輪郭式。外郭（三ノ丸）は235万㎡と、江戸《えど》城内郭（230万㎡）に匹敵する規模で、奥羽一の要塞となった。

天守はなかったが、二ノ丸の西に築かれた3重櫓が代用となった。本丸には御殿、四隅には隅櫓が配され、広大な三ノ丸には武家屋敷が甍を並べた。また城外では羽州街道に沿って城下町が造られた。

豪華な城の背景は義光の圧倒的な財力にある。特に最上川水運、延沢銀山（尾花沢市）の利権が“百万石”クラスの城郭を可能にしたといえよう。

慶長《けいちょう》5年（1600）、関ヶ原の戦いで義光は東軍につき、上杉景勝《うえすぎかげかつ》の臣・直江兼続《なおえかねつぐ》に最上領を侵攻された。このとき、兼続は山形西の富神山に登り山形城を望んだが、霞がかかって城が見えなくなったという伝承がある。これが「霞ヶ《かすみが》城」という異名の由来となったという。

義光の死後、孫の義俊《よしとし》の代で「最上騒動」と呼ばれる内紛劇が勃発したため、元和《げんな》8年（1622）に最上氏は改易の憂き目に遭う。義俊は近江大森1万石の捨て扶持を与えられ山形を去った。その後、城主は目まぐるしく入れ代わり、水野《みずの》氏の代で維新を迎えた。この間、本丸が更地となるなど城は荒れ果て、さらに明治以降に破却・市街化が進み、現在は本丸、二ノ丸に堀、石垣などの遺構のみ残る。

近年になって復元が活発化し、二ノ丸東大手門、本丸一文字門石垣・大手橋が完全再建。本丸堀の復元も進む。

長谷堂城《はせどうじょう》 山城

別名	亀ヶ城、楯山
築年/廃年	戦国時代／元和8年(1622)
築城主	最上氏
城主	最上氏→志村光安→坂光秀→光重
所在地	山形県山形市大字長谷堂

直江兼続、一世一代の撤退戦

“奥羽の関ヶ原”と呼ばれる攻城戦で有名。山形盆地の西南端、標高229mの城山に建ち、最上《もがみ》本城・山形《やまがた》城(山形市)の前衛基地としての役割を担った。周囲を深田が取り巻く堅城で、山形盆地と米沢盆地を結ぶ狐越街道などを押さえる要衝。

慶長《けいちょう》5年(1600)の関ヶ原の戦いで最上義光《よしあき》は徳川《とくがわ》方についたため、敵対する会津の上杉景勝《うえすぎかげかつ》は、重臣で米沢《よねざわ》城(米沢市)主の直江兼続《なおえかねつぐ》に最上征伐を命じる。

同年9月9日に兼続は2万5000の兵で米沢より出陣。名将・兼続は次々に最上支城を降し、16日に長谷堂城への攻撃を始めた。軍を分散しており、このとき直江軍は1万8000。ここを落として山形城を攻める予定だった。城を守るのは最上重臣・志村光安《しむらあきやす》。光安以下1000人の城兵は必死で防戦し、直江軍を悩ませた。

29日に関ヶ原本戦での西軍敗戦(15日)の報が両軍に入り、状況は一変。兼続は米沢への帰陣を決意し、帰路の狐越街道の道を広げ、要所に援護の鉄砲隊を配置し、巧みに軍を撤退させた。兼続は自ら殿軍《しんがり》となって最上軍の追撃を振り切り、被害を最小限に食い止めて4日に米沢城へ戻っている。上杉降伏後、家康《いえやす》は兼続の戦いぶりを絶賛した。後世まで撤退戦の見本として伝えられている。

元和《げんな》8年(1622)、最上氏改易とともに廃城となる。

成沢城《なりさわじょう》 山城

別名	鳴沢館
築年/廃年	永徳元年(1381)／元和8年(1622)
築城主	大極兼義
城主	大極兼義～氏家氏
所在地	山形県山形市蔵王成沢(成沢城址公園)

柏木山合戦で老将が奮闘？

最上《もがみ》氏の南方拠点。須川の東岸、上山方面から山形平野への入口を押さえる高台(標高199m)に築かれた。築城主の大《おお》極兼義《きわかねよし》は、最上氏の祖で山形《やまがた》城(山形市)を築いた斯波兼頼《しばかねより》の孫。以後山形城の支城として機能する。『羽源記』によれば、天正の初めに米沢の伊達輝宗《だててるむね》(政宗《まさむね》の父)・上山の上山満兼《かみのやまみつかね》連合軍と最上軍との戦い(柏木山合戦)があり、当城を老将・成沢道忠《みちただ》が防戦したとされるが、真偽は不明。最上氏改易とともに廃城へ。

中野城《なかのじょう》 平城

別名	中野館
築年/廃年	文中年間(1372～1375)／元和8年(1622)
築城主	中野(斯波)満元
城主	中野満元～義清～義時？
所在地	山形県山形市大字中野

最上兄弟相剋の城？

最上《もがみ》氏分家の出羽中野氏の居城。最上氏本拠・山形《やまがた》城(山形市)支城で北方7kmに位置。中野氏は最上氏に世継ぎがない場合に養嗣子《ようしし》としてたびたび宗家に入った。義光《よしあき》の父・義守《よしもり》も中野氏出身。天正《てんしょう》2年(1574)、城主・義時《よしとき》(義光の弟)は不和だった義光に城ごと滅ぼされたという。義守が義時を偏愛し義光廃嫡を図ったため。この話は近年の創作と見る声が強く、義時の存在自体も疑わしいとされる。元《げん》和《な》8年(1622)、最上氏改易とともに廃城。

上山城 かみのやまじょう

平山城

別名	月岡城
築年/廃年	天文4年(1535)／明治以降
築城主	上山(武衛)義忠
城主	上山(武衛)義忠→満兼→里見民部→能見松平氏→蒲生氏～藤井松平氏
所在地	山形県上山市元城内(月岡公園)

奥州の関ヶ原で上杉勢を苦しめる

山形盆地最南端にある最上《もがみ》氏の支城。現在は温泉地として有名な上山市の市街地中央に位置する。当地は置賜《おきたま》地方(山形県の内陸南部)に接する要衝である。

築城者は天童《てんどう》一族の上山氏。もともと上山氏は上山市西部の高楯《たかだて》城を本拠としていたが、義忠《よしただ》の代で当城を築いて移転した。天正《てんしょう》の初め、義忠の孫・満兼《みつかね》は伊《だ》達《て》輝宗《てるむね》(政宗《まさむね》の父)と結んで、宗家の最上義光《よしあき》と対立する。天正8年(1580)、義光の調略により満兼重臣の里見越後《さとみえちご》・民部《みんぶ》父子が裏切り、満兼を暗殺した。当城は義光の支配下に入り、民部が城主に。

慶長《けいちょう》5年(1600)に関ヶ原合戦が勃発した際、義光は東軍に与する。このため、西軍の上杉《うえすぎ》氏重臣・直江兼続《なおえかねつぐ》は最上領へ侵攻。兼続は当城に約4000人の攻撃部隊を差し向けた。一方、城兵は民部以下500ほどだったが、巧みな戦いぶりで上杉軍を翻弄。民部は伏兵戦術で上杉軍の背後を衝き、高い戦果を上げた。これで足止めを食った上山城への攻撃部隊は、同時期に長谷堂《はせどう》城(山形市)を攻略していた直江本軍と合流できないまま、撤退せざるを得なくなった。

元和《げんな》8年(1622)の最上氏改易後、能見《のうみ》松平《まつだいら》氏が4万石で入城し、上山藩を立藩。城主は激しく代わり、江戸中期に藤井《ふじい》松平氏が入城して明治まで存続した。現在、城跡には模擬天守が立つ。

朝日山城 あさひやまじょう

山城

別名	―
築年/廃年	建武年間(1334～1338)頃／不明
築城主	出羽池田氏
城主	出羽池田氏
所在地	山形県酒田市北沢字楯山

在地勢力・出羽池田氏の居城

出羽池田《いけだ》氏の本拠。酒田市の東、出羽山地西端の尾根上(標高125m)に位置する。西に庄内平野が開け3方は断崖。在地豪族の出羽池田氏は、南北朝期に南朝方として北畠《きたばたけ》氏を助けたとされる。戦国時代の当主・池田盛周《もりちか》は当初武藤《むとう》(大宝《だいほう》寺《じ》)氏に属し、本庄繁長《ほんじょうしげなが》らと交戦。天正《てんしょう》18年(1590)、太閤検地に反対し庄内の一揆軍を助けて籠城したが上杉《うえすぎ》軍に敗れる。関ヶ原後は最上《もがみ》重臣・志村光安《しむらあきやす》に仕えた。落城後に廃城と思われるが詳細は不明。

新田目城 あらためじょう

平城

別名	―
築年/廃年	11世紀末／不明
築城主	留守(須藤)氏
城主	留守氏
所在地	山形県酒田市本楯字新田目

山形最古の城に君臨した留守氏

山形県最古の城といわれる。庄内平野の北、西に日本海、東に出羽山地を望む。平安後期に源 義家《みなもとのよしいえ》が須藤《すどう》氏を出羽留守《るす》所《どころ》職(国司のいない国衙《こくが》での職務代行者)に任じ、居館を構えたのが城の発祥とされる。須藤氏は後に留守氏と称する。戦国時代の当主・留守義氏《よしうじ》は庄内に勢力を持った武藤《むとう》(大宝寺《だいほうじ》)氏に属し、最上《もがみ》氏と激しく争った。後に上杉《うえすぎ》氏に仕えたが、関ヶ原後に帰農したとされる。周囲に土塁と水堀跡が残る。廃城時期の詳細は不明。

高楯城《たかだてじょう》

山城

別　名	亀ヶ岡城
築年／廃年	応永年間(1394～1428)か永正5年(1508)／不明
築城主	上山(武衛)満長か小梁川貞伴
城　主	上山(武衛)氏？～小梁川貞伴～上山(武衛)氏
所在地	山形県上山市松山

雄大な空堀を残す上山城の支城

標高354mの虚空蔵山に築かれている。築城者は天童《てんどう》氏分流の上山満長《かみのやまみつなが》とも、伊《だ》達《て》家臣の小梁川《こやながわ》貞伴ともいわれるが不詳。当地は最上《もがみ》・伊達領の境目の城であり、最上・伊達合戦で上山・小梁川両氏による争奪が行われたことは確かである。天文《てんぶん》4年(1535)に城主だった上山義忠《よしただ》が東方の天神森に上山城(上山市)を築いて新たな本拠として移り、当城は上山城の支城となった。廃城時期の詳細は不明。随所に雄大な空堀が残る。

八ツ沼城《やつぬまじょう》

山城

別　名	八ツ沼館、八ツ沼楯
築年／廃年	文明5年(1473)？／不明
築城主	原美濃守？
城　主	原美濃守～最上氏
所在地	山形県西村山郡朝日町大字三中字八ツ沼

置賜地方をにらむ境目の城

村山・置賜《おきたま》地方を結ぶ要衝。東に最上川、西に春日沼を擁する半独立丘陵(標高280m)に築城。起源は不詳だが在地勢力・原《はら》氏の築城とも。永禄《えいろく》8年(1565)に最上《もがみ》義《よし》守《もり》(義光《よしあき》の父)の攻撃を受け陥落、以後、東方の鳥屋ヶ森《とやがもり》城(西村山郡)とともに置賜地方をにらむ最上氏の属城に。慶長《けいちょう》5年(1600)、関ヶ原合戦に伴う上杉《うえすぎ》重臣・直江兼続《なおえかねつぐ》の最上領侵攻戦で落城。後に一国一城令で廃城と思われるが詳細は不明。雨水を集めたとされる井戸などが残る。

鳥屋ヶ森城《とやがもりじょう》

山城

別　名	鳥屋ヶ森館
築年／廃年	不明／不明
築城主	不明
城　主	岸義忠～最上氏
所在地	山形県西村山郡朝日町大字新宿

上杉軍の攻撃で落城

最上《もがみ》氏の支城で、村山郡と置賜《おきたま》郡の境目の城。西方の八ツ沼《やつぬま》城(西村山郡)とともに村山地方の防備にあたった。最上川右岸の館山(比高220m)に位置。築城時期は不明。永禄《えいろく》8年(1565)に最上義守《よしもり》(義《よし》光《あき》の父)に攻略され置賜地方の伊達《だて》氏に対する重要拠点に。慶長《けいちょう》5年(1600)の関ヶ原戦で義光が徳川《とくがわ》方に与し、反徳川勢力の上杉《うえすぎ》軍の攻撃を受ける。城将・関三《せきさぶ》郎兵衛《ろべえ》らが守ったが落城。一国一城令で廃城と思われるが詳細は不明。

小松城《こまつじょう》

平城

別　名	―
築年／廃年	鎌倉時代／不明
築城主	不明
城　主	船山氏～大町氏～桑折氏～牧野氏
所在地	山形県東置賜郡川西町中小松

長く伊達氏の支配下にあった城

伊達《だて》氏の属城。犬川を天然の堀として利用した平城。中世の置賜《おきたま》地方は長く出羽長井《ながい》氏の勢力下にあったが、南北朝期より伊達郡の伊達氏が浸食。康暦《こうりゃく》2年(1380)に伊達宗遠《むねとう》の侵入を受け制圧され、以後船山《ふなやま》氏、大町《おおまち》氏、桑折《こおり》氏、牧野《まきの》氏ら伊達氏の被官が城主となった。出羽長井氏はほどなく滅亡へ向かう。元亀《げんき》元年(1570)、牧野久仲《ひさなか》が伊達輝宗《てるむね》(政宗《まさむね》の父)に謀反を起こしたが、輝宗に鎮圧され落城した。廃城時期の詳細は不明。

鮎貝城《あゆかいじょう》

平山城

別　名	桜館
築年／廃年	応永年間(1394～1428)／明治以降
築城主	鮎貝成宗
城　主	鮎貝成宗～兵庫頭～宗信→伊達氏→蒲生氏→上杉氏(本庄氏)
所在地	山形県西置賜郡白鷹町鮎貝

伊達政宗に滅ぼされた小領主

羽前の豪族・鮎貝氏の居城。朝日山地の西方、最上川左岸の河岸段丘に建つ。鮎貝氏は藤原北家《ふじわらほっけ》流、下長井荘の荘官として下向。横越館《よこごしやかた》(西置賜《おきたま》郡)を本拠とし、成宗《なりむね》の代で当地に移ったという。伊達《だて》氏の内紛・天文《てんぶん》の乱(1542～1548)後、伊達晴宗《はるむね》に臣従。天正《てんしょう》15年(1587)、当主・宗《むね》信《のぶ》が最上義光《もがみよしあき》の姉を娶り、伊達政宗《まさむね》に離反を疑われ滅ぼされた。後に宗信の弟・宗益が相続し伊達氏に仕えた。後に上杉《うえすぎ》氏傘下となり本庄《ほんじょう》氏の代で明治を迎えた。

楯岡城《たておかじょう》

山城

別　名	舞鶴城
築年／廃年	応永13年(1406)／元和8年(1622)以降
築城主	楯岡(最上)満国
城　主	楯岡満国～満茂～光直
所在地	山形県村山市大字楯岡

最上重臣・楯岡氏の拠点

最上《もがみ》氏庶流・楯岡氏の居城。山形盆地の北部、標高209mの楯山に建ち、北の守りを担った。最上氏の祖・斯波兼頼《しばかねより》の曾孫である満国《みつくに》の築城。以後子孫は楯岡氏を称した。最上義光《よしあき》の重臣だった7代・満《みつ》茂《しげ》は湯沢《ゆざわ》城(湯沢市)の戦いで功があり、湯沢城主となり当地を離れた。元和《げんな》4年(1618)に義光の弟・光直《みつなお》が入城、改修し、城下町も整備したが、元和8年(1622)に最上氏が改易。光直も九州細川《ほそかわ》氏預かりとなり、城も幕府に破却され廃城となる。

鶴ヶ岡城《つるがおかじょう》

平城

別　名	大宝寺城、大梵寺城
築年／廃年	鎌倉初期／明治以降
築城主	武藤(大宝寺)氏
城　主	武藤(大宝寺)氏～上杉氏～最上氏→酒井忠勝～忠義～忠宝
所在地	山形県鶴岡市馬場町(鶴岡公園)

上杉と最上が奪い合った要衝

庄内地方の中心都市、鶴岡市の中央に位置する名城。江戸時代には庄内藩酒井《さかい》氏15万石の居城、政庁だった。周囲を流れる赤川を天然の堀として利用した。

当城は古く大宝寺《だいほうじ》城と呼ばれた。中世に庄内地方を支配した武藤《むとう》(大宝寺)氏の祖・武藤景頼《かげより》の築城ともいわれるが定かではない。戦国時代に武藤氏は本拠を北西の堅固な山城・尾浦《おうら》城(鶴岡市)に置き、当城はその支城として機能した。

しかし武藤氏は最上義光《もがみよしあき》の台頭により衰亡。当城を巡り義光と上杉《うえすぎ》重臣・本庄《ほんじょう》繁長《しげなが》の争奪戦が繰り広げられる。結局、天正《てんしょう》16年(1588)、繁長の攻撃により上杉氏の支配下に置かれることとなった。天正18年(1590)に太閤検地に不満を持つ一揆軍に攻められ、一時落城。一揆鎮圧後、上杉重臣・直江兼続《なおえかねつぐ》が土塁や堀の整備など、防備の強化を行っている。

慶長《けいちょう》5年(1600)の関ヶ原合戦後、庄内地方を与えられた最上義光は、当城を庄内の本拠と定め、さらに改修を施して鶴ヶ岡城と命名した。元和《げんな》8年(1622)に最上氏が改易された後、譜代大名・酒井忠《ただ》勝《かつ》(忠次《ただつぐ》の孫)が入城。以降、酒井氏は約50年の歳月をかけて二の丸、三の丸を拡充し、さらに城下町を整備して当城を近世城郭へと導いた。以後、江戸時代を通じて庄内藩の本拠となる。維新後に破却され、現在は酒井氏庭園、堀などが残る。

白鳥城《しらとりじょう》

山城

別　名	白鳥館、白鳥楯
築年／廃年	不明／不明
築城主	不明
城　主	白鳥氏
所在地	山形県村山市大字白鳥字土海在家

信長と誼を結んだ豪族・白鳥氏

出羽国人・白鳥氏の本拠。樽石川へ舌状に張り出す小丘陵(比高100m)に築城。白鳥氏の出自は安倍《あべ》氏、また大江《おおえ》氏の流れともいわれ判然としないが、寒河江《さがえ》氏と深い関係があった。長久《ながひさ》の代で谷地《やち》城(西村山郡)に移転。長久は最上義守《もがみよしもり》・義《よし》光《あき》父子が争った天正《てんしょう》最上の乱(1574)の和睦仲介を務める地位にあったが、織田信《おだのぶ》長《なが》に接近(名馬を献上)するなど独自の外交展開も多く、義光に警戒され謀殺されたという。廃城時期の詳細は不明。

小桜城《こざくらじょう》

平城

別　名	卯の花館、宮村館
築年／廃年	天喜年間(1053～1058)？／天正19年(1591)以降
築城主	安倍氏？
城　主	卯の花姫？～片倉氏～蒲生氏
所在地	山形県長井市大町

片倉小十郎の居城だった？

前九年の役(1051～1062)で活躍した安《あ》倍宗任《べのむねとう》の娘・卯《う》の花姫《はなひめ》の館だったと伝わる。最上川と野川を天然の堀とした要害。戦国時代に伊達《だて》氏が置賜《おきたま》郡を制圧した後、大拡張が行われて戦国の城郭になり、伊達氏の被官が在城した。片倉《かたくら》氏の在城時期もあり、一説に政宗《まさむね》時代の名将として知られる片倉景綱《かげつな》(小十郎《こじゅうろう》)も城主を務めたといわれるが不詳。天正《てんしょう》19年(1591)の鮎貝《あゆかい》城(西置賜郡)合戦で伊達の陣が置かれた。蒲生《がもう》氏時代に廃城。

天童城《てんどうじょう》

山城

別　名	天童古城
築年／廃年	永和元年(1375)／天正12年(1584)
築城主	天童頼直
城　主	天童頼直～頼道→頼長→頼貞→頼澄
所在地	山形県天童市天童(天童公園)

義光に滅ぼされた同族・天童氏

村山地方北部に一大勢力を築いた天童氏の居城。山形盆地の中東部、舞鶴山(比高132m)に築かれた。現在では北に天童温泉街がある。舞鶴山は東にそびえる八幡山、越王山とともに「出羽(最上)の三森」と呼ばれた要害である。なお、江戸後期に織田《おだ》氏が舞鶴山西麓に築いた館を天童城と呼び、山城の当城を天童古城と呼んで区別することもある。

山頂の本丸を中心に各支脈に8つの館(支城)を置き、有力家臣が守備した。特に北と東の斜面が急峻で、非常に堅固な山城であった。戦国時代の当主・天童頼《より》澄《ずみ》は「数万の軍勢で攻めてきても落城しないであろう」(『奥羽永慶軍記』)と豪語している。この山に最初に居を構えたのは北畠《きたばたけ》天童丸(北畠顕信《あきのぶ》の流れとも)。天童丸は南北朝期に南朝方として、北朝方の斯波《しば》氏と争った。その後、兼頼《かねより》(最上《もがみ》氏の祖)の孫である頼直《よりなお》が天童氏を称して入城。城郭としての基礎は頼直以降に整えられたと見られる。

戦国時代に天童氏は次第に宗家の最上氏と対立。最上義守《よしもり》・義光《よしあき》父子が争った天正《てんしょう》最上の乱(1574)では義守側につき、義光と確執を残したと見られる。天正12年(1584)、頼澄の代で当城は義光の攻撃にさらされる。堅城を頼りに頼澄は善戦したが、最上側へ寝返る者が続出したためついに落城。頼澄敗走後に廃城へ。

小山家館　こやんべやかた

平山城

別　名	小山家城
築年／廃年	天正11年（1583）頃／不明
築城主	小山家師時
城　主	小山家師時
所在地	山形県天童市大字山元字立宿

庄内攻めで活躍した小山家氏

　最上義光《もがみよしあき》の臣・小山家師時《もろとき》の館である。天童市街の西にある小丘陵に築かれた。天正《てんしょう》11年（1583）、義光は庄内の武藤《むとう》（大《だい》宝寺《ほうじ》）義氏《よしうじ》を滅ぼす。師時は山家《やんべ》城（山形市）の山家一族である。庄内攻めで戦功があったため、義光より700石を与えられて当地を賜り、館を築いた。周囲を空堀が巡る館城であったが、現在遺構はほとんど残っていない。師時のその後の業績は不詳だが、一説に関ヶ原の戦い前後に帰農したとも伝わっている。

長瀞城　ながとろじょう

平城

別　名	雁城
築年／廃年	建長年間（1249～1256）／元和8年（1622）以降
築城主	西根氏
城　主	西根氏～最上満家～長瀞左衛門～遠山外記～鳥居氏～保科氏
所在地	山形県東根市大字長瀞字楯之内

最上当主の隠居所だったことも

　村山地方北部、長瀞地区の中央に位置する。2重の堀を巡らせた方形輪郭式の巨城だった。「四ノ丸」があったとも。当地は古代からの農耕地。創建者の西根《にしね》氏は仙北郡西根邑より興った豪族。その後、室町中期に最上《もがみ》家4代当主・満家《みついえ》が隠居所として入城したとも。戦国時代に天童《てんどう》氏の臣・長瀞左衛門《さえもん》が入り、最上義《よし》光《あき》と戦った。天童氏が滅亡し、義光の支配下に置かれてから戦国城郭として整備されたと見られる。最上氏改易後に廃城。

東根城　ひがしねじょう

平山城

別　名	小田島城
築年／廃年	貞和3年（1347）／元和8年（1622）
築城主	小田島長義
城　主	小田島氏～東根（坂本）頼高～頼宗～頼息～里見景佐
所在地	山形県東根市本丸南

築城時の大ケヤキが残る

　天童《てんどう》一族・東根（坂本《さかもと》）氏の居城。南北朝期に小田島長義《おだじまながよし》が築くが氏の事績は不明。現在本丸跡に立つ大ケヤキ（特別天然記念物）は築城時に植栽されたものとも。その後、天童城（天童市）を築いた天童頼直《よりなお》の四男・頼高《よりたか》が入城、東根氏を称し7代居城。天正《てんしょう》年間（1573～1592）に天童氏が最上義光《もがみよしあき》に駆逐され東根氏も滅亡へ。代わって最上家臣・里見景佐《さとみかげより》が入城、大改修を施し今の城址の原型を築く。元《げん》和《な》8年（1622）、最上氏の改易とともに廃城。

山野辺城　やまのべじょう

平山城

別　名	山辺城、小鶴城
築年／廃年	戦国前期／元和8年（1622）
築城主	不明
城　主	山野辺刑部～（最上）義忠
所在地	山形県東村山郡山辺町大字山辺

「最上騒動」中心人物の城

　山形盆地西端の丘陵に造られた。築城時期は不明。一説に前九年の役（1051～1062）の頃築かれたとも。戦国時代には永正《えいしょう》11年（1514）に伊達《だて》氏との合戦で死んだ山野辺刑部《ぎょうぶ》の館があった。慶長《けいちょう》6年（1601）に入城した最上義光《もがみよしあき》の四男・義忠《よしただ》が山野辺氏を継ぎ大改修。4重の堀と本丸、二ノ丸、三ノ丸を備えた大城郭とした。江戸初期に最上家中は当主の義俊《よしとし》派と義忠派に分裂する「最上騒動」が発生。幕命で最上氏は改易、城も破却された。

高畠城 たかはたじょう

平城

別名	鐘ヶ城、屋代城
築年/廃年	承安年間(1171〜1175)?/元禄2年(1689)
築城主	樋爪季衡?
城主	樋爪季衡?〜伊達政宗(大膳大夫)〜小梁川氏〜春日元忠〜半田氏
所在地	山形県東置賜郡高畠町高畠

伊達家臣・小梁川氏が居城

伊達《だて》氏の置賜《おきたま》地方の支配拠点。形が吊り鐘に似ていることから、鐘ヶ城ともいわれている。当地は陸奥と出羽を結ぶ交通の要衝。長く長井《ながい》氏の支配下にあったが、天授《てんじゅ》6年(1380)、伊達宗遠《だてむねとう》の置賜侵攻により陥落し、以後伊達氏が掌握した。応永《おうえい》年間(1394〜1428)に政宗《まさむね》(大膳大夫《だいぜんだいぶ》)の改修があったという。戦国時代には伊達の臣・小梁川《こやながわ》氏が居城した。上杉《うえすぎ》時代には城代が置かれた。元禄《げんろく》2年(1689)に屋代郷が幕府直轄となり廃城。

丸岡城 まるおかじょう

平城

別名	―
築年/廃年	戦国時代/元和元年(1615)以降
築城主	押切備前守
城主	押切備前守〜武藤氏〜本庄氏〜最上氏
所在地	山形県鶴岡市丸岡

あの加藤清正の子が流れ着いた城

武藤《むとう》(大宝寺《だいほうじ》)氏に属していた豪族・押《おし》切《きり》備前守《びぜんのかみ》の築城。庄内と出羽内陸部を結ぶ六十里越街道沿いに築かれた。備前守が横山《よこやま》城(東田川郡)に移ったあとは最上《もがみ》氏ら庄内平野を領した勢力が支配した。元和《げんな》の一国一城令で廃城となり当地は庄内藩酒井《さかい》氏領に。寛永《かんえい》9年(1632)、肥後熊本藩52万石の藩主・加藤《かとう》忠広《ただひろ》(清正《きよまさ》の子)が改易され、1万石の捨て扶持を与えられ酒井氏預かりに。酒井氏は当地に忠広の居館などを造り居住させた。

藤島城 ふじしまじょう

平城

別名	―
築年/廃年	不明/元和元年(1615)以降
築城主	不明
城主	葉室氏〜武藤(大宝寺)氏〜上杉氏〜最上氏
所在地	山形県鶴岡市藤島

藤島川を堀に利用した平城

庄内平野南東に位置する平城。外郭は藤島川を利用した外堀で守られていた。築城時期は不詳だが、南北朝期に南朝方の拠点として出羽守に任ぜられた葉室《はむろ》氏が在城した。北朝勢力の攻勢で落城した後、戦国時代にかけ庄内平野に覇を唱えた武藤《むとう》氏の支配下に置かれた。上杉《うえすぎ》時代、太閤検地に不満を持った一揆軍が籠城している。江戸初期に最上《もがみ》氏の属城となるが一国一城令で廃城。堀や土塁が残る。

小滝城 こたきじょう

山城

別名	―
築年/廃年	戦国時代/不明
築城主	伊達氏
城主	伊達氏〜上杉氏
所在地	山形県南陽市小滝

最上領をにらむ前線基地

伊達《だて》氏の対最上《もがみ》氏前線基地。南陽市の北方に位置する。当城が築かれた小滝地区は最上領と伊達領の国境にあたり、街道が交わる要衝だった。築城時期は不明。伊達氏14代・稙宗《たねむね》が最上義定《よしさだ》を長谷堂《はせどう》城(山形市)で破った頃、すでに拠点として機能していたと考えられる。慶長《けいちょう》5年(1600)の関ヶ原戦の際には、上杉《うえすぎ》軍の将・倉賀野《くらがの》綱元《つなもと》が城主を務めた。上杉重臣・直江《なおえ》兼続《かねつぐ》の最上攻めで出撃拠点にされたと見られる。廃城時期の詳細は不明。

米沢城《よねざわじょう》

平城

別　名	舞鶴城、松ヶ岬城
築年／廃年	暦仁元年(1238)頃／明治以降
築城主	長井時広
城　主	長井時広→伊達氏→伊達晴宗→輝宗→政宗→蒲生郷安→直江兼続→上杉景勝～綱憲～鷹山(治憲)～茂憲
所在地	山形県米沢市丸の内

伊達氏と上杉氏ゆかりの名城

戦国時代は伊達《だて》氏の拠点、安土桃山時代は上杉景勝《うえすぎかげかつ》の重臣で執政の要職にあった直江兼続《なおえかねつぐ》の居城、江戸時代は米沢藩上杉氏の藩庁となった。最上川西岸、現在の米沢市街のほぼ中心部に位置する。

明治に建物はすべて破却され、遺構はわずかに土塁と堀が残るのみ。今は城域の大半が軍神・上杉謙信《けんしん》を祀る上杉神社の境内になっている。近隣には上杉家廟所、上杉家と直江兼続の菩提寺である春日山林泉寺、前田慶次《まえだけいじ》(利益《とします》)の墓など、往時の上杉氏を偲ぶ史跡が数多い。

城の起源は鎌倉初期とされる。鎌倉幕府政所別当・大江広元《おおえのひろもと》の次男の時広《ときひろ》が当地に地頭として入り築城の工を起こした。以後、子孫は代々長井《ながい》氏を称し、当城を置賜《おきたま》郡の支配拠点とした。ただし初期の城は小規模な館で、周囲に簡素な柵や堀を巡らせた程度のものだったとされる。

長井氏の治世は8代、約150年に及んだが、南北朝期に伊達・信夫《しのぶ》地方(福島県)から伊達氏の侵攻を受ける。伊達氏は藤《ふじ》原北家《わらほっけ》山蔭《やまかげ》流を称する氏族。源 頼朝《みなもとのよりとも》の奥州征伐に参陣し伊達郡を賜ってから伊達氏を称した。元中《げんちゅう》2年(1385)頃、伊達8代・宗遠《むねとう》が長井氏を滅ぼし置賜《おきたま》郡を攻略。伊達氏はしばらく伊達・信夫に本拠を置いたが、天文《てんぶん》17年(1548)に15代・晴宗《はるむね》(政宗《まさむね》の祖父)が米沢に本拠を移した。晴宗はほどなく奥州探題に任じられ、近隣の最《も》上《がみ》氏や芦名《あしな》氏らを圧する存在となる。以後、晴宗、輝宗《てるむね》、そして17代・政宗と続く戦国大名・伊達氏の勢力拡大は米沢を拠点としたものとなる。なお近年の研究では、伊達氏の本城は米沢城でなく、米沢西端の館山《たてやま》城とする説も台頭している。

永禄《えいろく》10年(1567)に米沢で生まれた政宗は、会津の芦名氏、須賀川の二階堂《にかいどう》氏らを滅ぼし、現在の福島県の大半と米沢、宮城県に渡る大版図を築く。政宗は天正《てんしょう》18年(1590)に豊臣秀吉《とよとみひでよし》に服属し、翌年秀吉の命で米沢から陸奥岩出山《いわでやま》城(大崎市)に移った。米沢は会津に封じられた蒲生《がもう》氏郷《うじさと》が支配し、米沢城には家老の蒲生郷《さと》安《やす》が入城。慶長《けいちょう》2年(1597)、蒲生氏は宇都宮に国替え、会津には120万石で上杉景勝(謙信の養子)が入封し、米沢城には直江兼続が6万石で入城した。

慶長5年(1600)の関ヶ原合戦で景勝と兼続は石田三成《いしだみつなり》に与し徳川家康《とくがわいえやす》と敵対、「奥羽の関ヶ原」と称される慶長出羽合戦で最上氏らと交戦したが、本戦で三成が敗れたため降伏。上杉は会津120万石から米沢30万石(置賜、伊達、信夫の3郡のみ)と1/4へ大幅減封される。

以後、兼続は上杉家立て直しに奔走。約5000名の譜代家臣を解き放つことなく、自身の禄を取り崩し、俸禄を1/3とすることで雇用を確保。ゴボウ・蕎麦・豆作りも奨励するなど涙ぐましい施策を行った。また上杉の名に恥じないよう城の整備にも取り組み、本丸と二ノ丸の修築も行ったが天守は築けず、建物も安普請だった。また城下への用水路確保と松川の治水事業として全長10kmの「直江石堤」も築いた。兼続の努力でようやく藩の財政は軌道に乗り、9代藩主・上杉鷹山《ようざん》の治世下で藩の財政はさらに好転。その後は上杉氏13代の藩主のときに明治を迎えた。

横手城 よこてじょう

平山城

別名	朝倉城、龍ヶ崎城、韮城
築年/廃年	正安2年(1300)か室町中期／明治以降
築城主	小野寺氏
城主	小野寺通有～輝道～義道→鮭延典膳～戸村氏
所在地	秋田県横手市城山町

米どころ山北、小野寺氏の城

山北(仙北)の戦国大名・小野寺《おのでら》氏の本拠。小野寺氏は国内有数の穀倉地帯として知られる山北3郡(雄勝・平鹿・仙北、可住地としては横手盆地に相当)を領し、全盛期は20万石以上。小野寺氏滅亡後は最上《もがみ》氏、佐竹《さたけ》氏の属城となる。天守は築かれなかったが、現在は本丸跡の模擬天守(資料館)が当城のシンボルに。

築城時期は不詳だが小野寺氏の手によるものと見られる。横手市の東方、真昼山地から西に伸びた朝倉山(標高107m)に築かれた。周囲の横手川、明永沼、牛沼、奥羽山脈系の深山(標高287m)といった自然地形を巧みに利用した要害で主郭の斜面は非常に峻険。さらに敵兵の登はんと土砂崩れ防止のため植えられた土止めの韮が、韮《にら》城の別称の由来となった。

小野寺氏は下野《しもつけ》の出自で、源頼朝《みなもとのよりとも》の奥州征伐で軍功を現し雄勝郡などの地頭に。稲庭《いなにわ》城(湯沢市)、沼館《ぬまだて》城(横手市)を経て、戦国時代に輝道《てるみち》の代で本拠を当城に移したと見られる。天正《てんしょう》年間(1573～1592)、義《よし》道《みち》の代で最上氏、由利《ゆり》氏、南部《なんぶ》氏ら近隣諸豪と激戦を繰り広げ、関ヶ原合戦で上《うえ》杉《すぎ》氏に通じ戦後に改易。義道は石見《いわみ》津和野に流され大名・小野寺氏は滅亡した。

その後は最上氏を経て佐竹氏に支配され、久保田《くぼた》城(秋田市)の支城となった。一国一城令でも特別に破棄されず、戸村《とむら》氏が長期に渡って城を領し明治を迎えた。

延沢城 のべさわじょう

山城

別名	霧山城
築年/廃年	天文16年(1547)／寛文7年(1667)頃
築城主	野辺沢満重
城主	野辺沢満重→光昌→鳥居氏
所在地	山形県尾花沢市大字延沢

延沢銀山を守る拠点

出羽国人・野辺沢《のべさわ》氏の本拠。尾花沢盆地の東、古城山(比高100m)の連郭式山城。野辺沢氏は算学兵術の達人・日野大学頭《ひのだいがくのかみ》昭光《あきみつ》の末裔とも、小田島《おだじま》氏庶流ともいわれる。当城東方に康正《こうしょう》2年(1456)に発見された延沢銀山があり、この利権を背景に有力国人へ成長したと考えられる。当初は天童《てんどう》氏麾下《きか》・光昌《みつまさ》の代で最上義光《もがみよしあき》に与した。義光にとって野辺沢氏と銀山は重要だった。その後寛文《かんぶん》7年(1667)頃に幕府の手によって廃城になったとされる。

館山城 たてやまじょう

山城

別名	―
築年/廃年	不明／不明
築城主	伊達氏？
城主	伊達氏
所在地	山形県米沢市大字館山

米沢時代の伊達氏本城候補

近年、米沢時代の伊達《だて》氏本城候補として関心を集める。米沢西端の丘陵に建つ。政宗《まさむね》が岩出山《いわでやま》城(大崎市)に移る際、破却されたという。通説では伊達氏が置賜《おきたま》郡を制圧後、晴宗《はるむね》(政宗の祖父)が平城の米《よね》沢《ざわ》城を本拠とし、後に政宗が当城を築いたとされてきたが、近年館山城北に晴宗～政宗時代の武家屋敷群などが発見され「館山本城説」が急台頭。事実なら伊達氏は両城をどう使い分けていたのか、依然謎が多い。廃城時期の詳細は不明。

久保田城 くぼたじょう

平山城

別名	矢留城、葛根城、秋田城
築年/廃年	慶長9年(1604)/明治以降
築城主	佐竹義宣
城主	佐竹義宣→義隆→義処～義堯
所在地	秋田県秋田市千秋公園(千秋公園)

無念の佐竹氏が築いた秋田市の礎

明治まで続いた久保田藩佐竹《さたけ》氏20万石の本拠。秋田平野中央の神明山(標高40m)という小丘に築かれた。JR秋田駅の北西700mに位置し、現在城跡は千秋公園という名勝である。秋田《あきた》城とも呼ばれるが、大和朝廷が出羽の経営拠点とした秋田城(秋田市寺内)とは別の城。

戦国大名の佐竹義宣《よしのぶ》は父の義重《よししげ》とともに常陸《ひたち》、下野《しもつけ》、奥州南部に広大な領国を築き、豊臣《とよとみ》政権下では水戸《みと》城(水戸市)を本拠に常陸54万石を安堵されていた。しかし慶長《けいちょう》5年(1600)の関ヶ原戦で徳川家《とくがわいえ》康《やす》に味方しなかったことを詰問され、秋田20万石への転封を命じられた。

義宣は当初、北方の湊《みなと》城(秋田市)に入ったが、手狭だったため新規に当城を築いた。父・義重は横手を有力な候補地としてあげたが、築城家としても知られる義宣は、雄物川水運と土崎湊海運を擁する当地の将来性に着目し、譲らなかった。

城郭は土塁や土塀、板塀を中心とし、石垣もほとんどなく、天守はおろか3重櫓(近年造られた櫓は3重)もない質素な造りとなった。堀も沼沢を利用した簡素なもの。減封に伴う財政難に加え、幕府に対する遠慮が大きかったようだ。

当城には狐伝説がある。築城で住む場所をなくした狐に義宣が与次郎という名と茶園を与え、飛脚として使ったというもの。今も本丸跡に与次郎稲荷がある。

八木城 やぎじょう

平城

別名	―
築年/廃年	永禄年間(1558～1570)?/不明
築城主	八木親家?
城主	八木親家→道家
所在地	秋田県横手市増田町八木字屋布合

小野寺氏忠臣・八木氏の城

小野寺《おのでら》氏傘下にあった国人・八木氏の居城。皆瀬川右岸の河岸段丘に築かれた平城。築城主は諸説あるが、八木親家《ちかいえ》が有力。親家は小野寺氏の被官だった増田《ますだ》城(横手市)の土肥《どい》氏の庶流だったとされる。親家の子・道家《みちいえ》は、小野寺義道《よしみち》の将として最上義光《もがみよしあき》らを相手に数々の合戦に出陣している。後に宗家の土肥氏は最上方に寝返ったが、道家は最後まで義道に仕えた。小野寺氏改易後は佐竹《さたけ》氏に仕官した。廃城時期の詳細は不明。

沼館城 ぬまだてじょう

平城

別名	―
築年/廃年	戦国時代/慶長5年(1600)以降
築城主	不明
城主	小野寺植道→輝道
所在地	秋田県横手市雄物川町沼館字沼館

「後三年の役」の旧城だった

小野寺《おのでら》氏の横手《よこて》城(横手市)以前の本城。横手盆地中央西、雄物川右岸の河岸段丘に築城。戦国中期、植道《たねみち》の代に稲庭《いなにわ》城(湯沢市)より移転したと見られる。沼と川に囲まれ周囲は低湿地帯であり、水城的性格の強い堅城であった。この地は後三年の役(1083～1087)で源 義家《みなもとのよしいえ》と戦った奥州豪族・清原家衡《きよはらのいえひら》が拠った「沼の柵」と同じとされる。輝道《てるみち》の代で横手城に移った後は一族の者が城代に。関ヶ原戦で小野寺氏が西軍に属して改易、城は廃城。

白華城　しらはなじょう

山城

別名	―
築年/廃年	戦国時代／不明
築城主	安東義仁
城主	安東義仁～季林～(秋田)実季
所在地	秋田県秋田市豊岩豊巻字中沢

誕生会の最中に奇襲

前九年の役で討たれた安倍貞任《あべのさだとう》の後裔とされる安東《あんどう》一族のうち、湊《みなと》安東氏の支城。庶流の安東義仁《よしひと》が築いたという。義仁は雄物川西岸、秋田市南部に勢力を持っていた。永禄《えいろく》10年(1567)、季林《すえしげ》の代で豊島《としま》城(秋田市)主・豊島玄蕃《げんば》の奇襲に遭い落城。このとき城内では季林の娘の誕生を祝う宴の真っ只中で、不意を衝かれて季林の妻や娘も殺された。後に一族の檜山《ひやま》安東実季《さねすえ》が領土を奪回。実季は秋田《あきた》氏の始祖である。廃城時期は不明。

本堂城　ほんどうじょう

平城

別名	―
築年/廃年	天文4年(1535)／慶長5年(1600)以降
築城主	本堂氏
城主	本堂義親→頼親→忠親→茂親
所在地	秋田県仙北郡美郷町本堂城回字館間

戦国を生き抜いた小領主・本堂氏

出羽山本郡(現・仙北郡)の在地勢力・本堂氏の居城。真昼山麓、矢島川左岸の微高地に築かれた。本堂氏は陸奥和賀《わが》氏の庶流で、南北朝期より代官として土着。当初は山城(元本堂城)に居住したが、一帯を支配する土豪となって平城(当城)へ移った。天正《てんしょう》18年(1590)、秀吉《ひでよし》の小田原攻めに参陣し自領8983石を安堵された。最後の城主・茂親《しげちか》は慶長《けいちょう》5年(1600)に常陸《ひたち》志筑《しづく》8500石に転封となり、当城も廃城へ。主郭、土塁がよく残っている。

六郷城　ろくごうじょう

平城

別名	―
築年/廃年	永禄年間(1558～1570)／慶長17年(1612)以降
築城主	六郷道行
城主	六郷道行→政乗～佐竹義重
所在地	秋田県仙北郡美郷町六郷字古館

大物・佐竹義重が城主に

仙北の国人・六郷氏の居城。仙北平野の南東、大曲街道などが通る交通の要衝に築かれた。六郷氏は藤原南家《ふじわらなんけ》・二階堂《にかいどう》行光《ゆきみつ》の後裔とされる。戦国期の当主・政《まさ》乗《のり》は天正《てんしょう》16年(1588)に檜山安東愛季《ひやまあんどうちかすえ》と小《お》野寺義道《のでらよしみち》が交戦した際に和睦の仲介を行うなど、独自の勢力を持った。関ヶ原戦後に六郷氏は常陸《ひたち》府中1万石に加増され転封。当城は佐竹《さたけ》氏が支配し、戦国大名・佐竹義重《よししげ》(義宣《よしのぶ》の父)が入城。慶長《けいちょう》17年(1612)、義重の死去後に城も破却された。

角館城　かくのだてじょう

山城

別名	―
築年/廃年	南北朝時代？／元和6年(1620)
築城主	菅(角館)氏？
城主	菅(角館)氏→戸沢氏→芦名義広
所在地	秋田県仙北市角館町岩瀬

名族・芦名氏が流れた城

秋田内陸部の角館北方、古城山(標高166m)に築かれた。周囲を檜木内川、院内川が流れる要害。戸沢《とざわ》氏の築城ともいわれるが不詳。戦国時代に岩手雫石の戸沢氏が本拠とし、小野寺《おのでら》氏、安東《あんどう》氏らと仙北3郡を巡り争う。豊臣《とよとみ》政権で本領安堵されたが、関ヶ原合戦で消極的な態度を取ったため常陸《ひたち》松岡へ減転封。佐竹《さたけ》氏の支配下となり、旧黒川《くろかわ》城(会津若松市)主・芦名義広《あしなよしひろ》が入城。元和《げんな》6年(1620)に一国一城令により廃城。

花岡城《はなおかじょう》

平山城

別名	ー
築年／廃年	永正17年(1520)／不明
築城主	浅利定頼
城主	浅利定頼→次郎吉
所在地	秋田県大館市花岡町字アセ石

北比内を守備した浅利氏の支城

出羽豪族・浅利《あさり》氏の属城。大館市北方、大森川と花岡川が周囲を流れる神山台地に築かれた。浅利氏は甲斐源氏《げんじ》で甲斐浅利郷(山梨県浅利)より発祥。比内地方の地頭となり、戦国時代にかけ十狐《とっこ》城(大館市)を本拠に勢力を広げた。築城主の定頼《さだより》は十狐城主で宗家の浅利則頼《のりより》の弟。当城は北比内最前線の守りとして重要な役割を果たした。定頼は天正《てんしょう》2年(1574)に勝山《かつやま》氏との戦いで戦死。跡は定頼の子・次郎吉《じろきち》が継承。浅利氏没落とともに廃城。

大館城《おおだてじょう》

平山城

別名	桂城
築年／廃年	天文年間(1532～1555)？／明治以降
築城主	浅利勝頼
城主	浅利氏～秋田(安東)氏～浅利頼平～小場義成→西佐竹氏
所在地	秋田県大館市中城(桂城公園)

秋田北部の要所

北秋田郡に勢力を持った浅利《あさり》氏の拠点のひとつだった。当主で十狐《とっこ》城(大館市)主だった浅利則頼《のりより》の子・勝頼《かつより》の築城。秋田北部の要地とあって、浅利氏、秋田《あきた》(安《あん》東《どう》)氏、南部《なんぶ》氏らが激しい争奪戦を繰り広げたが、安土桃山時代にかけ秋田氏の支城に落ち着く。関ヶ原合戦後に佐竹《さたけ》氏が領主となったが、不満を持つ浅利氏旧臣が蜂起。佐竹一族の小場義成《おばよしなり》がこれを鎮め城主へ。以後義成の系譜は佐竹西家として明治まで続いた。戊辰戦争で焼失。

長岡城《ながおかじょう》

平山城

別名	ー
築年／廃年	戦国時代／不明
築城主	浅利則祐
城主	浅利勝頼→安東氏
所在地	秋田県大館市比内町扇田字長岡

勝頼時代の浅利氏本拠

出羽国人・浅利《あさり》氏の築城で、築城当初は本拠・十狐《とっこ》城(大館市)の支城として機能。大館盆地の中央部、犀川東岸の独立丘陵に位置する。浅利氏当主の則祐《のりすけ》(則頼《のりより》の嫡男)が築く。永禄《えいろく》5年(1562)に則祐は檜山安東愛季《ひやまあんどうちかすえ》の侵攻を受けて敗れ、当城で自刃した。大館《おおだて》・中野《なかの》城(大館市)主だった弟の勝頼《かつより》が跡を継いで改修し、本拠を当城に移したという。天正《てんしょう》10年(1582)、勝頼は安東氏に謀殺され、以後安東(秋《あき》田《た》)氏が支配。廃城時期の詳細は不明。

中野城《なかのじょう》

平山城

別名	ー
築年／廃年	永禄2年(1559)／不明
築城主	浅利勝頼
城主	浅利勝頼→片山大膳
所在地	秋田県大館市比内町中野字八幡館

浅利氏十狐城の出城

比内の実力者・浅利《あさり》氏の支城。犀川左岸の標高100～120mの台地上に築かれた平山城。十狐《とっこ》城(大館市)主・浅利則頼《のりより》の次男の勝頼《かつより》の築城で、十狐城南方2kmに位置。則頼と則祐《のりすけ》の死後、当主となった勝頼は十狐城に入り、当城は片山大膳《かたやまだいぜん》が守備した。浅利氏は檜山《ひやま》城(能代市)の安《あん》東《どう》氏(後の秋田《あきた》氏)の麾下《きか》に組み入れられたが、勝頼は独立を企図。このため、安東氏に檜山城に誘い出されて謀殺。以後、浅利氏は衰運に。廃城時期の詳細は不明。

十狐城 とっこじょう

平山城

別名	独狐城
築年／廃年	永正年間(1504〜1521)／不明
築城主	浅利則頼
城主	浅利則頼→則祐→勝頼〜頼平
所在地	秋田県大館市比内町独鈷

比内の小領主・浅利氏の本拠

比内地方の豪族・浅利《あさり》氏の本拠。大館盆地東南端、犀川東の台地に造られた。浅利氏は甲斐浅利郷(山梨県浅利)より興り、奥州征伐で源《みなもとの》 頼朝《よりとも》に従軍して比内地方の地頭職を得た。戦国初期に浅利則《のり》頼《より》が当城を本拠に比内の支配権を掌握し、各所に支城を築いた。しかし、則祐《のりすけ》の代に檜山《ひやま》城(能代市)の安東《あんどう》氏に圧迫され則祐は自刃。続く勝頼《かつより》は安東氏に従い、本拠を長岡《ながおか》城(大館市)に移す。だが、独立を図り殺された。廃城時期の詳細は不明。

稲庭城 いなにわじょう

山城

別名	鶴ヶ城、舞鶴城
築年／廃年	建長年間(1249〜1256)？／文禄5年(1596)以降
築城主	小野寺経道
城主	小野寺経道〜道有〜通勝
所在地	秋田県湯沢市稲庭町

小野寺氏の最初の本拠

山北(仙北)の戦国大名・小野寺《おのでら》氏の旧本拠。横手盆地の南端、大森山の南西尾根(標高351m)に位置する。山麓に皆瀬川が流れる要害。小野寺氏は源《みなもとの》 頼朝《よりとも》の奥州征伐の戦功として雄勝郡の地頭職を得た。経道《つねみち》の代で下向、当城を築き、仙北3郡に勢力を広げた。長く本拠としたが、沼館《ぬまだて》城(横手市)を経て、輝道《てるみち》の代で横手《よこて》城(横手市)へ移る。以後一族が城主を務めたが、文禄《ぶんろく》5年(1596)に最上《もがみ》氏の侵攻を受け落城後、間もなく廃城といわれている。

湯沢城 ゆざわじょう

山城

別名	ー
築年／廃年	建治3年(1277)／元和元年(1615)以降
築城主	小野寺道定
城主	小野寺氏→楯岡満茂〜佐竹義種
所在地	秋田県湯沢市字古館山

最上氏に奪われた小野寺氏の属城

稲庭《いなにわ》城(湯沢市)、横手《よこて》城(横手市)を地盤とした小野寺《おのでら》氏の南方拠点。稲庭城主・経道《つねみち》の三男の道定《みちさだ》の築城。秀吉《ひでよし》政権下の天正《てんしょう》18年(1590)、当主・義道《よしみち》の代に奥州仕置により雄勝郡が最上《もがみ》領として認定される。最上義光《よしあき》は文禄《ぶんろく》2年(1593)より雄勝郡へ侵攻。文禄4年(1595)に最上重臣・楯岡満茂《たておかみつしげ》の攻撃により湯沢城は落城した。関ヶ原合戦後の慶長《けいちょう》7年(1602)、佐《さ》竹《たけ》氏が領し一族の佐竹南家・義種《よしたね》が入城した。元和《げんな》一国一城令によって廃城。

馬場目城 ばばのめじょう

山城

別名	ー
築年／廃年	戦国時代／天正17年(1589)以降？
築城主	馬場目季宗
城主	馬場目季宗〜正勝→安東季宗
所在地	秋田県南秋田郡五城目町馬場目字古城

湊安東氏庶流・馬場目氏の城

出羽国人・馬場目氏の居城。馬場目川右岸に突き出す台地上に造られた。馬場目氏は湊安東《みなとあんどう》氏庶流ともいわれる。天正《てんしょう》17年(1589)に安東氏の内紛「湊合戦(騒動)」が勃発した際、当主の馬場目正勝《まさかつ》は湊城(秋田市)の湊安東堯季《たかすえ》に与して、檜《ひ》山《やま》城(能代市)の檜山安東実季《さねすえ》を攻撃した。合戦は一端和睦したが、実季の逆襲で当城は落城。檜山安東氏の管理下に置かれた。ほどなく廃城とされるが詳細は不明。実季は後に秋田《あきた》氏を称し北出羽に君臨。

浦城《うらじょう》

山城

別名	浦村城
築年／廃年	不明／天正17年(1589)以降？
築城主	不明
城主	三浦義豊→盛永
所在地	秋田県南秋田郡八郎潟町浦大町字里ヶ久

檜山安東氏と戦った在地勢力・三浦氏

出羽の土豪・三浦《みうら》氏の居城。男鹿《おが》半島のつけ根の八郎潟東岸、高岳山からの尾根(標高121m)に造られた。東西に伸びた連郭式で両端に空堀を配す。築年は不明。三浦氏は謎に包まれた豪族で、一説に湊《みなと》安東《あんどう》氏の流れ、馬場目《ばばのめ》城(南秋田郡)の馬場目氏と同系とも。天正《てんしょう》17年(1589)、盛《もり》永《なが》の代に「湊騒動」(安東氏の内訌)で湊安東氏に加担し檜山《ひやま》城(能代市)攻めに参陣。後に檜山安東実季《さねすえ》に滅ぼされた。落城とともに廃城とされるが詳細は不明。

赤尾津城《あこうづじょう》

山城

別名	天鷺城、高館
築年／廃年	南北朝時代／慶長17年(1612)以降
築城主	赤尾津(小笠原・池田)光貞
城主	赤尾津氏→楯岡満茂
所在地	秋田県由利本荘市岩城下蛇田

由利十二頭の一、赤尾津氏

出羽由利郡(秋田県南西部)の国人一揆「由利十二頭」の赤尾津氏の城。高城山(標高170m)の山頂に築城。当地は鎌倉期に由利郡を支配した由利《ゆり》氏の拠点。由利氏滅亡後、南北朝期に小笠原《おがさわら》氏の流れとされる赤尾津氏が入部、戦国の城郭となったと見られる。戦国期に由利国人は庄内の武藤《むとう》(大宝寺《だいほうじ》)氏に属す。関ヶ原戦で逃亡の罪を問われ改易。後に最上《もがみ》家臣・楯《たて》岡満茂《おかみつしげ》が城主となり、慶長《けいちょう》17年(1612)に本荘《ほんじょう》城に移り当城は廃城といわれている。

滝沢城《たきざわじょう》

平山城

別名	―
築年／廃年	慶長8年(1603)／元和8年(1622)
築城主	滝沢政道
城主	滝沢政道→政範
所在地	秋田県由利本荘市前郷

旧領回復は一瞬の夢

最上《もがみ》氏の臣・滝沢氏の築城。由利盆地中央、子吉川右岸の河岸段丘にあった。慶長《けいちょう》5年(1600)の関ヶ原の戦い後、山形《やまがた》城(山形市)主・最上義光《よしあき》は功により由利郡(秋田県南西部)の領有を認められ、滝沢政道《まさみち》に滝沢郷など1万石を与えた。政道は由利郡の国人一揆「由利十二頭」の一角だった滝沢氏の後裔である。滝沢氏はかつて大井《おおい》氏に敗れ、義光のもとに身を寄せていた。しかし元和《げんな》8年(1622)の最上氏改易に伴い廃城となった。

本荘城《ほんじょうじょう》

平山城

別名	鶴舞城、尾崎城
築年／廃年	慶長15年(1610)／明治以降
築城主	楯岡(本荘)満茂
城主	楯岡満茂～本多正純～六郷政乗→六郷氏
所在地	秋田県由利本荘市尾崎(本荘公園)

「釣り天井事件」の本多正純が入る

最上義光《もがみよしあき》の重臣・楯岡満茂《たておかみつしげ》の築城。由利本荘沿岸部、子吉川下流に位置。関ヶ原戦の功績で由利郡を得た義光は満茂に4万石を与え滝沢《たきざわ》氏らとともに由利郡を統括させた。満茂は本荘氏を称し、本丸、二・三ノ丸を梯郭式に配し、北から西に水堀、東の小河川を天然の堀とした近世城郭を築く。最上氏改易後、宇都宮《うつのみや》城(宇都宮市)15万石の本多正純《ほんだまさずみ》が5万石で減転封されたがほどなく横手に。後に六郷《ろくごう》氏が入り明治まで城主を継承。

矢島城 やじまじょう

平山城

別名	八森館、八森城
築年/廃年	室町後期/不明
築城主	大井義久
城主	大井満安～楯岡満茂～打越氏→生駒氏
所在地	秋田県由利本荘市矢島町城内

改易された生駒氏が送られた城

出羽由利郡(秋田県南西部)国人一揆「由利十二頭」の大井《おおい》氏の城。矢島盆地北西の舌状台地に建つ。当初本拠は南方の根城館《ねじょうだて》で当城は出城だった。戦国時代の当主・満安《みつやす》は他の十一頭を凌ぐ存在だったが十一頭連合軍に攻められ敗死。最《も》上《がみ》氏の支配を経て寛永《かんえい》17年(1640)に生駒《いこま》高俊《たかとし》が入城。高俊は讃岐高松藩17万石の大名で内紛「生駒騒動」で改易。1万石で当地に流された。生駒氏は陣屋で明治まで所領を治めたが、廃城時期は不明。

尾浦城 おうらじょう

山城

別名	大山城、大浦城
築年/廃年	天文年間(1532～1555)/元和8年(1622)
築城主	武藤(大宝寺)景時
城主	武藤晴持～義増→義氏→義興→中山玄蕃～上杉氏→下治右衛門
所在地	山形県鶴岡市大山3

武藤(大宝寺)氏の新本拠

庄内土豪・武藤《むとう》氏が東の大宝寺《だいほうじ》城(鶴《つる》ヶ岡《がおか》城、鶴岡市)より移り本拠とした。庄内平野の南西端、太平山(標高50m)に造成された。越後街道と日本海に臨む交通の要衝。晴持《はるもち》の代、最上《もがみ》氏の謀略で砂《さ》越《ごし》氏に大宝寺城を攻撃され、居城を移した。義氏《よしうじ》の代で田川、櫛引、飽海《あくみ》の3郡を平定して全盛期を築き、由利郡へ侵攻したが失敗。最上氏や東禅寺《とうぜんじ》氏に押され滅亡へ向かう。関ヶ原後に最上領となるが、元和《げんな》8年(1622)の最上氏改易で廃城。

亀ヶ崎城 かめがさきじょう

平城

別名	酒田城、東禅寺城
築年/廃年	文明10年(1478)/明治以降
築城主	武藤(大宝寺)氏
城主	武藤氏→東禅寺義長→本庄繁長→上杉氏→最上氏(志村光安)→酒井氏
所在地	山形県酒田市亀ケ崎1

最上に通じて主君を殺した東禅寺氏

武藤《むとう》(大宝寺《だいほうじ》)氏がたびたび離反した砂《さ》越《ごし》氏に備え、砂越城(酒田市)の西方5km、最上川河口付近に築城。酒田は出羽有数の港町で利権を押さえる意味も。天正《てんしょう》11年(1583)、武藤義氏《よしうじ》に城主を任じられた妹婿・東禅寺《とうぜんじ》義長《よしなが》は最上義光《もがみよしあき》と通じ義氏を弑逆《しいぎゃく》。天正15年(1587)に義氏の弟・義《よし》興《おき》も自害させ武藤氏を滅ぼすが、翌年に越後上杉《うえすぎ》重臣・本庄繁長《ほんじょうしげなが》に攻められ義長は敗死。後に上杉氏などが城主を務め最上氏改易後は酒井《さかい》氏が治め明治を迎えた。

寒河江城 さがえじょう

平城

別名	―
築年/廃年	嘉禄年間(1225～1227)/元和8年(1622)以降
築城主	大江親広
城主	大江親広～寒河江時氏～兼広→高基→最上氏→鳥居氏
所在地	山形県寒河江市丸内1

最上氏に攻略された寒河江氏の城

鎌倉幕府創立に功があった大江広元《おおえのひろもと》の支流・寒河江氏の城。寒河江市街の中心、寒河江・最上川間の河岸段丘上にあった。築城主の親広《ちかひろ》は広元の長男で承久《じょうきゅう》の乱(1221)で宮方に与し敗れ、地頭職を得ていた寒河江荘に逃亡。後に許され子孫が寒河江氏を称し、戦国時代に最上川西岸に勢力を広げた。天正《てんしょう》12年(1584)、最上義《もがみよし》光《あき》に攻撃されて落城し、寒河江氏は滅亡。最上氏改易後に廃城。

畑谷城《はたやじょう》

山城

別名	―
築年／廃年	慶長年間(1596～1615)／不明
築城主	江口光清
城主	江口光清
所在地	山形県東村山郡山辺町大字畑谷

「奥羽の関ヶ原」の激戦地

最上《もがみ》氏本拠・山形《やまがた》城(山形市)の支城。村山地方と置賜《おきたま》地方の境界付近に位置する館山(比高70m)に築かれた。最上義光《よしあき》にとっては置賜方面の伊達政宗《だてまさむね》、続く上《うえ》杉景勝《すぎかげかつ》、直江兼続《なおえかねつぐ》(景勝の重臣)に対する最前線基地。慶長《けいちょう》5年(1600)、関ヶ原戦の勃発で西軍の兼続は山形城を目指し最上領へ侵攻。現在残る大空堀はこのとき掘られたもの。城将・江口光清《えぐちあききよ》以下最上兵は奮戦したが、落城。光清らは戦死。落城後に廃城と思われるが詳細は不明。

檜山城《ひやまじょう》

山城

別名	霧山城、檜山安東氏城館
築年／廃年	南北朝時代／元和元年(1615)以降
築城主	安東兼季
城主	安東兼季～愛季→(秋田)実季～小場義成→多賀谷氏
所在地	秋田県能代市檜山

出羽北に覇を唱えた檜山安東氏

檜山安東《ひやまあんどう》氏の居城。能代平野の南東端、檜山川南にある檜山集落の東側丘陵(標高140m)に築城。安東氏は安倍貞任《あべのさだとう》の後裔を称する一族で北海道・東北地方に割拠。室町時代の出羽は当城の檜山安東氏と湊《みなと》城(秋田市)の湊安東氏が併存したが愛季《ちかすえ》の代に統合。愛季は秋田北部～中部を領し戦国大名化。出羽国司を意味する秋田城介《あきたのじょうすけ》を称し、子の実季《さねすえ》で秋田氏に改姓、湊城に本拠を移した。後に小場《おば》氏、多賀谷《たがや》氏が城主となり一国一城令で廃城。

湊城《みなとじょう》

平城

別名	―
築年／廃年	応永年間(1394～1428)頃／慶長9年(1604)
築城主	安東鹿季
城主	安東鹿季～堯季→茂季→通季→(秋田)実季→佐竹義宣
所在地	秋田県秋田市土崎港中央3

土崎湊に勢力を持った湊安東氏

出羽豪族・湊安東《あんどう》氏の居城。雄物川河口の土崎湊に築城。安東氏は鎌倉期に十《と》三《さ》湊(北津軽郡)より興った一族。中世の出羽は湊安東氏と檜山《ひやま》城(能代市)の檜山安東氏があったが、戦国時代に檜山安東愛季《ちかすえ》が両家を統合。愛季は反抗勢力を滅ぼし秋田北部～中部を平定。子の実季《さねすえ》は湊勢力との戦い「湊騒動」に勝ち、近世大名・秋田《あきた》氏の礎を築く。関ヶ原戦後に実季が移封、佐竹義宣《さたけよしのぶ》が入城。慶長《けいちょう》9年(1604)に久保田《くぼた》城に移り湊城は廃城。

原田城《はらだじょう》

平山城

別名	原田館、藤ヶ森城
築年／廃年	室町時代／不明
築城主	原田美濃介？
城主	原田美濃介～宗政→宗時
所在地	山形県東置賜郡川西町

樅の木が残る伊達宿老・原田氏の城

伊達政宗《だてまさむね》に仕えた原田氏の居城。米沢盆地の南西、犬川右岸の小丘陵(藤ヶ森)に造られた。城址に原田氏の愛木として有名な樅の木が残る。原田氏は伊達氏累世の宿老。17代・宗時《むねとき》は猛将として知られ、天正《てんしょう》17年(1589)の摺上原《すりあげはら》の戦いでも活躍。政宗が秀吉《ひでよし》の命で岩出山《いわでやま》城(大崎市)に移封され宗時も随身したが朝鮮出兵で病没。政宗は大いに嘆いた。宗時の養嗣子《ようしし》・宗資《むねすけ》の子が伊達騒動の原田甲斐《かい》こと宗輔《むねすけ》。廃城時期の詳細は不明。

横山城 よこやまじょう

平城

別名	―
築年／廃年	戦国時代／元和元年(1615)以降
築城主	押切備前守
城主	押切氏～武藤(大宝寺)氏→上杉氏
所在地	山形県東田川郡三川町横山

武藤(大宝寺)氏の庄内中継地

庄内平野のほぼ中心、西から南へ流れる赤川を天然の堀とする平城。北と東には低湿地帯が広がる難攻不落の要塞だった。戦国時代に庄内を制した武藤《むとう》(大宝《だいほう》寺《じ》)氏の属城となった。武藤氏支城の北の東禅寺《とうぜんじ》城(亀ヶ崎《かめがさき》城、酒田市)と大宝寺城(鶴ヶ岡《つるがおか》城、鶴岡市)の中間に位置する重要拠点。天正《てんしょう》16年(1588)より越後上杉《うえすぎ》重臣・本庄繁長《ほんじょうしげなが》が武藤氏継嗣《けいし》問題に介入して庄内に侵攻。この際、当城勢の攻撃を受ける。一国一城令により廃城といわれている。

高擶城 たかだまじょう

平城

別名	高楡城
築年／廃年	正平年間(1346～1370)／元和8年(1622)
築城主	高擶(斯波)義直
城主	高擶氏～宮内内蔵丞→斎藤光則
所在地	山形県天童市高擶

幼い義光が住んだ最上庶流の城

最上《もがみ》氏分家・高擶氏の居城。山形盆地の中央、立谷川右岸に築城。築城主の斯《し》波《ば》義直《よしなお》は最上氏の祖・斯波兼頼《かねより》の孫。子孫は高擶氏を称した。当初は今より西にあり戦国時代に移って整備されたと見られる。最上義光《よしあき》が幼時に宗家内紛の難を避け一時居住とも。義光が宗家を継ぐ頃、高擶氏は天童《てんどう》氏に与し宗家と対立。天正《てんしょう》12年(1584)、天童氏が義光に滅ぼされ降伏。最上傘下となり宮内内蔵丞《みやうちくらのじょう》、斎藤光《さいとうみつ》則《のり》が城主を務め、最上氏改易に伴い廃城。

小国城 おぐにじょう

山城

別名	岩部館
築年／廃年	天正12年(1584)／元和8年(1622)以降？
築城主	小国光基
城主	小国光基
所在地	山形県最上郡最上町本城

兵法の天才・小国光基の城

最上義光《もがみよしあき》の将・小国光基《みつもと》の城。最上町東方、絹出川左岸の丘陵に築城。当地は小国郷と呼ばれ戦国期は奥州細川《ほそかわ》氏の流れと見られる細川直元《なおもと》が統治。天正《てんしょう》8年(1580)、最上義光が侵攻し細川軍を撃破。戦功あった蔵増安房守《くらぞうあわのかみ》の子・光基が小国郷8200石を賜り小国日向守《ひゅうがのかみ》を称した。光基は兵法家で、鉄砲・日向筒や長槍・日向槍を考案。政治家としても優秀だったが最上氏改易に伴い肥前鍋島《なべしま》家へお預け。城も同時に廃城といわれているが詳細は不明。

大曲城 おおまがりじょう

平城

別名	前田館、土屋館
築年／廃年	貞治5年(1366)頃？／元和元年(1615)以降
築城主	安倍氏？
城主	大曲氏～前田道信→利信～梶原美濃守
所在地	秋田県大仙市大曲丸の内町

由利豪族に落とされた小野寺氏の属城

小野寺《おのでら》氏麾下《きか》の前田《まえだ》氏の城。丸子川と雄物川が合流する丸子橋の北岸にあったとされる。遺構として土塁がある。創建は不明だが、奥州豪族・安倍《あべ》氏残党の築城とも。南北朝期に南部《なんぶ》氏系の大曲氏が拠っていたが、小野寺氏の攻撃で落城。後に前田道信《みちのぶ》が城主となる。道信は由利の赤尾津《あこうづ》氏らと戦い討ち死にし、子の利《とし》信《のぶ》が継承。天正《てんしょう》10年(1582)に再び由利豪族に攻められ落城した。江戸初期に佐竹《さたけ》氏が支配したが一国一城令で廃城。

陸奥

二桜城 にろうじょう

山城

別名	清水城
築年／廃年	延慶2年(1309)？／不明
築城主	清水(葛西)清秀
城主	清水清秀〜信晴〜留守政景
所在地	岩手県一関市花泉町花泉字上舘(清水公園)

葛西氏に仕えた清水氏

岩手県南部から宮城県北部にかけ勢力を持った葛西《かさい》氏の分流・清水《しみず》氏の居城。岩手と宮城の県境、金流川と有馬川の分岐地点にある丘陵に造られた。かつて蝦夷を征討した坂上田村麻呂《さかのうえのたむらまろ》や奥州藤原《ふじわら》氏の陣所があった地とも。天正《てんしょう》18年(1590)、葛西氏が豊臣秀吉《とよとみひでよし》に改易され清水氏もともに没落。後に伊達政宗《だてまさむね》重臣の留守政景《るすまさかげ》が利府《りふ》城(宮城郡)より入城。堀切や土塁が残り、旧花泉町の名の由来となる湧き水がある。廃城時期の詳細は不明。

飯倉城 いいくらじょう

平山城

別名	飯倉館
築年／廃年	不明／不明
築城主	熊谷氏
城主	熊谷氏〜千葉氏
所在地	岩手県一関市花泉町金沢字要害

奥州熊谷氏が守る

一関市南方、かつてぼたん園で有名だった旧花泉町の丘陵に築かれた。堀などの遺構がある。築城時期は不明だが、戦国時代は奥州熊谷《くまがい》氏の城だった。天文《てんぶん》13年(1544)に熊谷氏は岩ヶ崎里谷(栗原市)に移転。その後、葛西《かさい》氏に属していた奥州千葉《ちば》一族の大槻泰常《おおつきやすつね》(千葉四郎兵衛《しろべえ》)が入城したと伝わる。熊谷氏の移転も千葉氏の入城も経緯はわかっていない。大槻泰常は天正《てんしょう》19年(1591)に伊達政宗《だてまさむね》に殺された。廃城時期の詳細は不明。

涌津城 わくつじょう

平山城

別名	涌津北館、神楯城
築年／廃年	康永3年(1344)／不明
築城主	岩淵正経
城主	岩淵正経〜経定〜瀬ノ上氏
所在地	岩手県一関市花泉町涌津字舘

奥州仕置で没落した岩淵氏

葛西《かさい》氏の家臣・涌津岩淵《いわぶち》氏の居城。涌津岩淵氏は藤沢《ふじさわ》城(東磐井郡)を本拠とする岩淵氏の支流。現在の紫公園、御館神社境内、八幡神社境内の一帯が城域。周辺に下館《しもだて》、熊ノ倉館《くまのくらやかた》などの支城を配し一族の者が守った。文明《ぶんめい》17年(1485)、南部《なんぶ》政盛《まさもり》が気仙郡に侵入した際、涌津岩淵経定《いわぶちつねさだ》が軍監として出撃、南部軍を撃退した。天正《てんしょう》18年(1590)の奥州仕置で岩淵氏は没落。後に江戸初期に伊達《だて》家臣の瀬ノ上氏が入城。廃城時期の詳細は不明。

一関城 いちのせきじょう

山城

別名	釣山館、高崎城
築年／廃年	天正年間(1573～1592)初期／明治以降
築城主	小野寺伊賀守
城主	小野寺伊賀守～留守政景→伊達宗勝～田村氏
所在地	岩手県一関市城内

伊達騒動を起こした政宗の十男の城

葛西《かさい》氏の臣・小野寺伊賀守《おのでらいがのかみ》の居城。一関市街、磐井川北岸の釣山(標高76m)に造られた。平安期に坂上田村麻呂《さかのうえのたむらまろ》、安倍《あべ》一族の磐井《いわい》氏らが陣を張った地とも。伊賀守は天正《てんしょう》18年(1590)、糠塚(石巻市)で戦死。葛西氏改易後に伊達《だて》重臣の留守政《るすまさ》景《かげ》を経て、江戸初期に伊達宗勝《むねかつ》(政宗《まさむね》の十男)が一関藩主となり、3万石で入城。宗勝は寛文《かんぶん》11年(1671)の伊達家内紛(伊達騒動)の首謀者とされ土佐に流罪。後に田村氏が藩を再興し明治を迎えた。

鱒沢館 ますざわだて

山城

別名	増沢城、鱒沢城
築年／廃年	室町後期／不明
築城主	鱒沢(阿曽沼)守綱
城主	鱒沢守綱～広勝→忠右衛門
所在地	岩手県遠野市宮守町上鱒沢

宗家を裏切った鱒沢氏

遠野の豪族・遠野阿曽沼《あそぬま》氏の拠点。阿曽沼一族の鱒沢氏が守った。遠野市街の西方、笠通山より伸びる尾根(比高110m)に位置。全体を空堀が囲むほか、内堀も設けられた堅固な館である。慶長《けいちょう》5年(1600)、広勝《ひろかつ》は宗家の当主・広長《ひろなが》の留守を狙い、阿曽沼本拠の鍋倉《なべくら》城(遠野市)を占拠。広勝は帰還した広長に討たれたが、以後遠野阿曽沼氏は没落へ。広勝の子・忠右衛門《ちゅうえもん》は南部《なんぶ》家臣となったが謀反の疑いで切腹、鱒沢氏も断絶。館も廃れた。

岩谷堂城 いわやどうじょう

山城

別名	柄杓城
築年／廃年	鎌倉時代／明治以降
築城主	千葉胤道
城主	千葉胤道～江刺信綱～隆見→(葛西)重胤～重恒→溝口外記～岩城氏
所在地	岩手県奥州市江刺区岩谷堂字館下

葛西の重臣だった江刺氏の城

葛西《かさい》氏庶流・江刺《えさし》氏の居城。江刺区北西、人首川右岸の丘陵(比高70m)に造られた。南北朝期以降に江刺氏は勢力を広げ、主家の葛西氏と合戦に及ぶこともしばしばだった。明応《めいおう》4年(1495)、葛西氏に敗れた江刺氏は葛西政信《まさのぶ》の孫・重胤《しげたね》を養嗣子《ようしし》として迎え、争いは決着。以後、江刺氏は葛西氏重鎮となるが、重恒《しげつね》の代、天正《てんしょう》18年(1590)の奥州仕置で葛西氏は改易。重恒は南部《なんぶ》氏に仕え新堀《にいぼり》城(花巻市)へ移転。城主・岩城《いわき》氏の代で明治に。

青篠城 あおざさじょう

山城

別名	青篠館、古館
築年／廃年	不明／不明
築城主	不明
城主	菊池氏
所在地	岩手県奥州市江刺区玉里字大松沢

江刺氏に追われた重臣・菊池氏

江刺郡主の葛西《かさい》一族・江刺《えさし》氏の重臣である菊池《きくち》氏の城だった。青篠集落の東端、人首川に面した断崖を利用して築かれたとされる。菊池氏は肥後国菊池郡(菊池市)より発祥したとされ、その分家が葛西氏を頼って当地に流れつき、中世にかけ江刺氏重臣となり、執権として活躍した。天正《てんしょう》15年(1587)、菊池恒邦《つねくに》は主君である江刺重恒《しげつね》に諫言したため勘気を被り、攻められた。子の太田代伊予《おおたしろいよ》は討たれ、恒邦は南部領、または遠野に逃れたという。

沼尻城 ぬましりじょう

山城

別名	―
築年/廃年	不明/不明
築城主	及川氏
城主	及川氏
所在地	岩手県奥州市江刺区藤里字石名田

江刺に勢力を持った及川氏

陸奥の大物国人・葛西《かさい》氏の臣だった沼尻及川《おいかわ》氏の城である。北上盆地の東南、江刺藤里地区の丘陵一帯に位置する。沼尻及川氏は鳥海郷(一関市)を本拠とした東山《ひがしやま》及川氏の一族である。沼尻及川氏の事績は不明な点が多い。享禄《きょうろく》2年(1529)、東山及川重純《しげずみ》と、同じく葛西家の重鎮だった江刺《えさし》氏が不和となり、当城付近の横瀬で合戦。重純は敗れ、以後東山及川氏は凋落するが、沼尻及川氏との関連は詳しくわかっていない。廃城時期は不明。

羽黒堂城 はぐろどうじょう

山城

別名	―
築年/廃年	建久2年(1191)?/不明
築城主	羽黒堂(千葉)胤長?
城主	羽黒堂氏
所在地	岩手県奥州市水沢区羽田町字八木沢

葛西氏に仕えた水沢の羽黒堂氏

葛西《かさい》氏に属していた水沢の国人・羽黒堂氏の居城である。水沢区の東、北上川東岸の丘陵に位置する。水沢は肥沃な扇状地として知られ、伏流水や湧水があることが地名の由来になったともいう。羽黒堂氏は奥州千葉《ちば》一族で、松川(一関市)の国人・松川《まつかわ》氏系とされる。天正《てんしょう》16年(1588)に気仙郡の浜田《はまだ》氏が葛西氏に背いたとき、羽黒堂下野守《しもつけのかみ》は熊谷《くまがい》氏らとともに乱を鎮圧している。廃城の時期は不明。遺構として空堀などがある。

花巻城 はなまきじょう

平山城

別名	鳥谷ヶ崎城
築年/廃年	平安時代?、天正19年(1591)/明治以降
築城主	安倍頼時?、北秀愛
城主	稗貫氏→浅野重吉～北秀愛→信愛→南部政直→南部氏
所在地	岩手県花巻市城内

「花巻城夜討ち」が有名

岩手県の中心にあった稗貫郡の国人領主・稗貫《ひえぬき》氏の城。城は花巻市の中心部、北上川右岸の河岸段丘にあった。当時は北に瀬川(旧北上川)、南に豊沢川があり、この断崖を利用して城郭が形成されていた。当時の稗貫郡は旧稗貫郡に加え、花巻市と北上市北部も含んでいた。

築城年代は不詳だが、前九年の役(1051～1062)の頃、陸奥を支配していた安倍《あべの》頼時《よりとき》の城柵があったとも。稗貫氏の発祥は謎が多く、奥州藤原《ふじわら》氏滅亡後、伊達朝《だてとも》宗《むね》の孫・為重《ためしげ》が稗貫郡に下向し稗貫氏を称したとも、鎌倉御家人・中条《ちゅうじょう》一族の流れともいわれる。いずれにせよ、戦国期に稗貫氏は葛西《かさい》氏、斯波《しば》氏ら有力勢力の介入を受ける小勢力だった。天正《てんしょう》18年(1590)、稗貫氏は小田原の役に参陣しなかったため、秀吉《ひでよし》に改易され滅亡した。

当城は南部《なんぶ》氏に支配されるようになり、城代として北信愛《きたのぶちか》が入城。慶長《けいちょう》5年(1600)に関ヶ原合戦が勃発し、南部の主力は山形へ出陣。この隙を衝いて奥州仕置で没落していた和賀義忠《わがよしただ》が一揆を起こす。当城は信愛以下わずかの兵が守るだけだったが、城中の婦女子や城下の農民らが必死で防戦、南部の援軍到来まで持ちこたえ、一揆軍を撃退(花巻城夜討ち)。

後に南部利直《としなお》の次男・政直《まさなお》が入城し城を大改修。明治に破却され、現在は大半が市街化。円城寺門と時鐘堂が残るのみ。

水沢城　みずさわじょう

平城

別名	臥牛城、大休城
築年／廃年	室町後期／明治以降
築城主	不明
城主	佐々木繁綱～信綱→信義→実綱～白石氏～桑折景頼～留守氏
所在地	岩手県奥州市水沢区大手町

葛西麾下の将・佐々木氏の居城

陸奥の豪族・葛西《かさい》氏の胆沢平野支配の拠点のひとつで、佐々木《ささき》氏が守備した。胆沢平野の中央、北上川西岸に位置する。水沢は日本最大の扇状地として知られる。築城年代は不明。応永《おうえい》15年(1408)に足利《あしかが》義持《よしもち》に仕えていた佐々木繁綱《しげつな》が葛西氏を頼って下向し、当城を与えられたという。以後佐々木氏は葛西氏の将として活躍。大崎《おおさき》・浜田《はまだ》氏らと戦った。だが葛西氏改易に伴い没落し、その後は伊達《だて》重臣の白《しろ》石《いし》・桑折《こおり》・留守《るす》氏が入城し明治を迎えた。

前沢城　まえざわじょう

平山城

別名	ー
築年／廃年	不明／天正18年(1590)以降
築城主	不明
城主	三田高盈～重明→義広
所在地	岩手県奥州市前沢区字陣場(お物見公園)

柏山氏重臣・三田氏代々の居城

胆沢郡を支配した豪族・柏山《かしやま》氏の被官だった三田《みた》氏の館城。柏山氏は中世に葛《か》西《さい》氏に属していたが、戦国時代に力をつけ半ば独立、三田氏はその重臣。前沢区の北上川右岸丘陵部に位置する。天正《てんしょう》16年(1588)、当主の義広《よしひろ》が謀反の嫌疑をかけられ、主の柏山明宗《あきむね》の攻撃を受けて落城。義広は自刃した。奥州仕置後に胆沢郡は伊達《だて》領となり、入封した大内定綱《おおうちさだつな》が南麓に新たに居館を設け、前沢城は破却された。遺構はなく現在は公園に。

高水寺城　こうすいじじょう

平山城

別名	斯波館、郡山城
築年／廃年	建武2年(1335)／慶長3年(1598)
築城主	斯波家長
城主	斯波家長～(高水寺)詮高→詮直→中野康実
所在地	岩手県紫波郡紫波町二日町字古館

南部氏に敗れた斯波氏の本貫地

陸奥と出羽に土着した奥州斯波《しば》氏のうち、高水寺城を拠点に栄えた一族を高水寺斯波氏と呼ぶ。その祖は南北朝時代に活躍した奥州総大将(奥州管領《かんれい》の古称)、関東執事(関東管領の古称)の斯波家長《いえなが》である。城は紫波郡の中央、東麓を北上川が洗う城山(標高180m)にあった。

斯波氏は名門・足利《あしかが》一族。鎌倉中期に足利家氏《いえうじ》が陸奥国斯波(紫波)郡を領したことに始まるため、紫波は斯波氏の本貫地である。家氏の曾孫・高経《たかつね》が、足利尊《たか》氏《うじ》を助け、新田義貞《にったよしさだ》を討つなど各地で活躍し、後に越前、尾張、遠江《とおとうみ》など多くの守護職を兼ねる斯波氏の礎を築いた。なお、最上《もがみ》氏の祖・兼頼《かねより》と、大崎《おおさき》氏の祖・直持《ただもち》は家兼《いえかね》(高経の弟)の子である。家兼系にはほかに天童《てんどう》氏と黒川《くろかわ》氏がある。高水寺斯波氏と家兼系を総称し、奥州斯波氏と呼ぶ。なお、斯波家長は高経、または家兼の子とされている。

高水寺斯波氏は戦国時代、詮高《あきたか》の代で全盛。雫石・猪去《いさり》地方まで勢力を広げた。このとき詮高は「斯波御所」、猪去に配された詮高の次男は「猪去御所」、雫石の三男は「雫石御所」、合わせて三御所と称された。しかしその後は三戸南部《なんぶ》氏に押され衰え、天正《てんしょう》16年(1588)に南部信《のぶ》直《なお》の攻撃を受け、当主・詮直《あきなお》以下は滅亡した。信直は盛岡《もりおか》城(盛岡市)築城の際に当城を居城とし、石材などを移して廃城。

盛岡城 もりおかじょう

平山城

別名	不来方城
築年/廃年	慶長3年(1598)/明治以降
築城主	南部信直
城主	南部信直→利直→重直～利恭
所在地	岩手県盛岡市内丸(岩手公園)

総石垣の南部氏本拠

北奥羽の雄・南部《なんぶ》氏の居城で、盛岡南部藩10万石(幕末に20万石に)の本拠である。盛岡市中心部に位置する花崗岩丘陵に位置し、周囲の北上川と支流の中津川が天然の外堀となる要害だった。明治に廃城。盛岡の名は3代藩主・重直《しげなお》と永福寺第42世・清珊法印《せいさんほういん》との連歌に由来し「盛り上がり栄える岡」という意味。

当地は古く陸奥と出羽を支配していた清原武則《きよはらたけのり》の子孫・不来方《こずかた》氏の居館があった場所である。室町時代には南部氏に仕えていた福士《ふくし》氏の居館があった。

南部氏は甲斐源氏《げんじ》・源《みなもとの》(加賀美《かがみ》)光行《みつゆき》を祖とする武家で、甲斐南部郷(山梨県南部町)より発祥した。鎌倉初期、源頼《より》朝《とも》の奥州征伐の頃、南部氏の始祖・南部光行が奥州糠部(青森県東部～岩手県北部地域)に入部。建武《けんむ》政権下で師行《もろゆき》が北奥羽の奉行に抜擢され、根城《ねじょう》(八戸市)に拠って奥州での基盤を確立した。

室町・戦国時代に南部氏は根城(八戸、遠野)南部氏と、三戸《さんのへ》城(三戸郡)の三戸南部氏の2家が中心だった。ほかにも九《くの》戸《へ》氏、七戸《しちのへ》氏など支族が各地にあり、一応根城南部氏が宗家だが、その地位は極めて曖昧。南部家の実態は豪族同士の対等な連合体と呼ぶべきものだった。

三戸南部氏は晴政《はるまさ》の代で最盛期を迎え、他勢力を圧し、安東《あんどう》、浅利《あさり》、小野寺《おのでら》氏らと争って北奥羽全域に勢力を広げる。

だが、晴政の後嗣《こうし》問題で内紛が起こり、晴政は同族の石川信直《のぶなお》と争う。信直は晴政の養嗣子《ようしし》だったが、元亀《げんき》元年(1570)、晴政に実子・晴継《はるつぐ》が生まれ、疎んじられた。この間に南部庶流・久慈《くじ》氏(または近衛尚通《このえひさみち》庶流)から出た大浦《おおうら》城(弘前市)主・大浦(津軽《つがる》)為信《ためのぶ》が台頭。元亀2年(1571)、為信は突如、南部領の津軽に進出し、周辺の南部系豪族や浪岡北畠《きたばたけ》氏らを次々に滅ぼした。晴政は信直との対立もあり、為信の侵攻を阻止できなかった。

天正《てんしょう》10年(1582)、晴政と晴継が相次いで死去(信直に攻め滅ぼされたとも)。信直は対立候補だった九戸政実《まさざね》の弟・実親《さねちか》を抑え、三戸南部当主となった。この一件により政実は信直に遺恨を残した。

天正18年(1590)、信直は小田原の陣に駆けつけ、秀吉《ひでよし》より陸奥10万石を安堵された。信直は秀吉に為信が津軽を奪ったことを訴えたが、為信は信直に先んじて小田原に参陣し、すでに津軽4万5000石を安堵されていた。信直は非常に悔しがったという。

翌年、九戸城(二戸市)の九戸政実が信直に反乱を起こすが、豊臣《とよとみ》軍と南部勢により鎮圧された。信直は本拠を三戸から改修された九戸城に移したが、浅野長政《あさのながまさ》ら豊臣重臣が九戸は北辺に過ぎると進言したため、盛岡に築城の工を起こした。

しかし北上川の氾濫などで築城は難航。信直の死後も工事は続き、本丸、3重の天守、二・三ノ丸、淡路丸などから成る城郭が竣工したのが3代藩主・重直の寛永《かんえい》10年(1633)。その後は南部氏が城主を受け継ぎ、利恭《としゆき》の代で明治を迎えた。

東北には珍しい総石垣の城で、地元の大きな花崗岩が特徴だ。明治に建築物は破却されたが、南の腰曲輪《くるわ》と二ノ丸、三ノ丸に壮大な石垣が残る。二ノ丸跡に盛岡出身の歌人・石川啄木《いしかわたくぼく》の歌碑が立つ。

大迫城 おおはさまじょう

山城

別　名	桂林寺城、右近館
築年／廃年	不明／慶長5年(1600)以降
築城主	不明
城　主	大迫氏→南部氏
所在地	岩手県花巻市大迫町内川目

奥州仕置に涙を飲んだ大迫氏

稗貫郡を領していた稗貫《ひえぬき》氏庶流・大迫氏の居城。稗貫川左岸の丘陵先端部(比高120m)に造られ、稗貫領北東部を守った。大迫氏は戦国期には本家から独立した動きを示し、衝突することもしばしば。稗貫氏は天正《てんしょう》18年(1590)の小田原合戦に参陣せず、奥州仕置により所領を没収。大迫氏も追放された。慶長《けいちょう》5年(1600)の和賀《わが》一揆で大迫又三郎《またさぶろう》・又右衛門《またえもん》兄弟は城の奪回に成功したが、南部《なんぶ》勢に逆襲され討ち果たされた。後に廃城。

久慈城 くじじょう

平山城

別　名	新町館、八日館
築年／廃年	文明年間(1469～1487)？／文禄元年(1592)
築城主	久慈信実？
城　主	久慈信実～信義→直治・政則
所在地	岩手県久慈市大川目町

九戸城籠城で死に花を咲かせた久慈氏

南部《なんぶ》氏の分流とされる久慈氏の居城。久慈川左岸の独立丘陵に位置する。久慈氏は三戸南部氏系とも七戸系ともいわれ、判然としない。戦国時代に同じ南部一族の九戸《くのへ》氏らと結ぶ。天正《てんしょう》19年(1591)の九戸政実《まさざね》の乱で久慈直治《なおはる》・政則《まさのり》(九戸政親《まさちか》)父子は政実に与し、九戸城(二戸市)の将として活躍。しかし久慈父子は敗れて捕らえられ、処刑されたという。翌年に秀吉《ひでよし》の命で廃城。なお、津軽《つがる》(大浦《おおうら》)為信《ためのぶ》は久慈氏の出ともいわれている。

九戸城 くのへじょう

平山城

別　名	福岡城、宮野城、白鳥城
築年／廃年	明応年間(1492～1501)／寛永13年(1636)
築城主	九戸光政
城　主	九戸光政～政実→南部信直
所在地	岩手県二戸市福岡城ノ内

「九戸の乱」の舞台

南部《なんぶ》一族である九戸氏の居城。3方を馬淵川、白鳥川、猫淵川に囲まれた丘陵に位置する。豊臣秀吉《とよとみひでよし》の天下統一戦における、最後の合戦地として知られる。

九戸氏は南部の祖である光行《みつゆき》の六男・行連《ゆきつら》より発祥した(諸説ある)。光政《みつまさ》の代で当城を築く。戦国期の当主・政実《まさざね》は優れた武将で、当時南部一族の中心だった三戸南部氏をしのぐ勢いにあった。天正《てんしょう》10年(1582)、三戸南部氏の世継ぎ問題で政実は弟の実親《さねちか》を擁立したが、敗れて南部信直《のぶなお》が当主となる。信直は秀吉に臣従して南部惣領の立場を認可され、秀吉の小田原攻めに参陣し本領を安堵された。

天正19年(1591)、信直に不満を持つ政実は七戸《しちのへ》・久慈《くじ》氏らと反乱の兵をあげ、三戸南部勢の諸城を攻撃。信直は秀吉に救援を依頼し、豊臣秀次《ひでつぐ》以下、蒲生氏郷《がもううじさと》ら3万ともいわれる征討軍が鎮圧に赴く。

政実は5000の兵で籠城し、善戦した。そこで豊臣軍は政実に助命を条件に降伏を勧告。政実がこれに応じて開城すると、豊臣軍は約束を反故にし、籠城者をことごとく虐殺、政実も処刑した(九戸政実の乱)。これで秀吉の国内統一は終結。当城は氏郷が大々的に修築し、総石垣の近世城郭に変貌。信直は福岡《ふくおか》城と改名し三戸から居城を移転。しかし不便だったため新たに盛岡《もりおか》城(盛岡市)を築く。南部氏が盛岡城に移った寛永《かんえい》13年(1636)に廃城。

一戸城 いちのへじょう

平山城

別名	北館
築年／廃年	建長年間(1249～1256)／天正18年(1590)以降
築城主	一戸(南部)義実
城主	一戸義実～政連→九戸氏→北秀愛
所在地	岩手県二戸郡一戸町一戸

南部一族の暗闘が繰り広げられた

三戸南部《なんぶ》氏の庶流とされる一戸氏の居城。馬淵川東岸の河岸段丘に位置する。城郭は北館、八幡館、神明館、常念館などの曲輪《くるわ》で成り、中央の神明館が主郭と見られる。天正《てんしょう》9年(1581)、南部一族の九戸《くのへ》政実《まさざね》が三戸南部信直《のぶなお》を討つため当主の政連《まさつら》に協力を要請。しかし政連が拒んだため、政連の弟・信濃守《しなののかみ》に政連を暗殺させた。当城は政実の支配下に入った後、信直の攻撃で落城。信直は重臣の北秀愛《きたひでちか》を城主とした。奥州仕置後に廃城へ。

岩崎城 いわさきじょう

平山城

別名	岩崎館
築年／廃年	南北朝時代／元和元年(1615)以降
築城主	不明
城主	岩崎氏→南部氏
所在地	岩手県北上市和賀町岩崎

政宗の応援で決起した岩崎氏

和賀郡に勢力を持った豪族・和賀《わが》氏の臣の岩崎氏の城。北上市街地の西方、和賀川系夏油川左岸の台地に築かれた。岩崎氏は和賀一族とも。天正《てんしょう》18年(1590)、秀吉《ひでよし》の奥州仕置で和賀義忠《よしただ》は所領を没収され、岩崎氏も没落。慶長《けいちょう》5年(1600)、岩崎義彦《よしひこ》ら和賀旧臣が一揆を起こし、義忠の弟・忠親《ただちか》を擁し当城に籠城。背後に伊《だ》達《て》政宗《まさむね》の支援があった。一揆は南部《なんぶ》氏に鎮圧され、義彦や忠親らは自刃。後に南部氏に支配されたが、一国一城令で廃城。

米ヶ崎城 よねがさきじょう

海城

別名	―
築年／廃年	不明／不明
築城主	浜田(千葉)氏
城主	浜田氏
所在地	岩手県陸前高田市米崎町

葛西氏に反逆した浜田氏の海城

奥州千葉《ちば》一族の浜田《はまだ》氏の城である。広田湾に突き出た小半島一帯に造られた。基部の北以外の3方は海に面した断崖。基部には大きな空堀がある。浜田氏は戦国時代に葛西《かさい》氏に従い、気仙郡(岩手県南東部～宮城県北部)の旗頭として勢力を持った。天正《てんしょう》16年(1588)、千葉安房守《あわのかみ》が葛西氏に背いて気仙沼地方に侵攻した。乱は葛西晴信《はるのぶ》の配下である熊谷《くまがい》・羽《は》黒堂《ぐろどう》氏により鎮圧され、旗頭は矢作《やはぎ》氏に移された。廃城時期の詳細は不明。

丸森城 まるもりじょう

山城

別名	丸山館
築年／廃年	天文17年(1548)／慶長6年(1601)
築城主	伊達稙宗
城主	伊達稙宗～相馬氏→黒木宗光→高野兼高～大条実頼
所在地	宮城県伊具郡丸森町

政宗の曾祖父の隠居城

伊達《だて》14代当主・稙宗《たねむね》(政宗《まさむね》の曾祖父)の隠居城。阿武隈川南岸の独立丘陵(標高65m)に位置する。稙宗は最上《もがみ》氏ら諸豪を屈服させ、伊達家を奥羽随一の武家にのし上げた名将。しかし長男の晴宗《はるむね》と対立、親子の争いは天文《てんぶん》の乱(1542～1548)という内紛に発展。稙宗は晴宗に降伏するかたちで和睦、当城に隠退し生涯を終えた。その後、相馬《そうま》氏の手に落ちたが天正《てんしょう》12年(1584)に伊達政宗が奪回。以後、黒木《くろき》氏、大条《おおえだ》氏らが城主を務めた後に廃城。

金山城《かねやまじょう》

山城

別名	―
築年/廃年	永禄年間(1558～1570)/明治以降
築城主	井戸川将監・藤橋紀伊
城主	井戸川将監→佐藤為信～中島宗求→中島氏
所在地	宮城県伊具郡丸森町金山字黒森

政宗の初陣があった城

伊達政宗《だてまさむね》が初陣を飾った城として知られる。阿武隈川南岸の金山(標高117m)に位置する。陸奥相馬《そうま》氏の臣・井戸川将監《いどかわしょうげん》の築城。当地は古くから伊達と相馬が抗争を続ける地域だった。天正《てんしょう》9年(1581)、15歳の政宗は梁川八幡宮(伊達市)で戦勝祈願を行った後、父・輝宗《てるむね》の金山城攻めに参陣。これが初めての合戦となった。後に金山城を奪取した政宗は、戦功があった中島宗求《なかじまむねもと》に城を与えた。中島氏は明治まで城主を務め、仙台藩南方を守る。

赤岩城《あかいわじょう》

山城

別名	―
築年/廃年	鎌倉時代?/不明
築城主	熊谷直宗
城主	熊谷直宗～直明→直政～直長
所在地	宮城県気仙沼市松川

葛西氏に従った奥州熊谷氏

奥州熊谷《くまがい》氏の本城。気仙沼湾より3～4kmの独立丘陵先端(標高87m)に築城。気仙沼湾岸地方への北方入口で、気仙地方と胆沢・江刺地方を繋ぐ八瀬街道を扼する。平敦盛《たいらのあつもり》を討った熊谷直実《なおざね》の孫・直《なお》宗《むね》の築城と伝わる。戦国時代に熊谷氏は葛西《かさい》氏に従属。天正《てんしょう》16年(1588)、米ヶ崎《よねがさき》城(陸前高田市)の浜田《はまだ》氏が葛西氏に背いた際、当主の熊谷直長《なおなが》が鎮圧軍として活躍。葛西氏改易後に熊谷氏も没落。その後間もなく廃城と思われるが詳細は不明。

利府城《りふじょう》

山城

別名	村岡城
築年/廃年	不明/天正18年(1590)
築城主	村岡氏
城主	村岡氏→留守政景
所在地	宮城県宮城郡利府町利府

政宗の叔父に敗れた村岡氏

留守《るす》(伊沢《いさわ》)一族の村岡《むらおか》氏の居城。仙台平野を望む松島丘陵上に位置。留守氏は鎌倉時代に陸奥留守所《るすどころ》職(国司のいない国衙《こくが》の職務代行者)を務め、室町、戦国にかけ伊達《だて》氏に従属。当城南西4kmの岩切《いわきり》城(仙台市)が本拠。村岡氏は家中で重きをなし親大崎《おおさき》派だった。永禄《えいろく》10年(1567)、村岡兵衛《ひょうえ》は伊達政景《まさかげ》(政宗《まさむね》の叔父)の留守入嗣《にゅうし》に反対し、永禄12年(1569)に政景に滅ぼされた。戦後、政景は居城を当城へ移す。天正《てんしょう》18年(1590)の奥州仕置で廃城。

岩出山城《いわでやまじょう》

山城

別名	臥牛城、岩出沢城、岩出山要害
築年/廃年	応永年間(1394～1428)/明治以降
築城主	氏家直益
城主	氏家直益～直継～吉継→木村氏→伊達政宗→宗泰→伊達氏
所在地	宮城県大崎市岩出山城山

一揆関与を疑われた政宗が移る

大崎《おおさき》氏の将・氏家《うじいえ》氏の居城。大崎平野を流れる江合川と蛭沢川に挟まれた丘陵(標高108m)に位置。天正《てんしょう》18年(1590)、奥州仕置で大崎氏は改易、氏家氏も没落。葛西《かさい》・大崎領を統治した木村吉清《きむらよしきよ》・清久《きよひさ》父子への不満から葛西・大崎一揆が勃発。伊達政宗《だてまさむね》が鎮圧し葛西・大崎領を得たが、関与を疑われ本拠・米沢などを没収され当城へ移転。慶長《けいちょう》6年(1601)に仙台《せんだい》城(仙台市)を築くまで居城に。後に伊達氏一族が岩出山伊達氏となり、明治まで続いた。

名生城 みょうじょう

平城

別名	御所館、義隆館
築年/廃年	観応2年(1351)／天正19年(1591)以降
築城主	斯波家兼
城主	斯波家兼～(大崎)詮持～義隆
所在地	宮城県大崎市古川大崎

零落した陸奥の王者・大崎氏

奥州探題、後に戦国大名となった大崎《おおさき》氏の本拠。大崎平野の北、江合川西岸の河岸段丘に位置する。本丸と見られる大館はじめ、内館、北館、二の構など土塁と空堀で区切られた大小7つの曲輪《くるわ》から成る。城域は東西500m、南北1kmと広大。

なお、大崎氏は西方の中新田《なかにいだ》城(加美郡)も居城のひとつであり、当城は政庁である探題府の位置づけである。

大崎氏は、南北朝時代に奥州管領《かんれい》(奥州探題の前身)として奥州に下向した、斯波家兼《しばいえかね》を始祖とする奥州斯波一族である。詮持《あきもち》の頃から大崎氏を称した。室町中期に大崎5郡(現・大崎市、色麻町、加美町、涌谷町、美里町、栗原市に相当)を支配した大崎氏は、斯波一族を代表する勢力となり、奥州国人を統率した。

しかし、戦国時代にかけ大崎氏は弱体化。伊達《だて》氏や葛西《かさい》氏ら有力国人の台頭もあって、奥州探題は有名無実となる。さらに大永《たいえい》2年(1522)の伊達稙宗《たねむね》の陸奥守護就任、および大崎氏内紛介入もあって、伊達氏の風下に立つようになる。

天正《てんしょう》16年(1588)、当主の義隆《よしたか》は最上義《もがみよし》光《あき》と結び伊達政宗《まさむね》を撃退したが、翌年の芦名《あしな》氏の滅亡が響き、結局政宗の軍門に降る。天正18年(1590)、義隆は秀吉《ひでよし》の小田原征伐に参陣せず所領没収、滅亡へ。後に当城は葛西・大崎一揆の拠点となったが蒲生氏郷《がもううじさと》が鎮圧。ほどなく城は廃城。

高清水城 たかしみずじょう

平城

別名	－
築年/廃年	天文年間(1532～1555)／明治以降
築城主	高清水(大崎)直堅
城主	高清水直堅～直隆→木村氏→亘理重宗～石母田氏
所在地	宮城県栗原市高清水東館

奥州街道の要衝

大崎《おおさき》氏庶流・高清水氏の居城、後に仙台藩の拠点となる。善光寺川と小山田川のあいだにある丘陵にあり、内外に2重の堀があった。高清水は、江戸時代に奥州街道の宿場町として栄えた交通の要衝である。天正《てんしょう》18年(1590)の大崎氏改易で、高清水氏も城を没収された。その後の葛《か》西《さい》・大崎一揆では、伊達政宗《だてまさむね》が本陣として利用した。伊達領となってから涌谷《わくや》城(遠田郡)主の亘理重宗《わたりしげむね》が入城、後に譜代重臣の石母田《いしもた》氏が入り明治に至る。

宮沢城 みやざわじょう

平城

別名	鶉ヶ城、宮沢要害
築年/廃年	不明／明治以降
築城主	不明
城主	岩崎美久～上郡山氏～長沼氏
所在地	宮城県大崎市古川宮沢

大崎遺臣の岩崎氏が籠城

陸奥の戦国大名・大崎《おおさき》氏の属城。大崎平野の北西隅にある丘陵地帯に位置する。築城年代は不明だが、戦国時代には家臣の岩崎美久《いわさきよしひさ》が在城した。天正《てんしょう》18年(1590)、小田原の陣に参陣しなかった大崎義隆《よしたか》は所領没収の憂き目に遭い、お家再興を目論む大崎および葛西《かさい》の遺臣らは一揆を起こす。美久も当城に籠城して鎮圧に赴いた伊達政宗《だてまさむね》と戦ったが、結局和議により落城。仙台伊達藩領となってからは要害屋敷として長沼《ながぬま》氏らが入り明治に至る。

大窪城《おおくぼじょう》

山城

別名	大窪館
築年/廃年	戦国時代／明治以降
築城主	大松沢(宮沢)掃部
城主	大松沢掃部～実家～元実→大松沢氏
所在地	宮城県黒川郡大郷町大松沢

大崎・葛西氏をにらんだ伊達の拠点

伊達《だて》氏の臣・大松沢《おおまつざわ》氏の城。宮城県のほぼ中央にある大郷町の北端、鶴田川北岸の丘陵(標高80m)に設けられた。戦国初期は伊達領北限にあたる地で、稙宗《たねむね》(政宗《まさむね》の曾祖父)の頃、葛西《かさい》・大崎《おおさき》氏に対する抑えとして、宮沢掃部を配したのが城の発祥である。掃部は大松沢左衛門《さえもん》を称し、利府《りふ》城(宮城郡)の留守《るす》氏、千石《せんごく》城(大崎市)の遠藤《えんどう》氏らとともに北の守りを担った。大松沢氏は明治まで代々この地を保った。曲輪《くるわ》跡がよく残る。

桑折城《こおりじょう》

山城

別名	鶴館
築年/廃年	不明／不明
築城主	不明
城主	渋谷氏→伊達氏
所在地	宮城県大崎市三本木桑折

大崎重臣・渋谷氏が守る

戦国大名・大崎《おおさき》氏の属城。鳴瀬川南岸の丘陵(標高60m)に位置。南北ふたつの曲輪《くるわ》から成り、堀切で区画される。本丸は北曲輪東部と見られる。起源は不詳だが戦国中期～後期に大崎重臣の渋谷《しぶや》氏が在城。天正《てんしょう》16年(1588)、大崎・最上《もがみ》連合軍対伊達《だて》政宗《まさむね》の戦い(大崎合戦)で軍略上の焦点に。渋谷相模守《さがみのかみ》の甥・黒川晴氏《くろかわはるうじ》が入城し奮戦、連合軍の勝利に貢献。後に奥州仕置で大崎氏は滅亡、当城には伊達氏が入り、しばらくして廃城といわれている。

千石城《せんごくじょう》

山城

別名	千石館、文覚館、松山館
築年/廃年	室町時代?／不明
築城主	遠藤盛継?
城主	遠藤盛継?～高康～石川大和→古内重直→茂庭氏
所在地	宮城県大崎市松山千石本丸

あの文覚上人の末裔の城

伊達《だて》氏の被官・遠藤《えんどう》氏の居城。鳴瀬川を挟み大崎《おおさき》領と対峙する拠点。利府《りふ》城(宮城郡)、大窪《おおくぼ》城(黒川郡)とともに伊達領北端を守った。遠藤氏の祖は頼朝《よりとも》の挙兵を助けた文覚《もんがく》。一説に文覚の築城と伝わるが、居住が確認できるのは後裔の盛継《もりつぐ》より。天正《てんしょう》16年(1588)の大崎合戦で伊達政《まさ》宗《むね》が当城を前進基地とした。後に遠藤氏は登米郡(登米市)に国替え、江戸初期より茂庭《もにわ》氏の所領に。その後は軍事的拠点の役目を失うが、廃城時期は不明。

石巻城《いしのまきじょう》

山城

別名	日和山城
築年/廃年	鎌倉時代／不明
築城主	葛西清経
城主	葛西清経→清宗～晴胤?
所在地	宮城県石巻市日和が丘2

謎に包まれた葛西氏旧本拠

戦国時代に寺池《てらいけ》城(登米市)へ移るまでの葛西《かさい》氏本拠。北上川河口西、石巻湾を見下ろす日和山(標高60m)にあった。源《みなもとの》頼朝《よりとも》に奥州総奉行に任じられ、胆沢・磐井・牡鹿郡など(岩手県南部～宮城県北部)の所領を得た葛西氏初代・清重《きよしげ》の築城とも。ただ清重後数代は鎌倉に居住し代官支配を行ったとされ、築城は当地へ移住した4代・清経《きよつね》の頃と見られる。寺池・石巻系葛西氏の宗家争いもあり葛西氏の城史は不明な点が多い。廃城時期も不明。

仙台城 せんだいじょう

平山城

別名	青葉城、五城楼
築年/廃年	慶長6年(1601)/明治以降
築城主	伊達政宗
城主	伊達政宗→忠宗～宗基
所在地	宮城県仙台市青葉区青葉山

奥羽の覇者・伊達政宗の本城

“独眼竜”の異名で知られる戦国大名・伊達《だて》氏17代・政宗《まさむね》が築いた陸奥の名城。仙台市街西方、広瀬川右岸にある青葉山の東端(標高131m)に築造された。当地は3方を断崖、渓谷に守られた要害。明治まで約270年に渡る仙台藩62万石の藩庁で、藩主・伊達氏代々の居城となった。周辺には政宗を祀る瑞鳳殿《ずいほうでん》などがある。

仙台地方は古来、交通と軍略の要地であり、畿内からの山道(後の東山道)、海道(後の東海道)が結ばれる唯一の場所である。政宗の仙台開府後に整備された城下町は仙台市繁栄の礎となり、近世には青森と東京の中間地として、東北地方最大の都市へ発展するに至った。

もともと青葉山には、鎌倉時代に築かれたとされる千代《せんだい》城という古城があった。島津《しまづ》氏、結城《ゆうき》氏の築城ともいわれるが不詳。安土桃山時代には、秀吉《ひでよし》の奥州仕置で所領を没収された、奥州千葉《ちば》一族の国分盛重《こくぶんもりしげ》が在城していたという。

伊達氏は藤原北家《ふじわらほっけ》山蔭《やまかげ》流を称する武家で、源頼朝《みなもとのよりとも》に伊達郡を与えられた伊達朝宗《ともむね》が祖。15世紀初頭、9代・政宗《まさむね》(大膳《だいぜん》大夫《だいぶ》、17代と同名)の頃、福島、宮城、山形の諸郡に勢力を拡大。大永《たいえい》2年(1522)に14代・稙宗《むねたね》が陸奥守護に任じられ、大《おお》崎《さき》氏や最上《もがみ》氏ら諸勢力を抑えて奥羽最大の武家となる。続く15代・晴宗《はるむね》の代で米沢に本拠を移転。17代・政宗はさらに領土拡張を進め、芦名《あしな》氏や大崎氏らを打倒、奥州に一時100万石超の領国を築いた。

後に政宗は豊臣秀吉《とよとみひでよし》の圧力に屈し、米沢や会津などを没収され陸奥6郡58万石に減封。岩出山《いわでやま》城(大崎市)に移転した。慶長《けいちょう》5年(1600)、関ヶ原合戦の際、政宗は家康《いえやす》に協力を要請され「戦勝の暁に今の所領に加え49万石を与える」という、“百万石のお墨つき”を得た。岩出山城は手狭であり、政宗は広い平野のある千代城築城を決定。唐詩にちなみ、千代を「仙人の住む丘」を意味する仙台に改めた。だが政宗はどさくさにまぎれ家康方の南《なん》部《ぶ》氏領国で和賀《わが》氏の一揆を支援。この件が関ヶ原本戦後に明るみに出たため家康はお墨つきを反故にし、2万石の加増にとどめた。結局、政宗は仙台築城を強行。工事は慶長7年(1602)に竣工した。

仙台城は山頂の本丸と西の丸から成る堂々たる平山城となった。本丸は約250m四方と国内最大級の規模となり、本丸御殿は桃山文化の粋を集めた書院造で、内部は数多くの美術品が飾られ、大広間は千畳敷と呼ばれる豪華なものだった。城を訪れたイスパニア使節ビスカイノは「江戸《えど》城に比肩し、最も勝れ最も堅固なるもののひとつ」と記している。

ただ、天守台はあったが天守は設けられなかった。これ以上立派な城郭になることは幕府を刺激する可能性があったため、政宗にも遠慮があったと見られる。

政宗の死後、山城が不便だったため子の忠宗《ただむね》が一段低い場所に二ノ丸(東西310m、南北200m)を造営。以後、本丸に代わり二ノ丸が藩政の中心となる。同時期に山麓に三ノ丸(同140m、120m)も造られた。仙台城は伊達氏の本拠地として伊達氏が明治まで治め、建物群は明治以降に破却された。近年に大手門脇櫓、本丸北面の高石垣などが整備復元されている。

寺池城 てらいけじょう

平山城

別名	寺池館、臥牛城、登米要害
築年/廃年	不明／明治以降
築城主	葛西氏
城主	葛西晴胤～晴信→木村吉清→伊達（白石）宗直→登米伊達氏
所在地	宮城県登米市登米町寺池

秀吉に取り潰された葛西氏本城

陸奥の戦国大名・葛西《かさい》氏の本拠。宮城県北方、北上川右岸の丘陵（標高32m）に位置する。頂部の居所（本丸）と下段の二之曲輪《くるわ》から成り、周囲には水堀が巡らされていた。現在、城域の大半は市街地化されているため、往時の姿は不詳な点が多い。築城年代は不明。

葛西氏は関東御家人・豊島《としま》氏の流れで、鎌倉初期の奥州合戦の功により奥州総奉行に任じられた葛西清重《きよしげ》が祖。清重は岩手県南部から宮城県北部に至る広大な所領を得た。4代・清経《きよつね》の頃、石巻《いしのまき》城（石巻市）に拠って土着し、戦国時代にかけ有力な国人領主となった。当城への移転時期は諸説あるが、戦国時代、葛西晴胤《はるたね》の頃が有力である。葛西氏は伊達《だて》氏と結んで奥羽探題・大崎《おおさき》氏らと戦い、全盛期に30万石もの領国を築いた。しかし、晴信《はるのぶ》の代に内紛で衰退し、天正《てんしょう》18年（1590）の豊臣秀吉《とよとみひでよし》の小田原攻めに参陣できなかったために所領を没収され、滅亡した。

代わって秀吉の臣・木村吉清《きむらよしきよ》が入ったが、奥州仕置に不満を持つ葛西・大崎氏旧臣の反乱（葛西・大崎一揆）が勃発。一揆軍は一時城を占拠する勢いを見せたが伊達政宗《まさむね》に鎮圧された。吉清は改易に。

慶長《けいちょう》9年（1604）に政宗の臣・白石宗直《しろいしむねなお》が入城。一国一城令後は登米《とめ》要害と呼ばれ藩の拠点に。白石氏は後に伊達姓を賜り、登米伊達氏として明治まで居城した。

岩切城 いわきりじょう

山城

別名	高森館、高森城、鴻の館
築年/廃年	南北朝時代？／永禄12年（1569）以降
築城主	留守（伊沢）氏
城主	留守家冬？～景宗→顕宗→政景
所在地	宮城県仙台市宮城野区岩切

伊達氏に飲み込まれた留守氏

陸奥の名族・留守《るす》（伊沢《いさわ》）氏の居城。仙台市の東方、標高106mの高森山に築かれた。留守氏は御家人の初代・伊沢家景《いえかげ》が源頼朝《みなもとのよりとも》より陸奥留守所《るすどころ》職（国司のいない国衙《こくが》での職務代行者）に任命され、以降多賀国府を中心に勢力を持つ。室町時代にかけ留守職は有名無実となり、留守氏は国人領主化。戦国時代に伊達《だて》氏に従い、次々に養子を送られ伊達一門に組み込まれた。政宗《まさむね》の叔父・政景《まさかげ》の代で利府《りふ》城（宮城郡）へ移転。同時に当城は廃城。

佐沼城 さぬまじょう

平城

別名	鹿ヶ城、佐沼要害
築年/廃年	不明／明治以降
築城主	不明
城主	葛西氏→大崎氏→木村氏→津田（湯目）景康～亘理氏
所在地	宮城県登米市迫町佐沼

伊達政宗が葛西・大崎一揆と交戦

迫川低地の中央、迫川右岸の独立丘陵（標高15m）で湿地帯に囲まれた要害。鎌倉期は葛西《かさい》氏の支配下で、戦国時代に大《おお》崎《さき》氏の属城に。天正《てんしょう》18年（1590）、秀吉《ひでよし》が葛西・大崎領を没収、両家遺臣が一揆を起こす。一揆軍に寺池《てらいけ》城（登米市）を追われた豊臣の臣の木村吉清《きむらよしきよ》・清久《きよひさ》父子は当城で抗戦。一時一揆軍の手に落ちたが翌年伊達政宗《だてまさむね》の猛攻で落城。一揆軍二千数百を斬ったという。後に伊達氏の家臣が城主を務め、亘理《わたり》氏の代で明治を迎えた。

白石城 しろいしじょう

平山城

別　名	益岡城、枡岡城
築年／廃年	天正19年(1591)／明治以降
築城主	蒲生氏郷
城　主	蒲生郷成→甘糟景継→石川昭光→片倉景綱→重綱→片倉氏
所在地	宮城県白石市益岡町

政宗の右腕・片倉小十郎の城

伊達《だて》重臣・片倉《かたくら》氏代々の居城で、仙台藩南方の重要拠点。白石市西方の独立丘陵(標高76m)に位置する。蒲生《がもう》氏を経て上杉《うえすぎ》氏の属城だったが、慶長《けいちょう》5年(1600)、関ヶ原合戦勃発時に伊達政宗《まさむね》の攻撃により落城。伊達領となってから慶長7年(1602)に政宗側近の片倉景綱《かげつな》が城主となる。伊達領内で仙台《せんだい》城(仙台市)のほか唯一の一国一城令の対象外となり、明治まで片倉氏が守った。石垣などの遺構が残るほか、近年に3重櫓が木造復元された。

楯山城 たてやまじょう

山城

別　名	―
築年／廃年	明応年間(1492～1501)／不明
築城主	永井晴信
城　主	永井晴信→秋保盛房→則盛～盛氏
所在地	宮城県仙台市太白区秋保町長袋

最上氏進出をにらんだ要衝

伊達《だて》氏に属した豪族・秋保《あきう》氏の城。名取川の南岸にある館山(比高180m)に築造された。当地は仙台と山形を結ぶ二口街道を押さえる要衝。山頂に東西140m、南北120mの敷地があり、本丸、二ノ丸、物見などの遺構が残る。築城主の永井晴信《ながいはるのぶ》の経歴は明らかでない。晴信の苛政に苦しめられた領民に擁立された秋保盛房《もりふさ》が当城を攻め落とし、以後代々の居城となったともいわれる。則盛《のりもり》の代で伊達氏に従い、山形の最上《もがみ》氏の侵攻に備えた。

福島城 ふくしまじょう

平城

別　名	―
築年／廃年	10～11世紀／不明
築城主	不明
城　主	安東(安倍)貞季？～盛季
所在地	青森県五所川原市相内

海の豪族・安東氏の本貫地

中世の陸奥津軽地方の豪族・安東《あんどう》氏の本拠だった。岩木川河口部の十三湖北岸にある台地(標高20m前後)に、半島状に築かれた。城域は東西1.1km、南北1.2kmと広大である。土塁や外堀から成る外郭と、さらに土塁と内堀を備えた200m四方の内郭から成る。十三湖全体がかつて津軽最大の港湾だった十三湊《とさみなと》で、北陸・九州方面までの航路があった。

安東氏の発祥や事績は不明な部分が多いが、前九年の役(1051～1062)で討たれた安倍貞任《あべのさだとう》の子・高星《たかほし》の子孫と伝わる。当初、藤崎《ふじさき》城(南津軽郡)に拠って鎌倉時代に執権・北条《ほうじょう》氏の代官として津軽を支配。正和《しょうわ》年間(1312～1317)に福島城に入り、十三湊を水運基地として栄えさせ、室町時代には「奥州十三湊日之本将軍」と称す勢いだった。勢力は蝦夷地に及び、蠣崎《かきざき》氏ら渡島《おしま》半島の豪族を支配していた。

室町期に安東氏は津軽の下国《しものくに》家と、出羽湊などを領した上国《かみのくに》家に分裂。下国家は根城南部《ねじょうなんぶ》氏との抗争に敗れ十三湊を失い、蝦夷に撤退し檜山《ひやま》城(能代市)を拠点に檜山安東氏に。上国家は湊《みなと》城(秋田市)を拠点に湊安東氏と呼ばれる。なお十三湊は南部氏に服せぬまま存続し、当城は住む人なく荒れ果てた。廃城時期の詳細は不明。後に檜山安東愛季《ちかすえ》が檜山と湊を統合し、嫡子の実季《さねすえ》は上国家が秋田城介《あきたのじょうすけ》を称したのにちなみ姓を秋田氏に改めた。

花輪館　はなわだて

平山城

別　名	花輪城
築年/廃年	不明／不明
築城主	花輪氏
城　主	花輪氏～大光寺正親
所在地	秋田県鹿角市花輪字中花輪

南部と安東のあいだを行き来した花輪氏

鹿角《かづの》の小豪族・花輪氏の居城。鹿角市街のほぼ中央、米代川右岸の丘陵(比高40m)に造られた。東の花輪古館は花輪氏初期の居館と見られる。地形を空堀として利用した館城で、本館、北館、南館などより構成。檜山安東《ひやまあんどう》氏と南部《なんぶ》氏に挟まれており、花輪氏はときに安東氏、ときに南部氏に仕えた。南部晴政《はるまさ》と信直《のぶなお》の争いで晴政につき、晴政の死後に離散。以後は信直の支配下に置かれ、大光寺正親《だいこうじまさちか》ら重臣が守った。廃城時期の詳細は不明。

唐川城　からかわじょう

山城

別　名	―
築年/廃年	室町時代／不明
築城主	安東氏
城　主	安東氏
所在地	青森県五所川原市相内字岩井

南部氏に敗れた安東氏詰城

津軽安東《あんどう》氏の本拠・福島《ふくしま》城(五所川原市)の支城のひとつ。詰城だったと見られる。福島城の西方500m、十三湊《とさみなと》を見下ろす独立丘陵(標高160m)にあった。南麓に唐川と山王沢川の支流が流れる天然の要害。嘉吉《かきつ》3年(1443)、根城南部《ねじょうなんぶ》氏の攻撃で福島城が落城。当主の安東盛季《もりすえ》は当城に逃れて籠城したが敗れ、さらに柴崎《しばさき》城(北津軽郡)に逃れた後、蝦夷地渡島《おしま》半島へ敗走したとされる。その後しばらくして廃城といわれるが詳細は不明。

弘前城　ひろさきじょう

平山城

別　名	鷹岡城、高岡城
築年/廃年	慶長16年(1611)／明治以降
築城主	津軽(大浦)為信・信枚
城　主	津軽信枚→信義～承昭
所在地	青森県弘前市下白銀町(弘前公園)

東北・関東地方で唯一の現存天守

津軽藩4万7000石(後に10万石)の藩主・津軽《つがる》氏代々の居城である。津軽平野南部の河岸段丘(標高46m)にある。西を岩木川、東を土淵川が流れる要害で、城域は東西615m、南北950mと広大。縄張は梯郭式で、本丸はじめ7つの曲輪《くるわ》から成り、3重に巡らされた堀で区画されている。天守、8基の櫓、12の城門を備えた堅固な城だった。当地は高岡と呼ばれていたが、後に弘前に改称された。

津軽氏の系譜は不明な点が多いが、その前身は大浦《おおうら》氏である。大浦氏は三戸南《なん》部《ぶ》氏庶家ともいうが、戦国時代に当主となった大浦為信《ためのぶ》は近衛《このえ》家傍流を自称している。いずれにせよ為信は三戸南部氏に従属していたが、元亀《げんき》2年(1571)に突如反逆、独立して津軽一帯を平定した。天《てん》正《しょう》18年(1590)、為信は秀吉《ひでよし》の小田原攻めに参陣し、津軽の領有を公認された。これで南部氏は津軽に手出しができなくなり、両家は長く因縁を残すことになった。

為信は堀越《ほりこし》城(弘前市)を本拠にしていたが、手狭だったため子の信枚《のぶひら》に命じて、高岡に南部氏の侵攻にも耐えうる当城を築いたのである。その後、津軽氏、弘前藩の本拠地として明治を迎える。

当初5重の天守があったが寛永《かんえい》4年(1627)に落雷で焼失。文化《ぶんか》8年(1811)に、現在東北と関東に残る唯一の天守・層塔型3重3階天守(御三階櫓)が築かれた。

鏡城《かがみじょう》

山城

別名	ー
築年／廃年	不明／不明
築城主	不明
城主	安東氏
所在地	青森県五所川原市太田

安東氏の本城・福島城の東を守備

津軽十三湊《とさみなと》に栄華を誇った安東《あんどう》氏支城のひとつ。本拠・福島《ふくしま》城(五所川原市)の東の守りを担った。十三湊は天然の良港で、室町時代末に成立した我が国最古の海洋法規集『廻船式目』の三津七湊《さんしんしちそう》(日本の十大港湾)のひとつに数えられている。近年の調査で、国内以外に中国や朝鮮などとも貿易が行われていた公算が大きい。嘉吉《かきつ》3年(1443)、福島城は根城南部《ねじょうなんぶ》氏の侵攻に遭い落城するが、鏡城もこのとき陥落したようだ。廃城時期の詳細は不明。

大浦城《おおうらじょう》

平城

別名	八幡城、賀田城
築年／廃年	文亀2年(1502)／元和元年(1615)以降
築城主	大浦光信
城主	大浦盛信→政信～(津軽)為信
所在地	青森県弘前市大字五代

津軽為信の津軽制圧拠点

三戸南部《なんぶ》氏に従った大浦光信《おおうらみつのぶ》の築城。津軽平野西、岩木山南東麓で、後年築かれた弘前《ひろさき》城(弘前市)の西方4km。南部氏は光信を種里《たねさと》城(西津軽郡)に入れ、蝦夷と出羽の安東《あんどう》氏に対する抑えとした。光信は養嗣子《ようしし》・盛信《もりのぶ》を当城に配し防備を固めた。光信の死後、盛信は当城を大浦氏の本拠に。後に久慈《くじ》氏出身ともいわれる為《ため》信《のぶ》が家督を継ぎ、主君の南部氏を裏切り当城を拠点に津軽一帯を制圧、津軽《つがる》氏を称す。その後一国一城令により廃城。

堀越城《ほりこしじょう》

平城

別名	堀越楯
築年／廃年	建武3年(1336)／元和元年(1615)以降
築城主	曽我貞光
城主	曽我貞光～南部氏→大浦(津軽)為信
所在地	青森県弘前市大字堀越

津軽為信、第2の本拠

戦国大名・津軽《つがる》(大浦《おおうら》)為信《ためのぶ》が大浦城(弘前市)から新たに本拠とした。子の信枚《のぶひら》が慶長《けいちょう》16年(1611)に弘前《ひろさき》城(弘前市)へ移るまで津軽氏居城・津軽藩庁。城は津軽平野南東、平川左岸の沖積地上に南北朝期に曽我《そが》氏が築き、後に南部《なんぶ》氏が支配。その後、南部氏から独立し津軽を平定した為信の拠点に。文禄《ぶんろく》3年(1594)、為信は大浦城の位置が西に偏っているため当城へ移転、城下町も移す。後に津軽氏は弘前城に移り、当城は一国一城令で廃城。

野沢城《ぬさじょう》

平山城

別名	ー
築年／廃年	文明年間(1469～1487)／不明
築城主	南部(野沢)重義
城主	野沢重義
所在地	青森県三戸郡五戸町大字扇田

三戸南部庶流の野沢氏が守る

戦国時代にかけ南部《なんぶ》一族の中心となった、三戸南部氏の属城である。三戸南部氏の室町中期の居館とされる聖寿寺館《しょうじゅじだて》(三戸郡)の北方の守りを目的に築かれた。浅水川南岸の河岸段丘にあった。主郭を中心に4つの曲輪《くるわ》から成り、各曲輪は空堀で区画されている。築城主は南部信時《のぶとき》の三男・重義《しげよし》で、野沢氏を称した。重義は後に盛岡に移転し、ほどなく廃城になったと見られる。曲輪跡、堀など遺構がある。

三戸城《さんのへじょう》

山城

別名	留ヶ崎城、三戸高城、糠部城
築年／廃年	永禄年間(1558～1570)／明治以降
築城主	南部晴政
城主	南部晴政→晴継→信直→南部氏
所在地	青森県三戸郡三戸町(城山公園)

三戸南部氏の旧本城

盛岡藩主・三戸南部《なんぶ》氏の旧本拠。三戸盆地の中央、馬淵川と熊原川の合流点にある河岸段丘(標高130m)にあった。南部晴政《はるまさ》の代で居城としていた本三戸《ほんさんのへ》城(聖《しょう》寿寺館《じゅじだて》、三戸郡)が家臣の放火で焼失したため、湧水に恵まれた当地に新たに築かれた。三戸南部氏は戦国時代に南部一族の中心となった一門。信直《のぶなお》の代で九戸《くのへ》城(二戸市)、次いで盛岡《もりおか》城(盛岡市)へ移転。一国一城令後も破却されず、代官を置いて大切に管理され明治を迎える。

剣吉城《けんよしじょう》

平山城

別名	剣吉館、大館
築年／廃年	不明／不明
築城主	北(剣吉)氏
城主	北氏
所在地	青森県三戸郡南部町剣吉

南部信直の側近・北信愛の城

三戸南部《なんぶ》氏庶流・北《きた》氏の館城。馬淵川左岸の小丘陵に築かれた。本城と見られる大館と居館らしき小古館のふたつから成る。北氏はもと剣吉氏といったが、三戸南部氏本拠の三戸《さんのへ》城(三戸郡)の北方に当城があり北氏と呼ばれたという。戦国期の当主・北信愛《のぶちか》は南部氏継嗣《けいし》問題で信《のぶ》直《なお》の擁立に功があり、以後内政・外交面で力を振るった。天正《てんしょう》15年(1587)、信愛は秀吉《ひでよし》に鷹を献上し南部家の豊臣《とよとみ》家への恭順を示す。廃城時期の詳細は不明。

根城《ねじょう》

平城

別名	―
築年／廃年	建武元年(1334)／寛永4年(1627)
築城主	南部師行
城主	南部師行→政長～政光～政経～政栄～直義
所在地	青森県八戸市根城

根城南部氏の歴史を伝える古城

根城(八戸《はちのへ》)南部《なんぶ》氏の居城。八戸市街の西、馬淵川右岸の河岸段丘上に築かれた。東西650m、南北410mと広大な平城。縄張は本丸、中館、沢里館、東善寺、岡前館の5つの曲輪《くるわ》が連なる連郭式である。これらの曲輪は空堀で区切られており、現在も曲輪跡、堀、土塁などの遺構がよく残る。

南部氏は甲斐源氏《げんじ》・加賀美《かがみ》光行《みつゆき》の流れで、甲斐南部郷(山梨県南部町)より発祥した。源《みなもとの》 頼朝《よりとも》の奥州征伐で軍功があった南部氏の始祖・南部光行が、奥州糠部(青森県東部～岩手県北部地域)を与えられて南部氏の歴史が始まる。

建武《けんむ》政権下で北畠顕家《きたばたけあきいえ》が義良《のりなが》親王を奉じ、陸奥国司として陸奥に下向。このとき顕家に従って奥州に下向したのが南部師行《もろゆき》で、当城の築城主となる。根城の名の由来は南朝方の根本となる城という。

以後、師行の系譜は当城を拠点に勢力を拡大。室町後期にかけ南部一族は根城南部氏と三戸《さんのへ》城(三戸郡)の三戸南部氏に分かれ、しのぎを削る。

やがて根城南部氏は三戸南部氏に押され、盛岡(三戸)南部藩の傘下に入り、寛《かん》永《えい》4年(1627)に鍋倉《なべくら》城(遠野市)に移封され、根城は廃城となった。以後根城南部氏は遠野南部氏と呼ばれる。

近年、発掘調査をもとに史跡公園として整備され本丸の主殿などが復元された。

七戸城《しちのへじょう》

平城

別名	柏葉城
築年/廃年	鎌倉末期？／天正19年(1591)
築城主	工藤右近将監か南部政長
城主	南部政長～(七戸)政光～家国
所在地	青森県上北郡七戸町七戸

九戸の乱で滅亡した七戸氏

根城南部《ねじょうなんぶ》氏庶流・七戸南部氏の本城。七戸町の西、七戸川北岸の台地に築造された。城の起源は不詳だが、鎌倉末期に地頭を務めていた工藤《くどう》氏、また根城(八戸市)城主・南部師行《もろゆき》の弟で当地に入部した政長《まさなが》ともいわれる。師行の死後に政長が跡を継ぎ、以降当城は根城の城主兼任だったが、室町中期の政光《まさみつ》の代より分家となり七戸氏を称した。天正《てんしょう》19年(1591)、七戸家国《いえくに》は九戸の乱に荷担して滅亡し、城は廃城とされた。

野辺地城《のへじじょう》

平城

別名	金鶏城
築年/廃年	不明／明治以降
築城主	不明
城主	野辺地氏～南部氏
所在地	青森県上北郡野辺地町字野辺地

江戸時代に津軽氏をにらむ代官所に

陸奥湾に面した七戸南部《なんぶ》氏の支城。野辺地川北岸の丘陵に築かれた。築城時期、築城主とも不明だが、七戸南部一族の野辺地氏が上北と下北を支配するため築いたといわれる。天正《てんしょう》19年(1591)、宗家の七戸南部家国《いえくに》が九戸政実《くのへまさざね》の反乱に加わり滅亡し、戦後は盛岡藩主・三戸南部氏の支配下に置かれる。当地は津軽《つがる》氏に対する拠点として重視され、江戸時代を通じ代官所が置かれ明治を迎えた。戊辰戦争で津軽と南部の野辺地戦争があった。

新田城《にいだじょう》

平山城

別名	―
築年/廃年	南北朝時代？／寛永4年(1627)
築城主	新田(南部)政持？
城主	新田政持～義実
所在地	青森県八戸市大字新井田

新田氏が守った根城の支城

根城南部《ねじょうなんぶ》氏庶流・新田氏代々の居城で、根城(八戸市)の南東方向を守る拠点だった。新井田川と松館川の合流点北側にある丘陵にあった。西側の主郭(本丸)と堀を隔てた外館(二ノ丸)より成る。新田氏は、根城を築いた南部師行《もろゆき》の弟・政長《まさなが》の次男である政持《まさもち》が祖とされている。築城時期は不明だが、建武《けんむ》3年(1336)の文書に政持の名があることから、この頃の築城とも。江戸初期の根城南部氏の遠野国替えに伴い、新田氏も遠野に移り廃城へ。

桑折西山城《こおりにしやまじょう》

山城

別名	赤館
築年/廃年	鎌倉時代？／天文17年(1548)以降
築城主	伊達朝宗？
城主	伊達朝宗～稙宗
所在地	福島県伊達郡桑折町大字万正寺字本丸

伊達氏初期の居城のひとつ

米沢に移る前の伊達《だて》氏の居城のひとつ。JR桑折駅西方、標高193mの高館山に主郭、標高208mの西側の山に二ノ丸、三ノ丸があった。源 頼朝《みなもとのよりとも》に伊達郡を与えられ伊達氏の祖となった朝宗《ともむね》の館が起源ともいうが不詳。鎌倉中期に朝宗の孫・義広《よしひろ》が築いたとされる梁川城《やながわ》(伊達市)とともに伊達氏の拠点だった。天文《てんぶん》元年(1532)、14代・稙宗《たねむね》が梁川城から当城へ移って大改修を行い、城址の原型が造られた。15代・晴宗《はるむね》が本拠を米沢に移した後に廃城。

会津若松城《あいづわかまつじょう》

平山城

別名	鶴ヶ城、黒川城、会津城
築年/廃年	元中元年(1384)、文禄元年(1592)／明治以降
築城主	芦名直盛、蒲生氏郷
城主	芦名直盛〜盛氏→盛隆〜義広→伊達政宗→蒲生氏郷→秀行→上杉景勝〜加藤嘉明→明成→保科正之〜(会津)松平容保
所在地	福島県会津若松市追手町(鶴ヶ城公園)

激戦が繰り広げられた悲劇の城

戊辰の役、会津戦争で知られる東北屈指の名城。福島県西部一帯を占める会津若松市のシンボル。会津盆地南東部に位置し、湯川扇状地の地形を利用して造られた平山城だ。遺構として本丸、二ノ丸、三ノ丸(一部)、北出丸、堀などが残る。本丸の高石垣(高さ20m)が見事。近年に走《はしり》長屋や干飯《ほしい》櫓などが復元された。

当城の歴史はおおむね3つに分かれる。まず①戦国時代／当城は黒川《くろかわ》城と呼ばれ、会津の戦国大名・芦名《あしな》氏の本拠だった。②安土桃山時代／伊達政宗《だてまさむね》はじめ、蒲生《がもう》・上杉《うえすぎ》・加藤《かとう》氏ら名立たる大名が城主を務めた。③江戸時代／徳川家光《とくがわいえみつ》の庶弟・保科正之《ほしなまさゆき》を祖とする会津松平《まつだいら》氏が明治まで支配した。維新動乱で、2か月に渡る籠城戦と白虎隊の悲劇が知られる。

この地に初めて城を築いたのは芦名氏だ。芦名氏は鎌倉幕府創設で活躍した三《み》浦《うら》一族の流れ。三浦義明《よしあき》の七男・佐原義《さわらよし》連《つら》が奥州討伐の功で 源 頼朝《みなもとのよりとも》より会津の地を与えられ、3代・光盛《みつもり》より所領の三浦郡芦名にちなみ芦名氏を称したという。

歴代は鎌倉に居住していたと見られるが、南北朝期に足利尊氏《あしかがたかうじ》に敗れた7代・直盛《なおもり》が会津に下向。黒川城の前身となる東黒川館という館を構えた。以後芦名氏は会津に土着し、有力な国人領主となる。

戦国時代にかけ、当城は館から中世城郭への体裁を整えていく。16代・盛氏《もりうじ》の頃に近隣の奥州山内《やまのうち》氏と田村《たむら》氏を抑えて最盛期を迎え、伊達氏や佐竹《さたけ》氏らと互角に争った。だが盛氏の死とともに家中の内紛により衰運。跡を継いだ養嗣子《ようしし》の二《に》階堂盛隆《かいどうもりたか》は近臣に暗殺され、遺児の亀若《かめわか》丸《まる》も若死に。断絶の危機を迎えた芦名氏は天正《てんしょう》17年(1589)、家臣団の合議により佐竹義広《よしひろ》(義重《よししげ》の子、義宣《よしのぶ》の弟)を20代当主として迎えた。義広は同年に伊達政宗の侵攻に遭う。摺上原《すりあげはら》(福島県磐梯町・猪苗代町)で合戦に及ぶが、大敗を喫し佐竹領国の常陸《ひたち》へ敗走。戦国大名・芦名氏は滅亡した。会津を手に入れ、南奥羽を平定した政宗は黒川城に入城した。

しかし、政宗は翌年豊臣秀吉《とよとみひでよし》に屈し、小田原の役に参陣。奥州仕置により政宗は会津を没収され、蒲生氏郷《うじさと》が73万石(後に92万石)で加増移封。文禄《ぶんろく》元年(1592)、氏郷は黒川城を近世城郭へ大改修し、城下を黒川から若松に、城名も鶴ヶ城《つるがじょう》と改めた。氏郷は天守(7重)を築いたが、江戸初期に地震で倒壊した。氏郷の死後、慶長《けいちょう》3年(1598)に上杉景勝《かげかつ》が120万石で入城。慶長5年(1600)、景勝が行った神指《こうざし》城(会津若松市)築城など領内諸城改修が徳川家康《いえやす》の上杉征伐、関ヶ原の戦いへと繋がる。関ヶ原後、景勝は米沢に追われ、再び蒲生氏が入城したが嗣子なく断絶。加藤氏が40万石で入り、新たに5重5階地下2階の層塔型天守を築くなど改修を行ったほか、城下町を整備し近世会津の基礎を造る。加藤氏はお家騒動で改易となり、寛永《かんえい》20年(1643)、徳川秀忠《ひでただ》の四男・保科正之が23万石で入城。ここに会津松平藩が誕生し、以後幕末まで代々の居城に。

明治に会津戦争で堅城ぶりを示したが、会津藩の降伏後、天守や建造物などことごとく破却された。現在の5重天守は昭和40年(1965)に外観復元されたもの。

梁川城　やながわじょう

平山城

別名	鶴岡城、鶴ヶ城
築年／廃年	鎌倉時代／寛文年間(1661〜1673)
築城主	伊達義広？
城主	伊達義広？→政依？〜宗遠〜稙宗→宗清〜蒲生氏〜上杉氏
所在地	福島県伊達市梁川町字鶴ケ岡

伊達氏旧本拠、陸奥守護・稙宗が在城

戦国大名・伊達《だて》氏の初期の本城として知られる。梁川町中心部の東方に位置する。北に塩野川、南に広瀬川、西に阿武隈川が流れるほか、東方には茶臼山と呼ばれる丘陵がある。天然の要害であるほか、水上交通のメリットも享受できた。

室町時代の11代・持宗《もちむね》から14代・稙宗《たねむね》の居城が確実である。稙宗の代で本拠は桑折西山《こおりにしやま》城(伊達郡)へ移された。

築城時期ははっきりしていないが、鎌倉時代の伊達氏3代・義広《よしひろ》、4代・政依《まさより》の頃とも考えられる。これが事実なら、約300年に渡る伊達氏の拠点だったことになる。また、伊達氏中興の祖であり、南北朝時代に活躍した9代・政宗《まさむね》(大膳大《だいぜんだい》夫《ぶ》)は当城で生まれたという説もある。

ただし、歴代の当主は桑折西山城や福《ふく》島《しま》城(福島市)に在城した時期がある可能性もあり、一貫して当城に居城したわけではないと見られる。本拠が移ったあとも当城は支城として重視され、一族や有力家臣が城主となった。有名な17代・政《まさ》宗《むね》が愛姫《よしひめ》(田村清顕《たむらきよあき》の娘)と婚姻した際、受け渡しが行われたのも当城だった。

政宗が秀吉《ひでよし》に伊達郡などを没収されてからは、蒲生《がもう》氏、上杉《うえすぎ》氏が支配した。蒲生・上杉時代に大改修があり、現在残る石垣、堀などの遺構は基本的にこの頃のもの。寛文《かんぶん》年間(1661〜1673)に当地が天領となったことに伴い廃城となった。

藤田城　ふじたじょう

平山城

別名	源宗山
築年／廃年	鎌倉時代？／不明
築城主	不明
城主	吉良氏〜藤田氏
所在地	福島県伊達郡国見町大字山崎字北古舘

伊達氏譜代の臣・藤田氏が拠った城

伊達《だて》氏に仕えた藤田《ふじた》氏の居城と見られる。標高98mの源宗山《げんぞうやま》に築城。奥州合戦で源頼朝《みなもとのよりとも》が藤原泰衡《ふじわらのやすひら》軍と戦った際、本陣を置いた場所ともいい、源氏宗家の拠った山が源宗山の名の由来とされる。南北朝時代に南朝方の拠点となったが、北朝の吉良《きら》氏に落とされた。室町時代に伊達氏の有力家臣・藤田氏が城主に(その後一時断絶)。藤田氏は天文《てんぶん》の乱(1542〜1548)で降伏した伊達稙宗《たねむね》につき没落。廃城時期の詳細は不明。

小田山城　おだやまじょう

山城

別名	―
築年／廃年	不明／不明
築城主	芦名氏
城主	芦名氏
所在地	福島県会津若松市門田町大字黒岩(小田山公園)

若松城の詰城、会津戦争で敵陣に

芦名《あしな》氏本拠・会津若松《あいづわかまつ》城(会津若松市)の支城。若松城南東約500mの小田山(標高372m)に築城。築城は鎌倉時代ともいわれるが不詳。永禄《えいろく》3年(1560)、一族の内紛が続く頃、当主の直盛《なおもり》が家臣の平田《ひらた》明範《あきのり》と富田祇祐に修築を命じており、若松城の詰城と見られる。永禄11年(1568)に盛氏《もりうじ》が向羽黒山《むかいはぐろやま》城(大沼郡)を築城後は存在意義が曖昧に。その後しばらくして廃城と思われるが詳細は不明。会津戦争では新政府軍が砲台陣地に利用。

大里城《おおさとじょう》

山城

別　名	牛ヶ城
築年/廃年	天正年間(1573～1592)／不明
築城主	矢田野安房守
城　主	矢田野安房守
所在地	福島県岩瀬郡天栄村大字大里字向舘

伊達政宗も落とせなかった堅城

二階堂《にかいどう》氏旧臣・矢田野《やだの》氏の拠点。天栄村の急峻な武隈山(比高50m)に位置する。断崖と深い空堀で守られた要害。天正《てんしょう》18年(1590)6月、矢田野安房守《あわのかみ》は政宗《まさむね》に従い小田原参陣に随行したが、突如帰国し籠城して反乱を起こす。背後に佐竹《さたけ》氏の存在があったとも。政宗は石川昭光《いしかわあきみつ》と片《かた》倉景綱《くらかげつな》を鎮圧に赴かせたが、天険に阻まれ苦戦。伊達軍は水の手を攻略したが城は落ちず。8月に浅野長政《あさのながまさ》の仲裁で政宗は軍を引いた。廃城時期の詳細は不明。

新宮城《しんぐうじょう》

平城

別　名	会津新宮城
築年/廃年	建暦2年(1212)／不明
築城主	新宮(芦名)時連
城　主	新宮時連～明継→盛俊
所在地	福島県喜多方市慶徳町新宮字舘内

宗家に滅ぼされた芦名庶流・新宮氏

芦名《あしな》氏庶家・新宮氏の居城。会津盆地北西、阿賀川支流・濁川右岸の扇状地に位置。鎌倉初期、芦名盛連《もりつら》(佐原義連《さわらよしつら》の子)が六男・時連《ときつら》に新宮を与え、以後時連の系譜は新宮氏を称する。芦名氏は南北朝から室町前期に内部対立が激しく、新宮氏は同じ庶家の加納《かのう》佐原氏、芦名宗家と抗争。応永《おうえい》10年(1403)、盛俊《もりとし》の代で宗家の攻撃により落城。後に西1kmに高館《たかだて》城を築き抵抗したが落とされ滅亡へ。新宮氏滅亡後に廃城と思われるが詳細は不明。

慶徳城《けいとくじょう》

平山城

別　名	慶徳館
築年/廃年	天正元年(1573)頃／天正17年(1589)以降
築城主	慶徳氏
城　主	慶徳善五郎
所在地	福島県喜多方市慶徳町豊岡字今町

芦名氏の忠臣・慶徳善五郎

芦名《あしな》氏の将・慶徳善五郎《ぜんごろう》の館城。会津盆地北西、濁川右岸の河岸段丘に築造された。縄張は本丸、二ノ丸、三ノ丸から成る梯郭式。芦名氏は天正《てんしょう》8年(1580)の16代・盛氏《もりうじ》の死後、家臣団の統制が乱れたが、善五郎は一貫して芦名当主に仕えた忠臣だった。天正12年(1584)に反乱を起こした松本《まつもと》氏方の勝次郎《かつじろう》を討ち、翌年には喜多方へ侵攻した伊達《だて》軍を撃退。天正17年(1589)の摺上原《すりあげはら》戦後に討ち死にしたと見られ、同時期に当城も廃城へ。

守山城《もりやまじょう》

平山城

別　名	―
築年/廃年	不明／元和元年(1615)以降
築城主	田村庄司家?
城　主	田村庄司家～(三春)田村氏～伊達氏→田丸直昌
所在地	福島県郡山市田村町守山字三ノ丸

三春田村氏の旧本城

田村郡を支配した田村《たむら》氏の本城。黒石川左岸の河岸段丘にあった。平安時代、坂上田村麻呂《さかのうえのたむらまろ》が蝦夷追討の際に築いたとも伝わるが不詳。鎌倉時代に田村荘を領した田村庄司《しょうじ》(荘司)が居住。南北朝期に田村庄司家は南朝方に与し滅亡。代わって庄司職を奪ったと見られる北朝方の三《み》春《はる》田村氏(平《たいら》姓)が支配。永正《えいしょう》年間(1504～1521)に田村義顕《よしあき》が三春城(田村郡)に移るまで本城に。後に三春田村氏は伊達《だて》氏の傘下となる。一国一城令により廃城。

高倉城 たかくらじょう

山城

別名	―
築年／廃年	戦国時代／不明
築城主	畠山政泰
城主	(高倉)畠山氏～伊達氏
所在地	福島県郡山市日和田町高倉

二本松とともに没落した高倉畠山氏

二本松《にほんまつ》城(二本松市)を本拠とした畠山《はたけやま》一族・高倉畠山氏の城。郡山市最北端、阿武隈・五百川間の城山(比高100m)に位置する。畠山政泰《まさやす》は二本松城主・満泰《みつやす》の嫡孫だが、叔父の持泰《もちやす》が跡を継いだため当城を築き居城とした。政泰の系譜の高倉畠山氏は天正《てんしょう》3年(1575)、三春《みはる》城(田村郡)の田村清顕《たむらきよあき》の侵攻で一時降伏、天正10年(1582)に再び清顕に攻撃された。翌年、伊達政宗《だてまさむね》が二本松城を落とし当城も伊達領に。廃城時期の詳細は不明。

牛越城 うしごえじょう

山城

別名	―
築年／廃年	文安年間(1444～1449)／慶長7年(1602)以降
築城主	牛越定綱
城主	牛越定綱～相馬義胤
所在地	福島県南相馬市原町区牛越字城下

相馬氏が一時本城とした城

南相馬市街地西方、水無川と新田川に挟まれた標高73mの丘陵にあった。相馬《そうま》氏に属した在地豪族・牛越氏の居城。文《ぶん》安《あん》2年(1445)、城主の定綱《さだつな》が謀反し、小《お》高《だか》城(南相馬市)の相馬高胤《たかたね》に滅ぼされた。慶長《けいちょう》2年(1597)、相馬義胤《よしたね》は新城の村上《むらかみ》城(南相馬市)を築いたが、焼失して牛越城に移る。慶長7年(1602)、義胤は関ヶ原不参の罪で改易。嫡子・利胤《としたね》の働きで本領安堵されたが、利胤は牛越城を不吉とし再び小高城を本拠として当城は廃城。

岩瀬山城 いわせやまじょう

平山城

別名	愛宕山城
築年／廃年	鎌倉末期／不明
築城主	二階堂行朝
城主	二階堂氏～守谷氏→蒲生氏→栗田刑部
所在地	福島県須賀川市愛宕山(翠ヶ丘公園)

二階堂氏の本拠・須賀川城の詰城

須賀川に勢力を持った須賀川二階堂《にかいどう》一族の行朝《ゆきとも》の築城という。須賀川盆地中央の愛宕山(比高40m)に造られた。主郭を中心に多数の曲輪《くるわ》から成る館城。当城は二階堂本拠の須賀川《すかがわ》城(須賀川市)の詰城として位置づけられていたと見られる。天正《てんしょう》17年(1589)、伊達政宗《だてまさむね》の侵攻で須賀川城は落城し、二階堂氏は滅亡。この際、城代の守谷《もりや》氏は政宗に内応し、所領を安堵された。奥州仕置後は蒲生《がもう》氏、上杉《うえすぎ》氏に支配された。廃城時期の詳細は不明。

松山城 まつやまじょう

山城

別名	―
築年／廃年	天文年間(1532～1555)／不明
築城主	横田治部
城主	二階堂氏→田村氏→二階堂氏→芦名氏～伊達氏
所在地	福島県須賀川市横田字松山

二階堂・田村・芦名がつばぜり合い

二階堂《にかいどう》氏の有力な支城で、芦名《あしな》・田村《たむら》氏と激しい争奪戦が繰り広げられた城。標高342mの岩崎山に築造された。山頂に主郭を配し、尾根に沿って曲輪《くるわ》を連ねた連郭式山城。現在は史跡公園として整備される。当城は重要拠点だったらしく、天文《てんぶん》6年(1537)に芦名盛氏《もりうじ》の攻撃を受け、永禄《えいろく》5年(1562)には田村氏の侵攻で一時落城。この際、二階堂勢が兵糧攻めで田村勢を撃退したが、直後に芦名氏に攻められ落城した。廃城時期の詳細は不明。

三芦城 みよしじょう

山城

別　名	石川城
築年／廃年	康平6年（1063）／天正18年（1590）
築城主	石川有光
城　主	石川有光～貞光～晴光→昭光
所在地	福島県石川郡石川町字下泉

陸奥の名族・石川氏の本拠

陸奥石川《いしかわ》氏の本城。今出川の北西、愛宕山（比高50m）より東に伸びる尾根に築かれた。陸奥石川氏は前九年の役（1051～1062）に従軍した源《みなもとの》 頼遠《よりとお》を祖とする一族。子の有光《ありみつ》が白河郡を下賜され当城を築城し、代々の居城となった。戦国時代に伊達《だて》晴宗《はるむね》の四男・昭光《あきみつ》が養嗣子《ようしし》となる。昭光は摺上原《すりあげはら》の戦い後、伊達政宗《まさむね》に臣従。奥州仕置で改易され当城は廃城となるが、政宗より角田《かくだ》城（角田市）1万石を与えられ、以後明治まで石川氏が在城した。

相馬中村城 そうま なかむらじょう

平山城

別　名	馬陵城、中村館
築年／廃年	慶長16年（1611）／明治以降
築城主	相馬利胤
城　主	相馬利胤→義胤～誠胤→相馬氏
所在地	福島県相馬市中村字北町（馬陵公園）

相馬中村藩の本拠

6万石の中村藩相馬氏代々の本拠。相馬市中心部、宇多川北岸の小丘陵に築造された。2重の水堀を巡らした堅城。坂《さかの》上田村麻呂《うえのたむらまろ》の館が城の起こりとも。南北朝期には中村氏の館があったが戦国時代に相馬氏の支配下に入る。関ヶ原合戦後、本領安堵された当主の利胤《としたね》が、本拠の小《お》高《だか》城（南相馬市）が手狭だったために築城した。3重の天守が築かれたが、寛文《かんぶん》10年（1670）に落雷で焼失。明治になって破却されたが石垣、大手門、土塁など現存。

中丸城 なかまるじょう

山城

別　名	横田中丸城
築年／廃年	応永年間（1394～1428）／天正18年（1590）
築城主	山内（山ノ内）通俊
城　主	山内通俊～俊清→舜通→氏勝
所在地	福島県大沼郡金山町大字横田

芦名・伊達氏に攻撃された山内氏

奥会津西部の伊北郷を領した会津山内《やまのうち》氏の本城。只見川左岸、山入川と良々子川に挟まれた要害山（標高547m）に位置。山内氏は備後《びんご》山内氏の庶流とされる。当城を中心に伊北郷に一族を配し、「山内七騎党」と呼ばれる惣領制を敷いていた。天文《てんぶん》12年（1543）に芦名盛氏《あしなもりうじ》の侵攻を受けるが撃退。天正《てんしょう》17年（1589）、伊達政宗《だてまさむね》の攻撃で落城したが、当主・氏勝《うじかつ》は水久保《みずくぼ》城（南会津郡）に籠城し善戦した。しかし奥州仕置で改易され滅亡、廃城へ。

玉縄城 たまなわじょう

山城

別　名	―
築年／廃年	天文12年（1543）／天正18年（1590）以降
築城主	山内（山ノ内）俊清
城　主	山内俊清～川口（山内）俊満→盛俊→俊安
所在地	福島県大沼郡金山町大字川口

山内氏庶流・川口氏の拠点

会津郡伊北郷一帯を統治した会津山内《やまのうち》氏の城。領内に配された「山内七騎党」のひとつ。只見川と野尻川の合流点に位置する川口の丘陵にあった。芦名盛氏《あしなもりうじ》を撃退した当主の山内俊清《としきよ》が、芦名氏との関係修復を図るため家督を嫡男・舜通に譲って隠居し、新たに築いた城。末子の俊甫とともに在城した。以後俊甫の系譜は川口山内氏と呼ばれる。宗家の氏勝《うじかつ》が伊達政宗《だてまさむね》と敵対した際、川口氏ら庶子家は政宗側に寝返った。奥州仕置後に廃城。

三春城 みはるじょう

平山城

別　名	―
築年/廃年	永正年間(1504～1521)／明治以降
築城主	田村義顕
城　主	田村義顕→隆顕→清顕→清顕夫人→宗顕～蒲生氏→松下長綱→秋田俊季→秋田氏
所在地	福島県田村郡三春町字南町

政宗の妻・愛姫の故郷

田村郡を支配していた戦国大名・田村《たむら》氏の本城として知られる。戦国時代に義《よし》顕《あき》、隆顕《たかあき》、清顕《きよあき》の3代が80年在城した。伊達政宗《だてまさむね》の正室・愛姫《よしひめ》(清顕の娘)の故郷としても有名である。

現在の城址は、江戸時代に入城した松《まつ》下《した》氏と秋田《あきた》氏時代に改修されたものが原型となっている。城は三春町の中心部にある比高40～80mの丘陵地帯に位置する。田村氏時代は中央頂部の本丸を中心とした山城だったが、松下氏時代に山麓に二ノ丸と三ノ丸が設けられ、秋田氏時代に居館が山麓に移されて平山城へ変貌した。建物は残っていないが、秋田氏時代の藩校「明徳堂」表門が三春小学校の校門となり現存する。

平《たいら》姓を称する三春田村氏は、南北朝期に当地の領主だった田村庄司《しょうじ》家に代わって台頭した一族。義顕の代で守山《もりやま》城(郡山市)より当地に本拠を移して城を築いた。天正《てんしょう》年間(1573～1592)、佐竹《さたけ》・芦名《あしな》氏らの圧迫に苦しんだ清顕は伊達輝宗《てるむね》を頼り、輝宗の嫡男・政宗に愛姫を嫁がせた。天正14年(1586)に清顕が死去した後、清顕夫人(相馬顕胤《そうまあきたね》の娘)が女城主となる。後に伊達政宗の保護下に入ったが、天正18年(1590)の奥州仕置で田村氏は改易となった(江戸初期に一関藩主として再興)。

正保《しょうほう》2年(1645)、安東《あんどう》氏の後身・秋田《あきた》氏が5万5000石で入り明治まで11代続く。

小高城 おだかじょう

平山城

別　名	浮舟城
築年/廃年	嘉暦元年(1326)／慶長16年(1611)
築城主	相馬重胤
城　主	相馬重胤～顕胤→盛胤→義胤～利胤
所在地	福島県南相馬市小高区小高

奥州相馬氏300年の本拠

磐城地方を支配した戦国大名・奥州相《そう》馬《ま》氏の本拠。慶長《けいちょう》16年(1611)に相馬中村《なかむら》城(相馬市)に移るまで約300年の根拠地。

小高川北岸、川に張り出した比高9m程度の段丘に築かれた。3方を川と湿地帯で囲まれ「浮舟城《うきふね》」の異名がある。城域は東西220m、南北160mと小規模。城の大部分を占める本丸を中心に、南二ノ丸、北二ノ丸、馬場の計4の曲輪《くるわ》から成り、それぞれ深い堀切で区画されていた。江戸時代に相馬氏は6万石の中村藩主となるが、当城が手狭だったことが本拠移転の大きな理由。弁天池という堀跡などの遺構が残る。現在、本丸跡には妙見神を祀る小高神社があり、有名な「野馬追祭り」で神事「野馬懸け」が行われる。

相馬氏は平将門《たいらのまさかど》の後裔を称するが、家祖は千葉《ちば》一族の千葉師常《もろつね》。下総《しもうさ》相馬郡(茨城県北相馬郡、千葉県東葛飾郡)を領したことから相馬氏を称した。奥州征伐の功により源頼朝《みなもとのよりとも》に行方郡(福島県相馬郡)を与えられた。鎌倉末期に重胤《しげたね》が入部して当城を築き、以後磐城地方に勢力を広げた。戦国時代は伊達《だて》氏、佐竹《さたけ》氏、芦名《あしな》氏らと戦う。特に16代・義胤《よしたね》は伊達輝宗《てるむね》・政宗《まさむね》父子と激しい抗争を繰り広げた。政宗の攻勢で滅亡の危機に瀕するが、小田原の役参陣により秀吉《ひでよし》に本領安堵された。その後、相馬氏は慶長16年(1611)に中村城を築いて移り、小高城は廃城となった。

二本松城 にほんまつじょう 平山城

別名	霞ヶ城、白旗城
築年/廃年	応永21年(1414)／明治以降
築城主	畠山満泰
城主	畠山満泰～義継→義綱→片倉景綱→伊達成実→蒲生郷成→町野重仍→下条忠親～加藤氏～丹羽光重～長裕
所在地	福島県二本松市郭内3

政宗父子の悲劇を起こした二本松畠山氏

戦国時代は二本松畠山《はたけやま》氏、江戸時代は二本松丹羽藩10万石の本拠となった城。二本松市街の北方、南東に伸びる標高345mの白旗ヶ峰に築造された。戊辰戦争での二本松少年隊の悲劇でも知られる。

奥州畠山氏は足利《あしかが》一門で、室町幕府の三管領《かんれい》のひとつ、畠山氏の嫡流にあたる名門である。南北朝期に足利尊氏《たかうじ》に与して奥州探題に任ぜられた畠山国氏《くにうじ》は、父・高国《たかくに》とともに多賀国府に下向。しかし観《かん》応《のう》の擾乱《じょうらん》(1350～1352)で敗死した。国氏の子・国詮《くにあき》は二本松に逃れ、その子・満《みつ》泰《やす》は当城を築き、以後子孫は挽回を図ったが徐々に没落。戦国時代には伊達《だて》氏、芦名《あしな》氏らに圧迫される一国人へ零落した。

天文《てんぶん》13年(1544)、伊達政宗《まさむね》の攻撃を受けた当主・義継《よしつぐ》は降伏を申し出た。政宗は領地の大半を没収しようとしたが、父・輝宗《てるむね》の斡旋でこの措置は見送られた。これを恨みに思った義継は、宮森《みやもり》城(二本松市)の輝宗を拉致して当城に戻ろうとしたが、途中で政宗に追いつかれ、輝宗もろとも射殺されている。家臣らは嫡子の義綱《よしつな》を立てて籠城し政宗と戦ったが、翌年に落城し、二本松畠山氏は滅亡した。

奥州仕置後に城主となった蒲生《がもう》氏、加《か》藤《とう》氏、丹羽《にわ》氏が改修を重ね、以降は丹羽氏が代々城主を務め、明治を迎える。

遺構として随所に江戸期の石垣が残る。

岩谷城 がんごくじょう 山城

別名	―
築年/廃年	明徳元年(1390)？／天正18年(1590)以降？
築城主	井上氏
城主	井上氏→山内(滝谷)俊政→俊基
所在地	福島県大沼郡三島町大字滝谷字下舘山

会津山内氏、滝谷の拠点

芦名《あしな》氏と同盟しつつ独立性を保った奥会津の豪族・山内《やまのうち》氏の城。滝谷川右岸の丘陵(標高330m)に位置。芦名氏本拠の黒《くろ》川《かわ》城(会津若松市)と山内領の伊北郷を結ぶ伊北街道を扼す。「山内七騎党」で芦名の臣・井上《いのうえ》氏の居城だったが、永禄《えいろく》元年(1558)に山内当主・俊清《としきよ》の次男の俊政《としまさ》と三男の俊範《としのり》の攻撃で落城。芦名盛氏《もりうじ》は追討を決めたが、山内一族の沼田《ぬまた》氏の取りなしで山内兄弟が盛氏の臣となり収束。奥州仕置後廃城といわれるが詳細は不明。

河原崎城 かわらざきじょう 山城

別名	和泉田城
築年/廃年	不明／不明
築城主	不明
城主	五十嵐道正
所在地	福島県南会津郡南会津町和泉田

多数の戦死者が出た籠城戦

奥会津伊南郷豪族の河原田《かわらだ》盛次《もりつぐ》の家臣・五十嵐《いがらし》道正《みちまさ》の居城と伝わる。伊南川南岸、比高170mの丘陵に位置。天正《てんしょう》17年(1589)、摺上原《すりあげはら》で芦名《あしな》義広《よしひろ》を破った伊《だ》達《て》政宗《まさむね》は会津平定戦に乗り出す。久川《ひさかわ》城(南会津郡)の盛次は政宗への臣従を拒否。政宗は当城に長沼《ながぬま》盛秀《もりひで》を差し向け攻撃。大激戦となり一説に籠城軍200、攻城軍800もの戦死者を出した末に落城。政宗の会津平定に支障が出るほど被害が甚大だった。廃城時期の詳細は不明。

小浜城《おばまじょう》

山城

別名	―
築年/廃年	文明年間(1469～1487)／寛永4年(1627)
築城主	大内宗政
城主	大内宗政～義綱→定綱→伊達氏→蒲生忠右衛門～山浦景国～玉井貞右
所在地	福島県二本松市小浜

塩松を治めた大内氏

塩松(東安達)地方の豪族・大内氏《おおうち》の居城。当地は小浜川が形成する谷底平野にあり、田村、二本松、相馬へ通じる要衝。大内氏は周防《すおう》大内氏との関係が取り沙汰されるが不詳。戦国期に田村《たむら》氏と通じて主家の石橋《いしばし》氏を追い、塩松を統治した。後に定綱《さだつな》の代で芦名《あしな》氏に帰順したが、天《てん》正《しょう》11年(1583)に伊達政宗《だてまさむね》に攻められ落城。定綱は二本松へ逃走する。その後、伊達氏、蒲生《がもう》氏らの支配下に置かれた後、廃城となった。

四本松城《しおのまつじょう》

山城

別名	塩松城
築年/廃年	治暦元年(1065)／永禄12年(1569)以降
築城主	伴助兼
城主	伴助兼～田原氏～石塔氏～石橋棟義～義衡～義久
所在地	福島県二本松市上長折

大内氏の下克上に遭った石橋氏

塩松(東安達)に君臨した石橋《いしばし》氏の本拠。阿武隈山地の西麓、西から東に張り出した丘陵の先端(比高100m)に築かれた。周囲を断崖や深い谷に守られた要害。後三年の役(1083～1087)で活躍した伴《とも》氏が築城。室町前期に斯波《しば》氏支流の石橋棟《むね》義《よし》が入城し、足利《あしかが》将軍に奥州総大将、陸奥守に任じられている。戦国時代に重臣の大内義綱《おおうちよしつな》の勢力が強まり、当主の義久《よしひさ》は永禄《えいろく》12年(1569)頃、義綱に追放された。石橋氏滅亡後、ほどなくして廃城へ。

小手森城《おでもりじょう》

山城

別名	―
築年/廃年	不明／天正16年(1588)以降
築城主	石橋氏
城主	石橋氏→大内氏→石川光昌
所在地	福島県二本松市針道字愛宕森

政宗が1000人の「撫で斬り」

石橋《いしばし》氏の四本松《しおのまつ》城(二本松市)支城、後に石橋家臣・大内《おおうち》氏の下克上により小浜《おばま》城(二本松市)支城に。針道川右岸の独立丘陵に位置。天正《てんしょう》13年(1585)、伊達政宗《だてまさむね》の攻撃を受け落城。この際、政宗は大内方の城将・菊地顕綱《きくちあきつな》以下、兵、女、子供を皆殺しにした。政宗は最上義光《もがみよしあき》宛書状で討ち取った数を1000人(別の書状では800人など一致していない)と記す。戦後、伊達家臣・石川光昌《いしかわみつまさ》が城主となるも相馬《そうま》氏に通じて謀反。政宗に鎮圧され廃城へ。

百目木城《どうめきじょう》

山城

別名	本館
築年/廃年	天文年間(1532～1555)／天正16年(1588)以降
築城主	石川光昌
城主	石川光昌
所在地	福島県二本松市百目木字本館

政宗に敗れた石川光昌の城

石橋《いしばし》氏に従っていた豪族・石川光昌《いしかわみつまさ》の築城。阿武隈山地に囲まれた比高70mの丘陵にあった。光昌は大内定綱《おおうちさだつな》とともに主家の石橋氏を滅ぼし、百目木周辺を掌握。後に田村《たむら》氏に属した。天正《てんしょう》11年(1583)に塩松(東安達)の平定を目論む定綱の攻撃を受けたが撃退に成功している。天正13年(1585)、伊達政宗《だてまさむね》に協力して定綱を追放し、小手森《おでもり》城(二本松市)を与えられた。だが光昌は相馬《そうま》氏と結んで政宗に謀反。光昌は追放され当城も廃城に。

八丁目城 はっちょうめじょう

山城

別名	松川城
築年／廃年	不明／天正18年(1590)以降
築城主	不明
城主	堀越氏→伊達実元
所在地	福島県福島市松川町

伊達と畠山がしのぎを削った城

松川町西北の比高35mの山に築造された。安達郡と信夫《しのぶ》郡の境にある境川から「八町」（約872m）の距離にあることが城名の由来。発祥は不詳だが、戦国時代は伊達《だて》氏の属城だった。天文《てんぶん》の乱（1542～1548）の頃、伊達稙宗《たねむね》側だった堀越興行《ほりこしおきゆき》が在城していた。元亀《げんき》元年（1570）、堀越宗《むね》範《のり》が畠山《はたけやま》氏に寝返ったが、大森《おおもり》城（福島市）の伊達実元《さねもと》（成実《しげざね》の父）が鎮圧し奪回。実元は家督を成実に譲った後、当城に隠退。奥州仕置後に廃城といわれている。

福島城 ふくしまじょう

平城

別名	大仏城、杉目城
築年／廃年	文禄元年(1592)／明治以降
築城主	木村吉清
城主	木村吉清～上杉氏～本多氏～板倉氏
所在地	福島県福島市杉妻町

蒲生氏の支配後、福島藩の藩庁に

現在の福島県庁一帯にあった。県庁東の紅葉山公園は城内庭園の跡。応永《おうえい》20年（1413）に伊達持宗《だてもちむね》が鎌倉公方《くぼう》と戦った際に籠城した大仏《だいぶつ》城が当城の前身。後に杉《すぎの》目《め》城と呼ばれ、戦国時代を通じ伊達氏の属城だったが、天正《てんしょう》18年（1590）の奥州仕置で信夫《しのぶ》郡は蒲生氏郷《がもううじさと》の領土に。氏郷の臣・木村吉清《きむらよしきよ》により改修され、福島城と改められる。後に上杉《うえすぎ》氏らの支配を経て江戸中期に板倉《いたくら》氏が入城。以後明治まで福島藩板倉氏3万石の藩庁となった。

猪苗代城 いなわしろじょう

平山城

別名	亀ヶ城
築年／廃年	鎌倉時代？／明治以降
築城主	猪苗代(佐原)経連？
城主	猪苗代経連～盛国～蒲生氏～上杉氏～加藤氏～会津松平氏
所在地	福島県耶麻郡猪苗代町古城町

政宗に味方した猪苗代氏

芦名《あしな》一族・猪苗代氏の城。磐梯山の南東麓、比高30mの丘陵に位置する。猪苗代は会津盆地と中通りを結ぶ要地。鎌倉初期に三浦《みうら》氏の流れを引く佐原義連《さわらよしつら》の孫・経連《つねつら》の築城とされ、子孫は代々猪苗代氏を称した。芦名氏も義連の血統で、猪苗代氏宗家にあたる。天正《てんしょう》17年（1589）の摺上原《すりあげはら》の戦いで当主の盛国《もりくに》が伊達政宗《だてまさむね》に味方し、芦名氏は滅亡。後に奥州仕置で盛国は国替え。以後蒲生《がもう》氏、加藤《かとう》氏らを経て松平《まつだいら》氏が支配。戊辰戦争で焼亡。

桧原城 ひばらじょう

山城

別名	檜原城
築年／廃年	天正13年(1585)／天正17年(1589)以降
築城主	伊達政宗
城主	後藤信康
所在地	福島県耶麻郡北塩原村大字桧原

芦名氏に備えた伊達氏の前線基地

伊達《だて》氏の対芦名《あしな》氏最前線の城。桧原湖北端の小谷山（比高130m）に築造された。湖畔に外堀が残る。天正《てんしょう》12年（1584）、米沢を本拠としていた伊達政宗《まさむね》は桧原地域を領していた穴沢《あなざわ》氏を討ち、翌年当城を築城。桧原は桧原峠を越え会津へ進む要衝だった。加えて西方に桧原金山を擁することも大きな魅力だったと見られる。政宗は後藤信康《ごとうのぶやす》を城代に任じ、芦名氏の攻撃に備えさせた。天正17年（1589）の芦名氏滅亡後、廃城になったと見られる。

戸山城《とやまじょう》

山城

別　名	―
築年／廃年	永禄年間（1558～1570）／永禄8年（1565）以降
築城主	穴沢俊恒
城　主	穴沢俊恒
所在地	福島県耶麻郡北塩原村大字桧原

金山を支配した穴沢氏の本拠

芦名《あしな》氏家臣・穴沢《あなざわ》氏の本拠。桧原湖の北西端より南へ張り出す丘陵に築かれた。山麓に戸山館を置く。比高は210mながら標高は1037mと全国でもトップクラスの高所にある山城である。桧原は米沢の伊《だ》達《て》氏と会津の芦名氏の境界にある地域。当城は伊達氏への備えとともに、桧原金山を支配するための拠点でもあった。永《えい》禄《ろく》8年（1565）、伊達輝宗《てるむね》（政宗《まさむね》の父）の攻撃を受けたが撃退に成功。後に俊恒《としつね》が対岸に岩山《いわやま》城を築き移転したため廃城に。

綱取城《つなとりじょう》

山城

別　名	―
築年／廃年	明応年間（1492～1501）／永正2年（1505）
築城主	松本宗輔
城　主	松本宗輔
所在地	福島県耶麻郡北塩原村大字北山

芦名の叛臣・松本氏の居城

黒川《くろかわ》城（会津若松市）を本拠とする芦名《あしな》氏の伊達《だて》氏に対する前線拠点のひとつ。芦名氏に従っていた松本宗輔《まつもとむねすけ》が守った。米沢街道を扼する、会津盆地北東の要害山（比高130m）に築造された。宗輔は独立志向が強い将で、明応《めいおう》9年（1500）に主の芦名盛高《もりたか》に謀反を起こしたが盛高に攻められ降伏。永正《えいしょう》2年（1505）には盛高の子・盛滋《もりしげ》とともに再び盛高に抗したが、またも鎮圧される。当城は廃城となり松本氏は衰亡。宗輔の生死は不明である。

石川城《いしかわじょう》

山城

別　名	大仏ヶ鼻城、石川十三楯
築年／廃年	建武元年（1334）／慶長16年（1611）
築城主	曽我道性
城　主	曽我氏～石川高信→板垣将兼
所在地	青森県弘前市大字石川字大仏

13の城館、津軽為信の謀反で落城

JR石川駅南、平川左岸の台地にある。周辺の館を含め石川十三楯（大仏ヶ鼻城、岡館、猿楽館、月館、坊館、八幡館、寺館、高田館、茂兵衛殿館、寺山館、孫兵衛館、小山館、新館）とも呼ばれる。北《ほう》条《じょう》披官の津軽曽我《そが》氏の築城後、戦国時代に南部《なんぶ》氏に制圧され、石川高信《たかのぶ》が城主に。元亀《げんき》2年（1571）、南部氏に属していた津軽（大浦《おおうら》）為信《ためのぶ》の反乱を受けて落城し、津軽氏の属城となる。慶長《けいちょう》16年（1611）、弘《ひろ》前《さき》城（弘前市）築城に伴い廃城。

浪岡城《なみおかじょう》

平城

別　名	浪岡御所、北之御所
築年／廃年	応仁年間（1467～1469）／不明
築城主	浪岡（北畠）顕義
城　主	浪岡顕義→顕具→具永→具統→具運→顕村→津軽（大浦）氏
所在地	青森県青森市浪岡大字浪岡

名門北畠一族、津軽為信の前に滅ぶ

津軽平野中央、浪岡川と正平津川の合流点の北に位置する。築城主の浪岡氏は、南朝の重鎮で陸奥国司だった北畠親房《きたばたけちかふさ》・顕家《あきいえ》父子の後裔。北朝に敗れ零落した北畠氏は南部《なんぶ》氏に庇護され浪岡に入部。浪岡氏を称して顕義《あきよし》の代で当城を築き、名族であることから「浪岡御所」とも呼ばれた。戦国時代に内紛で衰退。顕村《あきむら》の代の天正《てんしょう》6年（1578）に津軽統一を図る津軽《つがる》（大浦《おおうら》）為信《ためのぶ》に攻められ落城し、国司としての浪岡氏は滅亡。廃城時期は不明。

種里城 たねさとじょう

山城

別　名	山上館
築年／廃年	延徳3年(1491)／不明
築城主	大浦(南部)光信
城　主	大浦光信→盛信
所在地	青森県西津軽郡鰺ヶ沢町種里町

津軽を平定した津軽氏の故地

津軽藩の基盤を作った大浦《おおうら》(津軽《つがる》)氏発祥の城。赤石川左岸の丘陵地に造られた。津軽北西部は安東氏のテリトリーだったが嘉吉《かきつ》3年(1443)に三戸南部《なんぶ》氏の攻勢で蝦夷に追いやられた。その後安東《あんどう》氏の抵抗が続いたため、延徳《えんとく》3年(1491)に下久慈にいた南部一族の光信《みつのぶ》が当地に入部、種里城を築いた。光信は大浦氏を称し勢力を拡大。光信の死後、盛信《もりのぶ》が大浦城(弘前市)に本拠を移転。子孫の為信《ためのぶ》が津軽統一を果たす。廃城時期の詳細は不明。

雫石城 しずくいしじょう

平山城

別　名	高石城、八幡館
築年／廃年	室町時代／天正20年(1592)
築城主	戸沢氏
城　主	戸沢氏→斯波詮貞～南部氏
所在地	岩手県岩手郡雫石町

雫石川河畔に建つ

平家《へいけ》の一族で雫石荘の地頭だった戸沢《とざわ》氏の築城。雫石川左岸の河岸段丘に築かれた。南北朝期に南朝方の拠点として造られたと見られる。応永《おうえい》30年(1423)、当主の家盛《いえもり》が角館《かくのだて》城(仙北市)へ移転した後も一族が守ったが、天文《てんぶん》9年(1540)に南《なん》部《ぶ》氏の攻撃で落城。高水寺斯波《こうすいじしば》一族が支配することになったが、天正《てんしょう》14年(1586)に斯波氏は南部信直《のぶなお》と対立し、攻撃されて落城。南部の属城となった後、天正20年(1592)に秀吉《ひでよし》の命で破却された。

鍋倉城 なべくらじょう

山城

別　名	遠野城、横田城
築年／廃年	天正年間(1573～1592)初期／明治以降
築城主	阿曽沼広郷
城　主	阿曽沼広郷→広長～南部直義→南部氏
所在地	岩手県遠野市遠野町

留守中に家臣に奪われた遠野の要衝

遠野を支配した阿曽沼《あそぬま》氏の本拠。遠野市街中心部にある鍋倉山(比高80m)にあった。阿曽沼氏は南北朝期に入部し、横《よこ》田《た》城(遠野市)に拠って勢力を持った。しかし水害が多い土地だったので、天正《てんしょう》の初め頃、広郷《ひろさと》の代で鍋倉山に移転した。慶長《けいちょう》5年(1600)、広郷の子・広長《ひろなが》が山形に遠征中、一族の鱒沢《ますざわ》氏らの反乱で落城。阿曽沼氏は奪回を試みるも失敗し没落。代わって南部《なんぶ》氏が攻め取り、以後明治まで南部氏の遠野支配の拠点となった。

長沼城 ながぬまじょう

平山城

別　名	―
築年／廃年	南北朝時代？／元和元年(1615)以降
築城主	長沼氏？
城　主	長沼氏～新国貞通～蒲生郷安～上杉氏～蒲生氏
所在地	福島県須賀川市長沼字日高見山

芦名氏の仙道進出拠点

猪苗代湖の南、日高見山と呼ばれる丘陵に造られた。長沼氏の築城と伝わるが不詳。戦国時代に二階堂《にかいどう》氏の支配下に置かれる。天文《てんぶん》16年(1547)の芦名《あしな》氏の侵攻以降、激しい争奪戦が続いた。永禄《えいろく》8年(1565)に二階堂盛義《もりよし》は芦名盛氏《もりうじ》に降り、長沼を割譲。新国貞通《にっくにさだみち》が城代となり、芦名氏の会津防衛、仙道(福島県中通り)進出の拠点となる。芦名氏滅亡後、新国氏は伊達政宗《だてまさむね》に臣従。蒲生《がもう》氏、上杉《うえすぎ》氏の支配を経て、一国一城令で廃城となった。

須賀川城　すかがわじょう

平山城

別名	ー
築年/廃年	応永年間(1394～1428)／江戸前期
築城主	二階堂行続
城主	二階堂行続→為氏～盛義→大乗院～石川昭光～蒲生郷成→加藤氏
所在地	福島県須賀川市諏訪町

政宗に意地を見せた女城主

岩瀬郡を支配した二階堂《にかいどう》氏の城。岩瀬川の氾濫原に臨む台地上にある。築城主の二階堂行続《ゆきつぐ》は稲村公方《くぼう》・足利満貞《あしかがみつさだ》、篠川公方・足利満直《みつなお》の披官。永禄《えいろく》9年(1566)、盛義《もりよし》の代で芦名《あしな》氏に属す。盛義死後、未亡人の大乗院《だいじょういん》(伊達政宗《だてまさむね》の叔母)が城主に。芦名と対立していた政宗は降伏を勧めたが大乗院は拒否。天正《てんしょう》17年(1589)、芦名氏滅亡後、政宗に攻められ落城(大乗院は伊達軍が救出)。伊達氏、蒲生《がもう》氏の支配を経て江戸前期に加藤《かとう》氏の代で廃城。

神指城　こうざしじょう

平城

別名	ー
築年/廃年	慶長5年(1600)／慶長5年(1600)以降
築城主	上杉景勝
城主	上杉景勝
所在地	福島県会津若松市神指町大字北四合

家康をにらんだ幻の上杉新城

上杉景勝《うえすぎかげかつ》が会津若松《あいづわかまつ》城(会津若松市)に代わる新城として築いた未完の城。若松城北西4kmの神指ヶ原に位置。徳川家康《とくがわいえやす》と対立を深めるなか、若松城の防備、拡張に不安を持ったため。重臣・直江兼続《なおえかねつぐ》の指揮のもと、人夫12万人が動員された大工事となる。石垣、土塁などが完成したところで家康の会津征伐が始まり工事は中断。そのまま関ヶ原合戦に移行、西軍の景勝は敗れて米沢へ移封。城は破却された。現在はわずかに土塁を残すのみ。

鴫山城　しぎやまじょう

山城

別名	ー
築年/廃年	室町前期／寛永4年(1627)
築城主	長沼宗政
城主	長沼宗政～盛秀～蒲生氏～加藤氏
所在地	福島県南会津郡南会津町大字田島

政宗に降った奥州長沼氏の拠点

藤原秀郷《ふじわらのひでさと》の流れを汲む長沼《ながぬま》氏の本拠。当地は会津と日光を結ぶ街道を押さえる要衝。長沼氏は会津の芦名《あしな》氏、南の宇都宮《うつのみや》氏の圧力にさらされ、中世に芦名氏に服属した。天正《てんしょう》17年(1589)の摺上原《すりあげはら》の戦いで芦名氏は滅亡、当主の盛秀《もりひで》は伊達政宗《だてまさむね》に帰順した。翌年、盛秀は芦名方の残存勢力として抵抗を続けた久川《ひさかわ》城(南会津郡)の河原田盛次《かわらだもりつぐ》と交戦して負傷し死去。奥州仕置後、長沼氏は米沢に移転。城は加藤《かとう》氏時代に廃城となった。

磐城平城　いわきたいらじょう

平山城

別名	龍ヶ城、飯野城
築年/廃年	慶長8年(1603)／明治以降
築城主	鳥居忠政
城主	鳥居忠政→内藤氏～井上氏～安藤氏
所在地	福島県いわき市平

鳥居元忠の子・忠政が築城

磐城平藩の藩庁。磐城平は大館《おおだて》城(いわき市)の岩城《いわき》氏が支配していたが、関ヶ原合戦後に所領を没収され、徳川《とくがわ》譜代の鳥居忠政《とりいただまさ》(元忠《もとただ》の子)が10万石を得て入国。忠政は大館城東に新しく当城を築き、磐城平藩を樹立。伊達政宗《だてまさむね》の抑えを担う城だった。「磐城名物三階櫓、龍のお堀に浮いて立つ」と謳われた天守代わりの3重櫓が知られた。城主は何度か入れ代わり、安藤《あんどう》氏の治世で明治を迎えた。戊辰戦争で焼失。石垣と堀が残る。

涌谷城 わくやじょう

平山城

別名	涌谷要害
築年/廃年	永享年間(1429〜1441)初期/明治以降
築城主	涌谷美濃守
城主	涌谷氏→木村氏→亘理重宗→(伊達)定宗→宗重〜胤元
所在地	宮城県遠田郡涌谷町

涌谷氏を経て涌谷伊達氏代々の居城に

大崎《おおさき》一族の涌谷氏の居城。大崎平野の東端、江合川左岸の丘陵上に築かれた。葛西《かさい》領に接する境目の城として重要な拠点だった。天正《てんしょう》18年(1590)、宗家の大崎氏が秀吉《ひでよし》に取り潰され涌谷氏も滅亡。その後、木村《きむら》氏を経て伊達政宗《だてまさむね》の支配下に入る。政宗は家臣の亘理重宗《わたりしげむね》を城主に任じ、以後亘理氏の居城に。一国一城令で「亘理要害」と呼ばれ、廃城を免れた。亘理氏は伊達姓を与えられ代々続いて明治に至る。隅櫓(太鼓堂)が現存する。

船岡城 ふなおかじょう

山城

別名	芝田城、柴田城、四保館
築年/廃年	天文年間(1532〜1555)/明治以降
築城主	四保(柴田)定朝
城主	四保定朝〜屋代景頼〜原田宗資→宗輔〜柴田氏
所在地	宮城県柴田郡柴田町大字船岡字館山

伊達騒動で有名な原田甲斐の居城

発祥は南北朝期とも。柴田町にそびえる四方山(標高136m)に築造された。当地は奥州街道を押さえる交通の要衝。戦国時代に伊達《だて》氏の属城となり、柴田《しばた》家の祖・四保定朝《しのうさだとも》が居城。後に屋代《やしろ》氏を経て原田宗資《はらだむねすけ》が入城。原田氏は伊達家宿老の家柄。宗資の子・宗輔《むねすけ》(甲斐《かい》)の代で4400石を領していた。宗輔は伊達宗重《むねしげ》と対立、寛文《かんぶん》11年(1671)に宗重を斬って自身も斬死(伊達騒動)。原田氏断絶後は柴田氏が再び城主になり、明治維新を迎えた。

石母田城 いしもだじょう

平城

別名	―
築年/廃年	鎌倉時代/天正18年(1590)
築城主	石母田氏
城主	石母田氏
所在地	福島県伊達郡国見町石母田

天文の乱の伊達稙宗方拠点

伊達《だて》氏譜代の重臣・石母田氏の館城。JR藤田駅の東北に位置する。石母田氏は甲斐武田《たけだ》氏の流れとされる。伊達氏当主・伊達稙宗《たねむね》と、嫡男・晴宗《はるむね》父子が争った天文《てんぶん》の乱(1542〜1548)で、石母田氏は稙宗に協力。稙宗は一時晴宗により桑折《こおり》西山《にしやま》城(伊達郡)へ幽閉されていたが、救出され当城へ入城。稙宗方の拠点となった。天正《てんしょう》18年(1590)の奥州仕置で石母田氏は伊具郡へ国替えとなり、石母田城は廃城となった。

懸田城 かけだじょう

山城

別名	古城山、桜館、茶臼館
築年/廃年	鎌倉時代?/慶長5年(1600)以降
築城主	懸田(高松)定隆
城主	懸田氏→中目長政
所在地	福島県伊達市霊山町掛田

天文の乱に敗れた懸田氏

伊達《だて》氏に従っていた霊山懸田(掛田)の国人・懸田氏の本拠。桜川東岸にある古城山(比高125m)に建つ。当地は相馬、三春、信夫《しのぶ》などに通じる軍略と交通の要衝。鎌倉末期〜南北朝期に北畠顕家《きたばたけあきいえ》に仕えた高松定隆《たかまつさだたか》が懸田を支配し、懸田氏を称す。以後代々の城に。天文《てんぶん》の乱(1542〜1548)で当主・俊宗《としむね》は伊達稙宗《たねむね》を支持し、晴宗《はるむね》方と戦って敗れ滅亡。後に伊達輝宗《てるむね》は中《なかの》目《め》長政《ながまさ》に当城を与えた。慶長《けいちょう》出羽合戦で伊達政宗《まさむね》が拠点として利用後、廃城。

大森城《おおもりじょう》

平山城

別名	臥牛城、白鳥城、鷹峰城
築年/廃年	鎌倉末期～南北朝時代／江戸前期
築城主	不明
城主	伊達実元→成実→片倉景綱→木村吉清→栗田国時→芋川正親
所在地	福島県福島市大森

伊達政宗が仙道侵攻に利用

伊達《だて》氏の信夫《しのぶ》郡支配拠点。福島盆地南西の独立丘陵に位置。当地は米沢・会津両街道を扼する要衝。城の起こりは不詳だが、二階堂《にかいどう》氏の拠点があったとも。戦国時代に伊達稙宗《たねむね》の三男・実元《さねもと》が居城。天文《てんぶん》の乱で実元は稙宗に属し兄の晴宗《はるむね》と交戦したが、戦後に和解。続く成実《しげざね》は政《まさ》宗《むね》を助けて活躍。当城は仙道(福島県中通り)進出の重要基地となった。成実が二本松《にほんまつ》城(二本松市)に移転後、城主は変転。江戸前期に信夫郡は天領となり廃城へ。

角田城《かくだじょう》

平山城

別名	臥牛城、金鶏ヶ館、角田要害
築年/廃年	天正年間(1573～1592)?／明治以降
築城主	伊達成実?
城主	伊達成実→石川昭光～邦光
所在地	宮城県角田市角田

政宗が頼みとした城主・伊達成実が出奔

角田市街西方の独立丘陵に位置。角田は永禄《えいろく》年間(1558～1570)に伊達《だて》の臣・田《だ》手《て》宗光《むねみつ》が統治していた(築城主が宗光かどうかは不詳)。宗光が相馬《そうま》氏へ寝返った後に伊達輝宗《てるむね》が奪回。後に政宗《まさむね》の右腕だった伊達成実《しげざね》が二本松より角田に移り、相馬氏に備えて築城したと見られる。文禄《ぶんろく》4年(1595)、成実が政宗と不和になり出奔したため、政宗の叔父・石川昭光《いしかわあきみつ》が1万石で入城。城は一国一城令後に角田要害と名を変え、明治まで存続した。

亘理城《わたりじょう》

平山城

別名	臥牛城、亘理要害
築年/廃年	天正年間(1573～1592)／明治以降
築城主	亘理(伊達)元宗
城主	亘理元宗→重宗→片倉景綱→伊達成実～邦成→伊達氏
所在地	宮城県亘理郡亘理町

復帰した伊達成実の城

伊達《だて》氏傘下の亘理郡豪族・亘理《わたり》元宗《もとむね》(伊達稙宗《たねむね》の十二男)の築城。亘理市街の西方、太平洋に臨む標高15m程度の丘陵上に築かれた。磐城に勢力を持つ相馬《そうま》氏への備えとしての位置づけ。天正《てんしょう》19年(1591)、亘理氏は伊達政宗《まさむね》の転封に伴い涌谷《わくや》城(遠田郡)へ移転。後に政宗は、一時出奔後に帰参した伊達成実《しげざね》に亘理郡を与え入城させる。成実の子孫は要害屋敷とされた当城に拠り、亘理伊達氏として江戸時代を通じて在城し、明治を迎えた。

二子城《ふたごじょう》

平山城

別名	飛勢城
築年/廃年	室町時代／天正18年(1590)
築城主	和賀氏
城主	和賀氏
所在地	岩手県北上市二子町

和賀・稗貫一揆の舞台

和賀郡の豪族・和賀《わが》氏の本城。北上川南岸に位置し、遠方よりふたつの小山が並んで見えることが城名の由来という。天正《てんしょう》18年(1590)、秀吉《ひでよし》の小田原攻めに和賀氏は参陣せず、領地没収(南部《なんぶ》領に)、当城は廃城へ。後に葛西《かさい》・大崎《おおさき》一揆に連動して当主の義忠《よしただ》と遺臣が決起。同様に滅ぼされた稗貫《ひえぬき》氏残党とともに和賀・稗貫一揆を起こし、城を奪回。ほどなく鎮圧され義忠は殺された。息子の忠親《ただちか》が慶《けい》長《ちょう》出羽合戦で再決起したが失敗。

大光寺城《だいこうじじょう》

平城

別　名	大光寺館、大光寺新城
築年/廃年	正慶2年(1333)／慶長16年(1611)
築城主	曽我氏
城　主	曽我氏→安東(大光寺)氏→南部氏～大浦(津軽)氏
所在地	青森県平川市大光寺

津軽氏に奪い取られた南部氏拠点

築城期によって大光寺古館、大光寺新城、大光寺五日市館に分かれる(諸説ある)。北条《ほうじょう》披官の曽我《そが》氏が大光寺地区北方に築いた大光寺古館が前身。曽我氏が南部《なんぶ》氏に滅ぼされた後、南北朝期に安東《あんどう》秀光《ひでみつ》が大光寺氏を称し、北西に五日市館を築城。永享《えいきょう》年間(1429～1441)に南部氏の支配下に入り、大光寺三村井に大光寺新城が築造された。天正《てんしょう》4年(1576)、大《おお》浦《うら》(津軽《つがる》)為信《ためのぶ》の攻撃で落城。津軽氏の弘《ひろ》前《さき》城(弘前市)築城に伴い廃城となった。

羽黒山城《はぐろやまじょう》

山城

別　名	羽黒館
築年/廃年	16世紀／慶長5年(1600)以降
築城主	佐竹氏
城　主	佐竹氏
所在地	福島県東白川郡塙町

佐竹氏の巨大山城

常陸《ひたち》太田を本拠とする佐竹《さたけ》氏の北方拠点。塙町中心部の東、標高364mの羽黒山全山を城塞化。城域は東西1.3km、南北1.4kmと広大。周囲を久慈川と渡瀬川が取り巻く。佐竹氏はここを基地として伊《だ》達《て》・白河結城《ゆうき》・芦名《あしな》氏らと交戦。西方の八溝金山を押さえるのも狙いだった。天《てん》正《しょう》元年(1573)、佐竹義重《よししげ》は自ら入城し結城・芦名軍と戦った。関ヶ原合戦の序盤、義重はここより家康《いえやす》の背後を襲う計画があったとも。佐竹氏の秋田移封後に廃城。

向羽黒山城《むかいはぐろやまじょう》

山城

別　名	向羽黒城、岩崎城、巌館
築年/廃年	永禄11年(1568)／慶長5年(1600)以降？
築城主	芦名盛氏
城　主	芦名盛氏～蒲生氏→上杉氏
所在地	福島県大沼郡会津美里町

白鳳三山に造られた巨大山城

黒川《くろかわ》城(会津若松《あいづわかまつ》城)を本拠とした芦名《あしな》氏の詰城ともいう。磐梯山の反対にそびえる白鳳三山の最高峰の岩崎山(標高408m)を中心に、羽黒山(標高244m)、観音山(標高284m)に出城を置く巨大山城。黒川城の西方5kmに位置。芦名盛氏《もりうじ》が隠居所として築城したとも。一説に守りに不安のある黒川城を守護所、当城を本城にしたともいう。芦名氏滅亡後に入部した蒲生《がもう》氏郷《うじさと》、上杉景勝《うえすぎかげかつ》により改修が施された。景勝の米沢移封後に廃城か。

白河小峰城《しらかわこみねじょう》

平山城

別　名	白河城、小峰城
築年/廃年	興国元年(1340)／明治以降
築城主	結城親朝
城　主	結城氏～蒲生氏～上杉氏～丹羽長重～榊原氏～阿部氏～丹羽氏
所在地	福島県白河市郭内

築城名人・丹羽長重が大改築

白河を支配した白河結城《ゆうき》氏が築いた城が前身。陸奥への関門として重要な白河丘陵の小峰ヶ岡にある。結城氏は奥州仕置で改易。後の寛永《かんえい》4年(1627)に名築城家である丹羽《にわ》長重《ながしげ》(長秀《ながひで》の子)が10万石を得て入城し、白河藩を樹立。縄張を改め、4年がかりで近世城郭へ改修した。その後、城主は目まぐるしく入れ代わり、幕末に二本松藩・丹羽氏の管理下に入る。戊辰戦争で焼亡。近年、天守に相当した御三階櫓や前御門が復元された。

関東地方

上野

館林城　たてばやしじょう　平城

別名	尾曳城
築年／廃年	15世紀／明治以降
築城主	赤井照光？
城主	赤井氏→長尾氏→北条氏規→榊原康政→ 松平氏→徳川氏〜太田氏〜井上氏〜秋元氏
所在地	群馬県館林市城町甲

上杉、北条、豊臣が激闘

豪族・赤井照光《あかいてるみつ》が築城したとされる。永禄《えいろく》5年(1562)、照光の子・照景《てるかげ》は上杉《うえすぎ》謙信《けんしん》の攻撃を受け逃走。謙信は足利《あしかが》城(足利市)主の足利長尾《ながお》氏を城主とした。天《てん》正《しょう》18年(1590)に北条《ほうじょう》氏が長尾氏を追って城を奪取、北条氏規《うじのり》が城主となるが、同年の小田原の役で豊臣《とよとみ》軍に降伏。徳川家《とくがわいえ》康《やす》の統治下では榊原康政《さかきばらやすまさ》が10万石で入城し、近代城郭へと整備した。榊原氏は3代続き、松平《まつだいら》氏や徳川氏(綱吉《つなよし》)などの転封後、秋元《あきもと》氏の代で明治を迎える。

岩櫃城　いわびつじょう　山城

別名	―
築年／廃年	室町時代／江戸初期
築城主	斎藤氏？
城主	岩櫃斎藤氏→真田幸隆→昌幸
所在地	群馬県吾妻郡東吾妻町大字原町

真田氏の拠点、西上野の要害

標高597mの岩櫃山に建つ。全長2kmの尾根がベースで、周囲を岩山、急斜面、吾妻《あがつま》川で守られた巨大山城。築年、築城主とも不詳だが、越前に住んでいた斎藤《さいとう》憲行《のりゆき》が15世紀初頭に同地に入部。以後6代続く岩櫃斎藤氏の時代に築城されたと見られる。鎌倉時代に吾妻を治めていた吾妻太郎助亮《すけふさ》の築城という伝承もある。

戦国時代、6代・憲広《のりひろ》の代に岩櫃斎藤氏は関東管領《かんれい》・上杉憲政《うえすぎのりまさ》に属していたが、憲政の越後逃亡後に上杉謙信《けんしん》の麾下《きか》へ。

永禄《えいろく》6年(1563)に武田信玄《たけだしんげん》の西上野《こうずけ》攻略戦がスタートし、信玄は配下の真田幸《さなだゆき》隆《たか》に岩櫃城攻略を命じた。吾妻郡は真田氏の同族である滋野《しげの》・海野《うんの》氏系の支族が多い地域でもあった。武田家中では幸隆が同族と手を結び、独立することを危惧する声もあったが、信玄は意に介さず。幸隆は信玄の温情に応えるべく、吾妻の同族たちを次々に誘降し、岩櫃城を内部から分断していった。

10月、幸隆は子の信綱《のぶつな》、昌幸《まさゆき》とともに満を持して城を攻め、難なく勝利を収めた。憲広は敗走。信玄は幸隆を新城主に任じ、吾妻郡の支配にあたらせた。以後、吾妻は真田氏の一大地盤となる。武田氏滅亡の際、昌幸が勝頼《かつより》に甲斐を捨て岩櫃城へ逃走することを勧めた話は著名。

江戸初期に廃城。城址は広大な空間で、空堀はじめ多くの貴重な遺構が存在する。

沼田城　ぬまたじょう

平山城

別名	倉内城、霞城
築年／廃年	天文元年(1532)／延宝9年(1681)
築城主	沼田顕泰
城主	沼田氏→北条康元～真田昌幸→矢沢頼綱～真田信之
所在地	群馬県沼田市西倉内町(沼田公園)

謀将・真田昌幸が攻略した断崖の城

古くは当地の豪族・沼田氏の居城だった。利根川に支流の薄根川が流れ込む合流点の断崖上に築かれた要害で、越後方面から三国峠を越え関東に入る場合、沼田城は最初の要衝となる重要拠点である。

戦国期に沼田氏は北条《ほうじょう》氏に追われ、北条綱成《つなしげ》の次男・康元《やすもと》が代わって入城。

天正《てんしょう》7年(1579)より武田《たけだ》が上野《こうずけ》に侵攻、真田《さなだ》昌幸《まさゆき》が城攻めの任にあたる。翌年、昌幸は北条方の武将を調略し、城を奪い取ることに成功。続く天正9年(1581)に昌幸は元領主の沼田景義《かげよし》を沼田城外で謀殺。昌幸は沼田を支配下に置いた。

天正10年(1582)の武田滅亡後、昌幸は織田《おだ》に臣従し独立大名の道を歩む。同年の本能寺の変で沼田領は北条の侵攻に脅かされたが、昌幸は家康《いえやす》を後ろ盾に抵抗し、城代の叔父・矢沢頼綱《やざわよりつな》の奮戦で撃退。

天正17年(1589)、豊臣秀吉《とよとみひでよし》の裁定で北条氏が猪俣邦憲《いのまたくにのり》を再び城代にして沼田城を支配。だが、直後に邦憲が真田支城・名胡桃《なぐるみ》城を奪うという事件が発生、これが小田原の役の呼び水となり、北条は滅亡。これで沼田領は昌幸に帰し、長男の信之《のぶゆき》が入城した。慶長《けいちょう》5年(1600)の関ヶ原合戦で昌幸と信之が袂を分かった際、昌幸と幸村《ゆきむら》が沼田城に入ろうとして、留守を預かっていた信之夫人(本多忠勝《ほんだただかつ》の娘)に押しとどめられた逸話が残る。延《えん》宝《ぽう》9年(1681)に沼田藩廃藩に伴い廃城。

前橋城　まえばしじょう

平城

別名	厩橋城
築年／廃年	不明／明治以降
築城主	長野賢忠
城主	長野賢忠→北条高広→滝川一益～酒井重忠～越前松平氏
所在地	群馬県前橋市大手町

謙信の関東計略の拠点

城の成り立ちは諸説あるが、山内上杉《やまのうちうえすぎ》家に仕えていた上野長尾《こうずけながお》氏(越後長尾氏と同族だが別系)が15世紀末に利根川流域に築いた石倉《いしくら》城(前橋市石倉町)が、その前身とされる。だが、石倉城は利根川の氾濫で壊滅。通説では、同じく上杉氏に属していた厩橋《まやばし》長野氏の長野賢忠《かたただ》は、残された三ノ丸を足がかりに城を築き直した。これが厩橋(前橋)城である。厩橋はいつしか前橋と呼ばれる。

天文《てんぶん》20年(1551)、北条氏康《ほうじょううじやす》の侵攻で関東管領《かんれい》・上杉憲政《うえすぎのりまさ》が越後の謙信《けんしん》のもとへ逃れ、賢忠も氏康に降伏、城を明け渡した。この際、賢忠も越後に逃れたともいわれる。永禄《えいろく》3年(1560)、憲政より管領の座を譲り受けた謙信は関東へ乱入。北条勢を蹴散らして厩橋城を攻め落とした。謙信は厩橋城を関東計略の拠点とし、賢忠を再び城代とした。その後も謙信は関東出陣でたびたび厩橋城に進駐。ただ賢忠は謙信の勘気をこうむり死罪となった。

謙信の死後、新城代となった北条高広《きたじょうたかひろ》は上杉、北条、武田《たけだ》と主家を変えた末、天正《てんしょう》10年(1582)に織田《おだ》軍の滝川一益《たきがわかずます》に城を明け渡す。本能寺の変後は小田原北条氏の手に渡ったが、天正18年(1590)に小田原の役で豊臣《とよとみ》軍に攻め落とされた。家《いえ》康《やす》の統治下に入ってから酒井重忠《さかいしげただ》が入城。近世城郭へ整備した。明治に廃城となり、現在は群馬県庁周辺に遺跡が残る。

桐生城《きりゅうじょう》

山城

別　名	檜杓山城
築年／廃年	観応年間(1350～1352)／天正18年(1590)
築城主	桐生国綱？
城　主	桐生氏→由良氏
所在地	群馬県桐生市梅田町1

乱世に滅びた桐生氏の本拠

桐生氏(桐生佐野《さの》氏とも)代々の居城。桐生氏は足利《あしかが》一族の佐野氏分家。戦国時代に桐生氏は古河公方《こがくぼう》・足利成氏《あしかがしげうじ》、上杉《うえすぎ》謙信《けんしん》とたびたび盟主を変えて生き延びていた。元亀《げんき》4年(1573)、桐生親綱《ちかつな》の代で北条《ほうじょう》配下の由良成繁《ゆらなりしげ》に攻め取られ、以後桐生氏は没落。成繁はこの城を本拠に東上野《こうずけ》一帯を支配し、城下町を整備した。天正《てんしょう》18年(1590)の小田原の役により由良氏は豊臣秀吉《とよとみひでよし》に降伏し、牛久《うしく》へ移封されたため、桐生城は廃城となった。

国峯城《くにみねじょう》

山城

別　名	国峰城
築年／廃年	不明／天正18年(1590)
築城主	不明
城　主	小幡氏
所在地	群馬県甘楽郡甘楽町大字国峰

“赤備え”の一角、小幡氏の居城

関東管領《かんれい》・山内上杉《やまのうちうえすぎ》氏の重臣だった上州小幡《おばた》氏の居城。上杉憲政《うえすぎのりまさ》が越後に逃れた後、小幡憲重《のりしげ》・信実《のぶざね》父子は武田信玄《たけだしんげん》に属し、長野業政《ながのなりまさ》ら上杉謙信《けんしん》の勢力や、北《ほう》条《じょう》氏と激しく争った。長篠合戦でも奮戦。山県《やまがた》氏らと並ぶ武田の“赤備え”の一角としても知られる。武田滅亡時に信実は織《お》田《だ》信長《のぶなが》に降ったが、その後は北条氏に鞍替え。しかし天正《てんしょう》18年(1590)の小田原の役で上杉景勝《かげかつ》に降伏し、国峯城は廃城となった。

名胡桃城《なぐるみじょう》

山城

別　名	―
築年／廃年	明応年間(1492～1501)／天正18年(1590)以降
築城主	名胡桃景冬
城　主	名胡桃氏～鈴木重則→猪俣邦憲
所在地	群馬県利根郡みなかみ町下津

乱世終焉の遠因となる

上野《こうずけ》の土豪・沼田《ぬまた》一族の名胡桃景冬《かげふゆ》が明応《めいおう》年間に築いたとされる。利根川と赤谷川の合流点で、河原から比高50mの段丘に建つ。同地は三国峠から沼田、中山へ抜ける交通の要衝だ。沼田城(沼田市)の築城後は、その支城として機能することになる。

天正《てんしょう》7年(1579)、武田《たけだ》家臣・真田昌幸《さなだまさゆき》の沼田城攻めを受け、昌幸に降伏、以後は真田の拠点になる。武田滅亡後、沼田・名胡桃両城は北条《ほうじょう》氏の脅威にさらされ、両軍の激しい戦闘が繰り広げられた。

天正17年(1589)、真田と北条の仲介に乗り出した豊臣秀吉《とよとみひでよし》は沼田領国境線を定め、名胡桃城を含む1/3を真田、沼田城を含む2/3を北条領とした。

しかし、沼田城代となった北条家臣の猪俣邦憲《いのまたくにのり》は、約束を違えて名胡桃城の奪取を企図。城を任されていた真田家臣の鈴木重則《すずきしげのり》に偽手紙を与えて城外へおびき出し、この隙に城を乗っ取ってしまった。責任を感じた重則は自刃している。

この「名胡桃事件」は惣無事令《そうぶじれい》(大名の私闘禁止)に違反するものだったことから、秀吉は激怒。小田原攻めを決意するきっかけとなった。北条滅亡後、沼田領は再び昌幸に帰し、名胡桃城は廃城となった。結果的に名胡桃城は“天下統一の呼び水となった城”になったのである。

堀切など本城部分の遺構がよく残る。

箕輪城 みのわじょう

平山城

別名	ー
築年/廃年	永正・大永年間(1504〜1528)/慶長3年(1598)
築城主	長野業尚・信業
城主	長野業尚〜業正→業盛→内藤昌豊〜井伊直政
所在地	群馬県高崎市箕郷町西明屋

強敵・信玄に立ち向かった長野氏の砦

西上野《こうずけ》最大の土豪だった上州長野《じょうしゅうながの》氏の城。武田信玄《たけだしんげん》との激闘で知られる。後に武田氏、徳川《とくがわ》氏の支配下に入る。

城は赤城山、妙義山と並ぶ上毛三山のひとつである榛名山の低い尾根部分に広がる。尾根全体を内郭部とし梯郭式に郭が配置され、さらに周辺の平地を城域に取り込んだ大規模な平山城。また、西側を流れる白川と、南にある榛名沼が天然の堀を形成し、堅固な構えとなっている。

長野氏は在原業平《ありわらのなりひら》の後裔を称する一族で、平安時代から長野郷一帯に土着していたとされる。戦国期には関東管領《かんれい》・山《やまの》内上杉《うちうえすぎ》氏に従うようになっていた。

城の築城時期は定かでないが、長野業《なり》尚《ひさ》、あるいはその子・信業《のぶなり》の代である永正・大栄年間に築城されたと見られる。

この箕輪城を主拠とする箕輪長野氏は、戦国時代に長野業正《なりまさ》の代で最盛期を迎えた。業正は上杉憲政《のりまさ》の重臣として活躍し、天文《てんぶん》15年(1546)の河越夜戦《よいくさ》にも参戦。憲政が越後の上杉謙信《けんしん》を頼って逃れた後も西上野を守り、甲斐の武田信玄、相模の北条氏康《ほうじょううじやす》に抵抗していた。業正は永禄《えいろく》4年(1561)に没し、跡目は子の業盛《なりもり》が継ぐ。

倉賀野《くらがの》城(高崎市)はじめ西上野の要衝はじわじわ武田方に奪われていったが、業盛の配下は謙信と連携して信玄に善戦。業盛には後に柳生新陰流の祖となる上泉伊勢守信綱《かみいずみいせのかみのぶつな》ら、屈強の兵も揃っていた。

永禄9年(1566)8月、信玄は長年の戦いに決着をつけるべく、2万の兵を率いて箕輪城へ侵攻。なお、この合戦には初陣となる勝頼《かつより》も参陣している。対する城兵は1500だったとされる。信玄は松井田《まついだ》城、安中《あんなか》城(ともに安中市)など周辺支城を着実に撃破し、業盛や上泉信綱を追いつめていった。

9月29日に信玄は総攻撃を行い、あえなく城は落城。業盛は自刃し、長野氏は滅亡。上泉信綱は信玄に高禄で仕官の勧誘を受けたが、辞退して“剣聖”の道を歩むことになる。

信玄は真田幸隆《さなだゆきたか》・昌幸《まさゆき》父子に箕輪城を改築させたほか、重臣の内藤昌豊《ないとうまさとよ》を新たな城主とし、西上野の統治にあたらせた。その後も昌豊は上杉・北条勢を相手によく戦ったが、信玄死後の長篠の戦いで戦死。子の昌月《まさあき》が新たな城主となる。

昌月は、武田滅亡後に一時織田《おだ》方の滝《たき》川一益《がわかずます》に仕えたが、天正《てんしょう》10年(1582)の本能寺の変後に北条氏に臣従。箕輪城は北条氏邦《うじくに》(氏康の子)の支配下に置かれることとなった。この際、氏邦は城を上野の兵站拠点として改修している。

天正18年(1590)の小田原の役で、箕輪城は豊臣《とよとみ》軍の前田利家《まえだとしいえ》と上杉景勝《かげかつ》の攻撃に遭い、開城降伏。戦後、徳川家康《いえやす》の関東入部により井伊直政《いいなおまさ》が12万石で入城して城を整備したが、直政は慶長《けいちょう》3年(1598)に新たな本拠として高崎《たかさき》城を築いたため、箕輪城は廃城となった。

なお、現在残る石垣、土塁、櫓などの遺構は直政時代のもので、長野氏時代の城郭の詳細は不明。城の周囲をぐるりと囲む巨大な堀が大きな特徴。直政が後に築いた彦根《ひこね》城(彦根市)の惣堀に見られる設計思想がうかがえるところ。

倉賀野城《くらがのじょう》

平城

別名	―
築年/廃年	南北朝時代/天正18年(1590)以降
築城主	倉賀野光行
城主	倉賀野光行～尚行→金井秀景
所在地	群馬県高崎市倉賀野町

信玄に敗れた倉賀野氏の居城

武士団、児玉党・倉賀野氏の居城。西上野《こうずけ》と北武蔵の境に位置する。尚行《なおゆき》の代で上杉謙信《うえすぎけんしん》に従い、北条《ほうじょう》、武田《たけだ》と戦った。永禄《えいろく》8年(1565)に、西上野平定を目指す武田信玄《しんげん》の攻撃を受ける。信玄は本願寺と結び謙信を越後に釘づけとしたほか、尚行の臣・金井秀景《かないひでかげ》を調略し、孤立した倉賀野城を落とす。秀景は武田滅亡後に北条につき、小田原の役後に死去。倉賀野城も廃城となった。現在、遺構はほとんど残っていない。

高崎城《たかさきじょう》

平城

別名	和田城
築年/廃年	慶長3年(1598)/明治以降
築城主	井伊直政
城主	井伊直政→酒井氏～安藤氏～松平氏
所在地	群馬県高崎市高松町

井伊直政が築いた名城

徳川《とくがわ》家臣・井伊直政《いいなおまさ》が築いた。前身は平安末期に和田《わだ》一族の義信《よしのぶ》が築いた和田城とされる。関東と信越を結ぶ交通の要衝。家康《いえやす》の関東入部とともに直政は箕輪《みのわ》城主となったが、新城を築城してこの地を高崎と改めた。この城で合戦はなかったが、慶長《けいちょう》5年(1600)の関ヶ原の戦いで徳川秀忠《ひでただ》が3日在陣したとされる。直政が近江佐和山に国替えになって後は譜代大名が入れ代わり城主になり、最後は松《まつ》平《だいら》氏が長期に渡って治め、明治を迎えた。

金山城《かなやまじょう》

山城

別名	新田金山城、太田金山城
築年/廃年	文明元年(1469)/天正18年(1590)以降
築城主	岩松家純
城主	岩松氏～由良国繁
所在地	群馬県太田市金山町

北条の侵攻に耐えた山城

標高235mの金山の頂上にそびえる。北に渡良瀬川、南に利根川を望む要害で、新田《にった》一族の岩松《いわまつ》氏の築城。岩松披官だった由良《ゆら》(横瀬《よこせ》)氏が下克上で城を奪い、以後同地に君臨。武田《たけだ》や上杉《うえすぎ》らの猛攻にも耐えた。天正《てんしょう》12年(1584)に由良国繁《くにしげ》と北《ほう》条氏直《じょううじなお》が対立。北条は国繁を監禁して開城させようとしたが、城兵は天険を頼んでよく戦い北条の攻撃を防いだ。結局両軍は和睦して国繁は北条麾下《きか》となる。天正18年(1590)の小田原の役後に廃城。

白井城《しろいじょう》

山城

別名	―
築年/廃年	永享年間(1429～1441)/元和9年(1623)
築城主	長尾景仲
城主	長尾景仲～憲景→政景～本多氏
所在地	群馬県渋川市白井

山内上杉家重鎮・白井長尾氏の本拠

山内上杉《やまのうちうえすぎ》氏の執事・白井長尾《ながお》氏の本拠。利根川と吾妻川の合流点にあり、本丸を中心とした主要な城郭は吾妻川の崖上に形成。応永《おうえい》23年(1416)の上杉禅秀《ぜんしゅう》の乱や、永享《えいきょう》年間の永享の乱で武名をあげた長尾景仲《かげなか》が築いた。山内上杉氏が衰えると白井長尾氏は越後上杉、武田《たけだ》、北条《ほうじょう》と盟主を変え、生き残りを図る。天正《てんしょう》18年(1590)の小田原の役で豊臣《とよとみ》軍の前田《まえだ》・上杉勢に攻められて降伏開城。その後、徳川《とくがわ》家臣の入城を経て元和《げんな》9年(1623)に廃城。

平井城　ひらいじょう

平山城

別名	―
築年/廃年	永享年間(1429～1441)／永禄3年(1560)
築城主	上杉憲実・長尾忠房
城主	上杉憲実～憲忠～憲房～憲政→北条氏
所在地	群馬県藤岡市西平井

関東管領・山内上杉氏の牙城

関東管領《かんれい》で上野《こうずけ》・越後・伊豆守護も兼ねた名門・山内上杉《やまのうちうえすぎ》氏の主拠。鮎川(利根川水系)の西側の河岸段丘の断崖に築かれている。

通説では永享《えいきょう》10年(1438)に憲実《のりざね》が家臣の長尾忠房《ながおただふさ》に築城させたともいわれる。この時期は、鎌倉公方《くぼう》の足利持氏《あしかがもちうじ》と憲実とのあいだに戦乱(永享の乱)があったころである。平井は武蔵と上野の両方に動きやすい交通の要所でもあった。

続いて文正《ぶんしょう》元年(1466)に顕定《あきさだ》の代で大規模な改修が行われ、背後の金山に詰城として平井金山《かなやま》城が築かれたと見られる。

享禄《きょうろく》4年(1531)より憲政《のりまさ》が家督を継いだが、甲斐の武田信玄《たけだしんげん》や、相模の北条氏《ほうじょううじ》康《やす》らの勢力に押されていく。憲政は天文《てんぶん》15年(1546)の河越夜戦《よいくさ》で氏康に大敗を喫し、以後は衰運をたどる。天文21年(1552)に北条の進撃が平井城まで迫ったため、憲政は城を捨て、長尾景虎《かげとら》(上杉謙信《けんしん》)を頼って越後へ亡命した。

永禄《えいろく》3年(1560)、憲政より関東管領職を譲られた謙信は、憲政を奉じて関東に乱入。北条勢を蹴散らして平井城を奪回した。この際、謙信は関東平定の拠点を厩橋《まやばし》城(前橋市)に移し、平井城を廃城としている。

城は相当の規模だったと見られるが、現在わずかに土塁などが復元されているくらいで、ほとんど遺構は残っていない。

安中城　あんなかじょう

平城

別名	―
築年/廃年	永禄2年(1559)／明治以降
築城主	安中忠政
城主	安中忠政→忠成→井伊直勝～板倉氏
所在地	群馬県安中市安中3

信玄を迎え撃った安中氏の城

山内上杉《やまのうちうえすぎ》氏に仕え、上杉衰亡後は箕輪《みのわ》城(高崎市)の長野《ながの》氏に属した碓氷郡の土豪・安中氏の居城。忠政《ただまさ》は武田信玄《たけだしんげん》の西上野《こうずけ》進出に備え安中城を築く。永禄《えいろく》6年(1563)の信玄の西上野侵攻では、忠政は嫡子・忠成《ただなり》を安中城、自身は松井田《まついだ》城に籠もり抵抗。しかし翌年に忠政は自刃、忠成は降伏し武田家臣となる。長篠合戦で忠成は戦死し、慶長《けいちょう》19年(1614)に入封した井伊直勝《いいなおかつ》が改修、その後は城主が入れ代わり、板倉《いたくら》氏で明治を迎えた。

松井田城　まついだじょう

山城

別名	小屋城、霞ヶ城、堅田城、諏訪城
築年/廃年	永禄年間(1558～1570)前半／天正18年(1590)
築城主	安中忠政
城主	安中忠政～大道寺政繁
所在地	群馬県安中市松井田町高梨子

武田と北条に翻弄された城

武田信玄《たけだしんげん》の西上野《こうずけ》進出に備え、碓氷郡の安中忠政《あんなかただまさ》が築いた。これ以前にも前身となる城があったとされる。永禄《えいろく》7年(1564)に信玄の攻勢で落城し、忠政は自害。天正《てんしょう》10年(1582)の武田滅亡後は北条《ほうじょう》氏の支配下に置かれ、大道寺政繁《だいどうじまさしげ》が入城した。その後、天正18年(1590)の小田原の役により豊臣《とよとみ》軍の前田利家《まえだとしいえ》と上杉景勝《うえすぎかげかつ》に攻撃され落城し、廃城とされる。政繁は降伏し以後豊臣軍に協力したが、秀吉《ひでよし》に寝返りを嫌われ、戦後に自刃させられる。

小泉城《こいずみじょう》

平城

別名	富岡城
築年/廃年	延徳年間(1489～1492)／天正18年(1590)以降
築城主	富岡直光
城主	富岡直光→秀光→秀信→秀親→秀高
所在地	群馬県邑楽郡大泉町城之内2

富岡氏代々の居城

結城《ゆうき》氏一族の富岡《とみおか》氏の居城。東上野《こうずけ》の平城としてトップクラスの規模。富岡氏は結城久朝《ひさとも》の子・直光《なおみつ》が祖。古河《こが》足利《あしかが》氏に従っていたが、秀信《ひでのぶ》の代である永禄5年(1562)ごろに関東管領《かんれい》・上杉謙信《うえすぎけんしん》に従う。その後は北条《ほうじょう》氏に臣従。由良《ゆら》氏らと争い、北条の上野平定に協力した。天正《てんしょう》18年(1590)の小田原の役で、当主の秀高《ひでたか》は小田原に籠城。留守の小泉城は浅野長《あさのなが》政《まさ》らに攻められ、降伏開城となる。戦後に富岡氏は没落し、城も廃城となった。

下野

勝山城《かつやまじょう》

平山城

別名	氏家城
築年/廃年	建久年間(1190～1199)／慶長2年(1597)
築城主	氏家公頼
城主	氏家氏～芳賀氏
所在地	栃木県さくら市氏家

芳賀氏が守った宇都宮城の支城

宇都宮《うつのみや》一族の氏家公頼《うじいえきみより》が建久《けんきゅう》年間に築いた城とされる。公頼は宇都宮3代当主・朝綱《ともつな》の三男。勝山城は鬼怒川左岸の崖を利用した天然の要害である。その後、氏家氏は6代・綱元《つなもと》の代で断絶したため、宇都宮家重臣である芳賀《はが》一族の高清《たかきよ》が城主となった。芳賀氏は飛山《とびやま》城(宇都宮市)を本拠とし、勝山城は飛山城とともに宇都宮の北の守りを担う。だが、慶長《けいちょう》2年(1597)に宇都宮氏が豊臣秀吉《とよとみひでよし》に滅ぼされ芳賀氏は没落。勝山城も廃城となる。

壬生城《みぶじょう》

平城

別名	ー
築年/廃年	寛正3年(1462)？／明治以降
築城主	壬生胤業
城主	壬生氏～日根野氏～鳥居氏
所在地	栃木県下都賀郡壬生町本丸1(壬生城址公園)

下野の実力者・壬生氏の居城

下野《しもつけ》の豪族・壬生氏の城。初代・胤業《たねなり》の築城。子の綱重《つなしげ》の築城とする説もある。壬生氏は宇都宮《うつのみや》氏と向背を繰り返し、壬生・鹿沼一帯を勢力圏とした一族。5代・義雄《よしたけ》のときに本拠を鹿沼《かぬま》城(鹿沼市)に移し、重要な支城となる。天正《てんしょう》18年(1590)の小田原の役で壬生氏は北条《ほうじょう》氏につき滅亡。江戸時代に壬生藩庁となり幾度も城主が代わった後、正徳《しょうとく》2年(1712)に徳川《とくがわ》譜代・鳥居《とりい》氏が入城、そのまま維新を迎えた。

宇都宮城《うつのみやじょう》

平城

別　名	亀ヶ岡城
築年／廃年	平安時代・康平6年(1063)とも／明治以降
築城主	宇都宮宗円
城　主	宇都宮宗円～朝綱～国綱→浅野長政～本多正純～戸田氏
所在地	栃木県宇都宮市本丸町

「釣り天井事件」であまりに有名

下野《しもつけ》の豪族・宇都宮氏の居城。後に本《ほん》多《だ》正純《まさずみ》が城主。この際に起きた「宇都宮釣り天井事件」で全国的に著名である。

平安時代の康平《こうへい》6年(1063)、源頼義《みなもとのよりよし》に従って前九年の役に参戦した藤原宗円《ふじわらのそうえん》が下野に入部。宗円は関白・藤原道兼《みちかね》の孫である。宗円は氏家勝山(栃木県氏家町)の釜ヶ淵で陸奥平定を祈願し、その功により下野守護職に任ぜられた。以後、宗円はこの地に土着し、居館を建てたのが宇都宮城の始まりとされる。

天慶《てんぎょう》3年(940)に下野押領使となった藤《ふじ》原秀郷《わらのひでさと》(俵藤太《たわらのとうた》)が同地に居館を築いたのが宇都宮城のルーツともいわれているが定かでない。宗円を初代とする宇都宮氏は、以後22代550年間に渡ってこの地を支配した。なお。宇都宮氏時代の宇都宮城の詳細は不詳な点が多いが、宗円は当初北西に多気山《たげさん》城を築いた後、平地で便利な宇都宮城を築いたともいわれる。

慶長《けいちょう》2年(1597)、22代・国綱《くにつな》は豊臣秀《とよとみひで》吉《よし》に従って小田原の陣に参戦し、下野15万石を安堵された。以後、国綱は豊臣臣下として朝鮮出兵などに参陣したが、太閤検地の際に石高隠匿が明るみに出たことで秀吉の怒りを買い、所領は没収、宇都宮氏は滅亡することになる。

以後の城主は目まぐるしく代わる。浅《あさ》野長政《のながまさ》、蒲生秀行《がもうひでゆき》、大河内金兵衛《おおこうちきんべえ》が入城した後、秀吉の死後、関ヶ原を経て、奥《おく》平家昌《だいらいえまさ》・忠昌《ただまさ》父子、次いで元和《げんな》5年(1619)に本多正純が城主となる。正純は徳川家《とくがわいえ》康《やす》の参謀・本多正信《まさのぶ》の子で、初期の江戸幕府で比類なき権勢を誇っていた。

正純はこの城に大改修を施し、縄張を広げ、4重の堀と16もの櫓を備えた近世城郭へと変貌させた。また、城内には日光東照宮に参拝する将軍のための宿泊施設「御成御殿」も設けた。正純は城下町とこれに繋がる日光・奥州街道も整備して、宇都宮を今日の大都市へ変貌させる契機も作っている。

だが家康と正信の死後、正純は秀忠《ひでただ》と秀忠側近から疎まれる存在となっていた。

事件が発生したのは元和8年(1622)。秀忠は家康の七回忌で東照宮を訪れた後、4月16日に宇都宮城で1泊する予定で、正純は将軍を迎えるため御成御殿などを修築した。しかし、秀忠は突如予定を変更して鹿沼を経て江戸に戻った。これは亀姫《かめひめ》(加納御前《かのうごぜん》、家康の娘で奥平忠昌の祖母)が秀忠に「正純に謀反の疑いがある」と密書を送ったための措置だった。秀忠は検使を宇都宮城に派遣して調べさせたが、不審な点はひとつもなかった。

だが、8月に正純は「秀忠の寝所に釣り天井を仕かけて圧死させようとした」といった罪状から出羽由利郡5万5000石への減封をいい渡される。身に覚えがない正純が固辞すると、秀忠は本多家を改易し、正純を流罪として出羽横手に送った。実力者はあえなく失脚したのだ。後年に釣り天井事件は講談などで有名となったが、史実ではなくえん罪事件だったのである。

正純の後も何度も城主は交代。安永《あんえい》3年(1774)より戸田《とだ》氏が城主として落ち着いたが、戊辰戦争で戸田宇都宮藩が勤皇についたことで幕軍と激しく争い、城は焼失。現在はわずかに土塁を残すのみ。

足利氏館 あしかがしやかた

居館

別名	鑁阿寺
築年／廃年	平安末期／ー
築城主	足利義兼
城主	ー
所在地	栃木県足利市家富町

寺院となった初期足利氏の居館

室町幕府将軍・足利家発祥の地。源義《みなもとのよし》家《いえ》の子・義国《よしくに》が下野《しもつけ》足利荘を本領とし、その孫・義兼《よしかね》が足利氏を称してこの居館を建てたとされる。なお義兼の伯父・義《よし》重《しげ》は上野国新田荘《こうずけのくににったのしょう》(太田市)に入り、新田氏の始祖となった。義兼は源平《げんぺい》合戦で早くから頼朝《よりとも》に協力し、鎌倉幕府の有力御家人となった。

義兼は建久《けんきゅう》7年(1196)に持仏堂を建立。3代・義氏《よしうじ》がこれを発展させ、文暦《ぶんりゃく》元年(1234)に館を大修築。大御堂と十二坊を建立して足利氏の氏寺とし、義兼の法名(鑁阿《ばんな》)にちなんで鑁阿寺とした。

義氏の代から、足利氏は幕府宿老として鎌倉に赴任し続けることになったため、居館としての役割はなくなっていた。8代・尊氏《たかうじ》が室町幕府を創設し、足利氏が発展するとともに、鑁阿寺は手厚い保護を受けることになる。

室町幕府の凋落とともに鑁阿寺も衰えたが、天正《てんしょう》19年(1591)に関東へ入部した徳川家康《とくがわいえやす》から寄進を受けて再興された。新田氏を称した家康の意向が働いたと見られる。以降も歴代将軍に庇護された。

現在残る遺構は土塁と水堀などで、創建時の面影を伝える貴重なものである。土塁は不整形の方形で周囲に築かれ、最大198mと長大(すべて鑁阿寺の境内地)。館跡の東南には、日本最古の学校として有名な足利学校が残る。

足利城 あしかがじょう

山城

別名	両崖山城、飯塚山城、小屋城、栗崎城
築年／廃年	平安後期／天正18年(1590)以降
築城主	藤原成行
城主	藤原氏〜足利長尾氏
所在地	栃木県足利市本城1

山内上杉家宰・足利長尾氏の居城

藤原秀郷《ふじわらのひでさと》の子孫・成行《なりゆき》の築城。足利荘を見下ろす両崖山(標高250m)に建つ。室町中期より関東管領《かんれい》・山内上杉《やまのうちうえすぎ》氏の家臣の長尾景長《ながおかげなが》が入城。山内上杉氏と敵対する古河公方《こがくぼう》に対する抑え役となった。山内上杉衰亡後に足利長尾氏は上杉謙信《けんしん》に協力。北条《ほうじょう》氏に属する佐野《さの》氏と足利城でたびたび争っている。天正《てんしょう》13年(1585)より北条氏に従属。だが天正18年(1590)の小田原の役で北条方として戦って敗れ、足利長尾氏は衰亡。足利城も廃城となる。

大田原城 おおたわらじょう

平山城

別名	龍城、龍体城、前室城
築年／廃年	元中年間(1384〜1390)／明治以降
築城主	大田原康清
城主	大田原氏
所在地	栃木県大田原市城山

幕末まで残った大田原氏の居城

武蔵の武将・大田原(大俵)康清《やすきよ》が館を構えたのがルーツ。戦国時代に大田原資《すけ》清《きよ》の代で那須七騎《なすしちき》(下野《しもつけ》那須氏を中心とした連合体)のひとつとして名を馳せる。資清は那須一族の大関《おおぜき》氏に城を追われたが、越前の朝倉義景《あさくらよしかげ》の力を借りて奪還に成功。天正《てんしょう》18年(1590)、孫・晴清《はるきよ》の代で豊臣秀吉《とよとみひでよし》に臣従して小田原攻めに参陣。大田原1万2000石を安堵された。秀吉の死後は徳川家康《とくがわいえやす》に仕えて大田原藩を立藩し、明治まで残る。城は戊辰戦争で焼失。

小山城 おやまじょう

平城

別名	祇園城
築年/廃年	久安4年(1148)／元和5年(1619)
築城主	小山政光
城主	小山政光～秀綱→北条氏照→本多正純
所在地	栃木県小山市城山町

3城から成っていた小山氏の城郭

下野《しもつけ》の土豪・小山氏の居城。小山氏は太田《おおた》氏庶流で、鎌倉・室町幕府の創設に功があり、結城《ゆうき》・長沼《ながぬま》・皆川《みながわ》・山川《やまかわ》氏を輩出。宇都宮《うつのみや》氏と並ぶ下野の有力者だ。

小山は鎌倉府と北関東、奥州を結ぶ鎌倉街道を扼する交通の要衝である。城は思川の河畔に建ち、当初は祇園《ぎおん》城、長福《ちょうふく》寺《じ》城、鷲《わし》城の3城から成っていた。3城は思川の水運で結ばれ、広範な小山城を形成していたのである。

南北朝時代末に小山義政《よしまさ》による「小山義政の乱」で宇都宮氏と関東管領《かんれい》・足利《あしかが》氏満《うじみつ》に攻められ、義政は自害。小山氏嫡流は滅亡するが、同族の結城泰朝《やすとも》が名跡を継いで小山氏は存続した。以後、小山氏は古河公方《こがくぼう》に属して中世を生き延びた。義政の死後、鷲城と長福寺城は不明となり、小山城は祇園城を指すものとなる。

戦国時代に入って下野は北条《ほうじょう》、武田《たけだ》、上杉《うえすぎ》の三つ巴の争いに翻弄される。天正《てんしょう》2年(1574)、小山秀綱《ひでつな》は上杉謙信《けんしん》に恭順したが、北条氏に城を攻められて翌年に降伏開城。秀綱は佐竹《さたけ》氏を頼って敗走し、小山氏は終焉を迎える。

新たに入城した北条氏照《うじてる》(氏政《うじまさ》の弟)は城に改修を施したが、天正18年(1590)、北条氏の滅亡で氏照は自刃。その後、徳《とく》川《がわ》重臣の本多正純《ほんだまさずみ》が入城し、改修を加えた。元和5年(1619)に正純が宇都宮に移ると城は廃城となる。

唐沢山城 からさわやまじょう

山城

別名	根古屋城、牛ヶ城
築年/廃年	平安末期／慶長7年(1602)
築城主	藤原秀郷
城主	藤原氏～佐野成俊～信吉
所在地	栃木県佐野市富士町

江戸を見下ろして家康に潰される

下野《しもつけ》の豪族・佐野《さの》氏の居城。標高247mの唐沢山に建つ。治承《じしょう》4年(1180)に足利《あしかが》成俊《しげとし》が佐野氏を称して入城した。戦国時代に上杉謙信《うえすぎけんしん》と結び、籠城して北条《ほうじょう》軍を退けた。天正《てんしょう》5年(1577)に宗綱《むねつな》の代で謙信に背き、上杉軍を撃退。小田原の役後は豊臣秀吉《とよとみひでよし》の家臣・富田信吉《とみたのぶよし》が名跡を継承。しかし慶長《けいちょう》7年(1602)に城から江戸の大火を見たことを「山上から江戸を見下ろすとはけしからん」と徳川家康《とくがわいえやす》に咎められ、改易となり廃城となった。

茂木城 もてぎじょう

山城

別名	桔梗城
築年/廃年	建久8年(1197)／慶長7年(1602)以降
築城主	茂木知基
城主	茂木知基～知世～治良→細川興元
所在地	栃木県芳賀郡茂木町大字小井戸

佐竹氏重臣・茂木氏の居城

宇都宮《うつのみや》一族で茂木氏の始祖・八田知基《はったともとも》の築城。標高160mの桔梗山に建つ。南北朝期の知世《ともよ》の代で全盛期を迎え、小山《おやま》義政《よしまさ》の乱などで軍功を上げた。戦国時代には常陸《ひたち》の佐竹《さたけ》氏と同盟を結んで行動をともにし、北条《ほうじょう》氏をはじめ、結城《ゆうき》氏や益《まし》子《こ》氏らと争う。天正《てんしょう》18年(1590)、治良《はるなが》の代で、小田原の役で佐竹氏とともに豊臣《とよとみ》秀吉《ひでよし》に従う。治良は慶長《けいちょう》7年(1602)に秋田へ移封。代わって城主となった細川興《ほそかわおき》元《もと》が山麓に茂木陣屋を築き、以後廃城に。

烏山城 からすやまじょう

山城

別　名	伏平城、臥牛城
築年/廃年	応永24年(1417)／明治以降
築城主	那須資重
城　主	那須資重～資晴→成田氏長～大久保氏
所在地	栃木県那須烏山市城山

那須与一で知られる那須一族の城

藤原北家《ふじわらほっけ》の後裔とされ、屋島合戦で著名な那須与一《なすのよいち》を輩出した下野《しもつけ》の豪族・那須氏の居城。戦国時代に常陸佐竹《ひたちさたけ》氏と戦い、すべて退けた難攻不落の城。しかし天正《てんしょう》18年(1590)、小田原の役で当主・資《すけ》晴《はる》が小田原へ遅参し、豊臣秀吉《とよとみひでよし》の怒りを買って没落。忍《おし》城(行田市)主の成田氏長《なりたうじなが》が封じられた。小田原の役後に織田信長《おだのぶなが》の次男・信雄《のぶかつ》が配流されたとも。江戸時代には那須氏も復帰したが、たびたび城主が代わり大久保《おおくぼ》氏で明治を迎える。

黒羽城 くろばねじょう

山城

別　名	九鶴城
築年/廃年	不明／明治以降
築城主	不明
城　主	大関氏
所在地	栃木県大田原市前田

乱世を乗り越えた大関氏

那須《なす》一族・大関《おおぜき》氏19代の居城。天文年間(1532～1555)に大田原《おおたわら》氏が政略で高増《たかます》に家督を継がせ大関氏を乗っ取り、高増は白旗《しらはた》城(大田原市)から移って黒羽城を本拠とした。天正《てんしょう》18年(1590)の小田原の役で主家の那須氏が改易されたが、高増はいち早く参陣し1万8000石を安堵。豊《とよ》臣秀吉《とみひでよし》の死後は徳川家康《とくがわいえやす》に仕え、関ヶ原合戦では会津の上杉景勝《うえすぎかげかつ》に対する守りを固めて功があった。明治まで黒羽藩として城は存続。松尾芭蕉《まつおばしょう》の滞在も著名。

多気山城 たげさんじょう

山城

別　名	多気城
築年/廃年	平安時代／慶長2年(1597)
築城主	宇都宮宗円
城　主	宇都宮氏
所在地	栃木県宇都宮市田下町

北関東最大の山城

宇都宮《うつのみや》城の詰の城。宇都宮城より北西約7kmにある標高377mの多気山に建つ。山全域を要塞とする、北関東最大規模の山城である。

築城主は平安後期の人物・藤原宗円《ふじわらのそうえん》とされている。宗円は宇都宮氏の始祖とされる。宗円は多気山に城を築いたが、不便だったため、現在の宇都宮城址に新たに居館を建てたといわれる。以後、多気山城は詰の城となり、宇都宮氏は宇都宮城と多気山城の、ふたつの拠点(ほかに宇都宮大明神にも城があったとされる)を持っていたことになる。

戦国時代、宇都宮国綱《くにつな》の代で宇都宮領は北条《ほうじょう》氏の猛攻に遭う。宇都宮城は平城で守るには難しい城だった。そこで国綱は天正《てんしょう》14年(1586)より多気山城を改修して居城とした。多気山城はたびたび襲われたが、天険を頼んで防戦し、その都度北条の大軍を押し返すことに成功している。天正18年(1590)の小田原の役で国綱は豊臣秀吉《とよとみひでよし》に従い、北条氏が滅んだ後、再び宇都宮城へ戻った。しかし、慶長《けいちょう》2年(1597)に国綱が改易となったことから、多気山城も廃城となった。

多気山は全山に削平地や堀切など遺構がある。とりわけ中腹から南麓にかけて残る幅10m以上の空堀と土塁は圧巻で、北条の大軍でも崩せなかった難攻不落の城の往時を偲ばせる。

児山城 こやまじょう

平城

別名	ー
築年／廃年	建武年間(1334〜1336)／永禄元年(1558)？
築城主	児山朝定
城主	児山氏
所在地	栃木県下野市下古山

謙信の攻撃で落とされた？

鎌倉幕府滅亡後、下野《しもつけ》の豪族・宇都宮《うつのみや》頼綱《よりつな》の孫にあたる朝定《ともさだ》が児山郷を領して築城した。朝定は児山氏の始祖となる。以後、戦国時代まで児山氏の動向はよくわかっていない。永禄《えいろく》元年(1558)に児山兼朝《かねとも》の代で上杉謙信《うえすぎけんしん》の攻撃にさらされ兼朝は戦死、児山城は廃城になったとされるが、謙信の関東進出は永禄3年(1560)であるため、史実か時期違いか不明な点が多い。城址には堀、土塁、曲輪《くるわ》などがよく残り、廃城当時の姿をとどめている。

常陸

下館城 しもだてじょう

平城

別名	螺城、法螺貝城
築年／廃年	文明10年(1478)／明治以降
築城主	水谷勝氏
城主	水谷勝氏〜勝隆→松平頼重〜石川氏
所在地	茨城県筑西市甲

結城氏重臣・水谷氏の居城

結城《ゆうき》氏家臣の水谷《みずのや》氏の居城。水谷氏は藤原秀郷《ふじわらのひでさと》の後裔とされるが不詳。室町中期の勝氏《かつうじ》の代で結城氏に下館領を与えられ築城。当時の結城氏の戦略では東の佐《さ》竹《たけ》氏、南の小田《おだ》氏に備えた城だった。戦国時代の正村《まさむら》の代で宇都宮《うつのみや》氏や太田《おおた》氏らと争い、勢力を拡大。天正《てんしょう》18年(1590)の小田原の役では秀吉《ひでよし》に従い本領を安堵される。正村の死後、勝隆《かつたか》の代で備中《びっちゅう》松山に国替えとなり、松平頼重《まつだいらよりしげ》が入城。後に石川《いしかわ》氏が城主となり維新後廃城となる。

山入城 やまいりじょう

山城

別名	国安城
築年／廃年	南北朝時代？／慶長7年(1602)以降？
築城主	山入師義？
城主	山入師義→与義〜義藤→氏義
所在地	茨城県常陸太田市国安町

佐竹氏をふたつに割った「山入一揆」

佐竹《さたけ》一族の山入氏の城で、宗家と戦った山入一揆の本拠。南北朝期に佐竹貞義《さだよし》の七男・師義《もろよし》が分知して山入氏を名乗り築城したとも。応永《おうえい》14年(1407)、子の与《とも》義《よし》の代より佐竹氏と敵対。他の佐竹一族とともに構成された山入一揆は約100年間、宗家と抗争。延徳《えんとく》2年(1490)に佐竹義《よし》舜《きよ》を追放したが、逆襲に遭い当主の氏義《うじよし》が籠城戦で討たれ一揆は崩壊。その後は佐竹氏の本拠・太田《おおた》城の支城となり、秋田移封に伴い廃城とされるが詳細は不明。

真壁城 まかべじょう

平城

別名	―
築年／廃年	鎌倉時代／不明
築城主	真壁長幹
城主	真壁氏→浅野長重→稲葉正勝
所在地	茨城県桜川市真壁町古城

佐竹氏の披官・真壁氏の城

常陸平氏大掾《ひたちへいしだいじょう》一族の庶流・真壁氏の居城。鎌倉時代に初代の長幹《ながもと》が分家して真壁郡を与えられ、城を築いて真壁氏を称した。応永《おうえい》29年(1422)、秀幹《ひでもと》の代に鎌倉公方《くぼう》・足利持氏《あしかがもちうじ》に攻められ落城。滅亡の危機に瀕するが、庶流の朝幹《ともと》が家督を継承する。戦国時代は小田《おだ》城(つくば市)の小田氏と長く抗争、その後は佐竹《さたけ》氏に従うようになり、小田原の役では佐竹氏とともに本領を安堵。真壁氏の秋田転封後は、浅野《あさの》氏、稲葉《いなば》氏を経て廃城。

堀之内大台城 ほりのうちおおだいじょう

平山城

別名	―
築年／廃年	慶長元年(1596)／慶長7年(1602)以降
築城主	佐竹義宣
城主	小貫頼久
所在地	茨城県潮来市堀之内

佐竹氏の常陸南部統治の要

小田原の役後に佐竹義宣《さたけよしのぶ》は、常陸《ひたち》南部の大掾《だいじょう》氏や嶋崎《しまざき》氏ら有力諸氏を滅ぼす。文禄《ぶんろく》3年(1594)頃から同地の支配拠点として霞ヶ浦に面する行方《なめがた》台地に本城を築いた。聚楽第《じゅらくてい》、大坂《おおさか》城など上方《かみがた》の城郭に刺激を受けた義宣は、堂々たる城を構えた。縄張は連郭式で、一曲輪《くるわ》、二曲輪、三曲輪と出城で形成。天守はなかったが3重の櫓があり、曲輪のあいだには堀切が穿《うが》たれた。城代は家臣の小貫頼久《おぬきよりひさ》。関ヶ原後の佐竹氏の秋田転封とともに廃城。

土浦城 つちうらじょう

平城

別名	亀城
築年／廃年	永享年間(1429～1441)／明治以降
築城主	今泉(若泉)三郎
城主	今泉氏～菅谷氏→結城秀康～土屋氏
所在地	茨城県土浦市中央1(亀城公園)

5重の堀に浮かぶ名城

常陸《ひたち》の名族・小田《おだ》氏の支城。室町中期に常陸守護だった小田氏の家臣・今泉三《いまいずみさぶ》郎《ろう》が居城した。城の発祥は、天慶《てんぎょう》年間(938～947)に大乱を起こした平将門《たいらのまさかど》の砦ともいわれるが、定かではない。

城には霞ヶ浦や桜川の水が引かれ、本丸を中心に5重の堀が巡らされていたとされる。その姿が水に浮かぶ亀のようだったため、亀城とも呼ばれた。

戦国時代に三郎の孫の今泉五郎左衛門が領民に苦役を課し、桜川の難工事を強行。これを見た同じ小田家臣の菅谷勝貞《すげのやかつさだ》が領民の反乱を誘い、今泉を滅ぼして当城を乗っ取った。その後、小田氏とともに佐竹《さたけ》氏とたびたび矛を交えた。

しかし天正《てんしょう》18年(1590)、豊臣秀吉《とよとみひでよし》の小田原攻めに北条《ほうじょう》氏と結んだ菅谷氏は、豊臣方の佐竹氏や徳川家康《とくがわいえやす》に滅ぼされる。

家康の関東入部後は、結城秀康《ゆうきひでやす》(家康の次男)が入城。秀康は土浦城を大改修し、「土浦小判」を鋳造するなど城下の経済政策に力を入れた。秀康の福井移封後は藤井松平《ふじいまつだいら》氏、西尾《にしお》氏、朽木《くちき》氏を経て寛文《かんぶん》9年(1669)に土屋《つちや》氏が入城、そのまま維新を迎え、廃城となった。

現在は公園となっているが、江戸時代に築かれた太鼓櫓門や霞門のほか、土塁や堀の一部が現存している。太鼓櫓門は時を知らせる太鼓が置かれていた櫓。近年、東櫓が展示館として復元された。

水戸城《みとじょう》

平山城

別名	馬場城、水府城
築年/廃年	建久年間(1190～1199)／明治以降
築城主	大掾(馬場)資幹
城主	大掾資幹～満幹→江戸通房～重通→佐竹義宣→武田信吉→徳川頼宣→頼房→光圀～昭武
所在地	茨城県水戸市三の丸

東北の抑えとなった水戸徳川家

徳川《とくがわ》御三家のひとつ、水戸徳川家の居城。水戸市の中心部にあるJR水戸駅北側の丘上に建つ。北には那珂川、南は千《せん》波湖《ばこ》と天然の要害に守られた一大要塞。

平安末期に常陸平氏《ひたちへいし》の流れを汲む大掾《だいじょう》資幹《すけもと》が館を築いたことが始まりとされる。当初の水戸城は水戸明神の馬場に建てられたことから馬場《ばば》城と呼ばれ、資幹も馬場氏を称することになる。なお、水戸という地名は、同地が那珂川の河港であり、「“水”運の“戸”口」として栄えていたことが由来である。

応永《おうえい》23年(1416)、当主の大掾満幹《みつもと》が上《うえ》杉禅秀《すぎぜんしゅう》の乱に荷担して敗れ、代わって常陸江戸《えど》氏が入城した。常陸江戸氏は佐竹《さたけ》氏の家臣で、藤原秀郷《ふじわらのひでさと》を祖とする一族である(後に江戸城の前身となる江戸館〈千代田区〉を築いた武蔵江戸氏とは別族)。江戸氏は明応《めいおう》5年(1496)に城に改修を施し、馬場城の名を水戸城へ改めた。

戦国時代に、江戸氏は主家の佐竹氏を脅かす独立勢力へと成長。常陸統一を目指す佐竹氏にとって江戸氏は大きな障害だった。そして、天正《てんしょう》18年(1590)に小田原の役で、佐竹義宣《よしのぶ》は豊臣秀吉《とよとみひでよし》に従う。一方、江戸重通《しげみち》は北条《ほうじょう》氏の働きかけで秀吉への参陣を見送ったが、江戸氏はこれが命取りとなる。北条氏滅亡後、佐竹義宣は水戸城を攻撃し、水戸重通は降伏。それまで佐竹氏の拠点は太田《おおた》城(常陸太田市)だったが、義宣は常陸全域を治めるには水戸城が優位と判断し、常陸54万石の大名として水戸へ移転した。

しかし、慶長《けいちょう》5年(1600)の関ヶ原の合戦で今度は義宣が戦局を見誤り、東軍・西軍いずれにも与しないあやふやな態度を取る。戦後、勝利者となった徳川家康《いえやす》は義宣を秋田へ移封、水戸城には新たな城主・武田信吉《たけだのぶよし》(家康の五男)を封じた。

軍略家の家康は、東北に通じる水戸を重要な防衛拠点と判断し、名古屋《なごや》城に九男・義直《よしなお》(尾張徳川家の祖)を配置したと同じように、身内で要衝を固めたのだ。だが信吉がほどなく早世したため、家康は徳川頼宣《よりのぶ》(家康の十男)を新たな城主とした。しかし、これは後に駿府《すんぷ》に移封し、頼宣はその後紀州藩主となり、紀州徳川家の家祖となった。そして頼宣に代わって水戸城に入城したのが頼房《よりふさ》(家康の十一男)だった。頼房は初代水戸藩主になるとともに水戸徳川家の祖となる。“水戸黄門”で知られる光圀《みつくに》は頼房の子である。

頼房は水戸城を大改修し、近世城郭へと変貌させた。佐竹時代の旧本丸を手狭と判断した頼房は旧二ノ丸を本丸としたほか、西側に二ノ丸、三ノ丸を並列に配置する連郭式縄張とした。ただし近世城郭で多用される石垣はほとんど使われず、曲輪《くるわ》のあいだは土塁と空堀で仕切られた。天守も築かれず(3重の隅櫓が天守代わり)、他の2家にくらべれば質素な城郭で、水戸藩の質実剛健の家風を表しているともいえる。江戸後期には9代・斉《なり》昭《あき》により藩校である「弘道館」が三ノ丸内に、城外に名園として知られる「偕楽園」が造営されている。

水戸城は維新後に廃城となり、城跡は大半が市街地となったため、遺構は土塁、空堀、虎口《こぐち》跡などのみである。

小田城 おだじょう

平城

別　名	―
築年／廃年	建久3年(1192)？／慶長7年(1602)
築城主	八田(小田)知家
城　主	八田知家→小田知重～氏治→太田資正～小場義宗
所在地	茨城県つくば市小田

あの『神皇正統記』が書かれた城

鎌倉初期に宇都宮《うつのみや》氏庶流の八田知家《はったともいえ》が築城した。小田山麓の交通至便な地に建造された平城である。

八田知家は 源 頼朝《みなもとのよりとも》の信任が厚く、常陸国《ひたちのくに》守護という重職を与えられたほか、頼朝死後の合議制13人の一角を占めた。知家の子・知重《ともしげ》の代で小田氏を称する。

延元《えんげん》3年(1338)、7代・治久《はるひさ》のとき、南朝方の北畠親房《きたばたけちかふさ》を迎える。親房はこの城で有名な『神皇正統記《じんのうしょうとうき》』を執筆した。

戦国時代に15代・氏治《うじはる》は北条《ほうじょう》氏と結ぶ。上杉謙信《うえすぎけんしん》に従っていた佐竹《さたけ》氏、結城《ゆうき》氏、多賀《たが》氏らと激戦を繰り広げたが、徐々に劣勢に陥る。永禄《えいろく》12年(1569)に氏治は佐竹軍に筑波山東麓の手這坂《てばいざか》で決定的な敗北を喫し、小田城は落城(手這坂の戦い)。氏治は佐竹氏に降った。

元亀《げんき》元年(1570)に佐竹氏の臣・太田資《おおたすけ》正《まさ》が新城主として入城。その後、資正の子の梶原政景《かじわらまさかげ》を経て佐竹一族の小場義宗《おばよしむね》が城主となったが、慶長《けいちょう》7年(1602)に佐竹氏が秋田へ移封となったことに伴って廃城となった。

現在残る遺構は氏治～佐竹氏時代のものである。北畠親房を迎えた頃とは違う縄張になっていると見られる。城の中心は一曲輪《くるわ》と呼ばれ、規模は120m四方。室町時代の守護館の大きさが基本となっている。一曲輪の虎口《こぐち》の外には馬出《うまだし》が設けられ、防御力を高めている。

笠間城 かさまじょう

山城

別　名	桂城
築年／廃年	鎌倉時代／明治以降
築城主	笠間時朝
城　主	笠間氏～宇都宮氏～浅野氏～牧野氏
所在地	茨城県笠間市笠間

忠臣蔵の浅野家が城主だったことも

鎌倉時代に宇都宮《うつのみや》氏の庶流である笠間時朝《ときとも》が築城したとされる。標高182mの佐白山に建つ山城。天正《てんしょう》18年(1590)の小田原の役で、宗家の宇都宮氏が豊臣秀吉《とよとみひでよし》に与したにもかかわらず、笠間氏は北条《ほうじょう》方につく。戦後、宇都宮氏に攻められて笠間氏は滅亡、城は宇都宮氏が占有した。その後、幾度も城主は代わり、延享《えんきょう》4年(1747)に牧野《まきの》氏が入城して維新を迎えた。浅野内匠頭《あさのたくみのかみ》の祖父・長直《ながなお》が城主だったことも。今も山上には各曲輪《くるわ》の遺構が残る。

関城 せきじょう

平城

別　名	―
築年／廃年	鎌倉時代／興国4年(1343)以降
築城主	関朝泰
城　主	関氏
所在地	茨城県筑西市関館

城に向け掘られた坑道跡が残る

結城《ゆうき》氏庶流の朝泰《ともやす》が鎌倉時代に築城し、関氏を名乗った。大宝湖《だいほうこ》の北端に建つ。南端にある大宝城とともに南北朝時代に南朝に属し、北畠親房《きたばたけちかふさ》を迎えた。興《こう》国《こく》2年(1341)、関宗祐《むねすけ》・宗政《むねまさ》父子は北朝方の高師冬《こうのもろふゆ》と激しく争ったが、2年後に関父子は敗れて自刃。親房は吉野に逃れたが関・大宝両城は落城した。この戦いで北朝方は城に向け坑道を掘ったが関方に気づかれて崩され、多くの坑夫が生き埋めになったという。城跡には坑道跡がある。

大宝城《だいほうじょう》

平城

別名	―
築年／廃年	貞永元年(1232)／興国4年(1343)以降
築城主	下妻長政
城主	下妻氏
所在地	茨城県下妻市大宝

関城と並ぶ南朝方の砦

下野《しもつけ》の豪族・小山《おやま》一族の流れである下《しも》妻《つま》氏の居城。大宝湖の南端に建つ。南北朝時代の興国《こうこく》2年(1341)、下妻氏は下妻政泰《まさやす》の代で興良《おきなが》親王(大塔若宮《おおとうのわかみや》、護良《もりよし》親王の子)を奉じて北朝方の高師冬《こうのもろふゆ》と激しく争う。この際、湖北端の関《せき》城に籠もる関氏や北畠親房《きたばたけちかふさ》と呼応し、舟で連絡し合って戦った。2年あまりの激戦の末、政泰は敗れて自刃。親王は駿河へ逃れた。戦後、関城とともに大宝城は廃城となる。現在はわずかに土塁を残すのみ。

宍戸城《ししどじょう》

平山城

別名	―
築年／廃年	鎌倉時代／明治以降
築城主	八田(宍戸)家政
城主	八田家政～宍戸義利～秋田実季～松平頼雄→松平氏
所在地	茨城県笠間市平町

黄門様の弟が城主になった城

小田《おだ》氏の家祖、八田知家《はったともいえ》の四男・家政《いえまさ》が築き、以後宍戸氏を称する。宍戸氏は約400年、16代続いた。ちなみに安芸に下向した一族は後に毛利元就《もうりもとなり》と結んで大勢力になる。義利《よしとし》の代で佐竹《さたけ》氏の侵攻に遭い、麾下《きか》に入る。慶長《けいちょう》7年(1602)に徳《とく》川家康《がわいえやす》の命で秋田実季《あきたさねすえ》が入城し、宍戸藩初代藩主となる。後に秋田氏が三春に転封、天和《てんな》2年(1682)に水戸《みと》光圀《みつくに》の弟・松《まつ》平頼雄《だいらよりお》が1万石を与えられて入城し、城を陣屋に改めた。現在、遺構はほぼ壊滅。

太田城《おおたじょう》

平山城

別名	佐竹城、舞鶴城、青龍城
築年／廃年	平安後期？／慶長7年(1602)
築城主	佐竹隆義？
城主	佐竹隆義～義宣
所在地	茨城県常陸太田市中城町

名門佐竹氏400年の居城

常陸《ひたち》の戦国大名・佐竹《さたけ》氏の本拠。佐竹氏は源義光《みなもとのよしみつ》(新羅三郎《しんらさぶろう》)の孫・昌義《まさよし》が久慈郡佐竹郷(常陸太田市)に土着して佐竹氏を称したことより始まる。

城の起源は不詳だが、平安時代の後期、3代・隆義《たかよし》の代に城郭を構えたとされる。ほかに藤原秀郷《ふじわらのひでさと》の後裔である藤原通延《みちのぶ》が天仁《てんにん》2年(1109)に築城したともいわれる。

隆義とその子・秀義《ひでよし》は治承《じしょう》4年(1180)の源頼朝《みなもとのよりとも》旗揚げに協力せず頼朝に攻められ、一時所領没収の憂き目に遭う。文《ぶん》治《じ》5年(1189)に罪を許され、以後佐竹氏は太田城を拠点に常陸北部に勢力を持つ名族となる。しかし応永《おうえい》14年(1407)に家督相続を巡って内紛が起こり、庶流の山《やま》入《いり》氏が勢力を拡大。佐竹宗家と常陸守護職を巡り長く争う(山入の乱)。

佐竹氏中興の祖、15代・義舜《よしきよ》のとき一時山入氏に城を奪われるが、永正《えいしょう》元年(1504)に奪還し、山入氏を滅ぼした。18代・義重《よししげ》の時代に全盛期を迎え、常陸南部へも侵攻。その後も北条《ほうじょう》氏や伊達政宗《だてまさむね》とも互角の戦いを演じた。そして天正《てんしょう》18年(1590)、19代・義宣《よしのぶ》が常陸を統一。本拠を水戸《みと》城に移したが、慶長《けいちょう》5年(1600)の関ヶ原合戦で曖昧な態度を取った義宣は秋田へ転封となり城は廃城となった。

佐竹氏歴代400年の居城だったが、近世に破壊し尽くされてなにも残っていない。本郭は現在の太田小学校一帯である。

下妻城《しもつまじょう》

平城

別名	多賀谷城
築年/廃年	享徳3年(1454)/明治以降
築城主	多賀谷氏家
城主	多賀谷氏家～重経→徳川頼房～松平氏→井上氏
所在地	茨城県下妻市本城町2(多賀谷城址公園)

結城氏の佞臣?多賀谷氏の城

　結城《ゆうき》氏の家臣・多賀谷《たがや》氏の居城。享徳《きょうとく》3年(1454)に古河公方《こがくぼう》・足利成氏《あしかがしげうじ》に従い、上杉憲忠《うえすぎのりただ》を討った多賀谷氏家《たがやうじいえ》が、下妻33郷を与えられて築城。多賀谷氏は独立志向が強く、真っ向から結城氏と対決したこともあった。慶長《けいちょう》5年(1600)の関ヶ原合戦後に衰退。結城秀康《ひでやす》、佐竹義宣《さたけよしのぶ》の移封に従い多賀谷家は分裂したと見られる。多賀谷氏のあとは松平《まつだいら》氏、井上《いのうえ》氏と城主が代わり、井上氏のときに城のそばに陣屋を構え明治まで続いた。

上総

久留里城《くるりじょう》

山城

別名	雨城、霧降城、浦田城
築年/廃年	天文年間(1532～1555)/明治以降
築城主	里見義堯
城主	里見義堯→義弘～大須賀忠政→土屋忠直～黒田氏
所在地	千葉県君津市久留里

里見氏が北条勢を翻弄した要塞

　安房里見《あわさとみ》氏、絶頂期の拠点。里見氏は新田《にった》氏庶流で安房を統一した戦国大名。城は小櫃川中流域にあり、起伏の激しい房総丘陵の一角に建つ。城の前身は「古久留里城」と呼ばれ、室町中期に上総武《かずさたけ》田《だ》氏の流れである真里谷《まりやつ》氏が支配していた。この旧城は現在残る城とは少し位置が異なり、規模も小さいものだった。

　天文《てんぶん》2年(1533)に里見義堯《よしたか》は北条《ほうじょう》氏の支援を得て、宗家で従兄弟にあたる里見義豊《よしとよ》を討ち、当主の座を奪う。義堯は真里谷氏を屈服させ、天文9年(1540)頃に里見氏の本拠を稲村《いなむら》城(館山市)から久留里へ移した。同地は安房、南総、西上総への交通の便もいい場所。義堯は新たに縄張を施し、この地に大城郭を構えたのである。義堯は恩人だった北条氏からも離反し、この城を拠点に上総や下総《しもうさ》に積極的に進出し、房総半島の大半を手中に収めたのである。

　久留里城は何度も北条勢の攻撃を受けたが、そのたびに雨や霧が隠して敵を撃退したことから「雨《う》城」の別称もある。しかし天正《てんしょう》2年(1574)に義堯が死去。子の義弘《よしひろ》は北条と和睦して佐貫《さぬき》城(富津市)に移転した。その後、徳川家康《とくがわいえやす》が関東に入部して、徳川譜代の大須賀《おおすが》氏、土屋《つちや》氏らが入城した後、黒田《くろだ》氏が入城して明治を迎えた。なお、現在残る遺構の大半は黒田氏時代のものである。

真里谷城《まりやつじょう》

平山城

別名	真地野城
築年/廃年	康正2年(1456)／天正18年(1590)以降
築城主	武田信長
城主	真里谷武田氏
所在地	千葉県木更津市真里谷

「房総管領」真里谷武田氏の本拠

甲斐源氏《かいげんじ》の庶流・上総《かずさ》真里谷《まりやつ》武田《たけだ》氏の居城。城は江戸湾へ通じる小櫃川の中流域の要害にあり、千葉県の中央部となる大多喜、庁南方面にも近い。本丸、二ノ丸、三ノ丸、出城から成る。

室町中期、甲斐守護・武田信満《のぶみつ》の次男である武田信長《のぶなが》は、応永《おうえい》23年(1416)に起きた上杉禅秀《うえすぎぜんしゅう》の乱に加わり、その後、古《こ》河公方《がくぼう》・足利成氏《あしかがしげうじ》に仕えるようになって、康正《こうしょう》2年(1456)に上総守護代に任じられた。上総に侵攻した信長は、真里谷城と庁南《ちょうなん》城(長生郡)とを築いて勢力を広げ、下総《しもうさ》の千葉《ちば》氏、安房《あわ》の里見《さとみ》氏と対抗した。3代・信興《のぶおき》のころ、上総武田氏は真里谷氏を称したとされる。こうして武田氏は真里谷武田氏と庁南武田氏とのふたつに分かれることになる。

4代・真里谷信勝《のぶかつ》のとき、足利成氏の孫である義明《よしあき》を小弓《おゆみ》御所として擁立。この際、信勝は房総管領《かんれい》に任じられ、真里谷氏の全盛期を築いた。しかし、5代・信保《のぶやす》の死後、内紛からその勢力は急速に弱まった。天文《てんぶん》年間(1532～1555)、衰えた真里谷氏は、北条《ほうじょう》氏に臣従するようになる。その後は里見義堯《さとみよしたか》に押され、多くの拠点を失い、真里谷嫡流は断絶、庶流も真里谷城も義堯の支配下に入った。天《てん》正《しょう》18年(1580)の小田原の役後、里見氏が上総と下総を没収され、真里谷城も廃城、上総武田氏も歴史から姿を消す。

勝浦城《かつうらじょう》

海城

別名	―
築年/廃年	大永元年(1521)／天正18年(1590)以降
築城主	武田信清
城主	真里谷武田氏～正木氏
所在地	千葉県勝浦市勝浦

岬に突き出す海城

甲斐源氏《かいげんじ》の庶流・上総《かずさ》真里谷《まりやつ》武田《たけだ》氏の武田信清《のぶきよ》の築城。八幡岬先端から一・二・三の曲輪《くるわ》が続く500mに及ぶ海城で、北を除き3面が海に囲まれる。戦国時代、真里谷氏は北条《ほうじょう》氏に属し、里見義堯《さとみよしたか》と敵対。義堯の東上総侵攻に抗すべく、真里谷氏は大多喜根古屋《おおたきねごや》城(夷隅郡)を築城し、さらにその支城として勝浦城を築いた。真里谷氏衰亡後に入城した里見氏の臣・正木《まさき》氏は城を大改修し、現在に残る縄張に改めた。里見氏減封後に廃城。

大多喜根古屋城《おおたきねごやじょう》

平山城

別名	小田喜根古屋城、小田喜城
築年/廃年	大永元年(1521)／天正18年(1590)
築城主	武田信清
城主	武田信清～朝信→正木時茂～憲時→里見時堯
所在地	千葉県夷隅郡大多喜町泉水

本多忠勝に滅ぼされた旧大多喜城

真里谷《まりやつ》城主である武田信興《たけだのぶおき》の次男・信清が安房里見《あわさとみ》氏の脅威に備え、勝浦《かつうら》城(勝浦市)とともに築いた城。起伏の激しい丘陵が取り巻く要害である。信清の死後、朝信《とものぶ》の代で里見の将・正木《まさき》氏の手に落ちる。正木氏が謀反を起こして里見氏に敗れてから、里見義頼《よしより》の次男・時堯《ときたか》が入城。天正《てんしょう》18年(1590)の小田原の役の際、徳川《とくがわ》家臣・本多忠勝《ほんだただかつ》に攻め滅ぼされる。忠勝は根古屋城を廃城とし、新たに大多喜城を築いた。

大多喜城 おおたきじょう

山城

別名	大田喜城、大滝城
築年/廃年	天正18年(1590)／明治以降
築城主	本多忠勝
城主	本多忠勝→忠朝～阿部正次～松平正久→松平氏
所在地	千葉県夷隅郡大多喜町大多喜

本多忠勝の要塞に南蛮人もビックリ

徳川《とくがわ》四天王のひとりで、猛将として知られる本多忠勝《ほんだただかつ》による築城である。

天正《てんしょう》18年(1590)の小田原の役で、忠勝は里見《さとみ》氏方の大多喜根古屋《ねごや》城を落とした。戦後、徳川家康《いえやす》の関東入部に伴い、忠勝は大多喜10万石を与えられたが、根古屋城は防備に不向きと判断し、新城の築城を計画。根古屋城から西南400mの丘陵に近世城郭である新大多喜城を建てた。忠勝の入部は安房《あわ》の里見氏対策と見られる。

この地は周囲を夷隅山系と夷隅川に守られた天然の要害。忠勝はまた東南部に25の寺を複雑に配置し、防備の一助として利用した。城の中央には周りを威圧するかのように3重4階の天守が築かれた。

慶長《けいちょう》14年(1609)、フィリピン総督ドン・ロドリゴ一行が乗るスペイン船が遭難し、領内の岩和田海岸に漂着。ロドリゴは忠勝の保護を受けて大多喜城を訪れ、「深い堀があり跳ね橋が架けられていた」「城門は鉄製で、城主の御殿は金銀で装飾されていた」(『日本見聞録』)という証言を残している。

忠勝が伊勢に加増移封された後、慶長18年(1613)に里見氏が家康に改易されたことで大多喜城の軍事的意味はなくなる。本多氏、阿部《あべ》氏を経て江戸中期に大多喜藩初代藩主として松平《まつだいら》氏が入城し、そのまま廃藩置県を迎えた。城は天保《てんぽう》13年(1842)に全焼。現在は復元天守が立つ。

千葉城 ちばじょう

平山城

別名	亥鼻城
築年/廃年	大治元年(1126)／康正元年(1455)以降
築城主	千葉常重
城主	千葉常重→常胤～胤直
所在地	千葉県千葉市中央区亥鼻

関東の戦乱に消えた大豪族・千葉氏

大豪族・千葉氏の居城。千葉氏は桓武《かんむ》平氏《へいし》で、平安時代に千葉氏を称した。平安後期に常重《つねしげ》の代で本拠を大椎《おおじい》城(千葉市)から猪鼻台に移す。常重の子・常胤《つねたね》が源頼朝《みなもとのよりとも》の旗揚げに参陣。その功により下総《しもうさ》守護に任じられ、一門は北総を代表する勢力となる。約230年同地に君臨したが、康正《こうしょう》元年(1455)に胤直《たねなお》の代で内紛により断絶。一族が名跡を継いだが本拠は佐倉《さくら》城(佐倉市)に移転され、その後は廃城となる。現在の天守は模擬天守。

佐貫城 さぬきじょう

平山城

別名	亀城
築年/廃年	応仁年間(1467～1469)／明治以降
築城主	武田(真里谷)義広
城主	真里谷氏～里見氏～内藤氏～阿部氏
所在地	千葉県富津市佐貫

三船山合戦で里見と北条が激闘

甲斐源氏《かいげんじ》庶流・真里谷武田《まりやつたけだ》氏の築城。戦国時代に里見義堯《さとみよしたか》に攻められ落城し、里見氏の拠点となる。以後、上総《かずさ》進出を目論む北条《ほうじょう》氏とのあいだで激しい攻防が繰り広げられた。第2次国府台合戦で敗れた里見義弘《よしひろ》は、永禄《えいろく》10年(1567)に北条軍に城を囲まれたが、出陣して三船山麓の北条軍を撃退(三船山合戦)。里見氏が本拠を安房《あわ》に移し、家康《いえやす》が関東入部した後、内藤《ないとう》氏が入城。江戸時代には阿部《あべ》氏が城主となり、明治の廃藩置県で廃城。

下総

古河公方館 こがくぼうかん

平城

別名	古河御所、鴻巣御所
築年／廃年	享徳4年(1455)／天和6年(1620)以降
築城主	足利成氏
城主	足利成氏～氏姫
所在地	茨城県古河市鴻巣(古河総合公園)

「古河公方」誕生の地

享徳《きょうとく》3年(1454)、鎌倉公方《くぼう》・足利成氏《あしかがしげうじ》が関東管領《かんれい》・上杉憲忠《うえすぎのりただ》を暗殺し、関東の内乱が勃発(享徳の乱)。成氏は鎌倉を出て古河《こが》城南東1kmの鴻巣の地に居館を構えた(古河公方誕生)。その後、成氏は古河城へ移動。天正《てんしょう》18年(1590)の小田原の役後、古河城が破却され、5代古河公方・義氏《よしうじ》の娘の氏姫《うじのひめ》が移動。秀吉《ひでよし》の命で小弓《おゆみ》公方・足利氏に嫁ぎ両家は統一。氏姫は江戸初期までこの館に住み、天和《てんな》6年(1620)に死去。その数年後に廃された。

結城城 ゆうきじょう

平山城

別名	臥牛城
築年／廃年	平安末期／明治以降
築城主	結城朝光
城主	結城朝光～氏朝～晴朝～水野氏
所在地	茨城県結城市大字結城(城跡歴史公園)

「結城合戦」の舞台

下総《しもうさ》の豪族・結城氏の居城。結城氏は秀郷《ひでさと》流下野《しもつけ》小山《おやま》氏の庶流。永享《えいきょう》10年(1438)に永享の乱が起こり、鎌倉公方《くぼう》・足利持氏《あしかがもちうじ》が、関東管領《かんれい》・上杉憲実《うえすぎのりざね》に敗れて自刃し、持氏のふたりの遺児・春王丸《しゅんおうまる》と安王丸《やすおうまる》は逃亡生活を余儀なくされる。2年後の永享12年(1440)に、結城氏11代当主・氏朝《うじとも》が春王丸と安王丸を城に迎えて挙兵。6代将軍・足利義教《よしのり》に謀反し、幕府・上杉軍と対決した。10か月に及ぶ籠城戦の末、氏朝は討ち死に、城も陥落した。ふたりの遺児も捕らえられて、後に殺害された。世にいう結城合戦である。当主を失い、城も落とされた結城氏は一時没落するが、文安《ぶんあん》4年(1447)に氏朝の四男で13代当主となった成朝《しげとも》が、鎌倉公方となった足利成氏《しげうじ》によって許され、家を再興。結城城に戻る。

時は少し下り、戦国時代には15代・政《まさ》朝《とも》、16代・政勝《まさかつ》が活躍し、結城氏を戦国大名として成長させる。天正《てんしょう》18年(1590)、小田原征伐では17代・晴朝《はるとも》が豊臣《とよとみ》方につき、所領を安堵される。また、秀吉《ひでよし》の養子となっていた家康《いえやす》の次男・秀康《ひでやす》を養子に迎える。その後は、関ヶ原の戦いのあと、秀康が越前福井《ふくい》城へ転封。城は天領となり、いったん廃城となる。後の元禄《げんろく》13年(1700)に水野《みずの》氏が能登より転封され、この地を治めて城を再築。そのまま水野氏の代で明治を迎える。

古河城　こがじょう

平城

別　名	古河御所、古河御陣
築年／廃年	鎌倉初期／明治以降
築城主	下河辺行平
城　主	下河辺氏～小山氏～足利成氏～晴氏→義氏→氏姫→小笠原秀政～土井利勝→堀田氏～土井氏
所在地	茨城県古河市古河

関東に覇を唱えた「古河公方」

関東で一大勢力を築き上げた「古河公《く》方《ぼう》」5代の居城として知られる。

古河は関東のほぼ中央に位置する交通の要衝で、戦国時代の関東の争乱で激しい争奪戦があった。豊臣秀吉《とよとみひでよし》の天下統一後に破却されたが、江戸時代に3階櫓の近世城郭となり、古河藩庁として機能した。渡良瀬川沿いに南北1400m規模の城郭が築かれたが、現在は消滅。福法寺(古河市)に移築された城門が残る。古河公方時代の城郭は、江戸時代に改修された城の本丸付近に存在したと見られる。

初めてこの地に居館を築いたのは、鎌倉幕府御家人で 源 頼朝《みなもとのよりとも》近臣、藤原秀郷《ふじわらのひでさと》流小山《おやま》一門の下河辺行平《しもこうべゆきひら》とされる。城は永《えい》徳《とく》2年(1382)に小山義政《よしまさ》の支配下に置かれたが、その後鎌倉公方・足利氏満《あしかがうじみつ》が奪取。氏満は家臣の野口《のぐち》氏を城代に置いた。

永享《えいきょう》7年(1435)に鎌倉公方・足利持氏《もちうじ》(氏満の孫)が関東管領《かんれい》・上杉憲実《うえすぎのりざね》に滅ぼされる永享の乱が発生。鎌倉公方とは尊《たか》氏《うじ》(室町幕府初代将軍)の次男・基氏《もとうじ》が関東を支配する鎌倉府の長官で、鎌倉府は一時滅亡。その後、結城《ゆうき》城(結城市)の結城氏朝《うじとも》や古河城代の野口氏行《うじゆき》が持氏の遺児を擁して上杉軍と戦ったが(結城合戦)、氏朝は討ち死に。氏行の籠もる古河城も落城した。

持氏の三男・成氏《しげうじ》は、8代将軍・足利義政《よしまさ》に鎌倉府再興を許され鎌倉公方となる。享徳《きょうとく》3年(1454)、公方の権威回復を目論む成氏は、対立していた関東管領・山内《やまのうち》上杉憲忠《のりただ》を謀殺(享徳の乱の始まり)。義政は上杉氏を支援し、幕府軍に追われた成氏は古河に逃れ、居館(古河公方館)を築いて古河公方を称する。古河周辺には小山・結城・千葉《ちば》氏らの支持母体があったことも“古河移座”の背景となった。

成氏は古河城を修復させ、長禄《ちょうろく》元年(1457)に館から同城へ移った。成氏は山内上杉氏家宰・長尾景信《ながおかげのぶ》の来襲を激戦の末に退け、古河に強固な地盤を作る。

一方、義政は異母兄の政知《まさとも》を下向させ、新たに鎌倉公方にしようとしたが、上杉氏の内紛もあり鎌倉に入れず、伊豆堀越にとどまる(堀越公方の誕生)。鎌倉公方の嫡流は古河公方側にあるため関東の大乱は収まらず、結果的に幕府権力の衰退が浮き彫りとなった。文明《ぶんめい》14年(1482)に成氏と堀越公方・上杉氏の和睦が成立(都鄙《とひ》合体)、大乱は終わったかに見えた。

しかし成氏の死後、古河公方家でも内紛が勃発。永正《えいしょう》の頃、3代・高基《たかもと》の弟の義明《よしあき》が下総《しもうさ》小弓《おゆみ》城(千葉市)を奪って小弓公方を称するなど混乱は収まらず。古河公方の権威が失墜する一方、相模北条《ほうじょう》氏が台頭。4代・晴氏《はるうじ》は北条氏康《うじやす》の軍門に降り、天文《てんぶん》21年(1552)に義氏《よしうじ》(氏康の甥)が5代公方となる。永禄《えいろく》4年(1561)に上杉謙信《けんしん》が晴氏の子・藤氏《ふじうじ》を擁立し関東に乱入して藤氏を古河城に入城さたが、後に北条と上杉は和睦。謙信が義氏の古河公方就任を認め、藤氏は歴代公方から存在を抹殺された。天正《てんしょう》11年(1583)に義氏は後嗣《こうし》なく死去。鎌倉公方家は断絶する。

その後、古河城は家康《いえやす》の関東移封に伴って小笠原秀政《おがさわらひでまさ》が入り、大老まで上り詰めた土井利勝《どいとしかつ》などが城主を務めた。さらに松平《まつだいら》氏など数家が城主になり、利勝とは分家の土井家に戻り、明治を迎える。

国府台城 こうのだいじょう

平山城

別名	市川城、市河城、鴻之台城
築年/廃年	康正2年(1456)／天正18年(1590)以降
築城主	千葉実胤
城主	千葉氏～足利義明～北条氏
所在地	千葉県市川市国府台3(里見公園)

「国府台合戦」で知られる

下総《しもうさ》の名門である千葉《ちば》氏の庶流・千葉実胤《さねたね》の築城と見られる(太田道灌《おおたどうかん》築城説もある)。「国府台合戦」で有名。

国府台は下総の入口となる要衝。城は江戸川の西、標高25mの台地に建つ。

3代古河公方《こがくぼう》・足利高基《あしかがたかもと》の弟である義《よし》明《あき》は、真里谷武田《まりやつたけだ》氏の支援を受け分家として独立。小弓《おゆみ》城(千葉市)に入城して「小弓公方」を称し、関東に覇を唱えんとした。これに立ち塞がったのが、相模の新興勢力・北条氏綱《ほうじょううじつな》(早雲《そううん》の子)だった。

天文《てんぶん》7年(1538)、義明は里見義堯《さとみよしたか》や真里谷信応《のぶまさ》らを従えて国府台城に入り、武蔵方面から迫る北条軍と対決する(第1次国府台合戦)。義明は「足利家に弓を引く者はいない」と考えて無謀な突撃を敢行。一族もろとも相模台(松戸市)で討ち死にしてしまった。真里谷信応も戦死。里見義堯は早々に戦線を離脱した。戦後、北条の勢力は下総にまで広がり、国府台城も支配。無傷の里見氏は、久留里《くるり》城など真里谷氏の領土に侵攻した。

永禄《えいろく》7年(1564)、今度は里見義弘《よしひろ》(義堯の子)が国府台城に入城し、北条氏康《うじやす》(氏綱の子)と激突した(第2次国府台合戦)。初戦に勝利した義弘は、油断して兵に酒を振る舞ったところ、氏康は夜襲を仕かけて里見軍を敗走させた。

家康《いえやす》の関東入部後に廃城。現在は里見公園となり、堀や土塁などの遺構がある。

佐倉城 さくらじょう

平山城

別名	鹿島城
築年/廃年	慶長15年(1610)／明治以降
築城主	土井利勝
城主	土井利勝～堀田氏
所在地	千葉県佐倉市城内町

家康の命で築かれた江戸城の支城

鹿島川と印旛沼へ続く低湿地帯に守られた要害。慶長《けいちょう》15年(1610)、徳川家康《とくがわいえやす》が江戸《えど》城を防衛する外郭の要地として、譜代大名の土井利勝《どいとしかつ》に命じて築城した。城の前身は鹿島《かしま》城と呼ばれる。下総《しもうさ》の豪族・千葉《ちば》氏が中世に築城に着手したものの、未完成に終わっていた城だった。利勝は7年がかりで城を完成。城の造りは質素で、石垣は用いらず天守もなく、代わりに天然の地形を生かした土塁や3重櫓が備えられた。維新後に破却された。

関宿城 せきやどじょう

平城

別名	ー
築年/廃年	長禄元年(1457)／明治以降
築城主	梁田成助
城主	梁田氏～北条氏～松平康元～小笠原氏～久世氏
所在地	千葉県野田市関宿町

謙信の関東侵攻に協力した梁田氏の城

古河公方《こがくぼう》の重臣・梁田《やなだ》氏の居城。梁田氏は平国香《たいらのくにか》の末裔とも。江戸川と利根川の分岐点にある台地に築かれ、下総の枢要地として重視された。戦国時代に梁田氏は上杉謙信《うえすぎけんしん》の古河公方・足利藤氏《あしかがふじうじ》擁立に協力し北条《ほうじょう》氏と敵対。だが天正《てんしょう》2年(1574)、北条氏政《うじまさ》に攻められ落城。以後は北条の属城に。家康《いえやす》の関東入国後は家康の異父弟・松平康元《まつだいらやすもと》が入城。その後幾度も城主が代わり久世《くぜ》氏で明治を迎えた。現在城址の大半は川の工事により水没。

小弓城 おゆみじょう

平山城

別名	生実城、南生実城
築年／廃年	応永年間(1394〜1428)／天文7年(1538)以降
築城主	原胤高
城主	原胤高〜胤清→足利義明
所在地	千葉県千葉市中央区南生実町

衝撃の「小弓公方」誕生

大豪族・千葉《ちば》一門の流れ、原《はら》氏の居城。村田川沿いの台地に建つ。居館が築かれたのは平安後期とも。永正《えいしょう》14年(1517)、真里谷武田《まりやつたけだ》氏が古河公方《こがくぼう》・足利成氏《あしかがしげうじ》の孫の義明《よしあき》を奉じて小弓城を攻略し、原胤清《たねきよ》を追放。義明は「小弓公方」を称し関東の覇権を狙う。天文《てんぶん》7年(1538)、義明は北《ほう》条氏綱《じょううじつな》と戦い戦死(第1次国府台合戦)。胤清は北条氏に従い帰城したが、本拠を北1.5kmの生実《おゆみ》城(北生実城)に移した。小弓城跡は便宜上、南生実城とも呼ぶ。

逆井城 さかいじょう

平城

別名	ー
築年／廃年	享徳年間(1452〜1455)／天正18年(1590)以降
築城主	逆井常宗
城主	逆井常宗〜常繁→北条氏繁→氏舜
所在地	茨城県坂東市逆井

風魔忍者も籠もった北条の北方基地

北条《ほうじょう》氏の北方進出の拠点として、鬼怒川水系の湖沼地帯、猿島台地に築かれた。もともと小山《おやま》氏系の逆井氏の居城だったが、北条氏に攻められ落城。天正《てんしょう》5年(1577)に北条一門の北条氏繁《うじしげ》が縄張を改め、新たに築城した。下野《しもつけ》・常陸《ひたち》方面への侵攻拠点と位置づけられたのだ。警護役として風魔孫右衛門《ふうままごえもん》(小太郎《こたろう》の孫)や石塚氏ら、300人の忍者集団が拠ったとも(『関八州《かんはっしゅう》古戦録』)。小田原の役後に廃城。城址は総曲輪《くるわ》500m四方に及ぶ。

安房

金山城 かなやまじょう

山城

別名	ー
築年／廃年	不明／天正8年(1580)以降？
築城主	不明
城主	東条氏→正木氏
所在地	千葉県鴨川市打墨

里見氏に滅ぼされた東条氏の城

長狭郡(鴨川市)を支配した東条《とうじょう》氏の居城。金山川の峡谷に3方を囲まれた要害。鎌倉公方《くぼう》・足利成氏《あしかがしげうじ》が関東管領《かんれい》・上杉憲《うえすぎのり》忠《ただ》を謀殺した享徳《きょうとく》の乱頃に、安房《あわ》へ入国した里見義実《さとみよしざね》の攻撃に遭い落城。義実は戦国大名化する安房里見氏の初代。伝説では東条方の2勇士が投身した長九郎滝と長狭九郎滝が周辺にあったという。その後正木《まさき》氏の属城となり、天正《てんしょう》8年(1580)に里見氏により落城。詳細は不明だが、この戦い後に廃城になったとされる。

館山城 たてやまじょう

平山城

別名	―
築年／廃年	天正16年(1588)／慶長19年(1614)
築城主	里見義康
城主	里見義康→忠義
所在地	千葉県館山市館山(城山公園)

「八犬伝」で有名な里見氏、最後の城

房総の戦国大名・里見《さとみ》氏の拠った最後の城。館山は千葉県南方で水陸の要衝。鏡ヶ浦を見下ろす標高75mの城山に建ち、面積43万㎡に及ぶ巨大な城。

里見氏は清和源氏《せいわげんじ》新田義重《にったよししげ》の子・義俊《よしとし》が平安末期に上野国《こうずけのくに》碓氷郡里見郷(高崎市)に入り、里見氏を称したのに始まると伝えられる。享徳《きょうとく》3年(1454)、鎌倉公《く》方《ほう》・足利成氏《あしかがしげうじ》が関東管領《かんれい》・上杉憲忠《うえすぎのりただ》を謀殺した享徳の乱頃に、里見義実《よしざね》が安房《あわ》へ入国。安房里見氏の初代となる。義実は白浜《しらはま》城(南房総市)、長田《ながた》城(館山市)を経て、文明18年(1486)に稲村《いなむら》城(館山市)を拠点とし、戦国大名としての礎を築いた。5代・義堯《よしたか》は北条《ほうじょう》氏と対立し、天文《てんぶん》7年(1538)の第1次国府台合戦で苦杯をなめるが、巧みに真里谷武田《まりやつたけだ》氏の勢力を追い込み、房総半島の大半を占有することに成功した。

義堯は本拠を房総半島中央の久留里《くるり》城(君津市)に移し、北条氏と抗争を繰り返した。義堯の子・義弘《よしひろ》の代で北条と和睦し、佐貫《さぬき》城(富津市)へ移転。

義弘の死後、義弘の子・梅王丸《うめおうまる》と、義弘の弟で岡本《おかもと》城(南房総市)主の義頼《よしより》のあいだに跡目争いが勃発。義頼は仇敵・北条氏と手を結び重臣の正木憲時《まさきのりとき》を殺害、梅王丸を出家させ家督を継承した。

天正《てんしょう》15年(1587)に義頼が死去し、新当主となった嫡男の義康《よしやす》が、新たな居城として翌年より工を起こしたのが館山城である。同城は義頼が生前「館山は要害の地であり、万代の居城とすべし」(『房総里見誌』)とすでに計画を立てていたもの。なお、この地にはすでに平貞政《たいらのさだまさ》が建てたという古城があったとされる。

義康は父の遺志を継ぎ、天正18年(1590)に城を完成させた。城山は階郭式に削平され、本丸、二ノ丸、三ノ丸などが配された。本丸に3重の天守(または櫓)があったともいうが、不詳な点が多い。義康は武家屋敷と城下町も築き、館山城は近世平山城の見本のような名城となった。

この普請の真っ最中に行われたのが、豊臣秀吉《とよとみひでよし》の小田原北条攻めである。旧領回復の好機と判断した義康は、小田原参陣に遅参したうえ、無謀な行動に出る。小弓《おゆみ》公方・足利義明《よしあき》の遺児である頼淳《よりあつ》を擁して「鎌倉(公方)御再興」を大義名分とし、渡海して鎌倉を制圧したのである。この行為が秀吉の逆鱗に触れ、秀吉は里見の上総《かずさ》・下総《しもうさ》両国を没収し、安房一国(9万2000石)のみを安堵した。

慶長《けいちょう》5年(1600)の関ヶ原の戦いで、義康は東軍に参陣。宇都宮《うつのみや》城を守って功があり、常陸国《ひたちのくに》鹿島郡3万石を加増された。一躍有力外様大名となった里見氏だが、慶長8年(1603)に義康が死去。跡を継いだ子の忠義《ただよし》に不幸が訪れる。忠義は老中・大久保忠隣《おおくぼただちか》の孫娘を室として迎えていた。その忠隣が大久保長安《ながやす》事件に連座して失脚したことで、忠義までが慶長19年(1614)に突如改易処分を下されたのだ。合わせて館山城も廃城となった。

忠義は伯耆《ほうき》倉吉に流され、元和《げんな》8年(1622)、失意のうちに死去。嗣子《しし》なく里見氏は滅亡した。忠義が死んだ際、8人の近臣が後を追って殉死。この8人が江戸後期の滝沢馬琴作『南総里見八犬伝』のモデルになったという説もある。

稲村城 いなむらじょう

平山城

別名	―
築年／廃年	文明18年(1486)頃／天文9年(1540)
築城主	里見義実
城主	里見義通→義豊
所在地	千葉県館山市稲

骨肉相食む初期里見氏の拠点

戦国大名である安房里見《あわさとみ》氏の初代・義《よし》実《ざね》の築城とされる。標高63mの丘陵に建つ。北の山名川と滝川を天然の要害とし、他の3方は崖を削って断崖としている。

里見氏は新田《にった》氏庶流で、義実の代に安房に入国したとされる。義実は謎の多い人物だが、伝承によれば白浜《しらはま》城(南房総市)、長田《ながた》城(館山市)を経て、文明《ぶんめい》18年(1486)に稲村城の築城に着手、義実死後の延徳《えんとく》3年(1491)に完工した。

跡を継いだ子の義通《よしみち》も永正《えいしょう》15年(1518)に死去。その後、義通の子・義豊《よしとよ》が城主となった。ここで義豊と上総金谷《かずさかなや》城(富津市)主の実堯《さねたか》(義通の弟)・義堯《よしたか》父子と、その家来・正木通綱《まさきみちつな》のあいだで内紛が起こる。義豊は小弓公方《おゆみくぼう》・足利義明《あしかがよしあき》に属していたが、実堯らは北条氏綱《ほうじょううじつな》(早雲《そううん》の子)の調略を受け、北条方に与しようとしていたのだ。

天文《てんぶん》2年(1533)、義豊は実堯と通綱を稲村城に誘い出して暗殺。義堯は北条氏の支援を受けて義豊と争い、勝利して里見氏の家督を得た。この後、天文9年(1540)に稲村城は廃城となり、義堯は本拠を久《く》留里《るり》城へ移すことになる。この事件は「稲村の変」「天文の内訌」と呼ばれる。

なお伝承では「義豊が実堯を殺して家督を奪ったため、義堯が仇討ちをした」とされていたが、近年の研究で義堯の下克上だったことが明らかになっている。

武蔵

勝沼城 かつぬまじょう

平山城

別名	―
築年／廃年	不明／永禄6年(1563)
築城主	不明
城主	三田氏
所在地	東京都青梅市東青梅6

多摩の土豪・三田氏の本拠

武蔵の豪族・三田《みた》氏の居城。埼玉県入間・飯能市と東京都青梅市にまたがる加治丘陵に建つ。一・二・三の曲輪《くるわ》があり、それぞれ土橋で接続されている。三田氏は平将門《たいらのまさかど》の後裔を称する土豪で、多摩川上流域の約50村を支配していたとされる。永禄《えいろく》3年(1560)、上杉謙信《うえすぎけんしん》の関東進出により、上杉方の将として北条《ほうじょう》氏と戦う。永禄6年(1563)、北条方の名将・北条氏照《うじてる》に城を攻撃され落城。三田氏は滅亡に至り、勝沼城も廃城となった。

江戸城《えどじょう》

平山城

別名	千代田城
築年／廃年	長禄元年(1457)／明治以降
築城主	太田道灌
城主	太田道灌～北条氏綱→徳川家康→秀忠→家光～慶喜
所在地	東京都千代田区千代田

城のなかの城！家光天守は世界最大の木造建築

徳川《とくがわ》将軍15代300年の本拠であるとともに、国内最大の近代城郭。寛永《かんえい》15年(1638)頃にほぼ完成を見た江戸城は、現在の千代田区全域、中央・港区の大半を覆い、新宿区にも及ぶもの。構造的に、外堀で囲われた外郭と、本城部分にあたる内郭のふたつに分かれる。外郭は周囲約16km、内郭は周囲約8kmという桁外れの規模。家康《いえやす》、秀忠《ひでただ》、家光《いえみつ》の3代で、それぞれ新しい天守が築き直されている。

城の発祥は鎌倉時代の幕府御家人・江戸氏の居館で、位置は現在の皇居本丸地区と見られる。江戸氏の衰亡後、関八州《かんはっしゅう》のほぼ中央に位置する地勢の利に着目したのが扇谷上杉《おうぎがやつうえすぎ》氏の重臣・太田道灌《おおたどうかん》だった。長禄《ちょうろく》元年(1457)、道灌は東武蔵を押さえる拠点として、館跡に城を築いた。道灌の築いた江戸城は、本丸に相当する子城と中城、外城から成る3重構造で、皇居本丸から北ノ丸が中心部となる小さな規模だった。道灌の死後、城は上杉氏が支配したが、相模北条《ほうじょう》氏の侵攻を受け落城。江戸城は北条氏の一支城となる。

天正《てんしょう》18年(1590)、豊臣秀吉《とよとみひでよし》の小田原攻めで江戸城は開城。関東移封を命じられた徳川家康は江戸城を居城とする。当初家康は小田原《おだわら》城を居城と考えていたが、「江戸は形勝の地」とする秀吉の薦めにより本拠を江戸に定めている(『徳川実記』)。なお、中世の江戸は今とかなり地形が異なる。現在の東京駅と皇居のあいだに日比谷入江と呼ばれる海が入り込み、中央・江東区の大半は海や湿地帯だった。

天正18年(1590)8月1日(旧暦で八朔《はっさく》の吉日)、家康は江戸城に入城。家康入城を伝える『落穂集』によれば、城内の建物に柿葺《こけらぶ》き(水に強い木を使った高級施工)はひと棟もなく、薄板を張った粗末なものばかりだった。玄関には舟板が使われ、部屋も板敷はなく土間ばかり。見かねた重臣の本多正信《ほんだまさのぶ》が「作り直しましょう」と進言したが、家康は「見栄を飾る必要はない」と聞き入れなかった。その後、家康は関東統治と城下町整備に力を注ぎ、城と江戸湊を結ぶ舟運「道三堀《どうさんほり》」の開削以外に目立った改修はしていない。

秀吉の死後、慶長《けいちょう》8年(1603)に征夷大《せいいたい》将軍《しょうぐん》となった家康は、満を持して諸大名に「天下普請」を命じ、本格的な改修に着手。この工事では北方の神田山を切り崩し、日比谷入江が埋め立てられた。ここに霞ヶ関・新橋方面に至る広大な江戸の市街地が誕生することになる。次に藤《とう》堂高虎《どうたかとら》が新たに全体の縄張を行い(異説もある)、天守、本丸御殿、二ノ丸、三ノ丸などが造られた。広大な城下には大名屋敷が甍を並べることとなる。

家康の死後も工事は続き、秀忠時代には伊達政宗《だてまさむね》を工事指揮者として北方に堀が穿《うが》たれた(現在の神田川)。続く家光の代で総仕上げに入り、寛永《かんえい》14年(1637)には高さ約45m(天守台を除く)という世界最高の木造建築「元和度《げんなど》天守」が築かれた。さらに飯田橋から赤坂・溜池方面を結ぶ外堀も造られ、総構えは完成する。

本丸御殿は1万1373坪の広さで、幕府政務機関の「表」、将軍官邸の「中奥」、将軍正室や側室が暮らす「大奥」から成る。天守は家光死後に焼亡、再建は断念され“天守なき城”のまま維新を迎える。

松山城 まつやまじょう

平山城

別名	流川城、白米城
築年/廃年	応永6年(1399)/天正18年(1590)以降
築城主	上田友直
城主	上田氏～太田資正～上杉憲勝→上田朝直～憲定→松平家広→忠頼
所在地	埼玉県比企郡吉見町大字北吉見

信玄の穴掘り作戦で知られる

武田《たけだ》、上杉《うえすぎ》、北条《ほうじょう》の関東3強が激しい戦いを繰り広げた城。埼玉県中央に位置する比企丘陵に建つ。城は丘陵の東端、標高59mに位置し、3方を荒川支流の市ノ川で囲まれた要害。関東制覇を目指す者にとっては極めて重要な城だ。古墳時代の横穴墓群「吉見百穴《よしみひゃくあな》」が近くにある。

南北朝末期に上田《うえだ》氏が築城した。上田氏は扇谷《おうぎがやつ》上杉家臣とされるが詳細は不明。

天文《てんぶん》年間(1532～1555)より北条と山《やまの》内《うち》・扇谷上杉による争奪戦が本格化。永《えい》禄《ろく》4年(1561)、山内上杉の名跡を継いだ謙信《けんしん》の攻撃で落城し、太田資正《おおたすけまさ》(道灌《どうかん》の曾孫)が城主となる。直後、謙信の越後帰国を見た北条氏康《うじやす》が来攻。資正は飼育していた犬を使い、岩槻《いわつき》城(さいたま市)より援軍を呼び寄せて北条軍を撃退。これが日本の軍用犬の始まりとされる。

翌年、氏康は甲斐の武田信玄《しんげん》と手を結び、扇谷上杉憲勝《のりかつ》が守る当城を再び包囲。武田・北条連合軍は総勢5万6000に上ったとも。信玄は城に向け穴を掘るという奇策に出たが失敗。結局兵糧攻めにして憲勝を降伏させた。謙信は援軍を率いて松山城に接近していたが間に合わず。

以後は北条方の属城として上田氏が守る。天正《てんしょう》18年(1590)の小田原の役で豊臣《とよとみ》方の前田利家《まえだとしいえ》と上杉景勝《かげかつ》の大軍に攻められ落城。徳川家康《とくがわいえやす》の関東入国後に松平家《まつだいらいえ》広《ひろ》が城主となるが、ほどなく廃城となる。

川越城(河越城) かわごえじょう

平城

別名	初雁城、霧隠城
築年/廃年	長禄元年(1457)/明治以降
築城主	太田道真・道灌
城主	扇谷上杉持朝～朝定→北条綱成～松平信綱～松平氏
所在地	埼玉県川越市郭町2

扇谷上杉氏の拠点、「河越夜戦」で著名

扇谷上杉持朝《おうぎがやつうえすぎもちとも》が古河公方《こがくぼう》・足利成氏《あしかがしげうじ》に対抗するため築いた城。中世は河越城、近世は川越城と呼ばれることが多い。扇谷氏は上杉一族で、宗家の山内《やまのうち》氏と同様に関東管領《かんれい》を継ぐ家格を持つ。築城者は扇谷重臣の太田道真《おおたどうしん》・道灌《どうかん》父子。道灌は同年に江戸《えど》城(千代田区)も築城している。

川越は武蔵野台地の東北端で、城は入間川や赤間川、湿地帯に囲まれた天然の要害。江戸時代に何度も増改築が行われ、戦国時代の城郭の様子は明らかでない。

道灌死後、扇谷氏は関東の領有を巡って山内氏と争い、この間隙を縫って相模北条《ほうじょう》氏が台頭。北条氏綱《うじつな》(早雲《そううん》の子)はたびたび川越城を攻撃し扇谷氏を追い込み、天文6年(1537)に城を奪取。氏綱死後、扇谷朝定《ともさだ》と山内憲政《のりまさ》の両上杉と古河公方・足利晴氏《はるうじ》は打倒北条で協力。天文《てんぶん》15年(1546)、上杉・足利軍は8万ともいう大軍で北条綱成《つなしげ》が守る川越城を攻囲。小田原より救援にきた北条氏康《うじやす》(氏綱の子)の軍は8000ともいうが、氏康は夜討ちによる奇襲作戦を成功させて連合軍を破り、武蔵の覇権を確立。朝定は討たれ扇谷氏は滅亡。憲政と晴氏は敗走(河越夜戦《よいくさ》)。

北条滅亡後は江戸城の出城として徳川《とくがわ》譜代家臣の城に。“知恵伊豆”こと松平信《まつだいらのぶ》綱《つな》が近世城郭へ変える大改修を行った。その後は譜代大名がこの地を治め、松平氏のときに明治を迎え廃城となる。

忍城 おしじょう

平城

別名	忍の浮き城、亀城
築年／廃年	室町後期／明治以降
築城主	成田親泰
城主	成田親泰～氏長→松平家忠～酒井氏～阿部氏～松平氏
所在地	埼玉県行田市本丸

石田三成の水攻めに耐えた浮き城

“日本三大水攻め”(ほかに備中高松城《びっちゅうたかまつ》、紀伊太田城《おおた》)のひとつに数えられる城。現在、地形は様変わりしているが、当時の行田市中心部は、利根川と荒川が作り出した忍沼と呼ばれる広大な沼地だった。城はこの中央に主郭を置き、それを取り巻く島々を利用して曲輪《くるわ》が形成された。沼はそのまま堀となり、曲輪間の往来には船も利用されていた。その景観を連歌師・宗長《そうちょう》は「四方沼水幾重ともなく芦の霜がれ。二十余町四方へかけて。水鳥おほく見え」(『東路《あづまじ》の津登《つと》』)と伝える。

延徳《えんとく》年間(1489～1492)頃、山内上杉《やまのうちうえすぎ》氏に仕えていた成田親泰《なりたちかやす》が扇谷《おうぎがやつ》上杉氏方にあった忍氏を滅ぼし、築城したとされる。

天正《てんしょう》18年(1590)、秀吉《ひでよし》の小田原攻めが始まり、北条《ほうじょう》の属城・忍城に石田三成《いしだみつなり》らの大軍(2万～3万とも)が襲来。城主の氏《うじ》長《なが》が小田原《おだわら》城に詰めていたため、一族の成田泰秀を城代に2600余人が籠城。石田軍は6月4日から攻撃を開始したが、城内の必死の防戦に苦戦。三成は利根川を利用した水攻めを計画し、11日に総延長28kmに及ぶ堤防(石田堤)を築堤。だが堤防は脆く、逆に大雨で決壊。忍城はしぶとく持ちこたえ、降伏開城したのは小田原開城(7月5日)後の7月11日だった。

氏長は下野《しもつけ》烏山(那須烏山市)に移封。関東に入った家康《いえやす》は忍城を重視し、親藩・譜代を代々の城主に置いた。

八王子城 はちおうじじょう

山城

別名	―
築年／廃年	天正15年(1587)頃／不明
築城主	北条氏照
城主	北条氏照
所在地	東京都八王子市元八王子町

悲惨な落城劇が北条降伏の呼び水に

北条《ほうじょう》氏の西武蔵支配の拠点で、北条氏照《うじてる》(氏康《うじやす》の三男)が築いた。関東山地の東端、八王子盆地の西端にそびえる深沢山に建つ。標高470mの険阻な山城である。縄張は東西約3km、南北2～3kmに及ぶ広大なもので、計14もの曲輪《くるわ》跡が残る。

深沢山には祇園精舎《ぎおんしょうじゃ》の守護神・午頭《ごず》天王の8人の王子神「八王子権現」が祀られており、これが城名の由来となる。

もともと氏照は近郊の滝山《たきやま》城(八王子市)が居城だったが、要害堅固な八王子城に移動した。当初、当城は滝山城の出城として築かれたと見られる。移転の理由は不詳だが、豊臣秀吉《とよとみひでよし》の脅威が台頭するなか、氏照が大規模な当城のほうが守るに堅いと判断したのは確かだろう。

天正《てんしょう》18年(1590)、秀吉の小田原攻めで1万5000ともいわれる前田利家《まえだとしいえ》、上杉景勝《うえすぎかげかつ》の豊臣軍が来襲。氏照は小田原で籠城しており、家臣の横地監物《よこちけんもつ》や狩野一庵《かのういちあん》らに守らせていたが、城内は領民や婦女子含め約1000人が立て籠もるのみだった。

広大な山城を守るには兵が少なく、逃亡者も続出し城は1日で落城。監物は自刃、一庵らも討ち死に、さらに多くの婦女子も自刃という悲惨な幕切れとなる。八王子城の落城を受けた北条氏は小田原《おだわら》城の降伏開城を決意。その後は徳川家康《とくがわいえやす》がこの地を治め、時期は不明だが城は廃城となり、江戸時代には天領となった。

小机城 こづくえじょう

平山城

別名	飯田城、根古屋城
築年/廃年	室町時代/天正18年(1590)
築城主	不明
城主	山内上杉氏～長尾氏～笠原氏～北条氏
所在地	神奈川県横浜市港北区小机町

名将・太田道灌が城攻めの歌を詠む

扇谷上杉《おうぎがやつうえすぎ》家重臣で文化人の太田道灌《おおたどうかん》が攻めた城。同地は鶴見川河畔で武蔵と相模を繋ぐ交通の要衝。山内《やまのうち》上杉氏の築城が有力だが、成り立ちは不詳。山内上杉家宰の長尾景春《ながおかげはる》が反乱し、文明《ぶんめい》10年(1478)に景春方の豊島泰経《としまやすつね》が籠城。追討に赴いた道灌は「小机はまず手習いの初めにて、いろはにほへとちりぢりになる」と歌を詠み、全軍の士気を上げ、ほどなく城を落とした。道灌死後、上杉は衰え、後に北条《ほうじょう》の属城となり小田原の役で廃城。

鉢形城 はちがたじょう

平山城

別名	ー
築年/廃年	文明年間(1469～1487)/天正18年(1590)以降
築城主	長尾景春
城主	長尾景春～山内上杉顕定～憲房～北条氏邦
所在地	埼玉県大里郡寄居町大字鉢形

北条の北関東支配の拠点

荒川の河岸段丘にそびえる。室町中期に山内上杉《やまのうちうえすぎ》重臣だった長尾景春《ながおかげはる》が築城。景春は文明《ぶんめい》8年(1476)に城に立て籠もり謀反を起こす(長尾景春の乱)。乱は扇《おうぎが》谷《やつ》上杉重臣の太田道灌《おおたどうかん》により鎮圧。大永《たいえい》4年(1524)に北条氏綱《ほうじょううじつな》の手に落ち、以後北条氏の北関東支配の拠点となる。永禄《えいろく》3年(1560)頃、氏康《うじやす》(氏綱の子)の四男・氏邦《うじくに》が入城して改修。天正《てんしょう》18年(1590)の小田原の役で前田利家《まえだとしいえ》、上杉景勝《うえすぎかげかつ》に大砲などで攻撃され落城、その後廃城となる。

蕨城 わらびじょう

平城

別名	蕨ノ御所
築年/廃年	南北朝時代/永禄10年(1567)以降
築城主	渋川義行
城主	渋川氏
所在地	埼玉県蕨市中央4

古河公方と争った関東探題・渋川氏

武蔵の名門・渋川《しぶかわ》氏の居城。旧荒川沿いの自然堤防に建つ。渋川氏は足利《あしかが》一門で、南北朝期に義行《よしゆき》の代で武蔵国司となり、築城。子の義鏡《よしみ》が8代将軍・足利義《よし》政《まさ》より関東探題に任じられ、古河公方《こがくぼう》・足利成氏《しげうじ》と戦った。その後、北条氏綱《ほうじょううじつな》の武蔵侵攻を受けて北条方に従属。永禄《えいろく》10年(1567)、当主の渋川義基《よしもと》が北条軍として里見義弘《さとみよしひろ》と上総《かずさ》三船山で対決、義基は討ち死にし、渋川氏は滅亡。その後、城は自然と廃城となる。

石神井城 しゃくじいじょう

平城

別名	ー
築年/廃年	不明/文明10年(1478)以降
築城主	不明
城主	豊島氏
所在地	東京都練馬区石神井台1

北東京を牛耳る豊島氏の本拠

南武蔵の国人領主・豊島《としま》氏の居城。石神井川中流域の舌状台地に建つ。豊島氏は現在の東京都北東部に勢力を持っていた一族で、平良文《たいらのよしふみ》の後裔を称す。文明《ぶんめい》8年(1476)の長尾景春《ながおかげはる》の乱で、当主の泰経《やすつね》が景春方に立つ。翌年、扇谷上杉《おうぎがやつうえすぎ》家重臣・太田道灌《おおたどうかん》の攻撃を受け落城。泰経は敗走して小机《こづくえ》城(横浜市)に籠もるが再び道灌に敗北。泰経は行方知れずとなって豊島氏は滅亡し、城は廃城となった。空堀や土塁が現在の石神井公園内に残る。

岩槻城 いわつきじょう 平城

別名	岩付城、白鶴城、浮城
築年/廃年	文明10年(1478)/明治以降
築城主	成田正等
城主	成田正等〜太田資家(道灌の養子とも)〜資正〜北条氏房→高力清長〜大岡氏
所在地	埼玉県さいたま市岩槻区

小田原攻めで浅野長吉に敗れる

太田道灌《おおたどうかん》の築城とされてきたが、近年は忍《おし》城(行田市)主である成田顕泰《なりたあきやす》の父・成田正等《しょうとう》の築城説が有力。元荒川が蛇行する高台に建つ。成田氏は永正《えいしょう》の乱で敗れ、扇谷《おうぎがやつ》上杉《うえすぎ》の太田氏の城に。資正《すけまさ》の代で上杉謙信《けんしん》の関東出兵に協力。しかし永禄《えいろく》7年(1564)に北条《ほうじょう》氏に追われ、氏政《うじまさ》の三男・北条氏房《うじふさ》が支配。小田原の役では2000の兵が籠城したが、豊臣《とよとみ》方の浅野《あさの》長吉《ながよし》に敗れ落城。家康《いえやす》入国後は譜代大名の居城になり明治の廃藩置県で廃城。

天神山城 てんじんやまじょう 山城

別名	白鳥城、根古屋城
築年/廃年	戦国時代/天正18年(1590)
築城主	藤田康邦
城主	藤田康邦→北条氏邦
所在地	埼玉県秩父郡長瀞町岩田

北条の拠点・鉢形城の支城

武蔵武士団「武蔵七党」の猪股党《いのまたとう》の出である藤田《ふじた》氏の居城。標高226mの独立岳に位置し、山頂から南東へ伸びる尾根に沿って築かれた。麓には荒川が流れる。藤田康邦《やすくに》は山内《やまのうち》上杉《うえすぎ》に仕えたが、後に北《ほう》条《じょう》氏邦《うじくに》(氏康《うじやす》の四男)に娘の大福《だいふく》御前《ごぜん》を嫁がせ家督を譲る。氏邦が鉢形《はちがた》城に移った後は同城の支城となる。天正《てんしょう》18年(1590)、豊臣秀吉《とよとみひでよし》の小田原の役で降伏開城し城は廃城。後に氏邦は加賀で死去。鉢形に残っていた大福御前も後を追って自刃した。

伊奈氏陣屋 いなしじんや 居館

別名	伊奈陣屋、伊奈氏屋敷
築年/廃年	安土桃山時代/ー
築城主	伊奈忠次
城主	伊奈忠次→忠政→忠治
所在地	埼玉県北足立郡伊奈町大字小室

家康の片腕として活躍した伊奈忠次の館

徳川家康《とくがわいえやす》を支えた伊奈忠次《ただつぐ》の居館。丸山沼東方の約28万㎡もの敷地にあった。忠次は家康の奉行人として頭角を現し、天正《てんしょう》18年(1590)の家康の関東入国後に小室と鴻巣1万石を与えられ、関東代官頭として家康の直轄地(後に江戸幕府蔵入《くらいり》地《ち》＝天領)の支配を任される。検地、新田開発、治水など関東の内政に多大な功績を残した。伝馬《てんま》制度の基礎を築き、関東の交通網を整備したのも忠次。忠治《ただはる》の代で赤山(川口市)に移り廃された。

世田谷城 せたがやじょう 平山城

別名	世田谷御所
築年/廃年	応永年間(1394〜1428)頃/天正18年(1590)
築城主	吉良氏
城主	吉良成高→頼康→氏朝
所在地	東京都世田谷区豪徳寺

忠臣蔵「吉良氏」と同族の東条吉良氏

足利《あしかが》一族の名門・東条《とうじょう》吉《き》良《ら》氏の居城で、室町時代に当城を本拠に繁栄した。鎌倉府では鎌倉公方《くぼう》に次ぐ格式を誇った。「忠臣蔵」で知られる吉良上野介《こうずけのすけ》義央《よしひさ》と同族で、義央は西条《さいじょう》吉良氏の流れである。後に吉良氏は上杉《うえすぎ》氏に仕え、太田道灌《おおたどうかん》と結んで長《なが》尾《お》景春《かげはる》らと争った。頼康《よりやす》の代で実質的に北条《ほうじょう》氏の勢力下に入り、氏綱《うじつな》の娘を迎え婚姻関係を結ぶ。天正《てんしょう》18年(1590)、小田原の役で当主・氏朝《うじとも》は一切抵抗せず、城は豊臣《とよとみ》軍に接収され、廃城となった。

平塚城　ひらつかじょう

平山城

別名	豊島城
築年/廃年	鎌倉時代／文明10年(1478)以降
築城主	豊島近義
城主	豊島近義～泰明
所在地	東京都北区上中里1

未だ所在不明の豊島氏の属城

南武蔵豪族・豊島《としま》氏の勢力下にあった城。江戸時代の地誌『新編武蔵風土記稿』によれば、「今其所在定かならず」とあるように正確な位置は不明。平塚神社周辺が城址とされるが遺構は未確認である。文明《ぶんめい》8年(1476)の「長尾景春《ながおかげはる》の乱」に当主の泰経《やすつね》が荷担。当城の城主だった弟の泰明《やすあき》もこれに呼応した。翌年、扇谷上杉《おうぎがやつうえすぎ》重臣・太田道灌《おおたどうかん》の追討を受け泰明は討ち死に。その後、泰経が城に籠城したが再び道灌に敗れた。その後に廃城となる。

滝山城　たきやまじょう

山城

別名	ー
築年/廃年	大永元年(1521)／天正15年(1587)頃
築城主	大石定重
城主	大石定重～定久→北条氏照
所在地	東京都八王子市丹木町

信玄と死闘を演じた北条氏照の城

戦国時代に山内上杉《やまのうちうえすぎ》重臣の大石定重《おおいしさだしげ》が築いた。多摩川と秋川が合流する加住台地の標高170mの断崖にそびえる。定重の代で北条《ほうじょう》氏の麾下《きか》に入り、氏康《うじやす》の三男・氏照《うじてる》を養子とし家督を譲る。永禄《えいろく》12年(1569)に武田信玄《たけだしんげん》の侵攻を受け、三ノ郭まで攻め落とされる。氏照は必死に防戦し陥落を免れた。この際、家臣の諸岡山《もろおかやま》城《しろ》が信玄の四男・勝頼と一騎打ちし引き分けた(『甲陽軍鑑』)。その後、氏照は新城の八王子《はちおうじ》城へ移転し、滝山城は廃城。

練馬城　ねりまじょう

平山城

別名	豊島城、矢野山城
築年/廃年	元弘年間(1331～1334)頃／文明9年(1477)以降
築城主	豊島景村
城主	豊島氏
所在地	東京都練馬区向山

跡地が遊園地となる

石神井川流域に勢力を持った豪族・豊《と》島《しま》氏の属城。近隣の石神井《しゃくじい》城主だった豊島泰景《やすかげ》の弟・景村《かげむら》が鎌倉末期に築いた。現在のとしまえん一帯が城址。景村の後は豊島氏の武将が城代になったとされる。文明《ぶんめい》8年(1476)に勃発した「長尾景春《ながおかげはる》の乱」で当主の泰経《やすつね》が景春方となり、豊島氏は扇谷上杉《おうぎがやつうえすぎ》重臣・太田道灌《おおたどうかん》の攻撃にさらされる。翌年、道灌により石神井城と支城の平塚《ひらつか》城が陥落。同時期に当城も落城し、その後廃城となったと見られる。

相模

浦賀城 うらがじょう

海城

別名	―
築年／廃年	戦国時代／天正18年(1590)以降
築城主	三浦道寸
城主	三浦道寸→北条氏
所在地	神奈川県横須賀市東浦賀

里見水軍を防いだ海賊城

相模三浦《みうら》氏の最後の当主・三浦道寸《どうすん》による築城。浦賀港東南部にある丘陵を利用した海城で、水軍の拠点だった。三浦氏滅亡後に北条《ほうじょう》の属城となり、江戸湾を挟んで対峙する安房里見《あわさとみ》氏への前線基地となった。浦賀城に詰めていた水軍は浦賀定海賊衆と呼ばれ、玉縄《たまなわ》衆(北条家臣団のひとつ)に属し、里見水軍の侵攻を防いだ。天正《てんしょう》18年(1590)の小田原の役後に廃城。同地は嘉永《かえい》6年(1853)にペリー率いる黒船が来航したことでも知られる。

津久井城 つくいじょう

山城

別名	筑井城、築井城
築年／廃年	鎌倉時代／天正18年(1590)
築城主	筑井義胤
城主	筑井氏～内藤景定～景豊
所在地	神奈川県相模原市緑区根小屋

北条の対武田防衛拠点

三浦《みうら》一族の筑井《つくい》(津久井)氏による築城と伝わる。津久井湖と今日の城山ダムの南、標高375mの宝ヶ峯にそびえる中世山城。戦国時代になって北条早雲《ほうじょうそううん》の属城となり、家臣の内藤景定《ないとうかげさだ》が城主として改修を施した。内藤氏は津久井衆と呼ばれる北条家臣団を率い、甲斐の武田《たけだ》氏の脅威に備えた。永禄《えいろく》12年(1569)、信玄《しんげん》の武田軍と北条軍が南方の三増峠で激突。この際、当城は武田勢の攻撃を受けた。天《てん》正《しょう》18年(1590)の小田原の役で降伏し廃城。

玉縄城 たまなわじょう

平山城

別名	甘縄城
築年／廃年	永正9年(1512)／元禄16年(1703)
築城主	北条早雲
城主	北条氏時→為昌→綱成～氏勝→本多正信→水野氏～松平正久
所在地	神奈川県鎌倉市城廻

東相模を扼する玉縄北条家の本拠

北条《ほうじょう》氏の東相模の最重要基地。戦国大名の嚆矢である北条早雲《そううん》の築城である。外堀が相模湾と繋がる柏尾川と連結しており、水軍を束ねる拠点でもあった。相模台地南端の広大な独立丘陵に建つ。

永正《えいしょう》9年(1512)、早雲は相模守護の三《み》浦道寸《うらどうすん》を新井《あらい》城(三浦市)に追い、相模平定を目前とする。早雲は小田原《おだわら》城(小田原市)に嫡男・氏綱《うじつな》を置き、鎌倉に当城を構えた。狙いは鎌倉を押さえ、三浦半島の三浦氏を孤立させることだ。

三浦氏は永正13年(1516)に滅亡。相模統一を果たした早雲は当城の周囲に長大な土塁を巡らせ、階段状に曲輪《くるわ》を配し大要塞へと変貌させ、城主に次男の氏時《うじとき》を任じた。東相模だけでなく、武蔵や房総半島への進出も見据えた改修と見られる。

大永《たいえい》6年(1526)、氏時は鎌倉に侵入した里見《さとみ》氏を撃退。3代・綱成《つなしげ》は今川《いまがわ》家臣の福島《ふくしま》一族だが、氏綱に見込まれ北条一門に迎えられた男。綱成は北条軍の中核を担う名将で、「玉縄衆」を率いて謙信《けんしん》と信玄《しんげん》を相手に活躍した。なお、玉縄城主の家系は玉縄北条氏とも呼ばれる。天正《てんしょう》18年(1590)の小田原の役の際、城主の氏《うじ》勝《かつ》は寄せ手だった徳川家康《とくがわいえやす》に恭順し、開城して徳川家臣に。家康は関東入部後、重臣の本多正信《ほんだまさのぶ》に当城を与えた。その後は水野《みずの》氏らが城主を務め、元禄《げんろく》16年(1703)に城主・松平正久《まつだいらまさひさ》が移封し廃城となる。

小田原城　おだわらじょう

平山城

別名	小峰山城
築年／廃年	応永24年(1417)／明治以降
築城主	大森頼春
城主	大森頼春～藤頼→北条早雲→氏綱→氏康→氏政→氏直→大久保忠世～稲葉氏→大久保氏
所在地	神奈川県小田原市城内

戦国一の規模を誇った北条氏の大要塞

戦国大名・相模北条《ほうじょう》氏5代96年の本拠地である。“天下の険”と称される箱根連山を背後とする要害。最大の特徴は城と城下町全体を包み込んだ総構え(外郭)である。箱根外輪山斜面から相模湾に至り、全長12km以上に及ぶ土塁、空堀で囲われていた。こうした構造は囲郭《いかく》都市(城塞都市)という。後に江戸《えど》城(千代田区)外郭(約16km)に抜かれるが、戦国時代として最大規模を誇る城だった。

現在復元天守がある場所は、江戸時代に築かれた近世小田原城の城址で、北条時代には当主の居館があったと見られる場所。北条時代の城郭の中心部はJR東海道線を挟んだ向かい側、西方の八幡山一帯にあった。同地は「小田原古城」「八幡山古郭」と呼ばれ、その本城部は現在小田原高校の敷地となっている。

城の始まりは不詳だが、鎌倉幕府御家人の土肥《どひ》氏が小早川《こばやかわ》氏を称し、館を造ったともいわれる。室町初期に駿河の豪族・大森《おおもり》氏が土肥勢力を追い城主となった。大森氏は扇谷《おうぎがやつ》上杉《うえすぎ》氏の重臣となり、小田原・箱根・足柄地方の有力者へ成長。

室町後期になってこの地方で台頭した新興勢力が、伊勢盛時《いせもりとき》こと北条早雲《そううん》である。伊勢氏は桓武平氏《かんむへいし》の流れで幕府政所執事を世襲する家柄。早雲はその庶流で備中《びっちゅう》の人とされる。応仁《おうにん》の乱後の混乱のなか、今川義忠《いまがわよしただ》の正室であった妹(姉とも)の縁を頼って駿河に入り、義忠の死後の家督争いを調停。今川の客将となった早雲は妹の子(氏親《うじちか》)を当主に立て、長《ちょう》享《きょう》元年(1487)に興国寺《こうこくじ》城(沼津市)を与えられた。その後、早雲は古河公方《こがくぼう》と堀越公方の並立、山内《やまのうち》・扇谷両上杉氏の抗争など、旧勢力の権威低下を背景に関東進出の野心を抱く。延徳《えんとく》3年(1491)に伊豆に侵入した早雲は堀越公方・足利茶々丸《あしかがちゃちゃまる》を滅ぼし伊豆を制圧、韮山《にらやま》城(伊豆の国市)に移って独立勢力に。次いで侵攻したのが関東の入口となる当城だった。

早雲の小田原奪取の時期と詳細は不詳。『北条記』によれば、早雲は城主の大森藤頼《ふじより》に接近し、「鹿狩りを行いたいので勢子(獣を狩り出す人夫)を貴国へ入れたい」と打診。藤頼の了解を得て勢子に扮した兵を城下に集結させた早雲は、突如城を襲って藤頼を追い、難なく城を乗っ取った……という逸話がある。

その後早雲は相模を平定し、当城を宗家の城として北条発展の礎を築いた。なお北条を称するのは2代・氏綱《うじつな》から。早雲の死後も歴代当主は拡張、改修を行い、関東支配の頂点に立つ難攻不落の要塞へ変貌させた。永禄《えいろく》4年(1561)に上杉謙《うえすぎけん》信《しん》、永禄12年(1569)に武田信玄《たけだしんげん》が来襲したが、いずれも籠城戦の末に退けている。

天正《てんしょう》18年(1590)、豊臣秀吉《とよとみひでよし》が天下統一の仕上げとして侵攻(小田原の役)。圧倒的な物量と兵で小田原支城を次々撃破し、北条を追い詰めた。この際、城中で和戦の評定が長引き決しなかった経緯は「小田原評定」(いつまでも結論の出ない会議・相談)の故事成語となる。結局3か月の籠城戦の末、氏政《うじまさ》や氏直《うじなお》らは降伏開城し北条氏は滅亡。徳川家康《とくがわいえやす》の関東入国後に外郭は壊され、大久保《おおくぼ》氏ら譜代が城主となり、廃藩置県まで存続。現在の姿の多くは、昭和以降の復元によるもの。

石垣山城 いしがきやまじょう 山城

別　名	石垣山一夜城、太閤一夜城
築年／廃年	天正18年(1590)／不明
築城主	豊臣秀吉
城　主	豊臣秀吉
所在地	神奈川県小田原市早川

秀吉に使い捨てにされた近代城郭

小田原《おだわら》城(小田原市)に対する向い城(敵城攻略のため構えられる城、付城)。天正《てんしょう》18年(1590)の小田原の役で豊臣秀吉《とよとみひでよし》が築いた。関東では史上初の総石垣の城である。秀吉は天下統一の総仕上げとして相模北条《ほうじょう》氏の討伐を決意し、10万超の大軍で小田原城を包囲した。当初秀吉は早雲寺《そううんじ》(足柄下郡)に本陣を置いたが、前線への移動を決意。小田原城より西方約3kmの笠懸山(標高262m)に4月5日から築城の工を起こした。人夫3万～4万人を動員した突貫工事だった。

6月25日に完成した城は一時的な陣屋のようなものではなく、石垣、天守、櫓を備えた本格的な近代城郭となった。城の様子を伝える榊原康政《さかきばらやすまさ》の書状には「およそ聚楽《じゅらく》、大坂にも劣らずがたし」とあり、聚楽第や大坂城といった当代トップの城にも引けを取らないものだった。

秀吉は完成後に周囲の木を伐採し、北条側にあたかも一夜のうちに築城したように見せた、という。秀吉の圧倒的な力は北条方の戦意をくじくに十分なものだった。秀吉はこの城に天皇の勅使や貴族を迎えて饗応するなど余裕の包囲戦を展開する。結局7月5日に小田原城は降伏開城した。その後秀吉は奥州征伐に赴き、その帰路で当城に5日滞在。だが、その後は二度と利用することはなかった。天下人に使い捨てにされた贅沢な城である。

北条幻庵居館 ほうじょうげんあんきょかん 居館

別　名	幻庵屋敷
築年／廃年	室町後期／―
築城主	北条幻庵(長綱)
城　主	北条幻庵
所在地	神奈川県小田原市久野

北条5代の生き証人だった長老

北条早雲《そううん》の三男・幻庵の居館。僧籍にあったが還俗し、早雲から氏直《うじなお》に至る北条5代に仕えた人物である。ご意見番的存在であり、氏康《うじやす》の娘が他家に嫁いだ際「幻庵覚書」という礼式作法の心得を与えたことでも知られる。連歌や茶道にも造詣が深く、鞍作りの名人でもあった。天正《てんしょう》17年(1589)に死去(享年97とも)、小田原の役と北条氏滅亡は翌年のことである。館は約1万2000坪という広大なものだった。現在は幻庵の御霊屋が建つ。

新井城 あらいじょう 平山城

別　名	三崎城
築年／廃年	鎌倉後期／天正18年(1590)以降
築城主	三浦(佐原)盛時
城　主	三浦盛時～時高→道寸→義意→北条氏
所在地	神奈川県三浦市三崎町小網代

「油壺」の名の由来は……

三浦半島を支配した相模守護・三浦《みうら》氏最後の拠点。相模三浦氏は板東平氏《ばんどうへいし》の名族・三浦氏が鎌倉時代に滅亡した後、傍流佐原《さわら》氏が再興した。半島南端に位置し南に城ヶ島を望む。永正《えいしょう》9年(1512)に相模平定を目指す北条早雲《ほうじょうそううん》と交戦、4年後に落城。当主の道寸《どうすん》・義意《よしおき》父子は討ち死にし三浦氏は滅亡。この際、城兵の血が海を油のように赤く染めたことが油壺湾の由来とも。その後は北条の水軍基地となるが、豊臣秀吉《とよとみひでよし》の小田原の役後に廃城。

糟屋館 かすやのやかた

居館

別名	ー
築年/廃年	室町中期/ー
築城主	扇谷上杉定正
城主	扇谷上杉定正
所在地	神奈川県伊勢原市上粕屋1573

太田道灌暗殺の舞台

扇谷《おうぎがやつ》上杉《うえすぎ》定正《さだまさ》の邸宅。享徳《きょうとく》4年(1455)、足利成氏《あしかがしげうじ》が鎌倉を離れ古河公方《こがくぼう》となった後、定正は鎌倉扇谷よりここに居館を移したと見られる。以後、定正重臣の太田《おおた》道灌《どうかん》が江戸《えど》城、川越《かわごえ》城を築いて扇谷家発展に寄与。定正は宗家の山内《やまのうち》上杉家と並ぶ勢力となるが、名将・道灌の声望を恐れ、文明《ぶんめい》16年(1484)に当館に道灌を招いて風呂場で謀殺。道灌は「当方(扇谷家)滅亡」と叫び絶命したという。果たして扇谷は衰運をたどる。廃城時期は不明。

曽我城 そがじょう

山城

別名	ー
築年/廃年	平安末期/永禄2年(1559)
築城主	曽我祐家
城主	曽我祐家→祐信～信昌
所在地	神奈川県小田原市曽我谷津

あの曽我兄弟ゆかりの城

鎌倉幕府御家人・曽我氏の城。足柄の人である初代・祐家《すけいえ》の築城と伝わる。その子・祐信《すけのぶ》は、「富士の巻狩」での仇討ちで有名な曽我兄弟(十郎、五郎)の義父。祐信の子孫は戦国時代に小田原《おだわら》城(小田原市)主だった大森《おおもり》氏に仕えた。その後、北条《ほうじょう》氏の台頭で徐々に圧迫され、永禄《えいろく》2年(1559)、信昌《のぶまさ》の代で北条氏康《うじやす》(早雲《そううん》の孫)に攻められて落城し、廃城となる。大手門の跡地に曽我兄弟の菩提寺・城前寺があり、遺構の土塁がある。

甲信越地方

越後

下倉城《したぐらじょう》

山城

別　名	下倉山城
築年/廃年	天文年間(1532～1555)／慶長5年(1600)以降
築城主	福王寺氏？
城　主	福王寺孝重～佐藤平左衛門～小倉政熙
所在地	新潟県魚沼市下倉

北の関ヶ原、上杉遺民一揆

魚沼西部、権現山の南東尾根に建つ。西の魚野川と東の破間川が合流する要衝。越後守護代・長尾為景《ながおためかげ》(謙信《けんしん》の父)に従っていた福王寺《ふくおうじ》氏の築城と。天文《てんぶん》2年(1533)に上条《じょうじょう》城(柏崎市)の上条定憲《さだのり》が為景と敵対、定憲方の長尾房長《ふさなが》の攻撃を受けた。天正《てんしょう》6年(1578)の御館《おたて》の乱では景《かげ》勝《かつ》方の佐藤平左衛門《さとうへいざえもん》が籠城し景虎《かげとら》方の本《ほん》庄秀綱《じょうひでつな》と戦う。慶長《けいちょう》5年(1600)の関ヶ原合戦の際、上杉《うえすぎ》旧臣の一揆が勃発し城主の小倉《おくら》氏を討つ。後に鎮圧され城も廃城。

高田城《たかだじょう》

平城

別　名	鮫ヶ城、関城、高陽城
築年/廃年	慶長19年(1614)／明治以降
築城主	松平忠輝
城　主	松平忠輝→酒井家次→松平忠昌→松平光長～榊原氏
所在地	新潟県上越市本城町(高田公園)

悲劇の家康の六男・松平忠輝の居城

家康《いえやす》の六男・松平忠輝《まつだいらただてる》の城。江戸幕府は創設時に全国統治のため天下普請(諸大名の国役普請)で各地に築城し、親藩・譜代を城主とした。当城もそのひとつ。

忠輝は慶長《けいちょう》15年(1610)に福島《ふくしま》城(上越市)60万石を与えられた。その後、家康と家康参謀の金地院崇伝《こんちいんすうでん》らの主導で、高田平野の菩提ヶ原に新城を築く。諸大名の財力を削ぎ、隣接する加賀前田《まえだ》氏を牽制する狙いもあったと見られる。

普請に駆り出された大名は奥羽、甲信越および前田氏で、総奉行は忠輝の義父・伊達政宗《だてまさむね》(忠輝の正室は政宗の娘)が担当。慶長19年(1614)3月に着工され、7月に一応の完成を見た。本丸は約220m四方、周囲を高さ約10mの土塁が囲む。天守代わりとして西南隅に3重3階の櫓が築かれ、さらに二ノ丸、三ノ丸が本丸を囲む輪郭式の大規模平城となった。

しかし、忠輝は家康の不興を買い、元《げん》和《な》2年(1616)に兄の秀忠《ひでただ》に改易される。忠輝と政宗の謀反計画も取り沙汰されるが不明。寛永《かんえい》元年(1624)に家康の曾孫・松平光長《みつなが》が入城。改修を施し現在に残る高田城と城下町を整備したが、越後騒動と呼ばれるお家騒動で没落。太平の世となってからは、相次ぐ騒動の悪印象から幕府は戸田《とだ》氏、榊原《さかきばら》氏ら不始末を犯した大名の懲罰的な転封先として利用した。最後は榊原氏が城主となり明治を迎えた。

春日山城 かすがやまじょう 山城

別　名	鉢ヶ峰城、春日山要害
築年/廃年	不明／慶長12年(1607)
築城主	上杉氏
城　主	上杉氏～長尾為景→晴景→景虎(上杉謙信)→景勝→堀秀治→忠俊
所在地	新潟県上越市中屋敷

越後の虎・上杉謙信の牙城

長尾《ながお》為景《ためかげ》、上杉《うえすぎ》(長尾)謙信《けんしん》、景勝《かげかつ》3代の居城。高田平野と日本海を望む標高180mの春日山山頂に築かれた一大要害。遺構として建築物はなく、土塁、空堀などが残るのみ。林泉寺(上越市)の惣門は、当城の搦手門《からめてもん》を移築したものともいわれる。築城年代は南北朝時代とも室町初期ともいわれるが不明。永正《えいしょう》年間(1504～1521)に越後守護代だった長尾為景が、越後支配を目指して当城に大改修を施し、拠点としたのは確かである。

長尾氏は桓武平氏《かんむへいし》の流れで、鎌倉時代末期に関東に入部した上杉氏に仕えた。景忠《かげただ》の代で越後と上野《こうずけ》の守護代となり、一族は関東と越後に分布した。上野の白《しろ》井《い》・惣社《そうじゃ》長尾氏、鎌倉長尾氏(後に下野《しもつけ》の足利《あしかが》長尾氏)、越後長尾氏などが著名。越後長尾氏は越後守護・上杉憲顕《のりあき》に仕えた景恒《かげつね》(景忠の養子ともいわれるが不明)が祖で、戦国時代にかけ①蒲原郡三条(三条市)の三条(府内)長尾氏、②蔵王堂・栖吉《すよし》(長岡市)の古志《こし》(栖吉)長尾氏、③上田荘(南魚沼市)の上田長尾氏の3氏に分かれた。うち三条長尾氏は宗家として代々越後守護代を世襲。為景は景恒から数えて7代目である。

為景は永正4年(1507)に下克上で越後守護・上杉房能《ふさよし》を倒し、定実《さだざね》(房能の養子)を傀儡《かいらい》として越後の実権を握ろうとした。しかし内乱は続き、為景とその嫡男・晴景《はるかげ》(母は高梨《たかなし》氏の娘)の代では国内の豪族たちを服従させられなかった。為景の死後、国人のあいだで古志長尾家出身の母を持つ謙信(景虎《かげとら》、為景の四男)を推す声が強まる。結局、上杉定実の計らいで謙信は晴景の養子となり、守護代を相続。

天文《てんぶん》17年(1548)12月30日に、謙信は19歳で春日山城に入城した。2年後、定実が継嗣《こうし》なく死去したので謙信は幕府に越後国主の地位を認められた。また上田長尾政景《まさかげ》の反乱を鎮圧し、宿願の越後平定を成し遂げた。その後は武田信玄《たけだしんげん》、北条《ほうじょう》氏康《うじやす》らと敵対し、信濃川中島をはじめ、関東、北陸へ再三出陣することになる。

謙信は正義を重んじる同時代で異色の武将で、戦場では圧倒的な強さを誇り、生涯不敗である。永禄《えいろく》4年(1561)には山《やまの》内《うち》上杉氏(上杉宗家)の家督と関東管領《かんれい》職を相続し、以来十数度関東に遠征。しかし、生涯当城を本拠にし続けた関係上、大きな成果を上げることはできなかった。

天正《てんしょう》6年(1578)の謙信死後、実子がいなかったので養子の景勝《かげかつ》(謙信の甥)と景《かげ》虎《とら》(北条氏康の七男)のあいだで国をふたつに分ける争い(御館《おたて》の乱)が勃発。先に当城を制圧した景勝と、城下の御館に籠もる景虎は激しく争う。景勝は金倉に謙信の遺産、金2714枚を発見。この資金をもとに武田勝頼《かつより》と同盟を結んだ景勝が優勢となり、景虎を滅ぼして当主となる。

慶長《けいちょう》3年(1598)に景勝が会津転封となった後、豊臣《とよとみ》家臣の堀秀治《ほりひではる》が入城。その子・忠俊《ただとし》が慶長12年(1607)に新城として福島《ふくしま》城を築き、当城は廃城となる。

謙信はその生涯でたびたび当城の改修を重ねて強化し、現在に残る総延長1.2kmに及ぶ総構えと面積60万㎡もの城跡の基本を築いた。ただしその後に堀氏も改修をしており、長尾・上杉時代と堀氏時代の遺構を区別することは難しい。

柿崎城 かきざきじょう

居館

別名	木崎城
築年/廃年	南北朝時代/ー
築城主	不明
城主	柿崎氏
所在地	新潟県上越市柿崎区柿崎

越後第一の武将・柿崎景家

上杉《うえすぎ》の猛将・柿崎景家《かげいえ》の居城。上越市を流れる柿崎川が日本海に注ぐ河口付近。平時は居館で南西5kmの猿毛《さるげ》城が詰の城という説も。現在は北陸自動車道・柿崎インターチェンジ内にある小山に。柿崎氏は新田《にった》氏後裔を称し、景家は長尾為《ながおため》景《かげ》、謙信《けんしん》、景勝《かげかつ》に仕え、謙信をして「越後第一の武将」といわしめた剛勇。永禄《えいろく》4年(1561)の第4次川中島の戦いでは先鋒で、山本勘助《やまもとかんすけ》を討ったのも柿崎隊とされる。城の詳細は伝えられず、廃城時期は不明。

鮫ヶ尾城 さめがおじょう

山城

別名	ー
築年/廃年	不明/不明
築城主	不明
城主	堀江氏
所在地	新潟県妙高市大字宮内

「御館の乱」に敗れた上杉景虎の最期

築城年代は不明。同地は越後と信濃を結ぶ北国街道の要衝で、上杉《うえすぎ》(長尾《ながお》)氏が備えに築いたとも。標高187mの城山に建つ。天正《てんしょう》6年(1578)の謙信《けんしん》死後、養子の景勝《かげかつ》(謙信の甥)と景虎《かげとら》(北条氏康《ほうじょううじやす》の七男)のあいだで跡目争いが勃発(御館《おたて》の乱)。敗れた景虎は小田原へ逃れようと味方の堀江宗親《ほりえむねちか》が守る当城へ逃走したが、宗親は景勝方に寝返り景虎を攻撃。景虎は自害した。24歳。三国一の美丈夫だったとも。その後の鮫ヶ尾城については不明。

新発田城 しばたじょう

平城

別名	菖蒲城、浮舟城、狐の尾引城
築年/廃年	不明/明治以降
築城主	不明
城主	新発田氏→上杉氏→溝口秀勝→溝口氏
所在地	新潟県新発田市大手町

新発田重家の乱で知られる

下越の実力者・新発田氏代々の城。阿賀野川(揚河)の北、加治川分流の新発田川中流にあるデルタに築かれた平城。

新発田氏は宇多源氏佐々木《うだげんじささき》氏の流れで加地《かじ》氏の庶流。戦国時代に猛将・重家《しげいえ》を輩出。重家は上杉謙信《うえすぎけんしん》に仕え、有力国衆「揚北《あがきた》衆」(阿賀野川北の国人)の主力となり活躍。天正《てんしょう》6年(1578)、謙信死後の御《お》館《たて》の乱では景勝《かげかつ》を助けて宗家の加地氏を破り、下越に一大勢力を築く。しかし、景勝家督相続後の論功行賞の中心は直江《なおえ》兼続《かねつぐ》ら上田衆(上田長尾《ながお》氏家臣団)で、重家の不満は募る。天正9年(1581)、越後征服を企む織田信長《おだのぶなが》の誘いを受け、重家は景勝に謀反を起こした。重家は重要な港である新潟津を奪取し、前線基地として砂州に新潟《にいがた》城(所在地は不明)を築いた。一方、信長も北陸路より柴田勝家《しばたかついえ》軍を侵攻させ、東西から上杉討伐作戦を進めた。

だが、翌年の本能寺の変で戦局は一変。景勝は秀吉《ひでよし》と結んで重家との戦いに専心し新潟城を落とす。重家は頑強に抵抗したが天正15年(1587)に敗れ自刃。

慶長3年(1598)、景勝の会津転封後に溝口秀勝《みぞぐちひでかつ》が入城し新たに縄張して大改修。遺構はすべて溝口氏以降のもの。その後も溝口氏が代々城主を務め、明治に至る。

建築物は寛文《かんぶん》8年(1668)に全焼した後に築かれた隅櫓などが残る。雪国の城特有の防水性に優れた海鼠壁《なまこかべ》が現存。

上条城《じょうじょうじょう》

平山城

別名	ー
築年／廃年	15世紀前半／慶長5年(1600)以降
築城主	上条(上杉)清方？
城主	上条清方～定憲～政繁
所在地	新潟県柏崎市大字宮之窪

越後守護の血を引く名門・上条氏

越後守護・上杉《うえすぎ》一族(長尾《ながお》氏とは別系)の上条上杉氏の本拠。上越と中・下越を結ぶ要衝で、鵜川の中流域にある。15世紀前半、守護・上杉房方《ふさかた》が国人統制を目的に子の清方《きよかた》を配したのが上条氏と城の発祥。戦国前期、上条定憲《さだのり》の代では宗家の上杉氏を守るため、越後簒奪を目論む守護代・長尾為景《ためかげ》(謙信《けんしん》の父)とたびたび争った。続く政繁《まさしげ》の代で謙信と景勝《かげかつ》に仕えたが、晩年に出奔。慶長《けいちょう》5年(1600)、上杉遺臣の一揆により陥落。以後廃城。

蔵王堂城《ざおうどうじょう》

平城

別名	蔵王城
築年／廃年	不明／元和4年(1618)以降
築城主	不明
城主	古志長尾氏～堀親良→松平忠輝→堀直寄→牧野忠成
所在地	新潟県長岡市西蔵王

古志長尾氏の旧本拠

越後長尾《ながお》一族の古志《こし》長尾氏の城。信濃川河畔で、西は上越、東は三条から下越への要衝。永正《えいしょう》年間(1504～1521)に孝景《たかかげ》が栖吉《すよし》城(長岡市)に移り栖吉長尾氏とも。景恒《かげつね》の子・景晴《かげはる》を祖とし、宗家の三条(府内)長尾氏、上田長尾氏とともに越後守護・上杉《うえすぎ》氏を助けた。天正《てんしょう》6年(1578)の御館《おたて》の乱で滅亡。景勝《かげかつ》会津移封後の慶《けい》長《ちょう》3年(1598)に堀秀治《ほりひではる》の弟・親良《ちかよし》が入城。後に堀直寄《なおより》が長岡《ながおか》城への移転を進め、牧野忠成の代で完成、蔵王堂城は廃城。

琵琶島城《びわじまじょう》

平城

別名	宇佐美城
築年／廃年	南北朝時代／慶長3年(1598)
築城主	宇佐美氏
城主	宇佐美氏～桐沢具繁
所在地	新潟県柏崎市元城町

長尾政景と心中した？宇佐美定満

上杉《うえすぎ》重臣・宇佐美《うさみ》氏の城。鵜川の河口に建つ。宇佐美氏は伊豆出身で定満《さだみつ》の代で上杉氏を支え、長尾為景《ながおためかげ》(謙信《けんしん》の父)と戦ったが降伏。為景死後に定満は謙信に仕えたが、永禄《えいろく》7年(1564)、坂戸《さかと》城(南魚沼市)近くの野尻池で長尾政景《まさかげ》とともに謎の溺死。謙信の命による定満の無理心中説も。その後、御館《おたて》の乱で城将・前野《まえの》氏が景虎《かげとら》側につくが敗れて降伏。景勝《かげかつ》の家臣・桐沢具繁《きりさわともしげ》が入城する。慶長《けいちょう》3年(1598)、景勝が会津に移封されると廃城。

本与板城《もとよいたじょう》

山城

別名	与板城
築年／廃年	不明／不明
築城主	不明
城主	飯沼氏～直江景綱
所在地	新潟県長岡市与板町本与板

上杉宰相・直江景綱の旧本拠

上杉謙信《うえすぎけんしん》の片腕・直江景綱《なおえかげつな》の城。信濃川沿いの比高85mの丘陵に建つ。春日山《かすがやま》城(上越市)より中・下越方面に通じる戦略拠点。築城時期は不明だが越後上杉氏家臣の飯沼《いいぬま》氏の居城だった。直江氏は飯沼氏披官で、永正《えいしょう》11年(1514)に長尾為景《ながおためかげ》が飯沼頼清《よりきよ》を滅ぼした後に入城。天正年間(1573～1592)に景綱は南約2kmに新城・与板城を築き移動。景綱は謙信が遠征中に春日山城代を務めた。廃城時期は不明だが景勝の会津移封時と推測される。

与板城《よいたじょう》

山城

別名	―
築年／廃年	天正年間(1573～1592)／慶長3年(1598)以降
築城主	直江景綱
城主	景綱→信綱→兼続
所在地	新潟県長岡市与板町与板

上杉家執政・直江兼続で知られる

上杉《うえすぎ》家の重臣だった直江景綱《なおえかげつな》、信綱《のぶつな》、兼続《かねつぐ》3代の居城。標高98mの丘陵に建つ。直江氏は北2kmの本《もと》与板城を居城としていたが、景綱の代で移転。天正《てんしょう》9年(1581)、御館《おたて》の乱後の論功行賞を巡るトラブルから当主の信綱が暗殺される。景勝《かげかつ》は腹心の樋口《ひぐち》兼続を信綱の未亡人と娶わせ、直江家を相続させて与板城主とした。樋口氏は上田長尾《ながお》氏家臣。その後、兼続は上杉家執政として景勝を支え続けた。慶長《けいちょう》3年(1598)の景勝会津転封後に廃城。

北条城《きたじょうじょう》

山城

別名	―
築年／廃年	不明／慶長3年(1598)？
築城主	不明
城主	北条氏→桐沢具繁？
所在地	新潟県柏崎市北条

謙信を2度裏切った叛臣・北条高広

中越最大の豪族・北条《きたじょう》氏の城。鯖石川と長島川を天然の堀とする標高140mの山城。北条氏は大江広元《おおえのひろもと》を祖とし安芸毛《あきもう》利《り》氏と同族。戦国時代の当主・高広《たかひろ》は上《うえ》杉謙信《すぎけんしん》に仕えたが、天文《てんぶん》23年(1554)に信《しん》玄《げん》に通じて謀反し、翌年謙信に敗れ降伏し帰参。後に北条氏康《ほうじょううじやす》に内応し謙信の関東平定戦略に打撃を与えた。再び許されたが天正《てんしょう》6年(1578)の御館《おたて》の乱で敗れ衰亡。後に一時桐沢具繁《きりさわともしげ》が入城し景勝《かげかつ》の会津移封とともに廃城というが詳細は不明。

栃尾城《とちおじょう》

山城

別名	大野城、舞鶴城
築年／廃年	南北朝時代／不明
築城主	芳賀禅可？
城主	芳賀氏～本庄氏→佐藤忠久
所在地	新潟県長岡市栃尾町

若き謙信が戦国デビューを飾る

上杉謙信《うえすぎけんしん》が14歳で初陣を飾った城。栃尾盆地を見下ろす標高227mの山城で、三条と長岡の中間に位置する中越の要衝。

遺構がよく残る。山頂の主郭部には鉢巻状の石垣があり、本丸以下の諸曲輪《くるわ》が1列に並ぶ。尾根を仕切る縦空堀は山腹まで達する。東中腹部には「千人溜まり」と呼ばれる3000㎡もの広大な武者溜まり(広場、演習場)がある。

南北朝期に清原《きよはら》氏の流れを汲む下野《しもつけ》の芳賀禅可《はがぜんか》が越後守護代として入部し、築いたといわれるが、定かでない。

謙信が入城した天文《てんぶん》12年(1543)の越後は内乱の真っ只中。揚北衆《あがきた》と呼ばれる下越国人は守護代・長尾晴景《ながおはるかげ》(謙信の兄)に反旗を翻し、要衝・栃尾城をたびたび奪おうとしていた。謙信の将才を見出していた晴景は城代の本庄実乃《ほんじょうさねより》に「弟が向かう。勝利は目前だ」(『羽前米沢上杉家譜』)という書状を送っている。翌年、近隣の豪族たちが城に一斉攻撃を仕かけてきたが謙信は抜群の働きを示し圧勝。後に自身は「凶徒を討つことその数を知らず」(天室光育《てんしつこういく》宛書状)と述懐している。

謙信は19歳まで当城にあった。この間、黒田秀忠《くろだひでただ》の内乱を鎮圧するなど目覚ましい活躍を示したことから、諸将は新たな守護代として謙信を推すことになる。

廃城時期は景勝の会津移封時とされる説があるが、詳細は不明。

坂戸城 さかとじょう

山城

別名	―
築年／廃年	南北朝時代／慶長15年(1610)以降
築城主	新田氏
城主	新田氏～上田長尾氏～堀直寄
所在地	新潟県南魚沼市坂戸

上田長尾氏の牙城、景勝と兼続の故郷

魚沼を支配した上田長尾《ながお》氏の本拠。上田荘を見下ろす坂戸山(標高634m)に建つ。東に魚野川が流れる。関東と越後を結ぶ交通の要衝。上杉景勝《うえすぎかげかつ》と直江兼続《なおえかねつぐ》の出身地であり、城下に生誕碑が残る。

南北朝期に新田義宗《にったよしむね》が築いたとされるが不明。新田氏没落後、越後守護・上杉憲顕《のりあき》とともに長尾氏が越後へ入部し、うち上田荘を与えられたのが上田長尾氏。その配下を上田衆という。宗家で守護代を務めた三条(府内)長尾氏、古志《こし》(栖吉《すよし》)長尾氏と同族だが、3家はたびたび争う。

房長《ふさなが》の代で宗家の長尾為景《ためかげ》(謙信《けんしん》の父)と戦い降伏。天文《てんぶん》6年(1537)頃、房長の子・政景《まさかげ》は為景の娘・仙桃院《せんとういん》(謙信の姉)を娶り婚姻で絆を深めた。為景死後、守護代を継いだ晴景《はるかげ》(謙信の兄)と謙信のあいだで家督を巡る対立が発生。政景は晴景についたが、天文17年(1548)に謙信が上杉定実《さだざね》の斡旋で新当主に。政景はこれを不服とし謀反を起こすが敗れて臣従。以後は謙信の重臣となるが、永禄《えいろく》7年(1564)に城下の野尻池で謎の溺死を遂げる(政景を嫌っていた謙信の陰謀説がある)。

政景の子・景勝と仙桃院が謙信に引き取られた後、城は上田衆が在番し、関東口を固める役目を担い、天正《てんしょう》6年(1578)の御館《おたて》の乱では北条《ほうじょう》勢の乱入を防いだ。景勝の国替えで堀直寄《ほりなおより》が入城したが、直寄が信濃飯山に移ったため廃城となった。

村上城 むらかみじょう

平山城

別名	本庄城、舞鶴城、臥牛山城
築年／廃年	戦国時代／明治以降
築城主	本庄氏
城主	本庄氏～村上頼勝→堀直寄～内藤氏
所在地	新潟県村上市本町

揚北衆最大の実力者・本庄繁長の城

謙信《けんしん》の臣・本庄繁長《ほんじょうしげなが》の城。新潟県最北、村上市街東の臥牛山(標高135m)にある。本庄氏は畠山《はたけやま》氏庶流で、繁長は北越国人(揚北衆《あがきた》)最大の実力者。謙信とともに川中島はじめ各地で武功を上げた。永禄《えいろく》11年(1568)、武田信玄《たけだしんげん》と通じて離反。半年の籠城戦の末、謙信に敗れ降伏。慶長《けいちょう》3年(1598)の景勝《かげかつ》国替え後、堀《ほり》氏家臣の村《むら》上頼勝《かみよりかつ》が入城し大改修。続く堀直寄《なおより》の代に石垣を備えた近世城郭に。後に本多《ほんだ》氏などが城主を務め内藤《ないとう》氏で明治を迎えた。

箕冠城 みかぶりじょう

山城

別名	―
築年／廃年	不明／慶長3年(1598)？
築城主	不明
城主	大熊氏
所在地	新潟県上越市板倉区中之宮

武田へ寝返った大熊朝秀の居城

高田平野南端の独立峰、箕冠山(標高237m)に築かれた山城。山頂に本丸、信濃に通じる南側に多数の帯曲輪《くるわ》が造営された。他の3面は断崖で天険。城主の大熊《おおくま》氏は越後守護・上杉《うえすぎ》氏の披官として入国、段銭《たんせん》(租税)奉行を務めた。上杉氏が衰えると朝秀《ともひで》の代で守護代・長尾為景《ながおためかげ》と子の謙信《けんしん》に仕える。弘治《こうじ》2年(1556)、謙信の引退騒動の最中、朝秀は直江《なおえ》氏らと対立、後に信玄《しんげん》に通じ甲斐へ出奔。景勝《かげかつ》の会津移封に伴い廃城とされるが詳細は不明。

根知城《ねちじょう》

山城

別名	―
築年/廃年	戦国時代/慶長4年(1599)以降
築城主	上杉謙信
城主	村上義清～仁科盛信～西方房家～桜井晴吉→堀氏
所在地	新潟県糸魚川市根小屋

北信の猛将・村上義清最期の地

謙信《けんしん》が信玄《しんげん》の侵攻に備えて築城。姫川と根知川に囲まれた要害で、標高320mの根小屋《ねごや》城を中心に上城山《かみしろやま》城、栗山《くりやま》城から成る複合型山城。永禄《えいろく》8年(1565)、謙信は、信玄に敗れて越後へ逃れた北信濃の将・村上義清《むらかみよしきよ》を配す。信越国境付近だけに謙信はたびたび義清に警備強化を指示。義清は元亀《げんき》4年(1573)に当城で病死。御館《おたて》の乱で景勝《かげかつ》と武田勝頼《たけだかつより》が結んだ後、武田の将・仁科《にしな》氏らが入城。景勝の会津移封後は堀《ほり》氏が入城したがその後廃城。

御館《おたて》

居館

別名	―
築年/廃年	弘治年間(1555～1558)/―
築城主	上杉謙信
城主	山内上杉憲政
所在地	新潟県上越市五智

「御館の乱」の舞台

上杉謙信《うえすぎけんしん》が、越後に落ち延びてきた関東管領・上杉憲政《のりまさ》のために造営した館城。春日山《かすがやま》城より北東約3kmで政庁としても利用された。内郭は東西135m、南北150mの規模で周囲には土塁や堀が巡らされていた。現在は小公園となり碑が立つのみ。天正《てんしょう》6年(1578)3月、謙信が死に景《かげ》勝《かつ》と景虎《かげとら》の跡目争い(御館の乱)が勃発。景勝は春日山城、景虎は御館を本拠とし激闘。翌年3月に景虎は敗れて脱出したが間もなく自刃。憲政も景勝軍に討たれた。

福島城《ふくしまじょう》

平城

別名	―
築年/廃年	慶長5年(1600)頃/慶長19年(1614)
築城主	堀秀治
城主	堀忠俊→松平忠輝
所在地	新潟県上越市港町2

短命に終わった「ポスト春日山城」

上杉景勝《うえすぎかげかつ》の会津移封後、春日山《かすがやま》城(上越市)に豊臣《とよとみ》家臣の堀秀治《ほりひではる》が入城。秀治は新たな居城として当城を直江津港の南に築く。東を保倉川、西を関川が囲む要害で、南には堀が穿《うが》たれた。山城が時代にそぐわなくなっていたため。秀治は工事半ばで死去、後嗣《こうし》の忠俊《ただとし》の代で完成した。慶《けい》長《ちょう》15年(1610)、家康《いえやす》は堀家中の内紛を理由に忠俊を改易させ、六男の松平忠輝《まつだいらただてる》を新城主とする。4年後に忠輝が高田《たかだ》城(上越市)に移転したため廃城となった。

樺野沢城《かばのさわじょう》

平山城

別名	樺沢城、鞠子城
築年/廃年	不明/慶長3年(1598)
築城主	不明
城主	栗林氏～北条氏→上杉氏
所在地	新潟県南魚沼市樺野沢

北条氏の越後進出拠点となる

上田長尾《ながお》氏の本拠・坂戸《さかと》城(南魚沼市)の支城。坂戸城より魚野川を挟み南西約6kmの丘陵に築かれた。清水街道、三国街道を扼す要衝。上杉謙信《うえすぎけんしん》の命で坂戸城主の上田長尾政景《まさかげ》が築城したともいわれるが不明。天正《てんしょう》6年(1578)、謙信の死後に養子の景勝《かげかつ》(政景の長男)と景虎《かげとら》(北条《ほうじょう》氏康《うじやす》の七男)が争った「御館《おたて》の乱」で北条氏が景虎救援のため当城を攻略、越後侵攻の橋頭堡とした。翌年に景勝軍が奪回。その後は景勝の会津移封に伴い廃城。

黒滝城《くろたきじょう》

山城

別名	黒滝要害
築年/廃年	戦国時代／慶長3年(1598)
築城主	不明
城主	小国氏～黒田秀忠～山岸秀能
所在地	新潟県西蒲原郡弥彦村大字麓

謙信が兄に背いた黒田氏を討つ

北陸街道を扼し中越と下越を結ぶ重要拠点。鎌倉時代に摂津源氏《げんじ》系の小国《おぐに》氏が在城し、室町時代に越後守護・上杉《うえすぎ》氏の直轄に。永正《えいしょう》の乱など越後の内乱で攻防戦が繰り広げられた。天文《てんぶん》14年(1545)、城主・黒田秀忠《くろだひでただ》が、守護代・長尾晴景《ながおはるかげ》(謙信《けんしん》の兄)に謀反。翌年、栃尾《とちお》城(長岡市)にいた17歳の謙信は、兄の命で鎮圧に向かい当城を攻略。秀忠と一族を滅ぼした。景勝《かげかつ》の代で下越支配のため強化改修され、後に景勝の会津移封に伴い廃城となる。

栖吉城《すよしじょう》

山城

別名	姫城
築年/廃年	永正年間(1504～1521)？／慶長3年(1598)以降
築城主	古志(栖吉)長尾孝景
城主	長尾孝景→房景→景信
所在地	新潟県長岡市栖吉町

上田長尾氏に敗れた古志長尾氏

中越を支配していた古志《こし》(栖吉)長尾《ながお》氏の本拠。孝景《たかかげ》の代で蔵王堂《ざおうどう》城(長岡市)より移転したと見られる。長岡市街の東方、標高328mの城山に築かれた。平時の居館は西山麓、現在の普済寺《ふさいじ》境内に設けられていた。天正《てんしょう》6年(1578)の御館《おたて》の乱で古志長尾景信《かげのぶ》は上田長尾氏系の景勝《かげかつ》に敵対し、景虎《かげとら》に味方したが敗れて戦死。古志氏は滅亡する。景勝は古志旧臣を栖吉衆として再組織し、当城の城番とした。景勝の会津移封後に廃城。

鳥坂城《とっさかじょう》

山城

別名	鶏冠城、白鳥城
築年/廃年	建仁元年(1201)頃／慶長3年(1598)
築城主	城資盛
城主	城資盛～三浦和田氏～中条氏
所在地	新潟県胎内市羽黒

勇婦「坂額御前」で知られる

鳥坂山の支峰・白鳥山(298m)に築かれた要害。鎌倉初期、越後平氏《へいし》・城資盛《じょうすけもり》の築城。資盛は幕府に抵抗し、叔母で巴《ともえ》御前《ごぜん》と並ぶ女傑・坂額《はんがく》御前と当城で挙兵。坂額は弓を引いて大暴れしたが負傷し捕縛。資盛は敗走した。後に三浦和田《みうらわだ》氏、その分家の中条《なかじょう》氏の居城に。戦国時代、当主の藤資《ふじすけ》は上杉謙信《うえすぎけんしん》に協力。天文《てんぶん》17年(1548)の謙信の越後守護代就任に尽力。以後は重臣として一門に次ぐ待遇を受けた。その後は景勝《かげかつ》の会津移封に伴い廃城。

佐渡

久知城 くじじょう

平山城

別名	馬坂城
築年/廃年	戦国時代／不明
築城主	久知本間氏
城主	久知本間氏
所在地	新潟県佐渡市城腰

中立を保ち生き残った久知本間氏

中世の佐渡を支配した本間《ほんま》一族のひとつ、久知本間氏の居城。両津湾南岸に築かれた平山城。本間氏は鎌倉初期に佐渡守護・大佛《おさらぎ》氏の守護代として入部。戦国期には宗家の雑太《さわだ》氏の勢力は衰え、羽《は》茂《もち》・久知・河原田《かわはらだ》・潟上《かたがみ》の4氏が割拠した。当主の泰時《やすとき》は上杉景勝《うえすぎかげかつ》と結び、天正《てんしょう》5年(1577)の景勝の佐渡攻めでは中立を保つ。戦後は越後に移された後、佐渡に戻された。久知氏の史料である『久知軍記』は著名。廃城時期は不明。

河原田城 かわはらだじょう

平山城

別名	東福城、獅子ヶ城
築年/廃年	戦国時代／天正17年(1589)
築城主	河原田本間氏
城主	河原田本間氏→上杉氏
所在地	新潟県佐渡市石田

直江兼続に滅ぼされた河原田本間氏

北佐渡の盟主である河原田本間《ほんま》氏の本拠。石田川左岸に位置し、真野湾を見下ろす台地に築かれた。河原田氏は佐渡守護代・本間氏の分家として石田郷に土着。戦国期に惣領の雑太《さわだ》氏をしのぎ、羽茂《はもち》氏と並ぶ2大勢力となる。最後の当主・高《たか》統《つな》は上杉景勝《うえすぎかげかつ》から臣従を求められたが服従せず、天正《てんしょう》17年(1589)に景勝の重臣・直江兼続《なおえかねつぐ》率いる上杉軍の攻撃を受ける。城は炎上落城し、高統は自害して果てた。戦後、佐渡は上杉氏に支配される。

羽茂城 はもちじょう

山城

別名	―
築年/廃年	戦国時代／慶長5年(1600)以降
築城主	羽茂本間氏
城主	羽茂本間氏→上杉氏
所在地	新潟県佐渡市羽茂本郷

南佐渡の雄・羽茂氏、上杉に敗れる

南佐渡を支配した羽茂本間《ほんま》氏の居城。島の南端、羽茂川下流右岸の標高82mの城山に建つ。羽茂氏は北の河原田《かわはらだ》氏、久《く》知《じ》氏らと並ぶ本間一族。河原田氏とは天正年間(1573〜1592)に争った。当主の高《たか》茂《もち》が上杉景勝《うえすぎかげかつ》に従わず、天正《てんしょう》17年(1589)の景勝佐渡攻めの標的に。千余艘もの大船団で来島した上杉軍は瞬く間に河原田・羽茂両城を落とし高茂は処刑。佐渡は景勝に平定された。関ヶ原戦後に景勝が米沢に転封されて幕府領となり廃城。

信濃

葛山城《かつらやまじょう》 山城

別名	ー
築年／廃年	弘治元年(1555)／不明
築城主	上杉謙信
城主	落合氏
所在地	長野県長野市茂菅

善光寺の要衝、信玄が謙信を欺く

善光寺西北、標高812mの高山に建つ。弘治《こうじ》元年(1555)の第2次川中島合戦で、武田信玄《たけだしんげん》の軍が善光寺平南の旭山《あさひやま》城(長野市)に籠城。これを見た上杉謙信《うえすぎけんしん》は向い城として当城を築き、信玄の奥信濃への進出を抑えた。200日余の対陣の末に和睦したが信玄は弘治3年(1557)2月に盟約を破って城を急襲。水の手を断ち守備兵の地侍・落合《おちあい》氏らを攻め滅ぼし落城させる。勝ちに酔う武田軍は善光寺から仏像などを奪ったという。廃城時期は不明。

桑原城《くわばらじょう》 山城

別名	高鳥屋城、水晶城、矢竹城
築年／廃年	不明／天文11年(1542)以降
築城主	不明
城主	桑原氏〜諏訪氏
所在地	長野県諏訪市四賀

妹婿を騙し討ちとした信玄

諏訪湖の西南に建つ古城。起源は不詳だが、平安後期に地侍の桑原氏が住んだ。戦国時代に諏訪神社上社大祝《おおほうり》で戦国大名化した諏訪《すわ》氏の勢力下に。諏訪頼重《よりしげ》の代で武田信虎《たけだのぶとら》の娘(信玄《しんげん》の妹)を娶る。天文《てんぶん》11年(1542)、信虎の跡を継いだ信玄が諏訪郡へ侵攻。頼重は上原《うえはら》城(茅野市)を攻められ当城へ籠城。信玄は和議を申し出て頼重の身柄を拘束し、騙し討ちのように甲府で自刃させた。城は武田氏のものとなり間もなく廃城となったとされる。

葛尾城《かつらおじょう》 山城

別名	ー
築年／廃年	不明／不明
築城主	村上氏？
城主	村上氏
所在地	長野県埴科郡坂城町大字坂城

信玄のライバル・村上義清の本拠

北信濃の戦国大名・信濃村上《むらかみ》氏の居城。五里ヶ峯から南、千曲川へ伸びた標高816mの葛尾山に建つ。山頂から南北に伸びる尾根に本郭があり、その南方に堀切を挟んで二ノ郭、三ノ郭などが続く。

斜面は非常に急だが、山頂からの眺望は絶景で、孤落《こらく》城など村上氏支城や千曲川、遠くに上田原、蓼科も見ることができる。物見の城としては最適。南山麓には歴代当主が平時に暮らしていた村上氏居館跡がある。葛尾山の南方に矢場佐間山(標高614m)があり、この山頂には姫《ひめ》城と呼ばれる出城が設けられている。

村上氏は河内源氏《げんじ》の祖である 源 頼信《みなもとのよりのぶ》の流れ。頼信の曾孫・盛清《もりきよ》が更級郡村上郷に配流となり、以後村上姓を名乗ったとされる(異説もある)。南北朝時代に信濃守護の小笠原《おがさわら》氏に比肩する勢力を北信濃一円に築く。戦国時代、義清《よしきよ》の代で甲斐の武田信玄《たけだしんげん》と抗争。上田原や戸石《といし》城(上田市)の戦いで勝利するも、離反者が続出。天文《てんぶん》22年(1553)に城を捨てて越後へ敗走し、信濃村上氏は没落する。

落城の際、義清夫人も逃げようとしたが、千曲川を渡る渡し船の船賃を持っていなかった夫人は、高価な笄《こうがい》(髪飾り)を船頭に渡して越後へ逃れた。領主夫人にとっては屈辱的な話といえる。以後、この渡しは「笄の渡し」と呼ばれるようになったという。廃城時期の詳細は不明。

高遠城《たかとおじょう》

山城

別名	兜山城
築年／廃年	不明／明治以降
築城主	不明
城主	高遠氏～秋山信友→武田勝頼→信廉→仁科盛信～毛利秀頼～保科氏～内藤氏
所在地	長野県伊那市高遠町東高遠

武田3代、山本勘助と縁深い城

諏訪湖の南、三峰川と藤沢川が直角に合流する河岸の段丘上にある。甲州街道と伊那街道を結ぶ伊那谷の要衝。中世には諏訪神社大祝《おおほうり》・諏訪《すわ》氏の分家である高遠氏が拠り、勢力を持っていた。

戦国時代、高遠頼継《よりつぐ》は武田信玄《たけだしんげん》と手を結び、本家の諏訪頼重《よりしげ》の討伐を画策。天《てん》文《ぶん》11年(1542)、信玄の諏訪侵攻で頼重は滅ぼされたが、信玄が頼継を諏訪家惣領とせず両者は対立。天文14年(1545)に城は信玄に攻め落とされ、頼継は降伏する。

天文16年(1547)、当城を伊奈谷支配の拠点として重視した信玄は、山本勘助《やまもとかんすけ》と秋山信友《あきやまのぶとも》に命じ、城の大改修を行った。勘助は軍師として著名だが謎の多い人物。城内には勘助曲輪《くるわ》という名が残る。永禄《えいろく》5年(1562)に信玄の四男・勝頼《かつより》が城主となり、その後勝頼が信玄の後継者として甲府に向かい、信玄の弟・信廉《のぶかど》が城主に。信玄死後の天正《てんしょう》元年(1573)、かつて追放された信玄の父・信虎《のぶとら》が当城を訪ね、勝頼と信廉の前で暴れたという逸話もある。

その後勝頼は長篠合戦で信長《のぶなが》に敗れ没落。天正10年(1582)3月、信玄の五男・仁科盛信《にしなもりのぶ》が守る当城を織田《おだ》軍が攻撃。武田方は城兵一丸となって玉砕し、織田方が400余の首を取るという殺戮戦に。同年6月の信長の死後、徳川家康《とくがわいえやす》の支配下になる。その後は保科《ほしな》氏や鳥居《とりい》氏などが城主を務め、内藤《ないとう》氏の代で明治を迎える。

荒砥城《あらとじょう》

山城

別名	山田城、新砥城、砥沢城
築年／廃年	不明／天正11年(1583)以降
築城主	不明
城主	山田氏→屋代政国→秀正
所在地	長野県千曲市大字上山田

村上、武田、上杉の戦いに翻弄

信濃村上《むらかみ》一族・山田《やまだ》氏の城。村上氏の属城で、本拠・葛尾《かつらお》城(埴科《はにしな》郡)の西方、千曲川を隔てた対岸にある。更級南部を支配。山田氏当主は天文《てんぶん》22年(1553)、戸《と》石《いし》城(上田市)の戦いで武田《たけだ》方の真田幸隆《さなだゆきたか》に討たれたとも。村上氏没落後、信玄《しんげん》は村上氏から離反した屋代政国《やしろまさくに》に城を預けた。武田滅亡後、屋代氏は上杉景勝《うえすぎかげかつ》に仕えた。だが政国の子・秀正《ひでまさ》の代で徳川家《とくがわいえ》康《やす》に内通し、天正《てんしょう》11年(1583)に上杉軍の攻撃を受け落城。以後廃城となる。

妻籠城《つまごじょう》

山城

別名	ー
築年／廃年	不明／元和元年(1615)以降
築城主	不明
城主	山村良勝
所在地	長野県木曽郡南木曽町吾妻妻籠

徳川秀忠が関ヶ原終結を知った城

武田《たけだ》の親類衆・木曽義昌《きそよしまさ》が支配した城。起源は鎌倉時代ともいわれるが不詳。武田滅亡後の天正《てんしょう》12年(1584)、秀吉《ひでよし》と家康《いえやす》が争った小牧・長久手の戦いで義昌は秀吉につく。義昌は当城を改修し家臣の山《やま》村良勝《むらよしかつ》に守らせた。家康方の菅沼定利《すがぬまさだとし》、保科正直《ほしなまさなお》らが攻撃を仕かけたが良勝以下城兵はよく守り、徳川《とくがわ》勢を撤退させる。慶長《けいちょう》5年(1600)の関ヶ原合戦に遅参した徳川秀忠《ひでただ》は、当城で戦いが終わったことを知った。その後一国一城令により廃城。

海津城(松代城) かいづじょう(まつしろじょう)

平城

別　名	貝津城、侍城、松城
築年／廃年	永禄3年(1560)頃／明治以降
築城主	武田信玄
城　主	春日虎綱～森長可～須田満親～真田信之→真田氏
所在地	長野県長野市松代町松代

謙信が飯炊き煙を発見！ 川中島合戦の舞台

武田信玄《たけだしんげん》が上杉謙信《うえすぎけんしん》との川中島を巡る戦いのため、千曲川河畔に築いた城。当時の名は海津城である。武田氏滅亡後、江戸時代初期に真田信之《さなだのぶゆき》(昌幸《まさゆき》の子、幸《ゆき》村《むら》の兄)が入城。以後、現在の北信地方にあたる川中島4郡(高井・水内・更級・埴科《はにしな》郡)を領する松代藩の藩庁として明治維新まで真田氏が居城とした。松代城に改名されたのは正徳《しょうとく》元年(1711)である。

川中島は、長野盆地を東西に流れる犀川と千曲川の合流地にある三角州で、越後と信濃の国境付近にもあたる。古代から大穀倉地帯として知られる豊かな土地だった。戦国時代、信濃平定を図る信玄と、村上《むらかみ》氏ら北信武士団に担ぎ出された謙信が対立。戦略上、両者は川中島を重要視し、この領有を巡り天文《てんぶん》22年(1553)より計5度激突する。うち最も有名なのが永禄《えいろく》4年(1561)の第4次合戦である。

永禄2年(1559)、謙信は越後に保護していた関東管領《かんれい》・山内上杉憲政《やまのうちうえすぎのりまさ》の要請に従い、自ら関東管領になることを決意。将軍と朝廷の内意を取りつけるため上洛し、越後を約半年留守にした。これを好機と見た信玄は川中島の東方、千曲川の蛇行する地に新城・海津城を築城。まさに川中島の最前線基地だ。縄張は軍師として著名な山本勘助《やまもとかんすけ》や馬場信春《ばばのぶはる》が行ったともいわれる。平城ながら北に千曲川、残る3方を山に囲まれた要害となった。

城代は信玄の信頼深き名将・春日虎綱《かすがとらつな》(高坂昌信《こうさかまさのぶ》)が任じられた。城下の山には狼煙《のろし》台も築かれ、川中島の異変は半刻《はんとき》(1時間)で甲府に伝えられるネットワークを構築。築城の意義は大きく、川中島を巡る戦いは信玄が俄然有利となった。

永禄4年(1561)、関東管領職に就いた謙信は、管領の名のもとに関東へ乱入し武威を見せつけた。謙信は一時帰国した後、信玄と雌雄を決すべく、8月に1万8000の兵を率いて川中島へ出陣。武田勢は海津城に攻めかかるものと思っていたが、謙信は城を素通りし、武田領奥深くに侵入。16日に城から南方2km離れた妻女山(標高546m)に陣を張った。眼下に城を見下ろす大胆な布陣である。これを受け、信玄は18日に甲府を発ち、一時妻女山北の茶臼山に布陣した後、上杉勢に動く気配がなかったことから、29日に当城へ移動した。長いにらみ合いを経た9月9日夜、信玄は2万余の軍を二手に分け、別働隊1万2000に妻女山を背後から急襲するよう命じ、自らは残り8000を率いて八幡原に布陣。不意を衝かれて山上から降りてくるであろう上杉軍を迎撃しようとした。「啄木鳥《きつつき》戦法」という作戦である。

一方、山上の謙信は城から立ち昇る飯炊きの煙が尋常な量でないことから、武田軍の夜襲を見抜き、先んじて妻女山を降りて千曲川を渡り、八幡原へ進出。翌10日早朝から武田本軍と上杉軍の激闘が始まった。上杉軍が優勢となり、武田方は信玄の弟・信繁《のぶしげ》や山本勘助《やまもとかんすけ》らが戦死。信玄は絶体絶命の危機を迎えたが、別働隊が八幡原に駆けつけ戦況は一変。謙信は越後へ退却する。双方痛み分けの結末となった。

戦後も虎綱は上杉への抑えとして当城を守り、信玄・謙信没後には上杉景勝《かげかつ》との同盟に奔走するなど勝頼《かつより》を支え続けた。

松本城　まつもとじょう

平城

別　名	深志城、烏城
築年／廃年	永正元年(1504)、文禄・慶長年間(1592～1615)／明治以降
築城主	小笠原氏、石川数正・康長
城　主	島立貞永～馬場信春→木曽義昌～小笠原定慶～石川数正→康長～戸田松平氏
所在地	長野県松本市丸の内

漆黒の天守(国宝)で知られる

信濃の中原、安曇野の中央に位置する名城。本丸の3方を二の丸が囲み、さらにこの両曲輪《くるわ》を包んで三の丸が巡る構造。天守は漆黒の下見板張で覆われ、“烏《からす》城”の異名を持つ。数少ない現存12天守のなかで唯一の平城。また国宝4天守の一でもあり、層塔型天守としては唯一の国宝。

当城の前身は深志《ふかし》城という城で、永正《えいしょう》元年(1504)に、信濃守護・小笠原貞朝《おがさわらさだとも》の家臣である島立貞永《しまだてさだなが》が築いた。当初は西方に3km離れた小笠原氏の本城である林《はやし》城(松本市)の支城という位置づけだった。

安曇野を扼するこの城の重要性に目をつけたのは、甲斐の武田信玄《たけだしんげん》だった。

天文《てんぶん》19年(1550)、安曇野に侵攻した信玄は林城に迫り、大軍で勝ち鬨《どき》を上げて、一兵も損ねることなく城主の小笠原長時《ながとき》以下城兵を追うことに成功。続いて深志城をはじめとする属城もことごとく降伏させた。「酉《とり》の刻(午後6時)勝鬨御執行、戌《いぬ》の刻(午後8時)村井の城(武田の前線基地、松本市)へ御馬を納め候。子《ね》の刻(午前0時)、五ヶ所の城自落」(『高白斎記』)というから、わずか6時間程度の出来事である。その後、信玄は林城をあっさり打ち壊し、深志城を大修築。安曇野の支配、さらに北信濃への侵攻を目論んでいた信玄は、林城よりも深志城の地理的な優位性を重視したのである。

信玄は城代に歴戦の猛将である馬場信《ばばのぶ》春《はる》を任じ、城下町の経営、城地の拡大にあたらせた。翌年、安曇野奪還を期して小笠原長時が城に押し寄せたが、信玄は長時を返り討ちとし、越後に追っている。

以後、信玄は川中島をはじめとする北信や東信への進出基地として当城を利用。特に天文22年(1553)の葛尾《かつらお》城(埴科《はにしな》郡)村上義清《むらかみよしきよ》討伐戦でも深志城方面からの侵攻作戦が奏功している。信玄の信濃平定戦には欠かせない城であった。

信玄死後、勝頼《かつより》の代に長篠合戦で織田《おだ》信長《のぶなが》に惨敗し(馬場信春も戦死)、天正《てんしょう》10年(1582)に武田氏は滅亡へ。城は木曽義《きそよし》昌《まさ》や上杉景勝《うえすぎかげかつ》の争奪戦となったが、最終的に徳川家康《とくがわいえやす》の援助を受けた小笠原貞慶《さだよし》(長時の子)が占拠することとなった。貞慶はさらに城を改修し、松本城と称した。

天正18年(1590)、豊臣秀吉《とよとみひでよし》の小田原征伐後、家康は関東へ国替えとなり、小笠原氏も下総古河《しもうさこが》へ移ることとなった。代わって10万石を得て入城したのが、石川《いしかわ》数正《かずまさ》である。数正は家康の家臣だったが突如出奔し、秀吉に仕えた人物。

数正は3年後に没したが、子の康長《やすなが》とともに豪華な天守群を築いたほか、城郭や城下町を整備。松本藩庁として今に残る城の原型を造った。その後石川氏は江戸初期に改易。城主は目まぐるしく入れ代わり、享保《きょうほう》11年(1726)に戸田松平《とだまつだいら》氏が入城してそのまま幕末を迎えた。

大天守は5重6階、高さ29.4m。従来主流だった望楼型に代わる新式の層塔型である。その北に渡り櫓で乾小天守を結び(連結式)、南東隅に巽《たつみ》付櫓と月見櫓を付属(複合式)する。この構造を連結複合式という。貞享《じょうきょう》3年(1686)、一揆の首謀者として磔にされた嘉助《かすけ》が城をにらんで死んだことから天守が傾いた、という「嘉助騒動」の伝説も有名である。

上田城 うえだじょう

平山城

別名	伊勢崎城、尼ヶ淵城、真田城
築年/廃年	天正11年（1583）／明治以降
築城主	真田昌幸
城主	真田昌幸～仙石忠政～松平忠周→松平氏
所在地	長野県上田市二の丸

家康と秀忠を手玉に取った真田昌幸の城

信濃の戦国大名・真田昌幸《さなだまさゆき》の本拠。上田盆地北部、千曲川の支流だった尼ヶ淵（現在は消滅）の断崖にあった。北に太郎山（標高1164m）、西南に神川（千曲川）が流れる天然の要害。東にも湿地帯が広がり、平山城ながら堅い守りを誇る。

真田氏は信濃小県《ちいさがた》郡の名族だった海野《うんの》氏の流れ。戦国時代に海野棟綱《むねつな》の子と見られる幸隆《ゆきたか》が小県郡真田郷を領してから真田氏を名乗ったとされる。天文《てんぶん》10年（1541）に武田信虎《たけだのぶとら》（信玄《しんげん》の父）、諏訪頼重《すわよりしげ》らの侵攻（海野平合戦）を受け、海野一族は離散。幸隆は上野《こうずけ》に逃れた後、直後に信虎を追放して武田家を継いだ信玄に従い、旧領を回復。以後、武田の有力な武将として信玄の信濃平定に尽力し、小県郡と上野吾妻地方を領する勢力となる。

昌幸は幸隆の三男。幼少の頃から信玄の近臣として仕え、深い薫陶を受けた男。家中でもずば抜けた軍才を持ち、晩年の信玄に「我が両眼のごとき者」と称えられている。幸隆の死後、長篠合戦で兄の信綱《のぶつな》と昌輝《まさてる》が討ち死にしたため家督を継ぐ。この頃まで真田の本拠は真田本城（小県郡）に置かれていたと見られる。

天正《てんしょう》10年（1582）に武田氏が滅亡し、昌幸は一時織田《おだ》に仕えた。直後に信長《のぶなが》が横死した後は家康《いえやす》に属する。かつての武田旧領である甲斐、信濃、上野は織田勢力の衰退により空白地帯となったことから、その領有を巡って徳川《とくがわ》、北条《ほうじょう》、上杉《うえすぎ》が激しく争うようになった。小独立勢力として乱世を生き抜くための新たな城を昌幸は必要とした。地理・交通とも不便な真田本城は時代遅れだったのだ。

天正13年（1585）、昌幸は家康と決裂する。上州沼田の真田領を北条に帰せと要求されたのだ。昌幸は家康を見限り、上杉景勝《かげかつ》と手を組む。激怒した家康は、鳥《とり》居《い》元忠《もとただ》、大久保忠世《おおくぼただよ》ら7000の軍勢を上田城に差し向けた。守る真田勢は3000とも。昌幸は巧みに城内に徳川勢を誘い込み、包囲殲滅戦のお手本のような奇襲戦法で撃退。昌幸は敗走する徳川勢を容赦なく追撃し、神川で溺死した者も多かった。真田の記録では徳川勢の死者は1300余人ともいう（第1次上田城の戦い）。

秀吉の死後、慶長《けいちょう》5年（1600）の関ヶ原の戦いで昌幸は次男の幸村《ゆきむら》とともに西軍につき、長男の信之《のぶゆき》は家康に従い東軍となる。家康は東海道を上って関ヶ原へ。一方、嫡男の秀忠《ひでただ》は中山道を西上。途上で上田城の昌幸に降伏を勧告したが、昌幸はのらりくらりと返答をはぐらかし、業を煮やした秀忠は城を攻撃。だが誘き出されては鉄砲で撃たれ、後退しては伏兵の襲撃に遭うなど、散々な目に遭わされ、徳川軍は再び惨敗。1週間上田で足踏みさせられた秀忠は、関ヶ原合戦に間に合わなかった（第2次上田城の戦い）。

関ヶ原合戦後、昌幸・幸村父子は紀州九度山へ流される。家康は恨み多き城と堀を徹底的に破却した。今に残る城址はその後入封した仙石《せんごく》氏が築城したもので、昌幸時代の城の正確な位置は不明。

上田藩庁となり幕末を迎えて廃城。明治になって2基の櫓は遊郭として民間に払い下げられた。遊郭になった城は当城のみ。昭和に入り市民の運動で現在の場所（北櫓と南櫓）に移築復元された。

志賀城《しがじょう》

山城

別名	―
築年/廃年	不明／不明
築城主	不明
城主	笠原清繁
所在地	長野県佐久市志賀

信玄の悪名を決定的にした一大殺戮劇

若き日の武田信玄《たけだしんげん》が大虐殺を行った城。佐久平の西方にあり、東に上州への入口である碓氷峠に通じる要衝。上野《こうずけ》と信濃国境の寄石山より西方に流れる尾根に築かれた。標高880m、比高は170m。縄張は直線上に曲輪《くるわ》を配置した連郭式である。

築城年代は不明だが、戦国時代は佐久の国人である笠原清繁《かさはらきよしげ》が支配していた。笠原氏は信濃村上《むらかみ》氏や諏訪《すわ》氏ら信濃の有力国人と繋がりがあったほか、関東管《かん》領《れい》・山内上杉憲政《やまのうちうえすぎのりまさ》とも結んでいた。

天文《てんぶん》10年（1541）に21歳で甲斐の国主となった信玄は翌年から信濃へ侵攻。諏訪、上伊奈を奪って佐久に進出し、天文16年（1547）に当城を攻めた。籠城する笠原軍500、武田軍5000ともいい、10倍の兵力差での攻城戦となる。笠原勢は善戦したが、水の手を断たれ追い詰められる。

憲政は3000の援軍を送ったが、信玄はこれを浅間山麓の小田井原で迎撃し、大勝を収めた。信玄は援軍の全滅を城内に知らしめるため、500余りの首を城の前に並べた。観念した清繁は自刃、玉砕を期して討って出た城兵もことごとく戦死。城に残った女、子供、老人は捕縛。甲府に護送され、奴婢としてひとり3貫から10貫文で売られ、金山に送られたり遊女に身を落としたりする者もいた。なお清繁夫人は小山田信有《おやまだのぶあり》の妾にされた。落城後すぐに廃城と考えられるが詳細は不明。

真田館《さなだやかた》

居館

別名	御屋敷
築年/廃年	不明／―
築城主	不明
城主	真田信綱？→昌幸
所在地	長野県上田市真田町本原字上原

昌幸の兄・信綱の居館

真田《さなだ》氏初代・幸隆《ゆきたか》の長男である信綱《のぶつな》の居館とされる。幸隆が築いた公算が大きい。幸隆・信綱時代の拠点だった真田本城、戸石《といし》城、天白《てんぱく》城（いずれも上田市）といった山城群の中心に位置した平時の居館。東西約150m、南北約120mの規模で、石塁により上下2段に区画。大手に枡形跡が残る。信綱は天正《てんしょう》3年（1575）の長篠の戦いで弟の昌輝《まさてる》とともに戦死し、家督は三男の昌幸《まさゆき》が継いだ。天正13年（1585）に昌幸が上田《うえだ》城に移り、廃城となる。

真田本城《さなだほんじょう》

山城

別名	松尾城、真田城
築年/廃年	天文年間（1532～1555）／天正13年（1585）
築城主	真田幸隆
城主	真田幸隆→信綱→昌幸
所在地	長野県上田市真田町長

真田一族の旧本拠

真田《さなだ》一族発祥の城と見られる。戸石《といし》城（上田市）とともに、昌幸《まさゆき》時代に上田《うえだ》城（上田市）に移るまでの本拠だった。小県《ちいさがた》郡の北方、山裾が突き出した丘陵に建つ。真田盆地を見下ろし、天白《てんぱく》城など周辺支城の本城として機能した。平時の政務は平地の真田館で執ったと見られる。当城は松尾《まつお》城とも呼ばれる。周辺に松尾古城（上田市）と呼ばれる城があるが、松尾古城のほうがあとに築かれた可能性があり、両城の関係ははっきりしていない。

戸石城 といしじょう

山城

別名	砥石城、伊勢崎城
築年/廃年	不明／不明
築城主	不明
城主	村上氏→真田氏
所在地	長野県上田市上野

信玄を大敗させた「戸石崩れ」

信濃村上《むらかみ》氏の支城、後に真田《さなだ》氏の支城。上田盆地の北方、太郎山と峰続きの東太郎山の尾根上（標高800m）に築かれた。村上氏の本拠・葛尾《かつらお》城（埴科《はにしな》郡）より西南約5kmに位置。属城とはいえ信濃屈指の天険であり、規模も葛尾城をしのぐ。北の枡形《ますがた》城、南西の米山《こめやま》城、南の戸石城を含めた複合城郭で全長は500mに及ぶ。発祥は不詳だが、村上氏には甲斐より侵攻する信玄《しんげん》に対する重要な防衛線だった。

天文《てんぶん》19年（1550）、信濃平定が目前の信玄は5000の兵を率い戸石城攻めへ向かう。当主の村上義清《よしきよ》も当城で武田《たけだ》軍を待った。信玄は地の利を知り尽くした義清の前に大苦戦。同地特有の濃霧のなかで義清は巧みな遊撃戦を展開し、武田方の高梨《たかなし》氏の内応も取りつけた。攻防1か月の末信玄は撤退を決意。敗走中に重臣の横田高松《よこたたかとし》ら2000人以上もの兵を失う（戸石崩れ）。信玄生涯最大の負け戦《いくさ》となった。

だが戦後に武田方の真田幸隆《ゆきたか》が暗躍。甲州金を活用して周辺豪族たちを調略し、村上方を骨抜きとする。翌年、幸隆がわずかの手勢で城に攻め込むと内応者が次々に現れ城は1日で落城した。葛尾城に帰還していた村上義清は以後没落する。

幸隆は信玄に戸石城と小県《ちいさがた》を与えられ、家中でもその地位を不動のものとした。

その後も真田氏の城であったが、真田信之《のぶゆき》の海津《かいづ》城転封に伴い廃城となった。

高島城 たかしまじょう

平城

別名	浮城、島崎城
築年/廃年	文禄元年（1592）／明治以降
築城主	日根野高吉
城主	日根野高吉→諏訪頼水→諏訪氏
所在地	長野県諏訪市高島

諏訪湖にそびえた「浮城」

諏訪湖に上川と宮川が流れ込んで形成されたデルタ地帯に築城。築城主は美濃斎藤《さいとう》氏の旧臣で秀吉《ひでよし》の家臣・日根野高《ひねのたか》吉《よし》。小田原の役での働きにより当地に2万7000石を得た。望楼型3重5階の天守を備えた近代城郭で、湖に突き出ていたため浮城と呼ばれた（後に周辺は干拓され天守も破却）。関ヶ原後に日根野氏は下野《しもつけ》壬生に移封され、かつて当地を支配した名族の諏訪頼水《すわよりみず》が入城、初代諏訪藩主になり、明治まで諏訪氏が城主を務めた。

飯山城 いいやまじょう

平山城

別名	―
築年/廃年	永禄7年（1564）頃／明治以降
築城主	上杉謙信
城主	泉氏～岩井信能～関一政～皆川広照～本多助芳→本多氏
所在地	長野県飯山市大字飯山

謙信が築いた奥信濃の拠点

謙信《けんしん》の北信濃前線基地。千曲川河畔に建つ。もとは小豪族・泉《いずみ》氏の城があったとも。永禄《えいろく》4年（1561）の第4次川中島合戦後、信玄《しんげん》が北信奥深く侵入。謙信は海津《かいづ》城と長沼《ながぬま》城（ともに長野市）に対する拠点として大改修。天正《てんしょう》10年（1582）に織田《おだ》軍が占拠したが、信長《のぶなが》死後に上杉景勝《うえすぎかげかつ》が取り戻し泉一族の岩井信能《いわいのぶよし》を城主に。信能は城下町を整備、現・飯山市の礎を築いた。景勝の会津移封後は石川《いしかわ》氏や皆川《みながわ》氏が城主を務め、本多《ほんだ》氏で明治を迎えた。

福島正則館《ふくしままさのりやかた》

居館

別　名	福島正則屋敷
築年/廃年	元和5年(1619)／－
築城主	福島正則
城　主	福島正則
所在地	長野県上高井郡高山村大字高井

豊臣恩顧の大大名、終焉の地

福島正則《ふくしままさのり》の晩年の居館。正則は賤ヶ岳《しずがたけ》七本槍のひとりで、秀吉《ひでよし》子飼いの大名として出世。関ヶ原合戦で家康《いえやす》に従い、安《あ》
芸《き》・備後《びんご》50万石の広島《ひろしま》城(広島市)主にまで上り詰めた。元和《げんな》5年(1619)に広島城無断修築により改易され、信濃高井郡と越後魚沼郡に4万5000石の捨て扶持を与えられ当地に移った。館は東西103m、南北70mの規模で4方に高土塁、空堀が巡らされた。正則は5年後この地で死去。一説には屈辱に耐えかね切腹したとも。

福与城《ふくよじょう》

平山城

別　名	箕輪城、鎌倉城
築年/廃年	不明／天文14年(1545)
築城主	不明
城　主	藤沢頼親
所在地	長野県上伊那郡箕輪町福与

乱世の渦に巻き込まれた藤沢頼親

信玄《しんげん》の上伊那攻略戦で激戦があった城。天竜川河岸の段丘に建つ。築城年は不詳だが、戦国時代に諏訪《すわ》氏分流の藤沢頼親《ふじさわよりちか》が籠もった。頼親は同族の高遠頼継《たかとうよりつぐ》らと結び信濃を侵攻する信玄に抵抗。天文《てんぶん》11年(1542)に一時降伏したが天文13年(1544)に再び離反。伊奈衆を糾合し善戦したが翌年武田の大軍に抗せず降伏開城。城は焼かれて廃城。天正《てんしょう》10年(1582)の武田滅亡後に頼親は別の城で当地を奪回したが徳川《とくがわ》方の保科正直《ほしなまさなお》に攻められ自害。

林城《はやしじょう》

山城

別　名	金華山城、福山城
築年/廃年	不明／天文19年(1550)以降
築城主	小笠原氏
城　主	小笠原氏
所在地	長野県松本市大字里山辺

信玄に敗れた信濃守護・小笠原氏

信濃守護・小笠原《おがさわら》氏の本拠。林大城(金華山《きんかざん》城)、林小城(福山《ふくやま》城)から成る馬蹄型の城。標高852mの山頂に松本平を望む本郭がある。小笠原氏は河内源氏《げんじ》の流れで「小笠原流」で知られる有職故実《ゆうそくこじつ》の中心。戦国初期に長棟《ながむね》の代で最盛期を迎え、筑摩・安曇・伊奈地方を中心に一大勢力となり、付近にも深志《ふかし》城(松本《まつもと》城の前身)はじめ多くの支城を配していた。長時《ながとき》の代、天文《てんぶん》19年(1550)に武田信玄《たけだしんげん》の侵攻に遭い落城。戦後信玄に破却された。

上原城《うえはらじょう》

山城

別　名	古城
築年/廃年	不明／天正10年(1582)
築城主	諏訪氏
城　主	諏訪氏→板垣信方→諸角虎登
所在地	長野県茅野市ちの上原

神職と戦国大名を兼ねた諏訪氏の城

諏訪大社大祝《おおほうり》・諏訪《すわ》氏の本拠。諏訪湖の南東、標高978mの金毘羅山山頂に主郭、中腹に居館がある。諏訪氏は神に仕え武家の棟梁も兼ねる祭政一致の家柄。戦国時代、頼重《よりしげ》の代で武田信虎《たけだのぶとら》の娘を娶るが、天文《てんぶん》11年(1542)に義兄・信玄《しんげん》の侵攻を受け降伏。戦後は武田重臣の板垣信方《いたがきのぶかた》が郡代として入城し、諏訪郡の支配にあたった。信玄は甲斐から信濃への進出拠点としてたびたび当城を利用した。天正《てんしょう》10年(1582)、武田氏の滅亡とともに廃城。

小諸城《こもろじょう》 平山城

別　名	酔月城、穴城、白鶴城
築年／廃年	天文23年(1554)／明治以降
築城主	武田信玄
城　主	小山田昌成～依田信蕃～仙石秀久→忠政～牧野氏
所在地	長野県小諸市古城

信玄の東信濃支配の拠点

信濃に侵攻した武田信玄《たけだしんげん》が佐久と小県《ちいさがた》支配の拠点として築城した。浅間山西南麓が千曲川に迫る断崖に建つ。

当城の前身は小笠原《おがさわら》一族の大井氏が築いた鍋蓋《なべぶた》城だった。信玄はこれを拡張整備して大城郭に改めた。武田軍師で築城家としても有名な山本勘助《やまもとかんすけ》が縄張をしたとされる。

当城は関東への入口である碓氷峠を押さえる要衝でもあり、西上野《こうずけ》進出の拠点にもなった。武田氏滅亡後は織田《おだ》氏、北《ほう》条《じょう》氏を経て徳川家康《とくがわいえやす》の属城となった。

天正《てんしょう》18年(1590)の小田原合戦後に秀吉《ひでよし》の臣・仙石秀久《せんごくひでひさ》が5万石で入城。秀久は土岐《とき》氏の流れを汲むともいう武将で、かつて讃岐高松《たかまつ》城10万石の大名だった。だが天正14年(1586)の島津《しまづ》氏との戦い(戸《へ》次川《つぎがわ》の戦い)で無謀な作戦を敢行して惨敗し、秀吉の勘気に触れ、高野山に追放されていた。家康の斡旋で小田原攻めに参陣し、軍功を上げて大名に復帰した。

秀久とその子・忠政《ただまさ》は、当城を石垣、3重の天守(江戸前期に焼失)を備えた近世城郭に大改修し、現在残る城の原型を造った。江戸時代に小諸藩庁となる。

忠政が信州上田に加増移封されて後、城主は目まぐるしく入れ代わり、元禄《げんろく》時代に牧野氏が入城して、そのまま明治を迎えた。現在は仙石時代の石垣や江戸時代の大手門、三の門などが残る。

木曽福島城《きそふくしまじょう》 山城

別　名	福島城
築年／廃年	天文・弘治年間(1532～1558)／慶長5年(1600)頃？
築城主	木曽義康
城　主	木曽義康→義昌
所在地	長野県木曽郡木曽町

失敗に終わった森長可暗殺計画

木曽谷を支配した木曽《きそ》氏の本拠。比高250mに建つ険しい山城。麓に居館を設けた。木曽氏は 源 義仲《みなもとのよしなか》の末裔を称するが不詳。義昌《よしまさ》の代で武田信玄《たけだしんげん》の娘を迎え武田の親族衆になるが、信玄没後に織田《おだ》家に寝返る。天正《てんしょう》10年(1582)、本能寺の変後の混乱のなか、義昌は信濃から自領の金《かね》山《やま》城(可児市)へ戻る途中の森長可《もりながよし》を館に招き暗殺を謀るが、長可は茶を運んできた義昌の子を人質に取り脱出。廃城は関ヶ原戦の頃とされるが詳細は不明。

甲斐

一条氏館・上野城《いちじょうしやかた うえのじょう》

居館

別　名	一条氏塁跡
築年／廃年	不明／ー
築城主	不明
城　主	一条信龍
所在地	山梨県西八代郡市川三郷町上野

武田を支えた信玄の弟

　武田信玄《たけだしんげん》の異母弟(信虎《のぶとら》の八男)・一条《いちじょう》信龍《のぶたつ》の館と居城の上野城(南アルプス市の上野城とは別)は、JR身延線甲斐上野駅の北側の蹴裂《けさき》神社一帯にあった。信龍は信玄の信頼厚く勝頼《かつより》の後見人にもなった。天正《てんしょう》10年(1582)の武田滅亡の際、徳《とく》川《がわ》勢に城を攻められ討ち死にしたとも、それ以前に病死したともいう。『甲陽軍鑑』には「伊達者にして花麗を好む性格なり」という人物評がある。廃城は信龍討ち死に時と考えられるが詳細は不明。

岩殿山城《いわどのやまじょう》

山城

別　名	岩殿城
築年／廃年	不明／17世紀初め
築城主	不明
城　主	小山田氏→徳川氏
所在地	山梨県大月市賑岡町岩殿

勝頼を裏切った都留の殿様

　武田《たけだ》家臣・小山田《おやまだ》氏の城。桂川と葛野川が流れる比高250mの岩山にある。小山田氏は桓武平氏《かんむへいし》の流れで谷村(都留市)を本拠とし都留郡を支配した国人領主。戦国時代に武田信虎《のぶとら》に従い、信虎の妹を娶り勢力拡大に貢献。最後の当主・信茂《のぶしげ》は信玄《しんげん》の従兄弟。天正《てんしょう》10年(1582)、信長《のぶなが》の甲斐攻めに協力。当城に勝頼《かつより》を誘った後裏切り自刃させたが、戦後信長に不忠を責められ殺された。城は徳川《とくがわ》氏のものとなり、関ヶ原戦後に廃城。

甲府城《こうふじょう》

平山城

別　名	甲斐府中城、一条小山城、舞鶴城、赤甲城
築年／廃年	天正11年(1583)／明治以降
築城主	徳川家康
城　主	加藤光泰→浅野長政・幸長→平岩親吉～ 徳川綱豊→柳沢吉保→吉里
所在地	山梨県甲府市丸の内1(舞鶴城公園)

武田滅亡後の甲府のシンボル

　天正《てんしょう》10年(1582)、武田《たけだ》滅亡、信長《のぶなが》横死の混乱のなか、家康《いえやす》が甲斐争奪戦を勝ち抜き、重臣の平岩親吉《ひらいわちかよし》に命じ甲府盆地中央の一条小山に築城。完成前に家康は関東に国替えされ、秀吉《ひでよし》家臣の加藤光泰《かとうみつやす》が引き継ぎ、浅野《あさの》氏の代で完成。慶長《けいちょう》5年(1600)の関ヶ原戦後は再び家康が支配し幕府直轄地に。宝永《ほうえい》2年(1705)に柳沢吉《やなぎさわよし》保《やす》が入り城下町を整備。享保《きょうほう》9年(1724)に城主・吉保の子の吉里《よしさと》が移封され幕府直轄領となり大名は置かれず明治となる。

勝山城《かつやまじょう》

平山城

別　名	ー
築年／廃年	不明／不明
築城主	不明
城　主	油川信恵
所在地	山梨県甲府市上曽根町

武田氏骨肉の争いが繰り広げられた

　甲斐守護・武田《たけだ》氏分流、油川信恵《あぶらかわのぶしげ》の居城。甲斐と駿河を結ぶ中道往還の沿線に建つ交通の要衝。信恵は武田17代・信昌《のぶまさ》の子で18代・信縄《のぶつな》の弟。延徳《えんとく》4年(1492)より信昌・信恵父子と信縄は家督を巡り骨肉の抗争へ。信昌と信縄の死後、信恵は19代・信虎《のぶとら》(信玄《しんげん》の父)に謀反。永正《えいしょう》5年(1508)、信虎は当城を攻め信恵を滅ぼし甲斐平定の第一歩を記す。永正13年(1516)、今川《いまがわ》氏の侵攻に遭い一時城を攻め取られるなど甲・駿係争の舞台となる。

新府城 しんぷじょう

平山城

別　名	ー
築年／廃年	天正9年(1581)／天正10年(1582)
築城主	武田勝頼
城　主	武田勝頼
所在地	山梨県韮崎市中田町中條

わずか60日で消えた幻の城

武田《たけだ》氏最後の本拠。甲府から北西17km、韮崎の北方にある釜無川河畔の断崖(七里岩)上に築かれた。同所は城山と呼ばれ、標高は522mに達する。

天正《てんしょう》3年(1575)の長篠合戦での惨敗以来、信長《のぶなが》に押され武田家は衰運。天正9年(1581)、追い込まれた当主の勝頼《かつより》は、祖父の信虎《のぶとら》以来の躑躅《つつじ》ヶ《が》崎館《さきやかた》(甲府市)では織田《おだ》の大軍は防ぎきれないと判断し、新城の築城を決意。築城を勧めたのは親族の穴山信君《あなやまのぶきみ》といわれる。縄張は重臣の真田《さなだ》昌幸《まさゆき》が担当。新城は新たな甲斐の国府、「新府中」(躑躅ヶ崎館は古府中)となることからこの名がついた。

工事は昼夜兼行で行われ同年暮れに完成。勝頼は躑躅ヶ崎館以下古府中の武家屋敷を打ち壊し、当城へ移動した。だが、突貫工事だったため、重い夫役を課せられた領民や、資材調達を命じられた親類衆の木曽《きそ》義昌《よしまさ》ら家臣の不平がくすぶった。

天正10年(1582)正月に義昌が謀反。勝頼は軍を差し向けるが敗退。直後に信長の甲斐攻めも始まり、家中では穴山信君はじめ織田への寝返りが続出。従う者もわずかとなった。3月3日に勝頼は織田軍迎撃を断念。新府城の放棄を決意し自ら火を放った。新城の寿命は60余日となる。勝頼は小山田《おやまだ》信茂《のぶしげ》の勧めで岩殿山《いわどのやま》城(大月市)へ移動したが、信茂にも裏切られ、3月11日に天目山で自刃する。

要害山城 ようがいやまじょう

山城

別　名	要害城、積翠山城
築年／廃年	永正17年(1520)／慶長5年(1600)頃
築城主	武田信虎
城　主	武田信虎→信玄→勝頼
所在地	山梨県甲府市上積翠寺町

躑躅ヶ崎館とセットの武田本城

武田《たけだ》の本拠である躑躅《つつじ》ヶ《が》崎館《さきやかた》の詰の城。平時は館で政務を執るが、いざ合戦というときの最終拠点である。館北東、標高780mの丸山に武田信虎《のぶとら》が築いた。『甲斐国志』では城番として駒井次郎左衛門《こまいじろうざえもん》らが任じられている。大永《たいえい》元年(1521)、信虎が今川《いまがわ》系の福島《くしま》氏の侵攻を受けた際、避難していた信虎夫人がここで信玄《しんげん》を生んでいる。当城での実戦は一度もなかったが、武田滅亡後も織田《おだ》・徳川《とくがわ》氏に使用され、慶長《けいちょう》5年(1600)頃に取り壊された。

上野城 うえのじょう

平山城

別　名	椿城、上野椿城
築年／廃年	不明／不明
築城主	小笠原盛長
城　主	大井氏
所在地	山梨県南アルプス市上野

信玄の母・大井夫人の故郷

甲斐西部の有力国人・大井《おおい》氏の居城。南アルプス櫛形山東の山裾、市之瀬川と堰野川に挟まれた台地に建つ。築城は信濃守護の小笠原《おがさわら》氏の祖・長清《ながきよ》の孫の盛長《もりなが》とされる。大井氏は武田《たけだ》氏庶流で10代・信武《のぶたけ》の三男の信明《のぶあき》が祖。南北朝の頃より大井荘を支配。戦国時代、信達《のぶさと》は今川《いまがわ》氏と結び宗家の19代・信虎《のぶとら》と敵対。激戦の末、永正《えいしょう》14年(1517)に信虎に臣従して娘(大井夫人)を嫁がせ、夫人は信玄《しんげん》を生む。廃城時期の詳細は不明。幻の城とも。

躑躅ヶ崎館《つつじがさきやかた》 居館

別名	古城、躑躅ヶ崎城
築年／廃年	永正16年（1519）／―
築城主	武田信虎
城主	武田信虎→信玄→勝頼→河尻秀隆→徳川氏→羽柴秀勝
所在地	山梨県甲府市古府中町

武田3代、栄光の本拠

信虎《のぶとら》、信玄《しんげん》、勝頼《かつより》と続いた戦国武田《たけだ》氏3代60年の本拠。甲斐、信濃、駿河、西上野《こうずけ》へ拡大した領国支配の拠点となった。

武田氏は清和源氏《せいわげんじ》、新羅三郎義光《しんらさぶろうよしみつ》（源 義家《みなもとのよしいえ》の弟）を祖とする名門。義光の子・義清《よしきよ》の代で武田氏を称し、甲斐国市川荘（山梨県市川三郷町）に土着、4代・信義《のぶよし》が鎌倉幕府御家人として台頭し、甲斐国の実権を握る。以後、武田一族は盛衰を経ながら甲斐守護を務め、南北朝期には10代・信武《のぶたけ》が活躍、安芸と若狭の守護職も兼ねた。歴代武田家当主は5代・信光《のぶみつ》が石和《いさわ》（笛吹市）に居館を置いてから、約300年に渡って石和を中心に本拠を置いてきた（場所は異なる）。

戦国時代に入って甲府への移転を決意したのが19代・信虎である。永正《えいしょう》4年（1507）に14歳で当主となった信虎の地盤は脆弱だったが、翌年に叔父の油川信恵《あぶらかわのぶしげ》を滅ぼし武田宗家を統一。さらには郡内（山梨県東部）の実力者・小山田《おやまだ》氏を従属させて甲斐平定を進めていた。一方、駿河今川《いまがわ》氏、相模北条《ほうじょう》氏など、武田家は外敵の脅威にもさらされていた。

信虎が居館としていた石和館は甲府盆地の中心に位置するが、笛吹川の氾濫から水害が多いうえ、攻め込まれやすい平地にあることが弱点だった。

永正16年（1519）、信虎は新たな根拠地を西方の躑躅ヶ崎に置くこととした。同地は南に甲府盆地を見下ろす丘陵で、東西を藤川と相川が囲む天然の要害だった。

信虎は北東に詰の城として要害山《ようがいやま》城を配し、政庁を兼ねる居館と詰の城で成る中世城郭を構想した。併せて家臣屋敷を配置した町割も作り、城下町も計画。これが甲府（甲斐府中）の開府である。

『高白斎記』によれば、着工は8月で信虎が躑躅ヶ崎に移ったのは12月だから、工事期間は半年足らずだったことになる。館の規模は東西約280m、南北約190m。周囲に高さ約3mの土塁と堀が張り巡らされた。内部は東・中・西の3曲《くる》輪《わ》から構成されていた。

また「甲州府中に一国大人様を集り居給候」と『妙法寺記』に記されているように、信虎は一族や有力国人をすべて周辺の屋敷に住まわせた。信虎は彼らを披官化させることにより、強力な家臣団を作ろうと意図したのだ。甲府開府は明確な中央都市構想と、守護大名から戦国大名への転換を強く意識するものだった。

信虎の跡を継いだ信玄はさらに城下町整備を進め、領国の商人、職人を呼び集めて現在の甲府市の礎を築くことになる。

『甲陽軍鑑』は当館について「甲州四郡の内に城郭を構えず堀一重の御館にござ候」と、有名な「人は城、人は石垣、人は堀」という信玄の思想に通じる特性を述べる。ただし、実態は詰の城があるうえ、一帯には防備機能を持つ社寺、支城、狼煙《のろし》台などが張り巡らされ、険しい山々にも囲まれており、甲府自体が当代屈指の要塞都市であったといえる。

天正9年（1581）、勝頼は当館を放棄し新府《しんぷ》城（韮崎市）を築く。武田滅亡後、織《お》田《だ》氏や徳川《とくがわ》氏に利用される時期もあったが、政庁の役割を甲府《こうふ》城に移したため破却、「御屋形跡」という旧跡となる。後、大正8年（1919）より武田神社となった。

獅子吼城　ししくじょう　山城

別名	江草城、江草小屋
築年/廃年	応永年間(1394～1428)？／天正10年(1582)以降
築城主	江草信康？
城主	江草信康～今井信元
所在地	山梨県北杜市須玉町江草

信虎に最後まで抵抗した国人・今井氏

武田《たけだ》氏分家の江草《えぐさ》氏の城で、後に武田13代・信満《のぶみつ》の流れの今井《いまい》氏の居城。信州峠に向かう塩川沿いに建つ甲斐北部の要衝。戦国時代に今井氏は19代・信虎《のぶとら》と対立。小山田《おやまだ》・大井《おおい》氏らとともに抵抗したが、信虎の勢いは凄まじく、信元《のぶもと》の代で天文《てんぶん》元年(1532)に降伏開城。信虎が甲斐を平定した。天正《てんしょう》10年(1582)、武田滅亡後に一時北条《ほうじょう》氏の支配下だったが服部半蔵《はっとりはんぞう》や武田遺臣ら徳川《とくがわ》軍に攻め落とされた。戦い後に徳川氏の手に渡ると同時に廃城。

石和館　いさわやかた　居館

別名	川田館
築年/廃年	寛正6年(1465)以降／－
築城主	武田信昌
城主	武田信昌→信縄→信虎
所在地	山梨県甲府市川田町373

武田氏の旧本拠

武田《たけだ》氏が躑躅ヶ崎館《つつじがさきやかた》(甲府市)へ移る前の根拠地。武田氏は5代・信光《のぶみつ》が鎌倉時代に石和に館を構えて以来、長く石和を本拠としてきた(歴代により館の場所は異なる)。『甲斐国誌』によれば17代・信《のぶ》昌《まさ》が築いたとされ、続く信縄《のぶつな》・信虎《のぶとら》まで約50年本拠にしたと見られる。ただし『王代記』には「信虎が河田(川田)に館を構えた」という記述もある。信虎はこの地で笛吹川の水害に苦しみ、永正《えいしょう》16年(1519)に躑躅ヶ崎へ移った。

北陸地方

越中

弓庄城　ゆみのしょうじょう

平城

別　名	弓之庄城、弓庄館
築年/廃年	永正年間(1504～1521)／不明
築城主	土肥政道
城　主	土肥政道→政忠→政繁
所在地	富山県中新川郡上市町館

有力国人・土肥氏の居城

新川郡(富山県西部)の国人領主・越中土肥《どい》氏の居城。越中土肥氏は鎌倉幕府御家人・土肥実平《さねひら》を祖とする。南北朝期に越中へ入部し在地領主となった。築城は政道《まさみち》の頃と見られる。戦国時代には神《じん》保《ぼう》・椎名《しいな》氏の抗争に翻弄されていたが、政繁《まさしげ》の代で上杉謙信《うえすぎけんしん》に臣従。謙信の死後、織田信長《おだのぶなが》配下の佐々成政《さっさなりまさ》の攻撃に遭う。天正《てんしょう》10年(1582)、200の城兵で籠城し大善戦したが、落城し政繁は越後へ逃亡。本丸跡の遺構が残る。廃城時期は不明。

魚津城　うおづじょう

平城

別　名	小津城、小戸城
築年/廃年	建武2年(1335)／元和元年(1615)以降
築城主	椎名孫八
城　主	椎名氏～上杉氏→佐々氏→前田氏
所在地	富山県魚津市本町1

名札をつけて自刃した上杉勢

椎名《しいな》氏本拠・松倉《まつくら》城(魚津市)の支城。後に上杉謙信《うえすぎけんしん》と景勝《かげかつ》の越中支配の重要拠点となる。魚津は日本海に面した北陸街道の要地で、城は平城ながら4方を海と川で守られた堅城だった。

南北朝期に南朝方の椎名孫八《まごはち》が築いたと伝わる。椎名氏は桓武平氏千葉《かんむへいしちば》氏の流れとされ、後に越中守護・畠山《はたけやま》氏に仕え、新川郡(富山県西部)の守護代を務めた。戦国時代に越後長尾《ながお》氏と神保《じんぼう》氏に圧迫され衰退。永禄《えいろく》11年(1568)、康胤《やすたね》の代で同盟関係にあった上杉謙信《うえすぎけんしん》(長尾景虎《かげとら》)から武田信玄《たけだしんげん》に寝返る。激怒した謙信は松倉城と当城を攻撃。康胤は降伏し、以後、松倉・魚津両城は上杉氏が支配する。

謙信の死後、柴田勝家《しばたかついえ》、佐々成政《さっさなりまさ》ら織《お》田《だ》軍が北陸を侵攻。上杉方の越中拠点は次々に落城し、松倉・魚津両城を最後の砦として残すのみとなる。天正《てんしょう》10年(1582)、3月に勝家軍4万が魚津城を包囲。これに対し城兵は中条景泰《なかじょうかげやす》ら3800のみだった。攻防80余日の末、6月3日に落城。城兵は全員討ち死にした。この際、中条ら13人の守将は「名がわからぬ死体を残すのは越後武士の名折れ」と、名を記した木札を針金で耳に結んでから自刃したと伝わる。直後、2日に発生した本能寺の変の報が伝わり、織田軍は撤退し上杉軍が奪回した。その後、佐々氏、前田《まえだ》氏の支配を経て、一国一城令で廃城。

高岡城　たかおかじょう

平城

別名	―
築年/廃年	慶長14年(1609)／元和元年(1615)以降
築城主	前田利長
城主	前田利長
所在地	富山県高岡市古城

日本初の公園になった城

初代加賀藩主・前田利長《まえだとしなが》(利家《としいえ》の嫡男)の隠居城。利長は慶長《けいちょう》10年(1605)に弟で養嗣子《ようしし》の利常《としつね》に家督を譲り、富山《とやま》城(富山市)に隠居したが慶長14年(1609)に焼失し、一時魚津《うおづ》城(魚津市)に住んだ後、築城。高岡は加賀・能登・越中へ繋がる前田氏3国支配の要衝。縄張は高山右近《たかやまうこん》と伝わる。慶長19年(1614)に利長が死去し、翌年一国一城令で廃城。建築物は破却されたが石垣などは残る。明治8年(1875)、我が国初の公園条例の指定を受けた。

守山城　もりやまじょう

山城

別名	森山城、二上城、獅子頭城
築年/廃年	南北朝時代／慶長2年(1597)以降
築城主	桃井氏
城主	桃井氏～斯波義将～神保氏～前田利長→長種
所在地	富山県高岡市東海老坂

若き日の前田利長が居城

高岡市と氷見《ひみ》市にまたがる二上山の支峰・城山(標高258m)にそびえる天然の要害。古くは「獅子《しし》ヶ面《つら》」と呼ばれ、射水平野一帯を望む山城。南北朝期に桃井《ももい》氏が築いたという。一時越中守護職にあった斯波《しば》氏を経て、越中西部の射水・婦負《ねい》2郡の守護代・神保《じんぼう》氏の支配下に。天正《てんしょう》4年(1576)、神保氏張《うじはる》が謙信《けんしん》に攻められ落城。天正13年(1585)に前田利家《まえだとしいえ》の嫡子・利長《としなが》が砺波《となみ》、射水、婦負3郡32万石を得て入城。利長が金沢に移った後に廃城。

松倉城　まつくらじょう

山城

別名	鹿熊城、金山城
築年/廃年	南北朝時代／慶長年間(1596～1615)頃
築城主	不明
城主	普問氏～桃井氏～椎名氏～河田長親→佐々成政→前田氏
所在地	富山県魚津市鹿熊

越中豪族・椎名氏の本拠

魚津市南部、比高360mの松倉山(鹿熊山)に建つ。桓武平氏千葉《かんむへいしちば》一族の椎名《しいな》氏の本拠。金山があった。椎名氏は守護・畠《はたけ》山《やま》氏に仕えた新川郡(富山県西部)守護代。戦国時代に長尾為景《ながおためかげ》(謙信《けんしん》の父)に敗れ臣従。守護代職は為景に。永禄《えいろく》11年(1568)、椎名康胤《やすたね》が信玄《しんげん》に内応し謙信に攻められ落城。上杉家臣・河田長親《かわだながちか》が入り越中支配の拠点としたが、天正《てんしょう》11年(1583)に佐々成政《さっさなりまさ》の攻撃で落城。後に城主が前田《まえだ》氏へ移り慶長《けいちょう》年間頃に廃城とされる。

新庄城　しんじょうじょう

平城

別名	太田新城、辰城
築年/廃年	不明／慶長年間(1596～1615)頃
築城主	不明
城主	越後長尾氏～鰺坂長実～佐々氏～前田氏
所在地	富山県富山市新庄町1

謙信の富山城攻め前線基地

北陸道の要所。東に常願寺川、西に荒川を望む。永正《えいしょう》17年(1520)に長尾為景《ながおためかげ》(謙《けん》信《しん》の父)が越中侵攻で陣したのが初見。以前は大村の土豪・轡田備後守《くつわだびんごのかみ》の居城だったとも。元亀《げんき》3年(1572)に謙信配下の鰺坂長実《あじさかながざね》が入り、越中一向一揆の籠もる富山《とやま》城(富山市)攻めの前線基地となった。天正《てんしょう》8年(1580)に織田《おだ》方の神保長住《じんぼうながずみ》の攻撃で落城と見られる。以後、織田の拠点となり佐々成政《さっさなりまさ》の支配下に。後に前田《まえだ》氏の所領となり慶長《けいちょう》年間頃に廃城とされる。

富山城 とやまじょう

平城

別名	安住城、浮城
築年/廃年	天文12年(1543)/明治以降
築城主	神保長職
城主	神保長職～上杉氏～佐々成政～前田氏
所在地	富山県富山市本丸

佐々成政で知られる越中の象徴

越中を席巻した神保長職《じんぼうながもと》、佐々成政《さっさなりまさ》の持ち城として知られる。後に富山前田《まえだ》氏13代の居城となった。富山は越中の中央に位置し、北陸街道と飛騨街道が交わる交通の要衝である。幾度も破壊、焼失と造成が繰り返されており、現在残る石垣や堀などの遺構は江戸時代のものである。滝廉太郎《たきれんたろう》作「荒城の月」のモデルのひとつとしても著名だ。

中世の越中は4郡から成り、守護・畠《はたけ》山《やま》氏のもと3家の守護代が置かれていた。うち神保氏が射水・婦負《ねい》郡(富山県西部)、椎名《しいな》氏が新川郡(富山県西部)、遊佐《ゆさ》氏が砺波《となみ》郡(富山県南西部)の守護代だった。戦国時代に入ると神保氏と椎名氏が勢力を伸ばして抗争。さらに越後の長尾為景《ながおためかげ》(上杉謙信《うえすぎけんしん》の父)の進出、一向一揆の拡大など混沌とした状況にあった(遊佐氏は一向一揆に敗れて衰退)。

富山城の始まりは、最も有力視されている『富山城の形成と神保氏』によれば、天文《てんぶん》12年(1543)頃。神保長職が椎名康胤《やすたね》の領する新川郡に進出し、家臣の水越勝《みずこしかつ》重《しげ》に縄張させて城を築いたという。なお、長く長職と勝重は同一人物とされていたが、これは誤りである。富山城の記録上の初見は永禄《えいろく》3年(1560)の上杉謙信(長尾景虎《かげとら》)書状で、謙信が長職の籠もる富山城を攻めていたときのものだ。また、近年の発掘調査により室町前期の遺構が発見されており、この時代に城の前身となる館が築かれていたと見られる。

戦国期の史料『富山之記』には「城の西は神通川、残る三方は二重の堀で囲まれ、深さは百尺(約30m)幅百歩(約180m余)もある」とある。堀の深さは誇張と見られるが、神通川を天然の堀とした堅固な要害であったことは確かだ。

長職は富山城を築いて椎名康胤と越中の派遣を巡り争う。長職は武田信玄《たけだしんげん》と一向一揆、康胤は謙信の後ろ盾を得て両者の争いは武田と上杉の代理戦争となった。結局、前述の謙信の城攻めで長職は増山《ますやま》城(砺波市)へ敗走、富山城は上杉が占有する。その後も上杉氏、一向一揆、神保氏による争奪戦が繰り広げられたが、天正《てんしょう》9年(1581)に織田《おだ》家臣・佐々成政が入城。一向一揆や上杉氏を追って越中平定を成し遂げた。本能寺の変後、成政は柴田勝家《しばたかついえ》につき秀吉《ひでよし》と対立。勝家の敗死後は家康《いえやす》について抵抗を続けたが、天正12年(1584)の秀吉と家康の和議で孤立。この際、成政は富山より厳寒の北アルプスを越えて、浜松の家康の説得に向かっている(さらさら越え)。だが説得は失敗し、成政は空しく富山へ戻った。天正13年(1585)、富山城は秀吉の大軍に包囲され、成政はあえなく降伏。城は破却された。

戦後、成政は新川郡のみ安堵、残る3郡は前田利長《としなが》(利家《としいえ》の嫡男)に与えられた。文禄《ぶんろく》2年(1593)に成政が九州へ移封されて前田氏は新川郡も領し、加賀、能登、越中の大大名に。利長は晩年に家督を養《よう》嗣子《しし》・利常《としつね》に譲り、金沢から富山に移って当城に大改修を施し隠居城とした。しかし慶長《けいちょう》14年(1609)の大火で城は焼失。後に利常の次男・利次《としつぐ》が富山藩を創設し、万治《まんじ》4年(1661)に城を修復。以後富山前田氏代々の居城となり、明治を迎えた。現在立つ天守は戦後に造られた模擬天守。

阿尾城 あおじょう

海城

別名	大ケ崎の城
築年／廃年	戦国時代／慶長年間(1596～1615)頃？
築城主	菊池氏
城主	菊池氏→前田利益
所在地	富山県氷見市阿尾

あの前田慶次が城代となり激闘

氷見《ひみ》市街の北端、富山湾に突き出した独立丘陵に築かれた。3方を海で囲まれた海城。越中より能登へ通じる要衝。越中国人・菊池《きくち》氏の居城。菊池氏は信長《のぶなが》、佐々成政《さっさなりまさ》に属した。天正《てんしょう》13年(1585)、菊池武勝《たけかつ》は前田利家《まえだとしいえ》に与し佐々成政と敵対。利家は一門の前田利益《とします》(慶次《けいじ》)を城代に任じた。成政は神保氏張《じんぼううじはる》に阿尾城を攻めさせた。城兵は大苦戦したが、援軍・村井《むらい》長瀬《ながせ》が駆けつけ撃退に成功(『三州志』)。慶長《けいちょう》年間頃に廃城と伝わるが詳細は不明。

木舟城 きふねじょう

平城

別名	木船城、貴船城
築年／廃年	元暦元年(1184)／天正14年(1586)
築城主	石黒光弘
城主	石黒光弘～成綱～吉江宗信～佐々氏～前田氏
所在地	富山県高岡市福岡町木舟

地震で埋没した幻の城

越中国人・石黒《いしぐろ》氏の居城。砺波《となみ》平野北部で周囲は湿地帯。源平《げんぺい》時代に木曽義仲《きそよしなか》に従った石黒光弘《みつひろ》の築城と伝わる。石黒氏は豪族・砺波氏の流れとも。戦国期に一向一揆や上杉《うえすぎ》勢と戦ったが、天正《てんしょう》9年(1581)に当主の成綱《なりつな》が信長《のぶなが》に謀殺され滅亡。佐々成政《さっさなりまさ》の支配後、天正13年(1585)に前田利家《まえだとしいえ》の弟・秀継《ひでつぐ》が入城。同年の天正大地震で地盤が約9m陥没。城は崩壊、埋没し秀継は圧死。後に秀継の子・利秀《としひで》が入城したが翌年今石動《いまいするぎ》城へ移転し廃城。

増山城 ますやまじょう

山城

別名	和田城
築年／廃年	不明／元和元年(1615)以降
築城主	不明
城主	神保氏→上杉氏→佐々氏～前田氏
所在地	富山県砺波市増山

謙信に敗れ衰退した神保氏

西越中の雄・神保《じんぼう》氏の居城。庄川水系の和田川右岸、比高70mの山上に築かれた。城の創築は南北朝期とも。戦国時代に神保氏の重要拠点となり、越後長尾《ながお》氏とたびたび攻防戦が繰り広げられた。永《えい》禄《ろく》3年(1560)、当主の長職《ながもと》が籠もる富山《とやま》城(富山市)が上杉謙信《うえすぎけんしん》の攻撃で落城した後、長職は増山城に籠もる。長職の死後、子の長城《ながなり》の代で再び謙信に攻められ落城。謙信の死後は佐々成政《さっさなりまさ》を経て前田《まえだ》氏の支配下に入る。元和一国一城令で廃城。

能登

七尾城《ななおじょう》

山城

別　名	松尾城
築年／廃年	不明／天正17年(1589)
築城主	不明
城　主	能登畠山氏→鯵坂長実～前田利家→利常
所在地	石川県七尾市古城町

謙信の詩「十三夜」が知られる名城

能登守護・能登畠山《はたけやま》氏の居城。険しい山岳を巧みに利用した難攻不落の山城として、中世最大級の存在である。能登半島のほぼ中央部、七尾市街より約5km東南に位置。眼下に七尾湾を見下ろす。

石動山系北端の城山(標高300m)山頂に本城を置き、二ノ丸、三ノ丸などが並ぶ連郭式構造。七尾の由来は、松・梅・竹・菊・亀・虎・龍の7つの尾根から成ることで、この7つの尾根から山麓一帯にかけ、無数の曲輪《くるわ》が作られている。その範囲は東西2.5km、南北1.5kmと極めて広く、7つの尾根以上に城郭が築かれている。本城付近に残る5段の石垣群は、石積技術が発展する近世城郭登場以前のものであり、非常に貴重な遺構である。

畠山氏は秩父平氏《へいし》より興り、後に足利《あしかが》一門となって室町幕府で三職(将軍に次ぐ重職で、ほかに細川《ほそかわ》・斯波《しば》氏)を務めた名族。一族は奥州、河内など数派に分かれており、応永《おうえい》15年(1408)に満慶《みつのり》を初代とする能登畠山氏が生まれている。満慶は正長《しょうちょう》年間(1428～1429)頃に当城を築いたともされるが、在京守護で能登は守護代の遊佐《ゆさ》氏に委任していたことから詳細は不明。応仁《おうにん》の乱後に3代・義統《よしむね》が能登へ下向し、在国守護として領国統治に力を入れ、その後7代・義総《よしふさ》で全盛期を迎えた。満慶の頃に原型となる砦があったとしても、広大な城郭は義統～義総の時代に築き上げられたと見られる。能登に多くの公家や歌人ら文化人が来国し、能登畠山文化が栄えたのもこの頃である。

8代・義続《よしつぐ》となって家臣団の争いから守護権力は失墜。遊佐・温井《ぬくい》・長《ちょう》氏ら重臣による「畠山七人衆」という合議組織が台頭する。永禄《えいろく》9年(1566)に長続連《つぐつら》、遊佐続光《つぐみつ》らのクーデターにより義続・義《よし》綱《つな》父子は追放され、義綱の子・義慶《よしのり》を傀《かい》儡《らい》の君主として擁立。天正《てんしょう》2年(1574)に義慶が死去した後、七人衆はその弟で5歳の春王丸《はるおうまる》を新当主として担いだ。

こうした争いを見た越後の上杉謙信《うえすぎけんしん》は、上条政繁《じょうじょうまさしげ》(畠山一族)を新当主に求め、天正4年(1576)に能登侵攻を始めた。長続連を中心とする七人衆は金城湯池《きんじょうとうち》を頼んで籠城。さしもの謙信も攻めあぐんだところ、翌年3月に北条氏政《ほうじょううじまさ》に背後を脅かされたため、一時帰国した。

閏7月、瞬く間に北条軍を破った謙信は、再び城を攻囲する。続連は城内に領民含め1万5000人を籠城させていたが、糞尿処理を怠ったため、城内に疫病が蔓延するという事態を引き起こし、春王丸も病で死んでしまう。城内の混乱を見た謙信は、遊佐、温井氏らを調略。9月15日、遊佐氏らは続連・綱連《つなつら》父子を謀殺し、城門を開いて上杉軍を入城させた。難攻不落の城は疫病と裏切りで落城したのだ。

謙信は城からの眺めに感嘆し、「北陸第一の名勝である」(長尾房景《ながおふさかげ》宛書状)と記した。頼山陽《らいさんよう》の『日本外史』には、謙信が城内で十三夜の月を愛でながら賦した「霜は軍営に満ちて秋気清し……」で始まる有名な漢詩「九月十三夜」がある。13日にはまだ城は落城しておらず、謙信作を疑う声も多いが、七尾城を語るに欠かせない詩である。謙信の死後、織田《おだ》軍が加賀を制圧して一時前田利家《まえだとしいえ》が入城したが、移転のためほどなく廃城となる。

穴水城　あなみずじょう

山城

別名	岩立城、白藤城、白波城、岩木城
築年/廃年	不明／不明
築城主	長氏
城主	長氏
所在地	石川県鳳珠郡穴水町字川島

能登畠山氏に仕えた長氏

能登畠山《はたけやま》氏重臣・長《ちょう》氏の居城。七尾北湾を臨む台地に建つ。奥能登の玄関口の城。長氏は源平《げんぺい》時代に以仁王《もちひとおう》を助けた長《は》谷部《せべ》信連《のぶつら》を祖とする一族。室町時代に能登守護・能登畠山氏に仕える。築年は不明だが長一族嫡流が城主と伝わる。天正《てんしょう》4年(1576)、謙信《けんしん》の能登攻めで落城。謙信が一時帰国し翌年に続連《つぐつら》・綱連《つなつら》父子が奪回したが、遊佐《ゆさ》氏らの裏切りで100余人ともいわれる長一族は滅亡。天正末期頃まで使われたようだが廃城の詳細は不明。

末森城　すえもりじょう

山城

別名	末守城、末盛城
築年/廃年	不明／元和元年(1615)以降
築城主	土肥親真？
城主	土肥親真〜奥村永福
所在地	石川県羽咋郡宝達志水町南吉田

前田家臣・奥村永福が奮戦

能登半島南部、標高138mの末森山に築かれた。当地は能登より加賀・越中方面への進入口となる軍事的要衝。戦国時代に越中土肥《どい》一族の土肥親真《ちかざね》の築城とも。天正《てんしょう》11年(1583)頃より前田利家《まえだとしいえ》の属城となり、家臣・奥村永福《おくむらながとみ》が入城。天正12年(1584)、小牧・長久手合戦時に家康《いえやす》に通じた佐々成政《さっさなりまさ》が1万5000の軍で当城を攻撃。奥村勢は少勢で城を死守(末森城の戦い)。急を聞いた利家軍が佐々軍の背後を襲い撃退した。元和《げんな》一国一城令で廃城。

小丸山城　こまるやまじょう

平山城

別名	七尾城、所口城
築年/廃年	天正10年(1582)／元和元年(1615)以降
築城主	前田利家
城主	前田利家→安勝→利政
所在地	石川県七尾市馬出町(小丸山公園)

七尾城に代わる能登の支配拠点

前田利家《まえだとしいえ》が信長《のぶなが》より能登一国を与えられ築城。当初利家は能登畠山《はたけやま》氏の居城だった七尾《ななお》城(七尾市)に入ったが不便な山城のため、七尾港に近く交通至便な北西数kmの所口村に本拠を移すことにした。しかし築城最中に信長が死亡。天正《てんしょう》11年(1583)に主君となった秀吉《ひでよし》から加賀2郡を加増され利家は金沢へ移る。その後は兄の安勝《やすかつ》、次男の利政《としまさ》が入城し能登を領した。利政は関ヶ原合戦不参加の科《とが》で改易となる。後に元和《げんな》一国一城令で廃城。

加賀

金沢城 かなざわじょう

平山城

別名	尾山城、金城
築年/廃年	天正8年(1580)／明治以降
築城主	佐久間盛政
城主	佐久間盛政→前田利家→利長→利常→前田氏
所在地	石川県金沢市丸の内(金沢城公園)

加賀前田家百万石のシンボル

加賀102万石を領した前田《まえだ》氏累代の居城。加賀平野のほぼ中央に位置し、犀川と浅野川に挟まれた小立野台地に建つ。総面積28万5000㎡という巨大城郭で、日本三名園のひとつである兼六園が隣接。

城の前身は「金沢御坊(御堂)」と呼ばれた加賀一向一揆の本拠。加賀一向一揆は長享《ちょうきょう》2年(1488)に守護・富樫政親《とがしまさちか》を滅ぼし(長享の一揆)、約90年に渡り加賀を支配した武装組織だ。加賀は「門徒持ち」「百姓の持ちたる国」と呼ばれた。金沢御坊は天文《てんぶん》15年(1546)に寺院兼拠点として創設、周辺には寺内町が形成された。位置は不詳だが、現・本丸跡付近とも。

しかし、天正《てんしょう》8年(1580)に織田信長《おだのぶなが》の北陸方面軍総大将・柴田勝家《しばたかついえ》の攻撃により御坊は陥落。寺院を占拠して加賀一国を与えられた佐久間盛政《さくまもりまさ》は、仏像や堂塔を破壊して、御坊を土塁や堀を備えた戦国城郭に作り替えた。これが金沢城の始まりで、当時は尾山《おやま》城と称されている。

天正10年(1582)の本能寺の変後、盛政は勝家とともに秀吉《ひでよし》と対立。翌年の賤《しず》ヶ《が》岳《たけ》の戦いで敗れて斬首された。盛政の遺領と城を与えられたのが、能登一国23万石の大名だった前田利家《としいえ》である。

前田氏は美濃斎藤《さいとう》氏の庶流とされる土豪。美濃前田村に住したことから前田氏を名乗ったとも。利家は幼少より信長に仕えて頭角を現し、諸国を転戦。「槍の又左衛門」と呼ばれる武勇を誇った。賤ヶ岳では勝家方だったが、古くから馴染みがあった秀吉に説得され、臣従して軍功を上げた。秀吉の信任厚く、続く天下統一戦や外交でも活躍し、能登、加賀、越中を支配する北陸道の惣職に上り詰めた。秀吉の晩年には五大老として家康《いえやす》と並ぶ地位を得て、加賀前田藩の藩祖となる。

北陸の王者にふさわしい城として、利家の代に計4度修築が行われ、近世城郭としての原型を作った。うち、慶長《けいちょう》の修築は利家配下の高山右近《たかやまうこん》が縄張しており、この頃に金沢城と呼ばれるようになったとされる。利家は上方《かみがた》に詰めることが多かったため、築城と内政を担ったのが嫡子の利長《としなが》だった。一連の改修により、本丸の位置は変更、大手は尾坂門に改められた。また、周囲に百間堀(蓮池堀)、いもり堀、白鳥堀という堀が穿《うが》たれた。5重の天守も築かれたとされるが、詳細は不明。完成を見たのは利家死後の慶長15年(1610)である。以降、城下町も整備され、金沢は百万石都市へと変貌する。

だが江戸初期に天守や本丸が焼失するなど、水利に乏しい当城は相次ぐ火災に悩まされた。そこで寛永《かんえい》9年(1632)に町人・板屋平四郎《いたやへいしろう》が中心となり、郊外の辰巳村から城下へ犀川の水を引いた8km以上に及ぶ用水路「辰巳用水」が造られる。うち約4kmをトンネルで通し、逆サイフォンの原理を生かし管路より百間堀を越えて高所の城へ水を揚げた。近世初期として画期的な技術だ。平四郎は寛永13年(1636)に謎の死去を遂げた。秘密の漏洩を恐れた藩に暗殺されたという噂が立ち、その霊は城下の板屋神社に祀られた。

その後も加賀百万石の本城として前田氏が収め続けて、明治を迎える。現在、城は公園に。石川門、三十間長屋、鶴丸倉庫が重要文化財に指定されている。

小松城《こまつじょう》

平城

別名	芦城、浮城
築年/廃年	戦国初期／明治以降
築城主	若林長門？
城主	若林長門～村上頼勝→丹羽長重～前田利常→前田氏
所在地	石川県小松市丸の内町

光秀も絶賛した？小松の浮城

梯川と前川の合流点近くに築かれた要害。加賀一向一揆による造営と見られる。築城年は不明だが、永禄《えいろく》年間(1558～1570)に朝倉義景《あさくらよしかげ》と一揆軍の攻防があった(『宗滴《そうてき》雑談』)ことから戦国初期の造営が有力。日本海沿岸の小松は北陸路の要衝で、『明智記』によれば、明智光秀《あけちみつひで》は義景に日本の要害の地を問われた際、「加賀は小松あたり」と答えたという。

「小松の浮城」の名があるように設計は極めてユニーク。各曲輪《くるわ》は堀で区切られ、危急のときは下流で梯川を堰き止めて一帯を湖水のように変えたとされる。

城主は一向一揆の武将・若林長門《わかばやしながと》とされるが天正《てんしょう》7年(1579)に織田《おだ》重臣・柴田勝家《しばたかついえ》の攻撃で落城。信長《のぶなが》は丹羽《にわ》氏に仕えていた村上頼勝《むらかみよりかつ》を新城主としたが、慶長《けいちょう》3年(1598)に移封となり、代わって丹羽長重《ながしげ》(長秀《ながひで》の長男)が入城した。2年後の関ヶ原の戦いで長重は西軍につき、東軍の前田利長《まえだとしなが》と城下東方の浅井畷で対決したが、敗れて降伏。長重は戦後改易され、以後、当城は前田家の管轄に置かれた。

寛永《かんえい》16年(1639)に利長の子で2代・利常《としつね》が、家督を光高《みつたか》に譲り隠居所とし、二ノ丸、三ノ丸の造営や石垣を構築するなど大改修。一国一城令のもと金沢《かなざわ》城(金沢市)との2城併存は外様として異例の好待遇。万治《まんじ》元年(1658)に利常は病没するが、後も前田氏の城として明治を迎える。

松任城《まつとうじょう》

平城

別名	鏑木城
築年/廃年	鎌倉時代？／元和元年(1615)以降
築城主	松任範光？
城主	松任氏～鏑木繁常～頼信～前田利長～丹羽長重～前田氏
所在地	石川県白山市古城町(おかりや公園)

謙信に落とされた加賀一向一揆の拠点

加賀平野の中央に位置する鏑木《かぶらぎ》氏(加賀一向一揆の将)の城。鎌倉初期に加賀斎藤《さいとう》一族の松任範光《のりみつ》が築いたとされるが不詳。文明《ぶんめい》年間(1469～1487)に加賀守護・富樫政親《とがしまさちか》に仕えていた城主の鏑木繁常《しげつね》が本願寺8世・蓮如《れんにょ》に帰依し、鏑木氏累代の城になったとも。天正《てんしょう》4年(1576)、頼信《よりのぶ》の代で一揆に内紛があり、上杉謙信《うえすぎけんしん》の攻撃により落城(異説あり)。天正11年(1583)に前田利長《まえだとしなが》(利家《としいえ》の子)が入城した。その後は元和《げんな》一国一城令により廃城。

大聖寺城《だいしょうじじょう》

平山城

別名	錦城
築年/廃年	鎌倉時代／元和元年(1615)以降
築城主	狩野氏
城主	狩野氏～一向一揆～朝倉氏～戸次広正～溝口秀勝→山口宗永→前田氏
所在地	石川県加賀市大聖寺八間道(錦城山公園)

“北陸の関ヶ原”が繰り広げられた

加賀・越前国境付近の要。標高70mの錦城山に建ち、白山五院(白山寺の末寺)の大聖寺があったのが由来という。鎌倉末期に狩野《かの》一門が築く。戦国期に加賀一向一揆が入り、越前朝倉《あさくら》氏と戦った。天《てん》正《しょう》3年(1575)に信長《のぶなが》麾下《きか》の柴田勝家《しばたかついえ》に侵攻され落城。後に秀吉《ひでよし》の支配下に入り、慶長《けいちょう》3年(1598)に山口宗永《やまぐちむねなが》が入城。2年後の関ヶ原戦で宗永は西軍に与し、東軍の前田利長《まえだとしなが》相手に籠城し敗死。その後は前田氏の城となり一国一城令により廃城。

高尾城《たこじょう》

山城

別名	高雄城、田江城、多胡城、富樫城
築年／廃年	不明／不明
築城主	不明
城主	富樫政親
所在地	石川県金沢市高尾町

「百姓の持ちたる国」誕生の衝撃

加賀守護・富樫《とがし》氏の詰の城(最終防衛拠点)。標高170mの高尾山に建ち、山麓西に平時の本拠・富樫館がある。築城年は不明。文明《ぶんめい》6年(1474)、弟の幸千代《こうちよ》と争っていた政親《まさちか》は、本願寺第8世・蓮如《れんにょ》と結んで弟を追放。が、一向衆の力を警戒した政親は逆に門徒を弾圧した。長享《ちょうきょう》2年(1488)、一揆軍は逆襲に転じ、20万を超す大軍で高尾城を包囲。政親は敗れて自刃。以後、加賀は約90年「百姓の持ちたる国」として一向一揆が統治する。

鳥越城《とりごえじょう》

山城

別名	別宮城
築年／廃年	戦国後期／不明
築城主	鈴木重泰
城主	鈴木重泰〜吉原次郎兵衛〜吉竹壱岐
所在地	石川県白山市三坂町

加賀一向一揆、最後の砦

加賀一向一揆の軍事拠点で手取川と大日川に挟まれた比高130mの丘陵。本願寺第11世・顕如《けんにょ》の命により鈴木重泰《すずきしげやす》が築いたとされる。天正《てんしょう》8年(1580)4月、信長《のぶなが》配下の柴田勝家《しばたかついえ》軍の攻撃で金沢御坊(金沢市)が陥落。当城は最後の砦として抵抗したが11月に落城。翌年一揆は城の奪回に成功したが再び鎮圧。信長は門徒300人を磔とした。城内には自害谷、首切谷などの地名が残る。後に前田《まえだ》氏がこの地を収めた頃に廃城とされるが詳細は不明。

波佐谷城《はさたにじょう》

山城

別名	―
築年／廃年	不明／不明
築城主	宇津呂丹波
城主	宇津呂丹波→村上勝左衛門
所在地	石川県小松市波佐谷町

織田軍に抵抗した宇津呂丹波

加賀一向一揆の武将・宇津呂丹波《うつろたんば》の築城とされる。大杉谷川河畔に位置。山麓に本願寺第8世・蓮如《れんにょ》の三男の蓮綱《れんこう》が築いた松岡寺がある。一向宗の加賀平定後、越前朝倉《あさくら》氏との抗争が激しくなり、北の小松《こまつ》城(小松市)と連携して防衛にあたった。天正《てんしょう》8年(1580)、織田《おだ》軍の柴田勝家《しばたかついえ》の攻撃で陥落。勝家は丹波と子の藤六《とうろく》を討ち、首を安土の信長《のぶなが》に送った。その後、小松城主となった村上頼勝《むらかみよりかつ》の同族と見られる勝左衛門《かつざえもん》が入城。廃城時期は不明。

津幡城《つばたじょう》

平山城

別名	―
築年／廃年	不明／天正13年(1585)
築城主	不明
城主	都幡(津幡)氏〜一向一揆〜前田秀継
所在地	石川県河北郡津幡町字清水

加賀と能登・越中を結ぶ要衝

津幡は石川県の中央で、古来金沢より能登・越中に向かう要衝。源平《げんぺい》合戦の頃、倶利伽羅《くりから》合戦時に平家軍が布陣した場所と。鎌倉末期に井上庄地頭の都幡隆家《つばたたかいえ》が居城。天正《てんしょう》4年(1576)に上杉謙信《うえすぎけんしん》が加賀一向一揆の協力のもと、七尾《ななお》城(七尾市)攻略の足がかりにしたとも。謙信の死後、織田《おだ》方の柴田勝家《しばたかついえ》が一揆軍を撃破。天正12年(1584)に前田利家《まえだとしいえ》が越中の佐々成政《さっさなりまさ》へ備え、弟の秀継《ひでつぐ》を入城させた。秀継が天正13年(1585)に木舟《きふね》城に移り廃城。

越前

吉崎御坊 よしざきごぼう

居館

別　名	―
築年/廃年	文明3年（1471）／―
築城主	蓮如
城　主	蓮如
所在地	福井県あわら市吉崎

本願寺蓮如の布教拠点

浄土真宗本願寺第8世法主・蓮如《れんにょ》が北陸布教の拠点として建立した坊舎。比叡山衆徒の襲撃に遭い、京都東山大谷を出て逃れた。越前と加賀の国境付近、北潟湖湖畔にある吉崎山（標高33m）に建つ。数年のうちに門徒が集まり寺内町を形成したが、文明《ぶんめい》7年（1475）に戦乱で焼失。蓮如は再び畿内へ退去した。永正《えいしょう》3年（1506）、加賀一向一揆と朝倉《あさくら》氏の戦い（九頭竜川の戦い）で勝利した朝倉氏に破壊され、廃坊となった。

丸岡城 まるおかじょう

平山城

別　名	霞ヶ城
築年/廃年	天正4年（1576）／明治以降
築城主	柴田勝豊
城　主	柴田勝豊～丹羽氏～有馬氏
所在地	福井県坂井市丸岡町霞町1

現存最古とされる天守を誇る

現存12天守のうち、最古とされる天守を持つ城として著名。福井平野の北東、丸岡盆地の丘陵（霞山）に築かれた。

当地は越前と加賀を結ぶ要衝で、豊原寺（白山信仰の巨刹）という一向一揆とは別の武装勢力が支配していたが、天正《てんしょう》2年（1574）に一向一揆の攻撃に遭い壊滅。翌年に信長《のぶなが》が一揆軍の籠もる豊原寺を攻略し、越前を平定した。信長は柴田勝家《しばたかついえ》に越前を支配させ、勝家の養子・勝豊《かつとよ》（勝家の甥）を豊原に入れた。勝豊は豊原寺が不便だったため、丸岡城を築城。勝豊は同じ養子の勝政《かつまさ》と不仲で、本能寺の変後に勝家と秀吉《ひでよし》が対立すると秀吉につく。

天正11年（1583）の勝家・勝政滅亡とほぼ時を同じくして勝豊も病死し、当地は丹羽長秀《にわながひで》の所領に。その後城主はたびたび入れ代わり、江戸前期に有馬《ありま》氏が入城してそのまま明治維新を迎えた。城郭は近世に五角形の水堀が巡らされていた。

天守は独立式2重3階、廻縁高欄のある初期望楼型建築で、現存最古（犬山城説もある）と呼ばれる。笏谷石《しゃくだにいし》製の石瓦も特徴。勝豊時代の天正4～5年（1576～1577）の造営とされるが、慶長《けいちょう》18年（1613）の古絵図に天守はなく、慶長年間以降の成立とする説も。外観、手法が最古の部類であることは確か。惜しくも戦後の福井大地震で倒壊。現在残る天守は古材を用いて復元されたもの。

一乗谷城《いちじょうだにじょう》・朝倉館《あさくらやかた》

山城

別　名	一乗谷城
築年/廃年	南北朝時代／天正3年(1575)以降
築城主	朝倉高景
城　主	朝倉高景～孝景～義景→前波吉継
所在地	福井県福井市城戸ノ内町

栄華を誇った越前朝倉氏

越前を支配した戦国大名・朝倉氏の本拠。福井市街より南東約8km、足羽川を遡った一乗谷に位置する。遺跡が多いことから、現在この一帯は「一乗谷朝倉氏遺跡」と呼ばれ、国の特別史跡に。出土遺構が全面整備され、城下の町並みも復元されている。戦国期の城下町の形態を伝える、全国でもトップクラスの遺跡。

一乗谷は東西約500m、南北約3kmの細長い谷底平野。うち足羽川支流の一乗谷川に沿う約1.8km間が城戸の内と呼ばれる城下集落。全域が要塞で、館、侍屋敷、町屋などの施設が密集して設けられていた。防衛上重要な入口部分は南が上城戸、北が下城戸という。約28万㎡に及ぶ遺跡は、大きく①政庁、居館である朝倉館(義景《よしかげ》館)、②最終防衛拠点の一乗谷城、③居館より一乗谷川を挟んで正面にある城下町、の3エリアに分かれる。

館は一乗谷山麓にあり、一乗谷の中心的存在。敷地面積は1万628㎡。東側に一乗谷城を備えるほか、残る3方は堀や土塁で囲まれていた。敷地内からは16の建物や枯山水庭園が出土している。館正面には松雲院(義景の菩提寺)に豊臣秀吉《とよとみひでよし》が寄進した唐門(江戸中期の再建)があり、遺跡全体のシンボルとなっている。

一乗谷城は眼下に福井平野を臨む標高473mの一乗谷山に築かれている。南北に連なる一ノ丸、二ノ丸、三ノ丸の本城域があり、周辺に山腹を削平して造営された千畳敷と呼ばれる広場がある。周囲をぐるりと巡る畝《うね》状竪堀(連続して並べられた竪堀)が圧巻だ。ただし、城は一度も戦闘に利用されることはなかった。

城下町は、武家屋敷、寺院、商家、町屋などが整然と並び、計画的に区画されていたことをうかがわせる。

越前朝倉氏は但馬《たじま》の武士団・日下部《くさかべ》氏の流れで、養父郡朝倉(養父市)の出身。南北朝時代に初代・広景《ひろかげ》が越前守護の斯《し》波《ば》氏に仕えて越前に入部し発祥した。朝倉氏が一乗谷を本拠とするのは続く高景《たかかげ》の頃と見られる。応仁《おうにん》の乱(1467～1477)のとき、7代・孝景《たかかげ》が斯波氏の内紛に乗じて越前の支配権を奪い、以後、義景《よしかげ》まで5代100余年、守護として越前を統治。京の戦火を逃れて多くの公家や文化人が朝倉氏を頼り、一乗谷は「北の京」と呼ばれるほどの発展を遂げた。

朝倉氏は11代・義景のときに最盛期を迎え、永禄《えいろく》8年(1565)には13代将軍・義《よし》輝《てる》の弟の義昭《よしあき》(15代)を迎え、上城戸の外に「御所」を構えさせて手厚く保護した。しかし義景に上洛の意欲がなく、義昭は織田信長《おだのぶなが》を頼って一乗谷を去った。

義景は信長に上洛を要請されるが拒絶。永禄13年(1570)より両者は敵対関係となる。義景は近江の浅井長政《あざいながまさ》と結んで抵抗したが、元亀《げんき》元年(1570)の姉川の戦いで敗れるなど次第に追い詰められる。天正《てんしょう》元年(1573)、刀根坂の戦いで大敗した義景は一乗谷を放棄して大野へ敗走し、ほどなく自刃。朝倉氏は滅亡し一乗谷は灰燼と帰す。その後、朝倉旧臣の前波吉継《まえばよしつぐ》が越前守護代として一乗谷に館を構えたが、一向一揆に討たれた。一揆鎮圧後、越前は柴田勝家《しばたかついえ》が領する。勝家は本拠を北ノ庄《きたのしょう》城(福井市)に変えたため、一乗谷は歴史のなかに埋もれることとなった。

金ヶ崎城 かながさきじょう

山城

別名	敦賀城
築年/廃年	建武3年(1336)/天正11年(1583)頃
築城主	新田義貞?
城主	新田義貞〜足利直義〜甲斐常治〜朝倉景恒→武藤舜秀→蜂屋頼隆
所在地	福井県敦賀市金ヶ崎町

名高い「金ヶ崎の退き口」

敦賀市街より北東、天筒山(標高171m)が敦賀湾に突き出した岬に築かれた。稜線で繋がる山頂には、支城・天筒山城《てづつやま》がある。近畿より北陸へ入る木ノ芽峠と海上交通を扼する交通の要。源平《げんぺい》時代に平《たいらの》通盛《みちもり》が最初に砦を築いたとも。また、越前一の宮である気比《けひ》神宮の気比氏が拠っていたともいわれる。『太平記』には「城郭一片の雲の上に峙ち」と記される堅城。

著名となるのは建武《けんむ》3年(1336)の新田《にった》義貞《よしさだ》の籠城戦より。義貞は足利《あしかが》方の斯波《しば》軍に兵糧攻めにされ、入江の魚を釣り、城中の馬を食べるという飢餓地獄に追い込まれ陥落。脱出した義貞も2年後に滅亡した。観応《かんのう》2年(1351)には足利尊氏《たかうじ》に反した直義《ただよし》が入城。室町中期には守護・斯波義敏《よしとし》と対立した守護代・甲斐《かい》常治《じょうち》が籠城(長禄《ちょうろく》合戦)。義敏は兵船で海上より城を攻めたが失敗。斯波氏衰退の一因に。

戦国時代は朝倉《あさくら》氏の支配下に置かれた。元亀《げんき》元年(1570)、織田《おだ》信長《のぶなが》の越前攻めで城主の朝倉景恒《かげつね》が降伏。しかし、織田方だった浅井《あざい》長政《ながまさ》が裏切り信長は挟撃の危機を迎えた。信長は城に木下《きのした》秀吉《ひでよし》を殿軍《しんがり》として京へ撤退(『信長公記』)。明智《あけち》光秀《みつひで》と徳川《とくがわ》家康《いえやす》も秀吉に協力して朝倉軍の追撃を阻み「金ヶ崎の退き口」という撤退戦を成功させたとされる。その後は織田氏の武藤《むとう》、蜂屋《はちや》が治めたが、蜂屋が敦賀《つるが》城を築くと金ヶ崎城は廃城となった。

勝山城 かつやまじょう

平城

別名	袋田城
築年/廃年	天正8年(1580)/明治以降
築城主	柴田勝政
城主	柴田勝政→成田重政〜小笠原氏
所在地	福井県勝山市元町1

賤ヶ岳で死んだ勝家の養子の城

柴田《しばた》勝家《かついえ》の養子・勝政《かつまさ》(佐久間《さくま》盛政《もりまさ》の弟)の築城。九頭竜川東岸の河岸段丘にあり、現・勝山市役所が本城部。天正《てんしょう》2年(1574)に一向一揆が近隣の村岡山《むろこやま》城に拠って勝利し、村岡山を記念に勝山とした。後に村岡山城主となった勝政が天正8年(1580)に袋田に本拠を移し、勝山の地名が生まれた。勝政は天正11年(1583)の賤ヶ岳《しずがたけ》の戦いで戦死。元禄《げんろく》4年(1691)に入城した小笠原《おがさわら》貞信《さだのぶ》が新たに縄張して改修。その後も小笠原氏が治め明治を迎える。

大野城 おおのじょう

平山城

別名	亀山城
築年/廃年	天正3年(1575)/明治以降
築城主	金森長近
城主	金森長近〜土屋昌明〜土井利房→土井氏
所在地	福井県大野市城町

2重2階の天守が知られる

大野盆地西の亀山(標高250m)に建つ。天正《てんしょう》3年(1575)、越前一向一揆を掃討した信長《のぶなが》は大野郡のうち3万石を家臣の金《かな》森長近《もりながちか》に与えた。大野郡は美濃街道を押さえる要地。長近は当初戌山《いぬやま》城という山城に入ったが、不便なため大野城を築いた。長近は美濃土岐《とき》氏庶流で「落語の祖」と呼ばれる安楽庵策伝《あんらくあんさくでん》の兄。長近が飛騨へ移封され越前松平《まつだいら》氏の管理下になった後、城主は土井《どい》氏で定着し明治を迎える。近年、焼失した2重2階の天守が復元。

福井城 ふくいじょう

平城

別名	北ノ庄城
築年/廃年	慶長6年(1601)/明治以降
築城主	結城秀康
城主	結城(松平)秀康→松平忠直→忠昌→松平氏
所在地	福井県福井市大手

「福井」の由来は……

福井市の中心部に位置する。徳川家康《とくがわいえやす》の次男・結城秀康《ゆうきひでやす》の築城。越前松平《まつだいら》氏代々の居城であり、江戸時代には福井藩の政庁を兼ねた。現代は福井県庁がある。

秀康は長男・信康《のぶやす》が若くして切腹し、本来なら世継ぎだが、幼時より家康に嫌われ、天正《てんしょう》12年(1584)の小牧・長久手戦後に秀吉《ひでよし》に養子名目で人質に出され、後に下総《しもうさ》結城氏の養子に。慶長《けいちょう》5年(1600)の関ヶ原合戦後、越前北ノ庄67万石を拝領。北ノ庄は北陸路の要衝で西の加賀前田藩を抑える役割もあったと見られる。翌年秀康は、家康の計らいによりかつて柴田勝家《しばたかついえ》が築いた旧北ノ庄《きたのしょう》城跡地に築城。本丸と二ノ丸の縄張は家康が行い、本丸の位置は旧北ノ庄城本丸より少し北に置かれた。工事は諸国の大名が手伝う天下普請。慶長11年(1606)にほぼ完成した城は、輪郭式で周囲に水堀を巡らした、東西1.7km、南北1.9kmの巨大城郭となる。4重5階の天守もあったが後年焼失。

秀康の死後、嫡男の忠直《ただなお》が藩主となったが、大坂の陣の論功行賞への不満から乱行が目立ち、豊後《ぶんご》に配流。続く3代・忠昌《ただまさ》(忠直の弟)のとき北ノ庄は福居(後に福井)に改称された。北ノ庄は敗"北"に通じる、と嫌われた、また、天守近くの「福の井」を採った、とも伝わる。

その後も越前松平氏の本拠地として明治を迎える。幕末の松平春嶽《しゅんがく》が有名。

北ノ庄城 きたのしょうじょう

平城

別名	北庄城
築年/廃年	天正3年(1575)/慶長6年(1601)
築城主	柴田勝家
城主	柴田勝家→丹羽氏~堀氏~青木氏→結城秀康
所在地	福井県福井市中央1

お市・勝家とともに消えた9重天守

織田《おだ》家筆頭家老・柴田勝家《しばたかついえ》が築いた城。福井平野東南部、足羽川流域に位置。福《ふく》井《い》城の前身で築城8年で焼失した幻の城。

勝家は尾張の人で信長《のぶなが》に仕えた。天正《てんしょう》3年(1575)、越前一向一揆を下し越前を平定した信長より北陸方面軍の総司令官に任命され、越前8郡49万石を与えられた。従来越前の中心は朝倉《あさくら》氏の本拠一乗《いちじょう》谷《だに》(福井市)だったが、勝家は平野部の北ノ庄に新城を築城。越後の上杉謙信《うえすぎけんしん》に対する北陸最前線基地という位置づけだ。当地はもともと朝倉氏の重要拠点だった。

正確な縄張は不明だが、現・柴田神社がある場所が本丸跡と見られる。注目は天守で、秀吉《ひでよし》の書状(小早川隆景《こばやかわたかかげ》宛)に「天守が九重」とあり、宣教師フロイスは「七重で建築の妙技が尽されている」(『日本史』)と記している。重数は7か9で高さは不明だが、同時代の安土《あづち》城天守(5重7階)に劣らない規模だったと考えられる。屋根には寒さに強い笏谷石《しゃくだにいし》(付近の足羽山で採掘)を使った石瓦が葺かれた。

勝家は本能寺の変後に秀吉と対立し、天正11年(1583)の賤ヶ岳《しずがたけ》の戦いで惨敗。城で夫人のお市《いち》の方《かた》(信長の妹)とともに自害し城も炎上した。お市の娘の茶々《ちゃちゃ》、初《はつ》、江《ごう》は落城時に秀吉に保護された。

その後は、堀《ほり》、青木《あおき》などが城主を務め、関ヶ原戦後に結城秀康《ゆうきひでやす》が入り、秀康が新たに福井《ふくい》城を築いたため廃城となる。

敦賀城 つるがじょう

平城

別名	―
築年／廃年	天正11年(1583)頃／元和元年(1615)以降
築城主	蜂屋頼隆
城主	蜂屋頼隆→大谷吉継～結城氏
所在地	福井県敦賀市結城町

義の人・大谷吉継の居城

大谷吉継《おおたによしつぐ》の居城。敦賀市北方、敦賀湾に注ぐ笙川河口に建つ。秀吉《ひでよし》家臣・蜂屋《はちや》頼隆《よりたか》の築城と伝わる。頼隆の死後、天正《てんしょう》17年(1589)に秀吉の近臣だった吉継が5万7000石を与えられ入城した。吉継は近江の人。ハンセン氏病を患い、顔を頭巾で覆っていた武将として著名。吉継は慶《けい》長《ちょう》5年(1600)に関ヶ原で石田三成《いしだみつなり》に与し自刃。戦後は家康《いえやす》、次いで越前松平《まつだいら》氏が支配したが、一国一城令で廃城。遺構は市内来迎寺に移築された中門が残るのみ。

府中城 ふちゅうじょう

平城

別名	府中館
築年／廃年	不明／明治以降
築城主	不明
城主	朝倉氏→富田長繁→前田利家～本多氏
所在地	福井県越前市府中1

福井の中心だった越前市

古代、越前の国府は越前市(旧武生市)だった。城の発祥は不詳だが、中世に越前守護代・甲斐《かい》氏、朝倉《あさくら》氏が支配し、次いで朝倉氏を滅亡させた信長《のぶなが》が富田長繁《とみたながしげ》を入れる。長繁死後に前田利家《まえだとしいえ》が入城し修築を加えた。慶長《けいちょう》5年(1600)の関ヶ原戦後に結城秀康《ゆうきひでやす》が越前の主となり、家老の本多富正《ほんだとみまさ》に3万9000石を与えて入城させ、本多氏がそのまま受け継いで明治を迎えた。JR武生駅・越前市役所一帯が城址だが、現在は市役所に碑が残るのみ。

若狭

新保山城 しんぼやまじょう

山城

別名	霞美ヶ城
築年／廃年	大永年間(1521～1528)／天正年間(1573～1592)中期
築城主	粟屋元隆
城主	粟屋元隆～武田信高→信方
所在地	福井県小浜市新保

若狭No.2の山城

新保集落の北側裏山(標高293m)に建つ。若狭国内では守護・若狭武田《たけだ》氏の後《のち》瀬山《せやま》城に次ぐ山城。遺構がよく残る。山頂の主郭を中心に稜線上に曲輪《くるわ》が並び、深い堀切などが巧みに配されている。築城は武田重臣・粟屋《あわや》氏だが、粟屋氏没落後、武田一族で7代・信豊《のぶとよ》の弟の信高《のぶたか》が入城。信高の死後は信豊の子・信方《のぶかた》が城主となる。越前の朝倉義景《あさくらよしかげ》の台頭で若狭が朝倉の支配下に置かれ、信方は朝倉方として信長《のぶなが》と戦ったが、敗れて城も破却。

小浜城 おばまじょう

海城

別名	雲浜城
築年/廃年	慶長6年(1601)／明治以降
築城主	京極高次
城主	京極高次→忠高→酒井忠勝→酒井氏
所在地	福井県小浜市城内1-7

京極高次が築いた巨大海城

西に小浜湾を望む海城。初代小浜藩主・京極高次《きょうごくたかつぐ》が築いた。本丸を中心に総面積6万2500㎡。若狭唯一の近世城郭。日本海の良港である小浜港と現在の小浜市に至る城下町を発展させた。

京極氏は近江源氏《げんじ》佐々木《ささき》一族で、室町幕府四識《ししき》に数えられる名門だったが、戦国時代に没落。高次は信長《のぶなが》、秀吉《ひでよし》、家康《いえやす》に仕えた大名となる。

慶長《けいちょう》5年(1600)、関ヶ原合戦で東軍として大津《おおつ》城(大津市)を守った高次は、籠城戦で奮闘。その功により家康から若狭一国8万5000石を与えられ、後瀬山《のちせやま》城(小浜市)に入城した。だが不便な山城が時代にそぐわないことから、高次は翌年、雲浜の海浜地に新城の工を起こす。当地は南北に北川と南川が流れる三角州。高次は海と川を天然の堀とし、東にも外堀を設けて周囲を水で囲んだ。6年後に一応の完成を見たが、海城とあって工事は長期化し、子の忠高《ただたか》の代でも継続。

伝承として、海手に大きな捨て石をした、元和《げんな》5年(1619)に4万5000俵もの木炭を地下の基礎固めに使った、などがある。寛永《かんえい》11年(1634)に工事半ばで忠高が出雲へ転封、代わって城主となった酒井忠勝《さかいただかつ》が受け継ぎ、翌年に層塔型3重3階の天守が完成した。

維新後に廃城とされ、城も天守も破却されたが、石垣などの遺構が残る。

後瀬山城 のちせやまじょう

山城

別名	武田氏城
築年/廃年	大永2年(1522)／慶長6年(1601)
築城主	武田元光
城主	武田元光→信豊→義統→元明〜丹羽長秀〜京極高次
所在地	福井県小浜市伏原

若狭武田氏4代の拠点

若狭武田《たけだ》氏4代46年の本拠。小浜市街地の南方、万葉の山・後瀬山(標高168m)に建つ。山頂に主郭を置き、北に伸びる稜線上に総延長500mの曲輪《くるわ》群を配置。北山麓に水堀を巡らせた平時の居館・守護館があった。近年、西南の曲輪に文芸などを楽しむ山上御殿の跡が発見される。

若狭武田氏は武田信玄《しんげん》と同族で、新羅《しんら》三郎義光《さぶろうよしみつ》を祖とする甲斐源氏《げんじ》。室町中期に初代・信栄《のぶひで》が若狭守護に任じられて発祥。初期の当主は在国せず、おもに京都にあったが、6代・元光《もとみつ》より在国。城と館を築いて若狭支配を強化しようとした。しかし武田氏は内紛が相次いだことから徐々に権威は失墜。8代・義統《よしずみ》の頃には越前の朝倉義景《あさくらよしかげ》の援助で辛うじて守護権力を保っていた。義統死後、9代・元明《もとあき》(正室は京極竜子《きょうごくたつこ》)は求心力なく、家臣の反乱も抑えられなくなる。永禄《えいろく》12年(1569)、朝倉義景は大軍を率いて城を囲み、強制的に元明の身柄を拘束。一乗谷朝倉館へ移住させ、事実上の若狭支配を行う。

朝倉滅亡後、救出された元明は信長《のぶなが》と若狭の新国主・丹羽長秀《にわながひで》に従う。天正《てんしょう》10年(1582)の本能寺の変後、元明は明智光《あけちみつ》秀《ひで》と通じて長秀の佐和山《さわやま》城(彦根市)を落とし守護勢力回復を狙うが、光秀敗死後、長秀に捕縛され自刃。若狭武田氏は滅亡。関ヶ原戦後に京極氏が国主となり、小浜《おばま》城を築城して後瀬山城は廃城。

国吉城 くによしじょう

山城

別名	ー
築年／廃年	弘治2年(1556)／寛永11年(1634)以降
築城主	粟屋勝久
城主	粟屋勝久→木村重茲～酒井氏
所在地	福井県三方郡美浜町佐柿

朝倉氏の侵攻に持ちこたえた名城

　若狭武田《たけだ》氏の重臣・粟屋《あわや》勝久《かつひさ》の築城。御岳から伸びる尾根(標高197m)に建つ。若狭と越前の国境(敦賀市・美浜町間の関峠)付近の要衝で、若狭侵略を目論む朝倉義景《あさくらよしかげ》への防衛線。永禄《えいろく》6年(1563)から永禄12年(1569)まで朝倉軍と幾度も籠城戦を繰り広げたが勝久の善戦で落城せず。元亀《げんき》元年(1570)より信長《のぶなが》に協力し、織田《おだ》軍の越前攻めでは宿所に。勝久国替え後は木村《きむら》氏などが入城。寛永11年(1634)に酒井《さかい》氏が若狭国主となった後、廃城。

東海地方

伊豆

下田城　しもだじょう

海城

別　名	鵜嶋城
築年／廃年	不明／慶長5〜6年(1600〜1601)
築城主	北条氏
城　主	清水康英→戸田忠次
所在地	静岡県下田市3

豊臣の大船団と戦った海賊城

北条《ほうじょう》水軍の海城。下田港に突き出す西側の半島(四方約800m)全域が城郭。東岸の和歌の浦が船溜まり(停泊所)だった。天正《てんしょう》18年(1590)、小田原の役が始まり、伊豆衆・清水康英《しみずやすひで》以下600の兵が籠城。豊臣《とよとみ》水軍は長宗我部元親《ちょうそかべもとちか》や加藤嘉明《かとうよしあき》ら1万4000の兵が、大安宅《おおあたけ》や小早《こばや》などの大船団で襲来。元親らは大砲や鉄砲で城を徹底攻撃し、約1か月の籠城戦の末、降伏開城させた。後に戸田忠次《とだただつぐ》が城主となったが関ヶ原戦後は幕府の天領となり、廃城。

山中城　やまなかじょう

山城

別　名	―
築年／廃年	永禄年間(1558〜1570)／天正18年(1590)以降
築城主	北条氏康
城　主	北条氏勝
所在地	静岡県三島市山中新田

“箱根十城” 最大の関門

小田原北条《ほうじょう》氏の西方防衛を担う最も重要な支城。箱根外輪山の外方中腹、標高585mの天険にあり、山頂からはもうひとつの重要支城である足柄《あしがら》城(南足柄市)や、富士裾野、伊豆半島を見下ろす。西側の本城域、南の岱崎出丸、東の集落の3エリアから成る巨大山城。甲斐の武田《たけだ》信玄《しんげん》に対する備えとして北条氏康《うじやす》が築いたことが城の起こり。

三島・沼津方面より箱根を越えて小田原へ侵攻するルート(東海道)を、城がそのまま取り込むかたちになっている。山中城を越えても鷹ノ巣《たかのす》城、湯坂山《ゆさかやま》城(ともに足柄下郡)などの城砦群(箱根十城)が巧みに配置されている。十城の大手に相当する山中城は最大の要だった。

秀吉《ひでよし》の脅威が強まった天正《てんしょう》15年(1587)に氏康の子・氏政《うじまさ》が大修築。一族の北条氏勝《うじかつ》を城主、松田康長《まつだやすなが》を城代とした。天正18年(1590)より小田原攻めが始まり、秀吉軍は伊豆へ侵攻。山中城へは甥の秀《ひで》次《つぐ》を総大将とし、堀秀政《ほりひでまさ》、山内一豊《やまうちかずとよ》、一《ひとつ》柳直末《やなぎなおすえ》らを向かわせた。兵数は7万。城側は氏勝が鎌倉の玉縄《たまなわ》城の守備に向かい、康長以下4000の兵が豊臣《とよとみ》軍を迎撃した。3月29日に攻城戦が始まり、城軍は善戦。一柳直末を戦死させるなど秀次軍を大いに苦しめたが圧倒的な兵力差を埋めるには至らず半日で落城。松田康長らは城を枕に討ち死にした。落城後、廃城となる。

韮山城 にらやまじょう

平山城

別名	龍城
築年／廃年	延徳3年(1491)／慶長6年(1601)
築城主	北条早雲
城主	北条早雲→北条氏→氏規→内藤信成
所在地	静岡県伊豆の国市韮山韮山

名将・早雲、猛将・氏規の伝説が息づく

北条早雲《ほうじょうそううん》の関東制圧の拠点であり生涯の居城。伊豆半島のつけ根、田方平野に張り出した丘陵に造られた。築城当時は狩野川が天然の堀として周囲を守っていたと見られる。曲輪《くるわ》、土塁の遺構が残る。

もともと韮山は堀越公方《くぼう》・足利政知《あしかがまさとも》の御所があった地。韮山城は御所を守る砦として築かれていたとも伝わるが不詳である。延徳《えんとく》3年(1491)に政知が病死し、子の茶々丸《ちゃちゃまる》が強引に跡を継いだことから伊豆は大いに乱れた。この隙を衝いて興《こう》国寺《こくじ》城(沼津市)主だった早雲が足利茶々丸を滅ぼし、たちまち伊豆を平定した。早雲は伊豆支配の拠点として韮山城を築き、以後小田原、三浦半島にも進出したが、生涯この城を本拠とした。

続く氏綱《うじつな》以降に北条氏の本拠が小田原《おだわら》城(小田原市)となる一方、韮山城は西方の防衛拠点として重視された。

天正《てんしょう》18年(1590)の小田原合戦では、氏政《うじまさ》の弟・氏規《うじのり》が城主となり3600の兵と籠城。3月29日に織田信雄《おだのぶかつ》(信長《のぶなが》の次男)、蜂須賀家政《はちすかいえまさ》、福島正則《ふくしままさのり》ら4万4000の豊臣《とよとみ》軍と対決した。氏規以下の北条軍は大健闘。他の北条支城が軒並み落城するなか、100日を経過しても持ちこたえたが、氏規は徳川家康《とくがわいえやす》の説得に折れ、6月24日に降伏開城。戦後は徳川家康の家臣・内藤《ないとう》信成《のぶなり》が入ったが、関ヶ原戦後の慶長6年(1601)、信成の移封に伴い廃城となった。

駿河

葛山城 かつらやまじょう

山城

別名	―
築年／廃年	室町中期／天正10年(1582)
築城主	葛山氏
城主	葛山氏堯→氏広→氏元→(武田)信貞
所在地	静岡県裾野市葛山

信玄に翻弄された今川披官・葛山氏

今川《いまがわ》氏に属していた国人・葛山氏の城。宮川の東、愛鷹山から東へ延びた尾根の隆起部分に建つ。葛山氏は小田原大森《おおもり》氏の流れで、戦国時代に今川氏の披官となったが、半ば独立勢力で北条《ほうじょう》氏に与することも。永禄《えいろく》11年(1568)、武田信玄《たけだしんげん》の駿河侵攻の際、当主・氏元《うじもと》は今川から離反して信玄に内応。しかし氏元は信玄の勘気を被って斬られたという。葛山の名跡は信玄の六男・信貞《のぶさだ》が継承したが、武田滅亡とともに死し、城も廃城となった。

駿府城 すんぷじょう

平城

別　名	府中城、静岡城
築年/廃年	応永18年(1411)、天正14年(1586)／明治以降
築城主	今川範政、徳川家康
城　主	今川氏～徳川家康→中村一氏→内藤信成→徳川家康→頼宣→忠長→徳川氏
所在地	静岡県静岡市葵区城内町(駿府公園)

大御所時代の家康の居城

江戸幕府初代将軍・徳川家康《とくがわいえやす》の晩年の居城。大坂《おおさか》城(大阪市)の豊臣秀頼《とよとみひでより》をにらんだ築城で、江戸《えど》城(千代田区)の東海道での前線基地だった。家康は将軍職を秀忠《ひでただ》に譲った後、隠居城と称して入城し、大御所として天下に号令。豊臣滅亡後、元和《げんな》2年(1616)に死没するまで在城した。

城の前身は、駿河守護の今川《いまがわ》4代・範政《のりまさ》が築いた今川館である(発祥には諸説ある)。正確な位置は不詳で、現在の城址とも屋形町ともいわれる。今川氏は当地を守護所と定めて発展、長享《ちょうきょう》2年(1488)に7代・氏親《うじちか》の代で、重臣の朝比奈泰以《あさひなやすもち》に命じて駿府城を現在の場所に築いた。

なお、家康は天文《てんぶん》18年(1549)、8歳のときに駿府に送られ、9代・義元《よしもと》の庇護のもと19歳まで人質として暮らした。家康は今川家臣から「三河の小せがれ」と呼ばれて軽侮され、屈辱の日々を過ごす。

しかし、永禄《えいろく》3年(1560)に義元が桶狭間の戦いで織田信長《おだのぶなが》に討たれたことから、今川氏は衰亡。家康は三河に戻り、今川からの独立を果たした。永禄11年(1568)に甲斐の武田信玄《たけだしんげん》の侵攻により、10代・氏真《うじざね》は駿府を捨てて敗走。この際、城も城下町も武田勢に焼き払われた。氏真は妻の実家である北条《ほうじょう》氏を頼って伊豆へ逃れ、戦国大名・今川氏は滅亡した。

その後、武田氏は駿府を支配下にしたが信玄の死後に斜陽化。天正《てんしょう》10年(1582)に家康は駿河に攻め入り、武田勢を追って駿府を奪取。その後、松平家忠《まつだいらいえただ》に修築させ、天正14年(1586)に浜松《はままつ》城(浜松市)から移って当城を本拠とした。天正18年(1590)に秀吉《ひでよし》から関東への国替えを命じられた家康は江戸城に入り、代わって豊臣家臣の中村一氏《なかむらかずうじ》、次いで関ヶ原合戦後に家康の臣・内藤信成《ないとうのぶなり》が城主となった。

慶長《けいちょう》8年(1603)、征夷大将軍《せいいたいしょうぐん》になった家康は、江戸城を皮切りに名古屋《なごや》城(名古屋市)、二条《にじょう》城(京都市)など全国の要衝で「天下普請」(全国の大名に命じた城郭普請)を行い、築城・改修工事を進めた。目的は幕府の土台作り、および豊臣《とよとみ》・西国大名への備え。慶長12年(1607)に駿府城も改修され、畿内その他10か国の大名が動員された。普請奉行・小堀遠州《こぼりえんしゅう》、作事奉行・中井正清《なかいまさきよ》の名人により、同年に豪華な天守を備えた近世城郭が完成。

なお、家康は各所の門の警備を厳重にし、夜間の開門を禁じた。ある日、村越《むらこし》茂介《もすけ》という重臣が夜に帰城したが、門番は頑として開門しなかった。後にこれを知った家康は門番を褒賞したとされる。

城郭は800m四方の規模で、3重の堀が穿《うが》たれた。縄張は本丸を二ノ丸、三ノ丸の順に回の字で囲む輪郭式。天守は失火により完成直後に焼失したが、慶長13年(1608)に再建された。史上最多重となる6重7階の巨大層塔型天守だった。最上階は銅瓦(日本初の金属瓦)が採用され、両端には金鯱、要所にも金銀がふんだんに使われた。大御所の権威を示すにふさわしい天守だったが、家康の死後に焼失。

他の建物も幕末の大地震で倒壊し、現在は石垣と堀を残すのみである。近年に二ノ丸巽《たつみ》櫓、東御門(櫓門)や本丸堀の一部などが復元されている。

家康の死後は頼宣《よりのぶ》、忠長《ただなが》が城主となる。後に幕府直轄領となり明治維新を迎える。

花倉城　はなぐらじょう

山城

別名	葉梨城
築年/廃年	文和元年(1352)／天文5年(1536)以降
築城主	今川範氏
城主	今川範氏→泰範→範政→今川氏
所在地	静岡県藤枝市花倉

今川義元の「花倉の乱」で有名

今川《いまがわ》氏初期の本拠で、戦国時代の家督争い「花倉の乱」で知られる。藤枝市の北西、瀬戸川東岸にある烏帽子形山の支峰・城山(標高290m)にあった。

一帯は古来、葉梨荘と呼ばれた。南北朝期の建武《けんむ》4年(1337)、北朝方の遠江《とおとうみ》守護・今川範国《のりくに》は葉梨荘を与えられる(翌年に駿河守護を兼務)。今川氏は足利《あしかが》氏支流で三河今川荘(西尾市)より発祥した名門。初代・範国が駿河の南朝勢力を駆逐した後、2代・範氏《のりうじ》は駿河の支配拠点として居館を設け、その詰城として当城を築く。居館は南山麓で、東山麓には家臣屋敷跡や集落がある。城は山頂に本丸を置き、周辺に小曲輪《くるわ》を配す。南に堀切を隔てて二ノ丸があり、周囲には土塁、南にも堀切がある。4代・範政《のりまさ》が応永《おうえい》18年(1411)に駿府《すんぷ》へ移るまで本拠だった。

天文《てんぶん》5年(1536)、8代・氏輝《うじてる》の急死により、氏輝の弟・義元《よしもと》と、義元の庶兄・玄広恵探《げんこうえたん》のあいだで世継ぎ争い(花倉の乱)が勃発。義元側は義元の母・寿桂尼《じゅけいに》(7代・氏親《うじちか》の正室)と重臣の太原雪斎《たいげんせっさい》がついた。一方、恵探側には恵探の外祖父である重臣・福島越前守《くしまえちぜんのかみ》がつき、当城で挙兵した。義元は甲斐の武田信虎《たけだのぶとら》、相模の北条氏綱《ほうじょううじつな》の支援を得て恵探を追い詰め、花倉城を攻撃。恵探は敗死し、9代当主となった義元は東海に勢力を広げていった。

城は乱のあと廃されたとされている。

久能山城　くのうざんじょう

山城

別名	久能寺城、久能城
築年/廃年	永禄11年(1568)頃／元和2年(1616)
築城主	武田信玄
城主	今福浄閑斎・丹波守→松平勝俊～榊原清政・照久
所在地	静岡県静岡市駿河区根古屋

駿河湾一帯を押さえた要衝

駿河湾を一望する久能山(標高219m)に建つ。駿河を平定した武田信玄《たけだしんげん》が、伊豆の北条《ほうじょう》水軍を監視するために築いた。もとは今川《いまがわ》氏に敗れた入江《いりえ》氏の砦があった。この際、山頂にあった久能寺は北矢部(清水市)に移された。信玄は武田水軍の根拠地として東北5kmに清水《しみず》城、西10kmに持舟《もちふね》城を併せて築いた。天正《てんしょう》10年(1582)、徳川家康《とくがわいえやす》の攻撃で落城。元和《げんな》2年(1616)、家康が没した際、遺言により廃城となり、久能山東照宮が造営された。

興国寺城　こうこくじじょう

平山城

別名	杜若城、久窪城、高国寺城
築年/廃年	室町後期／慶長12年(1607)
築城主	不明
城主	北条早雲～今川氏～武田氏～松平清宗～天野康景
所在地	静岡県沼津市根古屋

北条早雲が今川より与えられた城

北条早雲《ほうじょうそううん》(伊勢盛時《いせもりとき》)の居城。愛鷹山麓の丘陵に築かれた。駿河と伊豆方面を結ぶ東海道の要衝。起源は不詳だが、長享《ちょうきょう》元年(1487)に今川《いまがわ》氏の家督争いを調停した早雲に与えられたことが初見。かつてあった興国寺という寺が名の由来。早雲が韮山《にらやま》城(伊豆の国市)に移ると今川氏の支城に。その後武田《たけだ》氏が占拠し、武田滅亡の天正《てんしょう》10年(1582)より家康《いえやす》が領した。後に家康の家臣・天野康景《あまのやすかげ》が城主となったが問題を起こし改易、城は廃された。

江尻城 えじりじょう

平城

別名	小芝城
築年／廃年	永禄13年(1570)／慶長6年(1601)
築城主	武田信玄
城主	山形昌景→穴山信君→信治～松平家忠→中村一氏
所在地	静岡県静岡市清水区二の丸町

勝頼を裏切った穴山信君

武田信玄《たけだしんげん》が駿河侵攻後に巴川東岸に築いた城で、縄張は重臣の馬場信春《ばばのぶはる》。駿河西部への補給基地。元亀《げんき》元年(1570)に信玄の姉の子・穴山信君《あなやまのぶきみ》が入城。大改修して城下町を築き、武田氏の駿河経営の拠点に。天正《てんしょう》10年(1582)に信君は武田勝頼《かつより》を裏切り家康《いえやす》に鞍替え。武田滅亡の大きな要因となる。信君は本能寺の変後の混乱で客死、世継ぎの信治《のぶはる》も夭折し穴山氏は断絶。その後、家康と秀吉《ひでよし》それぞれの家臣が城を治めたが、関ヶ原戦後に廃城。

沼津古城 ぬまづこじょう

平城

別名	三枚橋城、観潮城、沼津城
築年／廃年	天正7年(1579)？／慶長18年(1613)
築城主	武田氏
城主	武田氏～大久保忠佐
所在地	静岡県沼津市大手町

家康の侵攻で自落した武田の支城

駿河と伊豆の国境付近に建つ。御館《おたて》の乱《らん》後に武田《たけだ》と北条《ほうじょう》の同盟関係が崩れたことを機に、武田勝頼《かつより》が北条への備えとして築いたとされるが、信玄《しんげん》時代の築城とも。天正《てんしょう》10年(1582)、徳川家康《とくがわいえやす》の駿河攻めにより、城兵は城を捨てて逃亡し落城した。関ヶ原合戦後に家康の重臣・大久《おおく》保忠佐《ぼただすけ》(忠世《ただよ》の弟)が入城したが、慶長《けいちょう》18年(1613)の忠佐の死とともに廃城。安永《あんえい》6年(1777)、沼津に水野忠友《みずのただとも》が入封し、新城が築かれたが明治に破却された。

深沢城 ふかざわじょう

平城

別名	ー
築年／廃年	不明／天正18年(1590)以降
築城主	今川氏
城主	今川氏～北条綱成→駒井正直～三宅康貞
所在地	静岡県御殿場市深沢

「深沢城矢文」が知られる

御厨《みくりや》高原の東で甲斐、駿河、相模へ通じる要衝。起源は不詳だが今川《いまがわ》氏の築城。永禄《えいろく》11年(1568)、信玄《しんげん》の駿河侵攻より北《ほう》条《じょう》氏との争奪戦が繰り返された。元亀《げんき》2年(1571)、北条綱成《つなしげ》が守る当城を武田《たけだ》軍が包囲し、信玄は「城を取り返したいのではない。氏政《うじまさ》と雌雄を決したいので後詰めを要請せよ」との矢文を送った。信玄は城を掘り崩し、綱成は降伏し武田氏の拠点に。武田氏滅亡後は家康《いえやす》の支配下で北条の備えとされ、北条氏滅亡後に廃城。

清水城 しみずじょう

海城

別名	袋城、浜清水袋城
築年／廃年	永禄12年(1569)／慶長19年(1614)
築城主	武田信玄
城主	武田氏～徳川氏→中村一氏→徳川氏
所在地	静岡県静岡市清水区本町

武田氏初の海賊城

武田《たけだ》氏の水軍基地。巴川の河口に築城。縄張は甲州流築城術の馬場信春《ばばのぶはる》。海のない甲斐と信濃が領国だった信玄《しんげん》が、永禄《えいろく》11年(1568)の駿河進出を機に旧今川《いまがわ》家臣の岡部《おかべ》氏や小浜《おばま》氏らを召し抱え、水軍を編成。北条《ほうじょう》水軍に対するため近隣に久能《くのう》山《ざん》城と持舟《もちふね》城も築く。武田《たけだ》氏滅亡後は家《いえ》康《やす》の配下になり関東移封に伴い中村一氏《なかむらかずうじ》が入城。関ヶ原戦後に徳川《とくがわ》家の支配下になり、慶長《けいちょう》13年(1608)、家康が駿府に移った後(慶長19年〈1614〉とされる)に廃城。

足柄城 あしがらじょう

山城

別名	ー
築年／廃年	応永年間(1394～1428)／天正18年(1590)以降
築城主	大森氏
城主	大森氏～北条氏忠
所在地	静岡県駿東郡小山町竹之下

足柄峠を守った北条の支城

北条《ほうじょう》氏の重要防衛拠点。標高759mの足柄山に建ち、駿河と相模の国境付近の足柄峠を扼する。かつて小田原を支配し早雲《そううん》に敗れた大森《おおもり》氏の築城と見られる。北条氏の支配下に置かれてから、武田《たけだ》・今川《いまがわ》氏をにらみたびたび改修が行われ、山中《やまなか》城(三島市)などとともに小田原を守る「箱根十城」の一角に。天正《てんしょう》18年(1590)の小田原の役で北条氏忠《ほうじょううじただ》が豊臣《とよとみ》軍を迎撃しようとしたが、山中城落城を知り退却。残兵も逃走し落城、その後廃城とされた。

長久保城 ながくぼじょう

平山城

別名	長窪城
築年／廃年	不明／慶長5年(1600)以降
築城主	不明
城主	今川氏～北条氏～今川氏～武田氏→松平家忠→中村一氏
所在地	静岡県駿東郡長泉町下長窪

甲駿相が奪い合った東駿の要衝

愛鷹山麓の台地で、黄瀬川が蛇行する東南部に主郭があった。発祥は不詳だが、伊豆と甲斐に通じる東駿河の要衝で今川《いまがわ》、北条《ほうじょう》、武田《たけだ》の争奪戦が行われた。天文《てんぶん》14年(1545)、関東管領・上杉憲政《うえすぎのりまさ》らと北条氏《うじ》康《やす》の川越《かわごえ》城の戦いで、今川義元《よしもと》が憲政に呼応し当城を攻めたことが著名。武田氏の駿河平定後に対北条の前線基地として大改修。武田滅亡後は家康《いえやす》の持ち城に。家康の関東移封に伴い中村一氏《なかむらかずうじ》の領地となり、関ヶ原戦後中村氏の移封に伴い廃城。

田中城 たなかじょう

平城

別名	亀甲城、亀井城
築年／廃年	天文6年(1537)／明治以降
築城主	今川氏
城主	今川氏～山形昌景→板垣信安～依田信蕃～高力清長～本多氏
所在地	静岡県藤枝市田中1

家康が鯛の天ぷらを食べた城

前身は今川《いまがわ》支城の徳之一色《とくのいっしき》城。永禄《えいろく》13年(1570)に信玄《しんげん》に攻め取られ、武田《たけだ》氏の西駿河支配の支城に。馬場信春《ばばのぶはる》が改修し、珍しい円郭式(本丸を中心に同心円状に二ノ丸、三ノ丸を配置)の縄張とした。武田滅亡後は家康《いえやす》の持ち城に。元和《げんな》2年(1616)、家康は鷹狩りで当城を訪れ、鯛の天ぷらを食し腹痛を起こした。3か月後に死去するがこれが原因かは不明。徳川《とくがわ》氏の持ち城になってから酒井《さかい》氏、松平《まつだいら》氏など多くの家が城主を務め明治を迎える。

戸倉城 とくらじょう

山城

別名	徳倉城
築年／廃年	文明年間(1469～1487)？／天正18年(1590)以降
築城主	不明
城主	北条氏堯→武田氏→北条氏
所在地	静岡県駿東郡清水町徳倉(本城山公園)

沼津の武田と戦った北条の支城

駿河と伊豆の国境付近の北条《ほうじょう》の支城。伊豆半島のつけ根、狩野川の左岸にある本城山(標高75m)に建つ。対立する沼津《ぬまづ》古《こ》城(沼津市)の武田《たけだ》方としばしば争った。北条氏康《うじやす》の弟・氏堯《うじたか》が守将だった天正《てんしょう》9年(1581)に、武田勝頼《かつより》の策略で氏堯の家臣・笠原範定《かさはらのりさだ》が反乱。城は武田方に一時奪われたが、翌年の勝頼敗死後に北条の手に帰した。天正18年(1590)の小田原の役で北条方は撤収、以後廃城になったとされる。地形の改変で遺構はほぼ残らず。

蒲原城《かんばらじょう》

山城

別名	―
築年／廃年	南北朝時代／天正18年（1590）以降
築城主	不明
城主	蒲原氏頼～氏徳～布施康則～北条綱重～武田氏～徳川氏
所在地	静岡県静岡市清水区蒲原

信玄もはらはらした勝頼の城攻め

駿河湾を見下ろす東海道の要衝。今川《いまがわ》氏に仕える蒲原氏の城だったが、永禄《えいろく》3年（1560）、義元《よしもと》の敗死後に北条《ほうじょう》氏が今川を支えるため駐屯し、小田原と駿府《すんぷ》の中間となる北条の拠点に。永禄12年（1569）、信玄《しんげん》の第2次駿河侵攻で落城。信玄は勝《かつ》頼《より》を城攻めの大将に任じ、戦後「勝頼らは粗忽者だから真っ先に攻め上りはらはらしたが不思議に勝った」という書状を残す。その後、家康《いえやす》に攻められ徳川《とくがわ》氏の所有になり、秀吉《ひでよし》の小田原攻めの後に廃城。

遠江

掛川城《かけがわじょう》

平山城

別名	―
築年／廃年	文明元年（1469）頃／明治以降
築城主	朝比奈泰熙
城主	朝比奈氏→石川家成→山内一豊→松平定勝～太田氏
所在地	静岡県掛川市城下8-2

山内一豊の出世城

今川《いまがわ》家臣・遠江朝比奈《とおとうみあさひな》氏、後に豊臣《とよとみ》家臣・山内一豊《やまうちかずとよ》の居城になったことで知られる。掛川市を流れる逆川の北沿岸、独立した丘陵に建つ。掛川は東海道を扼する東遠江の要衝だった。

室町中期に駿河守護・今川義忠《よしただ》の命で朝比奈泰熙《やすひろ》が築城したとされる。朝比奈氏は駿河朝比奈郷（藤枝市）の地頭を務めた一族で、駿河朝比奈氏と当城を本拠とする遠江朝比奈氏の2家がある。今川義《よし》元《もと》の死後、駿河氏は武田《たけだ》氏に属したが、遠江氏は義元の子・氏真《うじざね》を支え続ける。

永禄《えいろく》11年（1568）、遠江朝比奈康朝《やすとも》は武田信玄《しんげん》の駿河侵攻で駿府を追われた氏真を当城に保護、信玄と気脈を通じていた徳川家康《とくがわいえやす》軍とよく戦ったが、翌年開城要請を受け入れ、氏真とともに伊豆へ去る。

その後は長く家康の支配下で、石川家《いしかわいえ》成《なり》が城主となったが、天正《てんしょう》18年（1590）の家康関東移封により、代わって長浜《ながはま》城（長浜市）主・山内一豊が5万石で入城。一豊は大規模な改修を施し、天守や総堀を構え、城下町の整備も行い、現在の城址と掛川市の礎を築いた。関ヶ原合戦の功で一豊が土佐へ移封された後、松平定勝《まつだいらさだかつ》などが城主を務め、太田《おおた》氏の代で明治を迎える。

江戸後期の二ノ丸御殿、太鼓櫓などが現存する。天守は地震で倒壊していたが、平成に戦後初となる木造復元が行われた。

高天神城《たかてんじんじょう》 山城

別名	鶴舞城
築年／廃年	室町中期／天正9年(1581)以降
築城主	今川氏？
城主	小笠原氏～横田尹松～岡部真幸
所在地	静岡県掛川市下土方

武田と徳川が激闘を繰り広げる

小笠郡(現在は掛川市に吸収)の中央、標高132mの鶴翁山に建つ天然の要害。周囲が絶壁をなす。掛川城《かけがわ》とともに、駿河から遠江《とおとうみ》への進入口にあたる。戦国期に「高天神を制する者は遠州を制す」といわれた重要拠点で、武田《たけだ》氏と徳川《とくがわ》氏のあいだで激しい攻防が繰り広げられた。

発祥は不詳だが、今川《いまがわ》氏が遠江に侵攻し斯波《しば》氏勢力と争った頃の築城と見られる。桶狭間での今川義元《よしもと》敗死後は、遠江に進出した徳川家康《いえやす》が支配していた。元《げん》亀《き》2年(1571)、武田信玄《しんげん》の侵攻を受けたが、城将・小笠原長忠《おがさわらながただ》以下の奮戦により撃退。しかし、天正《てんしょう》2年(1574)に信玄の子・勝頼《かつより》に再び攻撃される。追い込まれた長忠は開城勧告を受け入れて勝頼の軍門に下った。父も落とせなかった城を攻略した勝頼の武田家中における求心力は増した。しかし、その後三河、遠江で勝頼が強気の作戦を進めたことが、翌年の長篠合戦での惨敗へ繋がることになる。

武田が衰えるなか、高天神城攻略に乗り出した家康は西方約5kmに横須賀《よこすか》城を築き、周囲に砦を6つ造って兵糧攻めとした。天正9年(1581)、勝頼に援軍を送る余裕がないと見た家康は、総攻撃を加え城将・岡部真幸《おかべまさゆき》らを討ち、城を奪取しその後廃城とした。岡部らを見殺しにした勝頼は「天下にその面目を失し候」(『信《しん》長公記《ちょうこうき》』)となり、滅亡へ追い込まれる。

横須賀城《よこすかじょう》 平山城

別名	松尾城、両頭城
築年／廃年	天正6年(1578)／明治以降
築城主	大須賀康高
城主	大須賀康高→忠政→有馬氏～徳川頼宣～井上氏～西尾氏
所在地	静岡県掛川市西大渕

高天神城の攻略拠点

武田《たけだ》氏の拠点・高天神《たかてんじん》城(掛川市)攻略のための前線基地。家康《いえやす》が大須賀康高《おおすがやすたか》に命じ高天神城の西方約5kmの地に造った。当初陣城だったが高天神落城後も存続。江戸時代にかけ大改修され近世城郭に。当時城の前まで入江があり水上交通の要だったが、宝永《ほうえい》4年(1707)の大地震で干上がった。玉石垣も大きな特徴。家康の関東移封後は豊臣《とよとみ》家臣の有馬《ありま》氏などが城主となったが、後に家康の十男・徳川頼宣《とくがわよりのぶ》などが入り、西尾《にしお》氏の代で明治を迎えた。

諏訪原城《すわはらじょう》 山城

別名	牧野城、牧野原城、扇城
築年／廃年	天正元年(1573)／天正18年(1590)
築城主	武田勝頼
城主	武田氏→松平康親
所在地	静岡県島田市菊川

武田方の東遠江の要

武田勝頼《たけだかつより》が掛川《かけがわ》城・高天神《たかてんじん》城(ともに掛川市)攻略のために築いた城。東遠江《とおとうみ》の牧之原台地に建つ。3方は断崖で大井川を背にした後ろ堅固の城。縄張は築城家・馬場信春《ばばのぶはる》。天正《てんしょう》3年(1575)、勝頼が長篠で大敗したのを機に、徳川家康《とくがわいえやす》が攻撃。2か月の攻防の末、城主・今福浄閑斎《いまふくじょうかんさい》が討ち死に。城兵も逃亡して落城し、当時武田方の手にあった高天神城は孤立、6年後に落城する。一時は家康の家臣が城を治めたが、家康の関東移封に伴い廃城。

浜松城 はままつじょう

平山城

別　名	出世城
築年／廃年	元亀元年（1570）／明治以降
築城主	徳川家康
城　主	徳川家康→堀尾吉晴→忠氏→松平忠頼～太田氏～水野氏→井上氏
所在地	静岡県浜松市中区元城町（浜松城公園）

三方ヶ原の戦いで名高い家康の城

徳川家康《とくがわいえやす》壮年期の本拠。甲斐の武田信《たけだしん》玄《げん》の侵攻に備えて築かれた。遠州一帯を見渡す三方ヶ原台地の東南端に位置し、城郭は東西450m、南北500m。家康は29歳から天正《てんしょう》14年（1586）に45歳で駿府《すんぷ》城（静岡市）に移るまで、17年間をこの城で過ごした。江戸時代は浜松藩の政庁となり、徳川家とゆかりの深い譜代大名が守った。このなかには幕府の要職に就いた者も多く、“出世城”の通称もある。

城の前身は、永正《えいしょう》年間（1504～1521）に今川《いまがわ》氏の支城として築かれた引馬《ひくま》城。永《えい》禄《ろく》3年（1560）の桶狭間での今川義元《いまがわよしもと》敗死後、今川から独立した家康は引馬城を奪取して支配下に置いた。その後、西の織《お》田《だ》信長《のぶなが》と同盟して三河を平定した家康は、永禄11年（1568）に武田信玄の駿河侵攻に協力し、遠江《とおとうみ》へも勢力を広げた。しかし、直後に武田方の秋山信友《あきやまのぶとも》が盟約を破って遠江に侵攻。激怒した家康は相模北条《ほうじょう》氏と結んで信玄と敵対する道を選んだ。

家康の居城はそれまで岡崎《おかざき》城（岡崎市）だったが、信玄の脅威に備えるには遠江に新たな本拠を造る必要性が出てきた。当初、遠江の国府があった見付（磐田市）に城を築こうとしたが、甲斐から攻められた場合、背後に天竜川がある見付では不利と判断。天竜川を天然の堀として利用できる引馬の地に着目し、城を取り込んで新城を築いた。また、「馬を引く（引馬）」が敗北を意味する縁起が悪い名と考え、城も地名も「浜松」と改名された。岡崎城は嫡男の信康《のぶやす》に譲られた。

元亀《げんき》2年（1571）、信玄は2万5000ともいわれる西上の大軍を催し、ついに遠江に侵攻。二俣《ふたまた》城（浜松市）を攻略し、浜松城に迫った。家康は8000の徳川兵、佐久間《さくま》信盛《のぶもり》ら3000の織田援軍とともに籠城戦を決意。しかし信玄は城下を悠々と素通りし、浜名湖西方の三方ヶ原へと向かった。城攻めを避け、野戦に持ち込もうとする信玄の陽動作戦だった。家康にとってはこのまま見過ごせば武名の失墜、遠江での求心力低下が避けられなかった。「たとえ敗れるとも、ここで武田軍と一戦せねばならぬ。それが家康の立場であった」（『三方原之戦』高柳光寿）。

家康は挑発に乗り、三方ヶ原へ進撃。しかし、待ち受けた武田軍の猛攻に惨敗を喫す。多数の将兵を失った家康は浜松城に逃げ戻った。この際、家康は恐怖のあまり脱糞し、気づいた家臣に「これは味噌だ」と強がったという逸話もある。

帰城した家康が絵師に描かせた己の肖像画「顰像《しかみぞう》」が現存。多くの犠牲を出した自分への戒めとしたという。戦後、信玄は病状の悪化から甲斐へと帰陣し（信濃駒場で病死）、家康は危機を脱した。

家康の関東移封に伴い秀吉《ひでよし》の家臣・堀《ほり》尾《お》吉晴《よしはる》が入り、11年間は堀尾氏が城を治めた。関ヶ原の戦い後は堀尾氏が移封し、以後は徳川家の譜代大名が代々城主を務め、井上《いのうえ》氏の代で明治を迎えた。天保《てんぽう》の改革で有名な水野忠邦《みずのただくに》も城主となった。

城郭は最高所に天守曲輪《くるわ》、その東に本丸、二ノ丸、東南に三ノ丸をほぼ一直線に並べた梯郭式の縄張。旧引馬城も一曲輪として用いられたほか、西には「鬼作左」の愛称がある本多作左衛門重次《ほんださくざえもんしげつぐ》が築いたとされる作左曲輪があった。

二俣城 ふたまたじょう

山城

別　名	蜷原城
築年／廃年	室町時代／天正18年(1590)
築城主	二俣昌長？
城　主	二俣氏～松井氏～中根正照→依田信守・信蕃→大久保忠世
所在地	静岡県浜松市天竜区二俣町二俣

家康の嫡男・信康が悲劇の切腹

浜松市の北方、天竜川と二俣川の合流する地の丘陵にあった。城の起源は不詳だが、今川《いまがわ》氏と斯波《しば》氏が遠江《とおとうみ》で争うなかで今川家臣・二俣氏が築いたとも。その後徳川《とくがわ》氏が有し、家康《いえやす》の家臣・中根正照《なかねまさてる》が守ったが、元亀《げんき》3年(1572)に武田信玄《たけだしんげん》の攻撃で落城。天正《てんしょう》3年(1575)の長篠合戦後、家康の反攻で再び徳川の支配下に。天正7年(1579)、家康の長男・松平信康《まつだいらのぶやす》が謀反の疑いで幽閉され切腹させられた城。その後は家康の関東移封に伴い廃城。

天方城 あまがたじょう

山城

別　名	―
築年／廃年	応永年間(1394～1428)／不明
築城主	山内道美
城　主	山内道美～天方(山内)通秀→通興→通直
所在地	静岡県周智郡森町向天方(城ヶ平公園)

信康を介錯した天方氏

遠江《とおとうみ》天方郷(森町)に起こった天方氏の本拠。森町市街地北東の城山(標高250m)に建つ。城は森町大鳥居にあったが森町向天方に移された。天方氏は山内首藤《やまうちすどう》氏の流れで戦国時代は今川《いまがわ》氏に属す。永禄《えいろく》12年(1569)、通興《みちおき》は家康《いえやす》の侵攻を受け家康に降る。一時信玄《しんげん》に城を奪われたが信玄の死後に奪回。通興は通直《みちなお》を養子としたが、城は通興の死後間もなく廃城。天《てん》正《しょう》7年(1579)、家康の嫡子・信康《のぶやす》切腹の際、通興の子・通綱《みちつな》が介錯人の代役を務めた。

三河

安祥城 あんしょうじょう

平城

別　名	森城
築年／廃年	永享12年(1440)／永禄3年(1560)以降
築城主	和田親平
城　主	和田氏→松平信光～清康～長家～平岩十兵衛～織田信広～今川氏
所在地	愛知県安城市安城町城堀(安祥城址公園)

松平、織田、今川が大激戦

足利《あしかが》一族の和田《わだ》氏の築城で3方を沼に囲まれた要害。松平《まつだいら》氏が文明《ぶんめい》3年(1471)から居城とし、清康《きよやす》(家康《いえやす》の祖父)が岡崎《おかざき》城に移ると支城となる。天文《てんぶん》13年(1544)、織田信秀《おだのぶひで》(信長《のぶなが》の父)の攻撃で落城。天文18年(1549)に今川《いまがわ》軍の太原雪斎《たいげんせっさい》に攻略され、城主の信広《のぶひろ》が生け捕りとなり、織田方に奪われていた松平竹千代《たけちよ》(家康)と人質交換が行われた。桶狭間の戦いで今川氏が敗れ、織田、徳川《とくがわ》の同盟が結ばれると、城の必要性が薄れ廃城となった。

岡崎城 おかざきじょう

平山城

別　名	龍城
築年/廃年	享徳元年(1452)／明治以降
築城主	西郷稠頼
城　主	西郷氏～松平清康→広忠→今川氏→徳川家康→松平信康→石川数正～田中吉政→本多康重～水野氏～本多氏
所在地	愛知県岡崎市康生町(岡崎公園)

徳川家の聖地、家康誕生の城

徳川家康《とくがわいえやす》生誕の城。東方の矢作川と南方の大平川の合流点に近い霧降山という丘陵に造られた。家康はこの城を本拠として三河を統一した。江戸幕府創設後は岡崎藩の藩庁となる。丘の南西端を本丸とし、周囲を二ノ丸、三ノ丸など梯郭式に配す縄張となっている。江戸初期に東海道が城下に引き入れられ、城下は東海道有数の宿場町として発展した。

室町中期、三河守護である仁木《にっき》氏の守護代・西郷《さいごう》氏が備えた砦が城の発祥である。この頃、着々と西三河に勢力を広げていたのが松平《まつだいら》氏であった。

松平氏は江戸時代の将軍家・徳川氏の先祖にあたり、北方の加茂郡松平郷(豊田市)より興った小豪族である。後年、家康の代に清和源氏《せいわげんじ》新田《にった》氏支流を称するが、その出自は不詳。3代・信光《のぶみつ》の頃、岡崎平野の安祥《あんしょう》城(安城市)を進出して発展し、要衝の地に子を配置して「十八松平」(徳川本家となる安祥松平のほか、竹谷《たけのや》、形原《かたのはら》、大草《おおくさ》、五井《ごい》、深溝《ふこうず》、能見《のうみ》、長沢《ながさわ》、大給《おぎゅう》など。18の内訳ははっきりしていない)と呼ばれる庶家を創出した。

7代・清康《きよやす》(家康の祖父)は分裂していた一族を武力で束ねて西三河に勢力を広げた。清康は西郷氏も従えて、享禄《きょうろく》4年(1531)に岡崎城主となり、三河をほぼ平定して戦国大名・松平氏の地盤を築く。しかし、天文《てんぶん》4年(1535)に尾張攻めの最中に「守山崩れ」と呼ばれる謀反で死亡。跡を継いだ清康の子・広忠《ひろただ》(家康の父)が幼かったため、松平氏は東の今川《いまがわ》、西の織田《おだ》に挟まれて苦難の時代が続く。

家康が生まれたのは天文11年(1542)12月26日である。幼名は竹千代《たけちよ》。誕生地の二ノ丸は後に「御誕生曲輪《くるわ》」と呼ばれた。本丸西の坂谷曲輪には産湯の水を汲んだ井戸や胎衣を埋めた塚が残る。

その後、天文18年(1549)に広忠が急死したことを契機に三河は事実上今川義元《よしもと》に併呑される。家康は駿府へ人質として送られ、岡崎城も今川の管理下に入った。

永禄《えいろく》3年(1560)、桶狭間の戦いで義元が信長《のぶなが》に討たれたことで、今川軍は岡崎城を放棄して駿河に撤収。家康は11年ぶりに城を取り戻すとともに、今川氏から離れて戦国大名として独立した。その後、家康は信長と同盟して勢力を広げ、永禄9年(1566)に三河を統一。家康は朝廷から三河守の官位を受領するため、新田氏末裔を称して徳川氏を創始する。

家康が元亀《げんき》元年(1570)に本拠を浜松《はままつ》城に移した後、嫡子の信康《のぶやす》が入った。が、信康は信長に謀反の疑いをかけられ、家康夫人の築山殿《つきやまどの》ともども殺されている。

家康の関東移封後、豊臣《とよとみ》家臣の田中吉《たなかよし》政《まさ》が大改修を行い、城の東、北、西に総延長4.7kmに及ぶ総堀が造られた。関ヶ原合戦後に再び徳川氏の支配下に。「神君出生の城」として重視され、以後江戸時代を通じて本多《ほんだ》氏、水野《みずの》氏ら家格の高い親藩・譜代大名が城主となり明治を迎えた。

天守は元和《げんな》3年(1617)に本多氏により築かれた。3重3階地下1階で、東に井戸櫓、南に付櫓を持つ複合連結式構造だった。明治に破壊されたが、戦後にほぼ旧態通りの外観で復興された。ほかに青梅堀という巨大な空堀も見ものである。

刈谷城《かりやじょう》

平山城

別名	亀城
築年/廃年	天文2年(1533)/明治以降
築城主	水野忠政
城主	水野忠政→信元→佐久間信盛→水野忠重→勝成→忠清～深溝松平氏～土井氏
所在地	愛知県刈谷市城町(亀城公園)

家康の母・於大の方の実家だった水野氏

徳川《とくがわ》譜代大名・水野《みずの》氏の居城。三河と知多半島のあいだの衣ヶ浦に面した台地にあった。水野氏は尾張水野郷(瀬戸市)の国人で、松平《まつだいら》氏と関係が深く、家康《いえやす》の母・於大《おだい》の方《かた》は当城の築城者・忠政《ただまさ》の娘。忠政の子・信元《のぶもと》は信長《のぶなが》と家康の同盟に尽力したが、佐久間信盛《さくまのぶもり》の讒言で切腹。弟・忠重《ただしげ》が家を再興し、その子・勝成《かつなり》が関ヶ原合戦より家康に属して出世。後に水野氏が移封され、松平氏など譜代大名が城主を務め、土井《どい》氏の代で明治を迎えた。

吉田城《よしだじょう》

平城

別名	今橋城、豊橋城
築年/廃年	永正2年(1505)/明治以降
築城主	牧野古白
城主	牧野氏～今川氏～酒井忠次→池田輝政→竹谷松平氏～水野氏～大河内松平氏
所在地	愛知県豊橋市今橋町(豊橋公園)

酒井忠次や池田輝政らが城主を務める

今川《いまがわ》氏に属した東三河の国人・牧野《まきの》氏の築城。当地は豊川と朝倉川が合流する要害。三河松平《まつだいら》氏への備えだったが、後に今川氏が直接支配した。義元《よしもと》の死後、徳《とく》川《がわ》家康《いえやす》が三河平定戦で攻略し、重臣・酒《さか》井《い》忠次《ただつぐ》に守らせた。天正《てんしょう》18年(1590)、家康の関東移封で新城主となった池田輝政《いけだてるまさ》が、東西1200m、南北750mの近世城郭へと改修。江戸期には船で伊勢へ向かう伊勢参りで城下が栄えた。その後、松平氏や水野《みずの》氏などが城主を務め明治を迎えた。

牛久保城《うしくぼじょう》

平城

別名	牛窪城
築年/廃年	享禄2年(1529)/元禄13年(1700)
築城主	牧野成勝
城主	牧野氏→荒尾平左衛門
所在地	愛知県豊川市牛久保町城跡

徳川譜代大名・牧野氏の拠点

東三河の土豪・牧野《まきの》氏の城で、吉田《よしだ》城(豊橋市)と並ぶ拠点。古白《こはく》の子・成勝《しげかつ》の築城。本宮山麓の扇状台地の端に築かれた。北に2重の堀が巡り、城に向かうすべての道が曲尺手(敵の侵入に備えて曲げた通)だったという。跡を継いだ子の貞成《さだなり》は家康《いえやす》に仕え、譜代大名・牧野氏(後の長岡藩の藩祖)が誕生。家康の関東移封に伴い牧野氏が移封され、池田輝政《いけだてるまさ》の家臣・荒尾平左衛門《あらおへいざえもん》が入った。関ヶ原戦後に牛久保は天領となり、元禄《げんろく》13年(1700)に廃城。

松平城《まつだいらじょう》

山城

別名	郷敷城
築年/廃年	応永年間(1394～1428)/文禄年間(1592～1596)頃?
築城主	松平親氏
城主	松平親氏～泰親～信広
所在地	愛知県豊田市松平町三斗蒔

松平氏発祥の地

松平(徳川《とくがわ》)氏発祥の地。城山(標高298m)の山頂に位置。西方500mに平時の居館・松平氏館がある。室町前期に時宗《じしゅう》の僧・徳阿弥《とくあみ》が東加茂郡の郷士・松平信重《のぶしげ》の婿養子となり、還俗し太郎左衛門親氏《たろうざえもんちかうじ》と名乗り松平氏の始祖に。親氏は近隣領主を従え戦国大名の基礎を築いたとされるが不詳。2代・泰親《やすちか》を経て3代・信光《のぶみつ》が徳川家の血筋へ。兄・信広《のぶひろ》は松平郷松平氏(太郎左衛門家)の祖。廃城は文禄《ぶんろく》年間(1592～1596)頃とされるが詳細は不明。

長篠城 ながしのじょう

平山城

別名	末広城、扇城
築年／廃年	永正5年(1508)／天正4年(1576)
築城主	菅沼元成
城主	菅沼氏～奥平信昌
所在地	愛知県新城市長篠字市場

長篠決戦の舞台、強右衛門の美談で有名

長篠の戦いの舞台として知られる。豊川と宇連川《うれがわ》が合流する断崖絶壁(標高60m)に建つ堅城。合流部分の川幅は50mに及ぶ。当地は三河と遠江《とおとうみ》・信濃・美濃に通じる交通の要衝であり、武田《たけだ》氏と徳川《とくがわ》氏の両勢力に挟まれた地域だった。

築城者は奥三河の豪族･長篠菅沼《すがぬま》氏で、作手《つくで》の奥平《おくだいら》氏、田峰の菅沼氏とともに「山《やま》家《が》三方衆《さんぽうしゅう》」の一角だった。長篠菅沼氏は今川《いまがわ》氏、次いで家康《いえやす》に従っていたが、武田信玄《しんげん》に屈し三方衆ともども臣従する。信玄の死後、天正《てんしょう》元年(1573)に、家康はこの間隙を縫うように長篠城を攻略し、菅沼氏を追放。奥平信昌《のぶまさ》を城代に置いた。

亀山《かめやま》城(新城市)の奥平貞能《さだよし》・信昌父子は菅沼氏と同様に武田に属し、一時は家康を裏切った身だったが、家康の説得により帰参。この際、家康は長女・亀姫《かめひめ》を信昌に嫁がせ、婚姻同盟を結んでいる。信昌の背反に激怒した信玄の跡継ぎ・勝《かつ》頼《より》は、信昌が差し出していた人質を処刑した。信昌は、もはや徳川方として生きる以外に道はない状況に追い込まれた。

天正3年(1575)4月21日、武田勝頼は信昌を誅すべく、大軍を率いて長篠城を包囲した。武田軍の兵力は1万5000、籠城する奥平軍は500と圧倒的な兵力差だった。武田軍の総攻撃を受け、西ノ曲輪《くるわ》、三ノ丸などが次々に陥落し、奥平勢は本丸、二ノ丸、野牛曲輪へと追い詰められていった。一方、急を知った岡崎《おかざき》城(岡崎市)の家康は岐阜《ぎふ》城(岐阜市)の織田信《おだのぶ》長《なが》に援軍を要請し、信長もこれに応じた。

5月14日、奥平信昌は家康へ援軍要請を伝える使者を家中に募った。武田兵の監視をかいくぐって川の対岸へ泳ぎ切り、さらに65km先の岡崎へ走り切らねばならない難役だ。これを買って出たのが、水練の達人として知られた鳥居《とりい》強《すね》右《え》衛門《もん》という雑兵だった。強右衛門は夜半に城を出て川を潜水、包囲網を突破して下流4km先の対岸までたどり着いた。さらに雁峰峠で脱出成功を知らせる狼煙《のろし》を上げ、夜通し走り続けて、翌15日に岡崎城に到着した。出迎えた信長と家康は強右衛門の勇気ある行動に感服し、「必ず救援に向かう」と確約する。

長篠城へ取って返した強右衛門だったが､武田軍に見つかり捕縛されてしまう。勝頼は強右衛門に「援軍はこない、開城せよと伝えれば過分の知行を与える」と誘った。この時代、裏切り裏切られは当たり前だったし、勝頼も強右衛門を、たかが雑兵づれ、と侮っていたのである。

これにいったん応じた強右衛門は城の側まで近づき、城内の信昌らに「信長公岡崎に御着陣、援軍到着は近い！」と大きな声で叫んだ。信昌らは大いに喜んだ。怒った勝頼は見せしめとして城対岸の有海原で強右衛門を磔のうえ処刑した。なお、彼の忠義心に感動した武田方の落合《おちあい》左平次《さへいじ》という武将が強右衛門の姿を絵に残し、旗指物としたものが現存している。

その後、信長と家康は西方の設楽原《したらがはら》に到着。勝頼は城の包囲を解き、設楽原へ迎撃に向かう。長篠城は救われ、武田軍は5月21日に連合軍の鉄砲の前に大惨敗を喫することになる。戦後、信昌は新城《しんしろ》城(新城市)を築き、損害の激しい当城を廃城とした。現在は空堀などが残る。

田原城《たはらじょう》

平山城

別名	巴江城
築年/廃年	文明12年(1480)/明治以降
築城主	戸田宗光
城主	戸田宗光～堯光→今川氏→本多広孝～戸田氏～三宅氏
所在地	愛知県田原市田原町巴江(巴江公園)

家康強奪事件を引き起こした

渥美半島中央部に位置。15世紀末に渥美半島一帯を征服した戸田《とだ》氏の築城。戸田氏は上野荘(豊田市付近)を出自とし今《いま》川《がわ》氏に属していたが、天文《てんぶん》16年(1547)、堯光《たかみつ》のときに今川義元《よしもと》のもとに送られる松平《まつだいら》氏の人質・竹千代《たけちよ》(家康《いえやす》の幼名)を強奪し、寝返って敵の織田信秀《おだのぶひで》へ送った。激怒した義元は田原城を攻め堯光を滅ぼす。桶狭間後は家康の領地となるが、関東移封により再び戸田氏が城主に。後に城主が三宅《みやけ》氏に移り明治を迎える。

田峰城《だみねじょう》

山城

別名	田嶺城
築年/廃年	文明年間(1469～1487)/天正18年(1590)
築城主	菅沼定成
城主	菅沼定成～定忠→定利→奥平信昌
所在地	愛知県北設楽郡設楽町田峯

敗走する勝頼を城まで案内したが……

奥三河の豪族・田峰菅沼《すがぬま》氏の居城。田峯台地の比高50mの丘陵に建つ。田峰氏は長篠・野田両菅沼氏らと同様東三河の菅沼一族の宗家。戦国時代は「山家三方《やまがさんぽう》衆《しゅう》」の一角。天正《てんしょう》3年(1575)の長篠合戦で当主・定忠《さだただ》が武田《たけだ》方で参戦。勝頼《かつより》を伴って敗走し入城を試みたが、親族や家臣の反対でかなわず。激怒した定忠は翌年、反乱分子を皆殺しとした。その後定忠は武田とともに滅亡。長篠合戦後は奥平信《おくだいらのぶ》昌《まさ》が所有し、家康《いえやす》の関東移封に伴い廃城。

鳶ヶ巣砦《とびがすとりで》

山城

別名	鳶ノ巣砦、鳶ヶ巣山陣地
築年/廃年	天正3年(1575)/ー
築城主	武田勝頼
城主	武田(河窪)信実
所在地	愛知県新城市乗本

設楽原決戦を前に全滅した武田砦

天正《てんしょう》3年(1575)の長篠合戦で、武田《たけだ》軍が長篠《ながしの》城(新城市)を攻めるために築いた砦群のひとつ。長篠城より宇連川《うれがわ》を挟んだ丘陵地帯にあった。勝頼《かつより》は当地の君ヶ《きみが》伏床《ふしど》、姥ヶ懐《うばがふところ》、中山にも砦を置いている。守将は信玄《しんげん》の異母弟・武田信実《のぶざね》。長篠城救援に到着した信長《のぶなが》・家康《いえやす》軍は、酒井忠《さかいただ》次《つぐ》らが率いる別働隊でこの4砦を奇襲させた。武田軍はよく防戦し、戦闘を3度繰り返したが、結局信実らは戦死し、砦は陥落。設楽原《したらがはら》合戦前日のことだった。

野田城《のだじょう》

平山城

別名	ー
築年/廃年	永正2年(1505)/天正18年(1590)
築城主	菅沼定則
城主	菅沼定則～定盈
所在地	愛知県新城市豊島本城

信玄狙撃や3杯の水の伝説が残る

東三河に分布していた菅沼《すがぬま》一族の野田菅沼氏の本拠。今川《いまがわ》氏に属していたが、桶狭間の戦い後、定盈《さだみつ》の代で家康《いえやす》に従う。天正《てんしょう》元年(1573)、武田信玄《たけだしんげん》の西上作戦で降伏開城。この戦いで信玄は金掘人夫を動員して城の井戸の水を抜いたが、武士の情けで城兵ひとり1日椀3杯の水を送ったとも。また、城中から笛の音が聞こえ、それに聞き入った信玄が狙撃され、この傷がもとで落命したという伝承もある。家康の関東移封に定盈も従い、廃城へ。

新城城 しんしろじょう

平城

別名	―
築年／廃年	天正4年(1576)／明治以降
築城主	奥平信昌
城主	奥平信昌～片桐半右衛門→水野氏→菅沼氏
所在地	愛知県新城市東入船

長篠の功労者・奥平信昌の新城

天正《てんしょう》3年(1575)の長篠の戦いで、長篠《ながしの》城(新城市)を死守した奥平信昌《おくだいらのぶまさ》が功を認められ、新しく築いた城。豊川に臨む断崖を利用して造られた。信昌は家康《いえやす》の長女・亀姫《かめひめ》の婿。天正18年(1590)に主君の家康が関東へ国替えとなったのに伴い、上野国甘楽《こうずけのくにかんら》郡宮崎(富岡市)3万石に入封。その後は池田輝政《いけだてるまさ》の所領となり、片桐半《かたぎりはん》右衛門《えもん》が城代となった。江戸時代に天領となり、かつての山家三方衆《やまがさんぽうしゅう》・菅沼《すがぬま》氏が旗本として治め、明治を迎えた。

亀山城 かめやまじょう

山城

別名	作手城
築年／廃年	応永年間(1394～1428)／慶長15年(1610)以降
築城主	奥平貞俊
城主	奥平貞俊→貞久～貞能→信昌→松平忠明
所在地	愛知県新城市作手清岳

譜代大名・奥平氏の旧本拠

奥三河の豪族で長篠・田峰両菅沼《すがぬま》氏と並ぶ山家三方衆《やまがさんぽうしゅう》、奥平《おくだいら》氏の旧本拠。貞俊《さだとし》の代で上野から作手《つくで》に移り河尻を本拠としたが、手狭のため当地へ。主を今川《いまがわ》、徳《とく》川《がわ》、武田《たけだ》と変えて乱世を渡り歩いたが、信《しん》玄《げん》の死後に貞能《さだよし》・信昌《のぶまさ》父子は徳川に再属。信昌は天正《てんしょう》3年(1575)の長篠の戦いで功を上げ、奥平氏は江戸時代に豊前《ぶぜん》中津藩10万石の大名に。城には関ヶ原戦後、信昌の子・松平忠明《まつだいらただあきら》が入る。慶長《けいちょう》15年(1610)に伊勢亀山に移封され数年後に廃城。

高原諏訪城 たかはらすわじょう

山城

別名	旭日城、江馬城
築年／廃年	不明／天正10年(1582)以降
築城主	不明
城主	江馬氏
所在地	岐阜県飛騨市神岡町殿

北飛騨の土豪・江馬氏の本拠

奥飛騨の有力国人・江馬《えま》氏の本拠。神岡盆地を見下ろす尾根の南端(標高622m、比高170m)で、北西麓に平時の居館・江馬氏下館がある。築年は不明だが15世紀中頃には存在。江馬氏は桓武平氏《かんむへいし》の流れで鎌倉末期に高原郷地頭、戦国時代は北飛騨一円を支配したが、武田《たけだ》・上杉《うえすぎ》両勢力に翻弄される。天正《てんしょう》10年(1582)、当主・輝盛《てるもり》は八日町の戦いで姉小路《あねがこうじ》(三木《みつき》)氏に敗れ戦死。城は姉小路配下の小島時光《こじまときみつ》の攻撃で落城し廃城となったとされる。

高山城 たかやまじょう

平山城

別名	天神山城、臥牛山城、白雲山城
築年／廃年	天正16年(1588)／元禄8年(1695)
築城主	金森長近
城主	金森長近→可重〜頼時
所在地	岐阜県高山市八軒町(城山公園)

姉小路氏を倒した金森長近の城

飛騨高山藩初代藩主・金森長近《かなもりながちか》の築城。高山盆地の東北にある標高686m、比高103mの天神山に建つ。山頂から「小京都」と呼ばれる高山市街を見下ろす。

飛騨守護・京極《きょうごく》氏の家臣だった高山外《げ》記《き》が永正《えいしょう》年間(1504〜1521)に築いた天神《てんじん》山《やま》城が当城の前身である。これが高山の名の由来とする説もある。外記は永禄《えいろく》元年(1558)に南飛騨の戦国大名・姉小路《あねがこうじ》(三木《みつき》)頼綱《よりつな》に敗れ滅亡。以後、姉小路氏の支配下に置かれた。

天正《てんしょう》13年(1585)、天下統一を進める秀《ひで》吉《よし》の命で金森長近が飛騨討伐に出陣。長近は美濃土岐《とき》氏の支流で、もとは織田《おだ》家臣。信長《のぶなが》の死後は柴田勝家《しばたかついえ》に属したが、秀吉に敗れて臣従。長近は姉小路頼綱を破り飛騨一国3万8000石を与えられた。当初長近は同じ高山市内の鍋山《なべやま》城を居城としていたが、天神山の古城を大改修し、新たに近世城郭と城下町を築いた。

工事は飛騨の匠を総動員し、松倉《まつくら》城から石垣などを移して行われ、慶長《けいちょう》5年(1600)に完成。2重3階の天守が築かれたほか、城下を京都風の町割りとした。

秀吉死後の関ヶ原の戦いで長近は徳川《とくがわ》家康《いえやす》に与して加増。以後金森氏は6代に渡り君臨したが、5代将軍・綱吉《つなよし》の不興を買って減封され、城は破却。飛騨は天領となり代官に支配された。現在城址は公園となり、曲輪《くるわ》跡、石垣などを残す。

桜洞城 さくらぼらじょう

平山城

別名	冬城
築年／廃年	永正年間(1504〜1521)／天正13年(1585)以降
築城主	三木直頼
城主	三木直頼→良頼→(姉小路)頼綱→信綱
所在地	岐阜県下呂市萩原町桜洞

三木氏歴代の本拠

南飛騨の雄・三木《みつき》氏の居城。桜谷川沿いの桜洞台地に造られた。三木氏は佐々《ささ》木《き》氏の流れともいわれ、飛騨守護・京極《きょうごく》氏の代官として入部。直頼《なおより》の代で土岐《とき》氏と結び南飛騨を支配。永禄《えいろく》2年(1559)に頼綱《よりつな》(自綱)が国司の姉小路《あねがこうじ》家の名跡を継承し飛騨を平定。頼綱は天正《てんしょう》7年(1579)に本拠を松倉《まつくら》城(高山市)に移し、当城は子の信綱《のぶつな》を入れ支城に。天正13年(1585)、秀吉《ひでよし》配下の金森長近《かなもりながちか》により落城し、高山城の支城・萩原諏訪《はぎわらすわ》城が築かれ廃城。

松倉城 まつくらじょう

山城

別名	ー
築年／廃年	天正7年(1579)／天正13年(1585)
築城主	姉小路頼綱(三木自綱)
城主	姉小路頼綱→秀綱
所在地	岐阜県高山市松倉町

姉小路氏飛騨平定の拠点

飛騨姉小路《あねがこうじ》(三木《みつき》)氏の全盛期を築いた姉小路頼綱《よりつな》の居城。高山盆地の西南、比高270mの松倉山に築かれた。頼綱は南飛騨の桜洞《さくらぼら》城を本拠としたが、永禄《えいろく》元年(1558)に北飛騨へ侵攻し、天神山《てんじんやま》城(高山市)の高山外記《たかやまげき》を滅ぼす。頼綱はここに当城を築いて移り、飛騨平定の本拠とした。頼綱は秀吉《ひでよし》に抗し、天正《てんしょう》13年(1585)に秀吉配下の金森長近《かなもりながちか》の討伐を受け落城。頼綱は降伏、子の秀綱《ひでつな》と基綱《もとつな》は自害し姉小路は滅亡、城もそのときに廃城。

鍋山城 なべやまじょう

山城

別名	ー
築年/廃年	室町時代／天正16年(1588)
築城主	不明
城主	鍋山氏～姉小路基綱→金森長近
所在地	岐阜県高山市松之木町

姉小路・金森氏に翻弄された鍋山氏

高山市街東方、大八賀川の北岸にある大鍋山(比高163m)に造られた。天文《てんぶん》年間(1532～1555)に信濃の平野《ひらの》(鍋山)安室が築いたとも。安室は姉小路《あねがこうじ》(三木《みつき》)頼綱《よりつな》の弟・顕綱《あきつな》を養子に迎えたが、顕綱は安室を毒殺、安室の子・左近大夫《さこんのたいふ》も追放し家を乗っ取る。顕綱死後の天正《てんしょう》13年(1585)、左近大夫は金森長近《かなもりながちか》の姉小路攻めに加わり溜飲を下げたが、長近に謀反を起こし討伐され鍋山氏は滅亡。長近がしばらく居城とした後高山《たかやま》城に移り鍋山城は廃城。

向小島城 むかいこじまじょう

山城

別名	信包城
築年/廃年	不明／天正13年(1585)以降
築城主	姉小路氏
城主	姉小路氏
所在地	岐阜県飛騨市古川町沼町

三木氏に乗っ取られた飛騨国司

飛騨国司・姉小路《あねがこうじ》氏の居城。古川盆地の北端で越中街道を扼する要衝。藤原《ふじわら》氏出身の姉小路家綱《いえつな》が建武《けんむ》の新政で国司に任じられて下向し拠点としたという。後に姉小路家は室町幕府が派遣した守護・京極《きょうごく》氏と争い、一族も小島《こじま》・古河《ふるかわ》・向小島家に分裂して抗争し衰亡。古河家が宗家となるが当主・済継《なりつぐ》の死去で断絶。京極家臣・三木《みつき》氏が姉小路の名跡を奪い戦国大名・姉小路氏となる。金森長近《かなもりながちか》の飛騨侵攻時に落城し廃城になったとされる。

帰雲城 かえりくもじょう

山城

別名	ー
築年/廃年	室町中期／天正13年(1585)
築城主	内ヶ島為氏
城主	内ヶ島為氏→雅氏→氏理
所在地	岐阜県大野郡白川村保木脇

地震で埋没した日本のポンペイ

白川郷を支配した内ヶ島《うちがしま》氏の居城。初代の為氏《ためうじ》は信濃の人で、15世紀半ばに白川郷を奪ったという。当地は陸の孤島と呼ばれるほど守りやすい地域だったため、姉小路《あねがこうじ》氏らに侵略されず、独立を保った。天正《てんしょう》13年(1585)、秀吉《ひでよし》が派遣した金森長《かなもりなが》近《ちか》が飛騨を平定。当主の氏理《うじまさ》は長近に臣従した。しかし同年に発生した大地震で城は土石流によって埋没。氏理と一族、郎党に至るまですべて死亡し、内ヶ島氏は滅亡。城の正確な位置は今も不明。

美濃

明知城 あけちじょう

山城

別名	一夜城、白鷹城
築年／廃年	宝治元年(1247)？／元和元年(1615)以降
築城主	遠山景重？
城主	明知遠山氏～森氏～明知遠山氏
所在地	岐阜県恵那市明智町

「遠山の金さん」の先祖の城

西南6kmの岩村《いわむら》城に拠った岩村遠山《とおやま》氏を惣領とする遠山七家・明知遠山氏歴代の城。江戸時代の町奉行・遠山景元《かげもと》(金四《きんし》郎《ろう》)は子孫である。信濃、三河、美濃の国境にある比高70mの山に建つ。戦国時代、当主の景行《かげゆき》は信長《のぶなが》に属したが、元亀《げんき》3年(1572)に武田氏に上村(恵那市上矢作町)で敗れ自刃。以後、織田《おだ》と武田《たけだ》の争奪戦が繰り広げられた後、豊臣《とよとみ》政権下で森《もり》氏が支配。関ヶ原合戦で遠山利景《としかげ》が奪還。元和《げんな》元年(1615)の一国一城令により廃城。

猿啄城 さるばみじょう

山城

別名	根尾山城、猿飛城、勝山城
築年／廃年	享禄3年(1530)／天正3年(1575)以降
築城主	田原左衛門
城主	田原左衛門→多治見修理→河尻秀隆
所在地	岐阜県加茂郡坂祝町勝山

信長の東美濃攻略戦で落城

美濃、尾張に通じる東美濃の要衝。木曽川の北に位置する勝山(標高267m)に建つ。土岐《とき》一族の田原《たわら》氏の築城だが、天《てん》文《ぶん》16年(1547)に田原一族の多治見修理《たじみしゅり》が奪った。永禄《えいろく》8年(1565)、東美濃攻略を進める織田信長《おだのぶなが》の家臣・丹羽長秀《にわながひで》の攻撃で落城し、河尻秀隆《かわじりひでたか》が城主となった。秀隆が天正《てんしょう》3年(1575)に岩村《いわむら》城に移った後、廃城になった。現在は曲輪《くるわ》跡が残る程度。展望台が設置されており、日本ラインの美しい風景が眺望できる。

加治田城 かじたじょう

山城

別名	却敵城、加治田山城、古城山城
築年／廃年	不明／天正10年(1582)以降
築城主	不明
城主	佐藤忠能→斎藤利治→利尭→森長可
所在地	岐阜県加茂郡富加町加治田

娘の弔い合戦に勝った佐藤忠能

美濃と飛騨を結ぶ城。斎藤《さいとう》家臣・佐藤《さとう》忠能《ただよし》の居城だった。忠能は信長《のぶなが》と通じ、向背を疑われて斎藤家臣の堂洞《どうほら》城主・岸《きし》信周《のぶちか》に娘を嫁がせた。永禄《えいろく》8年(1565)、忠能が信長の美濃攻めに協力し娘は殺された。忠能は信長の援軍を得て堂洞城を陥落(堂洞合戦)。その後に嫡子も失い道《どう》三《さん》の末子とされる斎藤利治《さいとうとしはる》を養嗣子《ようしし》に。本能寺の変で利治が討ち死に、利尭《としたか》が城主となるが森長可《もりながよし》に攻められ城を退去、長可の支配下になった後に廃城。

加納城 かのうじょう

平城

別名	鹿納城
築年／廃年	文安2年(1445)、慶長6年(1601)／明治以降
築城主	斎藤利長、奥平信昌
城主	斎藤利長～奥平信昌～大久保忠興→戸田氏～安藤氏～永井氏
所在地	岐阜県岐阜市加納丸之内

岐阜城を破却して造られた城

美濃守護代・斎藤利長《さいとうとしなが》の築城。美濃守護である土岐《とき》氏の本拠・川手《かわて》城防衛のため築かれた。その後廃城となるが、関ヶ原合戦後、家康《いえやす》が娘婿の奥平信昌《おくだいらのぶまさ》を入部させ大改修。北西3kmの岐阜《ぎふ》城を破却して建物、石垣などを移し新たな城を築き、美濃の要衝とした。その後は戸田《とだ》、安藤《あんどう》などが城主を務め、永井《ながい》氏の代で明治を迎える。岐阜城天守は当城の二ノ丸御三階櫓に転用されたという。信昌は長篠合戦で長篠《ながしの》城(新城市)を守った男。

岐阜城 ぎふじょう

山城

別　名	稲葉山城、金華山城
築年/廃年	建仁元年(1201)、天文8年(1539)／慶長5年(1600)以降
築城主	二階堂行政、斎藤道三
城　主	二階堂氏～斎藤利永～長井新左衛門尉→斎藤道三→義龍→龍興→織田信長→信忠→信孝～池田輝政→豊臣秀勝→織田秀信
所在地	岐阜県岐阜市千畳敷下257

道三、信長“国盗り物語”の拠点

長良川河畔、濃尾平野を見下ろす金華山(標高329m)に築かれた。美濃斎藤《さいとう》氏の居城として稲葉山《いなばやま》城と呼ばれていたが、織田信長《おだのぶなが》の入城後は岐阜城と呼ばれる。東海道と東山道を押さえる要衝で、戦国時代を通じて何度も合戦の舞台となった。

創築は鎌倉時代、幕府政所執事の二階《にかい》堂《どう》氏とされる。ただし、初期は山頂に城が築かれていた可能性は小さい。その後、幾たびか城主が代わった後に入城するのが、長井新左衛門尉《ながいしんざえもんのじょう》という人物だ。

近年、「マムシ」の異名がある美濃の戦国大名・斎藤道三《どうさん》の事績は、実はこの新左衛門尉(父)と道三(子)の2代に渡るものとする説が有力となっている。

一介の油売りだった新左衛門尉は、学僧時代の同僚だった長井長弘《ながいながひろ》のつてで美濃に入国。西村《にしむら》氏の名跡を継いで西村勘《かん》九郎《くろう》と名乗った。新左衛門尉は長弘と協力して土岐頼芸《ときよりのり》を守護の座に就け、一躍勢力を広げる。その後、大恩ある長弘を殺害して長井氏の名跡と稲葉山城を乗っ取った。新左衛門尉は天文《てんぶん》2年(1533)に死去し、美濃の国盗りは子の新九郎規秀《しんくろうのりひで》(後の道三)に受け継がれる。道三は天文8年(1539)に城を大改修し、金華山山頂にも城郭を築いた。ここより戦国大名の城・稲葉山城が始まる。道三は天文年間(1532～1555)後半に頼芸を追放して美濃の国主となり、下克上を成し遂げた。

道三は尾張の戦国大名・織田信秀《のぶひで》(信長の父)と争うようになり、天文16年(1547)には城下に攻め寄せた信秀軍を撃退する(加納口の戦い)。やがて両者は信長と道三の娘・帰蝶《きちょう》(濃姫《のうひめ》)を縁組させて和睦を結んだ。道三はその後、嫡男・義《よし》龍《たつ》に家督と城を譲って隠居したが、弘治《こうじ》2年(1556)に義龍と争って殺された。なお道三は娘婿の信長を気に入り、生前「美濃一国譲り状」を与えている。義龍は5年後に病死し、子の龍興《たつおき》が跡を継ぐ。

信長は国盗りの第1目標を美濃に置き、永禄《えいろく》6年(1563)から攻略に本腰を入れ、美濃三人衆ら斎藤重臣を調略で抱き込んでいった。永禄10年(1567)、信長は城下を火攻めして龍興を降伏に追い込んだ。

信長は本拠を当城に移し、古代中国の周《しゅう》の文王《ぶんおう》と孔子《こうし》ゆかりの地(岐山《きざん》と曲阜《きょくふ》)からそれぞれ名を取り、この地を「岐阜」と命名。また、この頃から有名な「天下布武」の朱印を使用する。信長は岐阜城を天下統一の足がかりにしようとしたのだ。

信長は大改修を施し、山頂と山麓にそれぞれ「天守」を築いた。いずれも詳細は不明だが、山頂は高欄廻縁の望楼(物見櫓)を持つ大櫓だった(江戸初期に破却され、南方の加納《かのう》城三階櫓に転用)。現在の天守は加納城図面をもとに戦後復興されたもの。山麓の天守は4階建てで、宮殿と呼ばれた。周囲を石の堀が取り巻き、内部は金が贅沢に使われたとされる。現在の岐阜公園にある千畳敷がその跡という。城下町も発展し、宣教師フロイスは「バビロンのような賑わい」と形容した。

その後、何度も城主が代わり、織田秀《ひで》信《のぶ》(信長の嫡孫)が城主だった慶長《けいちょう》5年(1600)、関ヶ原の戦いの前哨戦で東軍に攻められ落城。以後、廃城となった。

岩村城《いわむらじょう》

山城

別名	遠山城、霧ヶ城
築年/廃年	文治元年(1185)／明治以降
築城主	遠山(加藤)景廉
城主	遠山景廉～景任→遠山夫人(おつやの方)→秋山信友→河尻秀隆→森蘭丸→長可→忠政→田丸氏～大給松平氏
所在地	岐阜県恵那市岩村町

女城主の悲話が残る東美濃の要衝

美濃、信濃、三河の接点にあたる、標高721m(比高153m)の城山に建つ。大和高取《たかとり》城、備中松山《びっちゅうまつやま》城と並ぶ日本三大山城のひとつ。美濃では「西の大垣《おおがき》、東の岩村」と称された要衝。織田《おだ》、武田《たけだ》、徳川《とくがわ》が激しい争奪戦を繰り広げた。たびたび増改築され、現在は石垣、井戸などが残る。

築城者は 源 頼朝《みなもとのよりとも》の挙兵に従った加藤《かとう》景廉《かげかど》とされる。一族は遠山《とおやま》氏を称し、東美濃に「遠山七家」という勢力を築く。惣領の岩村城主は岩村遠山氏と呼ばれる。

戦国時代に当主の景任《かげとう》は信長《のぶなが》の叔母・おつやの方を娶り、信長と結んで武田信《しん》玄《げん》と交戦。景任が元亀《げんき》2年(1571)に病没したため、信長は幼少の五男・勝長《かつなが》を養《よう》嗣子《しし》として送り、おつやを女城主とした。

天正《てんしょう》元年(1573)、武田の猛将・秋山信《あきやまのぶ》友《とも》が襲来。信友はおつやとの結婚と勝長の養育を条件に和議を申し入れ、おつやはこれ以上の防戦は不可能と判断し開城。城は信玄の手に落ちる。信長は激怒したが信玄在世中で奪回は難しかった。

信玄の死後、長篠合戦で勝利した信長は岩村城奪回に動く。攻防5か月、信長は和議と偽って信友を城外へ誘き出し捕捉。おつやは信友とともに長良河畔で逆さ磔、残された1000人以上の遠山一族も皆殺しとした。後に田丸《たまる》氏などがこの地を治め、大給松平《おぎゅうまつだいら》氏で明治を迎える。

金山城《かねやまじょう》

山城

別名	兼山城、鳥峰城、鳥ヶ峰城
築年/廃年	天文6年(1537)／慶長5年(1600)以降
築城主	斎藤正義
城主	斎藤正義～森可成→長可
所在地	岐阜県可児市兼山

天守犬山城移築説が取り沙汰された

斎藤道三《さいとうどうさん》が東美濃経略の拠点として、猶子の斎藤正義《まさよし》に造らせた城。標高277mの古城山に建つ。正義は関白・近衛稙家《このえたねいえ》の庶子で、苗木《なえぎ》城の遠山友政《とおやまともまさ》、堂洞《どうほら》城の岸信周《きしのぶちか》、久々利《くくり》城の久々利悪五郎《あくごろう》らを配下として勢力を伸ばしたが、天文《てんぶん》17年(1548)に暗殺された。正義の台頭を恐れた道三の差し金とも。その後は森《もり》氏が城主となったが、松代への移封で廃城。天守が木曽川下流の犬山《いぬやま》城に移築されたとの説があったが近年の調査で否定された。

大垣城《おおがきじょう》

平山城

別名	麋城、巨鹿城
築年/廃年	明応9年(1500)？／明治以降
築城主	竹腰尚綱？
城主	竹腰氏→氏家卜全～池田恒興→輝政～羽柴秀勝→伊藤祐盛～石川氏～岡部氏～戸田氏
所在地	岐阜県大垣市郭町2-52

秀吉が「大事のかなめの城」と呼ぶ

東国と畿内を結ぶ不破関《ふわのせき》を扼する西美濃の要衝。創築は土岐《とき》氏家臣の竹腰《たけのこし》氏築城説と、土岐一族・宮川安定《みやがわやすさだ》の天文《てんぶん》4年(1535)築城説がある。美濃三人衆・氏家《うじいえ》卜全《ぼくぜん》の改修、秀吉《ひでよし》家臣・伊藤祐盛《いとうすけもり》の天守建造で現在の城址の原型ができた。秀吉は「大事のかなめの城」と呼び重視していた。関ヶ原合戦で石田三成《いしだみつなり》率いる西軍の拠点となり、三成の娘婿・福原長堯《ふくはらながたか》が城将として奮戦。その後城主が激しく入れ代わり、戸田《とだ》氏の代で明治を迎えた。

墨俣城《すのまたじょう》

平城

別　名	一夜城、洲股城
築年／廃年	永禄9年(1566)頃／不明
築城主	木下藤吉郎(豊臣秀吉)
城　主	不明
所在地	岐阜県大垣市墨俣町大字墨俣

名高い秀吉の出世城

若き日の秀吉《ひでよし》(木下藤吉郎《きのしたとうきちろう》)の出世城としてあまりに有名。昭和に発見された前野家古文書により全貌が明らかになった。ただし、史料の信頼性と秀吉の築城を巡っては、現在でも見方が分かれる。

当地は長良川をはじめ、木曽川、揖斐川が流れていた場所で、尾張と美濃の国境に位置していた。たくさんの支流が流れ込んで「州の股」のようだったことが名の由来。美濃斎藤《さいとう》氏の本拠だった稲葉《いなば》山《やま》城と支城の大垣《おおがき》城の中間にあった。

美濃攻略を目論む織田信長《おだのぶなが》は墨俣に橋頭堡を築くことを決意したが、敵地とあって工事は至難の業だった。佐久間信盛《さくまのぶもり》と柴田勝家《しばたかついえ》が失敗した後、信長は秀吉を工事責任者に抜擢する。秀吉は昔馴染みだった木曽川の土豪・蜂須賀小六《はちすかころく》と川並衆、弟・秀長《ひでなが》らの協力を仰いで城造りに挑戦。あらかじめ設計図に沿って組み立てた資材を上流から筏に組んで流し、2、3日で城を築くことに成功した。功が認められた秀吉は以後、出世街道を歩む。

プレハブの先駆けともいえる工法で築かれた墨俣城は、簡単な櫓や土居、馬防柵、高塀などで構成されたものだった。美濃攻略後は用済みとなり廃城。

現在では河川改修の結果、大半が長良川の川底に沈んだため遺構はない。平成になって、大垣城天守をモデルにした墨俣一夜城歴史資料館が建てられている。

明智長山城《あけちおさやまじょう》

山城

別　名	明智城
築年／廃年	康永元年(1342)?／不明
築城主	土岐(明智)頼基
城　主	明智氏
所在地	岐阜県可児市瀬田

明智光秀出生の城とも

明智光秀《あけちみつひで》出生の城と呼ばれるが不詳。なお、明知《あけち》城(恵那市)にも光秀出生の説がある。鎌倉時代、土岐《とき》一族の土岐頼基《よりもと》の築城とされ、頼基の一族は明智氏を名乗り代々居城した。『明智軍記』によれば、弘治《こうじ》2年(1556)に美濃国主・斎藤義《さいとうよし》龍《たつ》の攻撃を受け落城。城代の明智光安《みつやす》(光秀の父の弟)は死ぬ前に子の光春《みつはる》に光秀を託して城から脱出させたとされる。曲《くる》輪《わ》跡や土塁など遺構が残る。落城時に廃城となったと思われるが詳細は不明。

郡上八幡城《ぐじょうはちまんじょう》

平山城

別　名	積翠城、郡城
築年／廃年	永禄2年(1559)／明治以降
築城主	遠藤盛数
城　主	遠藤盛数→稲葉貞通→遠藤慶隆→井上氏～青山氏
所在地	岐阜県郡上市八幡町柳町

奥美濃の要衝

長良川の源、奥美濃の渓谷に築かれた。飛騨・越前方面に通じる要衝。郡上は千《ち》葉《ば》一族の東《とう》氏が地頭として長く君臨したが、永禄《えいろく》2年(1559)に庶流の遠藤盛数《えんどうもりかず》に滅ぼされた。盛数は八幡山に新城を築き郡上を支配したが、遠藤氏は本能寺の変後に織田信孝《おだのぶたか》に属したため秀吉《ひでよし》に改易される。代わって入城した稲葉貞通《いなばさだみち》が城を大改修し、天守、水堀などを築いた。関ヶ原後に遠藤氏が復帰、その後何度も城主は代わり、青山《あおやま》氏の代で明治を迎える。

松尾山城《まつおやまじょう》

山城

別名	長亭軒城、松尾新城、松尾城、小早川秀秋陣所
築年／廃年	応永年間(1394～1428)／天正7年(1579)以降
築城主	富島氏
城主	富島氏～不破光治
所在地	岐阜県不破郡関ケ原町松尾

関ヶ原に残る西軍の一大要塞

関ヶ原の合戦で西軍の石田三成《いしだみつなり》が築いた陣城として、近年注目を集めている。関ヶ原南方、標高293mの松尾山に建つ。

室町前期、関ヶ原に基盤を持っていた富島《とみしま》氏の築城とされる。当地は美濃と近江の国境付近にあり、東山道、伊勢街道、北国街道が通じる要衝である。後に浅井長政《あざいながまさ》の管理下に入り大改修が施されたが、浅井氏滅亡後しばらくして廃城となる。

当城が再び脚光を浴びるのが、慶長5年(1600)の関ヶ原の戦いである。挙兵した三成は家康《いえやす》率いる東軍の西上をにらみ、当初「三河と尾張のあいだで家康を討つ」という計画を立てていたが、東軍が予想を上回る速度で西上してきたため、大垣《おおがき》城での攻防戦を企図した。その西方10kmにあたる松尾山城は上方《かみがた》と大垣城を結ぶ一大拠点となる。三成は最初から野戦など意図していなかったわけである。

三成は大垣城主・伊藤盛正《いとうもりまさ》に松尾山城を大改修させ、「中国衆(西軍の総大将・毛利輝元《もうりてるもと》)を入れる」と記している。だが、輝元は大坂《おおさか》城を出ず、西軍の小早川秀秋《こばやかわひであき》が盛正を追い出して勝手に城を占拠したため、三成のプランは雲散霧消する。

家康も大垣城攻めをせず、佐和山を抜いて直接大坂城へ進撃する方針を決めたため、結局、三成は関ヶ原の野戦に誘き出される格好となった。

雄大な堀切、曲輪《くるわ》跡、虎口《こぐち》などが残る。

菩提山城《ぼだいやまじょう》

山城

別名	菩提城、岩手城、菩提寺城
築年／廃年	永禄2年(1559)？／不明
築城主	竹中重元
城主	竹中重元→重治→重利
所在地	岐阜県不破郡垂井町

名参謀・竹中半兵衛の城

秀吉《ひでよし》の参謀として知られる竹中半兵衛《たけなかはんべえ》重治《しげはる》の父・重元《しげちか》の築城。関ヶ原近く、濃尾平野を見下ろす菩提山(標高402m)に建つ。西方を除く3方が断崖という要害。重治ははじめ美濃国主・斎藤龍興《さいとうたつおき》に仕えていたが、反目し、計略で稲葉山《いなばやま》城(岐阜市)を一時乗っ取ったほどの謀将だった。その後は秀吉の麾下《きか》に入り、軍師として辣腕を振るった。重治の死後、子の重門《しげかど》は秀吉に養育された後、山麓に竹中陣屋を構え、当城は廃城となった。

大桑城《おおがじょう》

山城

別名	―
築年／廃年	承久年間(1219～1222)／天文年間(1532～1555)後半
築城主	不明
城主	大桑氏→土岐氏
所在地	岐阜県山県市大桑

道三国盗りの記念すべき城

鳥羽川上流、標高407mの古城山に築かれた。鎌倉時代、承久《じょうきゅう》の乱後に大桑郷を領地とした逸見《へんみ》氏が大桑氏を称し、本拠とした。戦国時代に長井新左衛門尉《ながいしんざえもんのじょう》(斎藤道三《さいとうどうさん》の父)こと西村勘九郎《にしむらかんくろう》の力で美濃国主となった土岐頼芸《ときよりのり》の居城となったが、下克上を目論む斎藤道三の攻撃を受けるようになる。天文《てんぶん》年間(1532～1555)後半、道三は頼芸を国外に追放し、ここに美濃守護・土岐氏は滅亡、道三は美濃一国を乗っ取った。城もこのときに廃城。

川手城 かわてじょう

平城

別名	革手城
築年／廃年	室町初期／天文年間(1532〜1555)後半
築城主	土岐頼康
城主	土岐頼康〜政頼→頼芸
所在地	岐阜県岐阜市正法寺町

美濃守護・土岐氏歴代の居城

南北朝の頃、美濃守護となった土岐頼《ときより》康《やす》の築城で、以後頼芸《よりのり》まで7代に渡る土岐氏の本拠となる。境川と荒田川に挟まれた天然の要害で、東山道に臨む交通の要衝でもあった。当主・政頼《まさより》の代で、弟の頼芸とのあいだに家督争いが勃発。京の油商人だった長《なが》井《い》新《しん》左《ざ》衛《え》門尉《もんのじょう》(斎藤道《さいとうどう》三《さん》の父)こと西村勘九郎《にしむらかんくろう》は頼芸を担ぎ、川手城を襲って政頼を越前へ追放。頼芸を当主の座に就けた。しかし、ほどなく廃城となり、現在は碑が立つのみ。

鷺山城 さぎやまじょう

山城

別名	―
築年／廃年	文治年間(1185〜1190)／弘治2年(1556)以降
築城主	佐竹秀義
城主	佐竹秀義〜土岐頼芸〜斎藤道三
所在地	岐阜県岐阜市鷺山

土岐頼芸、斎藤道三ゆかりの城

標高83mの鷺山に建ち、長良川を挟んで南岸の稲葉山《いなばやま》城(岐阜《ぎふ》城)と対峙。平安時代に常陸源氏《ひたちげんじ》の佐竹《さたけ》氏が築造。その後、美濃守護・土岐《とき》氏の属城となり、戦国時代に当主・政頼《まさより》の弟の頼芸《よりのり》の居城に。大《たい》永《えい》7年(1527)、頼芸は西村勘九郎《にしむらかんくろう》(斎藤道《さいとうどう》三《さん》の父)に勧められ、政頼を追い美濃守護となるが、道三に美濃を奪われる。天《てん》文《ぶん》17年(1548)、道三は家督を子の義龍《よしたつ》に譲り当城を隠居所とした。弘治《こうじ》2年(1556)の長良川の戦いで道三が負けた後に廃城。

尾張

丸根砦 まるねとりで

平山城

別名	―
築年／廃年	永禄2年(1559)／―
築城主	織田信長
城主	佐久間盛重
所在地	愛知県名古屋市緑区大高町丸根

家康に攻められた織田軍砦

織田信長《おだのぶなが》が今川義元《いまがわよしもと》との桶狭間の戦いを前に築いた砦。大高《おおだか》城(名古屋市)の東800mの小高い丘に位置する。永禄《えいろく》2年(1559)に織田方の鳴海《なるみ》城(名古屋市)主・山口教継《やまぐちのりつぐ》が、上洛を進める義元に加担し大高城を攻略。信長は大高城と今川勢の連絡を断つため、丸根砦と鷲津《わしづ》砦を設けた。佐久間盛重《さくまもりしげ》を将とする織田軍が立て籠もったが、当時今川方だった松平元康《まつだいらもとやす》(徳川家康《とくがわいえやす》)に攻められ全滅した。現在は砦跡の石碑などが立っている。

犬山城 いぬやまじょう

平山城

別　名	白帝城
築年／廃年	天文6年（1537）／明治以降
築城主	織田信康
城　主	織田信康→信清→柘植与一→池田恒興～中川定成～石川貞清→小笠原吉次→平岩親吉→成瀬正成→成瀬氏
所在地	愛知県犬山市大字犬山字北古券

現存最古の様式の天守が立つ

木曽川左岸の丘陵（標高80m）に建つ名城。風光明媚な美しい城で、「白帝《はくてい》城」とも呼ばれる。背後を木曽川で守られた「後堅固」の構えが知られる。今に残る3重4階天守は現存する日本最古の様式であり、国宝に指定されている。

犬山は尾張最北端の地で美濃との国境付近にあり、中山道と美濃街道を押さえる要衝で、また木曽川が濃尾平野へ注ぐ場所でもある。

城の前身は、犬山城の東南にあった木《き》ノ《の》下《した》城という城である。応永《おうえい》年間（1394～1428）に室町幕府管領《かんれい》で尾張と越前の守護だった斯波《しば》氏が、家臣の織田《おだ》氏を守護代として派遣。なお、織田氏は越前織田荘（丹生郡）を出自とする。文明《ぶんめい》元年（1469）に一族の織田広近《ひろちか》（尾張国上四郡守護代・織田敏広《としひろ》の弟）が犬山に木ノ下城を築いた。

さらに広近から4代後の信康《のぶやす》が天文《てんぶん》6年（1537）に木ノ下城を移築し、現在の場所に城を築いた。これが犬山城の始まりである。信康は織田信秀《のぶひで》の弟で、信長《のぶなが》の叔父にあたる人物だ。しかし天文16年（1547）、信康は美濃の斎藤道三《さいとうどうさん》に敗れて討ち死にし、子の信清《のぶきよ》が跡を継いだ。

信清は信長の妹である犬山殿を娶り、岩倉《いわくら》城攻めなどで信長に従ったが、領地分与を巡って諍いを起こし、信長に謀反。永禄《えいろく》7年（1564）に信長に犬山城を攻められて敗走し、甲斐武田《たけだ》一族の一条信龍《いちじょうのぶたつ》のもとに身を寄せ、犬山鉄斎《てっさい》と称した。

犬山城を属城とした信長は、配下の柘《つ》植《げ》与一《ともかず》、次に池田《いけだ》恒興《つねおき》らを入城させ、美濃への守りに当たらせた。

本能寺の変後、織田信雄《のぶかつ》（信長の次男）配下の中川定成《なかがわさだなり》が入城。天正《てんしょう》12年（1584）、秀吉《ひでよし》と徳川家康《とくがわいえやす》・信雄のあいだで小牧・長久手の戦いが勃発すると、旧城主の池田恒興が木曽川を渡って攻め入り、一夜にして犬山城を落として秀吉側に与する。秀吉は犬山城に入り、小牧山の家康とにらみ合いを続けることになる。

その後も城主は入れ代わり、文禄《ぶんろく》4年（1595）に石川貞清《いしかわさだきよ》、関ヶ原合戦後に小笠《おがさ》原吉次《わらよしつぐ》が入城。この両家によって大改修が行われ、現在残る城址と、城下町の原型が造られた。元和《げんな》3年（1617）に尾張藩付家老の成瀬正成《なるせまさなり》が城主になり、以後明治維新まで成瀬家9代の居城となった。

城郭は山頂に本丸と天守、南に杉の丸、樅の丸、桐の丸、松の丸を連郭式に並べた構造となっている。緩く傾斜する南方一帯に城下町が築かれた。東、北、西からは山城に見えるが、南から見ると平山城であることがわかる。

本丸の西北隅に立つ高さ19mの天守は石川貞清の造営とされる。南・西面に付櫓を伴い、2重2階の主屋に望楼が載る複合式望楼型天守である。古く美濃金山《かねやま》城（可児市）の天守を移築したものといわれてきた。しかし、昭和の調査で移築の痕跡がないことが確認され、また主屋と上部に築年代の差が認められた。現在では主屋が天文6年（1537）または慶長《けいちょう》6年（1601）に築かれ、元和6年（1620）に3・4階部分が増築された、と見られている。いずれにせよ、現存最古の天守のひとつであることは間違いない。

沓掛城 くつかけじょう

平山城

別名	―
築年／廃年	応永元年(1394)頃／慶長5年(1600)以降
築城主	藤原義行？
城主	近藤氏～簗田政綱→織田信照→川口久助
所在地	愛知県豊明市沓掛町東本郷

今川義元について失敗した城主

南北朝時代に後醍醐《ごだいご》天皇を助けた近藤《こんどう》氏の居城。9代・景春《かげはる》は松平広忠《まつだいらひろただ》(家康《いえやす》の父)に属したが、織田信秀《おだのぶひで》(信長《のぶなが》の父)の勢力が伸長すると織田方についた。信秀死後、織田方の鳴海《なるみ》城(名古屋市)の山口教《やまぐちのり》継《つぐ》は今川義元《いまがわよしもと》につき、景春もこれに乗る。永禄《えいろく》3年(1560)、義元はここに本陣を置いたが桶狭間で敗れ、景春も戦死して近藤氏は滅亡。しばらく織田家の領地となり、信長や秀吉《ひでよし》に仕えた川口久助が関ヶ原の戦いで西軍に属し、合戦後に廃城。

古渡城 ふるわたりじょう

平城

別名	―
築年／廃年	天文3年(1534)／天文17年(1548)以降
築城主	織田信秀
城主	織田信秀
所在地	愛知県名古屋市中区橘2

信長が元服した城

織田信秀《おだのぶひで》(信長《のぶなが》の父)が今川《いまがわ》氏に備えるため築いた城。名古屋台地の中央に位置する。信秀にとっては勝幡《しょばた》、那古屋《なごや》に続く3番目の居城。東西140m、南北100mの規模で、4方に2重の堀が巡らされており、美濃斎藤《さいとう》氏、清洲織田氏の攻撃を受けたが落城しなかった。天文《てんぶん》15年(1546)に嫡男の吉法師《きっぽうし》が当城で傅《もり》役の平手政秀《ひらてまさひで》につき添われ13歳で元服、三郎信長と名乗った。天文17年(1548)に信秀が末森《すえもり》城に移った後、廃城となった。

荒子城 あらこじょう

平城

別名	―
築年／廃年	天文年間(1532～1555)／天正9年(1581)以降
築城主	前田利昌
城主	前田利昌→利久→利家→利長
所在地	愛知県名古屋市中川区荒子4

前田利家出生の城

尾張の土豪で、織田《おだ》氏に仕えていた前《まえ》田《だ》利昌《としまさ》(利家《としいえ》の父)の城。利家出生の城といわれる。東西68m、南北50mで、周囲には堀があったというが、現在は耕地整理のため遺構はなく、碑が立つのみ。利昌の死後、長男の利久《としひさ》(前田慶次《けいじ》の義父)が継いだが、永禄《えいろく》12年(1569)に信長《のぶなが》の命で城と家督を弟の利家に譲った。病弱な利久より武勇に優れた利家を買っていた信長の判断とも。利家が越前府中(武生市)に移封となった後、廃城。

守山城 もりやまじょう

平山城

別名	―
築年／廃年	不明／永禄3年(1560)以降？
築城主	不明
城主	松平信定～織田信光→信次
所在地	愛知県名古屋市守山区市場

家康の祖父が妖刀・村雨で死す

築年は不明だが、戦国時代初期に三河松平《まつだいら》氏が在城し、三河勢の尾張の拠点だったと見られる。天文《てんぶん》4年(1535)には織《お》田《だ》信秀《のぶひで》(信長《のぶなが》の父)の弟・信光《のぶみつ》が守っていたが、当時三河で破竹の勢いだった松平清康《きよやす》(家康《いえやす》の祖父)に内応。尾張攻めに協力して当城に清康を迎えたが、清康が家臣の阿部弥七郎《あべやしちろう》に暗殺された(守山崩れ)。桶狭間戦後に廃城になったとされるが、詳細は不明。弥七郎が使った刀が村正とされ、徳川《とくがわ》家に妖刀として忌避された。

小牧山城《こまきやまじょう》

平山城

別名	小牧城
築年／廃年	永禄6年(1563)／永禄10年(1567)
築城主	織田信長
城主	織田信長
所在地	愛知県小牧市堀の内

美濃征服のため造られた信長の拠点

織田信長《おだのぶなが》が美濃攻略のために築いた新たな本拠で、濃尾平野東に独立してそびえる小牧山に造られた。

信長は永禄《えいろく》5年(1562)に徳川家康《とくがわいえやす》と同盟を結んだことで東側の脅威がなくなり、念願の美濃斎藤龍興《さいとうたつおき》との対決に専心することが可能になった。小牧山は標高85mの小山だが、眺望はよく、尾張と美濃を睥睨するに絶好の位置にあった。

それまで居城としていた清洲《きよす》城(清須市)からは約10km北進することになる。一説に信長は本拠移転に際し、初め小牧山よりさらに北の二ノ宮山(犬山市)への移転を布告した。家中は反対一色となったが、しばらくして小牧山への変更を提案したところ、今度は全員が同意したとされる。人間心理を熟知した信長の、したたかな作戦といえよう。

築城の総奉行は重臣の丹羽長秀《にわながひで》が務めた。小牧山は5段階に削平され、全山城塞化され、周囲には水堀が穿《うが》たれた。山麓南西方面には城下町が形成された。永禄10年(1567)に美濃平定が成り、信長は新たに稲葉山《いなばやま》城(岐阜《ぎふ》城)を本拠としたため、城はわずか4年で廃城となった。

その後、天正《てんしょう》12年(1584)の小牧・長久手の戦いで徳川家康が改修して本陣を置き、強固な陣城とした。江戸時代に尾張徳川家が城址を保護管理し、現在も石垣、土塁、空堀などの遺構を残す。

清洲城《きよすじょう》

平城

別名	清須城
築年／廃年	応永12年(1405)／慶長14年(1609)
築城主	斯波義重
城主	斯波氏～織田信友→信長→信雄～福島正則→松平忠吉→徳川義直
所在地	愛知県清須市清洲

信長の尾張時代の居城

織田信長《おだのぶなが》が尾張を統一した頃の本拠として知られる。木曽川が伊勢湾に注ぐ河口近く、砂州と自然堤防を形成した「清らかな州」だったことが当地の名の由来。尾張のほぼ中央に位置する要衝だ。

室町幕府管領《かんれい》で尾張守護などを兼ねた斯波義重《しばよししげ》が築いた。その後、守護代の織田氏が当城に置かれ、約200年に渡って清洲は守護所として尾張の中心となる。織田氏は弱体化した斯波氏に代わって勢力を広げ、尾張下四郡を支配した清洲織田氏と上四郡を治めた岩倉《いわくら》城(岩倉市)の岩倉織田氏の2派に分かれて抗争した。

両派の間隙を縫って台頭したのが清洲織田氏三家老のひとりだった織田信秀《のぶひで》(信長の父)である。天文《てんぶん》24年(1555)、跡を継いだ信長は清洲織田当主・信友《のぶとも》を滅ぼして清洲城を奪取。その後小牧山《こまきやま》城(小牧市)に移転するまでの10年、当城を居城として尾張統一を果たしたほか、桶狭間の戦いもこの城から出陣した。

本能寺での信長の死後、当城で後継者を巡る清洲会議が行われ、城は次男の信《のぶ》雄《かつ》が相続。関ヶ原合戦では東軍の拠点として利用された。慶長《けいちょう》14年(1609)、家康《いえやす》が名古屋への遷府を決定し、「清洲越え」と呼ばれる城下町移転が行われ廃城に。遺構は少なく、現在ある天守は模擬天守である。唯一、名古屋城にある清須櫓は当城から移築されたものだ。

小幡城 おばたじょう

平山城

別　名	ー
築年/廃年	大永2年(1522)／天正12年(1584)以降
築城主	岡田重篤
城　主	岡田重篤～織田信光
所在地	愛知県名古屋市守山区西城2

長久手の戦いで家康が利用

織田《おだ》氏に仕えていた岡田重篤《おかだしげあつ》の築城。濃尾平野の東端に位置し、美濃と三河に通じる要衝だった。戦国時代に城主の織田信光《のぶみつ》(信長《のぶなが》の叔父)が不慮の死を遂げた後、長らく廃城となっていた。天正《てんしょう》12年(1584)、小牧・長久手合戦で家康《いえやす》は本陣を小牧山に置くとともに、小幡城を修理し、家臣の本多広孝《ほんだひろたか》に守らせた。家康は長久手の戦いで秀吉《ひでよし》軍の池田恒興《いけだつねおき》、森長《もりなが》可《よし》らを打ち破った後、当城に引き揚げている。戦後、秀吉軍に焼かれて廃城に。

善照寺砦 ぜんしょうじとりで

平山城

別　名	ー
築年/廃年	永禄2年(1559)／ー
築城主	織田信長
城　主	佐久間信盛
所在地	愛知県名古屋市緑区鳴海町字砦

鳴海城に備えた三砦の一

織田信長《おだのぶなが》が、今川義元《いまがわよしもと》に属していた鳴《なる》海《み》城(名古屋市)の東に築いた砦。東西60m、南北36mの規模だったとされる。現在は公園となって遺構はない。織田信《のぶ》秀《ひで》(信長の父)の死後、鳴海城主・山口教《やまぐちのり》継《つぐ》は信長を見限り、義元へ城ごと寝返った。その後教継は義元に殺され、鳴海城は今川家直轄の重要拠点となる。信長は鳴海城を囲むように、善照寺砦、丹下《たんげ》砦、中嶋《なかしま》砦を築き、善照寺砦を佐久間信盛《さくまのぶもり》・信辰《のぶとき》兄弟に守らせた。

大高城 おおだかじょう

平山城

別　名	ー
築年/廃年	不明／永禄3年(1560)以降
築城主	不明
城　主	花井備中守～水野氏→朝比奈輝勝～鵜殿長照
所在地	愛知県名古屋市緑区大高町城山

徳川家康の「兵糧入れ」が名高い

知多半島のつけ根を押さえ、東海道にも通じる要衝。永禄《えいろく》3年(1560)の桶狭間の戦いを前に、当城と沓掛《くつかけ》城(豊明市)は、鳴海《なるみ》城(名古屋市)主・山口教継《やまぐちのりつぐ》の調略により、今川義元《いまがわよしもと》方に落ちた。織田信長《おだのぶなが》は周囲に丸根《まるね》と鷲津《わしづ》の2砦を築き、今川と城の連絡を断とうとした。この際、今川方だった徳川家康《とくがわいえやす》は義元に兵糧輸送を命じられ、110頭の馬に積んだ食糧を搬入することに成功。「大高の兵糧入れ」として知られる。桶狭間合戦後に廃城。

大野城 おおのじょう

平山城

別　名	宮山城
築年/廃年	不明／天正12年(1584)以降
築城主	不明
城　主	大野氏～一色氏～佐治宗貞～信方→一成→織田長益
所在地	愛知県常滑市金山

あの「江」が嫁いだ城

知多半島の国人領主で、水軍を率いた佐治《さじ》氏4代の居城。大野湊を見下ろす丘陵に建つ。大野湊は伊勢と三河を結ぶ重要な港。佐治氏は織田《おだ》氏と繋がりが深く、3代・信方《のぶかた》の妻は信長《のぶなが》の妹・お犬《いぬ》の方《かた》で、4代・一成《かずなり》の妻は信長の妹・お市《いち》の方《かた》の三女である江《ごう》(父は浅井長政《あざいながまさ》)。天正《てんしょう》12年(1584)、一成は小牧・長久手の戦いで家《いえ》康《やす》に協力したことを秀吉《ひでよし》に責められ、江と離縁させられたうえ追放された。その後ほどなく廃城に。堀跡が一部残る。

名古屋城 なごやじょう

平城

別　名	金鯱城、金城、楊柳城、亀尾城、蓬左城
築年/廃年	慶長15年(1610)／明治以降
築城主	徳川家康
城　主	尾張徳川氏
所在地	愛知県名古屋市中区本丸

金鯱輝く尾張の名城

徳川家康《とくがわいえやす》が築いた天下の名城で、徳川御三家筆頭の尾張徳川家の居城である。名古屋台地の北西隅に位置し、丘陵の突端を利用して築かれた。姫路《ひめじ》城、熊本《くまもと》城とともに日本三大名城のひとつであり、「尾張名古屋は城で持つ」という伊勢音頭の一節もよく知られる。天守の両端に輝く金の鯱《しゃち》も有名で、「金鯱城」とも呼ばれている。

当地は古く那古屋と称され、室町幕府守護で尾張守護も兼ねた斯波《しば》氏の領土だったが、応仁《おうにん》の乱(1467〜1477)後に駿河の今川氏親《いまがわうじちか》が押領。大永《たいえい》5年(1525)に那古屋城を築城した。これが城の前身である。その後、尾張の戦国大名・織田信秀《おだのぶひで》(信長《のぶなが》の父)が那古屋城を奪取し、幼い信長に城を与えた。信長はその後に清洲《きよす》城(清須市)へ本拠を移転したため、那古屋城は廃城となる。なお那古屋城の位置は、後の名古屋城の二ノ丸一帯とされる。

慶長《けいちょう》5年(1600)、関ヶ原合戦に勝利して、征夷大将軍《せいいたいしょうぐん》に上り詰めた徳川家康は、江戸《えど》城(千代田区)をはじめ、二条《にじょう》城(京都市)、伏見《ふしみ》城(京都市)、駿府《すんぷ》城(静岡市)など、堰を切ったように全国各地で城の築城、整備を進めた。大坂《おおさか》城(大阪市)の豊臣秀頼《とよとみひでより》をはじめとする西国大名に対する牽制が狙いであり、徳川幕府を永久政権とするための大切な布石でもあった。家康は東西勢力の激突する要衝である尾張に、九男・義直《よしなお》の居城として、大規模な城を築くことを決意した。

尾張の中心は長らく清洲城(清須市)だったのだが、水害に弱い地形の問題などがあったため、義直の叔父・山下氏勝《やましたうじかつ》の提案により、那古屋の古城に新城を築城することとした。家康はわざわざ名古屋に出向いて当地を視察している。

慶長15年(1610)、加藤清正《かとうきよまさ》、福島正則《ふくしままさのり》ら豊臣恩顧の西国大名20人を動員した天下普請により、築城が始められ、2年後にほぼ完成を見た。「清洲越え」と呼ばれる清洲城からの城下町移転も行われた。尾張徳川家は61万石余を領し、義直から16代・義宜《よしのり》まで続いて明治維新に至る。

城郭は本丸を中心に南東を二ノ丸、南西を西ノ丸、北西を御深井丸、南東を三ノ丸が囲む典型的な梯郭式縄張で、周囲には広大な水堀が巡らされた。

天守の造営は、作事奉行に小堀遠州《こぼりえんしゅう》、大工棟梁に中井正清《なかいまさきよ》、天守台担当は清正という当代の築城名人が揃った。天守は新層塔型5重5階(地下1階)、天守台を含めた高さは約55mに達した。構造は小天守を橋台で結ぶ連結式である。石垣は「清正流三日月石垣」と呼ぶ力作で“扇の勾配”と呼ばれる見事なカーブを描く。

天守の最大の注目は青銅の鋳物に薄い金板を張った金鯱だろう。鴟尾《しび》(大棟両端の魚の尾の飾り)として金鯱が使われた例は名古屋城だけである。高さは2.5m、慶長大判1490枚を使って製作された。大坂方を威圧するには十分な天守だった。

惜しくもこの天守は太平洋戦争の空襲で金鯱もろとも焼失。現在の天守は戦後に外観復元されたものである。もっとも、清須櫓(清洲城より移築)をはじめ、本丸東南隅櫓・西南隅櫓、表二ノ門と建築遺構が豊富であることは大きな魅力である。

末森城 すえもりじょう

平山城

別名	末盛城
築年/廃年	天文17年(1548)／弘治3年(1557)
築城主	織田信秀
城主	織田信秀→信行
所在地	愛知県名古屋市千種区城山町2

悲劇の信長の弟・織田信行

織田《おだ》信秀《のぶひで》(信長《のぶなが》の父)が三河方面の防備のため、守山《もりやま》城(名古屋市)の弟・信光《のぶみつ》との連携を意識して築いた城。信秀にとって勝幡《しょばた》、那古屋《なごや》、古渡《ふるわたり》に続く4番目の居城だが、築城の翌年に病死した。家督は那古屋城(名古屋市)主の信長が継ぎ、末森城は信長の弟・信行《のぶゆき》が継承した。弘治《こうじ》2年(1556)、信行は信長に反旗を翻し、敗れて和睦。信行は翌年にも再び謀反しようとしたので、清洲《きよす》城(清須市)で信長に暗殺され、当城は廃城となった。

鳴海城 なるみじょう

平山城

別名	根古屋城
築年/廃年	応永年間(1394～1428)／天正年間(1573～1592)
築城主	安原宗範
城主	安原宗範～山口教継→岡部元信→佐久間信盛
所在地	愛知県名古屋市緑区鳴海町城

今川義元の首と引き替えに開城

足利《あしかが》氏の武将・安原宗範《やすはらむねのり》の築城。尾張の東端で、駿河･三河方面に通じる要衝。宗範の死後廃城となったが戦国時代に織《お》
田《だ》信秀《のぶひで》(信長《のぶなが》の父)が修築し、山口教継《やまぐちのりつぐ》を城将とした。信秀死後、信長に不信感を持った教継は今川義元《いまがわよしもと》に城ごと寝返るが義元の命で殺され、今川譜代の岡部元信《おかべもとのぶ》が入城。永禄《えいろく》3年(1560)の桶狭間戦で義元は戦死。元信は義元の首と引き替えに信長に城を明け渡す。その後佐久間信盛《さくまのぶもり》が居城とし天正《てんしょう》年間(1573～1592)に廃城。

勝幡城 しょばたじょう

平城

別名	―
築年/廃年	永正年間(1504～1521)／不明
築城主	織田信定
城主	織田信定→信秀
所在地	愛知県愛西市勝幡町

織田氏発展の礎となった城

尾張守護代・清洲織田《おだ》氏の三家老の一角だった織田信定《のぶさだ》(信長《のぶなが》の祖父)が築城した。「塩畑」という地名だったが「勝ち旗」を意味する勝幡に改められたという。信定の子・信秀《のぶひで》は大永《たいえい》7年(1527)に家督を継いで城主となり、天文《てんぶん》元年(1532)に今《いま》
川《がわ》氏から那古屋《なごや》城(名古屋市)を奪取して尾張南西部から現在の名古屋周辺部にまで勢力を広げた。信秀は那古屋城に本拠を移し、当城には城代を置く。続く信長の代に規模の小さな当城は廃城となる。

岩倉城 いわくらじょう

平城

別名	―
築年/廃年	文明11年(1479)頃／不明
築城主	織田敏広
城主	織田敏広～信安→信賢
所在地	愛知県岩倉市下本町

岩倉織田氏の居城

中世に尾張上四郡(丹羽、葉栗、中島、春日井)を支配した岩倉織田《おだ》氏(伊勢守家)の本拠。別系の清洲織田氏とともに守護の斯波《しば》氏を圧し尾張を2分する勢力を持った。当主・信安《のぶやす》の代より清洲織田氏家老の家格だった信長《のぶなが》と対立。永禄《えいろく》元年(1558)に信安の子・信賢《のぶかた》は浮野(一宮市)で信長軍と戦って敗れ、翌年に岩倉城を攻められた。数か月の籠城戦の末に降伏、追放されて岩倉織田氏は滅亡。落城後に廃城となったと思われるが詳細は不明。

楽田城 がくでんじょう

平城

別名	―
築年/廃年	永正元年(1504)／天正12年(1584)以降
築城主	織田久長
城主	織田久長～織田信清→坂井政尚→梶川高盛→堀秀政
所在地	愛知県犬山市字城山

天守の始まりとなった城

織田《おだ》一族の久長《ひさなが》の築城。一時犬山《いぬやま》城(犬山市)の織田信康《のぶやす》に攻略されたが、後に織田信長《のぶなが》の支配下に置かれた。天正《てんしょう》12年(1584)の小牧・長久手の戦いでは秀吉《ひでよし》軍が陣を置いた。戦後に廃城となる。『遺老物語』によれば永禄《えいろく》元年(1558)に城内に高さ5mの土壇が築かれ、その上に櫓を建て、階上に座敷を設けて望楼のようにしたという。この建物は「殿守《でんしゅ》」と呼ばれた。これが文献上最も古い「天守」の記述であり天守の始まりともいわれる。

志摩

鳥羽城 とばじょう

海城

別名	錦城
築年/廃年	文禄3年(1594)／明治以降
築城主	九鬼嘉隆
城主	九鬼嘉隆～久隆→内藤氏～土井氏～松平氏～板倉氏～稲垣氏
所在地	三重県鳥羽市鳥羽3

志摩の海賊・九鬼嘉隆の城

九鬼《くき》水軍を率いた海賊・九鬼氏の居城。江戸時代は鳥羽藩政庁となった。現在の鳥羽水族館裏手の丘陵が城址である。

良港・泊浦(鳥羽港)を抱えた鳥羽は古来伊勢神宮の神領だった。中世に橘《たちばな》氏の所領となり、居館が置かれていた。戦国時代の志摩国は伊勢国司・北畠《きたばたけ》氏のもと「志摩十三地頭」と称される海賊衆が割拠しており、橘氏はその中心だった。

こうしたなか、志摩国制圧に乗り出したのが九鬼嘉隆《よしたか》である。九鬼氏は波切《なきり》城(志摩市)を本拠とする海賊で、十三地頭のひとりだった。嘉隆は織田《おだ》信長《のぶなが》に仕えて伊勢攻略戦で大活躍し、信長を後ろ盾にして地頭たちを次々に破る。元亀《げんき》元年(1570)頃、橘氏を降伏に追い込み、その娘を妻として鳥羽を奪った。

嘉隆は織田水軍の中核にのし上がり、毛利《もうり》水軍を相手にした天正《てんしょう》6年(1578)の第2次木津川口の戦いでは、「鉄甲船」を建造して織田軍を勝利に導いている。信長の死後は秀吉《ひでよし》に仕え、鳥羽を本拠として橘氏館跡に鳥羽城を築いた。

関ヶ原合戦では嘉隆が西軍、子の守隆《もりたか》が東軍に分かれることに。戦後、敗れた嘉隆は切腹。九鬼氏は久隆《ひさたか》の代で摂津三田へ移封となる。以降、城主交代と改修が繰り返され、幕末には総面積約10万㎡の規模となった。維新後に破却され、現在はわずかに本丸石垣などが残るのみ。

国府城 こうじょう

平山城

別　名	―
築年／廃年	戦国時代／不明
築城主	三浦新助
城　主	三浦新助～九鬼守隆
所在地	三重県志摩市阿児町国府

九鬼氏に滅ぼされた三浦氏

北畠《きたばたけ》家臣・三浦新助《みうらしんすけ》の居城。志摩半島南部の丘陵、通称「御天主山」の先端に築かれている。鎌倉時代に相模三浦氏が当地に流れ着いて土着したという伝承があるが不明。戦国時代に「志摩十三地頭」のひとりだった三浦新助が北畠氏に2000石を与えられ築城した。新助は永禄《えいろく》年間(1558～1570)に九鬼《くき》嘉隆《よしたか》に敗れ、消息不明となった。その後は嘉隆の支配下に。関ヶ原合戦で嘉隆・守隆《もりたか》父子が西・東軍に分かれた際、守隆の本拠となった。

波切城 なきりじょう

平山城

別　名	波切砦
築年／廃年	南北朝時代／文禄3年(1594)
築城主	川面氏
城　主	川面氏→九鬼隆良～嘉隆
所在地	三重県志摩市大王町波切

荒波で知られる岬の海賊城

海賊大名・九鬼《くき》氏の旧本拠。伊勢志摩国立公園の南端、伊勢湾の入口に位置する大王崎にあった。古来潮流の速さで有名な岬である。南北朝期、熊野土豪の川《かわ》面《つら》氏の築城と伝わる。間もなく紀伊国九鬼(尾鷲市)より攻め上ってきた九鬼氏により制圧。戦国時代に嘉隆《よしたか》が志摩一国を平定して文禄《ぶんろく》3年(1594)鳥羽《とば》城を築くまで、長く九鬼氏の本拠だった(移動とともに廃城)。大王崎沖を通行する廻船の通行税などが九鬼氏の収入源となった。

伊勢

安濃城 あのうじょう

平山城

別　名	―
築年／廃年	戦国時代／不明
築城主	細野氏
城　主	細野氏
所在地	三重県津市安濃町安濃

伊勢最大規模の城

中伊勢の国人・細野《ほその》氏の居城。安濃川北岸の丘陵に築かれた伊勢最大規模の城。永禄《えいろく》11年(1568)、信長《のぶなが》の北伊勢侵攻で攻撃されたが持ちこたえた。細野氏は長野《ながの》(工藤《くどう》)一族で、戦国時代の当主は藤敦《ふじあつ》。戦後、弟で織田《おだ》派だった分部光嘉《わけべみつよし》の策謀で主君の長野具藤《ともふじ》を追い信長に降伏。光嘉らの斡旋で長野の名跡は信長の弟・信《のぶ》包《かね》が継ぐ。天正《てんしょう》8年(1580)に信包の攻撃で落城。藤敦は敗走し後に秀吉《ひでよし》に仕える。落城後に廃城と思われるが詳細は不明。

亀山城《かめやまじょう》

平山城

別名	粉蝶城
築年／廃年	文永2年(1265)、天正18年(1590)／明治以降
築城主	関実忠、岡本宗憲
城主	関実忠～岡本宗憲→関一政～三宅氏～本多氏～石川氏
所在地	三重県亀山市本丸町

間違えて壊された天守

伊勢豪族・関《せき》氏の本拠、後に伊勢亀山藩主の居城。亀山市街北部の丘陵に建つ。畿内と東国を結ぶ鈴鹿峠を扼する。

関氏は鎌倉時代に平実忠《たいらのさねただ》が伊勢国鈴鹿郡関谷の地頭になり、関氏を称したのが始まりという。城の前身は、実忠が文永《ぶんえい》2年(1265)に築いた若山《わかやま》城(亀山古城、城の西方)。南北朝期には南朝方の北畠《きたばたけ》氏に仕える。盛政《もりまさ》の代で領地を五子に分け、三男が関宗家を継ぎ、長男が神戸《かんべ》氏、次男が国府《こう》氏、四男が鹿伏兎《かぶと》氏、五男が峯《みね》氏を興す(関の五大将)。永禄《えいろく》10年(1567)、関盛信《もりのぶ》が信長《のぶなが》の北伊勢侵攻を受ける。盛信は信孝《のぶたか》(信長の三男)を神戸家の養子として和睦し、以降織田《おだ》傘下に。秀吉《ひでよし》政権下では蒲生氏郷《がもううじさと》の麾下《きか》となり、天正《てんしょう》18年(1590)、氏郷の会津転封に伴い白河へ。

代わって入城した岡本宗憲《おかもとむねのり》は、城が著しく荒廃していたため、現在の地に亀山城を築いた。本丸には3重の天守が築かれた。宗憲は関ヶ原で西軍に属したため自刃。以降、城主は何度も入れ代わり、石川《いしかわ》氏の代で明治を迎えた。

また寛永《かんえい》9年(1632)、三宅康盛《みやけやすもり》が1万石で在城の際、幕府は堀尾忠晴《ほりおただはる》に丹波亀山城の修築を命じた。しかし忠晴は間違えて康盛に天守を解体させ、石垣を修理させた。間違いがわかったが、幕府は復旧を認めなかった。1万石の大名が天守を持つことを咎めた措置とも見られる。

長野城《ながのじょう》

山城

別名	中根城
築年／廃年	文永11年(1274)／元亀元年(1570)
築城主	長野(工藤)祐藤
城主	長野氏
所在地	三重県津市美里町桂畑

信長の弟・信包が養子に入る

伊勢中部の国人領主・長野《ながの》(工藤《くどう》)氏の居城。伊勢と伊賀を結ぶ長野峠に近い標高540mの山上にある。長野氏は曽我《そが》兄弟に討たれた工藤祐経《すけつね》の流れ。当地の地頭となり長野氏を称した。北畠《きたばたけ》・関《せき》氏らと伊勢の覇権を争う。永禄《えいろく》元年(1558)に北畠氏に従い、具教《とものり》の次男・具藤《ともふじ》を養子とするが、信長《のぶなが》の侵攻で具藤は追われ、信長の弟・信包《のぶかね》が長野氏を相続。元亀《げんき》元年(1570)に上野《うえの》城へ移り廃城。付近に東の城、中の城、西の城という拠点もある。

桑名城《くわなじょう》

水城

別名	扇城、旭城
築年／廃年	慶長6年(1601)／明治以降
築城主	本多忠勝
城主	本多忠勝→忠政→松平定勝→松平氏
所在地	三重県桑名市吉之丸

千姫と本多忠刻のロマンス

徳川《とくがわ》四天王・本多忠勝《ほんだただかつ》が関ヶ原後に10万石を得、十数年をかけ築城した揖斐川河口近くの水城。桑名は東海道の要衝。櫓50、多聞櫓46の巨大城郭で層塔型4重6階の天守もあったが後に焼失。城下には名古屋から海上7里で結ばれた渡船場「七里の渡」を設けた。慶長《けいちょう》20年(1615)、豊《とよ》臣《とみ》氏滅亡後、救出された秀頼《ひでより》の正室・千《せん》姫《ひめ》(家康《いえやす》の孫)がこの渡で本多忠刻《ただとき》(忠勝の孫)と恋に落ち、翌年桑名城に嫁いだ。後に松平《まつだいら》氏が城主となり、明治を迎えた。

松坂城《まつざかじょう》

平山城

別名	松阪城
築年／廃年	天正16年(1588)／明治以降
築城主	蒲生氏郷
城主	蒲生氏郷→服部一忠→古田重勝→徳川氏
所在地	三重県松阪市殿町

蒲生氏郷が手塩にかけた高石垣

秀吉《ひでよし》家臣の蒲生《がもう》氏郷《うじさと》が伊勢支配の拠点として築いた名城。江戸時代は紀州徳川《とくがわ》氏の陣屋となる。豪壮な石垣が残る。現在、二ノ丸跡地に同地出身の本居宣長《もとおりのりなが》の旧宅が移築されている。梶井基次郎《かじいもとじろう》作『城のある町にて』の舞台としても知られる。

天正《てんしょう》12年(1584)3月、秀吉と家康《いえやす》・織《お》田《だ》信雄《のぶかつ》(信長《のぶなが》の次男)同盟による小牧・長久手の戦いが勃発。本戦とは別に秀吉は信雄領の南伊勢を攻め、統治拠点・松《まつ》ヶ《が》島《しま》城(松阪市)を陥落。秀吉は日野《ひの》城(蒲生郡)主だった氏郷を12万石で入城させ、南伊勢を支配させた。しかし松ヶ島城は手狭だったので、現在の松阪市街北部となる四五百森《よいほのもり》の独立丘陵に新城を構築する。同地は北の阪内川、南の愛宕川が天然の堀となる要害。氏郷はこの城を吉祥の木である松と秀吉の大坂《おおさか》城から一字をもらって「松坂」と命名する。

城郭は蒲生の石工職人により総石垣で築かれ、本丸、二ノ丸、外曲輪《くるわ》は雛壇状に並べられた。これは3段構成で「一《ひ》二《ふ》三《み》段《だん》」と呼ばれる。周囲の武家屋敷も包み込む総延長2.1kmの外堀も穿《うが》たれた。3重5階の天守もあったと伝わる。まさに築城名人・氏郷会心の近代城郭だったが、完成間もなく氏郷は会津60万石に加増移封。その後は服部一忠《はっとりかずただ》、古田重勝《ふるたしげかつ》が城主を務め、紀州藩(徳川頼宣《よりのぶ》)の領地となり、紀州藩の領地として明治を迎えた。

松ヶ島城《まつがしまじょう》

平城

別名	天守山
築年／廃年	天正8年(1580)／天正16年(1588)
築城主	織田信雄
城主	織田信雄→蒲生氏郷
所在地	三重県松阪市松ヶ島町

家臣誅殺事件が秀吉に利用される

松阪港を望む南伊勢の要衝。前身は北《きた》畠《ばたけ》具教《とものり》が信長《のぶなが》の侵攻に備えて築いた細首《ほそくび》城。織田《おだ》・北畠和睦後、北畠の養嗣子《ようしし》・信雄《のぶかつ》(信長の次男)は田丸《たまる》城(度会郡)に入ったが焼失し、細首城址に当城を築く。天正《てんしょう》12年(1584)、清洲《きよす》にいた信雄は城を預けた家臣・津川義冬《つがわよしふゆ》らを秀吉《ひでよし》内通の疑いで誅殺し、小牧・長久手合戦の契機に。秀吉に攻められ落城した後、蒲生《がもう》氏郷《うじさと》が入城。後に氏郷が松坂《まつざか》城を築いて移動し廃城。5重天守があったとも。

上野城《うえのじょう》

平山城

別名	伊勢上野城
築年／廃年	元亀元年(1570)／慶長13年(1608)
築城主	織田信包
城主	織田信包→分部光嘉→光信
所在地	三重県津市河芸町上野

「江」の故郷、絶景で著名

伊勢街道沿いの台地で伊勢湾と鈴鹿連峰を見下ろす形勝の地。信長《のぶなが》の弟・信包《のぶかね》が津《つ》城(津市)の大改修時に一時的な居城として築く。天正《てんしょう》元年(1573)、浅井《あざい》長政《ながまさ》が信長に攻められ自刃した後、夫人のお市《いち》の方《かた》(信長の妹)とその娘・茶々《ちゃちゃ》、初《はつ》、江《ごう》は当城で暮らした。天正8年(1580)に信包とお市母子は津城に移る。当城は津城の出城になり、分部《わけべ》氏が城代に。慶長《けいちょう》13年(1608)に藤堂高虎《とうどうたかとら》が津藩主となって分部光信《みつのぶ》が移封され、上野城は廃城。

長島城 ながしまじょう

平城

別　名	松筒島城
築年/廃年	文明14年(1482)／明治以降
築城主	伊藤重晴
城　主	伊藤氏→願証寺証意・下間頼旦(一向一揆)→滝川一益～菅沼氏～増山氏
所在地	三重県桑名市長島町西外面

大虐殺が行われた悲劇の城

織田信長《おだのぶなが》と激しい戦いを繰り広げた長島一向一揆の砦として知られる。木曽、長良、揖斐の「木曽三川《さんせん》」河口部の中州に位置。河川工事により現在の地形は異なるが、かつては7つの島があり、複数の城から成っていた。当地は尾張と美濃に接する要衝で、海上・河川交通が盛んだった。鎌倉時代に藤原道家《ふじわらみちいえ》が館を築き、15世紀後半に北伊勢豪族の伊藤《いとう》氏が跡地に堡塁を築いたのが城の始まりという。

天文《てんもん》年間(1532～1555)に本願寺8世・蓮如《れんにょ》の十二男・蓮淳《れんじゅん》が当地の杉江に願証寺を建立し(現在は水没)、長島は一向一揆の拠点となる。その勢力は門徒約10万人、石高10万石に膨らみ、強大な自治組織を築く。元亀《げんき》元年(1570)の石山戦争勃発に伴い、4世・証意《しょうい》が下間頼旦《しもつまらいたん》らと長島城を奪取して伊藤一族を追放。さらに古木江《こきえ》城(愛西市)の織田信興《のぶおき》(信長の弟)を討った。一揆は翌年と天正《てんしょう》元年(1573)に信長と2度交戦して大勝。この間、証意は暗殺されたが、頼旦以下一揆勢の結束は固く、信長の脅威となる。

しかし翌年、信長は水軍で海上を封鎖して一揆勢を追い詰め、頼旦らを降伏に追い込んだ。信長は一揆勢を許さず、“根絶やし”と呼ばれる大虐殺を行い、頼旦ら数万の門徒を皆殺しとした。

戦後は滝川一益《たきがわかずます》が入城。江戸時代は菅《すが》沼《ぬま》氏のもと長島藩庁となり明治を迎えた。

津城 つじょう

平城

別　名	安濃津城
築年/廃年	元亀年間(1570～1573)／明治以降
築城主	織田信包
城　主	織田信包→富田一白→信高→藤堂高虎→藤堂氏
所在地	三重県津市丸之内

伊勢神宮参道を引き込んで繁栄

市街中心部に位置する津のシンボル。北の安濃川、南の岩田川を天然の堀とする。築城名人・藤堂高虎《とうどうたかとら》の改修が著名。藤堂時代に津は伊勢神宮参拝の宿場町として栄え、「伊勢は津でもつ津は伊勢でもつ」と伊勢音頭に謡われる繁栄を遂げた。

永禄《えいろく》12年(1569)、伊勢平定を進める織《お》田《だ》信長《のぶなが》は、中伊勢の有力国人・長野《ながの》(工《く》藤《どう》)氏を屈服させ、弟の信包《のぶかね》を養子入りさせることで、事実上長野氏を乗っ取った。

信包は、中伊勢支配の拠点として津城の築城に乗り出す。信包が信長の天下統一戦に従軍したため工事は進まず、天正《てんしょう》8年(1580)頃に完成を見た。この間、信包は北方の上野《うえの》城を仮の居城とし、姉のお市《いち》の方《かた》とその娘・茶々《ちゃちゃ》、初《はつ》、江《ごう》を保護し、完成した津城へともに移っている。

文禄《ぶんろく》3年(1594)に信包は秀吉《ひでよし》により丹波柏原へ減封され、代わって富田一白《とみたいっぱく》が入城した。関ヶ原の戦いで一白の子・信《のぶ》高《たか》は東軍につき、西軍の毛利秀元《もうりひでもと》・長宗《ちょうそ》我部盛親《かべもりちか》軍の攻撃を受ける。信高夫人も槍を持って戦うという大激戦となった末、信高は降伏。しかし、関ヶ原本戦後に信高は加増を受け、城を取り戻した。

慶長《けいちょう》13年(1608)、信高が宇和島に移封された後、藤堂高虎が入城して城を輪郭式の近代城郭として整備。伊勢神宮参道を城下に引き入れ、城下町を発展させた。以後、明治維新まで藤堂氏の居城になる。

神戸城《かんべじょう》

平城

別名	本多城
築年／廃年	天文年間(1532～1555)／明治以降
築城主	神戸具盛
城主	神戸氏→滝川雄利→一柳直盛～本多氏
所在地	三重県鈴鹿市神戸5

信長に乗っ取られた鈴鹿の城

北伊勢豪族・神戸《かんべ》氏の居城。鈴鹿市中心部にある。神戸氏は関《せき》氏分家だが中世に本家と並ぶ勢力を得た。7代・具盛《とももり》が関氏とともに近江六角《ろっかく》氏に臣従。永禄《えいろく》11年(1568)に信長《のぶなが》の侵攻を受け、信長の三男・信孝《のぶたか》を養子に迎えて和睦。事実上家を乗っ取られた。信孝は天正《てんしょう》8年(1580)に大改修し、5重6階の天守を築く。その後は滝川雄利《たきがわかつとし》、一柳直盛《ひとつやなぎなおもり》らが城主を務め、本多《ほんだ》氏が続き明治に至る。天守は後に解体され、桑名《くわな》城(桑名市)の3重櫓に。

大河内城《おかわちじょう》

平山城

別名	―
築年／廃年	応永22年(1415)／天正5年(1577)以降
築城主	北畠満雅
城主	北畠(大河内)顕雅～北畠具教→織田信雄
所在地	三重県松阪市大河内町

名門・北畠氏最後の戦い

伊勢国司である北畠《きたばたけ》氏の3代・満雅《みつまさ》が足利《あしかが》幕府への備えとして築城し、弟の顕《あき》雅《まさ》を城主とした。顕雅は大河内《おかわち》氏の祖となり、北畠家No.2の座を占める。永禄《えいろく》12年(1569)、信長《のぶなが》の南伊勢侵攻を受け、宗家の北畠具教《とものり》・具房《ともふさ》父子が本拠とする。信長は兵糧攻めで具教らを追い詰め、50余日の籠城戦の末、降伏開城させた。具教は和議の条件として、信長の次男・信《のぶ》雄《かつ》を北畠の養嗣子《ようしし》として迎える。信雄が田丸《たまる》城(度会郡)に移った後に廃城。

峯城《みねじょう》

平山城

別名	―
築年／廃年	貞治6年(1367)／天正12年(1584)以降
築城主	関(峯)政実
城主	峯氏→岡本宗憲→滝川益重→佐久間正勝
所在地	三重県亀山市川崎町森

戦乱に明け暮れた峯氏の城

伊勢鈴鹿の豪族・関《せき》氏の分流の峯《みね》氏の居城。安楽川と八島川が合流する丘陵に建つ。峯氏は織田信長《おだのぶなが》の伊勢侵攻で神戸《かんべ》(織田)信孝《のぶたか》に属した。峯氏当主は天正《てんしょう》年間(1573～1592)の合戦で討ち死に、断絶したとされる(『関町史』)。天正11年(1583)、岡本宗憲《おかもとむねのり》在城の際、滝川一益《たきがわかずます》の攻撃で落城。一益の甥・益重《ますしげ》が新城主となる。翌年、秀吉《ひでよし》が益重を下し織田信雄《のぶかつ》家臣の佐《さ》久間正勝《くままさかつ》が入るが、信雄と不和になった秀吉が再び攻め落とし以後廃城。

田丸城《たまるじょう》

平山城

別名	玉丸城、玉丸御所
築年／廃年	建武3年(1336)／明治以降
築城主	北畠親房・顕信
城主	北畠氏～田丸直昌→織田信雄→蒲生氏→稲葉道通→藤堂氏→徳川氏(久野氏)
所在地	三重県度会郡玉城町田丸

北畠氏の養子となった織田信雄

伊勢神宮の参宮街道と熊野街道に繋がる要衝。南北朝期に北畠《きたばたけ》氏が南朝の拠点として築き、幕府との激しい争奪戦が続いた。応永《おうえい》年間(1394～1428)に愛州《あいす》氏が入城、その後北畠政郷《まささと》の庶子・政勝《まさかつ》が養《よう》嗣子《しし》となり田丸氏を称す。信長《のぶなが》の伊勢侵攻後の天正《てんしょう》5年(1577)、北畠具教《とものり》の養嗣子・織田信雄《おだのぶかつ》が3重天守の近世城郭としたが焼失し、信雄は松ヶ島《まつがしま》城(松阪市)に移る。その後は蒲生《がもう》氏などが城主となり、徳川《とくがわ》氏の城代・久野《くの》氏で明治を迎えた。

五ヶ所城 ごかしょじょう

平山城

別名	愛州城
築年/廃年	康永年間(1342〜1345)/天正4年(1576)頃
築城主	愛州氏
城主	愛州氏
所在地	三重県度会郡南伊勢町五ヶ所浦

剣豪・移香斎で知られる愛州氏

北畠《きたばたけ》氏の臣・愛州《あいす》氏の居城。五ヶ所湾を望む台地で周囲を五ヶ所川が巡る天然の要害。近郊に愛州氏館跡がある。愛州氏は陰流始祖の剣豪・愛州移香斎《いこうさい》で有名だが詳しい出自は不明。建武《けんむ》年間(1334〜1336)に伊勢と紀伊に分かれ伊勢愛州氏と熊野愛州氏が生まれたという。愛州氏は北畠氏を守って幕府、伊勢守護・仁《にっ》木《き》氏らと争い北畠氏の衰運に伴い織田《おだ》氏に敗れ滅んだとされる。天正《てんしょう》4年(1576)頃、北畠信雄《のぶかつ》軍に攻められ落城し、廃城。

霧山城・北畠氏館 きりやまじょう きたばたけしやかた

山城

別名	多気城、多気御所
築年/廃年	康永元年(1342)/天正4年(1576)
築城主	北畠顕能
城主	北畠氏
所在地	三重県津市美杉町下多気

山峡に築かれた名門・北畠氏の本拠

伊勢国司・北畠《きたばたけ》氏の本拠。館(現・北畠神社)は雲出川上流の山峡の小盆地に位置。北西の標高560mの山頂に霧山城を配す。侵入するには険しい峠があり、さらに各入口には関所があった。集落全体と霧山城がすべて城郭といえる。戦国時代に南伊勢平野部に一族が配され、嫡流は顕能《あきよし》から具教《とものり》に至る8代、200年以上に渡り多気御所に座した。8代・具教が暗殺された後に織田《おだ》軍に攻められ、城代・北畠政成《まさなり》が討ち死に、落城し廃城となる。

木造城 こつくりじょう

平城

別名	木造御所
築年/廃年	貞治5年(1366)/不明
築城主	木造(北畠)顕俊
城主	木造顕俊→俊康→木造氏→具政
所在地	三重県津市木造町

本家を裏切った北畠氏庶流

北畠《きたばたけ》一族・木造《こづくり》氏の居城。雲出川北岸の丘陵にあった。伊勢国司・北畠氏初代の顕能《あきよし》の次男・顕俊《あきとし》の築城で、木造氏を称す。俊康《としやす》の代より足利《あしかが》幕府に接近、本家と敵対もした。永禄《えいろく》12年(1569)、具政《ともまさ》の代で信長《のぶなが》が伊勢に侵攻。信長は具政・長政《ながまさ》父子に南伊勢の案内を要請。父子は織田《おだ》側につき、北畠氏を継いだ織田信雄《のぶかつ》(信長の次男)に仕える。天正《てんしょう》12年(1584)、周辺を領した蒲生氏郷《がもううじさと》に攻められ落城。同時に廃城と思われるが詳細は不明。

三瀬館 みせやかた

居館

別名	三瀬御所
築年/廃年	元亀2年(1571)/ー
築城主	北畠具教
城主	北畠具教→森清十郎
所在地	三重県多気郡大台町上三瀬

伊勢国司・北畠氏の最期

伊勢国司の北畠《きたばたけ》氏8代当主・北畠具教《とものり》の居館。熊野街道沿いに建つ。永禄《えいろく》12年(1569)に大河内《おかわち》合戦で信長《のぶなが》に敗れた具教は、信長の次男・信雄《のぶかつ》を養嗣子《ようしし》とし、事実上家を乗っ取られる。具教は当地に隠居したが天正《てんしょう》4年(1576)11月25日、信長の命を受けた旧臣らに殺され、幼い男子ふたりも殺された。同時に田丸《たまる》城(度会郡)で具教の次男・長野具藤《ながのともふじ》らも殺され北畠氏正系は絶えた。その後一時織田氏家臣が所有したが、後の詳細は不明。

近畿地方

伊賀

青蓮寺城　しょうれんじじょう　平山城

別名	青木城
築年/廃年	戦国時代／不明
築城主	青木信定
城主	青木氏
所在地	三重県名張市青蓮寺

伊賀土豪・青木氏の城

青蓮寺ダムの人造湖である青蓮寺湖の西方、小高い独立丘陵に建てられた。伊賀土豪・青木《あおき》氏の築城。4方を土塁で囲むほか、空堀も巡らされていた。天正《てんしょう》9年(1581)、織田信長《おだのぶなが》の伊賀攻め(天正伊賀の乱)で標的となり、落城。青木氏は柏原《かしわら》城(名張市)に逃れ、最後の抗戦を試みたが同城も落城、伊賀一国は信長の手に落ちた。慶長《けいちょう》5年(1600)に地蔵院が建立されたが消失。寛政《かんせい》3年(1791)に再建された。青木氏の墓がある。

柏原城　かしわらじょう　平山城

別名	滝野城、滝野十郎城
築年/廃年	永禄年間(1558～1570)／不明
築城主	滝野貞清・十郎吉政
城主	滝野貞清→十郎吉政
所在地	三重県名張市赤目町柏原

「天正伊賀の乱」の最終決戦地

織田信長《おだのぶなが》に抵抗した伊賀土豪の最終拠点。伊賀の南端、名張市西南に位置する。4方を約3mの土塁で囲まれた館城。

中世の伊賀では守護・仁木《にっき》氏が衰退し、小領主たちは「伊賀惣国一揆」と呼ばれる領主連合を結成、独自の自治共同体を営んでいた。なお、伊賀といえば忍者組織が著名だが、伊賀上忍三家(服部《はっとり》・百《もも》地《ち》・藤林《ふじばやし》)が一揆の指導者となっていた。

城は東大寺の下司《げし》・大江《おおえ》氏を祖とする滝野貞清《たきのさだきよ》・吉政《よしまさ》父子の築城とされる。貞清の没した天正《てんしょう》7年(1579)に勃発したのが「天正伊賀の乱(第1次)」であった。織田信雄《のぶかつ》(信長の次男)が伊賀忍者・下山《しもやま》甲斐《かい》にそそのかされ伊賀攻めを決意。丸《まる》山《やま》城(伊賀市)に兵を進めた。だが事前に情報を押さえていた土豪たちは逆に奇襲戦を仕かけ、信雄を敗走させた。

2年後、今度は信長が4万の兵を率いて伊賀に侵攻(第2次)。土豪から次々に内応者が出て伊賀の城砦群は陥落した。柏原城は最後の砦となり、吉政は百地丹波《たんば》らとともに抗戦したが、兵糧攻めで進退窮まり、滝野一族とゆかりある能楽師・大倉五郎次《おおくらごろうじ》の斡旋を受けて降伏。吉政ら滝野一族は戦後帰農したとされる。

天正10年(1582)に本能寺で信長が討たれたため、一部の伊賀土豪は城奪還を試みたが、城代の日置大膳《へきだいぜん》に鎮圧された。廃城時期は不明。

上野城《うえのじょう》

平山城

別名	白鳳城、伊賀上野城
築年／廃年	天正13年(1585)、慶長13年(1608)／明治以降
築城主	筒井定次、藤堂高虎
城主	筒井定次→藤堂高虎→高清→藤堂氏
所在地	三重県伊賀市上野丸之内

名人・高虎、会心の高石垣

築城名人・藤堂高虎《とうどうたかとら》が築いた近世城郭として知られる。伊賀盆地中央、標高184mの上野台地北端に位置する。周囲を服部川、柘植川などが巡る要害。総面積は約2万3000㎡。遺構である高石垣は高さ約30mと国内トップクラスである。現在立つ天守は戦後建造された模擬天守。高虎は築城に際して伊賀忍者を放ち、各地の城の機密を探った、という逸話も。

伊賀は京・大和方面から東海道に通じる交通の要衝である。上野には平清盛《たいらのきよもり》が建立した平楽寺という大寺院と伊賀守護・仁木《にっき》氏の館があった。戦国時代の伊賀は仁木氏が衰退し、在地土豪による自治共和体制が敷かれていた。だが、織田《おだ》信長《のぶなが》の侵攻により壊滅。天正《てんしょう》9年(1581)に平定された(天正伊賀の乱)。信長が没し、秀吉《ひでよし》政権となった天正13年(1585)、大和郡山《やまとこおりやま》城(大和郡山市)の筒井定次《つついさだつぐ》(順《じゅん》慶《けい》の養嗣子《ようしし》)が伊賀へ移封される。

定次は平楽寺・薬師寺跡の高丘に新城を築く。これが上野城の始まりである。定次時代の城郭は頂上を本丸とし、さらに3重の天守を築き、西に二ノ丸、北に三ノ丸という構造だった。慶長《けいちょう》5年(1600)、定次は家康《いえやす》に従って会津上杉《うえすぎ》征伐へ向かい、兄の玄蕃《げんば》を留守居役とした。直後、石田三成《いしだみつなり》が挙兵して関ヶ原の戦いが幕を開ける。三成についた摂津高槻《たかつき》城主の新《しん》庄直頼《じょうなおより》・直定《なおさだ》父子は上野城を攻撃。玄蕃は一戦も交えず城を明け渡し高野山へ逃走。定次は家康の許しを得て急ぎ帰還して城を奪回した。関ヶ原合戦後、定次は家康より改めて領土を安堵される。

三成の死後、家康は大坂《おおさか》城(大阪市)の豊臣秀頼《とよとみひでより》を包囲するように姫路《ひめじ》城(姫路市)、彦根《ひこね》城(彦根市)、名古屋《なごや》城(名古屋市)など要所に大城郭を築き、一門や譜代を城主に配した。こうしたなか、慶長《けいちょう》13年(1608)に定次は失政を理由に突如改易される。家康は上野城主という重役を定次に託すことはできなかったのだ。

代わって伊賀一国および伊勢8郡22万石を得て入城したのが藤堂高虎だ。高虎は近江出身で「七度主君を変えねば武士とは言えぬ」という名言で有名。浅井《あざい》・阿閉《あつじ》・織田《おだ》・豊臣・徳川《とくがわ》各家を渡り歩き、秀吉死後は家康に接近。「夜ごとに(家康の)御座に候して密議にあづかる」(『徳川実記』)と絶大な信頼を集め、外様ながら譜代並の扱いを受けた。築城家としても実績高く、宇和島《うわじま》城(宇和島市)、今治《いまばり》城(今治市)を築き、さらに江戸《えど》城(千代田区)本丸の縄張も手がけたとされる。

大坂城攻めが万が一失敗した場合に高虎は「家康公を上野城に、秀忠《ひでただ》公を彦根城に入らせ給うべし」(『高山公(高虎)言行禄』)という計画だった。高虎は慶長13年(1608)より上野城の大改修に乗り出し、定次時代の城を取り込んで、敷地面積を3倍に拡張した。大坂方面にあたる本丸西側が特に強化され、10棟の櫓、長さ40mもの長大な多聞櫓、さらに5重の天守を築いた。天守は惜しくも暴風雨で4年後に倒壊した。大坂方を油断させるため再建はされなかったとも伝わる。

豊臣滅亡後、高虎は居城を津《つ》城(津市)に移す。一国一城令後も上野城は伊賀一国、藤堂氏の支城として存続し、明治を迎えた。

百地丹波城 ももち たんばじょう

平山城

別名	百地丹波守城、百地砦
築年/廃年	戦国時代／不明
築城主	百地丹波
城主	百地丹波
所在地	三重県伊賀市喰代

伝説の忍者城

伊賀流忍術の雄・百地丹波守《ももちたんばのかみ》の城とされる。丹波は伊賀上忍三家（服部《はっとり》・百地・藤林《ふじばやし》）の一角、北伊賀に勢力を持つ土豪である。百地三太夫《さんだゆう》の名でも知られるが、近年では両者は別人で三太夫を丹波の孫とする見方もある。石川五右衛門《いしかわごえもん》の師匠としても有名。天正《てんしょう》7～9年（1579～1581）の天正伊賀の乱で織田《おだ》軍を相手に活躍したが、次第に追いつめられる。柏原《かしわら》城（名張市）で籠城戦を戦った末、戦死したとも逃げたともいわれる。

近江

宇佐山城 うさやまじょう

山城

別名	志賀城、志賀要害
築年/廃年	元亀元年(1570)／元亀2年(1571)以降
築城主	織田信長
城主	森可成→明智光秀
所在地	滋賀県大津市錦織町

浅井・朝倉連合軍の猛攻を受ける

織田信長《おだのぶなが》が重臣・森可成《もりよしなり》に命じ築城した。比叡山系の宇佐山（標高366m）に建つ。湖西の要衝で、当時信長と敵対していた朝倉義景《あさくらよしかげ》に対する備えが目的。可成は桶狭間はじめ数々の戦いで活躍した功労者。築城直後、信長の摂津出兵の間隙を衝き、浅井《あざい》・朝倉連合軍および延暦寺僧兵が坂本に侵攻。可成はこれを迎撃し戦死。城も攻撃されたが信長の援軍で落城は免れた。その後明智光秀《あけちみつひで》が入城、坂本《さかもと》城（大津市）築城まで居城とし、その後に廃城。

永原城 ながはらじょう

平城

別名	―
築年/廃年	室町中期／文禄年間(1592～1596)
築城主	永原氏
城主	永原氏→佐久間信盛～深尾清十郎
所在地	滋賀県野洲市永原

六角氏と運命をともにした永原氏

野洲郡に勢力を持った、六角《ろっかく》氏重臣・永原氏代々の居城。永原氏の出自は佐々《ささ》木《き》氏分流、藤原秀郷《ふじわらのひでさと》流ともいわれるが不詳である。当初の本拠は西方600mにある上永原城であったともいわれる。永禄11年（1568）、織田信長《おだのぶなが》の六角氏攻めにより永原氏は城を追われた。その後、織田の将・佐久間信盛《さくまのぶもり》や甲賀の深尾清十郎《ふかおせいじゅうろう》が城主となったが、文禄年間（1592～1596）に廃城。江戸前期に将軍上洛の宿舎として、城址に永原御殿が造られた。

安土城 あづちじょう

山城

別名	―
築年／廃年	天正4年（1576）／天正13年（1585）
築城主	織田信長
城主	織田信長→明智氏→織田氏
所在地	滋賀県近江八幡市安土町下豊浦

城郭史を塗り変えた天下人の城

織田信長《おだのぶなが》が天下統一の拠点として築いた幻の城。琵琶湖を見下ろす安土山（標高199m）に築城。前代未聞の木造高層建築の天守、総石垣の普請は日本の城郭史のエポックで、後に続く近世城郭の手本。

信長は天正《てんしょう》元年（1573）に将軍・足利義《あしかがよし》昭《あき》を追放し、天正3年（1575）に長篠で甲斐の武田勝頼《たけだかつより》を破り、天下統一を現実のものにしようとしていた。それまでの居城・岐阜《ぎふ》城（岐阜市）は畿内より遠かったため、信長は京と岐阜の中間にある近江安土に新本拠を築くこととした。近江は古くから東国と北陸を結ぶ交通の要衝。

近世の干拓事業によって現在の地形は異なるが、中世の安土山は湖と直に接し、3方が湖畔となる要害でもあった。当時最大の難敵であった越後の上杉謙信《うえすぎけんしん》、北陸の一向一揆に備えるには絶好の場所といえる。併せて琵琶湖の水運を掌握することも信長の大きな目的だった。

天正4年（1576）1月に起工。普請奉行は宿老の丹羽長秀《にわながひで》。信長は着工1か月後に早くも岐阜から安土に移る。岐阜城は嫡男の信忠《のぶただ》に譲り、茶道具だけを携えての身軽な引っ越しだったという。工事は織田家の広大な領国から日々3000人もの人夫が動員されたほか、京・奈良・堺から多数の職人が集められ、城下は大いに賑わった。また、石垣を築くため近江の山々から大量の石が集められたが、難航したのは「蛇石」という大石の運搬で、実に1万人が3昼夜をかけて運んだとされる。石垣を手がけた職人集団・穴太衆《あのう》は、その後も全国の石垣普請に携わり、石垣は近世城郭のスタンダードとなった。

起工から3年後の天正7年（1579）5月に安土城は完成を見た。城域は東西1km、南北1.5kmという壮大な規模。山頂に天守と3つの御殿（本丸御殿、南殿、江雲寺御殿）から成る本丸を置き、これを囲むかたちで二ノ丸、三ノ丸が造営された。

最大の目玉は絢爛豪華な5重6階地下1階の天守である。天守台を含めた高さは約53m。具体像には不明な部分もあるが、外観は最上階が金箔瓦で、各階の壁面は赤や白など異なる色であったとされる。また内部は吹き抜け構造で、柱に金箔、黒漆が贅沢に使われ、障壁には狩野永徳《かのうえいとく》の絵やさまざまな宗教画が飾られた。

天守の起源には諸説あるが、本格的な建築が安土城に始まったことは確かだ。

信長が発明したといっていい天守の最大の目的は、旧来の櫓のような物見ではなく“強大な力を誇示し戦わずして敵を圧する”こと。宣教師フロイスが「ヨーロッパの塔より遙かに気品があり壮大な建築物である」と記すように、見る者はその偉容に度肝を抜かれ、城下には全国から見物客が集まったという。信長は天守に提灯を吊してライトアップを行うなど示威行動に余念がなかった。また信長が天守2階で暮らした事実も興味深い。秀吉《ひでよし》や家康《いえやす》ら後の武将たちは便利な平屋の本丸御殿で生活しており、天守に住んだのは後にも先にも信長ひとりである。

天正10年（1582）、信長は本能寺で無念の横死。混乱のなか天守も焼失した。

安土城は信長死後もしばらくは織田氏の居城とされたが、天正13年（1585）に豊《とよ》臣秀次《とみひでつぐ》が八幡山《はちまんやま》城を築き、廃城となった。

横山城《よこやまじょう》

山城

別　名	ー
築年/廃年	永禄4年(1561)/天正元年(1573)以降
築城主	浅井長政
城　主	浅井氏→木下(豊臣)秀吉
所在地	滋賀県長浜市堀部町(石田山公園)

小谷城攻めの前線基地

長浜平野の東、観音寺山という丘陵(標高312m)に建つ。西に琵琶湖、東に伊吹山を望む。北に姉川を挟んで浅井氏《あざい》の小《お》谷《だに》城(長浜市)と約6kmの距離で対峙する。浅井氏が六角氏《ろっかく》をにらんだ出城として築城したもの。しかし、元亀《げんき》元年(1570)、姉川の戦いで浅井・朝倉《あさくら》連合軍を破った信長《のぶなが》が、勢いを駆って当城を攻略。麾下《きか》の木下《きのした》(豊臣《とよとみ》)秀吉《ひでよし》を入城させ、以後、小谷城攻めの前線基地とした。浅井氏滅亡後に役割を終え廃城に。

山本山城《やまもとやまじょう》

山城

別　名	山本城、阿閉城
築年/廃年	平安末期/天正10年(1582)
築城主	山本氏
城　主	山本氏〜阿閉氏
所在地	滋賀県長浜市湖北町山本

浅井氏を滅亡に導いた阿閉氏

浅井《あざい》氏家臣・阿閉《あつじ》氏の城。琵琶湖東岸にそびえる山本山(標高325m)に築かれた。東方5kmにある浅井の本拠・小谷《おだに》城(長浜市)の重要な支城だった。阿閉氏は京極《きょうごく》氏の元披官だが、浅井氏の勢力拡大により臣従。浅井長政《ながまさ》に仕えていた阿閉貞征《さだゆき》は姉川の戦いなどに従軍していたが、天正《てんしょう》元年(1573)、信長の誘いに乗り長政を裏切り、これが主家滅亡の遠因となった。天正10年(1582)、本能寺の変で明智《あけち》光秀《みつひで》に加担し、秀吉《ひでよし》に誅殺。城も廃城。

観音寺城《かんのんじじょう》

山城

別　名	佐々木城
築年/廃年	応仁・文明年間(1467〜1487)/永禄11年(1568)以降
築城主	六角高頼
城　主	六角高頼→定頼→承禎(義賢)→義治
所在地	滋賀県近江八幡市安土町石寺

安土城にヒントを与えた六角氏の本拠

近江守護・六角《ろっかく》氏の居城。湖東平野の独立峰・観音寺山(標高432m)に築かれた。城郭は東西2.5km、南北2kmに及ぶ戦国屈指の巨大山城で、全山に1000か所以上の曲輪《くるわ》があった。後の安土《あづち》城(近江八幡市)に先んじて築かれた総石垣の普請、我が国初の楽市(租税の免除)が行われた南麓の石寺城下町も大きな特徴である。石垣、曲輪跡など壮大な遺構が残る。

六角氏は近江源氏《げんじ》佐々木《ささき》氏の嫡流で、京都六角堂に館を構えたことが由来。同族の京極《きょうごく》氏とは近江守護を巡り確執を続けた。室町から戦国時代にかけ近江一国は二分され、北近江は京極氏、南近江は六角氏が治めることとなった。

六角氏はもともと観音寺山にあった観音正寺を砦として利用していたが、戦国大名化した高頼《たかより》の代で城郭を築き、以後整備改修が加えられていった。石垣が巡らされたのは弘治《こうじ》2年(1556)、三好《みよし》氏、浅井《あざい》氏らと争った承禎《しょうてい》の代である。新兵器・鉄砲の威力を見た承禎により当城は総石垣の城へと変貌。後に安土城を築いた信長《のぶなが》に大きな影響を与えたと見られる。

浅井氏の台頭、家臣団の分裂により承禎・義治《よしはる》父子は徐々に衰退。永禄《えいろく》11年(1568)、承禎父子は上洛の大軍を興した信長に敵対し、合戦に及ぶが敗れ、城を捨てて敗走。間もなく廃城となった。承禎父子は後に豊臣《とよとみ》家に仕えた。

上平寺城 じょうへいじじょう

居館

別名	上平城、桐ヶ城、霧ヶ城、刈安尾城
築年／廃年	永正年間(1504～1521)／－
築城主	京極高清
城主	京極高清
所在地	滋賀県米原市上平寺

北近江の王者・京極氏の本拠

北近江(伊香郡、浅井郡、坂田郡)を支配し、南近江の六角《ろっかく》氏と争った佐々木京《ささききょう》極《ごく》氏の本拠。美濃と近江の境に位置し、伊吹山南山腹の刈安尾の尾根(比高380m)に築かれた。山麓に平時の居館・京極寺館がある。初代・氏信《うじのぶ》の鎌倉時代から本拠は現・米原市の柏原だったが、高清《たかきよ》の代で当地に移転。一時は栄華を誇った京極氏だが内紛と被官だった浅井亮政《あざいすけまさ》の台頭で零落。浅井の傀儡《かいらい》となり当城も浅井に支配される。廃止時期の詳細は不明。

虎御前山城 とらごぜやまじょう

山城

別名	虎御前山砦
築年／廃年	元亀3年(1572)／－
築城主	織田信長
城主	織田氏
所在地	滋賀県長浜市湖北町別所

小谷城合戦の信長本陣

織田信長《おだのぶなが》が浅井《あざい》氏の籠もる小谷《おだに》城(長浜市)攻撃のため設けた付城。小谷城より南西数km、標高218mの虎御前山に造成された。小谷城を臨む北面には土塁や空堀が巡らされ、厳重に守られた。元亀《げんき》4年(1573)、信長は3万ともいう大軍を率いてここに本陣を敷き、浅井氏を追い詰めて、同年に滅亡させた。最高所の信長はじめ、羽柴《はしば》(豊臣《とよとみ》)秀吉《ひでよし》、柴田勝家《しばたかついえ》、滝《たき》川一益《がわかずます》ら織田の将の陣跡が累々と残っている。

佐和山城 さわやまじょう

山城

別名	佐保城
築年／廃年	不明／慶長11年(1606)頃
築城主	佐保時綱
城主	佐保時綱～磯野員昌→丹羽長秀→堀秀政→堀尾吉晴→石田三成→井伊直政
所在地	滋賀県彦根市佐和山町

徹底的に破却された三成の城

関ヶ原合戦で西軍を率いた石田三成《いしだみつなり》の居城として著名。琵琶湖、湖東平野を望む佐和山(標高232m)にあった。中山道と北国街道を押さえる地で、現在は南山麓を近江鉄道、西をJR琵琶湖線が走る。南西1kmに彦根《ひこね》城(彦根市)がある。

起源は明らかでないが、建久《けんきゅう》年間(1190～1199)に近江源氏《げんじ》佐々木定綱《ささきさだつな》の六男・佐保時綱が拠ったのが初見。戦国時代に浅井《あざい》氏の小谷《おだに》城(長浜市)の支城となり、磯野員昌《いそのかずまさ》が守った。その後、信長《のぶなが》の小谷攻めで降伏開城し、織田《おだ》氏に支配された。

豊臣《とよとみ》政権下の天正《てんしょう》18年(1590)に19万4000石で三成が入城。三成は石田村(長浜市)の人。若くして秀吉《ひでよし》に仕えて頭角を現し、側近として太閤検地など経済・財政で活躍した。三成は城を整備し、天守を備えた近世城郭へ改築した。併せて領内に綿密な掟書を発布し、善政を施した。「治部少(三成)に過ぎたるものふたつあり　島の左近(家臣の島清興《しまきよおき》)と佐和山の城」と囃されるほど見事な城だった。

三成が関ヶ原で敗れた後、東軍の攻撃で落城。三成の父・正継《まさつぐ》、兄・正澄《まさずみ》、妻・皎月院《こうげついん》ら一族は自害、多くの女房も身を投げた谷があり、「女郎谷」と呼ばれる。

三成処刑後、城主となった井伊直政《いいなおまさ》はほどなく死去。三成の祟りと呼ばれたとも。家康《いえやす》の意向で井伊氏は新城・彦根城を築き、当城は徹底的に破却された。

小谷城《おだにじょう》

山城

別名	小谷山城
築年/廃年	永正13年(1516)頃/天正2年(1574)
築城主	浅井亮政
城主	浅井亮政→久政→長政→木下(豊臣)秀吉
所在地	滋賀県長浜市湖北町伊部

浅井氏3代とお市、三姉妹の城

北近江の戦国大名・浅井《あざい》氏3代の本拠。長浜平野の北東、伊吹山系の支峰である小谷山(標高495m、比高230m)一帯に築かれた、戦国トップクラスの巨大山城である。最後の当主である長政《ながまさ》と戦国一の美女と称された妻のお市《いち》の方《かた》(織田《おだ》信長《のぶなが》の妹)、そしてふたりの娘である浅井三姉妹(茶々《ちゃちゃ》、初《はつ》、江《ごう》)の悲劇で知られる。

城域は東西1km、南北1.8kmという壮大な規模で、南北に長い形である。南東中腹の本城エリアを中心に本丸、中丸、京極丸、山王丸などの多くの曲輪《くるわ》が連なるほか、山頂に支城の大嶽《おおづく》城を配す構造となっている。本丸北にある深さ10m、長さ40mという堀切は雄大。京極丸は浅井氏の主君で、北近江を支配していた京《きょう》極《ごく》氏が幽閉されていた曲輪ともいう。本丸から眺める琵琶湖は絶景で、信仰の島として知られる竹生島も見える。山麓には平時の居館、尾根に挟まれた清水谷に城下町があり、今に武家屋敷群跡を残す。

なお当地は天険であるというだけでなく、山麓に越前と美濃を結ぶ北国脇往還という街道を擁す交通の要でもあった。また、南に中山道、西に北国街道が走っており、北国と東海を繋げる枢要の地となっていた。特に長政の代では越前の朝《あさ》倉義景《くらよしかげ》と緊密な同盟関係を結んでいたため、街道は軍事上、重要な動脈だった。

遺構として建築物は残っていないが、前述の堀切、土塁、曲輪跡などが残り、中世山城を知る貴重な手がかりとなっている。特に本城北の山王丸付近に残る大石垣(高さ5m)は、当時近江で発祥期にあった石垣として大いに注目される。

浅井氏は謎が多い出自不詳の一族で、戦国時代に京極氏被官として忽然と登場する浅井亮政《すけまさ》が初代である。亮政は浅井郡丁野を地盤にした有力土豪で、当城を築いて北近江国人のリーダーへと成長。内紛で衰退した京極氏に取って代わり、湖北を牛耳る戦国大名となった。2代・久政《ひさまさ》の代で南近江の六角《ろっかく》氏の攻勢を受け軍門に降ったが、3代・長政の代で巻き返し、六角軍を破って再独立に成功した。

その後、長政は尾張の新興勢力・織田信長と結び、同盟の証として尾張からお市が輿入れする。美濃攻めに取り組んでいた信長には“遠交近攻”の策。結婚時期は永禄《えいろく》2~6年(1559~1563)と永禄10~11年(1567~1568)の説がある。後者ならお市の年齢は21~22歳と初婚として遅く、嫡子・万福丸《まんぷくまる》の生年(永禄7年〈1564〉)と合わないため前者が有力か。ただ万福丸の母はお市でないとする説も。

ふたりのあいだには後の淀殿《よどどの》である茶々、京極高次《きょうごくたかつぐ》の正室となる初、徳川秀《とくがわひで》忠《ただ》の正室となる江の三姉妹が生まれる。

だが長政と義兄の信長は元亀《げんき》元年(1570)に決裂。信長が長政と交わしていた「朝倉氏との不戦の誓い」を破ったことが原因というが真相は不明。同年、浅井・朝倉連合軍は姉川の戦いに敗北。以後、小谷城の堅い守りを知る信長は、付城を築くなど腰を据えて攻略に臨む。

天正《てんしょう》元年(1573)、追い込まれた長政はお市と三姉妹を信長に届けて自刃し、浅井氏は滅亡。代わって木下秀吉《きのしたひでよし》が城主となったが、間もなく長浜《ながはま》城(長浜市)へ移ったため、廃城となった。

坂本城　さかもとじょう

水城

別名	―
築年/廃年	元亀2年(1571)／天正14年(1586)
築城主	明智光秀
城主	明智光秀→丹羽長秀→杉原家次→浅野長政
所在地	滋賀県大津市下阪本3

明智光秀の本拠、「湖水渡り」も有名

本能寺の変で信長《のぶなが》を討った明智光秀《あけちみつひで》の居城。大津市北郊、琵琶湖南湖の西岸に築かれた。坂本は比叡山の門前町。越前へ抜ける西近江路、京へ通じる山中道を備えたほか、水運で栄えた町だった。

城は琵琶湖の水を引き込んだ水城で、安土《あづち》城(近江八幡市)にも直接船で向かうことができたと見られる。現在遺構はほとんど残っていないが、天守を持った豪壮な城であり、宣教師フロイスは「安土城に次いでこの城ほど有名なものはない」(『日本史』)と絶賛している。

光秀は出自不詳だが、朝倉義景《あさくらよしかげ》に仕えた後、足利義昭《あしかがよしあき》の臣となり、信長に取り立てられた武将。当城は叡山焼き討ちがあった元亀《げんき》2年(1571)、信長に湖南の支配を命じられた光秀により築かれた。

築城の目的は延暦寺の監視、および琵琶湖の制海権を押さえ、浅井《あざい》・朝倉や湖北豪族などに備えることだった。光秀は当城を拠点に反信長勢力を蹴散らして、織田の将として出世街道を歩んだ。

天正《てんしょう》10年(1582)、光秀は信長を亡ぼした直後、秀吉《ひでよし》に敗れ死去。これを知った安土城の明智秀満《ひでみつ》(光秀の女《むすめ》婿)が打出浜より湖上を馬で越えて坂本城に向かったという伝説(湖水渡り)は有名。その後、秀吉軍に攻められ、秀満や光秀の妻子は自刃。4年後に大津《おおつ》城(大津市)築城のため移築され廃城となった。

瀬田城　せたじょう

平城

別名	―
築年/廃年	永享年間(1429～1441)／天正11年(1583)
築城主	山岡資広
城主	山岡氏
所在地	滋賀県大津市瀬田2

「瀬田の唐橋」に建つ城

古来、東国と京都を結ぶ橋として知られる「瀬田の唐橋」の東南畔にあった城。国人・山岡《やまおか》氏の築城である。山岡氏は甲賀の人で、戦国時代は六角《ろっかく》氏に属していた。だが、永禄《えいろく》11年(1568)に織田信長《おだのぶなが》が将軍・足利義昭《あしかがよしあき》を奉じ上洛した際、主家を見限り織田方についた。天正《てんしょう》10年(1582)の本能寺の変後、当主の景隆《かげたか》は明智光秀《あけちみつひで》に誘われるがこれを拒否し、唐橋を焼き落としたという。だがその後、柴田勝家《しばたかついえ》についたため秀吉《ひでよし》に城を追われた。

石部城　いしべじょう

平城

別名	―
築年/廃年	文明年間(1469～1487)／不明
築城主	三雲氏
城主	三雲氏→青木秀正→(石部)家長
所在地	滋賀県湖南市石部中央2

六角氏の亡命先、甲賀の城

旧甲賀郡(湖南市、甲賀市)西方、かつての甲賀口(京から甲賀への入口)に位置。六角《ろっかく》氏家臣・三雲《みくも》氏の築城。後に六角氏の庇護を受けた甲賀五十三家(地侍集団)・青木《あおき》一族の石部氏が守った。六角氏は観《かん》音寺《のんじ》城(近江八幡市)を攻められては甲賀に亡命し、当城で巻き返しを図った。永《えい》禄《ろく》11年(1568)、上洛途上の信長《のぶなが》に敗れた六角承禎《しょうてい》・義治《よしはる》父子が入城したが、天正《てんしょう》2年(1574)に佐久間信盛《さくまのぶもり》軍に敗れ落城。落城時に廃城と思われるが詳細は不明。

大津城《おおつじょう》

水城

別名	ー
築年/廃年	天正14年(1586)/慶長5年(1600)以降
築城主	浅野長政
城主	浅野長政→増田長盛→新庄直頼→京極高次
所在地	滋賀県大津市浜大津5

関ヶ原合戦で激しい攻城戦

琵琶湖の南岸、京阪電車浜大津駅周辺にあった水城。大津は天智《てんち》天皇が近江大津宮に遷都して以来の古都であり、また湖上水運による荷揚場としても賑わった古き港町でもある。加えて北国街道、東海道、東山道の分岐点でもあり、京の喉元に相当する重要な地であった。

豊臣《とよとみ》政権下で坂本《さかもと》城(大津市)主だった浅野長政《あさのながまさ》が秀吉《ひでよし》の命で築城した。坂本の延暦寺監視という役割も薄れ、より京に近い大津の発展性が見直されたと見られる。破却された坂本城から多くの資材が運ばれたほか、城下町も丸ごと大津へ移されるという大規模な移転になった。

城郭は、湖水に突き出すかたちで置かれた本丸はじめ伊予丸、香集丸、二・三ノ丸などが置かれ、さらに湖水を引き込んで内・中・外の3重の堀が穿《うが》たれたほか、5重5階の天守も築かれた。

京極高次《きょうごくたかつぐ》が城主だった慶長《けいちょう》5年(1600)に関ヶ原の戦いが勃発。東軍に与し籠城した高次と、城を包囲した西軍の毛利元康《もうりもとやす》・立花宗茂《たちばなむねしげ》軍のあいだで激しい攻防戦が始まった(大津城の戦い)。攻防7日後、高次は降伏し高野山へ入った。この翌日、関ヶ原本戦で東軍が勝利し、高次は毛利・立花軍を釘づけにした功から若狭小浜に加増移封された。損傷が大きかった当城は間もなく廃城となり、資材は彦根《ひこね》城(彦根市)などに流用された。

長光寺城《ちょうこうじじょう》

山城

別名	瓶割城
築年/廃年	鎌倉中期/天正4年(1576)頃
築城主	佐々木政堯
城主	佐々木氏→六角氏→柴田勝家
所在地	滋賀県近江八幡市長福寺町

「瓶割柴田」の異名を取った勝家

近江守護の六角《ろっかく》氏の本城・観音寺《かんのんじ》城(近江八幡市)の支城のひとつ。標高283mの瓶割山に建つ。最高所に本丸、南に堀切を挟んで二ノ丸、北に三ノ丸を配す。永《えい》禄《ろく》11年(1568)、上洛途上の織田信長《おだのぶなが》に攻められ落城。後に重臣・柴田勝家《しばたかついえ》が守った。元亀《げんき》元年(1570)、六角承禎《しょうてい》の攻撃にさらされた際、籠城する勝家は水瓶を割って味方を鼓舞し、城外に打って出て六角軍を破り、「瓶割柴田」と呼ばれた。天正《てんしょう》4年(1576)頃に廃城になったと伝わる。

音羽城《おとわじょう》

平山城

別名	日野城、智甘城
築年/廃年	応仁・文明年間(1467~1487)/大永3年(1523)
築城主	蒲生貞秀
城主	蒲生貞秀→秀紀
所在地	滋賀県蒲生郡日野町音羽

内紛で崩壊した蒲生氏宗家の城

六角《ろっかく》氏重臣・蒲生《がもう》氏の旧本拠。蒲生郡を北西に流れる日野川の南岸、音羽山(比高40m)という台地に築かれた。蒲生氏は藤原秀郷《ふじわらのひでさと》流とされる。戦国時代は主君の六角高頼《たかより》を助け、当城で美濃斎藤《さいとう》氏や京極《きょうごく》氏、六角重臣の伊庭《いば》氏と戦っている。その後、当主の秀紀《ひでのり》と叔父の高郷《たかさと》・定秀《さだひで》父子との内紛が勃発、大永《たいえい》3年(1523)に秀紀が降伏し当城は廃城へ。後に秀紀は高郷に暗殺され、宗家となった定秀は北西1kmの地に中野《なかの》城を築き本拠とする。

彦根城 ひこねじょう

平山城

別名	金亀城
築年/廃年	慶長8年(1603)/明治以降
築城主	井伊直勝
城主	井伊直勝→直孝〜直弼→直憲
所在地	滋賀県彦根市金亀町

近江の諸城を結集して誕生した国宝

徳川《とくがわ》譜代大名・井伊《いい》氏代々の居城で、彦根藩の藩庁。琵琶湖東岸の彦根山(金亀山、標高136m)に築かれた。当地は中山道と北国街道が交差する要衝で、琵琶湖と東の佐和山のあいだの狭い平野部に位置する。豊臣《とよとみ》氏対策を目的とし、江戸時代を通じては西国大名への抑えの城として重視された。現存12天守のひとつで、戦後に城郭として国宝第1号に指定。天守下の回遊式庭園「玄宮園」も有名だ。

井伊氏は駿河井伊谷(浜松市)の豪族で、戦国時代には今川《いまがわ》氏に仕えていた。今川滅亡後、直政《なおまさ》の代で徳川家康《いえやす》の家臣となり、酒井《さかい》・本多《ほんだ》・榊原《さかきばら》氏と並ぶ徳川四天王の一角として活躍。なお直政軍の主力は武田《たけだ》氏旧臣で、兵具を赤色とした「井伊の赤備え」で知られた。天正《てんしょう》18年(1590)、家康関東入国の際、箕輪《みのわ》城(高崎市)12万石を与えられた。慶長《けいちょう》5年(1600)、関ヶ原の戦いで大功を立て、西軍指揮官・石田三成《いしだみつなり》の遺領である佐和山《さわやま》城(彦根市)18万石に加増移封された。

石田色の一掃を望む直政は佐和山北方約2km、湖畔の磯山への移転を構想したが、関ヶ原の鉄砲傷がもとで死去。当主となった子の直勝《なおかつ》は父の遺志を継ぎ、家康の意志も働いて、佐和山城南西1kmの彦根山へ移転を決定。同時期に家康が主導して築城・改修した名古屋《なごや》城(名古屋市)、姫路《ひめじ》城(姫路市)などと並ぶ、大坂の豊臣秀頼《ひでより》と西国大名に備えるための城。

着工は慶長8年(1603)。家康は3名の公儀御奉行を監督して派遣し、さらに7か国12大名に合力を命ずる「天下普請」(諸大名を動員した土木工事)とした。

工事にあたっては佐和山城はじめ近江の諸城の建築物や石材が多数流用された。天秤櫓門は長浜《ながはま》城(長浜市)、西ノ丸三重櫓は小谷《おだに》城(長浜市、長浜城経由か)、多聞櫓は佐和山城、天守(付櫓)は大津《おおつ》城(大津市)、ほかに坂本《さかもと》城(大津市)、安土《あづち》城(近江八幡市)などの移築もあるとされる。諸城を破却して権勢を見せつけ、併せて工期短縮・コスト削減を図ったといえよう。

慶長11年(1606)に天守、本丸など主郭が完成し直勝は移転したが、築城はこれで終わらず、工事は中断も挟んで約20年を要した。この間、家康により当主は直勝から弟の直孝《なおたか》へ代えられた。直勝は家中をまとめる器量に欠けていた、また病弱だったとされる。重要な戦略拠点を任せられないという政治判断だ。直孝は大坂の陣でも活躍、家光《いえみつ》の代には譜代筆頭として幕政に関与するまでとなった。幕末に大老・井伊直弼《なおすけ》が活躍する素地は直孝が整えたといえる。江戸時代を通して井伊氏が城主であり続け明治を迎える。

なお、城下町も含めた完工は寛永《かんえい》19年(1642)と築城から約40年後になった。城域は東西1km、南北700mという規模で、3重の堀が巡り、主要な曲輪《くるわ》を尾根に沿って並列に配置。近世城郭としては珍しい連郭式縄張である。

天守は複合式望楼型3重3階地下1階。「牛蒡積み」の天守台を含む高さは21mと小ぶり。最上階は格式高い廻縁・高欄で飾られている。また、現存天守のなかで最も多くの破風が飾られた天守であり、入母屋・切妻・千鳥・唐破風など、その外観は華麗の一語である。

長浜城《ながはまじょう》

水城

別　名	今浜城
築年／廃年	建武3年(1336)、天正2年(1574)／元和元年(1615)以降
築城主	佐々木導誉、羽柴(豊臣)秀吉
城　主	今浜氏～羽柴秀吉→柴田勝豊～山内一豊→内藤信成→信正
所在地	滋賀県長浜市公園町

湖水に浮かぶ秀吉の旧本拠

織田《おだ》家臣時代の羽柴《はしば》(豊臣《とよとみ》)秀吉《ひでよし》の城として知られる。大坂《おおさか》城(大阪市)に移るまでの約10年、本拠とした。長浜市街の西、琵琶湖の北東岸に位置する。

当地は美濃・北陸と畿内を結ぶ要衝で、古く今浜と呼ばれた。室町幕府創設に功があった佐々木《ささき》(京極《きょうごく》)導誉《どうよ》が築いた今浜《いまはま》城があり、家臣の今浜氏が居城とした。

天正《てんしょう》元年(1573)、信長《のぶなが》は長年の仇敵だった小谷《おだに》城(長浜市)の浅井《あざい》氏を滅ぼし、北近江を平定した。信長は戦功のあった木下《きのした》秀吉に浅井氏の旧領である北近江3郡(伊香、東浅井、坂田)12万石を与え、小谷城主とした。秀吉は初めて城持ち大名となった。だが小谷城は古き山城のため、秀吉はさらに交通の便がよく、湖上交通の要の今浜に目をつけ、古城址に新城を造ることとした。このとき秀吉は信長の一字をもらい城も地名も「長浜」と改めた。丹羽《にわ》長秀《ながひで》と柴田《しばた》勝家《かついえ》から一字をもらい、姓を羽柴に改めたのもこの時期。

秀吉は湖水に石垣を築き、水門から直接船が出入りできるように設計し、物流を活発にして城下町を繁栄させた。

天正10年(1582)の信長死後、勝家の甥・勝豊《かつとよ》が入城。翌年に勝家と決裂した秀吉は勝手知ったる当城を攻め、勝豊は降伏。元和《げんな》の一国一城令で破却され、資材は彦《ひこ》根《ね》城(彦根市)築城に流用された。

八幡山城《はちまんやまじょう》

山城

別　名	八幡城
築年／廃年	天正13年(1585)／文禄4年(1595)頃
築城主	羽柴(豊臣)秀次
城　主	羽柴秀次→京極高次
所在地	滋賀県近江八幡市宮内町

秀吉政権下の「ポスト安土城」

「殺生関白」の悪名で知られる豊臣《とよとみ》秀《ひで》次《つぐ》(秀吉《ひでよし》の甥)の居城。琵琶湖南東岸にある独立丘・鶴翼山(八幡山)に築かれた。当時は東西に内湖を持つ要害だった。安《あ》土《づち》城(近江八幡市)の西方2kmに位置。

天正《てんしょう》13年(1585)、秀吉は秀次に近江八幡43万石を与え、安土城に代わる近江の拠点として築城を命じた。豊臣政権下では、秀吉の大坂《おおさか》城(大阪市)、秀吉の弟・秀長《ひでなが》の大和郡山《やまとこおりやま》城(大和郡山市)と並ぶ、畿内重要拠点としての位置づけである。

秀吉は秀次の補佐役として田中吉政《たなかよしまさ》、中村一氏《なかむらかずうじ》、山内一豊《やまうちかずとよ》ら宿老をつけ、それぞれ近江要所の支城に入城させて、万全の体制を敷いた。築城にあたり安土城に残る資材や城下町がそのまま移設された。

城郭は最高所の本丸を中心に、尾根伝いに曲輪《くるわ》を配置。谷筋の中腹に居館を設けた。古き中世山城仕様だが、家康《いえやす》に対する秀吉の警戒心(家康上洛は天正14年〈1586〉)が強く働いたものと見られる。

秀次は城下町整備に力を入れ、碁盤目状の町割りとしたほか、琵琶湖の水を引き八幡堀という堀を巡らせた。防御機能に加え、湖上水運を意識したものである。

秀次が非業の最期を遂げた後、京極高《きょうごくたか》次《つぐ》が入城したが大津《おおつ》城(大津市)へ移転したため廃城に。現在は石垣などが残るほか、昭和に移築された日秀《にっしゅう》(秀次の母で秀吉の姉)開基の村雲門跡瑞龍寺がある。

肥田城 ひだじょう

平城

別名	ー
築年/廃年	大永年間(1521～1528)／慶長年間(1596～1615)
築城主	高野瀬隆重
城主	高野瀬隆重→秀隆→秀澄→蜂屋頼隆→長谷川秀一
所在地	滋賀県彦根市肥田町

あわや水攻めの危機を迎える

高野瀬村(犬上郡)の高野瀬《たかのせ》氏が宇曽川南岸に築城。近江守護・六角《ろっかく》氏に従ったが秀澄《ひでずみ》の代で浅井《あざい》氏に寝返る。六角定《さだ》頼《より》・承禎《しょうてい》は永禄《えいろく》2年(1559)頃、城の周囲に堤防を築き川の水を入れようとしたが、堤防が決壊。その後も六角氏に攻撃されたが浅井氏の援軍に救われる。永禄12年(1569)に信長《のぶなが》に攻められ降伏開城。その後は蜂屋頼隆《はちやよりたか》や長谷川秀一《はせがわひでかず》が城主となり、慶長年間(1596～1615)に廃城。

和田城 わだじょう

平山城

別名	殿山、公方屋敷、いずみ館
築年/廃年	不明／不明
築城主	和田氏
城主	和田氏
所在地	滋賀県甲賀市甲賀町和田

信長と出会う前の足利義昭の隠れ家

幕臣で後に信長《のぶなが》に属した和田惟政《わだこれまさ》の城。和田川東の丘陵にあった。和田氏は源《みなもとの》満政《みつまさ》の流れを汲む甲賀豪族。惟政は六角《ろっかく》氏と将軍・足利義輝《あしかがよしてる》に仕えた。永禄《えいろく》8年(1565)、義輝暗殺後、細川幽斎《ほそかわゆうさい》らとともに軟禁中の弟・義昭《よしあき》を救出。甲賀に亡命させ城内のいずみ館で約2年匿った。零落の義昭は油日《あぶらひ》神社で福太夫面をかぶり「われは油日のくぐつなり」と自嘲したという。その後、義昭と惟政は保護者を求め放浪の旅へ。廃城時期の詳細は不明。

賤ヶ岳砦 しずがたけとりで

山城

別名	ー
築年/廃年	天正11年(1583)／ー
築城主	羽柴(豊臣)秀吉
城主	羽柴氏
所在地	滋賀県長浜市木之本町大音

賤ヶ岳の戦いの秀吉陣城

羽柴《はしば》(豊臣《とよとみ》)秀吉《ひでよし》と柴田勝家《しばたかついえ》が激突した賤ヶ岳の戦いにおける秀吉軍陣城のひとつ。最大の激戦地になった砦である。北に余呉湖、南に琵琶湖を望む賤ヶ岳(標高422m)に造られた。当地は北国街道と塩津街道を押さえる戦略上の要地である。土塁などが残り、現在は観光名所に。

天正《てんしょう》10年(1582)の本能寺の変で信長《のぶなが》が倒れたのを機に、秀吉と勝家の後継争いは激化。天正11年(1583)、勝家は前田利《まえだとし》家《いえ》、佐久間盛政《さくまもりまさ》らを従え北ノ庄《きたのしょう》城(福井市)を出陣。南に賤ヶ岳を望む柳ヶ瀬(長浜市)に布陣した。秀吉も呼応して賤ヶ岳南西の木之本(長浜市)に布陣。この際、両軍は周辺に多数の陣城を構築して対峙。うち賤ヶ岳砦は秀吉の臣・桑山重晴《くわやましげはる》を守将に羽田正親《はねだまさちか》、浅野長政《あさのながまさ》らを配置した。

戦端はなかなか開かれなかったが、柴田方の織田信孝《おだのぶたか》が背後の大垣《おおがき》城(大垣市)を脅かしたことから秀吉は大垣へ。この動きを見た佐久間盛政は秀吉方の陣城を次々に撃破し、賤ヶ岳に迫った。

桑山重晴は一時撤退を決意したが、丹《に》羽長秀《わながひで》の援軍到来により迎撃に転じ、砦を死守する。ほどなく秀吉の本軍が大垣から猛スピードで帰還し、敵陣深く入っていた佐久間軍は敗走。また、余呉湖北西にいた利家も盟友・秀吉との戦いを避けて戦線離脱し、柴田軍は総崩れに。致命的な敗北を喫した勝家は滅亡する。

鯰江城《なまずえじょう》

平城

別　名	―
築年／廃年	不明／不明
築城主	鯰江氏
城　主	鯰江氏→六角承禎
所在地	滋賀県東近江市なまず江町

信長狙撃の黒幕とされる六角承禎

近江守護の六角《ろっかく》氏の家臣・鯰江氏の居城。愛知川右岸の段丘崖上に築かれた平城で、中山道と東海道を結ぶ八風街道を扼する要衝。永禄《えいろく》11年(1568)、信長《のぶなが》の上洛阻止に失敗した六角承禎《しょうてい》・義治《よしはる》父子を迎えた。元亀《げんき》元年(1570)、京より岐阜《ぎふ》城に向かった信長が近江から伊勢に抜ける千種街道で鉄砲の名手・杉谷善住坊《すぎたにぜんじゅぼう》に狙撃される事件(かすり傷)が発生。善住坊を操ったのは鯰江城の承禎といわれる。落城後に廃城と思われるが詳細は不明。

膳所城《ぜぜじょう》

水城

別　名	石鹿城、望湖城
築年／廃年	慶長6年(1601)／明治以降
築城主	徳川家康
城　主	戸田一西→氏鉄〜石川氏→本多氏
所在地	滋賀県大津市本丸町

天下普請の第1号

江戸《えど》城(千代田区)、名古屋《なごや》城(名古屋市)などで有名な徳川《とくがわ》幕府「天下普請」(諸大名を動員した土木工事)第1号の城。関ヶ原合戦で勝利を収めた徳川家康《いえやす》が大阪方への備えとして、膳所崎と呼ばれる琵琶湖に突き出た部分に築城した。古来東国と都を結んだ瀬田の唐橋と琵琶湖の水上交通を押さえることが狙い。縄張は築城名人・藤堂高虎《とうどうたかとら》。4重4階の天守は地震で倒壊。戸田《とだ》氏の後は石川《いしかわ》氏、本多《ほんだ》氏などが城主を務め本多氏で明治を迎える。

大溝城《おおみぞじょう》

水城

別　名	高島城
築年／廃年	天正6年(1578)／元和元年(1615)以降
築城主	織田(津田)信澄
城　主	織田信澄→丹羽長秀〜京極高次〜分部氏
所在地	滋賀県高島市勝野

浅井三姉妹の初の嫁入り先

信長《のぶなが》の甥・織田信澄《おだのぶずみ》の築城。要港・大溝湊を擁した湖西の要衝だ。縄張は明智《あけち》光秀《みつひで》。信澄の父はかつて信長に殺された信長の弟・信行《のぶゆき》。信澄は、浅井《あざい》氏旧臣で高島郡(高島市)を支配していた磯野員昌《いそのかずまさ》の養子となり、員昌追放後に高島郡を治めた。だが本能寺の変後に光秀との内通が疑われ丹羽長秀《にわながひで》軍に殺害。秀吉《ひでよし》政権下で京極高次《きょうごくたかつぐ》が入城。高次はこの城で浅井長政《ながまさ》の娘・初《はつ》を娶った。元和《げんな》の一国一城令で城の大半が破却され陣屋扱いに。

中野城《なかのじょう》

平城

別　名	日野城
築年／廃年	大永年間(1521〜1528)／慶長8年(1603)
築城主	蒲生定秀
城　主	蒲生定秀→賢秀→氏郷→田中吉政→長束正家
所在地	滋賀県蒲生郡日野町大字西大路

名築城家・蒲生氏郷の故郷

六角《ろっかく》氏重臣・蒲生《がもう》氏の新本拠。日野川の北岸に建つ。蒲生氏は近隣の音羽《おとわ》城が本拠だったが、当主・秀紀《ひでのり》を倒し家督を継いだ庶流の定秀《さだひで》が破却し、新たに城を築く。永禄《えいろく》11年(1568)、賢秀《かたひで》が子の氏郷《うじさと》を人質に信長《のぶなが》に臣従。天正《てんしょう》10年(1582)の本能寺の変の際、賢秀と氏郷は安土《あづち》城の留守居役を務め信長の妻を当城に保護。後に氏郷は秀吉《ひでよし》に従い、伊勢松阪12万石となり故郷を去る。後に田中吉政《たなかよしまさ》、長束《なつか》正家《まさいえ》と城主が代わり慶長《けいちょう》8年(1603)に廃城。

水口岡山城《みなくちおかやまじょう》

平城

別名	岡山城、水口古城
築年/廃年	天正13年(1585)／慶長5年(1600)
築城主	中村一氏
城主	中村一氏→増田長盛→長束正家
所在地	滋賀県甲賀市水口町水口

家康暗殺計画が練られた？

秀吉《ひでよし》家臣・中村一氏《なかむらかずうじ》の築城。甲賀郡の統治を目的に、水口の独立丘陵・古城山(標高282m)に築かれた。一氏は甲賀の人で秀吉に早くから仕え、岸和田《きしわだ》城(岸和田市)主だった武将。その後も増田長盛《ましたながもり》、長束正家《なつかまさいえ》ら五奉行の面々が城主を務めた。慶長《けいちょう》5年(1600)、家康《いえやす》が会津征伐に向かう途上、正家は当城に家康を招いて暗殺を画策していたとも。正家が関ヶ原に敗れて廃城。江戸前期に小堀遠州《こぼりえんしゅう》が将軍宿舎として西に現在の水口城を築いた。

朽木氏岩神館《くつきしいわがみやかた》

居館

別名	岩神殿
築年/廃年	承久3年(1221)／ー
築城主	佐々木信綱
城主	佐々木信綱～朽木(高島)頼綱～稙綱→晴綱→元綱→朽木氏
所在地	滋賀県高島市朽木岩瀬

足利将軍を助けた朽木氏

安曇川上流域(旧高島郡北部)の朽木谷を領した朽木氏の居館。当地は京と北陸を結ぶ主要間道である。朽木氏は近江源《げん》氏《じ》佐々木《ささき》氏分流。足利《あしかが》将軍家に仕え、義《よし》澄《ずみ》、義晴《よしはる》、義輝《よしてる》、義昭《よしあき》と4代の将軍が京を追われた際、当地に仮御所を設け保護した。元綱《もとつな》の代の元亀《げんき》元年(1570)、浅井《あざい》氏の裏切りにより越前金ヶ崎から撤退してきた織田信長《おだのぶなが》を助けた。以降も乱世を乗り切り、江戸時代には旗本となって当地に陣屋を構え、明治まで存続した。

山城

笠置城《かさぎじょう》

山城

別名	笠置山城
築年/廃年	元弘元年(1331)／不明
築城主	後醍醐天皇
城主	後醍醐天皇～木沢氏
所在地	京都府相楽郡笠置町大字笠置

後醍醐天皇が籠城した山城

鎌倉幕府と戦った後醍醐《ごだいご》天皇の築城。山城・伊賀・大和の3国にまたがる笠置山(標高289m)にある山岳寺院・笠置寺を利用して城とした。山麓を木津川など3つの河川が流れ、全山至るところに巨岩、絶壁がある金城湯池《きんじょうとうち》。元弘《げんこう》の変(1331)の舞台となり、3か月籠城の末落城。戦国時代には山城南部守護代で信貴山《しぎさん》城(奈良県生駒郡)主の木沢長政《きざわながまさ》の属城となる。現在残る曲輪《くるわ》跡は木沢氏時代のものと見られる。廃城時期の詳細は不明。

二条城《にじょうじょう》

平城

別　名	二条亭、二条離宮、元離宮二条城
築年／廃年	慶長7年(1602)／明治以降
築城主	徳川家康
城　主	徳川氏
所在地	京都府京都市中京区二条城町

都に建つ徳川氏のシンボル

徳川《とくがわ》幕府が築いた京都支配の拠点。堀川の西、京都御所の南西に位置する。城域は東西560m、南北430m。築城の名目は御所の守護と、上洛時の将軍居館だった。江戸時代を通じて二条城代(番)が置かれ、朝廷、公家衆に対する折衝および監視業務にあたった。2度の火災で天守や本丸を失ったが、二ノ丸御殿はじめ大手門、隅櫓など多くの遺構がある。平成6年(1994)に世界遺産に登録された。

特に大広間、黒書院・白書院などから成る二ノ丸御殿は桃山時代の書院造(身分の高い武家の住宅)を伝える貴重なもので国宝に指定。「八陣の庭」と呼ばれる二の丸御殿庭園は、茶人であり築城名人でもある小堀遠州《こぼりえんしゅう》の代表作として知られる。天守は家康《いえやす》時代(望楼型)と家光《いえみつ》時代(層塔型)の2基があった。家康の天守は淀《よど》城(京都市伏見区)へ移築、家光の天守は落雷で焼失し現在は天守台のみが残る。

なお徳川氏の二条城とは直接の関係はないが、永禄《えいろく》12年(1569)に織田信長《おだのぶなが》が将軍・足利義昭《あしかがよしあき》のために築いた同名の二条城(二条古城)がある。これは御所の西隣、勘解由小路《かでのこうじ》室町一帯にあったもの。同年に義昭が仮御所としていた本圀寺(京都市山科区)が三好《みよし》三人衆に襲撃されたため、信長は京都の中枢に堅固な城を造る必要性を感じたのである。城は総石垣、3重の堀を備えたものとなった。信長は都の石仏や地蔵の首に縄をつけて調達、破壊して石垣に転用したとされる。天正《てんしょう》元年(1573)の義昭追放に伴い廃城。近年に石垣や堀が発見され、城郭の規模が390m四方だったことなどが確認された。

二条古城の「洛中の政治施設」としての意義は続く秀吉《ひでよし》の聚楽第《じゅらくてい》(京都市上京区)に受け継がれ、天正16年(1588)に後《ご》陽成《ようぜい》天皇の行幸を迎えた。行幸は天下人の権威を示す一大セレモニーである。家康の二条城はこの聚楽第の儀礼機能を継承するもの。通常の城と異なり、将軍宣下を受ける場として、また天皇を招くにふさわしい邸宅であることが求められた。

関ヶ原の戦いで天下を制した家康は、慶長《けいちょう》7年(1602)より西国諸大名による天下普請(諸大名を動員した普請)で二条城を建設。造営総奉行は京都所司代・板倉《いたくら》勝重《かつしげ》、大工棟梁は後に江戸《えど》城(千代田区)などを手がけた名人・中井正清《なかいまさきよ》。縄張は本丸を二ノ丸が取り囲む輪郭式となった。翌年に竣工し、将軍に補任された家康は二条城より御所に赴いて「拝賀の礼」を行い、当城に公家衆を招いて将軍祝賀の儀を行った。また慶長16年(1611)に家康は二ノ丸御殿で秀吉の遺児・豊臣秀頼《とよとみひでより》と対面。この際秀頼を護衛した加藤清正《かとうきよまさ》は熊本への帰国途中で急死したため、「家康による毒饅頭暗殺」という俗説がささやかれ、後年に歌舞伎の題材となった。

家康の死後、元和《げんな》6年(1620)に秀忠《ひでただ》の娘・和子《まさこ》が女御として当城より後水尾《ごみずのお》天皇に入内。寛永《かんえい》元年(1624)から行幸準備のための改修が始まり、寛永3年(1626)に秀忠と家光が上洛して内裏へ参内。この返礼として天皇は二条城に行幸した。

その後も城は徳川氏が治め、慶応《けいおう》3年(1867)、15代将軍・慶喜《よしのぶ》は当城で大政奉還の上表を行い、二条城は新政府の管轄下となり、現在に至る。

山科本願寺《やましなほんがんじ》 平城

別名	本願寺ノ城、松林山本願寺
築年/廃年	文明15年(1483)/天文元年(1532)
築城主	蓮如
城主	蓮如→実如→証如
所在地	京都府京都市山科区西野阿芸沢町

石山へ移る前の本願寺

本願寺第8世・蓮如《れんにょ》の開創。山科盆地の中央、山科川沿いにある。本願寺は大谷の親鸞《しんらん》墓所(京都市)にあったが延暦寺の宗徒が破却。蓮如は越前に赴き吉崎御坊(あわら市)を建立したが、加賀越前の争いに巻き込まれて文明《ぶんめい》7年(1475)に焼失。畿内に戻った蓮如が本願寺再建を願い造営した。続く実如《じつにょ》、証如《しょうにょ》の代で城郭化し、土塁や堀が巡らされた。天文《てんぶん》元年(1532)、六角《ろっかく》氏、法華一揆の攻撃で焼失して廃城。証如は本拠を摂津石山へ移す。

山崎城《やまざきじょう》 山城

別名	鳥取尾山城、天王山城
築年/廃年	南北朝初期/天正12年(1584)
築城主	赤松範資
城主	赤松氏〜山名氏〜羽柴(豊臣)秀吉
所在地	京都府乙訓郡大山崎町大山崎天王山

秀吉天下取りの「天王山」

京都盆地西の西山山地の南端、天王山(標高270m)に建つ。山陽道を扼し、西国から京への関門。南北朝期より赤松《あかまつ》、細川《ほそかわ》、三好《みよし》氏らが争奪戦を繰り返した。天正《てんしょう》10年(1582)、本能寺の変後に秀吉《ひでよし》と明智光秀《あけちみつひで》が対決(山崎の戦い)。秀吉の勝利の決め手は天王山占拠によるという説から、勝負の分岐点を意味する「天王山」という成句が生まれた。その後、秀吉は大坂《おおさか》城(大阪市)に移るまでここを一時本拠とし、廃城は天正12年(1584)とされる。

勝龍寺城《しょうりゅうじじょう》 平城

別名	小竜寺城
築年/廃年	暦応2年(1339)か室町中期/天正10年(1582)以降?
築城主	細川頼春か畠山義就
城主	畠山氏〜松永氏→細川幽斎〜明智氏
所在地	京都府長岡京市勝竜寺

細川ガラシャが嫁いだ城

細川《ほそかわ》ガラシャ(明智光秀《あけちみつひで》の娘で、細川忠《ただ》興《おき》の正室)ゆかりの城。京都盆地の西南、小畑川と犬川の合流点付近に位置する。西国街道と鳥羽街道を押さえる要衝で、名は付近にある弘法大師《こうぼうだいし》開基の勝竜寺に由来。菅原道真《すがわらみちざね》にちなむ長岡天神も近い。

築城主は足利幕府創設にも尽力した細川頼春《よりはる》とも、室町中期の山城守護・畠山《はたけやま》義就《よしなり》ともいわれる。戦国時代に入って松《まつ》永久秀《ながひさひで》、三好《みよし》三人衆の支配下に入った。永禄《えいろく》11年(1568)、足利義昭《あしかがよしあき》を奉じて上洛した織田信長《おだのぶなが》の攻撃で落城。信長は三人衆を追い、義昭の臣だった細川幽斎《ゆうさい》(藤《ふじ》孝《たか》)を入城させ、山城支配の重要拠点とした。この際、2重の堀を持つ堅固な城に改修されたという。天正《てんしょう》6年(1578)に信長の仲介で坂本《さかもと》城(大津市)よりガラシャ(洗礼名。名は玉《たま》、珠)が輿入れし、当城で華燭の典があげられた。天正9年(1581)に幽斎・忠興は丹後宮津に入封。

天正10年(1582)に本能寺の変が勃発、明智光秀の属城となる。光秀は幽斎に協力を要請したが幽斎は拒絶し、ガラシャは味土野《みどの》(京丹後市)に幽閉される。山崎の戦いで敗れた光秀は当城に退却し、坂本城へ向かう途中で絶命。城もしばらくして廃城(江戸期に荒廃した城を使ったという説もある)。ちなみにガラシャはキリシタンとなり、関ヶ原の戦いの際、大坂で人質になることを拒み自刃した。

伏見城 ふしみじょう

平山城

別名	桃山城、指月城、木幡山城
築年／廃年	文禄元年(1592)／元和9年(1623)
築城主	豊臣秀吉
城主	豊臣秀吉→徳川家康→徳川氏
所在地	京都府京都市伏見区桃山町大蔵

指月山と木幡山の2城から成る

豊臣秀吉《とよとみひでよし》が築いたふたつの城を指す。東山から連なる丘陵の南端に位置。現在は明治天皇の桃山御陵。南に巨椋池と宇治川(淀川)が流れる。巨椋池は周囲16kmの巨大な池で京・大坂などを結ぶ水運基地だった(現在干拓により消滅)。豊臣氏が畿内に配置した大坂《おおさか》・大和郡山《こおりやま》・八幡《はちまん》山《やま》各城と陸・水路で繋がる重要拠点。

文禄《ぶんろく》元年(1592)、秀吉は明《みん》征服を掲げ朝鮮出兵、当初は現・城址の南西にある指月山(標高25m)に隠居所と称して城を築く。続いて明の講和使節を引見するという儀式を企図し、城造りを進めた。文禄4年(1595)の秀次《ひでつぐ》事件後に聚楽第《じゅらくてい》(京都市)を解体し建築物を流用している。しかし慶長《けいちょう》元年(1596)の震災で倒壊。この際、加藤清正《かとうきよまさ》がいち早く駆けつけた「地震加藤」の逸話は有名。慶長3年(1598)、秀吉は場所を現在の城址・木幡山(標高100m)に移し、山頂に本丸、天守を置き、舟入場を備えたふたつめの城を築城。

秀吉の死後、家康《いえやす》が入城し政務を執る。慶長5年(1600)、家康が会津征伐に東下した隙に石田三成《いしだみつなり》率いる西軍に攻撃され炎上陥落。城代・鳥居元忠《とりいもとただ》が戦死した。

関ヶ原後、徳川《とくがわ》氏の手により復旧されたが、大坂の陣後はその役目を終え、元《げん》和《な》9年(1623)に家光《いえみつ》の命により廃城となる。建造物は解体され諸大名に下付され、全国に「伏見櫓」として名を残す。

聚楽第 じゅらくてい

平城

別名	聚楽城
築年／廃年	天正14年(1586)／文禄4年(1595)
築城主	豊臣秀吉
城主	豊臣秀吉→秀次
所在地	京都府京都市上京区多門町

天皇を2度迎えた秀吉の宮廷

豊臣秀吉《とよとみひでよし》が京に造営した、政庁を兼ねる屋敷城。関白公邸。上京西の内野(旧・平安京内裏跡)に位置する。現在は市街化され遺構はなく、不明な点が多い。

天正《てんしょう》13年(1585)、関白宣下を受けた秀吉は翌年に豊臣姓と太政大臣に任じられ、豊臣政権を確立した。京都には現・二条《にじょう》城近くに「二条第」と呼ばれる秀吉の政庁があったが、秀吉はさらに朝臣にふさわしい拠点を欲し築城に至った。秀吉の祐筆・大村由己《おおむらゆうこ》の「長生不老の楽をあつむるものなり」が聚楽の名の由来と。瓦は金箔、御殿には七宝が飾られるなど、秀吉らしい絢爛豪華なものとなった。

天正16年(1588)と20年(1592)の2度、後陽成《ごようぜい》天皇の行幸を迎える。秀吉は天皇の前で諸大名に服従を誓わせ絶対的権威を天下に示した。日本史上でも短期間に2度の行幸は稀。なお秀吉は天正19年(1591)に甥の秀次《ひでつぐ》に関白職と聚楽第を譲り太閤となる。文禄《ぶんろく》4年(1595)、秀吉は謀反の嫌疑で秀次を誅殺し聚楽第も破却。

聚楽第を知る手がかりは乏しいが、「聚楽第図屏風」や「洛中洛外図屏風」などによれば、本丸・天守を中心に北ノ丸、南ノ丸、西ノ丸が配され堀が巡らされていた。「第(邸)」は屋敷を意味するが、実態は平城であったと見られる。大徳寺唐門、西本願寺飛雲閣が聚楽第遺構ともいわれたが、近年否定された。

船岡山城《ふなおかやまじょう》

山城

別　名	―
築年／廃年	応仁元年(1467)／永正8年(1511)以降？
築城主	山名氏
城　主	山名氏
所在地	京都府京都市北区紫野北舟岡町

「船岡山の戦い」の舞台に

京都西北の独立丘陵・船岡山(標高120m)に位置する。応仁《おうにん》の乱(1467～1477)で西軍・山名宗全《やまなそうぜん》方の城として築城。舟を伏せたような形の山だったのが名の由来とされ、南には都の中心通り・朱雀大路(現・千本通の前身)があった。永正《えいしょう》8年(1511)に細川澄元《ほそかわすみもと》が籠もり、足利義澄《あしかがよしずみ》を擁する澄元、三好之長《みよしゆきなが》と、足利義稙《あしかがよしたね》を擁する大内義興《おおうちよしおき》、細川高国《ほそかわたかくに》との「船岡山の戦い」があり、義興方が大勝。その後しばらくして廃城とされるが詳細は不明。

淀古城《よどこじょう》

平城

別　名	藤岡城、淀城
築年／廃年	室町中期／文禄4年(1595)
築城主	畠山政長
城　主	畠山政長～薬師寺政長～細川氏綱～三好三人衆～淀殿→木村重茲
所在地	京都府京都市伏見区納所北城堀

秀吉の側室・淀殿の城

3面を河川に囲まれた要害。桂・宇治・木津川の合流点付近にあり、水陸交通の拠点だった。山城守護だった畠山政長《はたけやままさなが》が、同族の畠山義就《よしなり》に備えるため築城したとされる。天正《てんしょう》17年(1589)、秀吉《ひでよし》が側室である茶々《ちゃちゃ》(浅井長政《あざいながまさ》の長女)の出産のため、修築して当城を与えた。以後茶々は淀殿と呼ばれる。文禄《ぶんろく》4年(1595)、城主だった木村重茲《きむらしげこれ》が秀次《ひでつぐ》事件に連座して切腹。城も廃城に。南の淀城は元和《げんな》9年(1623)に松平定綱《まつだいらさだつな》が築いたもの。

槇嶋城《まきしまじょう》

平城

別　名	真木嶋城、槇島城
築年／廃年	承久3年(1221)／文禄3年(1594)頃
築城主	長瀬左衛門
城　主	長瀬左衛門～足利義昭→細川昭元
所在地	京都府宇治市槇島町

将軍・足利義昭が立て籠もる

巨椋池(現在は干拓で消滅)の東、旧宇治川(淀川)の中州にあったとされる。宇治川の渡河点であり、古来軍事上の要衝。承久《じょうきゅう》3年(1221)の承久の乱で後鳥羽《ごとば》上皇方の判官代・長瀬《ながせ》氏が軍勢500人余で守備したことが初見。中世に入って管領《かんれい》・細川政元《ほそかわまさもと》の属城となる。天正《てんしょう》元年(1573)、将軍・足利義昭《あしかがよしあき》が信長《のぶなが》に反旗を翻し籠城。信長は大軍を率い直ちに鎮圧。義昭を追放し室町幕府を滅亡させた。城は伏見《ふしみ》築城後の文禄《ぶんろく》3年(1594)頃に廃城とされる。

静原城《しずはらじょう》

山城

別　名	―
築年／廃年	弘治3年(1557)／不明
築城主	三好長慶
城　主	三好氏～山本実尚
所在地	京都府京都市左京区静市静原町

光秀に滅ぼされた土豪・山本氏

畿内を席巻した戦国大名・三好長慶《みよしながよし》の支城。長慶が山城50余郷に夫役を課し、丹波高原南東の城谷山(標高470m)に築造した。当地は敦賀・鞍馬街道を扼する洛北の要衝。三好氏衰亡後、北山城の土豪・山本実尚《やまもとさねひさ》が入城。天正《てんしょう》元年(1573)、実尚は足利義昭《あしかがよしあき》の蜂起に呼応し信長《のぶなが》に背き、信長の将・明智光秀《あけちみつひで》に討たれた。石垣、土塁など遺構が豊富。南尾根続きに同名の静原《しろやま》城がある。光秀の付城ともいわれるが不明。廃城時期の詳細も不明。

大和

筒井城 つついじょう

平城

別名	筒井順慶城
築年/廃年	永享元年(1429)/天正8年(1580)
築城主	筒井氏
城主	筒井順覚～順永→順尊～順昭→順慶→松永氏→順慶
所在地	奈良県大和郡山市筒井町

「洞ヶ峠」で知られる筒井氏の城

大和の豪族・筒井《つつい》氏代々の本城。郡山《こおりやま》城(大和郡山市)の南方3kmに位置し、大和北部の支配拠点として機能した。筒井氏は興福寺を支えた衆徒より発祥し、中世に越智《おち》氏ら敵対勢力を追って大和を支配した武家勢力。順慶《じゅんけい》の代に松永久秀《まつながひさひで》の侵攻により城を奪われるが、後に反攻して城を取り戻す。順慶は地形の有利な郡山城に本拠を移行。天正《てんしょう》8年(1580)の大和諸城破却令により廃城。わずかに堀が現存。順慶は洞ヶ峠の日和見伝説も著名。

高取城 たかとりじょう

山城

別名	高取山城、芙蓉城
築年/廃年	元弘2年(1332)、天正12年(1584)/明治以降
築城主	越智邦澄、筒井順慶
城主	越智氏～筒井氏→脇坂安治→本多利久→俊政～植村氏
所在地	奈良県高市郡高取町上子島

筒井氏のライバル、越智氏の城

南大和の豪族・越智《おち》氏の城。奈良盆地の南、吉野山系の高取山(標高583m、比高390m)の山頂に築かれた。比高で備中松山《まつやま》城(高梁市、比高340m)を上回る日本有数の山城で、城域も6万㎡と広大。北に広く大和盆地を望み、南に吉野への街道を扼する要衝。遺構の高石垣が見事。

越智氏は大和源氏《げんじ》の流れで、筒井《つつい》氏と同様に春日大社の国民(末社の神主を務めた地侍)。長く興福寺が支配してきた大和にあって、南北朝期に南朝勢力として台頭し、戦国時代に筒井氏と覇権を争う勢力となる。越智氏の本城は当城より北西4kmの貝吹山《かいぶきやま》城(高市郡)だったが、戦国時代に当城が本拠となった。

越智氏は1540年代に筒井順昭《じゅんしょう》(順慶《じゅんけい》の父)に押され、天正《てんしょう》8年(1580)には織田信《おだのぶ》長《なが》の大和諸城破却令により、高取・貝吹の両城も破却され、歴史から姿を消した。信長死後の天正12年(1584)、当城の重要性を知る筒井順慶の手で再興へ。その後、順慶に代わって大和の主となった豊臣秀《とよとみひで》長《なが》の命により本多《ほんだ》氏が入城。本多氏の手により、石塁、土塀が廻らされ、本丸に3重3階の天守が築かれ、27基もの櫓が配された近世城郭として生まれ変わった。

江戸時代は高取藩庁となり、植村《うえむら》氏が城主を続けて明治を迎えた。ちなみに文《ぶん》久《きゅう》3年(1863)に天誅組の攻撃を受けたが簡単に一蹴したほどの堅城だった。

郡山城 こおりやまじょう 平城

別名	犬伏城
築年／廃年	戦国初期、天正9年(1581)／明治以降
築城主	郡山衆、筒井順慶
城主	郡山衆～筒井順慶→定次→豊臣秀長→秀保→増田長盛→大久保長安～筒井定慶→水野勝成～松平氏～本多氏～柳沢氏
所在地	奈良県大和郡山市城内町

筒井順慶と豊臣秀長が治めた

大和の戦国大名・筒井順慶《つついじゅんけい》と豊臣秀長《とよとみひでなが》(秀吉《ひでよし》の弟)ゆかりの城として知られる。奈良盆地の中央、佐保川の支流である秋篠川と富雄川の中間にある郡山丘陵に位置する。江戸時代には郡山藩庁となった。

大和は長く奈良興福寺に支配された国である。鎌倉時代から天正《てんしょう》3年(1575)の塙直政《ばんなおまさ》まで守護が置かれず、興福寺が一貫して守護の座にあった。興福寺は衆徒、僧兵を組織化し、比叡山延暦寺とともに「南都(興福寺)北嶺(延暦寺)」と呼ばれる強力な寺社勢力を形成していた。

郡山には平安末期より中世にかけ、興福寺傘下の郡山衆と呼ばれる集団の居館があった。雁行形《がんこうがた》で「雁陣の城」と呼ばれた簡素な掻き揚げ城である。その後、衆徒国民のなかから「大和四家」(越智《おち》、十市《とおち》、箸尾《はしお》、筒井)と呼ばれる武士勢力が現れ、南北朝期に北朝方で大和北部の盟主・筒井氏、南朝方で大和南部の盟主・越智氏が台頭。興福寺の権威が衰えるなか両氏の覇権争いは激化し、明応《めいおう》7年(1498)に郡山衆は筒井氏傘下に入った。以後、郡山城は南方3kmにある筒井氏本拠の筒井城(大和郡山市)の一支城となる。

永禄《えいろく》2年(1559)、畿内平定を目論む三《み》好長慶《よしながよし》の将・松永久秀《まつながひさひで》の大和侵攻が始まり、永禄8年(1565)に筒井氏は幼少だった順慶の代で筒井城を追われ苦難の時代に入るが、郡山城は最後の砦として死守された。以降、両者の激しい抗争が続いた末、元亀《げんき》2年(1571)の辰市《たついち》城(奈良市)合戦で、順慶が当時織田信長《おだのぶなが》に謀反していた久秀に勝利。その後、順慶は信長に臣従し、天正《てんしょう》4年(1576)に大和守護(塙直政の後任)となる。天正5年(1577)の久秀滅亡後、順慶は筒井城を改修しようとしたが、地形の不利から郡山城を本拠とすることを決意。信長の大和諸城破却令により郡山城は大和一の城となり、天正9年(1581)より大々的な改築が行われた。

秀吉《ひでよし》政権下の天正12年(1584)に順慶が死ぬと、秀吉は翌年に養嗣子《ようしし》・定次《さだつぐ》を伊賀上野に移封し、紀伊・大和・和泉100万石を与えた弟の秀長を入城させた。

秀長は秀吉の片腕として天下統一事業に貢献し、「内々の儀は宗易《そうえき》(千利休《せんのりきゅう》)、公儀の事は宰相(秀長)」(『大友家文書録』)といわれるほど政権で重きをなし、大和大納言と尊称された人物。秀長は100万石領国の統治拠点として、併せて大坂城《おおさか》(大阪市)防衛の強大な出城とするため、さらに大改修を施した。この際、根来寺《ねごろじ》の大門が移築されたほか、多数の寺社から石材が供出された。現在も天守台北面に残る「逆さ地蔵」はこの時代のものとして有名だ。また永慶寺(大和郡山市)に残る山門は、もとは当城の南御門で、秀長時代の唯一の遺構建造物である。

秀長の死後、城主となった増田長盛《ましたながもり》は外堀を穿《うが》ち、壮大な総構えを築いた。

関ヶ原後、家康《いえやす》の後押しで筒井一族の定慶《じょうけい》が入城したが、慶長《けいちょう》20年(1615)の大坂夏の陣で豊臣方に攻められ落城。定慶は一戦もせずに逃走し、後にこれを恥じて切腹したとも伝わるが真相は不明。

江戸時代には松平《まつだいら》氏、本多《ほんだ》氏、柳沢《やなぎさわ》氏が入城しさらに整備・改修が重ねられた。明治に廃城となり、現在は城址公園に。

信貴山城　しぎさんじょう　山城

別　名	信貴城、礒城
築年／廃年	天文5年(1536)、永禄2年(1559)／天正5年(1577)
築城主	木沢長政、松永久秀
城　主	木沢長政～松永久秀
所在地	奈良県生駒郡平群町大字信貴山

平蜘蛛茶釜とともに散った梟雄

大和の戦国大名・松永久秀《まつながひさひで》の居城で、大和計略の拠点とした城として知られる。大和と河内の国境付近にある生駒山系の信貴山(標高433m)に築かれた。南東中腹に信貴山真言宗の信貴山寺(聖徳《しょうとく》太子《たいし》開基)があり、北の生駒聖天とともに福徳開運の毘沙門天として知られる。

南北朝期に楠木正成《くすのきまさしげ》が砦を築いたのが起源ともいわれるが不詳。戦国時代に入って畠山《はたけやま》氏家臣の木沢長政《きざわながまさ》により本格的な築城が行われたが、長政の敗死とともに焼失。その後、大和に入国した久秀により修築・拡張が行われた。本丸に築かれていたとされる4重天守は天守建築の草分けとも見られるが、詳細は不明。

久秀は出自不明の男で三好長慶《みよしながよし》の右筆《ゆうひつ》から頭角を現し、後に三好家を乗っ取って将軍・足利義輝《あしかがよしてる》を暗殺した梟雄《きょうゆう》。久秀は長慶の命により大和に進出し、当城を拠点として大和最大の勢力だった筒井《つつい》氏、興福寺勢力の諸城を次々に落とし、大和制圧を進めた。久秀は河内の抑えも兼ねる当城に加え、永禄《えいろく》5年(1562)に興福寺勢力の抑えとして多聞山《たもんやま》城(奈良市)を築き、両城を行き来し大和を二元支配した。

久秀は織田信長《おだのぶなが》の上洛時に降伏したが、後に背いた末、当城を攻められ切腹。この際、仕かけた火薬で秘蔵の名器・平蜘蛛茶釜もろとも自爆したとされる。自爆とともに城も廃城となったとされる。

多聞山城　たもんやまじょう　平山城

別　名	多聞城
築年／廃年	永禄3年(1560)／天正4年(1576)または天正5年(1577)
築城主	松永久秀
城　主	松永久秀→明智光秀→柴田勝家→塙直政
所在地	奈良県奈良市多門町

近世城郭に欠かせない「多聞櫓」

大和の戦国大名・松永久秀《まつながひさひで》が信貴山《しぎさん》城(生駒郡)に続いて築いた城。奈良市街地の北方、興福寺と東大寺を見下ろす眉間寺山(標高115m)に造られた。天主といわれる大櫓や御殿を備える豪華な建築だったとされる。塁上に塀のように建てられた、城壁と倉庫を兼ねる画期的な長屋造の櫓は、後の近世城郭の大半に採用された「多聞櫓」の初めといわれる。

当地は奈良への出入口・奈良阪を扼する要衝。久秀は三好長慶《みよしながよし》に仕え畿内平定を支えた後、三好家を乗っ取り将軍・足《あし》利義輝《かがよしてる》を弑《しい》した人物。久秀は長慶の命で大和に侵攻し、河内方面の信貴山、奈良方面の多聞山の2城を拠点に興福寺勢力、筒井《つつい》氏ら国衆を追って大和を領国化した。

義輝暗殺後、久秀は筒井順慶《じゅんけい》、三好三人衆と抗争。永禄《えいろく》10年(1567)、筒井・三人衆連合軍が陣を敷く東大寺へ出陣し、勝利を収めたが結果的に大仏殿を焼失(東大寺大仏殿の戦い)。翌年に上洛した織田信長《おだのぶなが》に帰服したが、足利義昭《よしあき》が画策した信長包囲網に加わり反乱。天正《てんしょう》元年(1573)、義昭追放後に降伏し、当城を信長に差し出して許された(後に再び裏切り自刃)。翌年に信長は正倉院の名香「蘭奢待《らんじゃたい》」を切り取った際、当城に立ち寄る。その後は光秀《みつひで》、勝家《かついえ》と城主が代わり、大和一国を筒井順慶が収めた天正4年(1576、または天正5年〈1577〉)に破却。

柳生城 やぎゅうじょう

山城

別名	古(小)柳生城
築年/廃年	不明/不明
築城主	柳生氏
城主	柳生氏
所在地	奈良県奈良市柳生町

新陰流で有名な柳生の里

剣法で有名な柳生氏の城。大和の東、打滝川沿いの丘陵に建つ。柳生氏は春日社の社領・小柳生郷を治める荘官として当地より発祥。菅原道真《すがわらみちざね》の祖というが不詳。天文《てんぶん》13年(1544)、家厳《いえよし》の代で筒井順《つついじゅん》昭《しょう》に攻められ激戦の末に落城。以後筒井氏、松永《まつなが》氏と主を変え乱世を生きる。家厳の子が柳生新陰流の祖・宗厳《むねよし》。後に家《いえ》康《やす》に奥義「無刀取り」を披露し子の宗矩《むねのり》が徳川《とくがわ》家に仕官。兵法指南役から大名となり柳生藩祖に。廃城時期の詳細は不明。

高田城 たかたじょう

平城

別名	ー
築年/廃年	永享4年(1432)/天正8年(1580)
築城主	高田(当麻)為貞
城主	高田氏
所在地	奈良県大和高田市旭北町

反筒井勢力だった高田氏

大和の豪族・高田氏の居城。現在の常光寺池一帯にあったとされる。将軍・足《あし》利義教《かがよしのり》の命で南の越智《おち》氏の抑えとして築城。城域は200m四方、2重の水堀を備えた平城。高田氏は春日社の国民(末社の神主を務めた地侍)で、現・大和高田市一帯である葛下郡に勢力を持った。応仁《おうにん》の乱後は越智氏、次いで松永《まつなが》氏と主を変え筒井《つつい》氏らと戦う。天正《てんしょう》8年(1580)に信長《のぶなが》の大和諸城破却令により廃城。筒井順慶《じゅんけい》が大和の主となり、高田氏は滅ぼされた。

龍王山城 りゅうおうざんじょう

山城

別名	龍王山十市城、十市城、釜口ノ山城
築年/廃年	天文年間(1532~1555)/天正5年(1577)以降
築城主	十市遠忠
城主	十市遠忠→遠勝→秋山直国~松永久通
所在地	奈良県天理市田町

豪族・十市氏が築いた山城

大和北西部に勢力を持った十市《とおち》氏の城。奈良盆地と大和高原を分かつ山脈、龍王子山(標高585m)に築かれた広大な山城。本城の北城と詰城の南城から成る。十市氏は春日社の国民(末社の神主を務めた地侍)で、筒井《つつい》氏、越智《おち》氏と並ぶ「大和四家」の一角。最盛期を築いた遠忠《とおただ》の代で造られ、本拠の十市城(橿原市)とともに居城とし、十市から天理市の平野部一帯を支配して、戦国期に筒井氏と結ぶ。後に入城した松永《まつなが》氏が信長《のぶなが》に敗れ廃城へ。

辰市城 たついちじょう

平城

別名	ー
築年/廃年	元亀2年(1571)/不明
築城主	筒井順慶・井戸良広
城主	筒井順慶
所在地	奈良県奈良市東九条町

筒井順慶が松永久秀に大勝した城

筒井順慶《つついじゅんけい》が築いた陣城で大和最大の合戦が繰り広げられた。松永久秀《まつながひさひで》に筒井城(大和郡山市)を奪われた順慶は、元亀《げんき》2年(1571)に久秀が多聞山《たもんやま》城(奈良市)を置き支配していた南都に進出し、井戸良弘《いどよしひろ》に多聞山南5kmに堀と塀を巡らせて当城を造らせた。順慶軍は約1万の久秀軍を圧倒し500余の首を取り大勝。筒井城の奪回にも成功。以後久秀は急速に衰えた。この一戦を機に順慶は信長《のぶなが》傘下となり大和一国を得る。廃城時期の詳細は不明。

福住城　ふくすみじょう

山城

別　名	中定城、福住館、井之市城
築年/廃年	室町後期／不明
築城主	福住氏
城　主	福住氏
所在地	奈良県天理市福住町

筒井氏を支えた福住氏

筒井《つつい》氏に仕えた福住氏の居城。東山内と呼ばれる奈良県東部の高原地帯にあった。中定《なかさだ》城、井之市《いのいち》城の2城から成る。福住氏は興福寺下の衆徒国民で、筒井順《じゅん》永《えい》の兄が家を継いでから筒井一族に。筒井氏は幾度も本拠の筒井城を落とされ、そのたびに当城に逃れ再起を果たした。城を追われた順慶《じゅんけい》もここを拠点とし松永《まつなが》久秀《ひさひで》と交戦。元亀《げんき》2年(1571)の辰市《たついち》城(奈良市)合戦でも福住氏は順慶を助け勝利に貢献した。廃城時期の詳細は不明。

紀伊

亀山城　かめやまじょう

山城

別　名	湯川城、丸山城
築年/廃年	室町初期／不明
築城主	湯川光春
城　主	湯川光春～直光→直春
所在地	和歌山県御坊市湯川町丸山

南紀に勢力を持った国人領主・湯川氏

南紀の雄・湯川《ゆかわ》氏の城。日高平野を望む亀山(標高110m)に位置。湯川氏は甲斐武田《たけだ》氏の流れで、鎌倉時代に芳養荘(田辺市)に土着し勢力を拡大。紀伊守護・畠《はたけ》山《やま》氏に属し、日高・牟婁《むろ》・有田地方を領有。永正《えいしょう》14年(1517)に畠山尚順《はたけやまひさのぶ》を追い事実上の紀伊守護代に。天正《てんしょう》13年(1585)に秀吉《ひでよし》の紀州攻めで落城。当主の直春《なおはる》は逃れゲリラ戦で秀吉を苦しめ和睦に持ち込むが、郡山《こおりやま》城(大和郡山市)で豊臣秀長《とよとみひでなが》に毒殺されたという。廃城時期の詳細は不明。

田辺城　たなべじょう

平城

別　名	錦水城、湊城
築年/廃年	慶長11年(1606)／明治以降
築城主	浅野知近～安藤氏
城　主	浅野氏→安藤氏
所在地	和歌山県田辺市上屋敷3

白壁の城壁で有名

紀州藩主・浅野《あさの》氏、紀州徳川《とくがわ》氏の属城。田辺市街の西南端、田辺湾に臨む。浅野幸長《ゆきなが》に従って一族の知近《ともちか》が田辺に入部。海辺の州崎に築城したが流出し、新たに会津川口に湊《みなと》城を築く。浅野氏の広島転封後、紀州徳川氏家老の安藤直次《あんどうなおつぐ》が改築。以後幕末まで36回も改修し、白壁の城壁を持つ近世城郭に。城主も安藤氏が明治まで務める。領民が「白壁がまぶしくて魚が捕れない」と陳情した逸話があるほど美しい壁だった。石垣と水門が残る。

和歌山城 わかやまじょう

平山城

別名	伏虎城、虎伏城、竹垣城、若山城
築年／廃年	天正13年(1585)／明治以降
築城主	豊臣秀吉・秀長
城主	桑山重晴→一晴→浅野幸長→長晟→徳川頼宣～吉宗～茂承
所在地	和歌山県和歌山市一番丁

和歌山は秀吉の命名

徳川《とくがわ》御三家・紀州徳川家13代の居城として知られる。5代藩主・吉宗《よしむね》は8代将軍として著名だ。和歌山市街中心部の虎伏山(吹上の峰、標高48m)に位置する。当地は紀伊水道に注ぐ紀ノ川河口付近の要害である。城域は東西400m、南北275mで、山頂に本丸と天守を配し、北に二ノ丸、その外に三ノ丸を置いた梯郭式の縄張である。城の東方に代々の城主が保護した名刹・紀三井寺《きみいでら》がある。

戦国時代の紀伊は守護・畠山《はたけやま》氏の権威が失墜し、根来寺《ねごろじ》、雑賀《さいか》・粉河《こかわ》衆、高野山といった寺社勢力、地侍集団が割拠する国だった。しかし天正《てんしょう》13年(1585)に羽《は》柴《しば》(豊臣《とよとみ》)秀吉《ひでよし》の紀伊征伐で根来・雑賀衆をはじめとする国衆はことごとく屈服・滅亡させられた。秀吉は間を置かずに四国も平定し、紀伊・四国平定の立役者だった弟の秀長《ひでなが》に紀伊、和泉、大和など3か国100万余石を与えるとともに、紀伊支配の拠点として虎伏山に目をつけた。

秀吉は当地に約1か月滞在し、縄張を行い築城の工を起こした。普請奉行は当時秀長の臣だった藤堂高虎《とうどうたかとら》と羽田長門《はだながとの》守《かみ》。この際、秀吉は虎伏山の眺望に感嘆し、近隣の名勝・和歌浦の文字を取って当地を和歌山(若山)と命名したという。虎伏山の名の由来は虎が伏しているような形をしていたからとも、築城の際にお虎という女が人柱になったからともいわれる。この年のうちに本丸、二ノ丸が完成。秀長は郡山《こおりやま》城(大和郡山市)に在城したため、重臣の桑山重晴《くわやましげはる》が城代として入城し、紀州の統治にあたった。本丸周辺に残る紀州特産の青石(緑泥片岩《りょくでいへんがん》)が利用された石垣は、桑山氏時代のものとされる。

慶長《けいちょう》5年(1600)の関ヶ原の戦い後、甲《こう》府《ふ》城(甲府市)の浅野幸長《あさのゆきなが》が37万石で入城し、紀州浅野藩初代藩主となる。幸長の父・長政《ながまさ》は北政所《きたのまんどころ》の義弟で、秀吉に取り立てられて大名になった人物。元和《げんな》5年(1619)、弟の長晟《ながあきら》の代で広島へ国替えとなり、代わって徳川家康《とくがわいえやす》の十男・頼宣《よりのぶ》が55万石で城主となり、紀州徳川家が成立した。江戸幕府にとって紀州家は紀伊半島、四国の抑えを役目とする家である。

頼宣は通称・南竜公《なんりゅうこう》。知略に優れ詩歌もよくした人物である。新城主として意気込む頼宣は、兄の秀忠《ひでただ》から銀2000貫を譲り受け、城と城下町の大拡張工事を始めた。頼宣は高さ23mに及ぶ高石垣を造り、大手の位置を一ノ橋口に改めたりなどしたが、あまりに大規模な改修だったため、幕府から嫌疑を受ける羽目になる。家老の安藤帯刀《あんどうたてわき》の弁明で事なきを得て、外堀の工事を行ったところ再び疑われ、中止に追い込まれる。市内に残る「堀止」の名はこの名残。工事は中止された。以後頼宣は危険人物の烙印を押され、慶安《けいあん》4年(1651)の由井正雪《ゆいしょうせつ》事件でも黒幕として疑われたほどだった。その後も代々徳川氏が城を治め、明治を迎えている。

3重の天守があったが弘化《こうか》3年(1846)に焼失。頼宣時代のものか、それ以前のものかは不明。嘉永《かえい》3年(1850)に連立式層塔型3重3階の天守が再建されたが、第2次世界大戦の和歌山大空襲で焼失。現在は昭和に外観復元された天守が立つ。ほかに二ノ丸と西ノ丸を繋ぐ御橋廊下は斜めにかかる橋として著名である。

根来寺 ねごろじ

居館

別　名	―
築年／廃年	保延6年(1140)頃／―
築城主	覚鑁
城　主	根来衆
所在地	和歌山県岩出市根来

秀吉に焼かれた鉄砲のメッカ

戦国時代の代表的な寺社勢力のひとつ。新義真言宗の総本山。正式名は大伝法院。本尊は大日如来、尊勝仏頂、金剛薩埵の3尊。紀伊と和泉の国境にある和泉山脈の南麓に2km四方の広大な寺域を持った。近年発見された食物蔵の遺跡などにより強大な城塞であったことが確認された。

平安後期、高野山僧の覚鑁《かくばん》が開いた大伝法院が、保延《ほうえん》6年(1140)に根来へ移されたことが始まり。正応《しょうおう》元年(1288)に同じく高野山の頼瑜《らいゆ》が移り、新義真言宗を成立させた。以後発展し、室町時代には大伝法院、密厳院《みつごいん》、円明院など坊舎80余、僧房2700余棟を数える大寺院に。領地は実に70万石で、数万もの僧兵を有した。この僧兵は根来(寺)衆と呼ばれる。

特筆されるのは早くから鉄砲製造にかかわったこと。根来衆・杉坊の津田監物《つだけんもつ》が天文《てんぶん》12年(1543)に鉄砲が伝来した種子島に赴き1挺を持ち帰る。量産化に成功した根来衆は一大軍事集団となり、紀北、南河内、南和泉にまで勢力を広げた。

信長《のぶなが》とは協力関係にあったが、信長死後は家康《いえやす》と通じて秀吉《ひでよし》に対抗し、雑賀《さいか》衆と組んで南摂津へ侵入。天正《てんしょう》13年(1585)、秀吉の紀州攻めで根来寺は焼き討ちされ灰燼《かいじん》に帰し廃城、根来衆も壊滅した。わずかに残る多宝塔(国宝)は我が国の木造大塔のうち最大規模で弾痕が残る。江戸初期に徳川《とくがわ》氏の保護で復興された。

太田城 おおたじょう

平城

別　名	―
築年／廃年	天正4年(1576)／不明
築城主	太田左近
城　主	太田左近
所在地	和歌山県和歌山市太田

1か月の水攻めに耐えた城

秀吉《ひでよし》が備中高松《たかまつ》城(岡山市)に続き、水攻めを行った城として著名。遺構はないが、JR和歌山駅東方にある来迎寺(和歌山市)が本丸跡とされる。西1kmの大立寺の山門は当城の大門が移築されたもの。

一説に延徳《えんとく》年間(1489～1492)、または文明《ぶんめい》年間(1469～1487)に紀伊国造64代・紀俊連《きいとしつら》が、神領保護を目的に築城したとも伝わる。戦国時代には当地の郷士である太田左近《おおたさこん》をリーダーとする武士団・太田衆(党)の本拠となり、周囲を深い堀で巡らした堅城だった。太田衆は根来《ねごろ》衆と結び、雑賀《さいか》衆と紀北を争う勢力。

天正《てんしょう》5年(1577)の信長《のぶなが》の雑賀攻めにあたり、左近らは信長に協力。翌年、これを遺恨とした雑賀衆に城を攻められたが、結局和議で停戦した。信長死後、秀《ひで》吉《よし》対家康《いえやす》の構図が定まるなか、太田衆は根来・雑賀衆とともに連合軍を結成し、家康に与し、小牧・長久手合戦では大坂周辺を攻撃し、秀吉の背後を脅かした。

天正13年(1585)、秀吉の紀州征伐が始まり、根来・雑賀は陥落したが、太田城は最後の砦として抵抗。秀吉は全長7kmの堤防を築き、紀ノ川から水を引いて水攻めとした。秀吉は安宅船《あたけぶね》や大砲も動員して攻撃したが、左近以下城兵は粘り強く抵抗。結局1か月の籠城戦の末、左近ら51人が自害して降伏落城した。落城とともに廃城と思われるが、詳細は不明。

堀内新宮城《ほりうちしんぐうじょう》

平城

別名	堀内屋敷
築年/廃年	戦国時代／不明
築城主	堀内氏善
城主	堀内氏善
所在地	和歌山県新宮市千穂

関ヶ原に敗れ滅んだ熊野水軍の城

熊野地方(旧牟婁《むろ》郡)を支配した豪族・堀内氏善《ほりのうちうじよし》の本拠である。新宮は熊野川河口に位置し、古来、熊野三山のひとつである熊野速玉大社の門前町として知られる地。城は速玉大社の南、千穂ヶ峯の麓に築かれた。現在の全龍寺が城址で、わずかに堀の一部が残るのみである。

堀内氏は源 行家《みなもとのゆきいえ》(新宮十郎)、また熊野別当・湛増《たんぞう》(武蔵坊弁慶《むさしぼうべんけい》の父)の末裔ともいわれるが定かでない。平安時代より活躍した熊野水軍と、速玉大社を背景とする宗教的な権威を備えた独特の軍事力を保持。天文《てんぶん》年間(1532～1555)、堀内氏《うじ》虎《とら》の代より躍進。氏虎は子の氏善を有馬《ありま》城(熊野市)の有馬氏へ養子に入れ勢力を拡大。両家を統合した氏善は信長《のぶなが》、秀吉《ひでよし》と繋がりを持ち、天正《てんしょう》13年(1585)の紀州征伐でも秀吉に協力して本領安堵。四国・小田原攻めでは熊野水軍を率いて活躍し、天正19年(1591)に秀吉より熊野総地の支配権を得る。禄高は6万石を数えた。

氏善は関ヶ原の戦いで西軍に与して伊勢へ侵攻。しかし西軍の敗北で当城に戻ったところ、和歌山《わかやま》城(和歌山市)代・桑《くわ》山一晴《やまかずはる》の攻撃を受け落城。その後、氏善は加藤清正《かとうきよまさ》に仕え熊本で病死したという。廃城時期の詳細は不明。

元和《げんな》4年(1618)に紀州藩主・浅野《あさの》氏重臣の浅野忠吉《ただよし》が熊野川河口沿いの田鶴原に新城を築城。これが今に残る新宮城だ。

雑賀城《さいかじょう》

平山城

別名	妙見山城
築年/廃年	戦国時代／天正13年(1585)以降？
築城主	鈴木重意(佐太夫)
城主	鈴木重意・重秀
所在地	和歌山県和歌山市和歌浦中3

「雑賀孫市」の城

紀伊北西部に勢力を持った雑賀衆の指導者・雑賀鈴木《すずき》氏の本拠。鉄砲集団を率いて石山本願寺に協力し、信長《のぶなが》を苦しめた「雑賀孫市《まごいち》」として鈴木重秀《しげひで》が知られるが、築城者は重秀の父(とされる)・重意《しげおき》。天正《てんしょう》5年(1577)に重秀は当城を本拠に信長の大軍を迎撃。一時降伏したが再起し佐久間信盛《さくまのぶもり》軍を破る。石山戦争後に重秀は信長に接近したが、信長死後に雑賀から逃走。後に秀吉《ひでよし》に臣従。天正13年(1585)の秀吉の紀州征伐後に廃城か。

長藪城《ながやぶじょう》

山城

別名	―
築年/廃年	文明年間(1469～1487)／不明
築城主	牲川義春
城主	牲川義春～義則～義清
所在地	和歌山県橋本市細川

紀伊と河内の境目の城

十津川の地侍・牲川義春《にえがわよしはる》の築城といわれる。和歌山県最北端の橋本の城山(標高330m)で、河内に通じる紀見峠を扼す。城は堀切を挟んで東の城、西の城、出城に分かれ、「別城一郭」と呼ばれる構え。南西麓に平時の居館・下屋敷があった。牲川氏はかつて楠木正成《くすのきまさしげ》の重臣だったという。義春の代で紀伊守護・畠山《はたけやま》氏に属し、戦国時代に松永《まつなが》氏と抗争。天正《てんしょう》13年(1585)、秀吉《ひでよし》の紀州征伐により落城。落城とともに廃城と思われるが詳細は不明。

広城 ひろじょう

山城

別名	高城、名島城
築年／廃年	応永8年（1401）／不明
築城主	畠山基国
城主	畠山基国～尚順
所在地	和歌山県有田郡広川町名島

紀伊守護・畠山氏の本拠

紀伊と河内の守護・畠山《はたけやま》氏の城。紀伊水道を臨む高城山（標高135m）に築城。足《あし》利《かが》義満《よしみつ》に紀伊守護に任じられた畠山基国《もとくに》は守護所だった大野《おおの》城（海南市）に入ったが、南朝方の湯浅《ゆあさ》氏らに備えさらに南方の有田に移転。しかし畠山氏の支配力は限定的で、戦国の紀伊は寺社・国人勢力が割拠する。尚順《ひさのぶ》が城主の大永《たいえい》2年（1522、または天文《てんぶん》3年〈1534〉）、日高の豪族・湯《ゆ》川《かわ》氏、野辺《のべ》氏に攻められ落城。落城とともに廃城と思われるが詳細は不明。

大野城 おおのじょう

山城

別名	藤代城
築年／廃年	南北朝時代／不明
築城主	山名義理
城主	山名義理→大内氏～畠山基国→満則
所在地	和歌山県海南市藤白

紀伊の守護所だった

室町時代の紀伊守護の守護所。藤白山系の高所（標高430～450m）に築城。東西のふたつの城から成る「別城一郭」の構え。発祥は不詳だが南北朝期に南朝方の砦があった。弘和《こうわ》2年（1382）に北朝方の山名義理《やまなよしただ》に攻略され城郭として整備。義理は紀伊守護となるが明徳《めいとく》の乱（1391）に巻き込まれ衰退。後に守護・畠山基国《はたけやまもとくに》が入城し広《ひろ》城（有田郡）に移って、当城は次男の満則《みつのり》が守り、以後広城支城として機能した。廃城時期の詳細は不明。

龍松山城 りゅうしょうざんじょう

山城

別名	市之瀬城、一ノ瀬城、辰巻城
築年／廃年	南北朝時代／不明
築城主	山本忠行
城主	山本忠行→忠継～康忠
所在地	和歌山県西牟婁郡上富田町市ノ瀬

秀吉軍を苦しめた山城

田辺・日高郡に勢力を持った豪族・山《やま》本《もと》氏の本拠。熊野街道の要所、富田川河畔の龍松山（標高120m）に築かれた。山本氏は南北朝期に地頭として入部。紀伊守護・畠山《はたけやま》氏に属し、熊野本宮と深い関係を持ちつつ国人領主に成長。天正《てんしょう》13年（1585）、秀吉《ひでよし》の紀州征伐で当主の康忠《やすただ》は籠城して大軍を迎撃。ゲリラ戦で秀吉を苦しめ、3か月の攻防戦の末、和議に。しかし湯川《ゆかわ》氏とともに豊臣秀長《とよとみひでなが》、藤堂高《とうどうたか》虎《とら》に謀殺された。廃城時期の詳細は不明。

手取城 てどりじょう

山城

別名	―
築年／廃年	南北朝時代／不明
築城主	玉置大宣
城主	玉置大宣～直和
所在地	和歌山県日高郡日高川町和佐

秀吉になびいたことを責められ陥落

日高の有力国人・玉置《たまき》氏の居城。日高川東岸の別所谷の城山（標高171m）にあった。曲輪《くるわ》跡、堀切など県下随一の遺構を残す山城。玉置氏は十津川より発祥した一族とされ、亀山《かめやま》城（御坊市）の湯川《ゆかわ》氏と並ぶ勢力。上和佐の川上《かわかみ》氏を滅ぼして領地を得、「手取」と名づけられた。天正《てんしょう》13年（1585）、当主・直和《なおかず》が秀吉《ひでよし》の紀州攻めに恭順しようとし、義理の父・湯川直《なお》春《はる》に反意と見なされ攻撃されて落城。落城とともに廃城と思われるが詳細は不明。

新宮城 しんぐうじょう

平山城

別名	丹鶴城、沖見城
築年/廃年	元和4年(1618)／明治以降
築城主	浅野忠吉
城主	浅野忠吉→水野重仲(重央)～重上～忠幹
所在地	和歌山県新宮市新宮

南紀の名城

浅野《あさの》一族の浅野忠吉《ただよし》の築城。新宮市街北端、熊野川河口沿いの独立丘陵(標高60m)にあった。当地は太平洋の沖まで見渡せる絶景の地である。新宮は在地勢力の堀内《ほりのうち》氏が支配していたが、関ヶ原合戦で西軍に与して没落。その後、浅野氏が支配。工事半ばで忠吉が安芸《あき》に転封となった後、紀州徳川《とくがわ》家重臣の水野《みずの》氏が入封し、新宮藩3万5000石の居城として完成させた。3重の天守(明治に破却)、石垣を備えた近世城郭で、明治まで存続した。

真田庵 さなだあん

居館

別名	真田屋敷、善名称院
築年/廃年	慶長5年(1600)／ー
築城主	真田昌幸
城主	真田昌幸→幸村(信繁)
所在地	和歌山県伊都郡九度山町九度山1413

真田昌幸・幸村父子の屋敷跡

真田《さなだ》昌幸《まさゆき》・幸村《ゆきむら》父子の屋敷があった地と伝わる。現在は善名称院《ぜんみょうしょういん》という寺。慶《けい》長《ちょう》5年(1600)の関ヶ原の戦いで西軍に与して敗れた上田《うえだ》城(上田市)主の昌幸は高野山への無期限蟄居を命じられ、幸村とわずかな供とともに表参道近くの九度山に居を構えた。生活費は信之《のぶゆき》(幸村の兄)が送金したが、十分ではなくふたりの暮らしは厳しかった。昌幸は慶長16年(1611)に病没。3年後、大坂冬の陣勃発で幸村は九度山を脱出して大坂城に入城。

河内

高屋城 たかやじょう

平城

別名	畠山城
築年/廃年	文明～明応年間(1469～1501)／天正3年(1575)以降
築城主	畠山義就
城主	畠山氏～三好義賢～畠山高政→昭高→三好笑岩(康長)
所在地	大阪府羽曳野市古市5

戦国時代の河内守護所

紀伊と河内の守護・畠山《はたけやま》氏の本拠。大和川水系の石川東岸に築かれ、安閑《あんかん》天皇陵を本丸として流用。河内の中心地。畠山氏の家督争いや三好《みよし》長慶《ながよし》の介入で合戦に明け暮れ、城主は目まぐるしく交代。天正《てんしょう》元年(1573)より三好笑岩《しょうがん》(長慶の叔父)が入城。笑岩は足利義昭《あしかがよしあき》が画策した信長《のぶなが》包囲網に加担したが、天正3年(1575)に信長に攻められ、名物・三日月葉茶壷を献上して降伏。降伏後に高屋城も廃城。

千早城 ちはやじょう

山城

別名	千剣破城、楠木詰城、金剛山城
築年／廃年	元弘2年(1332)／明徳3年(1392)
築城主	楠木正成
城主	楠木正成→正行→正儀→正勝
所在地	大阪府南河内郡千早赤阪村千早

中世山城の時代を切り開いた城

南北朝時代の名将･楠木正成《くすのきまさしげ》が築いた。中世山城の先駆的存在。正成は鎌倉幕府に抗すべく金剛山(標高1125m)より古市の谷(千早赤坂村)に至る城砦群を形成。前衛基地が下赤坂《しもあかさか》城、本城が上《かみ》赤坂城、金剛山中腹の千早城は最終防衛拠点「詰の城」の位置づけ。4方が断崖の地を削平した築城法は中世山城の範となる。幕府の大軍の攻撃に耐えた攻防戦が有名。南北朝時代末期の明徳《めいとく》3年(1392)に畠山《はたけやま》基国《もとくに》に攻められ落城し、廃城となる。

赤坂城 あかさかじょう

山城

別名	―
築年／廃年	元弘年間(1331～1334)／不明
築城主	楠木正成
城主	楠木正成
所在地	大阪府南河内郡千早赤阪村森屋

幕府軍を苦しめた楠木正成の本城

河内の土豪・楠木正成《くすのきまさしげ》が、現・千早赤坂村に築いた城砦群の重要拠点。前線基地の上《かみ》赤坂城と本城の下《しも》赤坂城の2城を指す。詰城が千早《ちはや》城。元弘《げんこう》元年(1331)、鎌倉幕府討伐を掲げた後醍醐《ごだいご》天皇が笠置《かさぎ》城(相楽郡)に拠り(元弘の乱)、正成は天皇を迎えるべく下赤坂城を築く。一時落城したが奪回し、さらに上赤坂・千早城を築く。両赤坂城は再び落城するが千早城で幕府軍を釘づけにし、建武《けんむ》の新政が成る。廃城時期の詳細は不明。

飯盛山城 いいもりやまじょう

山城

別名	飯盛城
築年／廃年	建武年間(1334～1338)？／天正4年(1576)頃
築城主	佐々目憲法？
城主	佐々目憲法～木沢長政→安見宗房→三好長慶～畠山昭高
所在地	大阪府四条畷市南野

三好長慶、河内平定の拠点

畿内を席巻した戦国大名・三好長慶《みよしながよし》の晩年の居城。大阪平野を一望する生駒山系北西の飯盛山(標高315m)に築かれた。築城者は北条《ほうじょう》一族の佐々目憲法《ささめけんぽう》、また畠《はたけ》山義堯《やまよしたか》披官･木沢長政《きざわながまさ》とも。長慶は管領《かんれい》･細川晴元《ほそかわはるもと》の重臣として長政、遊佐長教《ゆさながのり》ら政敵を討ち、晴元も追放して権勢を振るい、永禄《えいろく》3年(1560)に河内守護・畠山高《たか》政《まさ》と安見宗房《やすみむねふさ》を追って河内を平定、当城を居城とした。長慶死後の天正《てんしょう》4年(1576)頃に信長《のぶなが》に攻められ落城、廃城となる。

若江城 わかえじょう

平城

別名	―
築年／廃年	明徳年間(1390～1394)／天正8年(1580)頃
築城主	畠山基国
城主	遊佐氏～若江氏～三好義継→池田教正
所在地	大阪府東大阪市若江南町

三好長慶の養子･義継が滅んだ城

河内守護代・遊佐《ゆさ》氏の居城。河内平野の中心、大和川水系のデルタ地帯に位置。南北朝争乱後に河内守護・畠山《はたけやま》氏が築城し、遊佐氏を置いて河内を経営。高屋《たかや》城(羽曳野市)ができるまでは守護所、その後は三好長慶《みよしながよし》に支配され、養嗣子《ようしし》・義継《よしつぐ》が城主に。天正《てんしょう》元年(1573)、義継は信長《のぶなが》に追放された足利義昭《あしかがよしあき》を保護し、信長に攻められ落城。義継は自刃し三好嫡流は断絶。その後信長が本願寺攻めに使ったが、天正8年(1580)頃に廃城とされる。

和泉

貝塚寺内　かいづかじない　居館

別名	貝塚城、貝塚御坊、貝塚本願寺、願泉寺
築年／廃年	天文24年(1555)／―
築城主	ト半斎了珍
城主	ト半斎了珍→ト半氏
所在地	大阪府貝塚市中

根来の僧・了珍が支配

和泉の本願寺拠点であった寺内。西の大阪湾、北の境川、南の清水川に守られた要害で、中心は願泉寺。土地の門徒により根来寺《ねごろじ》から迎えられたト半斎了珍《ぼくはんさいりょうちん》が住職となり、本願寺下の寺内となる。根来・雑賀《さいか》・粉河《こかわ》と本願寺を結ぶ基地として要塞化された。石山戦争で信長《のぶなが》に焼かれたが再建。了珍は秀吉《ひでよし》と親密になり、紀州征伐や朝鮮出兵に協力した。慶長《けいちょう》15年(1610)、家康《いえやす》の認可で寺内町となり、ト半氏が領主として明治まで自治した。

岸和田城　きしわだじょう　平城

別名	岸ノ和田城、滕城、蟄亀利城、千亀利城、猪伏山城
築年／廃年	応永年間(1394～1428)／明治以降
築城主	信濃泰義？
城主	信濃氏～細川氏～松浦氏～中村一氏→小出秀政～松平康重→岡部宣勝→岡部氏
所在地	大阪府岸和田市岸城町

紀州をにらむ海辺の要塞

戦国前期は阿波の細川《ほそかわ》氏、三好《みよし》氏の畿内進出拠点、後期は豊臣秀吉《とよとみひでよし》の紀州勢力への備えとして機能した城である。紀州街道を扼し、大阪湾を臨む泉南の要衝。

南北朝の頃、和泉守護となった楠木正《くすのきまさ》成《しげ》は当地を一族の和田高家《にぎたたかいえ》に与えた。高家は海岸(現在の城址から東方約500mの地)に城を築く。この「岸の和田の城」がいつしか岸和田の地名になったともいう。和田氏の城は「岸和田古城」と呼ぶ。

その後、山名《やまな》氏家臣の信濃《しなの》氏が入部し、現在の地に城を移した。中世に阿波の細川氏、三好氏の支配下に入り、四国から京への中継地として利用された。この頃に戦国の城としての体裁が整ったようだ。

やがて上洛を果たした織田信長《おだのぶなが》の支配下に入り、石山本願寺、紀州の雑賀《さいか》・根《ね》来《ごろ》衆に対する抑えの城となる。信長死後、天下統一事業を継いだ秀吉は天正《てんしょう》11年(1583)に中村一氏《なかむらかずうじ》を城主とした。翌年に小牧・長久手の戦いが勃発すると、根来・雑賀・粉河《こかわ》衆は間隙を縫い、3万の大軍で城を襲撃したが一氏の防戦で撤退した(岸和田合戦)。翌年、家康《いえやす》と和睦して大坂に戻った秀吉は紀州征伐を敢行。根来寺はじめ紀州の抵抗勢力を掃討。戦後、秀吉の叔父・小出秀政《こいでひでまさ》が入城し改修。江戸時代は紀州徳川《とくがわ》氏の監視下で、譜代重臣・岡部《おかべ》氏が代々城主となり明治を迎えた。

千石堀城 せんごくぼりじょう

平山城

別名	ー
築年/廃年	安土桃山時代/天正13年(1585)
築城主	根来衆
城主	根来衆
所在地	大阪府貝塚市橋本

岸和田城と対峙した根来の城

織田信長《おだのぶなが》と敵対していた根来《ねごろ》衆による築城。根来の拠点・積善寺《しゃくぜんじ》城(貝塚市)の支城で、織田方の岸和田《きしわだ》城(岸和田市)をにらんだ5か所(7か所とも)の付城のひとつ。積善寺城の東南約1kmに位置する、三ノ丞山(標高70m)という丘陵一帯に造られた。天正《てんしょう》13年(1585)、秀吉《ひでよし》の紀州征伐で最初の標的に。羽柴秀次《はしばひでつぐ》や筒井順慶《つついじゅんけい》らの猛攻を受け落城。この際、筒井軍が放った火矢により城内の火薬庫が爆発して、城は焼失してしまった。

摂津

茨木城 いばらきじょう

平城

別名	ー
築年/廃年	不明/元和元年(1615)以降
築城主	不明
城主	茨木氏～中川清秀→秀政～片桐且元
所在地	大阪府茨木市片桐町

摂津の土豪・茨木氏の居城

築城者は楠木正成《くすのきまさしげ》、安富《やすとみ》氏、福富《ふくとみ》氏の説があるが不明。室町中期より摂津国人・茨木氏の居城となった。城跡は宅地化され、遺構は移築と伝わる茨木神社の搦手門《からめてもん》程度。茨木氏は永禄《えいろく》11年(1568)、信長《のぶなが》の摂津侵攻を受け織田《おだ》家に属したが、元《げん》亀《き》2年(1571)、荒木村重《あらきむらしげ》に敗れ滅亡。代わって村重方だった中川清秀《なかがわきよひで》が入城した。秀吉《ひでよし》政権下で豊臣《とよとみ》直轄領となり、関ヶ原合戦後は豊臣重臣・片桐且元《かたぎりかつもと》が支配。その後は元和の一国一城令で廃城となる。

越水城 こしみずじょう

平山城

別名	小清水城
築年/廃年	永正13年(1516)/永禄11年(1568)以降
築城主	瓦林正頼
城主	瓦林正頼～三好長慶～篠原長房→和田惟政
所在地	兵庫県西宮市越水町

三好氏の本国・阿波との中継地

細川高国《ほそかわたかくに》の家臣・瓦林正頼《かわらばやしまさより》の築城。越水は良質の水(小清水)が湧く地で、播磨、阿波、淡路と隣接する要地。南北朝期の小清水合戦の舞台にもなった。正頼は高国と敵対していた阿波の細川澄元《すみもと》に敗れ切腹。代わって澄元配下の三好《みよし》氏が入城。畿内を席巻した三好長慶《ながよし》の頃には阿波との中継地として繁雑に利用された。長慶の死後、三好の臣である篠原長房《しのはらながふさ》が守備したが、永禄《えいろく》11年(1568)、信長の摂津侵攻で落城し、ほどなく廃城へ。

花隈城《はなくまじょう》

平城

別名	花熊城、花隅城
築年／廃年	永禄11年(1568)か天正2年(1574)／天正8年(1580)以降
築城主	和田惟政か荒木村重
城主	荒木元清→池田恒興
所在地	兵庫県神戸市中央区花隈町(花隈公園)

荒木村重ゆかりの城

起源は不詳だが、幕臣で織田信長《おだのぶなが》に仕えた和田惟政《わだこれまさ》が信長に摂津を与えられたときに築いたか、または天正《てんしょう》2年(1574)に同じく信長麾下《きか》の荒木村重《あらきむらしげ》が築いたかのいずれか。城主は荒木一族の元清《もときよ》。天正6年(1578)に村重が毛利《もうり》、本願寺方に寝返ったことから織田軍の標的となる。天正8年(1580)、信長の将・池田恒興《いけだつねおき》の攻撃で落城。廃城後、城の資材は兵庫《ひょうご》城(神戸市)に転用された。元清は脱出後に秀吉《ひでよし》に仕え、荒木流馬術の祖となる。

池田城《いけだじょう》

平山城

別名	―
築年／廃年	不明／天正8年(1580)頃
築城主	池田教依
城主	池田教依→教正～勝正→知正
所在地	大阪府池田市城山町

摂津池田氏の本拠

摂津国人・池田氏の居城。大阪府の北、山陽路を扼する高台にあった。摂津池田氏の出自は不詳だが、中世に細川《ほそかわ》氏、次いで三好《みよし》氏と畿内の支配者に仕え北摂津に勢力を持った。応仁《おうにん》の乱(1467～1477)で大内政弘《おおうちまさひろ》に、細川氏の内紛があった永《えい》正《しょう》5年(1508)に細川高国《たかくに》に攻められるなどたびたび戦場に。永禄《えいろく》11年(1568)、当主・勝正《かつまさ》は上洛した信長《のぶなが》に降伏し臣下となる。その後、池田氏は家臣の荒木村重《あらきむらしげ》に押され衰亡し、当城も廃城となる。

芥川山城《あくたがわやまじょう》

山城

別名	芥川城、原城、三好山城
築年／廃年	永正12年(1515)／元亀4年(1573)頃
築城主	細川高国
城主	能勢氏～細川晴元→芥川孫十郎→三好長慶～和田惟政～高山友照
所在地	大阪府高槻市原

畿内を支配した三好長慶の本拠

山城と摂津を中心に勢力を持った戦国大名・三好長慶《みよしながよし》絶頂期の居城。芥川《あくたがわ》城と呼ばれたが、高槻市殿町にあった芥川城(応仁《おうにん》の乱で衰亡した国人・芥川氏の城)との混同を避けるため、芥川山城という。

管領《かんれい》・細川高国《ほそかわたかくに》が高槻市北部にある三好山(標高182m)に築き、重臣の能勢頼則《のせよりのり》を城主とした。当地は東方が断崖、残る3方を芥川で囲まれた要害である。

しかし大永《たいえい》6年(1526)に阿波の細川晴《はる》元《もと》、丹波の波多野稙通《はたのたねみち》、柳本賢治《やなぎもとかたはる》らが高国に謀反し、能勢氏は晴元派に押されて降伏開城する。高国の死後に晴元が入城し、新管領として権勢を振るう。

晴元の家臣として台頭したのが三好長慶だった。長慶は晴元と敵対するようになり、天文《てんぶん》17年(1548)に晴元と将軍・足《あし》利義輝《かがよしてる》を追放して、管領・細川氏を中心とした幕府体制を崩壊させることに成功する。長慶は芥川山城を縁者だった芥川孫十郎《まごじゅうろう》に任せたが、謀反の兆しがあったため、天文22年(1553)、城を兵糧攻めにして孫十郎を追放。戦後、長慶は越水《こしみず》城(西宮市)から本拠を当城に移し、畿内支配の拠点とした。以後長慶は永禄《えいろく》3年(1560)に子の義興《よしおき》に城を与え、飯盛山《いいもりやま》城(四條畷《しじょうなわて》市)に移るまで在城。義興は3年後に病死。長慶の死後に和田《わだ》氏、次いで高山《たかやま》氏が入城。元亀《げんき》4年(1573)に高山氏が和田氏を滅ぼした頃、廃城。

大坂城《おおさかじょう》

平城

別名	大阪城、金城、錦城、浪華城
築年/廃年	天正11年(1583)／明治以降
築城主	豊臣秀吉
城主	豊臣秀吉→秀頼→松平忠明→徳川氏
所在地	大阪府大阪市中央区

豊臣秀吉の華麗なる巨城

豊臣《とよとみ》(羽柴《はしば》)秀吉《ひでよし》が天下統一の根拠地として築いた、我が国を代表する名城。豪華絢爛な天守、周囲13km、330万㎡の城域、すべてが当時としてケタ外れのスケールだった。日本史上これほどの近世城郭が実戦で利用された例は非常に少なく(ほかに西南戦争の熊本《くまもと》城など)、大坂の陣で大軍勢を相手に激闘を繰り広げ、難攻不落の堅城であることを天下に証明した点は特筆に値する。豊臣氏の大坂城は大坂の陣後に幕府により地中深く埋められ、現在の城址は元和《げんな》5年(1619)に徳川《とくがわ》秀忠《ひでただ》により再建されたものが原型。

城址は大阪平野唯一の高台である上町台地北端に位置する。現在の地勢は埋め立てや開発で一変しているが、かつては淀川、大和川が周囲を流れる要害だった。

当時の淀川は京と大坂および大阪湾を結ぶ水運の大動脈である。『信長公記』には「大坂は日本一の境地なり」との評価があるが、①京、奈良、堺など中心地に近い、②防衛に有利な要害である、③大阪湾から異国との貿易にも適している、といった好条件を備えた土地だったのだ。

この地には、古代は大化《たいか》元年(645)に孝徳《こうとく》天皇が造営した難波宮《なにわのみや》、中世は明応《めいおう》5年(1496)に本願寺8世・蓮如《れんにょ》が建立した石山本願寺が置かれた。元亀《げんき》元年(1570)、天下統一を目指す織田信長《おだのぶなが》は西国への進出拠点として新城築城を考え本願寺に立ち退きを要求。本願寺はこれを拒絶し、10年に及ぶ石山戦争の発端となる。

天正《てんしょう》8年(1580)に本願寺は降伏し、石山戦争は終結。信長は念願の大坂を手にしたが、翌々年に本能寺で横死。彼の遺志を継いだ秀吉は天正11年(1583)に現地に赴いて調査を進め、9月1日から着工した。以後数万の人夫を動員して本丸、二ノ丸、三ノ丸から成る城郭の建設が進められ、2年後に一応の完成を見た。その後も総構え(外郭)の整備が行われており、正式な完成は秀吉の死後となった。

目玉の天守は現在の天守の北東、配水池あたりに立てられていた。この豊臣天守は不明な部分が多いが、現在まで研究されている情報をまとめると、構造は望楼型で5重6階地下2階(階数では史上最高)であった。高さ(天守台含む)は約40mと現天守(約54m)より小ぶり。壁は黒漆塗りの下見板張で、各所に金箔を押した瓦や彫刻が飾られた。黒と金のコントラストが大きなポイントだろう。内装にも惜しげなく金銀が使われ、5階には有名な黄金の茶室があったという説もある。

慶長《けいちょう》19年(1614)、家康は30万もの大軍で攻撃したが(大坂冬の陣)、城の守りは想像以上だった。家康は一時淀殿《よどどの》・秀頼《ひでより》母子と和睦し、防備の要である堀を埋めて城を裸とする。この攻略法は生前秀吉が語っていた作戦という。翌年家康は再び秀頼母子を挑発して合戦に持ち込み勝利を得た(大坂夏の陣)。豊臣天守は炎上し、秀頼母子とともに地上から消えた。

豊臣氏滅亡後は松平忠明《まつだいらただあきら》が城主となり、忠明の移封後は幕府直轄領となって明治を迎える。

元和に築かれた徳川天守は白漆喰塗籠、層塔型5重5階地下1階だったが、寛《かん》文《ぶん》5年(1665)に焼失。現在の天守は昭和に両天守の意匠をもとに復元されたもの。

高槻城《たかつきじょう》

平城

別名	久米路山龍ヶ城、入江城
築年／廃年	10世紀末／明治以降
築城主	近藤忠範
城主	入江氏→和田惟政→惟長→高山友照・右近～新庄直頼～土岐氏～岡部氏～永井氏
所在地	大阪府高槻市城内町（城址公園）

高山右近により聖地となった城

キリシタン大名・高山右近《たかやまうこん》（重友《しげとも》）の居城として知られる。京と大阪の中間にある高槻市中心部、天神山丘陵に位置する。

平安中期に近藤忠範《こんどうただのり》という豪族が館を設けたのが発祥。南北朝期に足利《あしかが》氏に属した入江《いりえ》氏が近藤氏の跡を継ぎ城に入ったという。戦国時代に入江氏は細川《ほそかわ》氏、三好長慶《みよしながよし》に属す。長慶が芥川山《あくたがわやま》城（高槻市）に入った天文《てんぶん》22年（1553）に当城は支城として機能した。長慶死後の永禄《えいろく》12年（1569）、当主の春継《はるつぐ》は三好三人衆とともに京都本圀寺《ほんこくじ》で将軍・義昭《よしあき》を襲い敗死。

代わって幕臣で信長《のぶなが》に属していた和田《わだ》惟政《これまさ》が入城した。惟政はキリスト教に理解を示し、領内の布教に協力した。惟政は摂津の戦国大名・荒木村重《あらきむらしげ》に敗死し、子の惟長《これなが》が家督を継ぐ。惟長は配下の高山友照《ともてる》・右近父子の暗殺を企図したが、返り討ちに遭って死亡。結局、友照父子が和田氏の遺領を継ぎ、高槻城主となる。

高山氏は摂津高山（豊能郡）の国人で、もとは三好長慶、松永久秀《まつながひさひで》の臣。右近は12歳で洗礼を受けた熱心な信者で、城主となってから城内に教会を建て、宣教師らを招いて復活祭を催した。城下には1万8000人の教徒がいた。その後右近は秀吉《ひでよし》に仕え船上《ふなげ》城（明石市）へ移封。

幾たびか城主が入れ代わり、永井《ながい》氏の代で明治を迎える。現在の城址は土岐《とき》氏、岡部氏時代に改修されたもの。

有岡城《ありおかじょう》

平城

別名	伊丹城
築年／廃年	南北朝時代／天正11年（1583）
築城主	伊丹氏？
城主	伊丹氏～荒木村重→池田之助
所在地	兵庫県伊丹市伊丹2

信長の虐殺があった荒木村重の城

信長《のぶなが》に反旗を翻した荒木村重《あらきむらしげ》の城として有名。東に猪名川、西に武庫川が流れる伊丹台地に築かれた。西摂津の要で当初は伊丹《いたみ》城と呼ばれた。永正《えいしょう》17年（1520）の落城時「天守にて腹切ぬ」（『細川両家記』）と、日本最古の「天守」の記載がある城だが、その存在は不明。村重は池田《いけだ》氏の臣だったが下克上で池田を掌握。後に信長に属し摂津一国を与えられた。

築城主は当地を支配した元鎌倉御家人、後に足利《あしかが》方となった伊丹氏とされる。伊丹氏は戦国時代に細川《ほそかわ》氏の内紛や三好長慶《みよしながよし》の台頭を背景にしばしば争奪戦を繰り広げた。永禄《えいろく》11年（1568）、伊丹氏は上洛した信長に降り和田惟政《わだこれまさ》、池田勝正《かつまさ》とともに摂津の三守護に。天正《てんしょう》2年（1574）、伊丹氏と不和になった信長は村重に命じて城を攻撃させ、伊丹氏を滅ぼす。摂津一国を与えられた村重は当城を大改修して本拠とし、名を有岡城と改めた。

村重は台地の地形を利用し東西0.8km、南北1.7kmの総構えを造り、宣教師フロイスが「壮大にして見事なる城」と記すほどの堅城とした。村重は天正6年（1578）に信長に謀反（このとき黒田如水《くろだじょすい》が幽閉された）。翌年、信長に攻められ落城。村重は逃げ、信長は城に残っていた荒木一族ら約670名を虐殺している。

その後は池田之助《ゆきすけ》が入ったが、天正11年（1583）に移封されると廃城となる。

兵庫城 ひょうごじょう

平城

別名	池田城
築年/廃年	天正9年(1581)/不明
築城主	池田恒興
城主	池田恒興→豊臣氏(片桐且元)
所在地	兵庫県神戸市兵庫区中之島

かつて福原京があった港町

織田信長《おだのぶなが》の将・池田恒興《いけだつねおき》の築城。山陽路の要衝で、平清盛《たいらのきよもり》が福原京を置いた兵庫津(神戸港西部)を臨む。恒興は母が信長の父・信秀《のぶひで》の側室で、信長の義兄弟にあたる。幼少から信長に仕え数々の合戦に従軍。天正《てんしょう》8年(1580)、荒木村重《あらきむらしげ》の花《はな》隈《くま》城(神戸市)を陥落させて兵庫を与えられ、花隈城の資材で築いた。本能寺の変後に恒興は美濃大垣に移封、秀吉《ひでよし》の直轄地となり、重臣・片桐且元《かたぎりかつもと》が支配。豊臣《とよとみ》氏滅亡後に廃城と思われるが詳細は不明。

真田丸出城 さなだまるでじろ

平山城

別名	偃月城
築年/廃年	慶長19年(1614)/慶長19年(1614)以降
築城主	真田幸村
城主	真田幸村
所在地	大阪府大阪市天王寺区餌差町

徳川軍を苦しめた幸村の出城

慶長《けいちょう》19年(1614)の大坂冬の陣で、豊臣《とよとみ》の将・真田幸村《さなだゆきむら》が築いた出城。総構えの外、空堀を隔てた篠山という地に位置する。脆弱だった大坂《おおさか》城南の防御を補強するために造られた。三日月型だったため「偃月《えんげつ》城」とも。城内とは土橋で連結されていた。典型的な「横矢」で、真田丸に迫る部隊は城内より、総構えに迫る部隊は真田丸より、それぞれ側面攻撃(十字砲火となる)を浴びせ、徳川《とくがわ》軍を苦しめた。戦後、和議の条件で破壊された。

丹波

宇津城 うつじょう

山城

別名	宇都城
築年/廃年	室町時代/不明
築城主	宇津氏
城主	宇津氏→明智氏
所在地	京都府京都市右京区京北下宇津町

丹波国人・宇津氏の拠点

東丹波に勢力を張った宇津氏の本拠。大堰川流域、宇津八幡宮後方の山(比高120m)に位置する。当地は丹波と京を繋ぐ要衝。宇津氏は土岐《とき》氏後裔とされるが不詳。天文《てんぶん》年間(1532〜1555)に山城の境にある山国庄(皇室直轄領)を横領、京の細川《ほそかわ》・三好《みよし》勢力でも抑えられない力を持っていた。天正《てんしょう》7年(1579)、信長《のぶなが》の臣で丹波攻略を進めていた明智光秀《あけちみつひで》に攻められ落城し、宇津氏は滅亡した。光秀の修築による土塁、石組の遺構がある。

亀山城 かめやまじょう

平城

別名	亀岡城、亀宝城、霞城
築年／廃年	天正6年(1578)／明治以降
築城主	明智光秀
城主	明智光秀→羽柴秀勝→豊臣秀勝→小早川秀秋～岡部長盛～菅沼氏～松平氏
所在地	京都府亀岡市荒塚町

光秀の丹波制圧拠点

丹波の最南端、山城と摂津の境目に位置する要衝である。明治になって亀山は三重県亀山との混同を避けるため「亀岡」と改められ、亀岡城《かめおか》ともいう。現在は宗教法人大本の本部が置かれている。

天正《てんしょう》6年(1578)、信長《のぶなが》の命で丹波攻略を進めていた明智光秀《あけちみつひで》が築城し、3重の天守も造った。光秀の城は現在の本丸近辺。もともとこの地には国人・内藤《ないとう》氏の城があったが詳細は不明。光秀は併せて近郷10か村を城下に集め城下町を整備、亀岡市の礎を築いた。天正10年(1582)に光秀は本能寺の変を起こし、秀吉に敗死した。

その後の豊臣《とよとみ》政権下でも当城は重視され、羽柴秀勝《はしばひでかつ》ら秀吉《ひでよし》の親族が城主を務めた。小早川秀秋《こばやかわひであき》の代で本丸などに改修が施され、天守は5重に改められたという。

秀吉の死後、関ヶ原で勝ち抜いた徳川《とくがわ》家康《いえやす》は大坂《おおさか》城(大阪市)の豊臣秀頼《ひでより》をにらみ、さらに拡張。慶長《けいちょう》14年(1609)、譜代大名・岡部長盛《おかべながもり》を3万2000石で入封させ、築城名人・藤堂高虎《とうどうたかとら》の縄張による天下普請(全国の大名を動員した普請工事)が行われた。石垣と堀が整備され、新たに層塔型5重5階の大天守(2重の小天守を複合)が築かれた。層塔型天守第1号とされるが、高虎の居城・今治《いまばり》城(今治市)天守の移築とする説もあり、この場合は今治が第1号となる。その後は菅沼《すがぬま》氏などが城主を務め、松平《まつだいら》氏の代で明治を迎える。

黒井城 くろいじょう

山城

別名	保月城
築年／廃年	建武年間(1334～1338)／慶長5年(1600)以降
築城主	赤松貞範？
城主	赤松氏～荻野氏→赤井(荻野)直正→直義→斎藤利三→堀尾吉晴→川勝氏
所在地	兵庫県丹波市春日町黒井

丹波を席巻した“悪右衛門”

“悪右衛門《あくえもん》”で知られる西丹波の戦国大名・赤井《あかい》(荻野《おぎの》)直正《なおまさ》の城。丹波西端、標高356mの猪ノ口山に築城。中世姫路《ひめじ》城の築造者でもある赤松貞範《さだのり》が築いたとも。

室町中期には丹波国人で清和源氏芦田《せいわげんじあしだ》氏の流れの荻野氏が支配。芦田氏は氷上郡芦田(丹波市)から発祥した。戦国時代に荻野氏は衰え、同族の赤井氏が台頭。丹波国は氷上郡(丹波市)の赤井氏、多紀郡(篠山市)の波多野《はたの》氏、船井郡(京都府中西部に相当)の内藤《ないとう》氏が割拠した。

赤井一族の直正は次男で荻野氏の養子だったが、天文《てんぶん》23年(1554)に義父で舅の荻野秋清《あききよ》を殺害し黒井城を奪う。この事件が悪右衛門の由来とも。その後、兄の死により荻野・赤井一族の統率者となり、京の管領《かんれい》・細川《ほそかわ》氏や波多野氏と結び三好《みよし》氏らと抗争、勢力を但馬《たじま》、丹後へ広げた。

天正《てんしょう》4年(1576)、織田《おだ》家で丹波攻め担当の明智光秀《あけちみつひで》に城を攻められたが、波多野秀治《ひではる》の援軍もあり撃退に成功。その後も直正は光秀軍に抵抗を続けたが天正6年(1578)に病死。子の直義《なおよし》が跡を継いだが天正7年(1579)に波多野氏が降伏したことを機に孤立、黒井城はほどなく落城。

戦後、光秀重臣の斎藤利三《さいとうとしみつ》が入城、娘の春日局《かすがのつぼね》はこの地で生まれたとされる。

その後は堀尾《ほりお》氏が城主を務め、関ヶ原戦後に川勝《かわかつ》氏が城主となった後、しばらくして廃城となったとされる。

八上城 やかみじょう

山城

別　名	八上高城
築年／廃年	永正5年(1508)／慶長14年(1609)
築城主	波多野稙通
城　主	波多野稙通→晴通→秀治～明智氏～前田茂勝→松平康重
所在地	兵庫県篠山市八上内

丹波の雄・波多野氏の牙城

丹波の戦国大名・波多野《はたの》氏の居城。篠山市街の東、高城山(標高462m)にあった。山陰街道を扼する要衝である。当地を重要視した徳川家康《とくがわいえやす》は江戸初期に八上城を廃城とし西方2kmに篠山《ささやま》城を築いた。

波多野氏の初代・秀長《ひでなが》は石見《いわみ》の人ともいわれ、応仁《おうにん》の乱で細川勝元《ほそかわかつもと》に与し、戦後に丹波多紀郡(篠山市)を得た。子の稙《たね》通《みち》が八上城を築城、西丹波に勢力を広げた。稙通は弟の柳本賢治《やなぎもとかたはる》とともに細川管《かん》領《れい》家に離反し戦国大名として独立、阿波の細川晴元《はるもと》らと結び細川高国《たかくに》を倒す。稙通の「稙」は10代将軍・義稙《よしたね》の偏諱《へんき》。

その後、稙通は晴元と対立した三好長《みよしなが》慶《よし》と抗争。八上城は幾度も三好勢の攻撃を受けた末、稙通の子・晴通《はるみち》の代で落城したが、続く秀治《ひではる》の代で奪回した。

天正《てんしょう》4年(1576)、織田信長《おだのぶなが》の将で丹波攻め担当の明智光秀《あけちみつひで》に攻撃されたが、秀治は黒井《くろい》城(丹波市)の赤井直正《あかいなおまさ》と結んで撃退に成功。しかし力攻めをあきらめた光秀が天正6年(1578)から兵糧攻めを始め、さらに周辺豪族を調略して八上城は孤立。1年3か月の籠城戦の末、秀治は降伏し、弟の秀尚《ひでひさ》とともに安土に送られて磔にされた。この落城劇で波多野側の人質・光秀の母が殺されたという説も。

その後は前田《まえだ》氏などが城主を務め、関ヶ原戦後の慶長13年(1608)に松平康重《まつだいらやすしげ》が入城。翌年篠山城に移り八上城は廃城。

金山城 かねやまじょう

山城

別　名	ー
築年／廃年	天正6年(1578)頃／天正7年(1579)以降
築城主	明智光秀
城　主	明智氏
所在地	兵庫県篠山市追入

波多野・赤井を分断した陣城

織田《おだ》家の丹波攻め総大将だった明智光《あけちみつ》秀《ひで》の築城。大敵である波多野秀治《はたのひではる》の八上《やかみ》城(篠山市)、赤井《あかい》氏の黒井《くろい》城(丹波市)の中間に位置する金山(標高537m)にあった陣城。目的は両者の連携を分断するためだった。当地は岩石が橋梁状になった「鬼の架け橋」という大岩があることでも知られる。山頂からは八上・黒井両城を望むことができる。天正《てんしょう》7年(1579)、光秀は両城を陥落させ丹波平定に成功。その後、役目を終え廃城に。

神尾山城 かんのおさんじょう

山城

別　名	神尾城、神尾寺城、本目城、本梅城、本免城、神尾山古城
築年／廃年	大永6年(1526)？／不明
築城主	柳本賢治？
城　主	柳本賢治～明智氏
所在地	京都府亀岡市宮前町宮川

八上城攻略の明知軍基地

亀岡盆地を見下ろす神尾山(比高234m)に築かれた。当地は亀岡と篠山を結ぶ山陽道の要衝。八上《やかみ》城(篠山市)主・波多野《はたの》稙通《たねみち》の弟の柳本賢治《やなぎもとかたはる》が拠ったとされる。賢治と稙通は阿波の細川晴元《ほそかわはるもと》、三好元長《みよしもとなが》と組み、12代将軍・義晴《よしはる》、管領《かんれい》・細川高《たか》国《くに》と戦って京で勢力を持った人物。その後の城史は不明な部分が多いが、天正《てんしょう》年間(1573～1592)に、織田《おだ》の丹波方面軍・明智光秀《あけちみつひで》が八上城攻めの中継基地にしたと見られる。廃城時期の詳細は不明。

福知山城 ふくちやまじょう 平山城

別名	横山城、臥龍城、八幡城、福智山城
築年／廃年	16世紀初頭、天正7～10年(1579～1582)／明治以降
築城主	塩見頼勝、明智光秀
城主	塩見氏→明智氏→羽柴秀勝→杉原家次→小野木重勝→有馬豊氏→岡部長盛→稲葉紀通～朽木氏
所在地	京都府福知山市内記1

福知山のシンボル

織田信長《おだのぶなが》の将・明智光秀《あけちみつひで》の築城。福知山市街の中心、横山(朝暉ヶ丘《あさひがおか》)という丘陵に築城。東を流れる由良川と土師川が天然の堀、残る3方は断崖という要害。現城址の原型は江戸初期の有馬《ありま》氏時代のもので、比高25mの最高所に本丸を置き、二ノ丸、伯耆《ほうき》丸、内記丸と続く連郭式城郭。天守は3重4階の望楼型大天守、2重2階の小天守などの連結式だが明治に破却。

もともとこの地には小笠原長清《おがさわらながきよ》(信濃守護・小笠原氏の始祖)の後裔である塩《しお》見《み》頼勝《よりかつ》が土を掻き揚げて造った城(掻き揚げ城)があり、当時は横山《よこやま》城と呼ばれた。

頼勝の子・信房《のぶふさ》の代の天正《てんしょう》7年(1579)、信長の命で丹波を攻めていた光秀が侵攻。光秀はこの年に波多野秀治《はたのひではる》の八上《やかみ》城(篠山市)、赤井直義《あかいなおよし》の黒井《くろい》城(丹波市)を攻略し、ほぼ丹波を手中にしており、余勢を駆って横山城を攻め落として信房は自刃。

光秀は名を「福知山城」と改め、近世城郭へ改築。城代には重臣の藤木権兵《ふじきごんべ》衛《え》、甥で女婿の明智秀満《ひでみつ》を置いた。光秀死後、秀吉《ひでよし》政権下では北政所《きたのまんどころ》の叔父・杉原《すぎはら》家次《いえつぐ》、家臣の小野木重勝《おのぎしげかつ》が城主に。関ヶ原合戦で重勝は西軍として細川幽斎《ほそかわゆうさい》の田《た》辺《なべ》城(舞鶴市)を攻め、その罪で殺される。後に有馬氏などが入り、寛文《かんぶん》9年(1669)に朽木《くつき》氏が城主となり明治を迎える。

八木城 やぎじょう 山城

別名	ー
築年／廃年	室町中期／不明
築城主	内藤備前入道
城主	内藤氏→波多野氏→内藤宗勝(松永長頼)→如安～有勝→明智氏
所在地	京都府南丹市八木町八木

内藤ジョアンゆかりの城

細川《ほそかわ》家臣で丹波守護代の丹波国人・内《ない》藤《とう》氏の根拠。戦国時代に船井郡(京都府中西部)を支配。天文22年(1553)に当主・国貞《くにさだ》が波多野《はたの》氏に討たれ一時落城、名跡を継いだ内藤宗勝《そうしょう》(松永長頼《まつながながより》、久秀の弟)が奪回。天正《てんしょう》7年(1579)、明智光秀《あけちみつひで》に攻められ落城した。宗勝の子・如安(ジョアン)は洗礼を受けたキリシタンで後に小《こ》西行長《にしゆきなが》に仕えたが、禁令により高山右近《たかやまうこん》とともにマニラへ追放。廃城年は落城時説や関ヶ原戦後説などあるが詳細は不明。

籾井城 もみいじょう 山城

別名	安田城、福住城
築年／廃年	永正年間(1504～1521)／不明
築城主	籾井氏
城主	籾井氏
所在地	兵庫県篠山市福住

“青鬼”籾井教業の城

丹波国人・籾井氏の居城。山陰道が篠山盆地に入る要衝、比高150mの白尾山に建つ。籾井氏は八上《やかみ》城(篠山市)の波多《はた》野《の》氏に属していた新興豪族。戦国時代の当主・籾井教業《のりなり》は猛将で、黒井《くろい》城(丹波市)の赤井直正《あかいなおまさ》の“赤鬼”に対し“青鬼”と称された。天正《てんしょう》4年(1576)、織田信長《おだのぶなが》の命で丹波経略に乗り出した明智光秀《あけちみつひで》の攻撃を受けて落城。教業は力戦したが衆寡敵せず切腹したと伝わる。落城時に廃城となったと思われるが詳細は不明。

綾部城 あやべじょう

居館

別名	綾部陣屋、上野城
築年/廃年	永禄8年(1565)頃／ー
築城主	江田行範
城主	江田行範～九鬼隆季→九鬼氏
所在地	京都府綾部市上野町

波多野重臣・江田氏の城

綾部は舞鶴、若狭、福知山と京を結ぶ地。丹波の戦国大名、八上《やかみ》城(篠山市)の波多野秀治《はたのひではる》の重臣・江田行範《えだゆきのり》が上野台地の東端(本宮山)に城を築いたのが始まり。天正《てんしょう》7年(1579)、秀吉《ひでよし》の弟・羽柴秀長《はしばひでなが》の攻撃を受け落城。行範は八上城に逃走し討ち死にしたと伝わる。寛永《かんえい》10年(1633)に鳥羽水軍の九鬼《くき》一族の隆季《たかすえ》が2万石で入封し綾部藩を立藩、下市場に陣屋を構えたが消失し本宮山麓に新造した。その後は九鬼氏がこの地を治め明治を迎える。

余部城 あまるべじょう

平山城

別名	丸岡城、円岡城、過部城、岡山城
築年/廃年	不明／不明
築城主	不明
城主	福井貞政
所在地	京都府亀岡市余部町古城

足利後胤のプライドで降伏拒絶

亀岡市街北西の丘陵に位置する。起源は不詳だが、戦国時代に八上《やかみ》城(篠山市)の波多野《はたの》氏に仕えていた福井貞政《ふくいさだまさ》の城。福井氏は足利氏満《あしかがうじみつ》の後胤とも。天正《てんしょう》5年(1577)、信長《のぶなが》の将・明智光秀《あけちみつひで》が襲来し降伏勧告の使者を送る。しかし貞政は「名を後世に残すのが武門の道」として使者の髻を切ったうえ、腰刀を奪って追い返し、怒った光秀は総攻撃を加えた。激闘の末に落城し、貞政以下300余人の一族は自刃した。廃城時期の詳細は不明。

篠山城 ささやまじょう

平山城

別名	桐ヶ城
築年/廃年	慶長14年(1609)／明治以降
築城主	徳川家康
城主	松平康重→信吉～青山氏
所在地	兵庫県篠山市北新町2-3

遺構が多く残る天下普請の城

大坂《おおさか》城の豊臣《とよとみ》氏および西国大名への備えとして徳川家康《とくがわいえやす》が築城。城域は約400m四方。建造物は現存しないが広大な石垣と堀がほぼ完全に残る。馬出が現存している点も珍しい。盆踊り歌「デカンショ節」で有名な当地は、戦国時代に八上《やかみ》城(篠山市)の波多野《はたの》氏が支配しており、古来、畿内と山陰を結ぶ要衝として栄えた。

家康が関ヶ原合戦に勝ち抜いた後、五奉行の前田玄以《まえだげんい》の子・茂勝《しげかつ》が八上城主となったが、多くの家臣を切腹させたことを責められ、突如幕府により改易された。代わって家康は笠間《かさま》城(笠間市)主の松平《まつだいら》康重《やすしげ》を入城させ、新城の候補地を探すよう命じる。康重は家康の実子といわれ、徳川一門でも人望が高かった人物である。康重は候補地として八上城西方の王地山、篠山、飛ノ山の3案を提出したところ、家康は「東に王地山があるのは武運長久のしるし」として篠山築城を決めた。

縄張は築城名人・藤堂高虎《とうどうたかとら》、普請奉行は姫路《ひめじ》城(姫路市)主の池田輝政《いけだてるまさ》が務め、20名の西国大名の天下普請により、篠山城は工期約6か月の突貫工事でほぼ完成。縄張は本丸を二ノ丸、三ノ丸が囲む輪郭式。なお天守台は残るが、天守は築かれなかった。家康の参謀・本多正信《ほんだまさのぶ》が「無用」と指示したとも。その後は松平氏から寛延元年(1748)に青山《あおやま》氏に城主が代わり、青山氏が代々受け継ぎ明治を迎える。

猪崎城 いざきじょう

平山城

別名	監物山城、橘城
築年／廃年	天文年間(1532～1555)／不明
築城主	塩見利勝
城主	塩見利勝→家利
所在地	京都府福知山市猪崎字城山

福知山城の支城

横山城《よこやま》(福知山城《ふくちやま》の前身)主だった塩見《しおみ》頼勝《よりかつ》の三男・利勝《としかつ》の築城。由良川を望む要害で、横山城支城として機能した。利勝は赤井《あかい》氏との戦いで功があり、管領《かんれい》・細川高国《ほそかわたかくに》より感状を与えられた。利勝の子・家利《いえとし》の代の天正《てんしょう》7年(1579)、丹波攻略中の明智光秀《あけちみつひで》の攻撃で横山城が落城。他の塩見氏系諸城も陥落したと知った家利は猪崎城に火を放って敗走したが、明智の兵に追い詰められ討たれた。落城後に廃城となったと思われるが詳細は不明。

丹後

宮津城 みやづじょう

平城

別名	舞鶴城、鶴賀城
築年／廃年	天正8年(1580)／明治以降
築城主	細川幽斎
城主	細川幽斎→忠興→京極高知～松平氏
所在地	京都府宮津市鶴賀

丹後国府があった宮津

丹後守護・一色《いっしき》氏を下して丹後一国を与えられた、信長《のぶなが》の将・細川幽斎《ほそかわゆうさい》(藤孝《ふじたか》)の築城。関ヶ原合戦後に九州小倉に移封され、新たに丹後を得た京極高知《きょうごくたかとも》が新城を築いた(現在の城址)。なお天橋立で知られる宮津は国府があった丹後の中心地で、一色氏の拠点もあった。細川時代の城の位置は城址の三ノ丸付近だったというが不詳。その後は京極氏など城主が入れ代わり、松平《まつだいら》氏で明治を迎える。太鼓門が唯一の遺構。近年城壁が復元された。

弓木城 ゆみのきじょう

山城

別名	稲富城、一色城
築年／廃年	室町時代／不明
築城主	稲富氏
城主	稲富氏～一色義定
所在地	京都府与謝郡与謝野町字弓木

ガラシャと因縁残した鉄砲の名手

丹後守護・一色《いっしき》氏に仕えていた稲富《いなどめ》氏の居城。野田川左岸の舌状台地に築かれた。戦国時代の当主・稲富祐直《すけなお》は砲術家として著名。祐直は、信長《のぶなが》に属する細川《ほそかわ》幽斎《ゆうさい》・忠興《ただおき》父子の攻撃で建部山《たけべやま》城(舞鶴市)を追われた一色義定《よしさだ》を助けて細川氏と戦ったが、義定の死後に降伏。一色家は滅亡した。城の廃城時期は不明。ちなみに、その後の稲富祐直は、細川忠興、松平忠吉《まつだいらただよし》、徳川義直《とくがわよしなお》に仕えている。

田辺城 たなべじょう

平城

別名	舞鶴城
築年／廃年	天正13年(1585)／明治以降
築城主	細川幽斎
城主	細川幽斎→京極高知→高三～牧野氏
所在地	京都府舞鶴市南田辺(舞鶴公園)

歌道で助かった？細川幽斎

戦国有数の教養人である細川幽斎《ほそかわゆうさい》(藤《ふじ》孝《たか》)の築城。西舞鶴盆地の中央、周囲を伊佐津川と高野川が巡る要衝である。鶴の舞うがごとき美しい城だったため、舞《まい》鶴《づる》城と呼ばれ、明治に地名となる。

幽斎は足利将軍側近の三淵《みつぶち》氏の出自。長じて和泉半国守護・細川元常《もとつね》の養子となり、将軍・義輝《よしてる》、義昭《よしあき》に仕える幕臣となった。明智光秀《あけちみつひで》と親交を結び、ともに織田信長《おだのぶなが》に仕えるようになる。信長の命で丹後を平定し、天正《てんしょう》8年(1580)に丹後国主となって宮津《みやづ》城(宮津市)に拠った。

本能寺の変後、盟友・光秀の協力要請を断り、以後秀吉《ひでよし》に属して乱世を生き抜いた。隠居後、子の忠興《ただおき》を宮津城に置き、自身は当城に移って丹後支配の拠点とした。幽斎はまた文化人大名であり、『古今集』の秘事口伝の伝承者として有名。

慶長《けいちょう》5年(1600)、関ヶ原合戦で幽斎は東軍に与し500の兵で籠城。西軍は小野《おの》木重勝《ぎしげかつ》以下1万5000の兵で攻撃し、落城寸前に。死を覚悟した幽斎は歌道の秘訣が絶えるのを案じ、和歌集に証明状を添え皇室に送った。後陽成《ごようぜい》天皇は幽斎を惜しみ両軍に講和を命じる。両軍とも勅命を拒絶できず、幽斎が城を明け渡し亀山《かめやま》城(亀岡市)に移ることで和睦。戦後忠興は小倉へ加増移封、幽斎は京都で晩年を過ごす。田辺城には京極《きょうごく》氏が入り、後に牧野《まきの》氏が長期で城主を務め、明治に至る。

建部山城 たけべやまじょう

山城

別名	八田城、田辺城
築年／廃年	南北朝時代／天正13年(1585)
築城主	不明
城主	一色満範～義幸→義道→細川幽斎
所在地	京都府舞鶴市字喜多

丹後守護・一色氏の本拠

足利《あしかが》一族で戦国時代の丹後守護・一色《いっしき》氏の城。西舞鶴湾を望む標高320mの建部山に建つ。将軍・義満《よしみつ》の側近で明徳《めいとく》の乱(1391)で活躍した満範《みつのり》が入城し、代々の本拠となる。義道《よしみち》の代で守護を若狭武《たけ》田《だ》氏に奪われ衰退。天正《てんしょう》7年(1579)に信《のぶ》長《なが》の命を受けた細川幽斎《ほそかわゆうさい》・忠興《ただおき》父子、明《あけ》智光秀《ちみつひで》の攻撃を受け落城。義道は敗走の末自害、子の義定《よしさだ》も3年後に幽斎に謀殺され一色氏は滅亡。その後は細川幽斎が丹後を治め田辺《たなべ》城を築城し建部山城は廃城。

但馬

芦屋城《あしやじょう》

山城

別名	亀ヶ城、阿勢城
築年/廃年	南北朝時代／不明
築城主	但馬塩冶氏
城主	但馬塩冶氏
所在地	兵庫県美方郡新温泉町浜坂

「山賊」但馬塩冶氏の居城

山岳戦に秀で、秀吉《ひでよし》に「山賊衆」と呼ばれた但馬塩冶《たじまえんや》氏の本拠。日本海を見下ろす山城(標高140m)。但馬塩冶氏は出雲守護･塩冶氏の支流といわれ、但馬守護･山名《やまな》氏に属して勢力を保った。元亀《げんき》2年(1571)、鳥取《とっとり》城(鳥取市)主・因幡武田高《いなばたけだたか》信《のぶ》の侵攻に遭うが撃退。天正《てんしょう》8年(1580)、秀吉の但馬攻めで落城。当地は宮部《みやべ》氏に支配されるが、廃城時期は不明。当主の高清《たかきよ》は毛利《もうり》氏を頼り吉川経家《きっかわつねいえ》が守る鳥取城へ敗走。雁金山を守ったが敗れて自刃。

此隅山城《このすみやまじょう》

山城

別名	此隅城、子盗城
築年/廃年	応安5年(1372)／天正2年(1574)
築城主	山名時義
城主	山名時義～宗全～祐豊
所在地	兵庫県豊岡市出石町宮内

山名氏最盛期の本拠

但馬《たじま》守護・山名《やまな》氏の旧本拠。標高140mの此隅山に建つ。山名氏は新田《にった》一族で、南北朝期に勢力を拡大。畿内と山陰の11か国の守護を占め「六分の一殿」と呼ばれた。明徳《めいとく》2年(1391)、足利義満《あしかがよしみつ》が一族の多数を粛正し、山名氏は衰える(明徳の乱)。その後、宗全《そうぜん》の代で回復、応仁《おうにん》の乱の中心に。宗全の死後再び衰弱し、祐豊《すけとよ》の代の永禄《えいろく》12年(1569)、織田《おだ》軍に当城を攻略され、南方2kmの有子山に新城(出石《いずし》城の前身)を築き移転。城は廃城となった。

出石城《いずしじょう》

平山城

別名	石城、有子山城
築年/廃年	天正2年(1574)、慶長9年(1604)／明治以降
築城主	山名祐豊、小出吉英
城主	山名祐豊～小出吉政→吉英→松平氏→仙石氏
所在地	兵庫県豊岡市出石町内町

戦国山城と近世平山城が同居

戦国期の山名《やまな》氏による山城の有子山《ありこやま》城(高城)、江戸初期の小出《こいで》氏による山麓の平山城のふたつから成る。出石は豊岡市の南東の盆地、有子山(標高321m)の南麓に城下町が広がる。

但馬《たじま》守護・山名氏の本拠は北方2kmの此隅山《このすみやま》城だったが、永禄《えいろく》12年(1569)に織《お》田《だ》信長《のぶなが》の但馬攻めで落城。城主の山名祐《すけ》豊《とよ》は堺に逃亡した後、信長麾下《きか》に入る条件で旧領但馬を回復。新たに有子山城を築いた。山頂に本丸を置き、大規模な石垣や堀切を配した堅固な備えが特徴。しかし山名氏重臣が毛利《もうり》方についたことが咎められ、天正《てんしょう》8年(1580)に信長配下の秀吉《ひでよし》の攻撃を受け落城。祐豊は籠城中に病没し、子の堯熙《あきひろ》は敗走(その後秀吉の臣に)、戦国大名・山名氏は滅亡した。

戦後、有子山城主はたびたび入れ代わったが、文禄《ぶんろく》4年(1595)に小出吉政《よしまさ》が入城。吉政は秀吉の縁戚(母が大政所《おおまんどころ》の妹)で大名に取り立てられた人物。関ヶ原戦で吉政は西軍に属したが、父・秀政《ひでまさ》が東軍として活躍し本領安堵。初代出石藩主となる。慶長《けいちょう》9年(1604)、吉政の子・吉《よし》英《ふさ》が城主となって山頂の山城を廃し山麓斜面に新しい出石城を築いた。小出氏は無嗣《むし》改易となり、その後松平《まつだいら》、仙石《せんごく》と城主が代わり、仙石氏の代で明治を迎える。

構造は最上段に稲荷曲輪《くるわ》を配し、本丸、二ノ丸、下曲輪、三ノ丸を置く梯郭式。

竹田城 たけだじょう

山城

別名	虎臥城
築年／廃年	嘉吉年間(1441～1444)／慶長5年(1600)
築城主	山名宗全
城主	太田垣氏～羽柴秀長～赤松広秀
所在地	兵庫県朝来市和田山町竹田

壮大な石垣群が残る

但馬《たじま》守護・山名宗全《やまなそうぜん》の築城。標高354mの古城山に建つ。宗全は但馬はじめ6か国の守護を兼ねた。本拠の此隅山《このすみやま》城(豊岡市)の支城で重臣・太田垣光景《おおたがきみつかげ》を置く。以後太田垣氏6代の居城となるが天正《てんしょう》5年(1577)、羽柴秀吉《はしばひでよし》の攻撃で落城。天正13年(1585)に秀吉の臣・赤松広秀《あかまつひろひで》が入封し総石垣の城郭へ改修。縄張は本丸を中心に羽を広げた鳥のよう。遺構・穴太積の石垣群は圧巻。その後関ヶ原戦での立ち回りで失敗し広秀は切腹、同時に廃城。

豊岡城 とよおかじょう

平山城

別名	亀城
築年／廃年	天正8年(1580)／元和元年(1615)以降
築城主	宮部継潤
城主	宮部氏～杉原氏
所在地	兵庫県豊岡市京町(神武山公園)

豊岡市の礎を築いた宮部氏

豊岡市中心部、円川左岸にある神武山という丘陵に築かれた。前身は但馬《たじま》守護・山名《やまな》氏重臣の垣屋《かきや》氏が守った城崎《きさき》城。天《てん》正《しょう》8年(1580)に秀吉《ひでよし》が但馬を平定した後、秀吉の臣・宮部継潤《みやべけいじゅん》が城跡に縄張を改めて新城を築いて城下町を整備、土地も城の名も豊岡と改めた。その後、城主が目まぐるしく代わり、慶長《けいちょう》2年(1597)に秀吉の縁戚である杉原長房《すぎはらながふさ》が入城した時期に完成したとされる。元和《げんな》一国一城令で廃城となり、陣屋が置かれた。

播磨

加古川城 かこがわじょう

平城

別名	糟屋氏館
築年／廃年	鎌倉時代／慶長5年(1600)
築城主	糟屋有数
城主	糟屋氏
所在地	兵庫県加古川市加古川町本町

七本槍の一角・糟屋武則の城

鎌倉時代の播磨守護代・糟屋《かすや》氏代々の館城。当時は播磨の守護所だったと見られる。戦国期は国人領主に。天正《てんしょう》5年(1577)、信長《のぶなが》から毛利《もうり》攻めを命じられた秀吉《ひでよし》が三木《みき》城(三木市)主・別所《べっしょ》氏らを当城に集め軍議した際、名門意識の強い別所氏と秀吉が不和になり、翌年の三木合戦へ。当城は合戦で秀吉軍の兵站基地となる。当主の糟屋武則《たけのり》は後に賤ヶ岳《しずがたけ》七本槍のひとりとなり大名に出世したが、関ヶ原戦で西軍につき領地没収、城は廃城。

三木城 みきじょう

平山城

別名	釜山城
築年/廃年	長享2年(1488)頃／元和4年(1618)
築城主	別所則治？
城主	別所則治～就治→安治→長治～中川秀政～伊木氏→小笠原氏
所在地	兵庫県三木市上の丸町(上の丸公園)

秀吉の兵糧攻めで著名

「三木の干殺し」で知られる三木合戦の舞台。東播磨の雄・別所《べっしょ》氏の居城。加古川支流、美嚢《みのう》川南岸の台地に建つ。尼《あま》子《ご》晴久《はるひさ》や三好長慶《みよしながよし》ら大物大名の侵攻をたびたび受け、その都度代々の当主が改修を繰り返したことにより播磨有数の堅城となる。神功《じんぐう》皇后が休息した際、地元民が御酒《みき》を献上したことが地名の由来とも。

別所氏は播磨守護・赤松《あかまつ》氏に属し、播磨では浦上《うらがみ》氏に次ぐ力を持っていた。築城主の則治《のりはる》は赤松氏庶流とされるが、則治以前の動向は不詳。赤松氏の衰退とともに戦国大名化し、永禄《えいろく》11年(1568)頃に織田信長《おだのぶなが》と結んで勢力を広げた。

天正《てんしょう》6年(1578)、当主・長治《ながはる》は織田軍中国攻め大将の秀吉《ひでよし》と不和になって毛《もう》利《り》・本願寺方へ寝返り、兵、婦女子含め7500とともに籠城する。秀吉は三木城を兵糧攻めとするため、城周辺の支城を着実に攻略し、毛利氏らの兵糧輸送ルートを断つ。翌年に秀吉は孤立した城を包囲。長治は秀吉の本陣・平井山を攻撃するなど局面を打開しようとしたが、すべて失敗。日が経つにつれ城内の食料は欠乏。草木まで食べ尽くされた。

天正8年(1580)、長治は降伏して自刃し、約2年にわたる籠城戦は終結。別所氏は滅亡した。その後、中川《なかがわ》氏、伊木《いぎ》氏などが城主を務め、小笠原《おがさわら》氏の代で明石《あかし》城を築き、城は廃城となった。

上月城 こうづきじょう

山城

別名	ー
築年/廃年	延元元年(1336)／天正6年(1578)以降
築城主	上月景盛
城主	上月氏～山名氏～尼子氏～赤松政範→尼子勝久・山中鹿介(幸盛)
所在地	兵庫県佐用郡佐用町上月

山中鹿介「七難八苦」の最期

「願わくば、我に七難八苦を与えたまえ」の名文句で知られる尼子《あまご》の忠臣・山《やま》中鹿介《なかしかのすけ》終焉の城。備前と美作《みまさか》に通じる東播磨の要衝で、標高140mの荒神山に建つ。周囲を佐用川と断崖で守られた堅城で、山頂の本丸より階段状に曲輪《くるわ》を配置、本丸の周りは堅固な石垣が残る。

築城者の上月氏は播磨守護・赤松《あかまつ》氏の一族。当初は北方の大平山に城を築いていたが、後に城を荒神山に移した。しかし、上月氏は赤松氏の将軍義教《よしのり》暗殺事件(嘉吉《かきつ》の乱)により幕府に滅ぼされた。

その後、山名《やまな》・尼子・毛利《もうり》氏の争奪戦が繰り広げられた末、毛利方の赤松政範《まさのり》が城主となる。天正《てんしょう》5年(1577)、織田信《おだのぶ》長《なが》から中国攻めを任された秀吉《ひでよし》軍の攻撃に遭い落城し、政範は自刃。秀吉はかつて毛利に敗れた尼子氏残党の尼子勝久《かつひさ》・山中鹿介主従に城を預けた。鹿介は主家滅亡後、庶流の勝久を擁立して毛利に抵抗し続けていた勇将。三日月に七難八苦の生涯を祈ったことで知られる。

だが翌年に織田方の三木《みき》城(三木市)主・別所長治《べっしょながはる》が毛利に鞍替えし、最前線の上月城は孤立する。信長が援軍を送らず見殺しとしたため、上月城は毛利の大軍に攻められ落城、勝久は自刃、城もその後廃城となった。尼子再興の夢断たれた鹿介は捕らわれの身となり、毛利本陣に護送される途中で毛利軍に謀殺された。

姫路城《ひめじじょう》

平山城

別名	白鷺城
築年/廃年	正平元年(1346)、慶長14年(1609)／明治以降
築城主	赤松貞範、池田輝政
城主	赤松貞範～小寺氏～黒田重隆～如水(孝高)→羽柴(豊臣)秀吉→秀長→木下家定→池田輝政～光政→本多氏～酒井氏
所在地	兵庫県姫路市本町

世界に誇る現存近世城郭

現代に残る近世城郭のシンボル。平成5年(1993)にユネスコの世界遺産に登録され国際的にも著名。白漆喰塗籠の外観が白鷺の群舞のように美しく、「白鷺《はくろ》城」とも呼ばれる。姫路市街の北方、標高40mあまりのふたつの独立丘(姫山と鷺山)にまたがって造られている。当地は畿内より中国地方に通じる交通の要衝。現存する城郭のなかでも建造物の遺構が多く、天守4棟、渡櫓4棟が国宝、櫓、門など計74棟の建造物が重文に指定される。

創築は南北朝期、赤松貞範《あかまつさだのり》によるとされる。貞範は建武《けんむ》政権と室町幕府創設に功があった播磨守護・赤松則村《のりむら》の次男。築城当時は姫山に建つ小さな砦のようなものだったと見られる。その後、赤松一族の小寺《こでら》氏が代々城主を務めた。だが赤松一族は嘉吉《かきつ》元年(1441)に将軍義教《よしのり》暗殺事件(嘉吉の乱)を起こしたことから嫡流が断絶、小寺氏も城を追われ、山名《やまな》氏の支配下となる。その後、赤松政則《まさのり》により家は再興。政則は一時当城に入城したが、新たに置塩《おきしお》城(姫路市)を築いて新本拠とし、姫路城を再び小寺氏に委ねた。

小寺氏が御着《ごちゃく》城(姫路市)に移った後、小寺家臣の黒田重隆《くろだしげたか》が入城する。重隆は備前国人でもとは薬売りだったとも伝わる。重隆の頃に修築が重ねられ、当城は戦国の城郭へと変貌した公算が大。重隆の孫が黒田如水《じょすい》(官兵衛《かんべえ》、孝高《よしたか》)である。

如水が城主の頃は赤松氏や小寺氏は没落し、播磨は織田《おだ》・毛利《もうり》両勢力が拮抗する場だった。如水は信長《のぶなが》の力量を見抜いて臣従。天正《てんしょう》5年(1577)に織田家臣の羽《は》柴《しば》(豊臣《とよとみ》)秀吉《ひでよし》による中国攻めが始まると当城を献上。以後、秀吉の名参謀となった。

秀吉は当初三木《みき》城(三木市)を中国攻略の拠点に考えていたが、「姫路は要衝、繁栄の可能性も大」という如水の進言により姫路を拠点とした。秀吉は当城に3重の天守を築くなどさらに改修を施す。天正10年(1582)の本能寺の変後、秀吉は備中高松《たかまつ》城(岡山市)から姫路までの“大返し”を演じ、当城で陣営を立て直すとともに備蓄していた金・米をすべて将兵に分け与え、明智光秀《あけちみつひで》との決戦に臨んだ。

秀吉政権では弟・秀長《ひでなが》、北政所《きたのまんどころ》の兄弟・木下家定《きのしたいえさだ》が城主を務め、関ヶ原戦後に家定は移封。徳川家康《とくがわいえやす》の計らいで、吉田《よしだ》城(豊橋市)主・池田輝政《いけだてるまさ》が52万石で入城した。輝政は織田家臣・池田恒興《つねおき》の次男で、家康の次女・督姫《とくひめ》の婿。きたる大坂《おおさか》城(大阪市)攻めの先鋒をにらんでの抜擢だ。

輝政はそれまでの建物をすべて除き、縄張を改めて新城郭を築く。内郭東西465m・南北543m、外郭東西1418m・南北1854mという壮大な規模で、本丸、二ノ丸を姫山に、西ノ丸を鷺山に置き、さらに螺旋状に巡る堀、石垣が造成された。工事には9年の歳月を要した。

天守は大天守と乾(北西)、西、東の3重の小天守を渡櫓で結ぶ連立式の構造で、現存天守として最大規模。華麗な5重6階(地下1階)の望楼型大天守の高さは46m(天守台含む)と、これも現存最高である。地階から6階まで伸びる2本の巨大な通し柱(モミ)も圧巻。池田氏の後は本《ほん》多《だ》氏、酒井《さかい》氏と徳川譜代の大名が城主を務め、酒井氏が長期で務め明治を迎える。

高砂城　たかさごじょう

平城

別名	高砂浦城
築年／廃年	室町時代／元和元年(1615)以降
築城主	杉岡蔵人
城主	杉岡氏～梶原氏～池田氏(中村主殿助)→本多氏
所在地	兵庫県高砂市高砂町東宮町

三木合戦で別所氏に加担

播磨守護・赤松《あかまつ》氏に属した杉岡《すぎおか》氏の築城。播磨灘の水運拠点・高砂の浦（高砂泊）を扼する。城は現在の高砂神社一帯とされる。戦国時代の城主・梶原景秀《かじわらかげひで》は三木《みき》城（三木市）主の別所長治《べっしょながはる》に与し、毛利《もうり》氏の援助を受けて長治を支援し、三木城を攻める秀吉《ひでよし》と対立。天正《てんしょう》8年（1580）の三木城落城後、景秀は秀吉に降伏したと見られる。城は江戸時代に姫路《ひめじ》城（姫路市）主・池田輝政《いけだてるまさ》の支配下に。その後は本多《ほんだ》氏が収め、元和《げんな》の一国一城令で廃城。

坂本城　さかもとじょう

平城

別名	堀ノ城
築年／廃年	南北朝時代／文明元年(1469)頃
築城主	赤松則村？
城主	赤松則村～満祐→山名氏
所在地	兵庫県姫路市書写

播磨守護・赤松氏の守護所

播磨守護・赤松《あかまつ》氏の旧本拠。姫路市北西、「西の比叡山」と呼ばれる書写山の南山麓に築かれた。建武《けんむ》政権樹立と室町幕府創設に功があった、播磨佐用郡の人・赤松則村《のりむら》の築城と見られる。坂本は守護所となり、播磨支配の中心となった。満《みつ》祐《すけ》の代に将軍義教《よしのり》暗殺事件（嘉吉《かきつ》の乱）で没落。城は山名《やまな》氏が有したが、赤松氏を再興した政則《まさのり》が応仁《おうにん》の乱から山名氏と抗争し旧領を回復。政則は本拠を置塩《おきしお》城（姫路市）に移す。城はその頃に廃城。

船上城　ふなげじょう

水城

別名	明石城、明石古城
築年／廃年	天正14年(1586)／元和元年(1615)以降
築城主	高山右近
城主	別所吉親？～蜂須賀正勝？～高山右近～池田利政→由之
所在地	兵庫県明石市船上町

高山右近絶頂期の居城

明石川河口の西、明石海峡を臨む湿地帯に築かれた水城。キリシタン大名として知られる高槻《たかつき》城（高槻市）主・高山右近《たかやまうこん》が秀吉《ひでよし》より6万石を得て築城し、居城とした。一説に別所吉親《べっしょよしちか》（長治《ながはる》の叔父）の築いた林ノ《はやしの》城を右近が拡張したものとも。右近絶頂期の城だが、間もなくバテレン禁止令により追放された。関ヶ原合戦後に姫路《ひめじ》城（姫路市）の池田《いけだ》氏の支配下に入り、一国一城令で廃城に。明石《あかし》城（明石市）の巽《たつみ》櫓は当城の櫓を移築したとも。

置塩城　おきしおじょう

山城

別名	藤丸城
築年／廃年	文明元年(1469)／天正5年(1577)
築城主	赤松政則
城主	赤松政則→義村→晴政→義祐→則房
所在地	兵庫県姫路市夢前町宮置

播磨守護・赤松氏の後期本拠

戦国期の播磨守護・赤松《あかまつ》氏5代の居城。姫路市の北、播但街道を扼する置塩山（標高360m）に建つ。赤松氏は本拠を坂本《さかもと》城に置いていたが嘉吉《かきつ》の乱で断絶。長禄《ちょうろく》2年（1458）に後南朝から神璽《しんじ》を奪回した政《まさ》則《のり》により復権。応仁《おうにん》の乱で当城を築き山《やま》名《な》氏と戦い、播磨・備前・美作《みまさか》守護の座を勝ち取る。しかし政則の死後、家臣の浦上《うらがみ》氏、出雲の尼子《あまご》氏に押されて衰退。天正《てんしょう》5年（1577）、当主・則房《のりふさ》は秀吉《ひでよし》の侵攻に屈服し阿波へ移封。当城も廃城へ。

福原城 ふくはらじょう

平山城

別　名	佐用城
築年/廃年	建武年間(1334～1338)／天正5年(1577)？
築城主	佐用範家
城　主	佐用氏～福原隼人～則尚
所在地	兵庫県佐用郡佐用町

朱詰めの首級伝説が残る

赤松《あかまつ》一族の佐用《さよう》氏が佐用川西岸に築城。天正《てんしょう》5年(1577)、赤松同族の城主・福原則尚《のりひさ》が秀吉《ひでよし》に攻められ落城。則尚が自刃した際、家臣が則尚の首を桶に入れ逃げたが秀吉軍に討たれた。同時に城も廃城となったとされるが詳細は不明。大将首を発見した秀吉は忠節に感心し、首を甕に収め南蛮渡来の朱を入れ丁重に葬った。明和《めいわ》8年(1771)に付近の住民が霊夢で首のありかを告げられ朱詰めの首級を発見。城跡に首部神社が祀られ今に至るという。

明石城 あかしじょう

平山城

別　名	喜春城、錦江城
築年/廃年	元和4年(1618)／明治以降
築城主	小笠原忠真
城　主	小笠原忠真～本多氏～松平氏
所在地	兵庫県明石市明石公園

4基の櫓は明石のシンボル

JR明石駅前にある城。天守台はあるが天守はない。江戸初期に松本《まつもと》城(松本市)主・小笠原忠真《おがさわらただまさ》(家康《いえやす》の外孫)が将軍・秀《ひで》忠《ただ》の命で西国への抑えとして築城し、10万石で入封。柿本人麻呂《かきのもとのひとまろ》を祀った人丸塚があった場所で、嘉吉《かきつ》の乱(1441)の激戦地。3重3段構えの堀と曲輪《くるわ》、本丸に4基の3重櫓を置いた。現存の坤《ひつじさる》櫓は伏見《ふしみ》城(京都市)、巽《たつみ》櫓は船上《ふなげ》城(明石市)からの移築とされる。小笠原氏の後は本多《ほんだ》氏などが城主を務め松平《まつだいら》氏で明治を迎える。

神吉城 かんきじょう

平城

別　名	真名井城、奈幸子城
築年/廃年	南北朝時代／不明
築城主	神吉氏
城　主	神吉氏
所在地	兵庫県加古川市東神吉町神吉

別所氏の味方だった神吉氏

三木《みき》城(三木市)の別所《べっしょ》氏と同盟していた神吉氏の本拠。加古川沿いの河岸段丘に築かれた。神吉氏は播磨守護・赤松《あかまつ》氏庶流とも別系ともいわれる播磨の土豪。天正《てんしょう》6年(1578)に別所氏が毛利《もうり》氏と結んで織田信長《おだのぶなが》と敵対し、織田信忠《のぶただ》・信孝《のぶたか》の攻撃を受ける。城主の頼定《よりさだ》以下は籠城したが、約20日間の攻防の末に落城。頼定は討ち取られ将士の過半も焼死。『信長公記』によれば天守は焼失したという。廃城は落城と同時と思われるが詳細は不明。

御着城 ごちゃくじょう

平城

別　名	茶臼山城
築年/廃年	永正16年(1519)／天正7年(1579)以降
築城主	小寺政隆
城　主	小寺政隆～政職
所在地	兵庫県姫路市御国野町御着

あの姫路城を出城としていた城

赤松《あかまつ》一族の小寺《こでら》氏の本拠。姫路《ひめじ》城(姫路市)より東2kmに位置する。小寺氏は代々姫路城を居城としていたが、戦国時代に移転。姫路城は家臣の黒田重隆《くろだしげたか》(如水《じょすい》の祖父)に守らせ、当城の支城としていた。天正《てんしょう》5年(1577)、当主の小寺政職《まさもと》は如水の進言を受けて信長《のぶなが》に臣従。しかし別所《べっしょ》長治《ながはる》や荒木村重《あらきむらしげ》らが信長を裏切ったことに同調。天正7年(1579)、信長に仕えていた秀吉《ひでよし》に攻められ落城。その後廃城となった。現在はわずかに土塁、堀跡が残る。

淡路

岩屋城 いわやじょう

平山城

別名	絵島ヶ丘城
築年／廃年	不明、慶長16年(1611)／慶長18年(1613)頃
築城主	安宅氏、池田輝政
城主	安宅氏→毛利氏→織田氏→羽柴(豊臣)氏～池田氏
所在地	兵庫県淡路市岩屋

織田と毛利が奪い合う

淡路島北端に位置。大阪湾の制海権にかかわる城。安宅《あたぎ》一族の築城と見られる古城と、後年に姫路《ひめじ》城(姫路市)主・池田《いけだ》輝政《てるまさ》が築いた新城のふたつがある。古城は戦国期に織田《おだ》・毛利《もうり》両軍が激しい奪い合いを演じた末、天正《てんしょう》10年(1582)の本能寺の変後、淡路平定を進めた秀吉《ひでよし》の手に帰した。旧城はやがて廃城に。慶長《けいちょう》15年(1610)に池田輝政が淡路一国を加増され、旧城より南東2kmの絵島ヶ丘に新城を築いた。大坂攻めをにらんだ出城だ。

洲本城 すもとじょう

平山城

別名	―
築年／廃年	大永6年(1526)／明治以降
築城主	安宅治興
城主	安宅治興→冬康→信康→清康→菅平右衛門→仙石秀久→脇坂安治～池田忠雄～蜂須賀氏→稲田氏
所在地	兵庫県洲本市山手1

淡路島支配の拠点となった城

瀬戸内と上方《かみがた》方面を結ぶ淡路島の要衝。洲本市の南、三熊山(標高132m)の山頂とその北山麓に造られた。

築城主の安宅《あたぎ》氏は安宅荘(西牟婁郡《にしむろ》)から興った一族で、水軍を率いて淡路全島に勢力を持った。戦国大名・三好長慶《みよしながよし》の弟の冬康《ふゆやす》を養嗣子《ようしし》に迎えてからは三好党として活躍。冬康が兄・長慶に殺され、家督を継いだ子の信康《のぶやす》は織田信長《おだのぶなが》に従属するが、続く清康《きよやす》の代で毛利《もうり》に鞍替えする動きを見せたことから天正《てんしょう》9年(1581)に信長の将・秀吉《ひでよし》の追討に遭い落城。清康は間もなく死し安宅氏は滅亡。

その後、淡路の水将・菅《かん》氏が入城するが、秀吉の淡路征伐により全島を秀吉軍に占領される。秀吉は敵対していた四国の長宗我部元親《ちょうそかべもとちか》をにらみ、家臣の仙石秀《せんごくひで》久《ひさ》を置く。天正13年(1585)の四国征伐で、当城は前線基地として機能した。

秀久が讃岐へ移封になった後に、賤ヶ《しずが》岳《たけ》七本槍のひとりである脇坂安治《わきざかやすはる》が入城。朝鮮出兵で淡路水軍を率いて参陣した。

慶長《けいちょう》5年(1600)の関ヶ原合戦後、安治は伊予へ移封。姫路《ひめじ》城(姫路市)主の池田《いけだ》輝政《てるまさ》、徳島《とくしま》城(徳島市)主の蜂須賀家政《はちすかいえまさ》の支配下に入った。江戸前期に蜂須賀の臣・稲田《いなだ》氏が大改修して城下町を整備。幕府は稲田氏を大名格とした。その後も稲田氏が代々城主を務め、明治を迎える。

中国地方

因幡

景石城 かげいしじょう

山城

別　名	磯部城、磯辺城
築年/廃年	南北朝時代／元和元年(1615)以降
築城主	用瀬氏？
城　主	赤松氏→山名氏～用瀬左衛門尉→磯部豊直～山崎家盛
所在地	鳥取県鳥取市用瀬町用瀬

秀吉の因幡攻略戦で落城

千代川東岸の城山(標高325m)に位置。発祥は不詳だが、延文《えんぶん》年間(1356～1361)に赤松《あかまつ》氏が攻め落としたあと、すぐに山《やま》名《な》時氏《ときうじ》に攻略されたという。戦国時代は山名家臣の用瀬《もちがせ》左衛門尉《さえもんのじょう》が在城。天正《てんしょう》8年(1580)、羽柴秀吉《はしばひでよし》の攻撃により羽柴方の磯部《いそべ》氏が入城。この際に改修され、山頂部の曲輪《くるわ》に石垣が造営された。山名豊《とよ》国《くに》の攻撃で一時落城したが鳥取《とっとり》城(鳥取市)合戦後、再び豊直《とよなお》に与えられた。関ヶ原後、豊直は没落。一国一城令で廃城。

高平城 たかひらじょう

山城

別　名	隆平城
築年/廃年	不明／不明
築城主	波多野氏
城　主	波多野氏
所在地	鳥取県八頭郡八頭町日下部

釣りに誘われて騙し討ち

因幡《いなば》国人・波多野《はたの》氏の居城。標高299mの城山に造営された。当所は鳥取と若桜方面を結ぶ街道を扼する要衝。築城時期は不明だが、波多野氏は『太平記』によれば南北朝期からの在地勢力とされる。一説に丹波波多野氏と同族ともいう。永禄《えいろく》2年(1559)、当主の民部大輔《みんぶのたいふ》が近隣の鷹《たか》の山《やま》城(八頭郡)主である丹比《たんび》氏に川漁に誘われた。この際、丹比氏の伏兵に攻められ民部大輔は自害。波多野氏は滅亡したとされる。廃城時期は不明。

鹿野城 しかのじょう

平山城

別　名	王舎城、志加奴城、鹿奴城
築年/廃年	不明／元和元年(1615)以降
築城主	不明
城　主	志加奴(鹿野)氏→尼子氏～亀井茲矩→政矩→日置忠俊～佐藤知之
所在地	鳥取県鳥取市鹿野町鹿野

仏教にちなむ名がつけられた

志加奴《しかぬ》氏の居城。西因幡《いなば》の中心地だった鹿野の南、標高200mの妙見山に造られた。城の起こりは不明。志加奴氏は山《やま》名《な》氏に従う国侍だったが、天文《てんぶん》12年(1543)、尼子晴久《あまごはるひさ》に攻撃され滅亡。後に鳥取《とっとり》城(鳥取市)主・山名豊国《やまなとよくに》の支配下に入るが、天正《てんしょう》8年(1580)、秀吉《ひでよし》の攻撃で落城。以後、亀井茲矩《かめいこれのり》の居城となり、大改修が施された。海外貿易に熱心だった茲矩は、城を王舎城、城下町を鹿野苑と、仏教にちなむ名をつけた。一国一城令で廃城。

鳥取城 とっとりじょう

山城

別名	久松城
築年／廃年	天文年間(1532～1555)／明治以降
築城主	山名誠通
城主	武田国信→高信→山名豊国～吉川経家→宮部継潤→長房→池田長吉→長幸→光政→光仲～輝知
所在地	鳥取県鳥取市東町2

悲劇の兵糧攻めがあった山陰の名城

羽柴秀吉《はしばひでよし》の「渇殺《かつえごろ》し」で知られる一大籠城戦が行われた城。鳥取市街の北にある久松山(標高263m)に築造された。鳥取は上方《かみがた》方面から山陰へ向かう東の玄関口。江戸時代に池田《いけだ》氏により拡張され、鳥取藩の藩庁として長く君臨した。

城址は山頂の戦国時代の山城部(山上の丸)と、山麓に広がる江戸期の近世城郭部(山下の丸)のふたつに分かれる。

山上の丸は、本丸に天守(独立式望楼型3重)、月見櫓、車井戸などがあった。東方に二ノ丸、三ノ丸、本丸の1段下には出丸、馬場が設けられている。

山下の丸は4段の曲輪《くるわ》で成っており、最高所に①三階櫓などを備えた天球丸(池田長吉《ながよし》の姉・天球院《てんきゅういん》が居住していたことに由来)、その下に②江戸前期と幕末の藩主居館、御三階櫓などがあった二ノ丸、東南に③江戸後期の藩主居館などがあった三ノ丸、その外側に④馬場や米蔵があった丸の内があった。本丸は江戸前期が二ノ丸、後期が三ノ丸となる。

山城は通説では、戦国時代半ばに因幡《いなば》守護・因幡山名誠通《やまなのぶみち》が、但馬《たじま》守護・但馬山名祐豊《すけとよ》と争うため、本拠・布勢天神山《ふせてんじんやま》城(鳥取市)の支城として築造したと伝わる(但馬山名氏の築造とも)。

守将は山名誠通の客将だった武田国信《たけだくにのぶ》が務めた。国信は若狭武田氏の庶流。国信は鳥取城を天神山城に劣らぬ城郭へ大改築する。跡を継いだ高信《たかのぶ》は永禄《えいろく》年間(1558～1570)より因幡山名氏へ謀反。毛《もう》利《り》氏と結んで因幡を手中に収めた。

しかし、尼子勝久《あまごかつひさ》や山中鹿介《やまなかしかのすけ》ら尼子再興軍が但馬山名一族の山名豊国《とよくに》を擁して高信を攻撃。高信は鵯《ひよどり》尾《お》城(鳥取市)に退き、豊国に鳥取城を明け渡した。ただし豊国は天正《てんしょう》元年(1573)に吉川元春《きっかわもとはる》の圧迫を受け、毛利の因幡支配を担う。なお天守は豊国の築造で、この頃に「天より釣りたる」と称された山城部が完成した。

天正5年(1577)より信長《のぶなが》の重臣・羽柴《はしば》秀吉《ひでよし》の中国攻めが始まる。秀吉は天正8年(1580)に因幡へ侵攻、若桜《わかさ》城(八頭郡)、鹿野《しかの》城(鳥取市)を下し当城へ迫った。さらに豊国を調略し城を捨てて逃亡させた。天正9年(1581)2月、毛利は新城主として石見吉川一族の吉川経家《つねいえ》を派遣。経家は秀吉軍の来襲を7月頃と考え、時間稼ぎの籠城戦を企図。11月まで持ちこたえれば雪が降り、秀吉は退却すると考えた。

だが、入城した経家は城内の兵糧が極端に不足していることを知る。秀吉の工作で領内や城内の米が高値で買い占められていたのだ。経家は慌てて手配したが、兵糧は2か月分しか集まらなかった。

予想通り秀吉軍は6月末に来襲し、城を包囲して糧道を遮断し、兵糧攻めとした。やがて兵糧は底を尽き、城内には餓死者が続出。10月、観念した経家は降伏し切腹した。名高い「渇殺し」である。

その後宮部《みやべ》氏が城主となったが、関ヶ原合戦で西軍につき改易。代わって池田長吉(輝政《てるまさ》の弟)が6万石で入城し鳥取藩を立藩。長吉は山麓を大拡張し近世城郭と城下町を築き、現在の城址の原型が完成。元和《げんな》3年(1617)に池田一族別系の光政《みつまさ》が32万石で入城、寛永《かんえい》9年(1632)に同別系の光仲《みつなか》が入り光仲の家系で明治を迎える。

若桜城《わかさじょう》

山城

別名	若桜鬼ヶ城、鬼ヶ城
築年/廃年	建仁年間(1201〜1204)頃/元和3年(1617)頃
築城主	矢部暉種
城主	矢部暉種〜吉茂〜木下家定→山崎家盛〜池田氏
所在地	鳥取県八頭郡若桜町若桜

秀吉の因幡平定の根拠地となる

鎌倉期からの国人領主・矢部《やべ》氏の居城。鶴尾山(標高452m)に建つ。若桜は因幡《いなば》と美作《みまさか》を結ぶ要衝。矢部吉茂《よししげ》の代の天正《てんしょう》3年(1575)、山中鹿介《やまなかしかのすけ》率いる尼子《あまご》再興軍に襲われ陥落。後に毛利《もうり》氏を経て、天正6年(1578)より秀吉《ひでよし》麾下《きか》の木下家定《きのしたいえさだ》(北政《きたのまん》所《どころ》の兄)が城代に。因幡平定の根城となる。慶長《けいちょう》5年(1600)の関ヶ原合戦後に山《やま》崎家盛《ざきいえもり》が入城、この木下・山崎時代に改修が施され、築造された石垣などが残る。元和3年(1617)、池田《いけだ》氏支配の頃に廃城。

防己尾城《つづらおじょう》

山城

別名	亀山城、吉岡城
築年/廃年	天正年間(1573〜1592)/不明
築城主	吉岡定勝
城主	吉岡定勝
所在地	鳥取県鳥取市福井

秀吉の千成瓢箪を奪う大善戦

因幡《いなば》国人・吉岡定勝《よしおかさだかつ》の居城。湖山池西岸の小丘陵に造られた。吉岡氏は山名《やまな》氏旧臣で、後に吉川元春《きっかわもとはる》に従う。毛利《もうり》方の鳥取《とっとり》城(鳥取市)の支城として、秀吉《ひでよし》の因幡侵攻に抗した。天正《てんしょう》9年(1581)、秀吉の鳥取城攻めの際、秀吉の背後をたびたび襲って鳥取城主・吉川経家《つねいえ》を援護。秀吉の千成瓢箪の馬印を奪い、秀吉の臣・多賀文蔵《たがぶんぞう》を討つなど活躍。だが、最後は鳥取城と同様に兵糧攻めに遭い落城。降伏して帰農した。廃城時期は不明。

桐山城《きりやまじょう》

山城

別名	木井ノ山城、磯部ノ城
築年/廃年	南北朝時代?/慶長5年(1600)以降
築城主	塩冶高貞?
城主	塩冶高貞〜山中鹿介〜垣屋光成→恒総
所在地	鳥取県岩美郡岩美町浦富

秀吉に臣従し大名となった垣屋氏

浦富海岸に臨む標高203mの木山に造られた。但馬《たじま》と因幡《いなば》の海上交通を扼する要衝。南北朝期に「塩冶《えんや》判官」で知られる塩冶高貞《たかさだ》の築城という。一時廃城となっていたが、尼子《あまご》再興軍の山中鹿介《やまなかしかのすけ》が砦を築いて根拠地としている。秀吉《ひでよし》の因幡攻めが始まった天正《てんしょう》8年(1580)、水軍を率いる垣屋光成《かきやみつなり》が秀吉の命で入城。因幡平定後、功により1万石を与えられた。関ヶ原合戦で子の恒総《つねふさ》は西軍に属し、敗れて自害。以後、廃城となった。

布勢天神山城《ふせてんじんやまじょう》

平山城

別名	天神山城、布施城
築年/廃年	永正10年(1513)頃/不明
築城主	山名氏
城主	山名誠通〜豊数
所在地	鳥取県鳥取市湖山町南

因幡守護山名氏の本拠

因幡《いなば》山名《やまな》氏の本城で、戦国期の因幡守護所。文正《ぶんしょう》元年(1466)に但馬《たじま》山名氏から因幡山名氏を継いだ勝豊《かつとよ》の築城で、この際二上山《ふたがみやま》城(岩美郡)から守護所が移ったというが不明。戦国時代に守護・山名誠《のぶ》通《みち》が居城していたことは確か。誠通は但馬山名祐豊《すけとよ》と争い敗死。永禄《えいろく》6年(1563)、城主だった山名豊数《とよかず》は鳥取《とっとり》城(鳥取市)主・武田高信《たけだたかのぶ》の下克上に追われる。後に豊数の弟・豊国《とよくに》が鳥取城を奪い、移転して守護所とした。廃城時期は不明。

二上山城 ふたがみやまじょう

山城

別　名	岩常城
築年／廃年	文和年間(1352〜1355)／慶長5年(1600)以降？
築城主	山名時氏
城　主	山名時氏〜三上豊範〜垣屋氏
所在地	鳥取県岩美郡岩美町

旧守護所、村民が治安悪化嘆く

因幡《いなば》守護・山名《やまな》氏の室町前期の本拠。南北朝期の山名時氏《ときうじ》の築城とされる。戦国時代に布勢天神山《ふせてんじんやま》城(鳥取市)に移るまでの守護所だった。小田川の中流域、標高334mの二上山にあった。守護所移転後、周辺の治安が悪化したため、村民が但《たじ》馬《ま》山名氏に窮状を訴え、山名一族の三上《みかみ》豊範《とよのり》が派遣された。豊範は峻険な当城が不便だったため、新たに道竹《どうちく》城(岩美郡)を築いて移った。後に当地は垣屋《かきや》氏の支配下に置かれた。関ヶ原後に廃城か。

隠岐

甲ノ尾城 こうのおじょう

山城

別　名	国府尾城
築年／廃年	室町時代／不明
築城主	隠岐氏
城　主	隠岐清綱→宗清→豊清→為清→清家→経清→吉川氏
所在地	島根県隠岐郡隠岐の島町

隠岐氏歴代の居城

隠岐守護代・隠岐《おき》氏の本拠。現在の玉《たま》若酢命《わかすみこと》神社の南にある城山(標高129m)に築かれた。東・北面は八尾川、南は西郷湾に守られた天然の要害である。なお隠岐諸島は島後水道を境に島前《どうぜん》と島後《どうご》に分けられる。

隠岐守護は出雲守護が兼任し、鎌倉時代より隠岐には山名《やまな》氏の守護代だった隠岐氏が宮田《くんだ》城(隠岐郡)を本拠としていた。戦国時代は京極《きょうごく》氏がその任にあたり、京極高詮《たかのり》の弟・秀重《ひでしげ》が新しく守護代に任じられて赴任。山名系に取って代わるかたちで隠岐氏を称し、宮田城に入った。

秀重の隠岐氏は清秀《きよひで》、清綱《きよつな》、宗清《むねきよ》と続き、出雲守護代・尼子《あまご》氏の傘下に入った。甲ノ尾城を築城し、移転した時期は不明だが、少なくとも清綱の代には在城していたと見られる。それまで隠岐氏は在地豪族の掌握に苦慮してきたが、宗清の代で当城を根拠に隠岐統一に乗り出す。

天文元年(1532)、宗清は尼子経久《つねひさ》より1000の援軍を得て、福瀬《ふくせ》・都万《つま》・河渡《かわた》・箕尾《みのお》氏ら抵抗勢力を次々に破り、島前と島後の平定に成功。後に隠岐氏は毛利元《もと》就《なり》の出雲侵攻後、毛利氏に従属。

天正11年(1583)、隠岐氏は清家《きよいえ》と為清《ためきよ》の子・経清《つねきよ》の内部争いで自滅。当城は吉《きっ》川《かわ》氏の攻撃で落城。以後吉川氏を経て関ヶ原後の隠岐は堀尾《ほりお》氏や京極氏ら松江藩主に支配された。廃城時期は不明。

中国地方 因幡／隠岐

伯耆

江美城 えびじょう

平山城

別　名	ー
築年/廃年	文明16年(1484)頃／慶長年間(1596～1615)
築城主	蜂塚安房守
城　主	蜂塚安房守～右衛門尉→毛利氏
所在地	鳥取県日野郡江府町江尾

尼子氏と命運をともにした蜂塚氏

尼子麾下《あまごきか》の蜂塚《はちつか》氏の居城。大山の南、日野川西岸に広がる舌状台地に築造された。当地は米子と美作《みまさか》を結ぶ要衝。在地勢力・蜂塚氏の築城。永禄《えいろく》5年(1562)に毛利元就《もうりもとなり》の出雲遠征が始まると、当主の右衛《え》門尉《もんのじょう》は毛利に与す。だが同じ尼子配下の本城常光《ほんじょうつねみつ》が元就に騙し討ちにされたため、再び尼子に帰参。永禄8年(1565)、毛利軍の総攻撃を受け落城、右衛門尉は自刃。その後は毛利氏が支配したが慶長《けいちょう》年間に廃城。現在は模擬天守が立つ。

羽衣石城 うえしじょう

山城

別　名	ー
築年/廃年	貞治5年(1366)／慶長5年(1600)
築城主	南条貞宗
城　主	南条貞宗～宗皓→宗勝→尼子氏→宗勝→元続→毛利元経→元続→元忠
所在地	鳥取県東伯郡湯梨浜町羽衣石

東伯耆の名族・南条氏の本拠

伯耆《ほうき》の有力国人・南条《なんじょう》氏の居城。東郷池の南にある羽衣石山(標高372m)に造られた。当地は倉吉平野を望む山陰路の要衝。山頂に本丸、周辺には帯曲輪《くるわ》を配す。北・西側尾根に曲輪が階段状に設けられている。遺構は石垣と“絶対に涸れない”と伝わる「茶の井戸」がある。本丸跡には近年築かれた模擬天守があるが、天守があったかどうかは不明だ。

南条氏は通説では佐々木《ささき》流塩冶《えんや》氏の流れを汲む豪族である。南北朝期に所領を得た始祖・貞宗《さだむね》が当城を築城。伯耆守護の山名《やまな》氏に従い東伯耆を中心に勢力を拡大、以後10代に渡る居城となった。

戦国時代、当主・宗勝《そうしょう》の代で尼子経久《あまごつねひさ》の侵攻を受け尼子方に属する。天文《てんぶん》12年(1543)、大内義隆《おおうちよしたか》の出雲遠征(第1次月山《がっさん》富田《とだ》城の戦い)では大内氏に鞍替え。その後尼子氏に城を奪われ、宗勝は逃走。

各地を転々とした宗勝は、毛利元就《もうりもとなり》に与して尼子氏に抗し、永禄《えいろく》5年(1562)に城を取り戻した。宗勝の死後(毛利の暗殺説がある)、子の元続《もとつぐ》は天正《てんしょう》7年(1579)に毛利に背いて羽柴秀吉《はしばひでよし》につく。激怒した吉川元春《きっかわもとはる》に一時城を攻め取られたが、秀吉の助けを受けて城を取り戻した。天正10年(1582)、秀吉と毛利が和睦し、元続は東伯耆3郡を領有することとなった。

しかし関ヶ原の戦いで元続の子・元忠《もとただ》は西軍につき、敗れて改易。城も廃城に。

米子城《よなごじょう》

平山城

別名	久米城、湊山城
築年／廃年	文明2年(1470)頃？、天正16年(1588)／明治以降
築城主	山名氏？、吉川広家
城主	山名氏～尼子氏～福原元秀～吉川氏～中村一忠→加藤貞泰→池田由成→荒尾成利～成富
所在地	鳥取県米子市久米町

ふたつの天守があったが明治に破却

出雲と伯耆《ほうき》の国境の城。江戸期は鳥取藩支城。米子は山陰路、中海、島根半島を押さえ、古くからの交通の要衝である。

当地には飯山(標高52m)と湊山(標高90m)というふたつの山がある(現在は山間を国道9号線が走る)。中世の米子城は戦国期には飯山にあり、江戸期以降の米子城は湊山に新たに築かれた城となる。

応仁《おうにん》の乱(1467～1477)の際、出雲守護の京極《きょうごく》氏と伯耆守護の山名《やまな》氏が対立。飯山の城はこの頃山名氏が築城したと見られる。戦国前期、尼子《あまご》氏の伯耆侵攻により制圧されたが、後に毛利《もうり》氏の支配下に入り、福原元秀《ふくばらもとひで》が入城。元亀《げんき》2年(1571)、山中鹿介《やまなかしかのすけ》ら尼子再興軍の急襲で元秀は討たれたが、吉川元春《きっかわもとはる》の反撃で鎮圧。

天正《てんしょう》16年(1588)、月山富田《がっさんとだ》城(安来市)城主だった吉川広家《ひろいえ》は近世城郭築造を企図し、古曳吉種《こびきよしたね》に命じて湊山で工事を始めた。広家は3重天守も築いている。

吉種は朝鮮出兵で討ち死に、広家も慶《けい》長《ちょう》5年(1600)の関ヶ原合戦後、岩国に封じられた後、中村一忠《なかむらかずただ》が伯耆17万石を与えられ工事を引き継ぐ。一忠は広家天守の横に独立式望楼型4重5階の新天守を築造。飯山の城は出丸に改修された。

その後、城主は加藤《かとう》氏、池田《いけだ》氏と目まぐるしく代わり、池田氏家老の荒尾《あらお》氏が在城したまま明治を迎えた。

松崎城《まつざきじょう》

平山城

別名	亀形ヶ鼻城
築年／廃年	不明／慶長5年(1600)
築城主	小森氏
城主	小森氏～進氏
所在地	鳥取県東伯郡湯梨浜町松崎

主を裏切った小森氏の末路は……

伯耆《ほうき》国人・南条《なんじょう》氏の配下である小森《こもり》氏の城。羽衣石《うえし》城(東伯郡)の支城。東郷池東の小丘陵にあった。天正《てんしょう》8年(1580)、毛利《もうり》軍の襲来で当主の小森方高と主の南条元続《もとつぐ》は羽衣石城に籠城。方高は毛利の臣・杉原元盛《すぎはらもともり》に調略され裏切りを誓う。しかしこれが元続に露見したため、逆に誅殺された。その後、当城には南条家臣の進《しん》氏が入城した。慶長《けいちょう》5年(1600)、関ヶ原の合戦で南条氏は敗れて改易。羽衣石城とともに当城も破却された。

岩倉城《いわくらじょう》

山城

別名	小鴨城
築年／廃年	平安末期？／慶長5年(1600)以降
築城主	小鴨元兼
城主	小鴨元兼～良幸→元清
所在地	鳥取県倉吉市岩倉

南条氏の臣・小鴨氏の居城

東伯耆《ほうき》の豪族・小鴨《おがも》氏の居城。倉吉市街の南西数km、独立丘陵の岩倉山(標高247m)に造られた。小鴨氏は少なくとも平安末期より代々在庁官人を務めた名族。室町時代は伯耆守護・山名《やまな》氏に従い重用された。戦国時代に尼子経久《あまごつねひさ》の侵攻を受け当主・良幸《よしゆき》は流浪の身となったが、永禄《えいろく》5年(1562)に毛利元就《もうりもとなり》の援助で旧領を回復。その後は南条《なんじょう》氏家臣となり、南条氏の毛利離反にも従う。関ヶ原後の南条氏改易後、運命をともにし衰亡。廃城へ。

尾高城 おだかじょう

平山城

別名	泉山城、小鷹城
築年/廃年	不明／慶長6年(1601)
築城主	不明
城主	行松正盛→吉田光倫→行松正盛→杉原盛重→元盛→景盛→吉田元重
所在地	鳥取県米子市尾高

便所から脱出した山中鹿介

米子平野の東、大山山麓の河岸段丘にあった。当地は山陰路の要衝。城の起こりは不明だが、戦国初期は山名《やまな》氏披官の行松《ゆきまつ》氏が支配。尼子《あまご》氏の伯耆《ほうき》侵攻で尼子方の吉田《よしだ》氏に城を奪われたが、毛利《もうり》氏の援助で行松氏が領地を回復。後に毛利方の杉原《すぎはら》氏、吉田氏が城主に。元亀《げんき》2年(1571)、尼子再興軍の山中鹿介《やまなかしかのすけ》が敗れて当城に幽閉された際、「赤痢になった」と偽り肥壺から脱出した逸話がある。慶《けい》長《ちょう》6年(1601)、中村一氏《なかむらかずうじ》の命で廃城。

打吹城 うつぶきじょう

山城

別名	倉吉城
築年/廃年	延文年間(1356〜1361)／元和元年(1615)以降
築城主	山名師義
城主	山名師義〜尚之→澄之〜南条氏→毛利氏→南条氏→中村氏
所在地	鳥取県倉吉市仲ノ町

かつての伯耆守護所

倉吉市街中心部、現在公園となっている打吹山(標高206m)に位置。伯耆《ほうき》守護・山名師義《やまなもろよし》の築城で、戦国時代まで伯耆の守護所となった。尼子《あまご》氏の支配を経て、永禄《えいろく》5年(1562)に羽衣石《うえし》城(東伯郡)主の南条《なんじょう》氏の管轄下に置かれる。天正《てんしょう》年間(1573〜1592)に南条氏と毛利《もうり》氏の決裂により、毛利氏が南条氏攻撃の拠点とした。後に秀吉《ひでよし》と毛利氏の和議が成立し、再び南条方の城となる。南条氏没落後、元和《げんな》の一国一城令により廃城。

八橋城 やばせじょう

平山城

別名	大江城
築年/廃年	不明／元和元年(1615)以降
築城主	不明
城主	行松氏→吉田左京亮〜三村氏〜杉原盛重→景盛〜南条元信〜中村氏
所在地	鳥取県東伯郡琴浦町

尼子、三村、毛利氏らが争奪

JR八橋駅付近にあり、現在城跡は線路で二分されている。築城時期は不明。山名《やまな》氏麾下《きか》の行松《ゆきまつ》氏の城だが、天文《てんぶん》年間(1532〜1555)以降に尼子《あまご》氏の伯耆《ほうき》侵攻で落城。尼子方の吉田左京亮《よしださきょうのすけ》が守将となる。左京亮は毛利《もうり》方だった三村家親《みむらいえちか》と戦い戦死。永禄《えいろく》8年(1565)、家親の猛攻により落城。後に毛利方の杉原盛重《すぎはらもりしげ》が在城したが、兄を殺害したため天正《てんしょう》10年(1582)に吉川元長《きっかわもとなが》に攻められ自刃。南条《なんじょう》氏、中《なか》村《むら》氏の支配を経て、一国一城令で廃城。

美作

一之瀬城 いちのせじょう

山城

別名	―
築年／廃年	天文元年(1532)頃／天正8年(1580)
築城主	竹内久盛？
城主	竹内久盛
所在地	岡山県久米郡美咲町栃原

端午の節句に落城した小城

美作《みまさか》土豪・竹内《たけのうち》氏の居城。美作南西、旭川中流域の標高240mの独立丘陵にあった。竹内氏は京の公家出身とも在地勢力の垪和《はが》一族とも。戦国時代の当主・竹内久盛《ひさもり》の築城とされる。久盛は毛利《もうり》氏に従っていたが、織田《おだ》家へ鞍替えした宇喜多直家《うきたなおいえ》の攻撃を受け、天正《てんしょう》8年(1580)に落城。そのまま廃城になったと見られる。落城日の5月5日は当地で今でも忌み日とされる。小規模な山城だが石垣が多用され、井戸や堀切など遺構がよく残る。

三星城 みつぼしじょう

山城

別名	―
築年／廃年	応保年間(1161～1163)／天正7年(1579)
築城主	渡辺長寛
城主	渡辺長寛～後藤康基～勝政→勝国→勝基
所在地	岡山県美作市明見

3つの峰に築かれた山城

在地勢力・後藤《ごとう》氏の本拠。旧出雲街道を見下ろす三星山(標高233m)にあった。3つの峰が連なっていることが名の由来。平安末期に当地の豪族・渡辺《わたなべ》氏が居館を置いたのが発祥と。南北朝期に地頭として入部した後藤氏が入城。後藤氏は赤松《あかまつ》・山名《やまな》・尼子《あまご》・浦上《うらがみ》氏らに従い乱世を渡り、戦国後期の当主・勝基《かつもと》は東美作《みまさか》の大部分を掌握。しかし、天正《てんしょう》7年(1579)に宇喜多直家《うきたなおいえ》の攻撃を受け、調略や火攻めで落城。勝基は自刃、城も廃城となった。

本丸城 ほんまるじょう

平山城

別名	―
築年／廃年	戦国時代／不明
築城主	広戸(岡本)広義
城主	広戸広義
所在地	岡山県津山市市場

尼子氏に翻弄された広戸氏の城

美作《みまさか》国人・広戸広義《ひろどひろよし》の居城。山陰と山陽を分ける中国山地に位置する。北3kmに位置する矢櫃山《やびつやま》城(標高910m)と山麓の居館にあたる当城でひとつの城を形成している。南1kmに出城にあたる吹山《ふきやま》城がある。天文《てんぶん》2年(1533)に尼子経久《あまごつねひさ》が美作に侵攻。広義の父・広家《ひろいえ》は自刃。永禄《えいろく》6年(1563)に岡本広義と改名して戻り、当地を統治した。その後、広義は落馬して没し、広戸氏は断絶した。廃城時期は不明。北に残る池は堀跡と見られる。

矢筈城 やはずじょう

山城

別名	高山城、高山南城、草苅城
築年／廃年	天文元年(1532)／天正10年(1582)
築城主	草苅衡継
城主	草苅衡継→景継→重継
所在地	岡山県津山市加茂町山下

毛利と秀吉の抗争に揺れた草苅氏

尼子《あまご》傘下の草苅《くさかり》氏の城。美作《みまさか》と因幡《いなば》を結ぶ街道を押さえる矢筈山(標高756m)に建つ。山頂の絶壁が矢筈(矢の一端の弦にかける部分)に似ていることが由来。矢筈山の本城と西側尾根の曲輪《くるわ》群で構成された美作有数の要害。永禄《えいろく》2年(1559)、景継《かげつぐ》の代で毛利《もうり》に鞍替えしたが、天正《てんしょう》2年(1574)に秀吉《ひでよし》の誘いを受け織田《おだ》方に。翌年、小早川隆景《こばやかわたかかげ》に攻められ景継は自刃。弟の重継《しげつぐ》が毛利方として跡を継ぐ。毛利と秀吉和議後に開城。そのまま廃城へ。

岩屋城 いわやじょう

山城

別名	ー
築年/廃年	嘉吉元年(1441)／天正18年(1590)
築城主	山名教清
城主	山名氏→赤松氏→中村則久→則治→芦田正家→浜口家職～中村頼宗～長船越中守
所在地	岡山県津山市中北上

尼子、宇喜多、毛利の争奪戦

西美作《みまさか》の重要拠点。美作中央部、出雲往還を見下ろす岩屋山(標高483m)にあった。山頂の本丸を中心に3方向に曲輪《くるわ》を配す梯郭式縄張。美作守護・山名《やまな》教清《のりきよ》の築城。応仁《おうにん》の乱で赤松《あかまつ》氏が攻略。永正《えいしょう》17年(1520)に赤松氏家臣・浦上村宗《うらがみむらむね》が謀反し支配下に置く。後に尼子《あまご》氏の侵攻で城主の中村《なかむら》氏は尼子氏につく。尼子衰亡後に毛利《もうり》・宇喜多《うきた》間で争奪戦が勃発。毛利と秀吉《ひでよし》の和睦後に宇喜多氏の支配下に入ったが天正18年(1590)に廃城。

院庄館 いんのしょうやかた

平城

別名	ー
築年/廃年	鎌倉初期？／不明
築城主	不明
城主	山名時氏→赤松氏～片上秀胤
所在地	岡山県津山市院庄

津山藩の本拠候補だったが……

鎌倉～室町前期の美作《みまさか》守護所。津山盆地の西、吉井川左岸に位置する方形館。当地は因幡《いなば》と出雲に通じる交通の要衝。元弘《げんこう》2年(1332)、醍醐《だいご》天皇が隠岐に配流された際に立ち寄る。南600mに院庄城。室町時代に美作守護の赤松《あかまつ》・山名《やまな》氏の支配下に入った後、戦国時代に浦上《うらがみ》、尼《あま》子《ご》、毛利《もうり》、宇喜多《うきた》の争奪戦に。関ヶ原後の慶長《けいちょう》8年(1603)、美作津山藩18万石を得た森忠政《もりただまさ》は当館を拠点の候補としたが、結局津山《つやま》城を築く。廃城時期は不明。

津山城 つやまじょう

平山城

別名	鶴山城
築年/廃年	嘉吉年間(1441～1444)、慶長9年(1604)／明治以降
築城主	山名忠政、森忠政
城主	山名忠政～森忠政→長継～松平宣富～慶倫
所在地	岡山県津山市山下

5重天守を4重にした森蘭丸の弟

津山藩の本城で、津山市中心部に位置する。比高50mの鶴山に築かれた近世城郭。当地は出雲と播磨を結ぶ出雲街道の要衝。山頂に本丸を配した梯郭式縄張。東から南に流れる吉井川が天然の堀として機能している。総石垣の近世城郭で、雛壇のように3～4段重ねで曲輪《くるわ》を配した「一二三《ひふみ》段」が圧巻である。

嘉吉《かきつ》の乱で功があった美作《みまさか》守護・山名《やまな》教清《のりきよ》が一族の忠政《ただまさ》に築城させたのが発祥。構造は不明だが鶴山《かくざん》城と呼ばれた。

慶長8年(1603)に信濃川中島藩主だった森忠政《もりただまさ》が美作一国18万石を与えられ、津山藩を立藩。忠政は織田《おだ》信長《のぶなが》の家臣・森可成《よしなり》の子(長可《ながよし》と蘭丸《らんまる》の弟)。忠政は当初院庄《いんのしょう》を本拠にしようとしたが、工事現場で殺傷事件が発生し中止。翌年より鶴山に本格的な築城を開始し、名を津山城と改めて現在残る城址の原型を築く。

忠政は徳川《とくがわ》氏の天下普請の手伝いで多忙を極め、完工は12年後の元和2年(1616)となった。天守は巨大で5重5階の独立式層塔型。しかし、5重天守が幕府に目をつけられ、検分前に忠政は4重目の瓦を破棄し、「あれは庇で天守は4重である」といいつくろったとされる。

森氏が95年在城したあと断絶。後に越前松平《まつだいら》氏が入城し明治まで存続。天守・櫓など建物はすべて破却された。近年、本丸の備中《びっちゅう》櫓が設計図をもとに復元。

備前

乙子城 おとごじょう

山城

別名	音湖城
築年／廃年	天文13年(1544)？／天正3年(1575)頃
築城主	浦上宗景
城主	宇喜多直家→浮田忠家
所在地	岡山県岡山市東区乙子

若き宇喜多直家の初めての城

宇喜多直家《うきたなおいえ》出世の城。吉井川河口の小丘陵に位置。戦国時代に備前東部に勢力を持った浦上宗景《うらがみむねかげ》が児島湾支配のため築いた。宗景の臣だった直家は16歳の天文《てんぶん》13年(1544)に備前守護・赤松晴政《あかまつはるまさ》との合戦で初陣。その功により宗景から300貫の知行と足軽30人を与えられ、城主を任じられたという。直家はこの城に拠って頭角を現し、天文18年(1549)に宗景の命で新庄山《しんじょうやま》城(岡山市)へ移転。異母弟の忠家《ただいえ》が城主に。直家の備前平定の過程で廃城。

下津井城 しもついじょう

山城

別名	―
築年／廃年	文禄年間(1592～1596)／寛永16年(1639)
築城主	宇喜多秀家
城主	遠藤秀清(浮田家久)→平岡重定→池田長政～由成
所在地	岡山県倉敷市下津井(城山公園)

瀬戸内海の要港を押さえる城

児島半島南西端の下津井港を見下ろす丘陵(標高88m)に築かれた。下津井港は瀬戸内航路の要港。宇喜多秀家《うきたひでいえ》の築城で、家臣の遠藤秀清《えんどうひできよ》が城主となった。秀家が関ヶ原合戦に敗れ秀清も追放され、小早川秀秋《こばやかわひであき》の臣・平岡《ひらおか》氏を経て、慶長《けいちょう》8年(1603)に池田輝政《いけだてるまさ》の弟・長政《ながまさ》が3万5000石で入城。当城を西国大名への戦略拠点として重視した家康《いえやす》の命で、長政は天守を備えた近世城郭へ大改修した。寛永《かんえい》16年(1639)に廃城。石垣がよく残る。

金川城 かながわじょう

山城

別名	玉松城
築年／廃年	承久年間(1219～1222)頃／慶長5年(1600)以降
築城主	松田盛朝
城主	松田盛朝→元成～元賢→宇喜多春家
所在地	岡山県岡山市北区御津下田

有力国人・松田氏の拠点

西備前の雄・松田《まつだ》氏の本城。吉備高原内陸部の要衝で、旭川と金川の合流点に近い臥竜山(標高225m)にあった。城域の総延長は約1kmと備前屈指の規模を誇る。松田氏は承久《じょうきゅう》の乱の働きでこの地を与えられ、以後代々の拠点としたと伝わるが詳細は不明。室町中期、元成《もとなり》の代で整備拡充。戦国時代に松田氏は備前守護・赤松《あかまつ》氏、守護代・浦上《うらがみ》氏らと激しく争った。永禄《えいろく》11年(1568)に宇喜多直家《うきたなおいえ》の攻撃で落城。関ヶ原後の宇喜多氏改易で廃城。

岡山城　おかやまじょう

平城

別　名	烏城、金烏城
築年/廃年	正平年間(1346～1370)／明治以降
築城主	上神高直
城　主	上神高直～金光備前→宗高→宇喜多直家→秀家→小早川秀秋→池田忠継～忠雄～綱政～章政
所在地	岡山県岡山市北区丸の内2

“烏城”の異名を持つ宇喜多氏の城

備前の戦国大名・宇喜多直家《うきたなおいえ》の本拠として知られる近世城郭。江戸時代は池田《いけだ》氏の岡山藩31万5000石の藩庁となった。岡山市街地中心、旭川右岸の丘陵に位置する。城域は東西1km、南北1.5km。縄張は3段構えの本丸を東に配し、3重の堀を巡らせた梯郭式である。岡山の名の由来は、城があった丘陵が岡山と呼ばれたためという。隣接する池泉回遊式庭園「後楽園」とともに岡山のシンボルとして親しまれている。天守は第2次大戦の戦火で焼失し、昭和41年(1966)に復元された。

南北朝期に名和《なわ》一族の上神高直《うわがみたかなお》が築いた石山《いしやま》城が城の発祥とされる。石山城は現在二ノ丸に含まれる石山にあった。室町時代の動きは不詳だが、戦国時代の大《たい》永《えい》年間(1521～1528)に備前の有力国人・金光備前《かなみつびぜん》が居城していた。金光氏は金川《かながわ》城(岡山市)主の備前松田《まつだ》氏に従っていた。備前の子・宗高《むねたか》の代で三村《みむら》氏、次いで永禄《えいろく》10年(1567)の明禅寺合戦で三村氏を下した宇喜多直家の傘下に入る。

宇喜多氏は出自不詳。室町中期より宇喜多久家《ひさいえ》(直家の曾祖父)が備前守護代・浦上《うらがみ》氏の重臣として歴史に登場。直家は策謀を駆使して浦上家中で頭角を現し、亀山《かめやま》城(岡山市)主として主君・浦上宗景《むねかげ》を脅かす勢力となっていた。

直家は亀山城が手狭となったことから、吉備平野の中心に位置し、旭川と児島湾の水上交通の便がある当城に目をつける。元亀《げんき》元年(1570)、直家は金光宗高に「毛利と内通している」といいがかりをつけ、切腹に追い込んで石山城を奪取。直家は大改修を施し、北方の西国街道を城下に導いて交通の便を図り、城下町を築いた。これが現在の岡山市繁栄の礎となる。直家時代の本丸は現在の二ノ丸、池田家祖廟の曲輪《くるわ》がある場所と伝わる。直家は天正《てんしょう》元年(1573)に入城し、天正3年(1575)に浦上宗景を播磨に追い、備前と備中《びっちゅう》、美作《みまさか》の一部を領する戦国大名へ。

直家の跡を継ぎ、豊臣秀吉《とよとみひでよし》に従った子の秀家《ひでいえ》は備前、美作と備中東部、播磨西部の計57万石を領する大大名となり、五大老の一角へ上り詰める。秀家は天正18年(1590)より石山城に縄張を全く改めた大改修を施し、慶長《けいちょう》2年(1597)に天守を備えた近世城郭を完成させた。現在の岡山城址の原型である。秀家は、旭川の流路を変えて城の東方向へ巡らせ、湾曲部に新しく掘削した土を積み上げて高地とし、そこを本丸とした。本丸には天守、表書院、櫓などが造営された。石山城時代の本丸は二ノ丸となった。なお岡山城と呼ばれるようになったのは文禄《ぶんろく》年間(1592～1596)の頃からである。

天守は4重6階の複合式望楼型で、秀吉の影響が強い。壁は豊臣の大坂《おおさか》城と同様の漆黒の下見板張で、金箔瓦で飾られた。その色から“烏《う》城”と呼ばれる。天守台が歪んだ多角形平面のため、安土《あづち》城天守を模したものともされるが不明。

秀家が関ヶ原合戦で敗れた後に入城した小早川秀秋《こばやかわひであき》や池田氏が拡張整備し、明治まで存続。岡山藩の礎を築いた池田忠《ただ》継《つぐ》は姫路藩主・池田輝政《てるまさ》の次男。池田綱《つな》政《まさ》の後楽園造営は元禄《げんろく》13年(1700)。池田氏時代の月見櫓、西ノ丸西手櫓を遺す。

虎倉城《こくらじょう》

山城

別名	ー
築年/廃年	文明年間(1469～1487)？／天正16年(1588)
築城主	伊賀修理亮か服部伊勢守？
城主	伊賀修理亮～久隆→与三郎→長船越中
所在地	岡山県岡山市北区御津虎倉

宇喜多直家に翻弄された伊賀氏

松田《まつだ》氏の臣・伊賀《いが》氏の居城。金川《かながわ》城(岡山市)の支城で、西方5km、宇甘川中流域の城山(標高327m)にあった。築城主は伊賀修理亮《しゅりのすけ》、または服部《はっとり》伊勢守《いせのかみ》とも。伊賀氏は久隆《ひさたか》の代で宇喜多直家《うきたなおいえ》に寝返り、直家の松田氏攻略に協力。天正《てんしょう》2年(1574)には毛利《もうり》勢の侵攻を撃退。後に直家と久隆は決裂、久隆の死後、子の与三郎《よさぶろう》は毛利氏を頼り逃亡。宇喜多氏重臣の長船越《おさふねえっ》中《ちゅう》が入城後、天正16年(1588)の長船一族の内輪揉めで越中は死亡、城は焼失。

三石城《みついしじょう》

山城

別名	ー
築年/廃年	正慶2年(1333)／不明
築城主	伊東二郎
城主	伊東二郎→石橋和義～浦上宗隆～則宗→村宗→政宗
所在地	岡山県備前市三石

赤松氏を裏切った浦上村宗の城

標高290mの天王山に築かれた。備前と播磨の国境付近の要衝・三石を押さえる。南朝に与した三石の地頭・伊東二郎《いとうじろう》の築城。室町時代に赤松《あかまつ》氏重臣の浦上《うらがみ》氏が代々居城。永正《えいしょう》16年(1519)、浦上村宗《むらむね》の代で主家の赤松義村《よしむら》の攻撃を受けたが撃退。村宗は義村を滅ぼし、西播磨と東備前を領する戦国大名となる。子の政宗《まさむね》が享禄《きょうろく》4年(1531)に室津《むろつ》城(たつの市)に移ったあとは城番制に。弟の宗景《むねかげ》が台頭した頃、存在意義を失い廃城となる。

船山城《ふなやまじょう》

山城

別名	ー
築年/廃年	16世紀前半／永禄10年(1567)
築城主	須々木氏
城主	須々木氏
所在地	岡山県岡山市北区原

宇喜多直家に滅ぼされた須々木氏

備前の国人領主・須々木《すすき》氏の城。岡山市街の北、旭川沿いの舌状丘陵の船山(標高50m)に築かれた。当地は旭川水運の要衝。須々木氏は金川《かながわ》城(岡山市)の松田《まつだ》氏に従っていたが、永禄《えいろく》6年(1563)に三《み》村家親《むらいえちか》の攻撃に遭い、城主の須々木行連《ぎょうれん》は降伏。以後三村方となったが、永禄10年(1567)の三村元親《もとちか》対宇喜多直家《うきたなおいえ》の明禅寺合戦で曖昧な態度を取る。完勝した直家は行連の帰属の申し出を拒否。所領を没収し、当城を破却したという。

亀山城《かめやまじょう》

山城

別名	沼城
築年/廃年	天文年間(1532～1555)初期／慶長5年(1600)以降
築城主	中山信正
城主	中山信正→宇喜多直家→浮田春家
所在地	岡山県岡山市東区沼

謀将・宇喜多直家の3番目の拠点

乙子《おとご》城(岡山市)、新庄山《しんじょうやま》城(岡山市)に次ぐ宇喜多直家《うきたなおいえ》の3番目の居城。砂川流域の小丘陵にあった。西に山陽道を扼す。直家の正室の父・中山信正《なかやまのぶまさ》の築城。信正は松田《まつだ》氏、次いで浦上宗景《うらがみむねかげ》に従った国人。永禄《えいろく》2年(1559)に直家は信正に謀反の嫌疑をかけ謀殺。城を奪って備前・美作《みまさか》平定の拠点とする。天正《てんしょう》元年(1573)、直家は岡山《おかやま》城(岡山市)へ移転。異母弟の春家《はるいえ》を城主とする。関ヶ原後の宇喜多氏改易後、新領主の小早川秀秋《こばやかわひであき》が廃城とした。

砥石城　といしじょう

山城

別　名	砥石山城、砥石ケ城
築年／廃年	文明年間(1469～1487)／天正3年(1575)以降
築城主	宇喜多久家？
城　主	宇喜多久家？～能家→浮田国定→浮田春家
所在地	岡山県瀬戸内市邑久町豊原

宇喜多直家出生の城

千町平野の南、砥石山(標高100m)に位置。浦上《うらがみ》氏披官で、宇喜多《うきた》氏の始祖・久家《ひさいえ》(直家《なおいえ》の曾祖父)が築いたとされるが不詳。能家《よしいえ》(久家の子)・興家《おきいえ》父子が城主だった天文《てんぶん》3年(1534)、同じ浦上氏披官の島村《しまむら》氏に夜襲をかけられ、能家は自刃。興家とその子で6歳の直家は落ち延び、各地を放浪する。永禄《えいろく》2年(1559)、成長した直家は高取山《たかとりやま》城(瀬戸内市)の島村氏を倒し、当城を奪回。異母弟の春家《はるいえ》を城主に。直家の備前平定後、廃城。

龍の口城　たつのくちじょう

山城

別　名	天神山城、八幡山城
築年／廃年	天文年間(1532～1555)／慶長5年(1600)以降
築城主	穝所元常
城　主	穝所元常→岡与三左衛門→近藤与右衛門
所在地	岡山県岡山市中区祇園

備前屈指の要害、城主暗殺で落城

金川《かながわ》城(岡山市)の松田《まつだ》氏支城の一。旭川東岸の龍の口山(標高220m)の主峰北側、別峰山頂に位置する。北から西を旭川が巡り、東南方面は主峰に守られた要害。宇喜多《うきた》直家《なおいえ》に圧迫されていた松田氏が披官の穝所元常《さいしょもとつね》を城主として守りを固めた。永禄《えいろく》3年(1560)、直家の攻撃に遭うが撃退。しかし翌年に元常は直家の謀略で暗殺され、城は落城。功のあった岡《おか》氏、次いで近藤《こんどう》氏が城主となった。宇喜多氏滅亡後に廃城となったと見られる。

常山城　つねやまじょう

山城

別　名	ー
築年／廃年	文明年間(1469～1487)／慶長7年(1602)以降
築城主	上野氏
城　主	上野氏～戸川秀安→達安～伊岐真利
所在地	岡山県玉野市用吉

三村氏とともに滅んだ上野氏

児島半島にそびえる常山(標高307m)に築かれた。児島湾と吉備平野を見下ろす要衝。備中上野《びっちゅううえの》氏代々の居城で、戦国期の城主・上野隆徳《たかのり》は三村元親《みむらもとちか》の姻戚となり、三村氏の領国南東部の支配を担う。天正《てんしょう》2年(1574)、毛利《もうり》氏の三村氏征伐が始まり、翌年にこの城も攻撃され隆徳以下城兵は全滅。毛利数千の兵力に対し上野200余という戦いで、隆徳の妻・鶴姫《つるひめ》の奮戦も知られる。後に宇喜多《うきた》氏、小早《こばや》川秀秋《かわひであき》の持ち城に。秀秋の死後に廃城。

高取山城　たかとりやまじょう

山城

別　名	ー
築年／廃年	文明年間(1469～1487)？／永禄2年(1559)以降
築城主	高取種氏か島村氏
城　主	島村氏
所在地	岡山県瀬戸内市邑久町豊原

宇喜多氏に復讐された島村氏

浦上《うらがみ》氏に従っていた備前国人・島村《しまむら》氏の居城。吉井川下流域の高取山(標高163m)に建つ。同じ浦上氏重臣の高取種《たかとりたね》氏《うじ》の築城とも伝わるが不詳である。戦国時代には島村貫《かん》(観)阿弥《あみ》が在城していた。天文《てんぶん》3年(1534)、貫阿弥は不仲だった浦上家臣の宇喜多《うきた》能家《よしいえ》を滅ぼして、峰続きの砥石《といし》城を奪取した。永禄《えいろく》2年(1559)、貫阿弥は能家の孫・直家《なおいえ》に謀殺され、城は落城。直家に接収された後、戦略的価値をなくして廃城となった。

天神山城《てんじんやまじょう》

山城

別名	―
築年／廃年	天文23年(1554)／天正3年(1575)
築城主	浦上宗景
城主	浦上宗景
所在地	岡山県和気郡和気町田土

浦上宗景、一代20年の居城

備前の戦国大名・浦上宗景《うらがみむねかげ》の居城。吉井川中流左岸の天神山(標高338m)に築かれた典型的な連郭式山城。総延長500mに及ぶ、備前で最大規模の城。天然の堀となる吉井川と急峻な山塊を擁する一大要害である。長さ55mの細長い本丸を山頂に構え、北西に二ノ丸、桜の馬場(大手曲輪《くるわ》)、三ノ丸、南東に飛騨の丸、南の壇などの曲輪群を配する。堀切を挟んで南東500mに出丸である太郎丸がある。

浦上氏は紀貫之《きのつらゆき》の後裔という名家。南北朝時代より播磨守護・赤松《あかまつ》氏の重臣として台頭。播磨、備前、美作《みまさか》の守護代となり、永正《えいしょう》17年(1520)に浦上村宗《むらむね》が赤松氏を倒して3国の支配権を奪取。子の政《まさ》宗《むね》・宗景兄弟は備前に侵攻してきた尼子《あまご》晴久《はるひさ》の対応を巡り対立。尼子と結んだ室《むろ》津《つ》城(たつの市)の政宗に対し、宗景は毛《もう》利《り》元就《もとなり》と同盟して天文《てんぶん》23年(1554、享禄《きょうろく》5年〈1532〉説もあるが現在は当年説が有力)に当城を築き、新たな拠点とした。

宗景は毛利の助力を得て勢力を拡大。さらに浦上旧臣で流浪の身にあった宇喜《うき》多《た》直家《なおいえ》を召し抱え、直家の活躍もあって、備前と美作を支配する戦国大名へのし上がる。政宗の死後、その子・誠宗《なりむね》を暗殺して播磨も掌握。しかし天正《てんしょう》2年(1574)に政宗の三男・久松丸《ひさまつまる》を奉じた直家の下克上に遭い、翌年に落城したと見られる。宗景は城を焼き払い播磨へ逃れ、廃城へ。

富山城《とみやまじょう》

山城

別名	矢板山城
築年／廃年	仁和元年(885)？／慶長5年(1600)以降
築城主	富山重興？
城主	富山重興～長頼～松田元親→横井土佐守～浮田忠家→詮家(坂崎直盛)
所在地	岡山県岡山市北区矢坂東町

宇喜多氏らの争奪戦が繰り広げられた

岡山市街の北西、標高131mの矢坂山に位置。吉備平野の西端で山陽道を扼する要衝。平安時代に名主の富山重興《しげおき》が築城したという。応仁《おうにん》元年(1467)に富山氏は松田元隆《まつだもとたか》の攻撃を受け滅亡。松田氏の居城となったが、元隆の子・元成《もとなり》が居城を金川《かながわ》城に移し、以後支城に。永禄《えいろく》11年(1568)に松田氏は宇喜多直家《うきたなおいえ》に倒され、当城も落城。慶長《けいちょう》4年(1599)、宇喜多氏内乱で城主の浮田詮家《うきたあきいえ》(坂崎直盛《さかざきなおもり》)は城を捨て大坂に出奔。宇喜多氏改易後に廃城。

本太城《もとぶとじょう》

山城

別名	―
築年／廃年	不明／不明
築城主	不明
城主	能勢氏
所在地	岡山県倉敷市児島塩生

讃岐水軍の攻撃を返り討ち

児島半島西端、水島灘に突き出した岬、天神ヶ鼻に築かれた海城。築城時期は不明。戦国時代、松田《まつだ》氏に属していた能勢《のせ》頼吉《よりよし》が在城していた。この海域を支配するための城だったと見られる。頼吉は後に宇喜多直家《うきたなおいえ》に鞍替えし、永禄《えいろく》10年(1567)の明禅寺合戦などで活躍している。元亀《げんき》2年(1571)、讃岐水軍・香西宗心《こうざいそうしん》と四宮隠岐《しのみやおきの》守《かみ》に攻撃されたが、城兵がよく防戦して勝利。頼吉は天正《てんしょう》10年(1582)の八浜合戦でも活躍。廃城時期は不明。

新庄山城 しんじょうやまじょう

山城

別　名	ー
築年／廃年	天文年間(1532～1555)初期／天正3年(1575)頃
築城主	新庄助之進
城　主	新庄氏～宇喜多直家
所在地	岡山県岡山市東区竹原

乙子城に次ぐ宇喜多直家の城

宇喜多直家《うきたなおいえ》の2番目の居城。砂川西岸の新庄山(標高127m)に築かれた。浦上《うらがみ》宗景《むねかげ》に従っていた亀山《かめやま》城(岡山市)主・中《なか》山信正《やまのぶまさ》の家臣・新庄氏の築城という。天文《てんぶん》18年(1549)、乙子《おとご》城(岡山市)主だった宇喜多直家は戦功により当城を与えられた。なお直家の正室は信正の娘。直家はこの城に10年在城し、永禄《えいろく》2年(1559)に舅の信正に謀反の容疑をかけて謀殺。亀山城を奪って移転した。直家の備前平定が進むにつれ、当城は存在価値を失い廃城。

明禅寺城 みょうぜんじじょう

山城

別　名	ー
築年／廃年	永禄9年(1566)／永禄10年(1567)以降
築城主	宇喜多直家
城　主	宇喜多氏→三村氏→宇喜多氏
所在地	岡山県岡山市中区沢田

「明禅寺合戦」の舞台

宇喜多直家《うきたなおいえ》の築城。岡山市街の東の操山(標高100m)に、備中《びっちゅう》の三村元親《みむらもとちか》への備えとして築かれた。だが元親は、翌年7月に夜襲で城を攻略し、150人の兵を駐屯させて城を守備させた。一方、直家は三村方の金光《かなみつ》氏や須々木《すすき》氏らを調略し、5000の兵で当城を攻撃、奪回した。元親は1万の兵で救援しようとしたが間に合わず、城下で宇喜多勢と交戦した末に敗北(明禅寺合戦)。直家は岡山平野の覇権を確立。城はほどなく廃城に。

備中

猿掛城 さるかけじょう

山城

別　名	ー
築年／廃年	正平8年(1353)／慶長5年(1600)以降
築城主	庄資政
城　主	庄資政～元資→為資→穂井田実近～→元祐→(毛利)元清→宍戸隆家
所在地	岡山県小田郡矢掛町横谷

三村・毛利氏に翻弄された庄氏の城

備中の有力国人・庄《しょう》氏の本拠。標高230mの猿掛山に位置。庄氏は一ノ谷合戦の功により備中南部に入部。南北朝期の資政《すけまさ》の代で、幸山《こうざん》城(総社市)より当城に本拠を移す。天文《てんぶん》2年(1533)に為資《ためすけ》の代で上野《うえの》氏を滅ぼし松山《まつやま》城(高梁市)に移り全盛。一族の穂井田《ほいだ》氏が城主となったが三村家親《みむらいえちか》の攻撃で家親の子・元祐《もとすけ》が穂井田の養子となり城主に。永禄《えいろく》2年(1559)、毛利《もうり》氏に攻められ元就《もとなり》の四男・元清《もときよ》が穂井田の養子入り。関ヶ原合戦後、廃城。

高松城 たかまつじょう

平城

別名	沼城
築年/廃年	天正年間(1573～1592)／元和元年(1615)以降
築城主	石川久孝
城主	石川久孝→清水宗治→花房正成～職秀
所在地	岡山県岡山市北区高松

秀吉の「水攻め」で有名

天正《てんしょう》10年(1582)に羽柴《はしば》(豊臣《とよとみ》)秀吉《ひでよし》の水攻めが繰り広げられた城として著名である。この攻城の最中に本能寺の変が勃発し、秀吉の天下取りが始まったことから、戦国史上でも重要な舞台となった。

城は吉備平野の中心、足守川の賀陽デルタ地帯に位置する。当地は備後《びんご》と安芸《あき》へ通じる旧山陽道と、伯耆《ほうき》と備中《びっちゅう》を結ぶ大山道を扼する要衝だ。東西約100m、南北300mの細長い平城で、縄張は北西に本丸を配する梯郭式。城の周囲は一面沼地で、これが天然の堀となった。

三村《みむら》氏の重臣だった石川久孝《いしかわひさたか》が天正年間に築いたとされる。三村・石川氏が毛利《もうり》氏に滅ぼされたあとは、石川氏の臣だった清水宗治《しみずむねはる》が入城した。宗治は石川氏の娘婿だったが、毛利氏に加担して城主の地位を得たともいわれる。織田信長《おだのぶなが》の中国方面軍総司令官だった秀吉の中国攻めの頃には、小早川隆景《こばやかわたかかげ》(毛利元就《もとなり》の三男)の配下となっており、隆景、毛利の当主である輝元《てるもと》(元就の嫡孫)、吉川元春《きっかわもとはる》(元就の次男)に深く信頼されていた。

天正9年(1581)10月、秀吉は毛利方の鳥取《とっとり》城(鳥取市)を陥落させて因幡《いなば》を平定。中国攻めは佳境に入る。翌年1月に隆景は宗治ら備中の7城(高松城、宮路山《みやじやま》城、冠山《かんむりやま》城、加茂《かも》城、撫川《なつかわ》城、日幡《ひばた》城、松島《まつしま》城)主を呼び寄せ、「もはや織田につこうともかまわぬ」と悲壮な覚悟を伝えた。7つの城は毛利にとっても生命線だった。だが、宗治らは改めて毛利への忠節と城の死守を誓った。

4月、備中に入った秀吉軍は怒濤の勢いで宮路山城、冠山城などを次々に攻略。宗治が守る高松城へと迫った。高松城の落城は毛利氏の本拠である安芸・備後の最終決戦への突入を意味していた。

秀吉は3万の軍勢を率い、高松城を見下ろす北方の竜王山に陣を敷いた。高松城には他の城で敗れた兵たちも逃げ込み、約5000の兵力であった。秀吉は力攻めで一気に落とそうとしたが、城兵が必死に抵抗したうえ、城の周囲の泥濘に人馬が苦しめられたため、緒戦は大敗を喫する。

攻めあぐねた秀吉は、湿地帯を逆手に取った水攻め作戦を決行。献策したのは秀吉の参謀・黒田如水《くろだじょすい》(官兵衛《かんべえ》)とされる。秀吉は5月8日から城を囲む堤防工事を開始。約10日で全長4kmに及ぶ堤を完成させ、足守川の水を城に注いだ。

梅雨時だったため、数日のうちに城は水没し、浮き城となる。だがそれでも宗治は降伏を拒み、抵抗を続けた。元春と隆景が救援に駆けつけたが、秀吉が堅い防御陣を張っていたため、南の岩崎山、日差山で見守ることしかできなかった。

戦線こう着のなかで迎えた6月3日、秀吉は信長が明智光秀《あけちみつひで》に攻められ、本能寺で死んだという知らせを受ける。秀吉はこの情報をひた隠しにして毛利と和睦を成立させた。宗治は4日に切腹する。

秀吉は直ちに陣払いし「中国大返し」と呼ばれる強行軍で近畿へ引き返し、13日に山崎の戦いで明智光秀を下した。

戦後、高松城は宇喜多《うきた》氏が支配し、重臣の花房《はなぶさ》氏が入城。関ヶ原合戦後に宇喜多氏が滅亡し、花房一族の職秀《もとひで》が城主となったが、一国一城令で廃城となった。現在は堤や石垣の一部が残るのみである。

加茂城《かもじょう》

平城

別名	鴨城、鴨庄城、岡崎城
築年/廃年	不明/天正10年(1582)以降
築城主	岡本隼人～毛利氏
城主	毛利氏
所在地	岡山県岡山市北区加茂

秀吉の甘言で裏切った生石氏

足守川の中流域のデルタ地帯に築かれた。高松城《たかまつ》(岡山市)の南方4kmに位置し、高松城に似た沼城であったとされる。築城時期は不明だが、岡本隼人《おかもとはやと》という人物の築城と伝わる。天正《てんしょう》10年(1582)の羽柴《はしば》秀吉《ひでよし》の中国攻めの際には毛利《もうり》方の城で、桂広繁《かつらひろしげ》、生石中務少輔《おいしなかつかさしょうゆう》らが籠城していた。生石氏は秀吉方に寝返り、宇喜多《うきた》勢を城に引き入れたが、桂氏らの激しい抵抗に遭い、敗れて城外へ逃れた。毛利と秀吉の和睦後に廃城へ。

冠山城《かんむりやまじょう》

平山城

別名	―
築年/廃年	不明/天正10年(1582)
築城主	不明
城主	林重真→杉原七郎左衛門・荒木平太夫
所在地	岡山県岡山市北区下足守

高松城攻めの前哨戦が行われた城

毛利《もうり》氏の備中《びっちゅう》拠点のひとつ。足守川中流域にある独立丘陵・冠山(標高40m)に築造された。城の起こりは不明だが、天《てん》正《しょう》10年(1582)の羽柴秀吉《はしばひでよし》の備中侵攻の際、毛利の将・林重真《はやししげざね》が守備していた。4月、重真らは秀吉の大軍を前に善戦したが、不慮の火災により混乱。この隙に秀吉の家臣・加藤清正《かとうきよまさ》が一番乗りで城内に突入し、落城した。重真以下139名の兵が討ち死に、城は廃城へ。勢いに乗る秀吉は高松《たかまつ》城(岡山市)攻めへ向かった。

亀山城《かめやまじょう》

平山城

別名	―
築年/廃年	不明/不明
築城主	不明
城主	佐野忠職
所在地	岡山県総社市上林

「鉢の木」で有名な佐野氏が守った城

城の発祥は不明。謡曲「鉢の木」(北《ほう》条時頼《じょうときより》の廻国伝説がもと)で知られる佐《さ》野常世《ののつねよ》の後裔・佐野忠職《ただおり》が天正《てんしょう》年間(1573～1592)の城主だった。忠職は幸山《こうざん》城(総社市)主・石川《いしかわ》氏の重臣で、当城は幸山城北西4kmに位置し、北の守りを担った。天正3年(1575)に三村《みむら》・石川氏が毛利《もうり》氏に滅ぼされた際に落城した公算が大きいが、詳細は不明。城は比高20mの小丘陵に築かれた平山城で、本丸、二ノ丸から成る連郭式。廃城時期の詳細は不明。

三村氏居館《みむらしきょかん》

居館

別名	成羽城、お茶屋
築年/廃年	天文2年(1533)/―
築城主	三村家親
城主	三村家親→親成→親宣→毛利氏
所在地	岡山県高梁市成羽町成羽

平地に作られた三村氏の居館

備中《びっちゅう》の戦国大名・三村氏の居館。本城・鶴首《かくしゅ》城(高梁市)の北方、成羽川の北岸に位置。三村氏は備中の一豪族から身を起こし、戦国時代に家親《いえちか》の代で毛利元就《もうりもとなり》の後ろ盾を得て鶴首城を築城。備中をほぼ統一した。三村氏滅亡後は毛利氏の支配下になり鶴首城は廃される。往時は周囲に堀が巡らされていたと見られる。江戸前期に成羽郷を与えられた山崎《やまざき》氏が南岸に成羽陣屋を築いており、こちらも成羽《なりわ》城と呼ばれる。居館は明治まで存続。

真壁城 まかべじょう

平城

別名	戸城
築年/廃年	南北朝時代／不明
築城主	薬師寺公義
城主	薬師寺氏
所在地	岡山県総社市溝口

細川重臣・薬師寺氏の城

戦国前期に活躍した薬師寺《やくしじ》一族の城。高梁川右岸の賀陽デルタ地帯に築かれた。土の大垣で囲われた小さな平城。築城主の薬師寺公義《きんよし》は高師直《こうのもろなお》の家臣。観応《かんのう》2年(1351)、師直が足利直義《あしかがただよし》に敗れたあとに出家して消息不明となったが、その後も当城は一族が守ったとされる。廃城時期は不明。薬師寺氏は室町後期に、元《もと》一《かず》が管領《かんれい》・細川政元《ほそかわまさもと》の重臣として活躍。元一は謀反の罪で誅殺され、その子・国長《くになが》も細川晴国《はるくに》に敗死。以後薬師寺氏は没落。

撫川城 なつかわじょう

平城

別名	泥城、高下ノ城、撫川陣屋
築年/廃年	永禄2年(1559)？／天正10年(1582)以降
築城主	三村家親？
城主	伊賀左衛門尉久～井上有景→宇喜多氏
所在地	岡山県岡山市北区撫川(撫川城公園)

秀吉に敗れた備中七城の一

足守川下流域の低湿地帯に位置する。周囲を泥濘で守られた沼城である。備中《びっちゅう》平定を進める三村家親《みむらいえちか》が備前の宇喜多直《うきたなお》家《いえ》に備えるため築いた拠点という。天正《てんしょう》3年(1575)の三村氏滅亡後、毛利《もうり》氏が支配し、井上有景《いのうえありかげ》が守った。天正10年(1582)、羽柴《はしば》(豊臣《とよとみ》)秀吉《ひでよし》の備中侵攻の際、高松《たかまつ》城(岡山市)などともに「境目七城」の一角として防戦したが落城。宇喜多氏の管理に入った後に廃城。江戸前期に戸《と》川《がわ》氏の所領となり、陣屋が設けられた。

松山城 まつやまじょう

山城

別名	高梁城
築年/廃年	仁治元年(1240)／明治以降
築城主	秋葉重信
城主	秋葉重信～高橋宗康～庄為資→三村家親→庄高資→三村元親→天野元勝～小堀正次・政一→池田長幸～水谷勝宗～板倉氏
所在地	岡山県高梁市内山下

日本一高い場所にある天守

備中《びっちゅう》松山藩の本城。中国山地と瀬戸内へ通じる戦略上の要地・臥牛山に造営された。臥牛山は高梁川東岸に位置し、大松山、天神ノ丸、前山、小松山の4峰(標高420～480m)から成る。縄張は連郭式。天守は現存12天守のひとつである。

承久《じょうきゅう》の乱で戦功があった三浦《みうら》一族の秋《あき》葉《ば》重信《しげのぶ》が大松山に築城したのが城の起こり。後に高橋《たかはし》氏らを経て戦国時代に三村《みむら》元親《もとちか》が城主となり、城域は小松山まで拡張。天正《てんしょう》3年(1575)に毛利《もうり》傘下の小早川《こばやかわ》隆景《たかかげ》の侵攻に遭い落城。三村氏は滅亡。

関ヶ原戦後に小堀遠州《こぼりえんしゅう》と父の正次《まさつぐ》が代官として支配。さらに寛永《かんえい》19年(1642)に水谷《みずのや》勝隆《かつたか》が備中松山藩初代藩主として5万石で入城。小堀・水谷時代に大改修され、現在に残る城址が造られた。山麓に藩主の居館・御根古屋を配する。

水谷勝宗《かつむね》(勝隆の子)の造営とされる天守は複合式で標高420mの小松山に建つ。望楼型2重2階と小振りだが、日本一高い場所にある天守であり、山城天守としても唯一のものだ。南面に設けられた唐破風出窓が大きな特徴。内部には全国的に珍しい、城主の食事や暖房用に用いられた「囲炉裏」が残るほか、宝剣や守護神を安置した「御社壇」などがある。

水谷家のあと浅野《あさの》氏、石川《いしかわ》氏、板倉《いたくら》氏と城主が交代、板倉氏の代で明治となる。

鶴首城 かくしゅじょう

山城

別名	成羽城
築年/廃年	天文2年(1533)/元和3年(1617)
築城主	三村家親
城主	三村家親→親成・親宣→岡家俊→山崎家治
所在地	岡山県高梁市成羽町下原

三村家親の旧本城

備中《びっちゅう》の戦国大名・三村《みむら》氏の本城。成羽川南岸の鶴首山(標高338m)に位置。戦国時代に毛利《もうり》の支援を受け、勢力を広げた三村家親《いえちか》の築城。北方に三村氏居館がある。家親が松山《まつやま》城(高梁市)に移った後は一族の親成《ちかしげ》・親宣《ちかのぶ》父子が城主となる。親成父子は毛利の信頼厚く、家親の死後当主となった元親《もとちか》が信長《のぶなが》に味方した際も、毛利方について三村氏討伐に協力。毛利氏防長移封後に岡《おか》氏を経て山崎《やまざき》氏が入部。山麓に陣屋を築いて当城を廃城とした。

笠岡山城 かさおかやまじょう

山城

別名	笠岡古城、笠岡西浜の城、笠岡城
築年/廃年	元徳3年(1331)/天正16年(1588)以降?
築城主	陶山義高
城主	陶山氏～井上春忠→村上隆重→景広
所在地	岡山県笠岡市笠岡

能島村上水軍の備中拠点

備中西端、笠岡港に臨む古城山(標高68m)にあった。干拓の進展で現在背後は陸続きだが、中世は海に浮かぶ小島だった公算が大きい。鎌倉御家人・陶山《すやま》氏代々の城だったが、戦国期に大内《おおうち》氏配下の井上《いのうえ》氏を経て、能島村上《のしまむらかみ》一族の村上隆《たか》重《しげ》が領有。隆重は天文《てんぶん》年間(1532～1555)の能島氏の家督争いの際、武吉《たけよし》を支援した人物。厳島《いつくしま》合戦後に武吉は毛利元就《もうりもとなり》に属し、隆重と子の景広《かげひろ》は本土側の拠点として当城を守備。海賊停止令後に廃城か?

楪城 ゆずりはじょう

山城

別名	新見城、楪葉城
築年/廃年	鎌倉末期/不明
築城主	新見氏
城主	新見氏～三村元範→今田経高
所在地	岡山県新見市上市

小早川隆景に落とされた三村氏拠点

備中《びっちゅう》北部、高梁川と矢谷川に挟まれた丘陵の尾根上(比高240m)に築かれた。備北では松山《まつやま》城に次ぐ大規模な連郭式山城。新見荘の地頭だった新見《にいみ》氏代々の居城。永禄《えいろく》10年(1567)頃に鶴首《かくしゅ》城(高梁市)主・三村家親《みむらいえちか》に攻められ落城。家親は尼《あま》子《ご》氏に備えるべく子の元範《もとのり》を城主として大々的に改修。天正《てんしょう》2年(1574)、当主の元親《もとちか》が信長《のぶなが》と結んだため、小早川隆景《こばやかわたかかげ》に攻められ落城。元範は討ち死に。戦後は毛利氏が支配。廃城時期の詳細は不明。

沢津城 そうずじょう

山城

別名	惣津城
築年/廃年	寿永年間(1182～1184)/不明
築城主	真鍋(沢津)資継
城主	真鍋氏
所在地	岡山県笠岡市真鍋島

瀬戸内の真鍋水軍の拠点

瀬戸内の水軍衆として知られる真鍋《まなべ》氏の拠点。笠岡諸島に属する真鍋島に位置する。真鍋氏は源平《げんぺい》合戦後に全盛期を迎えた一族で、島には真鍋城、城山城、沢津城の3つの拠点があった。当城は沢津資継《すけつぐ》が居城したという。室町時代に真鍋一族の中心は伊予に渡り、金子《かねこ》氏を称して発展。戦国時代は石川《いしかわ》氏に属した。天《てん》正《しょう》13年(1585)の秀吉《ひでよし》の四国征伐に敗れた金子氏は真鍋島に帰還したというが詳細は不明である。廃城時期の詳細は不明。

日幡城《ひばたじょう》

平山城

別名	日畑城
築年/廃年	不明/天正10年(1582)?
築城主	日幡氏?
城主	日幡氏
所在地	岡山県倉敷市日畑

味方の裏切りで落城した毛利氏拠点

毛利《もうり》氏が備中《びっちゅう》に配した「境目七城」のひとつ。足守川中流域にある独立丘陵(標高40m)にあった。築城年代は不明だが、戦国時代には備中国人・日幡氏が在城。羽柴《はしば》(豊臣《とよとみ》)秀吉《ひでよし》の中国攻めのときに城主の日幡六郎兵衛《ろくろうべえ》は毛利方だった。天正《てんしょう》10年(1582)に秀吉軍の攻撃を受けた際、安芸《あき》から上原元祐《うえはらもとすけ》が援軍として参陣してきた。しかし元祐は秀吉の調略で裏切り、六郎兵衛を殺害。城は落城、そのまま廃城か。西にある用水路が堀切跡という。

石蟹山城《いしがやまじょう》

山城

別名	ー
築年/廃年	戦国時代/不明
築城主	石蟹氏
城主	石蟹氏
所在地	岡山県新見市石蟹

三村一族石蟹氏の拠点

三村《みむら》氏庶流・石蟹氏の居城。高梁川と小阪部川の合流点の西方にある尾根(標高300m)上に築かれた。16世紀前半の城主・石蟹守元《もりもと》は天文《てんぶん》年間(1532~1555)に尼子《あまご》氏に捕らえられ、月山富田《がっさんとだ》城(安来市)に蟄居させられた。この間、新見《にいみ》一族の新見左京《さきょう》が城代に。天文22年(1553)に三村家親《いえちか》と毛利元就《もうりもとなり》が庄《しょう》氏側の猿掛《さるかけ》城(小田郡)を攻撃した際に石蟹氏は庄氏についた。元亀《げんき》元年(1570)に宇喜多《うきた》氏に攻められ降伏。廃城時期の詳細は不明。

佐井田城《さいたじょう》

山城

別名	才田城、斎田城
築年/廃年	永正14年(1517)/慶長5年(1600)以降
築城主	植木秀長
城主	植木秀長→秀資→資富→三村兵衛尉→植木秀資→孫左衛門
所在地	岡山県真庭市下中津井

毛利氏の兵糧攻めに耐える

備中《びっちゅう》国人・植木《うえき》氏代々の居城。標高285mの城山に建つ。当地は出雲・美作《みまさか》と備中を結ぶ伯備往来を押さえる要衝だった。戦国時代の当主・秀長《ひでなが》は毛利《もうり》方だったが、永禄《えいろく》11年(1568)、宇喜多直家《うきたなおいえ》の攻撃で落城し、宇喜多氏に属する。翌年、毛利方の穂井田元清《ほいだもときよ》の兵糧攻めに遭うが、撃退に成功。その後、植木氏は尼子《あまご》氏、毛利氏と主家を転々としながら生き残ったが、慶長《けいちょう》5年(1600)の関ヶ原合戦後に没落したと見られ、城も廃城になった。

国吉城《くによしじょう》

山城

別名	手の庄城
築年/廃年	鎌倉末期/慶長16年(1611)
築城主	安藤元理
城主	安藤氏~三村氏→口羽春吉~糟屋氏
所在地	岡山県高梁市川上町七地

備中松山城の支城

総延長160mで「く」の字に屈曲した連郭式山城。吉備高原の中央の山塊、標高420mの高所に築かれた。鎌倉御家人・安藤《あんどう》氏の築城と伝わる。戦国時代は三村《みむら》氏の本拠・松山《まつやま》城(高梁市)の支城として機能。天正《てんしょう》2年(1574)、毛利《もうり》方の小早川《こばやかわ》隆景《たかかげ》の攻撃を受ける。8日間の激闘の末に落城。残兵は松山城に退いたが、同城もほどなく落城した。後に毛利の臣・口羽春吉《くちばはるよし》を経て関ヶ原合戦後に糟屋《かすや》氏が入城。慶長《けいちょう》16年(1611)に天領となって廃城。

荒平山城　あらひらやまじょう

山城

別名	―
築年／廃年	永享年間(1429～1441)以前／天正3年(1575)以降
築城主	川西氏
城主	川西氏
所在地	岡山県総社市秦

備中兵乱で三村方として戦った川西氏

備中《びっちゅう》豪族で三村《みむら》氏の縁者だった川西《かわにし》氏の居城。吉備高原の南西から北東へ突き出た尾根(標高190m)に築かれた。東を高梁川、北と南を断崖で守られた天然の要害である。戦国時代に三村元親《もとちか》が織田《おだ》氏と結び、毛利《もうり》氏と敵対すると、城主の川西之秀《ゆきひで》は三村方についた。天正《てんしょう》3年(1575)、毛利方の小早川隆景《こばやかわたかかげ》の攻撃を受ける。隆景は火攻めを仕かけたが城側は頑強に抵抗。最後は隆景の説得で之秀は降伏して讃岐に逃れた。以後、廃城へ。

経山城　きょうやまじょう

山城

別名	京山城
築年／廃年	天文年間(1532～1555)／天正10年(1582)以降
築城主	大内義隆
城主	大内氏～二階堂氏行・中島元行
所在地	岡山県総社市黒尾

赤松と尼子の軍勢を退けた名城

吉備高原の南端にある経山(標高372m)に築かれた。周防《すおう》の大大名・大内《おおうち》義隆《よしたか》の築城と伝わる。天文《てんぶん》12年(1543)、義隆の出雲遠征の際に、赤松晴政《あかまつはるまさ》の命を受けた浦上《うらがみ》・宇喜多《うきた》氏が攻撃したが、留守部隊が退けた。後に毛利《もうり》氏の持ち城に。小早川隆景《こばやかわたかかげ》が修築を手がけ、二階堂氏《にかいどううじ》行《ゆき》・中島元行《なかしまもとゆき》らが城代となった。元亀《げんき》2年(1571)、尼子《あまご》残党軍に攻められたが、元行が敵陣に火攻めを仕かけて撃退に成功。宇喜多氏領となったあとに廃城。

幸山城　こうざんじょう

山城

別名	高山城、甲山城
築年／廃年	延慶年間(1308～1311)前後／天正3年(1575)以降
築城主	庄資房
城主	庄氏～石川氏→清水宗治
所在地	岡山県総社市清音三因

清水宗治が城主を務めた山城

福山から北に伸びた尾根(標高164m)に位置。西に高梁川、北に旧山陽道を臨む。西ノ丸と東ノ丸のふたつの城から成る「一城別郭」。鎌倉末期に庄《しょう》氏が築城。後に石川《いしかわ》氏の城となり戦国時代に三村《みむら》氏麾下《きか》に。元亀《げんき》2年(1571)、石川久式《ひさのり》が毛《もう》利《り》氏に従い九州に遠征中、尼子勝久《あまごかつひさ》の攻撃で一時落城。久式は毛利の支援を受け奪回に成功。備中兵乱で久式が没した後に石川旧臣の清水宗治《しみずむねはる》が入城。宗治が高《たか》松《まつ》城(岡山市)に移転後、廃城となる。

備後

旗返山城 はたがえしやまじょう

山城

別名	旗返城、江田城、昌通城
築年／廃年	南北朝時代？／不明
築城主	江田氏
城主	江田氏→江良房栄→敷名元範
所在地	広島県三次市三若町

毛利氏、陶氏決裂の要因になった城

備後《びんご》の国人領主・江田《えだ》氏の本城。比高200mの旗返山に築かれた。築城時期は不明だが、南北朝期に江田泰氏《やすうじ》が居城、以後江田氏は美波羅川の中下流一帯を支配した。戦国時代、備後は周防《すおう》大内《おおうち》氏と出雲尼子《あまご》氏の争奪戦が繰り広げられ、江田氏は両勢力の狭間で苦しむ。

天文《てんぶん》20年(1551)、大内家の当主・義隆《よしたか》が家臣の陶晴賢《すえはるかた》の下克上で死去(大寧寺《だいねいじ》の変)。城主の江田隆連《たかつら》ら大内方の備後国人が動揺するなか、翌年に備後守護となった尼子晴久《はるひさ》が備後に侵攻。隆連は宮《みや》氏、山内《やまうち》氏らとともに尼子に服属した。

晴賢に備後攻略を依頼された安芸《あき》の毛《もう》利元就《りもとなり》は、備後へ進軍。天文22年(1553)4月に隆連が守る旗返山城を攻撃した。晴久は後詰めとして当城北方の甲山《こうやま》城(庄原市)まで進出。毛利と尼子・江田連合軍のあいだで激しい攻防が繰り広げられた。次第に毛利軍が優勢となり、10月に当城は落城し隆連は逃走。晴久も出雲へ帰陣せざるを得なくなった。

戦後、元就は晴賢に当城を任せてほしいと申し出たが、元就の勢力拡大を恐れる晴賢はこれを拒絶し、配下の江良房栄《えらふさひで》を城番に任じた。これが元就と晴賢の亀裂の一因となる。その後、晴賢を裏切った元就は当城を再び手中に入れ、甥の敷《しき》名元範《なもとのり》を城代としている。

廃城時期の詳細は不明。

銀山城 ぎんざんじょう

山城

別名	山手銀山城
築年／廃年	応永年間(1394〜1428)／慶長5年(1600)以降？
築城主	杉原氏
城主	杉原氏→毛利氏
所在地	広島県福山市山手町

備後国人・杉原氏の城

備後《びんご》国人・杉原《すぎはら》氏の城。福山湾の北方に連なる丘陵(標高253m)にあった。当地は福山と備後府中(府中市)を結ぶ要衝。鎌倉時代より当地に入部していた杉原氏が応永《おうえい》年間に築いたという。戦国時代、杉原理興《まさおき》は大内《おおうち》氏の後ろ盾を得て備後守護・山名《やまな》氏を神辺《かんなべ》城(福山市)から追い、山名の名跡を継いで神辺城に入城。その後も杉原氏の勢力下にあったが、理興の跡を継いだ盛重《もりしげ》の死後、毛利《もうり》氏の支配下に。毛利氏の防長移転後に廃城か？

五品嶽城 ごほんがたけじょう

山城

別名	五本竹城、世直城
築年／廃年	室町中期／元和5年(1619)
築城主	宮景友
城主	宮景友→高盛→渡辺七郎左衛門尉〜佐波広忠→長尾一勝
所在地	広島県庄原市東城町川西

備後国人・宮氏の城

備後《びんご》の有力国人・宮《みや》氏の旧本城。東城盆地西端、標高488mの城山に建つ。宮氏は当城の東南の比田山《ひたやま》城(庄原市)を本拠としていたが、16世紀前半に当主・景《かげ》友《とも》の代で当城を築いて移ったとされる。続く高盛《たかもり》が西方に大富山《おおとみやま》城(庄原市)を築いて移転し、渡辺《わたなべ》氏らを城代とした。その後、宮氏は毛利元就《もうりもとなり》に従う。天正《てんしょう》18年(1590)、当主・広尚《ひろひさ》が石高を過小申告したため出雲に国替え。佐波《さは》氏、長尾《ながお》氏の支配を経て、元和《げんな》5年(1619)に廃城。

三原城 みはらじょう

海城

別名	浮城、玉壺城
築年／廃年	永禄10年(1567)頃／明治以降
築城主	小早川隆景
城主	小早川隆景～福島正之→浅野忠吉→浅野氏
所在地	広島県三原市館町1

知将・小早川隆景の海城

毛利元就《もうりもとなり》の三男で、兄の吉川元春《きっかわもとはる》とともに毛利家を支えた小早川隆景《こばやかわたかかげ》の居城。JR三原駅一帯に位置する。現在はほとんど埋め立てられているが(三原市街は大半が埋立地)、当初は沼田川河口に浮かぶ大島と小島を繋いだ水軍拠点だった。

小早川氏は鎌倉御家人・土肥実平《どひさねひら》を祖とする名族で、戦国時代は本家の沼田《ぬまた》と分家の竹原《たけはら》に分かれ、瀬戸内沿岸を支配していた。隆景は天文《てんぶん》13年(1544)に12歳で竹原家の養子となり、木村《きむら》城(竹原市)に入城。天文19年(1550)に沼田家の娘と結婚して両小早川家を統一。隆景は沼田家の高山《たかやま》城(三原市)に入り、次いで対岸の新高山《にいたかやま》城(三原市)に移った後、三原浦に当城を築く。水軍を統率して瀬戸内海を統制することが目的だった。

やがて毛利と織田《おだ》の緊張が高まり、内海交通の要衝である当城の重要性は増す。天正《てんしょう》4年(1576)と天正6年(1578)の木津川口の戦いでは当城が前進基地だった。

信長《のぶなが》の死後、秀吉《ひでよし》と和睦した隆景は軍港の機能を持つ海城として改修強化し、本拠とする。城域は東西1km、南北400m、縄張は梯郭式。縦横に堀が穿《うが》たれ、さらに櫓32、門14が備えられた。

隆景の死後に毛利の直轄地となるが、関ヶ原の戦い後に福島《ふくしま》氏、次いで元和《げんな》5年(1619)に浅野忠吉《あさのただよし》が入城し、以後明治までその子孫が城主となった。

神辺城 かんなべじょう

山城

別名	黄葉山城、楓山城、道上城
築年／廃年	建武2年(1335)／元和8年(1622)
築城主	朝山景連
城主	朝山氏～山名氏→杉原(山名)理興→青景隆著→杉原理興→盛重～末次元康→福島正澄→水野勝成
所在地	広島県福山市神辺町大字川北(吉野山公園)

長期戦となった神辺城合戦

南北朝初期に備後《びんご》守護・朝山《あさやま》氏が築いたとされる。神辺平野を見下ろす黄葉山(標高120m)に位置する。ただし近年は、朝山氏が築いた城は北東700mの古城山にあったともいわれる。事実であれば備後守護だった山名満泰《やまなみつやす》が嘉吉《かきつ》3年(1443)に黄葉山に築いた城が発祥となる。当地は備後と安芸《あき》を結ぶ山陽道の要衝だった。

戦国時代に大内《おおうち》方だった山名忠勝《ただかつ》は尼《あま》子《ご》方へ鞍替え。天文《てんぶん》7年(1538)、大内義《よし》隆《たか》は備後国人の杉原理興《すぎはらまさおき》に命じて城を落とさせ、理興を城主とし山名の名跡を継がせた。しかし理興は天文11年(1542)に尼子方に寝返り、翌年安芸に侵入。高山《たかやま》城(三原市)の沼田《ぬまた》小早川《こばやかわ》氏を攻撃した。沼田氏は安芸国人のリーダー格だった毛《もう》利《り》元就《もとなり》に救援を依頼し、危地を脱した。

大内義隆は弘中隆兼《ひろなかたかかね》と元就に当城を攻撃させた(神辺城合戦)。理興もよく守り、戦いは長期戦に突入。天文18年(1549)に大内方の平賀《ひらが》氏の活躍で理興は敗走。大内重臣の青景隆著《あおかげたかあきら》が城代となった。

その後、理興は元就に降って城主に返り咲いた。理興の死後、天正《てんしょう》10年(1582)に杉原氏の内紛が起こり、城は毛利氏が直轄。毛利氏の防長移転後、福島《ふくしま》氏、次いで元和《げんな》5年(1619)に水野勝成《みずのかつなり》が10万石で入城。勝成は新城として福山《ふくやま》城(福山市)を築き、多数の建物を移築し当城は廃城。

福山城《ふくやまじょう》

山城

別名	久松城、葦陽城
築年／廃年	元和8年(1622)／明治以降
築城主	水野勝成
城主	水野勝成～勝岑～松平忠雅→阿部正邦～正弘～正桓
所在地	広島県三次市君田町西入君

戦災で焼失した鉄板張天守

備後《びんご》福山藩の本城。瀬戸内の中央、芦田川河口部のデルタ地帯にある小高い丘陵上に位置する。眼下に福山港を臨む。築城以前は大半が葦原だった。

当地は福島正則《ふくしままさのり》の支配下にあったが、元和《げんな》5年(1619)に改易。領土は分割され安芸《あき》と備後北部42万石は浅野長晟《あさのながあきら》が、備後南部は徳川《とくがわ》譜代重臣の水野勝成《みずのかつなり》が10万石でそれぞれ入封した。勝成は後藤又兵《ごとうまたべ》衛《え》を討った大坂の陣をはじめ、数々の戦いで活躍した歴戦の勇者。浅野氏や毛利《もうり》氏ら外様が割拠する中国地方にあって、勝成は“楔”としての役割を担った。

勝成は当初神辺《かんなべ》城(福山市)に入ったが手狭な山城なので、山陽道に近く芦田川の水運も生かせる当地に新城を築く。幕府からの援助も大きく、伏見《ふしみ》城(京都市)の建物が移築され、金1万2600両などが貸与。神辺城の建物も多数利用された。

難工事だったが元和8年(1622)に天守など主要部が完成。このときから福山と呼ばれる。天守は層塔型5重6階(地下1階)で、付櫓を擁する複合式。風雨防止に北面に厚さ3mmの鉄板が張られ、全国でも唯一の天守となった。城域は500m四方。

水野氏のあと、松平《まつだいら》氏を経て阿部《あべ》氏が入城。幕末に活躍した正弘《まさひろ》を輩出している。その後は阿部氏が治め、明治に至る。

近代になって空襲で天守が焼失(戦後に復興)。伏見櫓、筋金御門などが現存。

志川滝山城《しかわたきやまじょう》

山城

別名	四川滝山城
築年／廃年	明応8年(1499)／天文21年(1552)
築城主	宮義兼
城主	宮義兼→光音
所在地	広島県福山市加茂町北山

元就に滅ぼされた宮一族の城

備後《びんご》国人・宮《みや》一族の宮義兼《よしかね》・光音《みつなり》の城。備後平野の北、標高392mの滝山の尾根の突端部を利用して築かれた。南の渓谷には現在四川ダムが設けられている。宮一族は嫡流が戦国時代に滅亡したため詳細が不明。備後に庶流が割拠して一大勢力を築いていた。大内《おおうち》方にあった光音は尼子晴久《あまごはるひさ》に与する。天文《てんぶん》21年(1552)7月、大内方の陶晴賢《すえはるかた》と同盟していた毛利元就《もうりもとなり》の侵攻を受け落城。光音と子の光寄《みつより》は討ち死に。そのまま廃城となった。

鷲尾山城《わしおやまじょう》

山城

別名	鷲城、釈迦ヶ峰城
築年／廃年	延元元年(1336)／不明
築城主	杉原信平
城主	杉原信平～光恒→高盛→元恒～広盛
所在地	広島県尾道市木ノ庄町木梨

尼子晴久に攻められ落城

備後《びんご》国人・木梨杉原《きなしすぎはら》氏の本城。尾道市街の北、標高324mの鷲尾山に築かれた。足利尊氏《あしかがたかうじ》に従い、九州多々良浜の戦いで功があった杉原信平《のぶひら》・為平《ためひら》兄弟が、木梨13か村の領主となって築城。戦国時代は尼子《あまご》に味方した後に大内方につく。天文《てんぶん》12年(1543)に尼子晴久《はるひさ》の攻撃で落城し当主・光恒《みつつね》は戦死。子の高盛《たかもり》は城を奪回したが三原の石原《いしはら》氏に攻められ殺された。続く元恒《もとつね》は毛利《もうり》の援助で石原氏を討った。元恒は千光寺山《せんこうじやま》城(尾道市)へ移り廃城。

青影城 あおかげじょう

山城

別　名	青陰城
築年／廃年	応永年間(1394～1428)／慶長5年(1600)以降？
築城主	村上顕長
城　主	村上顕長～尚吉→吉充
所在地	広島県尾道市因島中庄町

因島村上水軍の拠点

三島村上《むらかみ》氏(能島《のしま》、来島《くるしま》、因島《いんのしま》)の因島村上氏の拠点とされる。因島の中央、標高280mの峰に築かれた。『芸藩通史』には元弘《げんこう》3年(1333)の村上義弘《よしひろ》の築城とするが、村上水軍の因島進出は天授《てんじゅ》3年(1377)であるため不詳。応永《おうえい》年間に因島村上氏の祖・顕長《あきなが》の築城が有力か。因島村上氏は備後《びんご》守護・山名《やまな》氏に従っていたが、戦国時代に山名氏が滅亡。5代・尚《なお》吉《よし》より毛利元就《もうりもとなり》に協力し、水軍の一翼を担う。毛利氏減封後に廃城か？

余崎城 よざきじょう

海城

別　名	―
築年／廃年	弘治2年(1556)頃／不明
築城主	(因島)村上吉充
城　主	村上吉充→鳥居資長
所在地	広島県尾道市向島町立花

因島水軍の向島基地

因島村上吉充《いんのしまむらかみよしみつ》の海賊城。向島の南端、標高56mの観音崎にあった。吉充は弘治《こうじ》元年(1555)の厳島《いつくしま》合戦で毛利元就《もうりもとなり》に助力し、戦後向島を与えられた。吉充は向島と燧灘《ひうちなだ》一帯を統治するため因島より移転。当城を築いた。東の入江には「船隠し」と称される軍港があった。しかし、永禄《えいろく》10年(1567)頃に再び本貫地である因島に戻り青木《あおき》城(尾道市)を新造。代わって配下の鳥居資長《とりいすけなが》を城代としている。廃城時期の詳細は不明。石垣、曲輪《くるわ》跡が現存。

青木城 あおきじょう

海城

別　名	―
築年／廃年	永禄10年(1567)頃／慶長5年(1600)以降？
築城主	(因島)村上吉充
城　主	村上吉充→吉亮
所在地	広島県尾道市因島重井町

因島村上吉充の居城

因島村上《いんのしまむらかみ》氏の本城。因島の北端、標高51mの独立丘陵に位置。築城主の村上吉《よし》充《みつ》は毛利《もうり》・小早川《こばやかわ》氏に従って弘治《こうじ》元年(1555)の厳島《いつくしま》合戦で活躍。戦後、本領の因島に加え向島を得て、余崎《よざき》城(尾道市)を築いたが、再び因島に戻り当城に移転した。理由は不明だが、対岸の尾道支配を目的とした可能性もある。慶長《けいちょう》5年(1600)の関ヶ原の戦い後、吉充は毛利氏とともに長門《ながと》へ移住。廃城はこの頃か。ほどなく吉充は因島に戻り当地で没した。

鞆城 ともじょう

平山城

別　名	―
築年／廃年	天正4年(1576)／元和元年(1615)以降
築城主	毛利輝元
城　主	足利義昭～大崎玄蕃→水野氏
所在地	広島県福山市鞆町

足利義昭の「鞆幕府」

瀬戸内海の港町・鞆の独立丘陵(標高24m)にあった。天文《てんぶん》年間(1532～1555)後半に毛利元就《もうりもとなり》が国人・渡辺《わたなべ》氏に築造させた要害が前身。天正《てんしょう》4年(1576)、毛利輝元《てるもと》は信長《のぶなが》に追放された15代将軍・足利《あしかが》義昭《よしあき》を鞆に迎え当城を築く。義昭は6年鞆に滞在。室町幕府は事実上滅亡していたが、鞆幕府といわれるように。天正10年(1582)に義昭は蔀山《しとみやま》の館(福山市)に移転。毛利氏が防長へ移封されて福島《ふくしま》氏の臣・大崎玄蕃《おおさきげんば》が入り、一国一城令で廃城。

比叡尾山城《ひえびやまじょう》

山城

別名	畠敷本城、比海老城
築年／廃年	鎌倉時代／天正19年(1591)
築城主	三吉(藤原)兼範
城主	三吉兼範～致高→隆亮→広高
所在地	広島県三次市畠敷町

尼子国久の襲来を退けた三吉氏

備後《びんご》国人・三吉《みよし》氏の本城。江の川の支流、馬洗川の右岸の比叡尾山(標高400m)に位置。眼下に三次《みよし》盆地を見下ろす。三吉氏は藤原兼範《ふじわらかねのり》が祖。鎌倉時代より三次周辺に勢力を広げ、戦国期の当主・致高《まさたか》は尼子《あまご》と結び近隣の毛利元就《もうりもとなり》と抗争。吉《よし》田郡山《だこおりやま》合戦で尼子氏が敗れたあとは大《おお》内《うち》・毛利方につく。天文《てんぶん》13年(1544)、新《しん》宮党《ぐうとう》・尼子国久《くにひさ》に攻撃されたが元就の協力もあって撃退。天正《てんしょう》19年(1591)、広高《ひろたか》が西方の比熊山《ひぐまやま》城(三次市)に移転し廃城。

南天山城《なんてんざんじょう》

山城

別名	矢の城、清綱城
築年／廃年	応安年間(1368～1375)／永禄6年(1563)
築城主	和智師実
城主	和智師実～誠春
所在地	広島県三次市吉舎町吉舎

毛利隆元毒殺を疑われた和智氏

備後《びんご》の国人領主・和智《わち》氏の居城。旧吉《き》舎《さ》町を見下ろす南天山(標高330m)に築かれた。和智氏は藤原秀郷《ふじわらのひでさと》流、鎌倉時代に和智の地頭となった和智実成《さねなり》が祖。南北朝期に孫の師実《もろざね》が当城を築き、以後備後守護・山名《やまな》氏に従って勢力を広げた。戦国時代の当主・誠春《まさはる》は毛利元就《もうりもとなり》に従い、吉田郡山《よしだこおりやま》合戦でも活躍。永禄《えいろく》6年(1563)、誠春は出雲へ赴く途中の隆元《たかもと》(元就の嫡男)を饗応。直後に隆元が急死したため毒殺を疑われて元就に誅殺され、城も廃城。

青屋城《あおやじょう》

山城

別名	加井妻城、飼地城、粟屋城
築年／廃年	16世紀初頭／大永元年(1521)以降
築城主	青屋友梅・三吉氏
城主	青屋友梅
所在地	広島県三次市粟屋町

安芸の実力者・高橋久光が戦死した城

備後《びんご》国人・三吉《みよし》氏の支城。安芸《あき》と備後の境目にある山城(標高223m)。石見《いわみ》から山県郡に勢力を持つ高橋《たかはし》氏、高田郡の宍戸《ししど》氏、毛利《もうり》氏らの勢力と隣接する軍事・交通上の要衝。三吉重臣の青屋友梅《ゆうばい》が守った。大永《たいえい》元年(1521)、高橋久光《ひさみつ》の攻撃を受けたが勝利。討ち死にした久光は安芸国人の有力者で、毛利当主・幸松丸《こうまつまる》(元就の甥)の後見人だったため、元就雄飛の契機に。ほどなく三吉氏は高橋・毛利氏と和睦し、当城は廃城となった。

蔀山城《しとみやまじょう》

山城

別名	越田城、士富山城
築年／廃年	正和5年(1316)／天正19年(1591)
築城主	山内(首藤)通資
城主	山内通資→多賀山(山内)通俊～通続～通信→児玉与三郎
所在地	広島県庄原市高野町新市

山内庶流・多賀山氏の城

備後山内《びんごやまうち》一族・多賀山《たかのやま》氏の本城。当地は中国脊梁山地という山岳地帯で鉄の産地としても著名。備後山内氏の始祖・山内首藤通資《すどうみちすけ》が、毛無山から派生する尾根の先端(比高220m)に築城。東・南面は急峻な崖。真下に神の瀬川が流れる。通資が甲山《こうやま》城に移り弟の通俊《みちとし》が城主となり、多賀山氏を称した。天文《てんぶん》22年(1553)、毛利元就《もうりもとなり》の備後遠征で当主・通続《みちつぐ》は毛利に臣従。天正《てんしょう》19年(1591)に多賀山氏は改易。福島《ふくしま》氏が安芸に入り城は廃城となる。

甲山城　こうやまじょう

山城

別　名	兜山城、嶋山城
築年/廃年	元亨年間(1321～1324)／不明
築城主	山内(首藤)通資
城　主	山内通資～直通→(多賀山)隆通→元通→広通
所在地	広島県庄原市山内町

元就を助けた備後山内氏

備後《びんご》北部の雄・山内首藤《やまうちすどう》氏の本城。西城川の南岸、庄原盆地北西の男山(標高380m)に位置。城域は約300m四方、山頂に本丸、北に二ノ丸、南に三ノ丸を配す。

山内氏は藤原秀郷《ふじわらのひでさと》流。平安末期に首藤俊通《としみち》が相模山内荘(鎌倉市)を領した際に山内姓を名乗って発祥。鎌倉時代後半に山内通資《みちすけ》が地毗荘《じびのそう》(庄原市北部)の地頭となり備後に下向。蔀山《しとみやま》城(庄原市)を築いて勢力を張った。なお、山内一豊《かずとよ》の土佐山内氏は山内首藤氏の傍流を称す。

通資は蔀山城が交通に不便だったため、元亨《げんこう》年間に地毗荘南部に当城を築いて新たな本拠とした。以後、幕府、備後山名《やまな》氏に従って代を重ね、通資から数えて戦国時代の9代・直通《なおみち》に至る。応仁《おうにん》の乱後は三次《みよし》の三吉《みよし》氏、吉舎《きさ》の和智《わち》氏らと抗争。

享禄《きょうろく》3年(1530)の塩冶興久《えんやおきひさ》(尼子経久《あまごつねひさ》の三男)の経久への反乱で山内氏は興久に協力する。天文《てんぶん》4年(1535)、尼子晴久《はるひさ》の攻撃で落城。直通は隠居し、多賀山隆通《たかのやまたかみち》が跡を継ぐ。天文9年(1540)の吉田郡山《よしだこおりやま》城合戦で隆通は尼子方として毛利元就《もうりもとなり》に敗退。戦後、大内《おおうち》方に転じたものの2年後の第1次富田《とだ》城合戦で再び尼子に寝返った。しかし、隆通は逃走中の元就を当城で慰労した。隆通は天文22年(1553)の元就の備後遠征より毛利に服属した。

廃城時期の詳細は不明。毛利氏の防長移封後、山内氏は長州藩家老として存続。

相方城　さがたじょう

山城

別　名	佐賀田城
築年/廃年	天正元年(1573)前後／天正16年(1588)
築城主	有地元盛
城　主	有地元盛
所在地	広島県福山市新市町大字相方

秀吉の禁止令で廃城に

宮《みや》一族・有地《ありち》氏の城。神辺平野の南方、芦田川南岸にある城山(標高191m)にあった。旧芦田町地域。天文《てんぶん》年間(1532～1555)前半に本家の宮元信《もとのぶ》と弟の清元《きよもと》が決裂。清元は有地氏を名乗って毛利元就《もうりもとなり》に協力し、天文3年(1534)に尼子《あまご》方だった元信を滅ぼした。有地氏は毛利氏の重臣となり、天正《てんしょう》元年(1573)前後に清元の孫・元盛《もともり》が当城を築いた。しかし天正16年(1588)に秀吉《ひでよし》が山城停止の令を発布したため廃城に。石垣や曲輪《くるわ》群がよく残る。

出雲

亀嵩城 かめだけじょう

山城

別名	玉峰城
築年/廃年	天正5年(1577)／慶長3年(1598)以降
築城主	三沢為清
城主	三沢為清→為虎→冷泉元満
所在地	島根県仁多郡奥出雲町亀嵩

毛利家臣時代の三沢氏の城

出雲国人・三沢《みさわ》氏後期の城。三沢氏の本城・藤ヶ瀬《ふじがせ》城(仁多郡)の北方約2km、標高620mの玉峰山の尾根上に位置。三沢氏は製鉄や山野開拓で力を伸ばした雄族。大内《おおうち》・尼子《あまご》氏に従った後、13代・為清《ためきよ》が毛利《もうり》氏に臣従。当初は為清の隠居城だったが、子の為虎《ためとら》も藤ヶ瀬城より移転し本城に。為虎が毛利氏の命で長門《ながと》厚狭郡に移封され、大内旧臣・冷泉隆豊《れいぜいたかとよ》の遺児の元満《もとみつ》が入城。元満が慶長の役で戦死後廃城。山麓の居館跡に石垣が残る。

熊野城 くまのじょう

山城

別名	要害山
築年/廃年	室町後期／不明
築城主	熊野久忠
城主	熊野久忠～久家～天野隆重
所在地	島根県雲南市掛合町波多

毛利軍を鉄砲で撃退した熊野氏

尼子《あまご》の臣・熊野《くまの》氏の本城。月山富田《がっさんとだ》城(安来市)の西を守る尼子十旗の一。北麓に鎌倉時代までの出雲一の宮・熊野大社(後に出雲大社が一の宮)があり、熊野氏は社家《しゃけ》。永禄《えいろく》6年(1563)、当主の久家《ひさいえ》は毛《もう》利《り》元就《もとなり》の出雲侵攻を受け、鉄砲で防戦し退ける(熊野城鉄砲揃の戦い)。永禄9年(1566)に尼子氏が元就に降伏し久家も開城降伏。後に富田城主となっていた毛利の臣・天野隆重《あまのたかしげ》が富田城を元就の五男・椙杜元《すぎもりもと》秋《あき》に譲り、当城に移った。廃城時期は不明。

洗合城 あらわいじょう

山城

別名	荒隈城、荒骸城
築年/廃年	永禄5年(1562)／永禄9年(1566)
築城主	毛利元就
城主	毛利元就
所在地	島根県松江市国屋町

毛利元就の幻の城塞都市

尼子《あまご》氏征伐のため毛利《もうり》元就《もとなり》が築いた一大要塞。陣城の位置づけだが城域は4km四方と広大。松江市街中心部の西、宍道《しんじ》湖畔の小丘陵に位置。東方には日本海に通じる中海がある。現在は天倫寺境内。

永禄《えいろく》5年(1562)の築城時、出雲攻略を進める元就に立ち塞がっていたのが、尼子の重臣・松田誠保《まつだまさやす》が籠もる白鹿《しらが》城(松江市、当城の北方3km)と、当主の義久《よしひさ》が拠る尼子の本拠・月山富田《がっさんとだ》城(安来市、当城の南東約16km)だった。元就の狙いは白鹿と富田の連絡遮断、および日本海水路を掌握し尼子の海上輸送を封鎖することにあった。さらに元就は、本拠の吉《よし》田《だ》郡山《こおりやま》城(安芸高田市)から赤穴、三刀屋を経由して当城に至る補給ラインを構築。万全の体制を敷いて尼子攻めに臨んだのである。また元就は、富田城攻めが長期化することを想定して城内を整備。兵の宿舎に加えて、京や堺の商人や職人の店なども作り、城中を要塞都市とした。

孤立した白鹿城は永禄6年(1563)に落城。元就は富田城を兵糧攻めとし、当城で連歌や蹴鞠を楽しむ優雅な日々を過ごす。吉川元春《きっかわもとはる》は当城で『太平記』の書写を行い、『吉川太平記』を今に残した。

永禄9年(1566)に尼子氏が降伏すると用済みになり廃城。遺構はほとんどない。後に出雲を領した堀尾《ほりお》氏が新城の候補地としたが結局松江《まつえ》城(松江市)を築いた。

高瀬城 たかせじょう

山城

別名	ー
築年/廃年	戦国時代／元亀2年(1571)以降
築城主	米原氏
城主	米原綱広→綱寛→吉川元春
所在地	島根県出雲市斐川町神庭

尼子再興に協力した米原氏

尼子《あまご》家臣・米原《よねはら》氏の城。宍道《しんじ》湖南岸の高瀬山(標高304m)に建つ。出雲平野の抑えとして機能した尼子十旗の一。米原氏は近江六角《ろっかく》氏の流れ。起源は不詳。塩《えん》冶《や》興久《おきひさ》(尼子経久《つねひさ》の三男)の乱(1530～1535)の際、城主の米原綱広《つなひろ》が興久に加担。子の綱寛《つなひろ》は毛利《もうり》氏に与した後、永禄《えいろく》12年(1569)より尼子再興軍に参陣。しかし元亀《げんき》2年(1571)に毛利軍に敗れ落城。綱寛は逃走し、吉川元春《きっかわもとはる》が入城。再興軍が討滅されて廃城。埋蔵金伝説がある。

高麻城 たかさじょう

山城

別名	大西城、高佐城、鞍掛城
築年/廃年	天文年間(1532～1555)／不明
築城主	鞍掛久光
城主	鞍掛久光～大西高範→高由→毛利氏
所在地	島根県雲南市加茂町大西

毛利氏を苦しめた尼子重臣・大西高由

尼子《あまご》十旗の一。斐伊川水系赤川の北岸にある高麻山(標高196m)に築かれた。全山に堀切などの遺構が残る。尼子の臣・鞍掛《くらかけ》氏の築城と伝わる。後に大西《だいさい》氏の居城となる。大西氏は高由《たかよし》の代に3万石を領した尼子の重臣。晴久《はるひさ》に従い、第1次月山富田《がっさんとだ》城の戦い(1542)で毛利《もうり》軍を撃退して勇名を馳せた。第2次合戦(1565～1566)でも吉川元春《きっかわもとはる》軍相手に奮戦。富田城落城後、高由は安芸《あき》へ幽閉された尼子義久《よしひさ》に従った。廃城時期は不明。

三笠山城 みかさやまじょう

山城

別名	ー
築年/廃年	不明／不明
築城主	不明
城主	西村治右衛門
所在地	島根県安来市広瀬町広瀬

山中鹿介が祈った三日月で有名

尼子《あまご》氏本拠の月山富田《がっさんとだ》城(安来市)より飯梨川を隔てて西方2kmに位置する。標高228mの三笠山山頂に造られた支城。尼子十旗の一。尼子の臣・西村治右衛門《にしむらやえもん》が守った。当地は松江方面と富田を結ぶ要衝。また山中鹿介《やまなかしかのすけ》が「願わくば、我に七難八苦を与えたまえ」と祈った三日月は、この山にかかる月だったとされる。第2次富田城合戦(1565～1566)の包囲戦で毛利元就《もうりもとなり》はこの城を奪い、山麓の山々に布陣している。廃城時期は不明。

牛尾城 うしおじょう

山城

別名	三笠城
築年/廃年	室町時代／不明
築城主	牛尾氏？
城主	牛尾氏
所在地	島根県雲南市大東町南村

毛利氏に抵抗した尼子重臣・牛尾氏

尼子《あまご》重臣・牛尾氏の本城。標高250mの三笠山に築かれた。尼子十旗の一。在地勢力の牛尾氏は守護・京極《きょうごく》氏に従い、一時は尼子経久《つねひさ》追放に加担。後に牛尾幸《よし》清《きよ》は経久に臣従し、尼子家中で重きを成した。子の久信《ひさのぶ》は永禄《えいろく》6年(1563)、毛利《もうり》氏の白鹿《しらが》城(松江市)攻めで松田《まつだ》氏に協力し奮戦したが敗北。尼子氏降伏後、幸信《ゆきのぶ》は毛利氏に降るが、永禄12年(1569)に尼子残党勢に合流。元亀《げんき》元年(1570)に毛利氏の攻撃で落城。廃城時期は不明。

松江城 まつえじょう

平山城

別名	千鳥城
築年／廃年	慶長12年(1607)／明治以降
築城主	堀尾吉晴
城主	堀尾忠晴→京極忠高→松平(越前)直政～治郷～定安
所在地	島根県松江市殿町

望楼型天守が現存する松江のシンボル

松江藩の藩庁。宍道《しんじ》湖北側湖畔の亀田山(標高28m)に築かれた近世城郭。萩の毛利《もうり》氏に対する山陰道の抑えとなる城としても位置づけられる。天守は現存12天守のひとつで、高さで3番目、平面規模で2番目。近年に二ノ丸隅櫓群、本丸多聞櫓などが復元されている。

城域は東西322m、南北238m。宍道湖を埋め立て、水路を引いて縦横に巡らした水城の構造で、この水堀がよく残っている。南に流れる大橋川は外堀の役割。本丸を中心に西から南に二ノ丸、その南に三ノ丸、さらに北に北ノ丸、東から南に外郭を配す、輪郭連郭複合式の縄張。

もともと亀田山には、出雲と隠岐の守護を務めた佐々木胤清《ささきたねきよ》が鎌倉中期に築いた末次《すえつぐ》城があった。戦国時代には鎌倉時代に出雲守護を務めていた名門の塩冶《えんや》氏、次いで出雲守護・尼子経久《あまごつねひさ》の支配下にあった。経久の三男で養子として送り込まれていた塩冶興久《おきひさ》は享禄《きょうろく》3年(1530)に経久に謀反。末次城を攻撃したが失敗に終わっている。尼子が滅亡し、毛利《もうり》氏により出雲が制圧されたあとの永禄《えいろく》12年(1569)、尼子再興を企図した山中鹿介《やまなかしかのすけ》が毛利方の末次城を一時奪取するが、ほどなく毛利氏に鎮圧されている。その後、末次城は廃城同然となっていたようだ。

慶長《けいちょう》5年(1600)、関ヶ原合戦で敗れた毛利氏は防長2国に減封。代わって出雲は堀尾吉晴《ほりおよしはる》・忠氏《ただうじ》父子が24万石を得て月《がっ》山《さん》富田《とだ》城(安来市)に入城し、松江藩が誕生。堀尾氏は尾張の土豪の出で、吉晴の代で秀吉《ひでよし》に仕えて豊臣《とよとみ》三中老、遠江《とおとうみ》浜松12万石の大名だった。秀吉の死後、吉晴父子は家康《いえやす》に接近。山陰の中心を任され、かつ毛利氏への防波堤を託された格好。

ただ、富田城は交通不便な古き中世山城で、城下町形成には不向きだったため、吉晴父子は平野部への移転を企図。候補地を末次城と、かつて毛利元就《もとなり》が富田城攻略の基地とした洗合《あらわい》城(松江市)のふたつに絞った。吉晴は洗合、忠氏は末次を適地として結論が出なかったなか、慶長9年(1604)に忠氏が病死。吉晴は忠氏の意志を尊重して亀田山に移城することにし、堀尾家は忠氏の遺児・忠晴《ただはる》が継いだ。

慶長12年(1607)より築城が始まり、完工は慶長16年(1611)となった。宍道湖の水を引いた内堀開削に時間を要した。なお完成目前に吉晴も死去している。寛永《かんえい》10年(1633)、忠晴は嗣子《しし》なく没したため、代わって若狭小浜より京極忠高《きょうごくただたか》が26万石で入城。忠高時代に三ノ丸が造成され、現在残る城址の原型が生まれた。間もなく忠高も嗣子なく死んだため、信濃松本より松平直政《まつだいらなおまさ》(結城《ゆうき》秀康《ひでやす》の三男)が入り、以後当城は親藩の城として明治まで存続。天守を除く建造物はすべて破壊された。天守は地元の努力で保存されることに。

天守は望楼型5重5階(地下1階)、正面に付櫓を備えた複合式である。外観は下見板張が大部分で、黒く武骨な印象である。天守台石垣は頑丈な牛蒡積み。内部の柱は、松の一本柱の外側に板を添えて寄せ合わせ、これを金輪で締めた「寄木柱」と呼ばれるものだ。「桐の階段」と呼ばれる階段は防火防腐を目的に桐が使われ、戦闘時の引き上げも可能である。鉄砲狭間や石落なども残っている。

三沢城 みざわじょう

山城

別名	鴨倉城、亀嶽城
築年/廃年	嘉元3年(1305)／天正17年(1589)頃
築城主	三沢為長
城主	三沢為長～為忠
所在地	島根県仁多郡奥出雲町鴨倉下鴨倉

三沢氏前期の本拠

たたら製鉄で勢力を持った奥出雲の雄・三沢《みさわ》氏の旧本城。尼子《あまご》十旗の一。独立丘陵の鴨倉山(標高419m)に建つ。周囲を斐伊川、三沢川などが巡る天然の要害。三沢氏は承久《じょうきゅう》の乱の功で三沢郷を賜り発祥。砂鉄採取、山野開拓で力をつけ、為長《ためなが》の代で当城を築城。永正《えいしょう》6年(1509)、為忠《ためただ》の代で藤ヶ瀬《ふじがせ》城(仁多郡)に本拠を移転。当城には城番を置いたと見られる。尼子氏に従ったあと、毛利《もうり》氏に降る。天《てん》正《しょう》17年(1589)頃、廃城。

三刀屋城 みとやじょう

平山城

別名	尾崎城、天神丸城
築年/廃年	承久3年(1221)？／元和元年(1615)以降
築城主	諏訪部扶長
城主	諏訪部扶長～三刀屋扶重～忠扶～頼扶→久扶～毛利氏～堀尾氏
所在地	島根県雲南市三刀屋町古城

尼子・毛利に従った出雲国人・三刀屋氏

三刀屋氏14代の居城。三刀屋川と古城川に挟まれた丘陵(標高120m)にあった。当地は山陰と山陽を結ぶ要衝。承久《じょうきゅう》の乱の戦功で三刀屋郷地頭となった諏訪部扶《すわべすけ》長《なが》の築城。以後子孫は三刀屋氏を称す。戦国時代、忠扶の代で三沢《みさわ》氏とともに尼《あま》子経久《ごつねひさ》と争ったが、軍門に降って経久の覇業に協力。尼子晴久《はるひさ》の死後、当主の久《ひさ》扶《すけ》は毛利《もうり》氏に帰順。尼子義久《よしひさ》に城を攻められるが撃退に成功。天正《てんしょう》16年(1588)、毛利氏に領地を没収。一国一城令で廃城。

新宮党館 しんぐうとうやかた

居館

別名	大夫成
築年/廃年	戦国時代／―
築城主	尼子国久
城主	尼子国久
所在地	島根県安来市広瀬町富田新宮

尼子の精鋭・新宮党の館

尼子経久《あまごつねひさ》の次男で、尼子軍の中核「新宮党」の頭領・尼子国久《くにひさ》の館。月山富田《がっさんとだ》城(安来市)北東麓の新宮谷に位置。国久は子の誠久《さねひさ》や敬久《たかひさ》ら3000の軍を率い、経久・晴久《はるひさ》父子の遠征に従軍、先頭に立って大内《おおうち》・毛利《もうり》氏らと戦った。塩冶興久《えんやおきひさ》(経久の三男)の乱後は、塩冶氏の旧領を継ぎ勢力は一段と拡大。天文《てんぶん》23年(1554)、これを警戒した晴久に一族もろとも誅殺された。現在は大夫《だいぶ》神社が建ち、国久ら新宮党の墓が残る。廃止時期の詳細は不明。

真山城 しんやまじょう

山城

別名	新山城
築年/廃年	平安末期？／慶長5年(1600)以降？
築城主	平忠度？
城主	平忠度～吉川元春→多賀元信→尼子勝久→毛利氏
所在地	島根県松江市法吉町

あの薩摩守忠度が築いたとも

松江市街の北方、尼子《あまご》本拠の月山富田《がっさんとだ》城(安来市)の支城・白鹿《しらが》城の北隣の真山(標高256m)にあった。平清盛《たいらのきよもり》の弟・忠《ただ》度《のり》が築いたという伝承がある。永禄《えいろく》6年(1563)、毛利元就《もうりもとなり》の出雲遠征で白鹿城合戦が始まった際、吉川元春《きっかわもとはる》が白鹿城攻略の向い城として陣を敷いた。白鹿城は落城後に破却され、当城は毛利の拠点として利用された。永禄12年(1569)、尼子再興軍により制圧されたが、元亀《げんき》2年(1571)に元春の攻撃で落城。関ヶ原後に廃城か。

瀬戸山城 せとやまじょう

山城

別名	赤穴城、衣掛城、藤釣城
築年/廃年	永和3年(1377)／元和元年(1615)以降
築城主	赤穴(佐波)常連
城主	赤穴常連～久清→光清→盛清→幸清→元寄→松田吉久
所在地	島根県飯石郡飯南町下赤名

大内の大軍を相手に大善戦

尼子《あまご》重臣・赤穴《あかな》氏の城。標高630mの武名ヶ平山に建つ。当地は出雲、石見《いわみ》、備後《びんご》3国の接点にあたり、出雲への入口という要衝である。尼子十旗の一。

赤穴氏は平安時代の漢学者・三善清行《みよしきよゆき》の末裔とされる。鎌倉時代に清行の子孫が石見に入部し、佐波《さは》氏を称す。その後、南北朝期に赤穴荘の地頭となった佐波常《つね》連《つら》が赤穴氏を名乗り、当城を築いた。

戦国時代の当主・久清《ひさきよ》は出雲守護の京《きょう》極《ごく》氏に従っていたが、永正《えいしょう》15年(1518)に尼子経久《つねひさ》に臣従する。

天文《てんぶん》11年(1542)、西国の王者・大内義《おおうちよし》隆《たか》が尼子氏を征伐すべく、毛利元就《もうりもとなり》らを従えて出雲への大遠征を催す(第1次月山《がっさん》富田《とだ》城の戦い)。6月、大内の大軍はまず当城を攻撃。久清は子の光清《みつきよ》とともに籠城。山の上から巨岩を落とすなど必死に抵抗し、熊谷信直《くまがいのぶなお》(元就の家臣)の弟・直《なお》続《つぐ》を討ち取るなど大善戦した。

その後、元就や陶晴賢《すえはるかた》の猛攻により光清が喉を射抜かれて戦死。2か月もの攻防戦の末、久清はやむなく降伏した。

後に久清は元就に従い、孫の盛清《もりきよ》ら赤穴氏が城を守った。慶長《けいちょう》5年(1600)の関ヶ原合戦後、毛利輝元《てるもと》が防長2国に減封され、赤穴氏も元寄の代で輝元に従って当城を去る。代わって松田吉久《まつだよしひさ》が入城したが、一国一城令で廃城となった。

石垣、土塁、空堀などがよく残る。

神西城 じんざいじょう

山城

別名	龍王山、竹生城、高倉城
築年/廃年	不明／不明
築城主	神西氏？
城主	神西元通→毛利氏
所在地	島根県出雲市東神西町

毛利に抗した神西元通の城

尼子《あまご》家臣・神西氏の居城。出雲市西部の神西湖畔、標高101mの高倉山に造られた。石見《いわみ》との国境に近い境目の城。尼子十旗の一。築城時期は不明だが、戦国時代は神西元通《もとみち》が居城。神西氏は武蔵七党の小野高通《おのたかみち》が祖。鎌倉期に当地へ地頭として下向し、以後子孫が神西氏を称したという。永禄《えいろく》9年(1566)、元通は月山《がっさん》富田《とだ》城(安来市)で毛利《もうり》氏と戦うが敗れて伯耆《ほうき》末石に移封。後に尼子再興戦で城は毛利氏に活用された。廃城時期は不明。

藤ヶ瀬城 ふじがせじょう

山城

別名	ー
築年/廃年	永正6年(1509)／不明
築城主	三沢為忠
城主	三沢為忠→為国→尼子氏→三沢為清→為虎
所在地	島根県仁多郡奥出雲町横田

尼子経久に奪われた三沢氏の城

三沢《みさわ》氏の城。横田盆地を見下ろす独立丘陵(標高437m)にあった。三沢氏は鎌倉期に地頭として奥出雲に入部、三沢城(仁多郡)を拠点に製鉄で勢力を拡大。永《えい》正《しょう》6年(1509)、為忠《ためただ》の代で地頭請所として横田荘を獲得し、当城を築き移転。戦国時代に尼子経久《あまごつねひさ》の侵攻を受け、享禄《きょうろく》4年(1531)に落城。当主の為国《ためくに》は幽閉され横田は尼子の支配下に。尼子滅亡後に三沢氏に返却されたが、天正《てんしょう》17年(1589)に三沢為虎《ためとら》は長門《ながと》に移封。廃城時期は不明。

月山富田城《がっさんとだじょう》 山城

別　名	月山城、富田城
築年/廃年	文治元年(1185)頃？／慶長12年(1607)
築城主	佐々木義清？
城　主	佐々木義清〜富田氏〜山名氏→尼子持久→清定→経久→塩冶掃部介→経久→晴久→義久→福原貞俊〜天野隆重〜吉川元春〜堀尾吉晴・忠氏
所在地	島根県安来市広瀬町富田

毛利と大内の大軍を苦しめた尼子本城

出雲の戦国大名・尼子《あまご》氏の本拠にして、戦国指折りの巨大山城。飯梨川の右岸にそびえる月山(標高183m)に建造された。4方は急峻な断崖。あの毛利元就《もうりもとなり》さえ攻略に苦しんだ難攻不落の要塞である。

城域は1.5km四方。山頂の本城エリア(本丸、二ノ丸、三ノ丸)と西山麓の山中御殿、花の壇といった曲輪《くるわ》群から成る複郭式の縄張。北山麓には平時の居館・里御殿がある。城への入口は北の菅谷口、北西の御子守口、南西の塩谷口。西を流れる飯梨川は天然の堀として機能したほか、中海と水運で結ばれていたとされる。

築城時期は不明だが、平安末期に平《たいらの》景清《かげきよ》が当地に居館を構えたことが起こりとも、承久《じょうきゅう》の乱で功があった宇多源氏《うだげんじ》の佐々木義清《ささきよしきよ》が出雲と隠岐の守護となり、拠点を置いたことが始まりともいう。

尼子氏は近江源氏、南北朝期に活躍した京極《きょうごく》(佐々木《ささき》)導誉《どうよ》の孫・高久《たかひさ》が家祖。高久は近江尼子郷(滋賀県甲良町)を領し、尼子氏を称した。尼子氏にとって宗家の京極氏は幕府に重く用いられ、室町前期に近江、若狭、上総《かずさ》、飛騨、出雲の守護に。京にあった京極氏は出雲に守護代を下向させた。通説では隠岐《おき》氏、次いで尼子高久の次男・持久《もちひさ》(経久《つねひさ》の祖父)が派遣されたというが、時期は不明確。確実に尼子氏が守護代として出雲に下向し、月山富田城を根拠地としたのは応仁《おうにん》元年(1467)頃の清定《きよさだ》(経久の父)の代から。

当城は尼子清定が富田に君臨した頃には少なくとも山腹に城館は築かれ、城郭の体を成していたと見られる。

跡を継いだ経久は税の納付などを無視して幕府や京極氏らの怒りを買い、文明《ぶんめい》16年(1484)に守護代の職を剥奪、追放された。代わって守護代と富田城主を務めたのは塩冶掃部介《えんやかもんのすけ》だった。2年後の文明18年(1486)、経久は股肱の臣である山中《やまなか》氏や亀井《かめい》氏らとともに富田城を夜襲。首尾よく掃部介を討ち、城主に返り咲く。

勢いを得た経久は当城を拠点に出雲を平定。中国平定戦に乗り出し、因幡《いなば》、伯耆《ほうき》、隠岐のほか、安芸《あき》や備後《びんご》などにも版図を広げ、尼子氏を周防《すおう》と長門《ながと》の大内《おおうち》氏と並ぶ戦国大名に成長させた。

経久は天文《てんぶん》10年(1541)に没し、嫡孫の晴久《はるひさ》が跡を継いだ。翌年、大内義隆《よしたか》は毛利元就らを従え、尼子征伐の大遠征を行う。大内氏を迎撃すべく晴久は当城に大改修を施し、山頂に至るまで全山を要塞化している。義隆は富田城を攻めあぐみ惨敗した(第1次月山富田城の戦い)。

晴久の死後は嫡男の義久《よしひさ》が城主に。永《えい》禄《ろく》8年(1565)、毛利元就が侵攻するが月山の天険に阻まれて敗退。元就は作戦を兵糧攻めに変えて、翌年に義久を降伏開城させた(第2次月山富田城の戦い)。

永禄11年(1568)、尼子勝久《かつひさ》や山中鹿介《やまなかしかのすけ》ら尼子再興軍が、毛利元秋《もとあき》(元就の五男)や天野隆重《あまのたかしげ》が守る当城を攻めたが、吉川《きっかわ》元春《もとはる》ら毛利援軍の到来で敗走している。

慶長《けいちょう》5年(1600)の関ヶ原合戦後、毛利氏は防長2国に移封となり、代わって堀《ほり》尾《お》吉晴《よしはる》・忠氏《ただうじ》父子が出雲一国を賜り入城。堀尾吉晴が交通不便な当城から平野部の松江《まつえ》城(松江市)へ移城し、廃城となる。

白鹿城《しらがじょう》

山城

別名	白髪城
築年/廃年	不明／永禄6年(1563)
築城主	松田氏？
城主	松田満久→誠保
所在地	島根県松江市法吉町

毛利元就と激戦を繰り広げた松田氏

尼子《あまご》氏の本拠である月山富田《がっさんとだ》城(安来市)を守る最重要拠点。尼子十旗の筆頭。松江市市街地の北方4km、富田城より北西20km、島根半島の山脈にある白鹿山(標高154m)に位置する。東方の中海はじめ宍道《しんじ》湖、大橋川など、島根半島の水運を把握する重要な水運拠点であった。

城の発祥は不明な点が多いが、尼子晴《はる》久《ひさ》が没した永禄《えいろく》3年(1560)以降、毛利元《もうりもと》就《なり》と後継者の尼子義久《よしひさ》が対立を深めた時期に、富田城防衛のため築造された公算もある。城主に任じられたのは松田満《まつだみつ》久《ひさ》・誠保《まさやす》父子。松田氏は十神山《とかみやま》城(安来市)美保関の利権を押さえ、明《みん》や朝鮮との交易で栄えた豪族。尼子経久《つねひさ》の軍門に降り、以後臣従していた。

永禄5年(1562)、毛利元就の出雲遠征が始まり、恐れをなした松田父子は一時毛利方に降る。しかし元就が石見《いわみ》銀山支配のため本城常光《ほんじょうつねみつ》を騙し討ちにしたことから再び尼子に帰参。援軍の牛尾久清《うしおひさきよ》含め2000で籠城した。元就は出雲攻略の前線拠点として洗合《あらわい》城(松江市)を築き、白鹿山北の真山《しんやま》城を陣城とし白鹿城を圧迫。翌年に総攻撃を開始。元就は城内に向け地下道を掘り、これを城兵が迎撃するなど珍しい地下戦も行われた。2か月以上の激戦の末、松田父子は降伏。満久は自刃、誠保は隠岐へ逃れた。元就は城を破却し真山城を当地の新たな拠点とした。

布部城《ふべじょう》

山城

別名	ー
築年/廃年	室町時代／元亀元年(1570)以降
築城主	不明
城主	尼子氏
所在地	島根県安来市広瀬町布部

尼子再興軍が毛利軍を迎撃した砦

尼子《あまご》氏本拠・月山富田《がっさんとだ》城(安来市)の南方にある支城。飯梨川左岸の丘陵(標高180m)にあった。富田に通じる街道を監視する役割を担った物見砦。富田城が毛《もう》利《り》氏により落城し、尼子氏が一時滅亡した後、山中鹿介《やまなかしかのすけ》らが尼子勝久《かつひさ》を擁して尼子再興軍を催す。元亀《げんき》元年(1570)2月、富田城を攻めていた尼子軍は当城で毛利の援軍を迎撃(布部合戦)。吉川元春《きっかわもとはる》が背後から城を攻撃して尼子軍は敗走した。戦後は使われなくなったと見られる。

福良城《ふくらじょう》

山城

別名	伊藤城
築年/廃年	室町時代／不明
築城主	尼子氏
城主	作間左衛門→吉岡氏・波多野氏
所在地	島根県松江市東出雲町上意東

尼子を裏切った守将たち

尼子《あまご》氏の本城・月山富田《がっさんとだ》城(安来市)の北西5kmにある支城。第1次富田城合戦で大内義隆《おおうちよしたか》が本陣を敷いた京羅木山の北面、福良山(標高154m)にあった。井戸跡が残る。築城時期は不明だが、尼子氏の手によるものと見られる。尼子氏の臣・作間左衛門《さくまさえもん》が守将だったが、毛利元就《もうりもとなり》の出雲遠征が始まると左衛門は元就に降ったため殺された。代わって吉岡《よしおか》・波多野《はたの》氏が入ったが、ふたりとも元就に寝返って攻撃され落城。廃城時期の詳細は不明。

夕景城《ゆうげじょう》

山城

別名	馬木城、矢筈山城
築年／廃年	明徳年間(1390～1394)以前／永禄3年(1560)以降
築城主	馬来(山名)満綱
城主	馬来満綱～孝綱
所在地	島根県仁多郡奥出雲町大馬木

尼子の臣・馬来氏の居城

出雲豪族・馬来《まき》氏の城。備後《びんご》と出雲の国境に近い山間部の矢筈山(標高937m)に位置。東西ふたつの嶺に城郭が築かれ、西が主郭と見られる。室町前期に山名師《やまなもろ》氏《うじ》の子・満綱《みつつな》が将軍の足利義満《あしかがよしみつ》よりこの地を与えられて入部。馬来氏を名乗り築城したと伝わる。戦国時代に馬来氏は尼《あま》子《ご》氏に従う。永禄《えいろく》3年(1560)、当主の孝綱《たかつな》が月山富田《がっさんとだ》城(安来市)に詰めていた際、毛利《もうり》方に転じた三沢為清《みさわためきよ》らの攻撃で落城。孝綱も毛利に帰順し、ほどなく廃城。

十神山城《とかみやまじょう》

山城

別名	ー
築年／廃年	室町時代／不明
築城主	松田氏
城主	松田備後守～尼子氏→毛利氏
所在地	島根県安来市新十神町

貿易で発展した松田氏の城

美保関海運で発展した松田《まつだ》氏の旧城。中海に突き出した十神山(標高92m)に造られ、海上権を掌握。当時は島だったとも。松田氏は明《みん》や朝鮮との貿易で大きな勢力を持った。応仁《おうにん》の乱で当主の備後守《びんごのかみ》は出雲守護代・尼子清定《あまごきよさだ》(経久《つねひさ》の父)と対立し攻められ落城。尼子氏が支配することに。永禄《えいろく》9年(1566)、毛利《もうり》水軍の児玉《こだま》就忠《なりただ》に攻められ陥落。後に尼子再興軍の拠点となったが、元亀《げんき》元年(1570)に毛利氏に奪い返された。廃城時期は不明。

鳶ヶ巣城《とびがすじょう》

山城

別名	ー
築年／廃年	永正年間(1504～1521)／慶長5年(1600)以降
築城主	宍道久慶
城主	宍道久慶～隆慶→尼子氏→隆慶→政慶
所在地	島根県出雲市東林木町

城主に返り咲いた宍道氏だったが……

出雲国人・宍道《しんじ》氏の城。宍道湖の西、標高285mの鳶ヶ巣山山頂に築かれた。宍道久慶《ひさよし》の築城。宍道氏は宇多源氏佐々《うだげんじささ》木《き》氏の流れで尼子《あまご》氏と同族。第1次月山《がっさん》富田《とだ》城の戦い(1541～1542)で当主の隆慶《たかよし》は大内義隆《おおうちよしたか》に加担したが尼子氏に敗退。城は落城し宍道一族は山口に逃れた。第2次月山富田城の戦い(1565～1566)で尼子氏は滅亡、毛利《もうり》氏に協力した宍道隆慶は城主に返り咲いた。関ヶ原後、宍道氏は毛利氏とともに萩に移り、以後廃城に。

石見

宇山城砦群《うやまじょうさいぐん》

山城

別名	―
築年/廃年	明徳3年(1392)以降／天正19年(1591)
築城主	出羽祐直
城主	出羽祐直～元実
所在地	島根県邑智郡邑南町上原

高橋氏と争った出羽氏

石見《いわみ》国人・出羽《いずは》氏の拠点。出羽川の西方、宇山と呼ばれた丘陵地帯に位置。山城の白鹿《しらが》城、赤《あか》城、毛《け》城と、小規模な砦である信友《のぶとも》城、樹光《さなみつ》城から構成。出羽氏は鎌倉期より二ツ山《ふたつやま》城(邑智郡)を根拠としていたが、康安《こうあん》元年(1361)に高橋《たかはし》氏の攻撃で追われる。明徳《めいとく》3年(1392)、大内《おおうち》義弘《よしひろ》の調停で250貫のこの地を返還され、高橋氏を警戒し多くの城を築いた。高橋氏滅亡後、毛利《もうり》氏に臣従。天正《てんしょう》19年(1591)、頓原《とんばら》(飯石郡)移封に伴い廃城。

雲井城《くもいじょう》

山城

別名	―
築年/廃年	鎌倉時代／弘治3年(1557)以降
築城主	出羽氏？
城主	井原氏～小笠原長秀
所在地	島根県邑智郡邑南町井原

吉川元春の侵攻で落城

二ツ山《ふたつやま》城(邑智郡)を本拠としていた出《いず》羽《は》氏の支城。二ツ山の北西3km、井原盆地の東端、井原川水系に囲まれた雲井山(標高431m)に建つ。鎌倉中期より在地勢力の井原《いばら》氏が守った。康安《こうあん》元年(1361)、高橋《たかはし》氏の侵攻で二ツ山城が落城。この際、出羽方だった小笠原《おがさわら》氏の救援で当城と井原氏は小笠原氏に従う。弘治《こうじ》3年(1557)、小笠原長秀《ながひで》(長雄《ながたか》の次男)が守将だったときに毛利《もうり》方の吉川元春《きっかわもとはる》の攻撃に遭う。元春の猛攻で落城した後、破却。

横山城《よこやまじょう》

山城

別名	黒谷横山城、黒谷城
築年/廃年	貞応元年(1222)？／慶長5年(1600)以降
築城主	菖蒲真盛？
城主	波多野氏～益田氏→喜島(藤原)宗勝
所在地	島根県益田市柏原町

吉見氏と争った益田氏の支城

益田《ますだ》氏の七尾《ななお》城(益田市)と吉見《よしみ》氏の津《つ》和《わ》野《の》城(鹿足郡)のほぼ中間、黒谷にある標高350mの山頂に建つ。鎌倉時代に地頭として赴任した菖蒲《しょうぶ》氏の築城ともいうが不詳。南北朝期には南朝方の波多野《はたの》氏が在城。応仁《おうにん》の乱が勃発すると、益田氏と吉見氏のあいだで激しい争奪戦が繰り広げられたが、足利義政《あしかがよしまさ》の裁定で益田氏の領有となる。天正《てんしょう》年間(1573～1592)に益田幕下の喜島宗勝《きじまむねかつ》が城主に。関ヶ原後、益田氏の長門《ながと》移封に伴い廃城。

三隅城《みすみじょう》

山城

別名	高城
築年/廃年	鎌倉時代？／元亀元年(1570)
築城主	三隅兼信？
城主	三隅兼信～隆繁→国定
所在地	島根県浜田市三隅町三隅

吉川元春に攻め滅ぼされた三隅氏

益田《ますだ》氏庶流で西石見《いわみ》に勢力を持った三隅氏300年の居城。旧三隅町市街地の東、高城山(標高362m)にあった。元寇《げんこう》の頃、三隅氏初代・兼信《かねのぶ》が築造したと伝わる。三隅氏は南北朝期に当城で高師泰《こうのもろやす》軍を退けるなど、南朝方として活躍。主家の益田氏とは長く抗争。戦国時代は大内《おおうち》・尼《あま》子《ご》両陣営のあいだを往来した。元亀《げんき》元年(1570)、毛利《もうり》の将・吉川元春《きっかわもとはる》軍に攻撃され落城。城主の国定《くにただ》は自刃し、三隅嫡流は滅亡。当城も廃城となった。

川本温湯城《かわもとぬくゆじょう》 山城

別名	温湯城
築年/廃年	南北朝時代／不明
築城主	小笠原長氏
城主	小笠原長氏～長隆→長徳→長雄→吉川氏
所在地	島根県邑智郡川本町大字川本

銀山を制覇した石見小笠原氏

東石見に勢力を持った石見《いわみ》小笠原《おがさわら》氏代々の居城。江の川の下流域、会下川と矢谷川に挟まれた丘陵(標高220m)に築かれた。石見銀山の南方約6kmに位置する。山頂の本丸は東西54m、南北15mで、周囲は断崖となっている。

小笠原氏は甲斐《かい》源氏《げんじ》庶流。始祖の長清《ながきよ》の曾孫・長親《ながちか》が鎌倉中期に邑智郡に所領を得て下向し、石見小笠原氏が発祥。南北朝期に3代・長胤《ながたね》が当地北方に赤《あか》城を築いたが、その子・長氏《ながうじ》が当城を築いて本拠を移したという。以後、東石見の有力国人となり、戦国時代は周防《すおう》・長門《ながと》の大内《おおうち》氏と出雲尼子《あまご》氏の二大勢力のあいだを往来していた。

独立色を強めていた12代・長隆《ながたか》は大内氏の石見銀山に目をつけ、享禄《きょうろく》4年(1531)に銀山を占領。これはほどなく奪回されたが、以後、13代・長徳《ながのり》、14代・長雄《ながたか》は尼子氏と巧みに歩調を合わせつつ(銀山を共同統治)銀山を占領し、大内方と銀山争奪戦を繰り広げた。

大内氏滅亡後は、銀山争奪戦に毛利元《もうりもと》就《なり》が参入。永禄《えいろく》2年(1559)、元就は1万2000の大軍で温湯城攻めを行い、当城と赤城のあいだに陣を敷いて小笠原勢力を分断。援軍にきた尼子晴久《はるひさ》を退け、長雄を降伏開城に追い込んだ。長雄は弥山《みせん》城(邑智郡)に移され、当地は吉川《きっかわ》領となった。廃城時期は不明である。

山吹城《やまぶきじょう》 山城

別名	要害山城
築年/廃年	延慶年間(1308～1311)／慶長5年(1600)以降
築城主	大内弘家？
城主	大内氏～小笠原氏→大内氏→尼子氏～毛利氏→尼子氏→本城常光→毛利氏
所在地	島根県大田市大森町銀山

石見銀山防衛の要

石見《いわみ》銀山を守る砦として、銀山を支配していた周防《すおう》・長門《ながと》の大内《おおうち》氏が築城した。銀山川の北、標高430m、比高200mの要害山にあった。周辺には矢滝《やたき》城、矢筈《やはず》城、石見城など銀山防衛城があるが、銀山に最も近く、最も規模が大きい。戦国時代、約35年に及ぶ争奪戦が繰り広げられた。

石見銀山は一説に鎌倉時代より銀が採掘されていたと伝えられるが、基本は露出銀の採掘。本格的な地下銀採掘は大永《たいえい》6年(1526)からで、その中心人物は大内氏の援助を受けた博多商人・神谷寿貞《かみやじゅてい》。寿貞は日本初の革新的な精錬技術「灰吹法」を導入。銀の産出量は天文《てんぶん》8年(1539)に年500枚、永禄《えいろく》5年(1562)には5000枚にまで増大し、日本一の銀山となった。

銀山争奪戦は享禄《きょうろく》4年(1531)に石見国人・小笠原長隆《おがさわらながたか》の侵攻、占領より始まる。大内氏はほどなく銀山を奪回し、山吹城を改修強化した。以後、大内氏と尼子《あまご》・小笠原氏が銀山の占有を巡り激しく争い、大内氏滅亡後は毛利元就《もうりもとなり》が参入する。弘《こう》治《じ》2年(1556)、尼子晴久《はるひさ》は城主だった毛利方の刺賀長信《さすかながのぶ》を討ち、本城常光《ほんじょうつねみつ》を城主に任命。晴久死後の永禄《えいろく》5年(1562)、元就は常光を銀山安堵の条件で降伏させ、直後に常光を暗殺して城と銀山を得た。

関ヶ原後、銀山は徳川幕府天領に。代官として入城した大久保長安《おおくぼながやす》は山麓に大森代官所を設け、当城は廃城となる。

津和野城 つわのじょう

山城

別名	三本松城、石蕗城
築年/廃年	永仁3年(1295)／明治以降
築城主	吉見頼行
城主	吉見頼行～隆頼→正頼→広頼→広長→坂崎直盛→亀井政矩～茲監
所在地	島根県鹿足郡津和野町大字後田

毛利元就の協力者・吉見氏の居城

西石見《いわみ》の有力国人・吉見《よしみ》氏14代の居城。津和野の西方、標高367mの城山に築かれた。3方を巡る津和野川が天然の堀となる要害である。山間の小盆地である津和野は「小京都」の代表格として有名。

吉見氏は源《みなもとの》 頼朝《よりとも》の弟である範頼《のりより》の流れ。鎌倉末期に西石見の地頭職を与えられた吉見頼行《よりゆき》が赴任し、元寇《げんこう》に備えて当城を築いた。山頂の削平、空堀の造成など、完成には30年の歳月を費やした。

室町時代にかけ益田《ますだ》氏と並ぶ石見の国人となり、周防《すおう》・長門《ながと》守護の大内《おおうち》氏に従う。戦国時代の当主である11代・正頼《まさより》は大内義隆《よしたか》の姉を娶り、大内氏の石見防衛を担う存在に。天文《てんぶん》20年(1551)、義隆が陶晴賢《すえはるかた》の謀反で殺されると晴賢と敵対。攻め寄せる陶軍と籠城戦を戦った。正頼は安芸《あき》の毛利《もうり》元就《もとなり》と同盟を結んで晴賢に対抗。弘治《こうじ》元年(1555)の厳島《いつくしま》の戦いで元就が晴賢を破ると、元就の防長経略に協力。大内氏滅亡後は毛利の家臣となった。

関ヶ原合戦で敗れた毛利氏が防長移封となり、吉見氏も萩へ移住。代わって2万石で入城した坂崎《さかざき》(宇喜多《うきた》)直盛《なおもり》が初代津和野藩主となり、天守(江戸前期に焼失)を備えた近世城郭へ改修。直盛が千《せん》姫《ひめ》事件で自害した後、亀井《かめい》政矩《まさのり》が4万石で入城。以後、幕末まで亀井氏が藩主に。なお藩庁は山麓に置かれた。明治に破却されたが、壮大な高石垣が残る。

石見城 いわみじょう

山城

別名	―
築年/廃年	不明／慶長5年(1600)以降？
築城主	大内氏？
城主	温泉氏？
所在地	島根県大田市仁摩町大国

銀山と日本海を結ぶ戦略的要衝

山吹《やまぶき》城、矢筈《やはず》城、矢滝《やたき》城と並び、石見銀山を防衛する城砦のひとつである。銀山の東北、標高154m、比高130mの竜厳山に築かれた。銀山と日本海方面の旧仁摩町(大田市)を結ぶ街道を押さえる役割を果たした。詳細は不明な部分が多く、城の発祥もはっきりしていない。築城者は大内《おおうち》氏の公算が大きい。山麓には石見八幡神社がある。城主は温泉郷を支配していた温《ゆ》泉氏ともいわれるが定かでない。銀山が天領となった後に廃城か。

尼子陣所 あまごじんしょ

山城

別名	―
築年/廃年	南北朝時代／不明
築城主	小笠原長胤
城主	小笠原氏～尼子氏→毛利氏
所在地	島根県邑智郡美郷町都賀西

尼子晴久が敗軍をまとめた砦

乙谷川と江の川の合流点の北にある山塊、標高264mの尾根上にあった。当地は石見《いわみ》と出雲を結ぶ要衝。当初は東方にある川本《かわもと》温湯《ぬくゆ》城(邑智郡)の石見小笠原《おがさわら》氏の拠点(戦国期に小笠原氏は尼子《あまご》氏に従属)。天文《てんぶん》9～10年(1540～1541)の吉田郡《よしだこおり》山《やま》城合戦で毛利《もうり》・大内《おおうち》軍に負けた尼子晴《あまごはる》久《ひさ》は、ここで敗軍を収容して月山《がっさん》富田《とだ》城(安来市)に帰還したと伝わる。永禄《えいろく》3年(1560)、吉川元春《きっかわもとはる》の山吹《やまぶき》城(大田市)攻めで陣所になったとも。廃城時期は不明。

萩尾城 はぎおじょう

山城

別名	指月城
築年／廃年	鎌倉時代／不明
築城主	斎藤実春
城主	斎藤氏～竹内直信～弘時
所在地	島根県鹿足郡吉賀町沢田

陶晴賢に敗れた吉見一族・竹内氏

石見《いわみ》国人・吉見《よしみ》氏の拠点。石見南西端、高津川南方の丘陵部(比高210m)にあった。当地は中国山地西部の山岳地帯。吉見本拠の津和野《つわの》城(鹿足郡)より南東約20km。鎌倉初期に平家《へいけ》の落人・斎藤《さいとう》氏が築城したという。室町中期より吉見一族の竹内《たけうち》氏が在城。戦国期に大内義隆《おおうちよしたか》を弑逆《しいぎゃく》した陶晴賢《すえはるかた》と吉見正頼《まさより》が対立。城主・弘時《ひろとき》の代、天文《てんぶん》23年(1554)に陶軍の吉見氏攻撃が始まる。当城は陶氏重臣・江良《えら》房栄《ふさひで》に攻撃され落城。廃城時期は不明。

浜田城 はまだじょう

平山城

別名	亀山城、鴨山城
築年／廃年	元和6年(1620)／明治以降
築城主	古田重治
城主	古田重治→重恒→松平康映～本多忠敞～松平康福～武聡
所在地	島根県浜田市殿町

古田織部の甥の築城

浜田藩庁。浜田市の市街部、日本海松原湾と浜田川に臨む標高70mの亀山(鴨山)に位置する。江戸初期に伊勢松阪から古田《ふるた》重治《しげはる》が5万4000石で入封し、築城した。古田織部《おりべ》(重然《しげなり》)で知られる古田氏は豊臣旧臣。重治は織部の弟・重則《しげのり》の子。縄張は本丸を松原湾がある北に置く梯郭式。3重の天守があった。お家騒動で古田氏は改易、その後、松平《まつだいら》氏、本多《ほんだ》氏を経て江戸中期に松井松平氏が入城。長州征伐で焼失。わずかに石垣が残る。

福光城 ふくみつじょう

山城

別名	物不言城、不言城
築年／廃年	永禄2年(1559)／慶長5年(1600)以降
築城主	吉川経安
城主	吉川経安→経家
所在地	島根県大田市温泉津町福光

鳥取城主・吉川経家の本城

石見《いわみ》吉川《きっかわ》氏の居城。石見銀山の貿易港として発展した温泉津《ゆのつ》を臨む標高200mの山に建つ。吉川氏は藤原南家《ふじわらなんけ》・工藤《くどう》流の名門。戦国時代に毛利《もうり》元就《もとなり》の次男・元春《もとはる》が吉川宗家の安芸《あき》吉川氏の当主となり、石見吉川経安《つねやす》も元就に臣従。毛利氏の石見経略後、経安が築城。永禄《えいろく》4年(1561)、毛利氏に背いた福屋《ふくや》隆兼《たかかね》の攻撃を受けたが、経安と子の経家《つねいえ》が撃退。経家は天正《てんしょう》9年(1581)、鳥取《とっとり》城(鳥取市)で羽柴《はしば》秀吉《ひでよし》に敗れる。毛利氏の防長移封後に廃城。

矢滝城 やたきじょう

山城

別名	前矢滝城
築年／廃年	享禄元年(1528)頃／永禄年間(1558～1570)
築城主	大内義興
城主	大内氏
所在地	島根県大田市祖式町矢滝

銀山街道を守った要衝

周辺の山吹《やまぶき》城、矢筈《やはず》城、石見《いわみ》城とともに、石見銀山を守る砦の一角。銀山の南西2km、標高630mの矢滝山に造られた。大永《たいえい》6年(1526)から本格的な採掘が始まった銀山の防衛をにらみ、支配者で周防《すおう》と長門《ながと》の守護・大内義興《おおうちよしおき》が築いた。採掘された銀は当城の城下を通過して貿易港である温泉津《ゆのつ》へ運ばれ(石見銀山街道と呼ばれる)、交通上の要衝でもあった。永禄《えいろく》年間(1558～1570)に廃城。山頂部に枡形虎口、堀切などが残る。

矢筈城《やはずじょう》

山城

別名	―
築年／廃年	大永6年(1526)以降？／不明
築城主	大内氏？
城主	尼子氏→毛利氏
所在地	島根県大田市温泉津町西田

石見銀山防衛城の一角

山吹城《やまぶき》、矢滝《やたき》城、石見《いわみ》城と並ぶ石見銀山防衛城のひとつである。銀山の西方約2km、銀山と貿易港である温泉津《ゆのつ》を結ぶ石見銀山街道沿いにある、標高479mの山に築かれた。ちょうど南方にある矢滝城と銀山街道を挟むかたちとなっている。築城年・築城者とも不明。銀山の本格採掘が始まった大永《たいえい》6年(1526)以降に、大内《おおうち》氏が築いた公算がある。弘治《こうじ》3年(1557)に尼子《あまご》方が支配していた当城を毛利《もうり》氏が攻略したとされる。廃城時期は不明。

藤掛城《ふじかけじょう》

山城

別名	―
築年／廃年	文和4年(1355)／不明
築城主	高橋師光
城主	高橋師光～元光→興光
所在地	島根県邑智郡邑南町木須田

元就に滅ぼされた大豪族・高橋氏

石見《いわみ》と安芸《あき》にまたがる大物国人・高橋《たかはし》氏の本城。安芸国境に近い内陸部、出羽川右岸の丘陵(標高360m)に築城。高橋氏は紀《き》氏の流れ、戦国時代に安芸と備後へ進出。1万2000貫の領土を持ったとも。元光《もとみつ》の代に外戚として毛利《もうり》氏の実権を握るが元光の死後に衰運。享禄《きょうろく》2年(1529)、毛利元就《もとなり》は大内《おおうち》氏の協力を得て高橋支城の松尾《まつお》城(安芸高田市)と当城を攻略。当主の興光《おきみつ》を自刃させ遺領の大半を得た。戦後廃城と思われるが詳細は不明。

七尾城《ななおじょう》

山城

別名	益田城
築年／廃年	13世紀末頃／慶長5年(1600)以降
築城主	益田兼時
城主	益田兼時～藤兼→元祥
所在地	島根県益田市七尾町

大手門が現存する益田氏本城

石見《いわみ》国人・益田《ますだ》氏歴代の居城。益田川が益田市街に流れ出る地にある城山(標高120m)に位置。益田氏は源平《げんぺい》合戦で功があり、石見一円に所領を獲得。鎌倉中期、兼時《かねとき》の代で元寇《げんこう》に備えて築城したとされる。戦国時代、毛利《もうり》元就《もとなり》と敵対した藤兼《ふじかね》が合戦に備えて大修築。現在の城址の原型を築く。藤兼は毛利に降伏して家臣に。関ヶ原戦後、当主の元祥《もとなが》が毛利氏の移封に伴い長門《ながと》へ移転し廃城。大手門が市内の医王寺山門として移築され現存。

下瀬山城《しもせやまじょう》

山城

別名	横山城
築年／廃年	鎌倉末期／慶長5年(1600)以降
築城主	下瀬(吉見)頼右
城主	下瀬頼右～頼郷→頼直
所在地	島根県鹿足郡津和野町河村

連絡路が設けられた津和野城の支城

大内《おおうち》氏に属した石見《いわみ》国人・吉見《よしみ》氏の拠点。本拠の津和野《つわの》城の北方8km、下瀬山(比高246m)にあった。山麓を津和野川が巡る要害。山伝いに津和野城へいける。吉見頼行《よりゆき》の弟・頼右《よりすけ》が鎌倉末期に築城。以後、城主・頼右の家系は下瀬氏を名乗り、吉見宗家を助けた。天文《てんぶん》20年(1551)、陶晴賢《すえはるかた》が大内義隆《おおうちよしたか》を倒し、吉見と陶は敵対。陶方の益田《ますだ》氏が当城を攻撃したが、当主の頼郷《よりさと》以下の奮戦で益田氏を撃退している。毛利氏の防長移封後に廃城。

二ツ山城 ふたつやまじょう 山城

別　名	―
築年/廃年	貞応2年(1223)／天正19年(1591)以降
築城主	出羽(富永)朝祐
城　主	出羽(富永)朝祐～実祐→高橋氏→出羽氏
所在地	島根県邑智郡邑南町鱒淵

高橋氏と争った出羽氏の本拠

石見《いわみ》国人・出羽《いずは》氏の本拠。石見街道が縦走する邑南町中部、東西ふたつの峰がある二ツ山(標高530m)に築かれた。西に二ノ丸、最高所の東に本丸を配す。近江富永《とみなが》氏が当地の地頭となり出羽氏を称し築城。南北朝期に高橋《たかはし》氏の攻撃で落城。明徳《めいとく》3年(1392)、出羽氏は旧領の一部を返還され宇山《うやま》城(邑智郡)へ移転。毛利《もうり》氏が高橋氏を滅ぼした後、当城と旧領を回復。当城へ戻ったかは不明。天正《てんしょう》19年(1591)、出羽氏の出雲転封後に廃城。

安芸

吉川元春館 きっかわもとはるやかた 居館

別　名	御土居、元春公下屋敷
築年/廃年	天正11年(1583)頃／―
築城主	吉川元春
城　主	吉川元春→元長→広家
所在地	広島県山県郡北広島町海応寺

「トイレ遺構」がユニーク

毛利《もうり》“三本の矢”の一矢として知られる毛利元就《もとなり》の次男・吉川元春の館。本城である日野山《ひのやま》城の西南約3km、志路原川沿いの谷間に位置する。元春の隠居所として造られた館だが、嫡男・元長《もとなが》、三男・広家《ひろいえ》も平時の館として利用したと見られる。現在館跡は整備され、歴史公園として公開。西側に元春菩提寺の海応寺跡、元春と嫡男・元長の墓所がある。

元春は幼少の頃から身体強健で、生涯で76度戦い、64度の勝利を収めた“不敗の将”として著名。母の実家である豪族・吉川氏に養子として送り込まれ、家督を継いでからは元就の中国平定戦でおもに山陰担当として活躍。著しい軍功をあげた。『太平記』を書写した文人としても知られる。毛利が秀吉《ひでよし》に屈してから隠居。天正《てんしょう》14年(1586)に秀吉の九州攻めに参陣し、小倉《こくら》城(北九州市)で病没した。

広家の代、慶長《けいちょう》5年(1600)の関ヶ原合戦後に毛利氏が防長2国に減封、広家も岩国へ移封となったため廃墟となった。

近年の発掘調査により多数の遺構が出土。当時の生活や技術を知る貴重な手がかりとなっている。発見されたのは建物・庭園跡、土塁、井戸など。北の庭園、南の台所など一部で復元が進んでいる。また、この時代のものとしては珍しいトイレ遺構もユニークで、紅花やナスのほか寄生虫卵なども検出されている。

吉田郡山城 よしだこおりやまじょう 山城

別名	−
築年/廃年	建武3年(1336)/元和元年(1615)以降
築城主	毛利時親
城主	毛利時親〜弘元→元就→隆元→輝元
所在地	広島県安芸高田市吉田町吉田

中国の覇者・毛利元就の本拠

“三本の矢”の逸話で知られる安芸《あき》毛利《もうり》氏代々の居城。毛利元就《もとなり》が宿敵・尼子晴《あまごはる》久《ひさ》を下した吉田郡山城合戦が有名である。安芸の内陸山間部、吉田盆地の北にそびえる郡山(標高390m、比高200m)に築かれ、城下を流れる可愛川と多治比川が天然の堀となっている。吉田は山陰と山陽を結ぶ備後路《びんごじ》の要衝だった。元就の代で戦国大名化し、中国地方制覇の拠点となる。当初は南東山麓に小さな城(旧本城)があるのみだったが、元就と元就の嫡孫・輝元《てるもと》の代で大改修され、全山要塞化。約260年に渡る本拠だったが、輝元が天正《てんしょう》19年(1591)に広島《ひろしま》城(広島市)に移り、関ヶ原戦後の一国一城令で廃城となる。建築物は残っていないが、曲輪《くるわ》跡、土塁、井戸などを残す。近隣には元就が青年時代を過ごした多治比猿掛《たじひさるがけ》城はじめ、福原《ふくばら》、志道《しじ》、桂《かつら》氏ら重臣の城が点在するなど、毛利氏関連の史跡が豊富。

城域は東西1km、南北800m、確認される曲輪跡は270以上と、西日本最大級の山城である。吉田盆地を一望する山頂部は上下2段に分かれ、上段に3重の櫓(天守ともいわれるが不詳)、下段に本丸が配された。すぐ南に二ノ丸、三ノ丸を配する。この主郭部を中心に4方へ伸びる尾根上で輪状連郭式に多数の曲輪を形成。元就の嫡男・隆元の居館があった尾崎丸、厩の壇、釜屋の壇などがあった。周囲には内外2重の堀が巡らされていた。北の甲山、西の天神山には出城もあった。中腹に元就の菩提寺・洞春寺があったが、毛利氏の防長移封に伴い山口へ移り、跡地には元就の墓、毛利氏一族の墓が残されている。また、山麓に元就晩年の居館だったとの伝承を持つ御里屋敷跡がある。

本丸に石垣はないが、二・三ノ丸の低い石垣と、石組みの井戸がある。石垣は輝元期の築造と見られ、中世山城から近世城郭への移行期の遺構として興味深い。

毛利氏の祖は鎌倉幕府政所別当・大江《おおえの》広元《ひろもと》。広元の四男・季光《すえみつ》が相模国毛利荘(厚木市)を領し、毛利姓を称した。承久の乱で活躍した季光は恩賞として安芸国吉田荘の地頭職を与えられ、吉田に毛利の地盤が誕生、季光の孫の代・時親《ときちか》が地頭として吉田に下向し当城を築城、中世にかけ高田郡(安芸高田市)の国人領主となる。元就が当主となった頃の中国地方は、周防《すおう》の大内義隆《おおうちよしたか》と出雲の尼子晴久の二大勢力が拮抗し、安芸は両家の争いの場となっていた。毛利は大内方にあった。

天文《てんぶん》9年(1540)9月、晴久率いる3万の大軍が来襲。郡山城は元就以下2400程度が守るのみだった。当時の城はまだ旧本城だったと見られる。圧倒的な兵力差だったが、毛利軍は大善戦。吉田の住民も元就に協力し、尼子の補給路を遮断するなどゲリラ戦で晴久を悩ませた。その後、大内軍の陶晴賢《すえはるかた》が1万を率いて援軍に駆けつける。翌年1月、元就と晴賢は晴久の陣を急襲し、撃退に成功した。この勝利で元就の武名は天下に轟き、後の中国平定の大きな礎となった。

後年、元就は当城の拡張工事の際、人柱に替えて「百万一心」(皆が団結すれば何事もなし得る)と彫った巨石を埋めたという。この伝承は毛利の精神として息づき、元就の墓の前に記念碑がある。

宮尾城《みやおじょう》

海城

別名	宮ノ尾城、宮尾ノ城、宮ノ城
築年/廃年	天文23年(1554)以前／不明
築城主	不明
城主	己斐直之
所在地	広島県廿日市市宮島町

厳島合戦で毛利軍と陶軍が攻防

弘治《こうじ》元年(1555)の厳島《いつくしま》の戦いで焦点となった城。広島湾西部の厳島(宮島)、現在連絡船の発着場である宮島桟橋の手前の要害山(標高30m)に位置する。今は埋め立てにより地形が変わっているが、当時は3方が海に面する海城であった。

厳島の戦いとは、安芸《あき》の毛利元就《もうりもとなり》が防長2国を中心に西国を支配していた大内《おおうち》家の重臣・陶晴賢《すえはるかた》を厳島で破り、中国制覇の土台を固めた合戦。晴賢は主君の義隆《よしたか》を滅ぼし、大内家の実権を奪取した男。晴賢軍は厳島に渡海して毛利方の当城を攻撃。守将の己斐直之《こいなおゆき》以下城兵は善戦。晴賢が手こずっているあいだに、密かに島へ上陸した元就軍が晴賢軍を奇襲し、大勝を収めた。一説に毛利軍は4000～5000、陶軍は2万～3万という兵力差があり、合戦史上に残る大番狂わせだった。

通説では当城は弘治元年(1555)の元就の築城で、「少勢の元就が晴賢の大軍を狭い厳島に誘き寄せるための“囮の城”」とされてきた。元就が城の改修を行ったのは事実だが、もともと厳島は防長と安芸との重要な中継地で、両軍にとって勝敗の鍵を握る枢要地。近年では囮説は創作と見る声が支配的だ。また、一級史料の『棚守房顕覚書《たなもりふさあき》』に天文《てんぶん》23年(1554)に陶軍が当城を確認していた事実が記されており、城は少なくとも天文23年(1554)以前にあった。廃城時期の詳細は不明。

鏡山城《かがみやまじょう》

山城

別名	西条城
築年/廃年	長禄・寛正年間(1457～1466)／天文年間(1532～1555)
築城主	大内氏
城主	安富行房～蔵田房信→尼子氏→大内氏
所在地	広島県東広島市西条町御薗宇

尼子経久の非情な戦後処理

周防《すおう》と長門《ながと》の戦国大名・大内《おおうち》氏が、安《あ》芸《き》支配の橋頭堡として、西条盆地の中央、鏡山(標高335m)に築城。山頂に本丸、二ノ丸の主郭を配し、さらに瀬野谷、黒瀬谷という天然の要害を利用した堅城だ。

大内氏は盛見《もりみ》の代、永享《えいきょう》年間(1429～1441)に安芸に“飛び領”として幕府に東西条(東広島市周辺)の領有を認めさせた。東西条は西条盆地から南の沿岸部に達し、貫高5000貫の優良地であり、防長から京へ上るための交通の要衝でもあった。

大内氏は当地の一部を毛利《もうり》、平賀《ひらが》、天《あま》野《の》氏ら安芸の有力国人に分け与え披官化に成功し、現在の広島市周辺に勢力を持っていた安芸分郡守護・武田《たけだ》氏ら対抗勢力を押して安芸に地盤を築いた。当城には代官が置かれ、安芸経営の中心となる。

大内の重臣・蔵田房信《くらたふさのぶ》が守備していた大永《たいえい》3年(1523)に出雲の尼子経久《あまごつねひさ》の攻撃を受け陥落(鏡山城の戦い)。当時尼子に与していた毛利元就《もとなり》は房信の叔父・直信《なおのぶ》を内応させ、攻略の立役者となった。戦後、経久は直信の不忠をなじって処刑し、元就の面子を潰した。また経久は当時毛利家の当主だった9歳の幸松丸《こうまつまる》(元就の兄の子)に房信の首実検を強要。このショックが原因で幸松丸は直後に死去したという。元就は同年に家督を相続。後に鏡山城は大内氏によって奪還されるが、大内氏は槌山《つちやま》城を拠点とし、城は廃城。

広島城 ひろしまじょう

平城

別　名	舞城、鯉城、在間城、当麻城
築年／廃年	天正17年(1589)／明治以降
築城主	毛利輝元
城　主	毛利輝元→福島正則→浅野長晟→光晟～長勲
所在地	広島県広島市中区基町21-1

原爆で倒壊した壮大な天守

中国地方に一大勢力を持っていた毛利《もうり》輝元《てるもと》(元就《もとなり》の嫡孫)の築城である。広島市街中心部に建つ。城域は1.4km四方、5重5階の巨大な天守を誇る当代屈指の名城で、広島を現在の大都市へ導く大きな礎となった。毛利氏の防長2国への減封後は福島《ふくしま》氏、浅野《あさの》氏が城主となった。

毛利氏は元就の代に中国地方を平定。続く輝元の代に秀吉《ひでよし》に臣従したが、周《す》防《おう》・長門《ながと》・安芸《あき》・石見《いわみ》・出雲・備後《びんご》など120万石の所領を安堵された。天正《てんしょう》16年(1588)、上洛して秀吉に拝謁した輝元は堂々たる近世城郭である大坂城《おおさか》(大阪市)、聚楽第《じゅらくだい》(京都市)を目の当たりにし、120万石の豊臣《とよとみ》大名にふさわしい新城築城を決断した。

毛利氏は約260年に渡り安芸の内陸山間部の吉田郡山城《よしだこおりやま》(安芸高田市)を本城としていたが、郡山城は商業や交通に不便な地だったうえ、手狭だった。輝元は中世山城の時代が去り、強固な堀と石垣に守られた近世城郭の時代となったことを痛感。水陸交通の便がいい海沿いの平野部に移り、聚楽第や大坂城クラスの城と城下町を作ろうと考えたのである。

選ばれたのが佐東郡、現在の広島の地である。当時この地は太田川が分岐してできたデルタの平地だった。瀬戸内の水運を活用して上方《かみがた》と結び、一大城下町を造ることが輝元の大きな狙いだった。

翌年より着工したが、低湿地帯だったことから、埋め立てや地盤整備に非常な苦心を伴った。輝元は五箇と呼ばれていたこの地を「広島」と命名する。築城奉行を務めたのは、穂井田元清《ほいだもときよ》(元就の四男)と二宮就辰《にのみやなりとき》(元就の落胤)だった。また、築城家として知られる秀吉の重臣・黒田如水《くろだじょすい》が縄張を手がけたとされる。工事半ばの天正19年(1591)、輝元は入城して普請や作事に力を入れるとともに、城下の武家屋敷を整備。また商人や職人を呼び寄せて城下町造りを急いだ。

慶長《けいちょう》3年(1598)にほぼ完成した広島城は、大坂城に匹敵する大城郭となった。当初の縄張は本丸、二ノ丸、三ノ丸から成る梯郭式(後に輪郭式)。本丸は高石垣に守られた2段構えで、櫓門には金箔を施した鯱瓦が飾られていた。1万6500㎡もの広大な本丸御殿は上段にあり、豪華で格式の高い書院造だった。城内には45棟の櫓が連なり、さらに周囲には3重の堀が巡らされた。

最大の目玉は天守で、文禄《ぶんろく》元年(1592)に訪れた秀吉も絶賛する出来映えだった。形式は5重5階の望楼型大天守が渡櫓で3重3階の小天守を2基従えるという壮大なもの。この形式は複連結式と呼ばれ、全国ではほかに松本《まつもと》城(松本市)天守がある。壁は下見板張と塗籠の併用。

慶長5年(1600)の関ヶ原合戦で敗れた輝元は防長2国に減封され、萩へ去る。代わって福島正則《ふくしままさのり》が入城したが、元和《げんな》3年(1617)に城の無断修築を咎められ改易。その後浅野氏が城主となり、12代続いて明治となる。明治になって間もなく本丸御殿などが焼失し、市電敷設のため外堀が埋められた。また原爆で天守も崩れたため、遺構は内堀と本丸、二ノ丸の石垣のみ。戦後に天守が復元され近年には二ノ丸御門、太鼓群などの復元が進む。

佐東銀山城《さとうかなやまじょう》

山城

別名	銀山城、金山城
築年／廃年	鎌倉時代／慶長5年(1600)以降
築城主	安芸武田氏
城主	武田信宗～元繁→光和→信実→大内氏→毛利氏
所在地	広島県広島市安佐南区祇園町

安芸武田氏の居城

安芸《あき》3郡(佐東、山縣、安南)の分郡守護・安芸武田《たけだ》氏の本拠。広島市街中心部の北、太田川下流域右岸の武田山(標高411m)に造られた。当地は山陽道を扼する交通の要衝で、かつて金銀を産出したとされることが城名の由来とも。山頂部の本丸を中心に40以上の曲輪《くるわ》が連なり、南の谷には平時の居館があった。豊富な遺構があり、東麓にある御門跡の石垣は、近世城郭の枡形の原型といえるもの。城跡からの広島市内の眺望が見事。

安芸武田氏は武田信玄《しんげん》と同族の甲斐源《げん》氏《じ》。鎌倉時代から長く安芸守護を務めていたが、室町前期より細川《ほそかわ》、山名《やまな》氏らに取って代わられ、分郡守護へ。戦国時代にかけ周防《すおう》の大内《おおうち》氏に押され、安芸国人への影響力も弱まっていった。元繁《もとしげ》の代に出雲の尼子経久《あまごつねひさ》と手を組み大内氏に対抗して勢力拡大を図るが、永正《えいしょう》14年(1517)に元繁が毛利元就《もうりもとなり》に討たれ衰運へ。

天文《てんぶん》10年(1541)、当主の信実《のぶざね》は大内氏に押され出雲へ逃亡。大内義隆《よしたか》の命で元就が300余人の残る城を攻撃し、降伏開城させた。この際、元就は1000足の草鞋《わらじ》を作り、夜に火をつけて太田川に流し、城内に大軍の夜襲と思わせたという逸話がある(広島市に千足の地名が残る)。

天文20年(1551)、大内氏と断交した元就は、城番が籠もる当城を説得で開城させ属城とした。関ヶ原後に廃城へ。

桂城《かつらじょう》

平山城

別名	中山城、三笠山城
築年／廃年	室町後期／不明
築城主	桂広澄
城主	桂広澄→元澄
所在地	広島県安芸高田市吉田町桂

元就が単身乗り込んで説得にあたる

毛利《もうり》氏の譜代重臣・桂氏の居城。吉田盆地の西南端、周囲を可愛川が流れる独立丘陵に位置する。桂氏は毛利氏庶流の坂《さか》一族。大永《たいえい》4年(1524)頃に桂広澄《かつらひろずみ》が相合元綱《あいおうもとつな》(元就《もとなり》の弟)の元就への謀反事件に連座し切腹。残された嫡男・元澄《もとずみ》らは一族郎党を城に集め、自決か籠城戦かという一触即発の事態に。元就は単身で城に出向き、理を尽くして元澄を説得。元澄は元就の誠意に感激し、以後、無二の忠臣として活躍した。廃城時期の詳細は不明。

五龍城《ごりゅうじょう》

山城

別名	―
築年／廃年	南北朝時代／慶長5年(1600)以降
築城主	宍戸朝家
城主	宍戸朝家～元家→元源→隆家→元続
所在地	広島県安芸高田市甲田町上甲立

“4本目の矢”元就の娘が嫁いだ城

安芸《あき》の有力国人・宍戸《ししど》氏の本拠。甲立盆地西南に突出した丘陵で、吉田郡山城《よしだこおりやま》(安芸高田市)の北東3km。長大な尾根を3本の空堀で区切った構造。宍戸は隣接する毛利《もうり》と長く争ったが、天文《てんぶん》2年(1533)に元就《もとなり》が当主・元源《もとよし》と和解。翌年、元就は当城に宿泊し元源と語り合い、元就の長女・五龍殿と、元源の嫡孫・隆家《たかいえ》との婚姻がまとまる。以後隆家は毛利一門同様の扱いを受け、元就の中国平定に貢献。関ヶ原の敗戦による国替えに伴い廃城。

桜尾城《さくらおじょう》

平山城

別名	ー
築年／廃年	鎌倉時代／慶長5年(1600)以降
築城主	藤原親実？
城主	藤原親実〜興親→友田興藤→佐伯景弘〜桂元澄→穂井田元清
所在地	広島県廿日市市桜尾(桂公園)

厳島神領衆が守った安芸の要所

厳島《いつくしま》神主家の本拠。瀬戸内海に面し、対岸に厳島を臨む。山陽道と津和野街道の要所。築城は源《みなもとの》 範頼《のりより》の流れの吉見《よしみ》氏とも。承久《じょうきゅう》3年(1221)に藤原親実《ふじわらのちかざね》が厳島神主となってここに拠り代々居城。安芸《あき》の一の宮・厳島神社は社領を守るため厳島神領衆と呼ばれる家臣団を組織し武装化。戦国時代は大内《おおうち》、尼子《あまご》、武田《たけだ》勢力の争乱の場に。大永《たいえい》3年(1523)、大内氏の攻撃で落城、後に毛利《もうり》氏が支配。関ヶ原の敗戦で安芸に福島正則《ふくしままさのり》が入り城は廃城。

高山城《たかやまじょう》

山城

別名	妻高山城、古高山城
築年／廃年	建永元年(1206)／天文21年(1552)
築城主	(沼田)小早川茂平
城主	小早川茂平〜正平→繁平→隆景
所在地	広島県三原市高坂町真良

毛利に乗っ取られた沼田小早川氏

安芸《あき》の有力国人·沼田《ぬまた》小早川《こばやかわ》氏の本城。沼田川と仏通寺川に挟まれた急峻な岩山に建つ。源《みなもとの》 頼朝《よりとも》に仕えた土肥実平《どひさねひら》の子孫・小早川茂平《しげひら》の築城。小早川氏は沼田川流域一帯を支配し、一族を各所に配し勢力を拡大。中世にかけ木村《きむら》城(竹原市)の分家・竹原《たけはら》小早川氏が強大化し2家は競合、対立。後に竹原氏の養子となっていた毛利元就《もうりもとなり》の三男・隆景《たかかげ》が当主の繁平《しげひら》を隠居させ両家を統合。天文《てんぶん》21年(1552)に新高山《にいたかやま》城を築き、城は廃城となる。

新高山城《にいたかやまじょう》

山城

別名	雄高山城
築年／廃年	天文21年(1552)／慶長元年(1596)
築城主	小早川隆景
城主	小早川隆景
所在地	広島県三原市本郷町本郷

名将・小早川隆景の本城

毛利元就《もうりもとなり》の三男・小早川隆景《こばやかわたかかげ》の築城。沼田川右岸の峻険な岩山(標高197m)に築城。対岸に小早川宗家・沼田《ぬまた》小早川氏の本拠の高山《たかやま》城がある。小早川分家・竹《たけ》原《はら》小早川氏の養子だった隆景は元就とともに沼田氏当主の繁平《しげひら》を出家させ、両家の統一に成功。後に高山城の副塁だった対岸の当城を大改修し、本拠を移した。以来慶長《けいちょう》元年(1596)に三原《みはら》城(三原市)に移るまで居城し、移転とともに廃城。山頂の主郭を中心に60余の曲輪《くるわ》があった。

多治比猿掛城《たじひさるがけじょう》

山城

別名	猿掛城、多治比城
築年／廃年	明応年間(1492〜1501)？／不明
築城主	毛利弘元？
城主	毛利弘元→元就
所在地	広島県安芸高田市吉田町多治比

毛利家当主となる前の元就の居城

毛利元就《もうりもとなり》が青少年期を過ごした城。毛利氏本拠・吉田郡山《よしだこおりやま》城(安芸高田市)より北西4km、烏帽子山から伸びる標高370mの丘陵にある。嫡男・興元《おきもと》に家督を譲った弘元《ひろもと》(元就の父)が妻の福原《ふくばら》氏と4歳の元就を連れて隠居した城。福原氏と弘元は相次いで没し、弘元の側室・杉《すぎの》大方《おおかた》は父母を失った10歳の元就を哀れんで養育。信仰などに大きな影響を与えた。元就は27歳で家督を継ぎ、郡山城へ入城するまで在城。廃城時期の詳細は不明。

槌山城《つちやまじょう》 山城

別名	明神山城、守護山城
築年/廃年	天文年間(1532〜1555)/不明
築城主	大内義隆
城主	弘中隆兼→菅田宣眞→毛利氏
所在地	広島県東広島市八本松町吉川

大内氏の安芸の支配拠点

鏡山《かがみやま》城(東広島市)に代わる大内《おおうち》氏の安《あ》芸《き》支配拠点。西条盆地の西、比高260mの守護山に築城。大内氏は安芸の領有を巡り尼子《あまご》氏と激しく争う。安芸の拠点は鏡山城だったが大永《たいえい》3年(1523)に尼子経《つね》久《ひさ》の攻撃で落城。後に奪回したが、防備に不安を持った当主の義隆《よしたか》は当城を築き重臣・弘中隆兼《ひろなかたかかね》を代官に。天文《てんぶん》20年(1551)、義隆が陶晴賢《すえはるかた》の謀反で死に、晴賢と示し合わせた毛利元就《もうりもとなり》の侵攻で落城。落城後に廃城と思われるが詳細は不明。

頭崎城《かしらざきじょう》 山城

別名	ー
築年/廃年	大永3年(1523)/慶長5年(1600)以降
築城主	平賀弘保
城主	平賀興貞→隆宗→(沼田小早川)隆保→広相
所在地	広島県東広島市高屋町貞重

吉田郡山合戦の発端となった城

安芸《あき》国人・平賀《ひらが》氏の城。比高200mの頭崎山に建つ。本拠・白山《しろやま》城(東広島市)の防御が不安な弘保《ひろやす》が北方4kmに支城として築城、嫡男の興貞《おきさだ》を置く。弘保と興貞の子・隆宗《たかむね》は大内《おおうち》方だったが天文《てんぶん》4年(1535)に興貞が尼子《あまご》方に転じ、親子は白山・頭崎城に分かれ争う。天文9年(1540)の尼子晴久《はるひさ》の吉田郡山《よしだこおりやま》城(安芸高田市)襲来は当城救援が目的。晴久が毛利《もうり》・大内軍に敗れ当城も落城。その後毛利氏が治めたが関ヶ原で敗れ、移封とともに廃城。

白山城《しろやまじょう》 山城

別名	ー
築年/廃年	文亀3年(1503)/不明
築城主	平賀弘保
城主	平賀弘保
所在地	広島県東広島市高屋町白市

親子で争った平賀氏の本拠

安芸《あき》国人・平賀《ひらが》氏の本拠。平賀氏は出羽平賀郡(秋田県)の発祥で、鎌倉期より安芸に下向し高屋保(高屋町一帯)を治める国人に。御薗宇《みそのう》城(東広島市)を本拠としたが、弘保《ひろやす》の代で自領の中心・白山(比高70〜130m)に移る。防御に不安があり、北方4kmの頭崎《かしらざき》城(東広島市)など支城を置いた。後に弘保が大内方、頭崎城の嫡男・興貞《おきさだ》が尼子方に分かれて合戦。興貞は敗れたが、この内紛は平賀氏衰亡の一因となった。廃城時期の詳細は不明。

椋梨城《むくなしじょう》 平山城

別名	堀城
築年/廃年	不明/不明
築城主	不明
城主	椋梨氏
所在地	広島県三原市大和町椋梨

隆景の沼田小早川継承に暗躍

沼田小早川《ぬまたこばやかわ》氏の重臣・椋梨氏の居城。椋梨盆地中央の丘に建つ。築城年は不明。椋梨氏は沼田小早川一族。鎌倉時代、小早川季平《すえひら》(初代・茂平《しげひら》の弟)の子・国平《くにひら》が当地に拠り椋梨氏を称したことに始まる。戦国時代、弘平《ひろひら》の代で竹原《たけはら》小早川氏の養子・隆景《たかかげ》(毛利元就《もうりもとなり》の三男)に協力。天文《てんぶん》19年(1550)、隆景が盲目の主君・繁平《しげひら》を追い沼田家と竹原家を統一した際、積極的に働いた。以後、隆景の重臣となり小早川家を支える。廃城時期の詳細は不明。

鈴尾城 すずおじょう

山城

別　名	福原城
築年／廃年	永徳元年(1381)／慶長5年(1600)以降
築城主	福原広世
城　主	福原広世～式部大輔広俊→左近允貞俊→左近允広俊→出羽守貞俊～越後守広俊
所在地	広島県安芸高田市吉田町福原

毛利筆頭重臣として活躍した福原氏

毛利《もうり》の重臣・福原《ふくばら》氏の本拠。吉田盆地南、可愛川に面した丘陵(比高110m)に築かれた。3方が崖、背後が空堀で区切られた要害である。東部に平時の居館があったという平地がある。福原氏は毛利一族。8代・式部大輔《しきぶのたいふ》広俊《ひろとし》の娘の福原氏は毛利元就《もとなり》の母で、元就の誕生地を当城とする伝承もある。筆頭家老を務めて元就を助けた10代・左近允広俊《さこんのじょうひろとし》、11代・出《で》羽守貞俊《わのかみさだとし》が有名。13代・越後守広俊《えちごのかみひろとし》の代で毛利氏の防長移封に従い廃城となった。

小倉山城 おぐらやまじょう

山城

別　名	小倉城、小蔵山城、紅葉山城
築年／廃年	南北朝時代／天文19年(1550)
築城主	吉川経見
城　主	吉川経見→経信～国経→元経→興経
所在地	広島県山県郡北広島町新庄

毛利氏と縁戚だった吉川氏だが……

安芸《あき》の有力国人・吉川《きっかわ》氏の本城。新庄盆地の北の丘陵にあった。石見《いわみ》と安芸の国境に近く、石見路の要衝。吉川氏は藤《ふじ》原《わら》氏後裔。毛利元就《もうりもとなり》の妻・妙玖《みょうきゅう》は吉川国《くに》経《つね》の娘で両家は姻戚関係。国経の孫・興《おき》経《つね》が大内《おおうち》、尼子《あまご》両勢力のあいだで向背を繰り返す。天文《てんぶん》15年(1546)頃、興経は日《ひ》野山《のやま》城を築き移転。妙玖の死後、元就の策略で元春《もとはる》(元就の次男)が養子入りし、興経は隠居させられ暗殺された。後に元春が日野山城に本拠を移し当城は廃城。

日野山城 ひのやまじょう

山城

別　名	火野山城、日山城
築年／廃年	天文15年(1546)頃／天正19年(1591)
築城主	吉川興経
城　主	吉川興経→元春→元長→広家
所在地	広島県山県郡北広島町新庄

吉川氏が毛利領侵攻のため築いた城

安芸《あき》の国人領主・吉川興経《きっかわおきつね》が小倉山《おぐらやま》城(山県郡)に代わる本拠として南方3kmの日野山(比高300m)に築城。天文《てんぶん》11年(1542)の月山富田《がっさんとだ》城(安来市)戦で興経は尼子《あまご》に寝返り大内《おおうち》軍大敗の原因に。戦後興経は毛利元就《もうりもとなり》を頼り大内に恭順するが、日野山築城は毛利領への侵略意図を持つ。激怒した元就は興経を失脚させ、次男の元春《もとはる》を養子に入れ吉川家を乗っ取る。その後吉川家の拠点となり天正19年(1591)に広家《ひろいえ》が富田城に転封、廃城とされる。

三入高松城 みいりたかまつじょう

山城

別　名	高松城
築年／廃年	戦国初期／元和元年(1615)以降
築城主	熊谷直経
城　主	熊谷直経～元直→信直→元直
所在地	広島県広島市安佐北区可部

美女・醜女伝説で知られる熊谷家

安芸武田《あきたけだ》氏に仕えた熊谷《くまがい》氏の居城。根谷川左岸の高松山(標高339m)に築かれた。熊谷氏は源平《げんぺい》時代に平敦盛《たいらのあつもり》を討った熊谷直実《なおざね》の末裔。当主・信直《のぶなお》の妹は美貌で知られ、武田光和《みつかず》の側室になったが逃げ戻る。主従関係は崩れ、光和は当城を攻撃。光和と敵対していた毛利元就《もうりもとなり》は信直に加勢し味方とする。後に醜女で知られる信直の娘(新庄局《しんじょうのつぼね》)が吉川元春《きっかわもとはる》(元就の次男)に嫁ぎ、熊谷氏は毛利縁戚として活躍。元和《げんな》の一国一城令により廃城。

生城山城《おおぎやまじょう》

山城

別名	ー
築年/廃年	永正17年(1520)頃/慶長5年(1600)以降
築城主	(生城山)天野興定
城主	天野興定→隆綱→元定→元政
所在地	広島県東広島市志和町志和東

元就の七男が継いだ生城山天野氏

安芸《あき》国人・生城山天野《あまの》氏の本拠。生城山(比高260m)に建つ。南に属城の米山《こめやま》城がある。安芸天野氏には金明山《きんめいさん》城(東広島市)の金明山天野氏があり、同族だが別系。築城主の興定は毛利《もうり》と並ぶ実力者だが、大永《たいえい》5年(1525)に大内《おおうち》氏に米山城を攻められ毛利元就《もとなり》の説得で降伏。以後、国衆として元就の中国平定を支えた。元亀《げんき》元年(1570)に元就の七男・元政《もとまさ》を養子に迎える。関ヶ原後、毛利氏の移封に伴い廃城。また、元政は右田《みぎた》毛利氏の祖に。

金明山城《きんめいさんじょう》

山城

別名	土肥城
築年/廃年	室町後期/不明
築城主	(金明山)天野政貞
城主	天野政貞～元氏→元貞→隆重
所在地	広島県東広島市志和町志和堀

山中鹿介と戦った金明山天野氏

安芸《あき》国人・金明山天野《あまの》氏の居城。標高735m、比高500mの峻険な金明山にあり、南西に張り出す尾根の先端頂部に築城。曲輪《くるわ》跡、堀切などが残る。南方6kmの生《おお》城山《ぎやま》城(東広島市)の生城山天野氏は同族だが別系である。大内《おおうち》氏に属していたが、天文《てんぶん》20年(1551)の義隆《よしたか》の死後、毛利《もうり》元就《もとなり》に従属し国衆として活躍。特に隆重《たかしげ》は元就の信頼厚く、月山富田《がっさんとだ》城(安来市)城代に抜擢され、山中鹿介《やまなかしかのすけ》ら尼子《あまご》再興軍から富田城を守った。廃城時期の詳細は不明。

木村城《きむらじょう》

山城

別名	新庄城、篠原城
築年/廃年	正嘉2年(1258)/天文19年(1550)頃
築城主	(竹原)小早川政景
城主	小早川政景～弘景→弘平→興景→隆景
所在地	広島県竹原市新庄町

小早川隆景が養子入りした城

安芸《あき》国人・竹原《たけはら》小早川《こばやかわ》氏の本城。竹原港の北方5kmの城山(標高350m)より伸びる丘陵先端(標高150m)に築城。竹原小早川は沼田《ぬまた》小早川の分家だが、水軍を率いて瀬戸内に勢力を広げ室町中期には本家と競合・敵対。大内方の13代・興景《おきかげ》が天文《てんぶん》10年(1541)に佐東銀山《さとうかなやま》城(広島市)戦で病没。世継ぎなく家臣団は毛利《もうり》元就《もとなり》の三男・隆景《たかかげ》の継承を切望。隆景は天文13年(1544)に当主となり6年後に小早川両家を統一。本拠を高山《たかやま》城へ移し城は廃城。

松尾城《まつおじょう》

山城

別名	高橋城、松尾山城、土居城
築年/廃年	南北朝時代/不明
築城主	高橋氏
城主	高橋久光→弘厚
所在地	広島県安芸高田市美土里町横田

大物国人・高橋氏の安芸拠点

出羽《いずは》城(邑智郡)主・高橋《たかはし》氏の属城。吉《よし》田《だ》郡山《こおりやま》城(安芸高田市)の北西、安芸《あき》と石《いわ》見《み》の国境付近の丘陵に築城。高橋氏は石見と安芸にまたがる1万2000貫の領土を誇る国人。毛利《もうり》や吉川《きっかわ》ら安芸国人一揆の盟主。久光《ひさみつ》の娘が毛利興元《おきもと》(元就《もとなり》の兄)に嫁ぎ、興元の死後は元就とともに久光が外戚として遺児・幸松丸《こうまつまる》を後見。大永《たいえい》元年(1521)の久光の死後に衰運。享禄《きょうろく》2年(1529)頃、元就の攻撃を受け落城、高橋氏は滅亡。廃城時期の詳細は不明。

鳥籠山城《とこのやまじょう》

山城

別名	―
築年/廃年	承久年間(1219～1222)／不明
築城主	阿曽沼親綱
城主	阿曽沼親綱～広秀→元秀→元郷
所在地	広島県広島市安芸区中野町

厳島・防長平定戦で活躍した阿曽沼氏

安芸《あき》有力国人・阿曽沼《あそぬま》氏の本拠。蓮華寺山の南の尾根(標高102m)に築城。当地は広島と西条方面を結ぶ交通の要衝。阿曽沼氏は藤原秀郷《ふじわらのひでさと》の後裔で鎌倉時代に地頭として下向、毛利《もうり》、吉川《きっかわ》らと並ぶ領主に。戦国時代、当主・広秀《ひろひで》は大内《おおうち》方だったが義隆《よしたか》の死後に毛利元就《もとなり》へ従属し、厳《いつく》島《しま》合戦と防長侵攻戦で活躍。国衆として一定の独立性を保持した点も特徴。関ヶ原戦後に毛利氏が移り阿曽沼氏も移動。その後に廃城と思われるが詳細は不明。

保木城《ほぎじょう》

山城

別名	矢野城
築年/廃年	建武2年(1335)／不明
築城主	熊谷蓮覚
城主	熊谷蓮覚～野間重能～興勝→隆実
所在地	広島県広島市安芸区矢野町

元就に滅ぼされた野間氏

安芸《あき》国人・野間《のま》氏の本拠。広島湾東部の絵下山の北に伸びる尾根(標高476m)にあった。熊谷《くまがい》氏庶流・蓮覚《れんがく》の築城。文《ぶん》安《あん》2年(1445)に足利義政《あしかがよしまさ》から矢野を賜った野間氏の居城へ。野間氏は毛利元就《もうりもとなり》と親しかったが、元就と大内《おおうち》方の陶晴賢《すえはるかた》が敵対すると晴賢に与し毛利方の仁保島《にほじま》城(広島市)を攻撃。弘治《こうじ》元年(1555)に元就は逆襲し野間氏を落城、当主・隆実《たかざね》以下多数の兵を虐殺。他の国衆への見せしめに。その後廃城と思われるが詳細は不明。

有田城《ありたじょう》

山城

別名	茗荷丸
築年/廃年	不明／不明
築城主	有田氏
城主	有田氏→吉川氏
所在地	広島県山県郡北広島町有田

毛利元就、初陣の地

「西国の桶狭間」と呼ばれる、有田中井手の戦いで知られる安芸《あき》北方の要衝。八重盆地を東西に分ける丘陵の東(比高40m)に築城。主郭を中心に4つの削平地がある。在地豪族・有田氏の城だったが戦国期に吉川《きっかわ》氏の手に。永正《えいしょう》14年(1517)、安芸分郡守護の武田元繁《たけだもとしげ》が襲来。当時20歳の毛利元就《もうりもとなり》は吉川氏と協力して迎撃、城外の中井手で元繁を討ち取り初陣を飾る。安芸武田氏は以後衰え、元就は声望を高めた。廃城時期の詳細は不明。

天神山城《てんじんやまじょう》

山城

別名	―
築年/廃年	不明／不明
築城主	井上氏
城主	井上氏
所在地	広島県安芸高田市吉田町

元就に誅罰された井上一族

毛利《もうり》重臣・井上《いのうえ》氏の本城。吉田盆地の南、可愛川南岸に建つ。毛利弘元《ひろもと》(元就《もとなり》の父)に仕えた光兼《みつかね》の代で全盛。合戦・内政両面で弘元を支えた。弘元の死後、光兼の弟・元盛《もともり》が幼少の元就から多治比を横領(後に返却)したのは有名。その後、元就の家督相続では元兼《もとかね》(光兼の子)以下一族5名が連署状に署名、毛利家中で最大の勢力だった。しかし専横が目立ち、天文《てんぶん》19年(1550)、元就は元兼以下一族30余名を皆殺しに。廃城時期の詳細は不明。

賀儀城 かぎじょう

海城

別名	鍵城
築年/廃年	不明／不明
築城主	浦氏
城主	浦(乃美)氏
所在地	広島県竹原市忠海床浦

小早川水軍の拠点

小早川《こばやかわ》水軍の提督・浦《うら》(乃美《のみ》)氏の本拠、水軍基地。瀬戸内海に面した海城で、南に大三島を臨む。浦氏は沼田《ぬまた》小早川氏庶流で代々水軍を率いて沼田氏を支えた。5代・元安《もとやす》に嗣子《しし》がなく、同じ小早川一族の乃美賢勝《かたかつ》が養子入り。以後乃美氏を称し、賢勝の子・宗勝《むねかつ》は小早川隆景《たかかげ》(元就《もとなり》の三男)の右腕として活躍。弘治《こうじ》元年(1555)の厳島《いつくしま》合戦で村上《むらかみ》水軍を味方に引き入れ、勝利の立役者に。大友《おおとも》氏との合戦や朝鮮出兵にも参陣。廃城時期の詳細は不明。

鎮海山城 ちんかいやまじょう

山城

別名	竹原城
築年/廃年	天正13年(1585)頃／慶長5年(1600)以降
築城主	(能島)村上武吉
城主	村上武吉
所在地	広島県竹原市田ノ浦

海を追われた村上武吉の城

能島村上《のしまむらかみ》水軍の総帥・村上武吉《たけよし》の築城。現在は竹原港よりやや離れた位置にあるが、中世は入江に面した城だったと見られる。南に芸予諸島を望む小高い丘に建つ。武吉は三島村上氏(能島、来島《くるしま》、因《いんの》島《しま》)の惣領。強力な水軍力で瀬戸内を支配、後に毛利《もうり》氏に従った。しかし秀吉《ひでよし》政権下で瀬戸内が豊臣《とよとみ》領となると能島を追われ、小早川隆景《こばやかわたかかげ》領の当城を新拠点とする。関ヶ原合戦で伊予を攻めたが敗戦。武吉が毛利に従い周防《すおう》に移った後に廃城。

船山城 ふなやまじょう

山城

別名	―
築年/廃年	不明／不明
築城主	毛利氏
城主	相合(毛利)元綱
所在地	広島県安芸高田市吉田町吉田

謀反を企て殺された元就の弟

毛利元就《もうりもとなり》の異母弟・相合元綱《あいおうもとつな》の居城。吉田郡山《よしだこおりやま》城(安芸《あき》高田市)の西方尾根伝いに位置し、郡山城の出城だったと見られる。元綱は「今義経《いまよしつね》」と呼ばれたほどの武芸者。元就の家督継承後、重臣の坂広《さかひろ》秀《ひで》や渡辺勝《わたなべすぐる》らが尼子《あまご》氏と通じ、元綱を擁立した謀反を画策。しかし元就はこれを事前に察知し、大永《たいえい》4年(1524)、城を急襲して元綱らを誅殺した。後年、元就が子である三兄弟の結束を訴えた背景になった事件と見られる。廃城時期は不明。

長門

勝山城　かつやまじょう

山城

別　名	且山城
築年／廃年	不明／弘治3年(1557)
築城主	不明
城　主	内藤氏→入江著親
所在地	山口県下関市大字田倉

毛利が騙し討ちで大内を滅ぼした城

長門《ながと》守護代・内藤《ないとう》氏の属城。本州最西端・下関市の勝山(標高359m)に築城。永《えい》和《わ》4年(1378)に大内《おおうち》氏に仕えていた永富《ながとみ》氏が在城していたのが初見とされる。山の西方はなだらかだが残る3方が急峻。

内藤氏は大内氏の譜代重臣で、室町中期より長門守護代を務めた家柄。大内の重鎮として知られる興盛《おきもり》の死後、嫡孫の隆世《たかよ》が家督を継ぎ、豊後《ぶんご》大友《おおとも》氏より迎えた新当主・大内義長《よしなが》(大友宗麟《そうりん》の弟・晴《はる》英《ひで》)を支えた。ただ義長は傀儡《かいらい》の君主で、実権は周防《すおう》守護代の陶晴賢《すえはるかた》が握っていた。

弘治《こうじ》元年(1555)の厳島《いつくしま》合戦で晴賢を下した毛利元就《もうりもとなり》は、勢いに乗り防長の大内方諸城を攻略。弘治3年(1557)、追い込まれた義長と隆世は宗麟の援軍を期待し、山口を放棄して当城へ逃走。

元就は水軍で下関海域を封鎖、義長主従を袋の鼠とし、本丸以外をすべて陥落。その後、「隆世は遺恨があり切腹してもらうが義長は助ける」との降伏勧告文を城に放った。勧告を飲み隆世は切腹。義長が城外の長福院(功山寺)に入ると、元就は約束を違えて寺を包囲、自害に追い込み、戦国大名・大内氏は滅亡。その後勝山城は一時廃城となるが、幕末にこの地に館が築かれ長州藩の拠点となっている。

なお、弟を見殺しにした宗麟は元就の防長併呑を認める代わりに、北九州の旧大内領平定を元就に黙認させている。

櫛崎城　くしざきじょう

海城

別　名	串崎城、雄山城、長府城
築年／廃年	不明／元和元年(1615)以降
築城主	稲村景家？
城　主	稲村景家～内藤氏→毛利秀元
所在地	山口県下関市長府宮崎町

関門海峡の東入口を押さえる

長府の南端、周防灘《すおうなだ》に突き出た半島に位置。東と南2方が海に面し、関門海峡の出入口を扼する要衝だった。平安中期の海賊・藤原純友《ふじわらのすみとも》の手下である稲村景家《いなむらかげいえ》が在城していたことが初見。中世に大内《おおうち》氏の臣で長門《ながと》守護代の内藤《ないとう》氏の城として整備された。慶長《けいちょう》5年(1600)の関ヶ原の戦い後、毛利《もうり》氏は防長2国に減封され、毛利秀元《ひでもと》(一時期輝元《てるもと》の養嗣子《ようしし》だった元《もと》就《なり》の孫)が3万6000石を与えられ入城し、長府藩の藩庁とした。一国一城令で廃城。

荒滝城　あらたきじょう

山城

別　名	荒滝山城
築年／廃年	不明／江戸初期
築城主	内藤氏？
城　主	内藤隆春→元盛(佐野道可)～益田元祥
所在地	山口県宇部市大字東吉部字荒滝

輝元が大坂城に送り込んだ佐野道可

大内《おおうち》氏と毛利《もうり》氏に仕えた内藤隆春《ないとうたかはる》の居城。標高456mの荒滝山にあった。内藤氏代々の本城とも。隆春は興盛《おきもり》の子。宗家の隆世《たかよ》(興盛の嫡孫)は大内義長《よしなが》に仕えたが、隆春は早くから毛利元就《もとなり》に通じ、義長・隆世滅亡後に家督と長門《ながと》守護代を継ぐ。慶長《けいちょう》19年(1614)、隆春の甥で養嗣《ようし》子《し》の元盛《もともり》は輝元《てるもと》の密命で佐野道可《さのどうか》と名を変え、豊臣《とよとみ》方として大坂《おおさか》城に入城、落城後自刃。幕府に問題視されたが輝元は内藤氏を断絶し事態を収拾。江戸初期に廃城。

萩城　はぎじょう

平山城

別名	指月城
築年／廃年	慶長9年(1604)／明治以降
築城主	毛利輝元
城主	毛利輝元→秀就～重就～敬親
所在地	山口県萩市堀内

家康に騙された輝元の怨念の城

慶長《けいちょう》5年(1600)の関ヶ原の戦いで敗れ、防長2国に減封された毛利輝元《もうりてるもと》が築いた新本拠。以来長州藩主の居城・政庁として毛利氏が13代世襲し、明治を迎えた。萩は山口県北部で日本海に面し、3方を山に囲まれた都市。城下には吉田松陰《よしだしょういん》を祀る松陰神社や松下村塾《しょうかそんじゅく》など、幕末・維新に活躍した長州藩士の史跡が多い。

城は萩の西北端で、日本海に島状に突き出た指月山《しづきやま》(標高143m)の詰丸(詰城)と、山麓の本丸、二ノ丸、三ノ丸を配す本城部分から成る2重構造で、3重の堀が巡る。近世城郭ながら全体的に中世城郭が意識された構成が特徴。当地は松本川と橋本川(阿武川の下流)のあいだに形成された日本有数のデルタ地帯である。

毛利輝元は名将・元就《もとなり》の嫡孫。周防《すおう》・長門《ながと》・安芸《あき》・石見《いわみ》・出雲・備後《びんご》など120万石を領した大大名だった。関ヶ原合戦直前の毛利家は、吉川元春《きっかわもとはる》・小早川隆景《こばやかわたかかげ》の“毛利両川《りょうせん》”もすでに亡く、当主の輝元は名城・広島《ひろしま》城(広島市)を本拠に絶対君主として君臨。これを吉川広家《ひろいえ》(元春の子)や毛利秀元《ひでもと》(一時期輝元の養嗣子《ようしし》だった元就の孫)ら一族と、福原越後守広俊《ふくばらえちごのかみひろとし》や安国寺恵瓊《あんこくじえけい》ら重臣が支える構図だった。

輝元は石田三成《いしだみつなり》の挙兵に呼応し、西軍総大将として大坂《おおさか》城(大阪市)に入城。通説では恵瓊の主導でやむなく大将に担ぎ出されたとされるが、実態は異なる。乱世の再到来を前にした輝元の動きは非常に積極的で、広家、恵瓊、秀元を東軍勢力にあたらせたほか、四国と九州にも侵略の手を伸ばしている。一方、家康《いえやす》と争う危険性を憂慮した広家は密かに家康と交渉し、毛利と徳川《とくがわ》の講和を成立させた(輝元が承知していたかどうかは不明)。

結局、広家と秀元は関ヶ原で傍観姿勢を貫き、本戦は西軍大敗で終結した。家康は大坂城西ノ丸の輝元に対し本領安堵を約して西ノ丸を退去させたが、直後に四国、九州の出兵を理由に態度を一変させ、全領国の没収を決定。大坂城に籠城されることを恐れた、家康一流の策略だった。広家の必死の哀願により、結局処分は防長2国37万石への減封に決した。

傷心の輝元は新しい城地として萩、山口、三田尻の3か所を候補に上げ、幕府裁定で萩に決した。慶長9年(1604)から工事は始まり、同年中に輝元は完成半ばの本丸に入城(完工は慶長13年〈1608〉)。広島城を追い出され、僻遠地へ押し込められた事実は毛利に深い怨念を残す。

本丸には御殿と5基の櫓が築かれたほか、5重5階の望楼型天守も上げられた。1重の付櫓を設けた複合式だが、2基の3重小天守を連結した壮大な広島城天守とは比較にならず、延べ床面積も広島城天守の約8割にとどまるものだった。ただ壁は白漆喰総塗籠の美しい外観で、姫路《ひめじ》城(姫路市)天守に先立つ、白亜の総塗籠天守の草分けである。また天守台も「扇の勾配」を持つ高石垣である。

その後も毛利家が収め続け、幕末の文《ぶん》久《きゅう》3年(1863)、13代・敬親《たかちか》は攘夷に際し海防上不利であることを理由に藩庁を山口に移し、事実上廃城となった。明治7年(1874)に天守はじめすべての建築物が破却され、天守台、石垣、堀などを残すのみ。

渡川城 わたりがわじょう

山城

別名	ー
築年／廃年	室町時代／不明
築城主	大内氏
城主	大内氏
所在地	山口県山口市阿東生雲東分

石見をにらむ大内氏の防衛拠点

防長の戦国大名・大内《おおうち》氏の属城で、長《なが》門《と》と石見《いわみ》の国境付近、標高334mの城山に建つ。周囲2/3が阿武川に囲まれた要害。大内氏の石見口の防御の要だった。天文《てんぶん》22年(1553)、石見国人の吉見正頼《よしみまさより》が津和野《つわの》城(鹿足郡)に拠り大内家の実権を握る陶晴賢《すえはるかた》と抗争。翌年、大内義長《よしなが》が当城に陣を敷く。正頼は一時降伏し義長は山口に帰還。後に晴賢を厳島《いつくしま》に葬った毛《もう》利《り》元就《もとなり》の防長侵攻に呼応し、正頼が当城を陥落。廃城時期の詳細は不明。

周防

岩国城 いわくにじょう

平山城

別名	横山城
築年／廃年	慶長6年(1601)／元和元年(1615)以降
築城主	吉川広家
城主	吉川広家
所在地	山口県岩国市横山3

毛利の東の要、無念の廃城

毛利《もうり》の重臣・吉川広家《きっかわひろいえ》(元春《もとはる》の三男)の居城であり、岩国領3万石(後に6万石)の統治拠点である。蛇行した錦川に囲まれた横山(標高200m)に築かれた山城と、山麓の居館と政庁部分から成る。山城は詰城であり、3重の天守、3基の櫓があった。館部分は土居と呼ばれた。関ヶ原の合戦で防長2国に減封された毛利家にとって、最東部に位置する岩国は東の守りを担う重要な拠点だった。

関ヶ原合戦で毛利家は、当主の輝元《てるもと》が西軍総大将となり九州と四国に侵略の魔手を伸ばす一方、親家康《いえやす》の広家は密かに徳川《とくがわ》との和議を整え、関ヶ原本戦でも不戦を貫いた人物。「(元就《もとなり》の遺言に沿い)天下を競望すべからず」(『吉川家文書』)と輝元に諫言したことも著名。合戦後、家康は輝元を改易とし防長2国を広家に与えると決したが、広家の必死の嘆願により、輝元を防長2国のみ安堵とした。広家は輝元より岩国3万石を分知される。

しかし完成間もない元和《げんな》元年(1615)に一国一城令で山城部が廃城。周防の城は岩国城だけだったため広家は反対したが、輝元は幕府への恭順を強めるため、また櫛崎《くしざき》城(下関市)を破却した毛利秀元《ひでもと》に配慮して、決定を覆さなかった。なお、岩国領は関ヶ原の件が尾を引き、長く藩として認められず、認可されたのは明治だった。現在、復興天守や錦帯橋が名所に。

高嶺城　こうのみねじょう　山城

別　名	鴻の峰城、高峯城
築年/廃年	弘治2年(1556)／元和元年(1615)以降
築城主	大内義長
城　主	大内義長→市川経好→柳沢元政→佐世元嘉
所在地	山口県山口市上宇野令

“女城主”が活躍した山口の城

防長の戦国大名・大内《おおうち》氏末期の築城である。山口市街にある独立峰・高嶺(標高338m)に造られた。本拠の大内館の西方1kmに位置する。山頂の主郭は石垣で普請され、これを中心に尾根伝いに曲輪《くるわ》が配置されている。登山道の傾斜は非常に急で、往時の堅城ぶりがうかがえる。

弘治《こうじ》元年(1555)、安芸《あき》の毛利元就《もうりもとなり》は大内の重鎮で主力軍でもあった陶晴賢《すえはるかた》を厳《いつく》島《しま》の戦いで滅ぼす。元就は翌年より大内氏の領国である防長への侵攻を開始。一方、晴賢に奉じられて大内家当主となっていた大内義長《よしなが》(豊後《ぶんご》の大友宗麟《おおともそうりん》の弟)は、山口防衛のために高嶺城の築城を始めた。大内館では心許なかったのである。

しかし毛利軍の進撃は予想以上に早く、義長は完成半ばで築城を断念。山口を捨てて長門《ながと》勝山《かつやま》城(下関市)へ逃れ、城外の長福院で自刃。大内氏は滅亡した。

防長を制した元就は重臣の市川経好《いちかわつねよし》に城代を命ず。その後、元就と宗麟は北九州を巡り抗争。永禄《えいろく》12年(1569)、宗麟の支援で大内一族の大内輝弘《てるひろ》が山口に侵入し、高嶺城を攻撃。経好が九州出征中で不在だったため、経好の妻が“女城主”として指揮を執り、「今に味方がくる」と城兵を励まして籠城戦を戦った。やがて九州から撤収した吉川元春《きっかわもとはる》が来援し、輝弘を蹴散らして自刃させた。元和《げんな》の一国一城令により廃城(実際は二十数年後)。

若山城　わかやまじょう　山城

別　名	富田若山城
築年/廃年	室町時代／弘治3年(1557)以降
築城主	陶弘政か弘護
城　主	陶弘政か弘護→興房→晴賢→長房
所在地	山口県周南市福川

“主殺し”陶晴賢の城

大内《おおうち》氏重臣・陶《すえ》氏の本城。南に瀬戸内海と山陽道を臨む若山(標高217m)に築かれた。西は防府から山口へ続き、大内領の東部を守る重要拠点だった。また、同じ大内傘下ながら長年の仇敵だった北方の吉見《よしみ》氏に備えるための城でもある。東方2kmに居館・陶氏館(周南市)がある。

東から西の尾根伝いに三ノ丸、二ノ丸、山頂の本丸、西ノ丸と配する連郭式城郭。この全長は約450mに及ぶ。地形を巧みに利用した堅固な構えで、随所に空堀、土塁、石垣などが残っている。

陶氏は大内一族で、代々長門《ながと》守護代を務めた名門である。築城主は地頭として富田保(周南市)に入部した2代・弘政《ひろまさ》とも、応仁の乱で活躍した8代・弘護《ひろもり》ともいわれるがはっきりしない。長年主君の大内氏を支えてきたが、天文《てんぶん》19年(1550)、10代・晴賢《はるかた》は当主の義隆《よしたか》への謀反を決意し、当城を大改修。翌年に義隆を殺害し(大寧寺《だいねいじ》の変)、傀儡《かいらい》の君主として大内義《よし》長《なが》(大友宗麟《おおともそうりん》の弟)を奉じ、大内家の実権を握った。しかし、弘治《こうじ》元年(1555)の厳《いつく》島《しま》合戦で毛利元就《もうりもとなり》に敗れ、戦死する。

元就の攻撃に備え、晴賢の子・長房《ながふさ》が籠城。弘治2年(1556)、かつて晴賢に父を討たれた大内氏の将・杉重輔《すぎしげすけ》の攻撃を受け長房が死亡。翌年、城主不在のまま元就の侵攻を受け、戦わずして落城した。落城後しばらくして毛利氏が廃城とする。

大内館 おおうちやかた

居館

別名	大内氏館
築年/廃年	15世紀半ば／ー
築城主	大内教弘
城主	大内教弘→政弘→義興→義隆→義長
所在地	山口県山口市大殿大路

大内氏の華麗なる宮殿

周防《すおう》と長門《ながと》を本拠とした西国の王者・大内氏代々の館。山口市街の中心部、現在の龍福寺一帯が跡地である。

大内氏はこの館を中心に、山口を"西の京"と呼ばれる一大都市とした。また、歴代当主は京の戦災から逃れた公家や文化人を山口に迎え、華麗なる大内文化の花を咲かせた。

近隣には、26代・盛見《もりみ》が築いた大内文化の象徴・瑠璃光寺《るりこうじ》五重塔、29代・政弘《まさひろ》が保護した常栄寺《じょうえいじ》雪舟庭《せっしゅうてい》、31代・義隆《よしたか》が布教を許したザビエル記念聖堂など、大内氏関連史跡が多数存在する。

大内氏は、百済《くだら》王族の子孫という伝承を持つ名族。平安時代より周防の官僚として頭角を現し、鎌倉時代は御家人となって周防を掌握。南北朝期に24代・弘世《ひろよ》が周防国と長門国の守護となり、正平《しょうへい》15年(1360)頃、本拠を大内村(山口市東部)から山口へ移した。これが「山口開府」である。

その後、大内氏は防長を中心に周辺諸国を転戦し、応仁の乱(1467〜1477)では政弘が西軍の重鎮として戦い、続く30代・義興《よしおき》は京で管領《かんれい》代として幕政を掌握し、事実上の天下人となった。

義興は周防と長門を中心に豊前《ぶぜん》、筑前、石見《いわみ》、安芸《あき》、山城の7か国の守護となり、後に出雲尼子《あまご》氏との戦いのため帰国して戦国大名化する。31代・義隆は従二位大《だ》宰大弐《ざいのだいに》に昇叙し、当時の将軍をしのぎ、武家として最高の地位を誇った。こうした大内氏の栄華を支えていたのが、朝鮮半島や中国との貿易、および石見銀山(大田市)がもたらす巨万の富だった。

しかし、義隆が重臣の陶晴賢《すえはるかた》の下克上で死去してから衰運となり、続く32代・義長《よしなが》(大友宗麟《おおともそうりん》の弟で、義隆の姉の子)が弘治《こうじ》3年(1557)に毛利元就《もうりもとなり》に滅ぼされ、館も機能を失った。同年、人質時代に義隆の薫陶を受けていた毛利隆元《たかもと》(元就の嫡子)が館跡に龍福寺を建て、義隆の菩提寺とし、現在に至る。

弘世がこの地に館を構えたのは山口開府時といわれてきたが、近年の発掘調査で、遺構は遡っても28代・教弘《のりひろ》時代の1400年代半ばであることが判明した。弘世時代の館の場所は不明である。

また、館は義長の代までに最低5度の改修が行われ、義長時代は東西約162m以上、南北168m以上の規模であったと見られる。館は周囲に堀や土塁が巡らされていたほか、東南の池泉庭園、北西の枯山水庭園をはじめ3つの庭園があった。

現在、一部で整備が進み、土塁、西門、池泉庭園、枯山水庭園などが復元されている。

大内館の北には築山館と呼ばれる145m四方の別館があった。こちらも教弘の造営である。築山館は大内氏の迎賓館であり、築山(日本庭園の人工的な山)を擁す絢爛豪華な館だった。義隆と隆元の対面もここで行われている。

景趣が優れていたことから、築山館を訪れた連歌師の宗祇《そうぎ》は「池はうみ　こずえは夏の　深山かな」との歌を遺している。現在は築山神社・八坂神社境内となり、見る影もない。わずかに石塀と庭石に往時の大内氏の栄華を偲ぶことができる。

須々万沼城　すすまぬまじょう　平山城

別名	遠徳山城
築年/廃年	室町時代／弘治3年（1557）以降
築城主	不明
城主	山崎興盛・隆次
所在地	山口県周南市須々万本郷

毛利防長侵略の最大の激戦地

防長の戦国大名・大内《おおうち》氏の属城。都濃郡（下松市・周南市）の要衝で須々万盆地北部の丘陵に建つ。西に本拠の山口、南に重臣・陶《すえ》氏が拠る富田がある重要拠点。

名称の由来は平場の1方を除き、3方が沼で囲まれていたため。沼の深さは場所によっては1〜10m前後もあったという伝承がある。寄せ手は足を取られ、軍馬も使えない。難攻不落の城であった。

弘治《こうじ》2年（1556）、防長侵攻を進める毛《もう》利《り》元就《もとなり》は岩国に陣を敷き、須々万沼城攻略に臨んだ。城将は陶氏の重臣である山《やま》崎《ざき》興盛《おきもり》・隆次《たかつぐ》父子だった。ここまで順調に防長の諸城を突破してきた毛利軍だったが、この沼には大苦戦。興盛以下城兵の抵抗も激しく、元就の長男・毛利隆元《たかもと》、三男・小早川隆景《こばやかわたかかげ》の攻撃をもってしても城はなかなか落ちない。沼城には各地から反毛利の土豪や、山口から江良賢宣《えらかたのぶ》ら大内の援軍も到着し、城兵は7000人に上った。防長侵攻戦、最大の戦いである。

翌年、元就は自ら出陣し、泥濘対策として大量の編竹（割竹を編んだもの）、薦《こも》（粗く織ったムシロ）を使用して総攻撃を加え、落城に追い込んだ（鉄砲を初めて使用した可能性もある）。江良賢宣は城を出て降伏。山崎父子は自刃。元就は最後まで城に残った男女1500余を皆殺しとし、毛利の恐ろしさを植えつけた。城は落城後、間もなく廃城となったとされる。

長山城　ながやまじょう　山城

別名	亀山城
築年/廃年	戦国時代／慶長5年（1600）以降
築城主	毛利氏
城主	仁保元忠〜毛利秀元
所在地	山口県山口市亀山町

「当主になり損ねた男」の城

山口市街を見下ろす小高い丘陵に築かれた。起源は不詳だが、天正《てんしょう》16年（1588）に毛利輝元《もうりてるもと》の重臣・仁保元忠《にほもとただ》が守将に任じられている。続いて慶長《けいちょう》元年（1596）に毛利秀元《ひでもと》が入城。秀元は子のない従兄・輝元《てるもと》の養嗣子《ようしし》だったが、文禄《ぶんろく》4年（1595）、輝元に秀就《ひでなり》が生まれたため家督相続を辞退。その後、別家を創立し長門《ながと》と周防《すおう》の一部20万石を分知され、当城を修築した。だが未完成のまま関ヶ原合戦が起こり、秀元は長府へ去り城は廃城となった。

陶氏館　すえしやかた　居館

別名	ー
築年/廃年	南北朝時代／ー
築城主	陶弘政
城主	陶弘政〜弘房→弘護→興房→晴賢→長房
所在地	山口県周南市下上上土井

陶氏代々の居館

代々長門《ながと》守護代として大内《おおうち》氏を支えた陶氏の居館。富田川西岸の小高い丘に建つ。現在は小公園となっており、石碑が立つのみである。西方2kmに陶氏本城である若山《わかやま》城がある。陶氏は大内一族で、右田《みぎた》氏の流れ。当初吉敷郡陶村（山口市、現・正護寺）に館があったが、南北朝期に弘政《ひろまさ》が当地に移転したという。天文《てんぶん》20年（1551）、晴賢《はるかた》の代で大内義隆《よしたか》に謀反し、大寧寺《だいねいじ》（長門市）に主君を自刃させた（大寧寺の変）。廃城時期の詳細は不明。

鞍掛山城《くらかけやまじょう》 山城

別名	―
築年／廃年	不明／不明
築城主	不明
城主	杉隆泰
所在地	山口県岩国市玖珂町鞍掛

防長侵攻の標的となった城

大内《おおうち》氏の家臣・杉隆泰《すぎたかやす》の居城。標高240mの鞍掛山山頂に造られた。本丸を中心に尾根上に曲輪《くるわ》を配置した典型的な中世山城。天文《てんぶん》20年(1551)、隆泰は陶晴《すえはる》賢《かた》の謀反に協力。後に晴賢が奉じた大内義長《よしなが》(大友宗麟《おおともそうりん》の弟)に仕えた。弘治《こうじ》元年(1555)の厳島《いつくしま》合戦で晴賢が敗死すると一時毛利《もうり》に接近したが、翻意し大内方につく。同年、毛利軍に城の背後から奇襲され落城。隆泰は討ち死に。戦死者を弔う千人塚がある。廃城時期の詳細は不明。

蓮華山城《れんげやまじょう》 山城

別名	―
築年／廃年	不明／不明
築城主	椙杜正康
城主	椙杜正康～隆康→(毛利)元秋→末次(椙杜？)元康→椙杜元縁
所在地	山口県岩国市周東町

元就の五男・元秋が養子に入った

大内《おおうち》家臣・椙杜《すぎもり》氏の居城。蓮華山は六角山ともいい、比高470m。鞍掛山《くらかけやま》城(岩国市)の北面に位置。椙杜氏は鎌倉幕府の文官・三善康信《みよしやすのぶ》を祖とする一族。隆康《たかやす》の代、弘治《こうじ》2年(1556)より防長に侵攻してきた毛利《もうり》元就《もとなり》に帰順、鞍掛山城攻略に協力する。隆康には子がなく元就の五男・元秋《もとあき》を養子とする。元秋が月山《がっさん》富田《とだ》城(安来市)主となって以降は、元就の八男・末《すえ》次元康《つぐもとやす》、次いで毛利家重臣・志道《しじ》元縁《もとより》が家督を継いだ。廃城時期の詳細は不明。

四国地方

讃岐

引田城 ひけたじょう 平山城

別名	―
築年/廃年	不明／元和元年(1615)以降
築城主	不明
城主	四宮右近～三好氏～仙石秀久→長宗我部氏→仙石秀久～生駒親正
所在地	香川県東かがわ市引田

長宗我部元親が秀吉軍を破った城

引田港を見下ろす標高82mの城山に建つ。天智《てんち》天皇の築城とも。中世は在地領主の寒川《さんがわ》氏の臣・四宮《しのみや》氏の居城。瀬戸内海と紀伊水道に面する引田は日明《にちみん》貿易の拠点だった。後に三好《みよし》氏の支配下に入る。天正《てんしょう》11年(1583)、秀吉《ひでよし》の命で仙石秀久《せんごくひでひさ》が入城し、十河存保《そごうまさやす》と交戦中の長宗我部元《ちょうそかべもと》親《ちか》を奇襲。だが秀久は返り討ちにされ淡路へ逃走。天正13年(1585)の元親降伏後、讃岐一国を得た生駒親正《いこまちかまさ》が入り、聖通寺《しょうつうじ》城(綾歌郡)に移転。一国一城令で廃城。

羽床城 はゆかじょう 山城

別名	―
築年/廃年	治承年間(1177～1181)／天正14年(1586)以降
築城主	羽床資高
城主	羽床資高～政長～資載→資吉
所在地	香川県綾歌郡綾川町羽床下

元親の人徳示す“羽床の麦薙ぎ”

中讃岐の猛将・伊豆守資載《いずのかみすけとし》で知られる羽床氏の居城。大高見峠の北東、綾川沿いの城山(標高85m)に建つ。羽床氏は讃岐藤《ふじ》家嫡流で香西《こうざい》氏と同族。天正《てんしょう》7年(1579)、1万2000を率いる長宗我部元親《ちょうそかべもとちか》に攻撃される。資載は1000に満たない兵で迎撃し善戦。元親は敵の農民兵の動揺を狙い麦薙ぎを行ったが、温情をもって「1畦おきに薙げ」と指示。讃岐の民は大いに感心した。激戦の末、資載は降伏し臣下に。その子・資吉《すけよし》の戦死後廃城。

雨滝城 あめたきじょう 山城

別名	―
築年/廃年	長禄年間(1457～1460)／不明
築城主	安富盛長
城主	安富盛長～元綱～元家～盛定→六車宗湛
所在地	香川県さぬき市大川町富田中

三好氏と結び勢力を広げた安富氏

讃岐を支配していた細川京兆家《ほそかわけいちょう》重臣・安富《やすとみ》氏代々の城。津田港を見下ろす標高253mの雨滝山にあった。安富氏は応仁《おうにん》の乱(1467～1477)後の最盛期に讃岐13郡のうち7郡を支配。備中《びっちゅう》と小豆島にも勢力を広げた。細川氏が衰えると独立色を強め、阿波三好《みよし》氏と結託。盛定《もりさだ》の代、元《げん》亀《き》3年(1572)に寒川《さんがわ》氏を追い、虎丸《とらまる》城(東かがわ市)へ移転。家臣の六車宗湛《むぐるまそうじん》が当城を守備。天正《てんしょう》6年(1578)、長宗我部元《ちょうそかべもと》親《ちか》の攻撃で落城。廃城時期は不明。

丸亀城 まるがめじょう

平山城

別名	亀山城、蓬莱城
築年／廃年	応仁年間(1467～1469)頃、慶長2年(1597)／明治以降
築城主	奈良元安、生駒親正
城主	奈良元安～元政→長宗我部氏～生駒一正→佐藤掃部～山崎家治～京極高和～朗徹
所在地	香川県丸亀市一番丁

日本で最も高い石垣と天守が残る

管領《かんれい》・細川《ほそかわ》氏四天王の一、奈良《なら》氏の城。生駒親正《いこまちかまさ》の大改修で近代城郭となり、江戸時代は丸亀藩1万石・京極《きょうごく》氏の居城。丸亀市街南部の亀山(標高66m)に建つ。丸亀は金刀比羅宮の玄関港で四国一の港。

当初は奈良氏本拠・聖通寺《しょうつうじ》城(綾歌郡)の支城として築かれた。奈良氏は元政《もとまさ》の代で十河《そごう》氏に与し、天正《てんしょう》10年(1582)の中富川の戦いで長宗我部元親《ちょうそかべもとちか》に敗れて滅亡。当時の城の実像は定かでない。

豊臣《とよとみ》政権下で讃岐一国17万石を得た生駒親正が本拠・高松《たかまつ》城(高松市)の支城として改築し、現在残る城址の基礎を造る。一国一城令で破却を命じられるが、時の当主・正俊《まさとし》(親正の孫)は土を盛って石垣を隠し樹木で要所を覆ったという。その後寛永《かんえい》18年(1641)、5万石で西讃岐に入封した山崎家治《やまざきいえはる》が当城を再建。丸亀藩を立藩。現在残る石垣の大部分はこの時代のもの。石垣は山裾から天守へ向け4段階に積まれ、総高60mと日本一高い。

天守は現存する12棟のひとつ。山崎氏断絶後の城主・京極氏が万治《まんじ》3年(1660)に築いた。層塔型3重3階で穴蔵がない独立式で、江戸時代の天守遺構としては最も小さい。初重の北・東・南面のみ下見板張、ほかはすべて白漆喰。2重目の唐破風、3重目の格子窓が風格を漂わせる。城は明治まで存続し京極氏が治めた。

十河城 そごうじょう

平城

別名	十川城、西尾城
築年／廃年	南北朝時代／天正14年(1586)
築城主	十河吉安
城主	十河吉安→存景→存春→景滋→(三好)一存→(三好)存保→戸波親武→十河存保・存之
所在地	香川県高松市十川東町

三好の重鎮・十河存保の城

長宗我部元親《ちょうそかべもとちか》の宿敵・十河存保《まさやす》で知られる。高松市南部の平城で、現在の称念寺(十河氏の菩提寺)がある台地一帯にあった。『南海通記』によれば、平城ながら周囲を深田や空堀で守られた堅城という。

十河氏は、讃岐国造《くにのみやつこ》の祖・神櫛王《かむくしのみこ》の後裔とされる植田《うえだ》氏の流れ。鎌倉時代より東讃を中心に勢力を広げた。当城は細《ほそ》川《かわ》氏に従った南北朝期の築城と見られる。

以後、十河氏は管領《かんれい》・讃岐守護の細川京兆《けいちょう》家の披官に。京兆家が衰えると三好《みよし》長慶《ながよし》に従い、享禄《きょうろく》3年(1530)、当主・景《かげ》滋《しげ》は一存《かずまさ》(長慶の弟)を養子に迎える。一存は“鬼十河”と呼ばれた勇将だが、永禄《えいろく》4年(1561)に急死。三好家は衰退する。

三好義賢《よしかた》(一存の兄)の子・存保が跡を継ぐ。存保は信長《のぶなが》と敵対したが、元親が四国の三好勢力を圧迫したため天正《てんしょう》元年(1573)に降伏。阿波の三好長治《ながはる》(存保の兄)、摂津の三好笑岩《しょうがん》(長慶の叔父)を助けた。天正5年(1577)に兄が殺され、三好家を継ぎ勝瑞《しょうずい》城(板野郡)へ。だが天正10年(1582)の中富川の戦いで元親に敗け讃岐へ敗走。天正12年(1584)に虎丸《とらまる》(東かがわ市)・十河両城も落とされ、秀吉《ひでよし》を頼り逃走。長宗我部一門の戸波親武《へわちかたけ》が城主となるが、天正13年(1585)の秀吉の四国攻めで元親が敗れ存保が城を取り戻す。天正14年(1586)の戸次川《へつぎがわ》の戦いで存保が戦死し十河氏は滅亡、廃城に。

虎丸城 とらまるじょう

山城

別名	―
築年／廃年	不明／不明
築城主	不明
城主	寒川氏→安富盛定～十河存保→長宗我部氏→十河存保
所在地	香川県東かがわ市与田山

十河(三好)氏の最終拠点

東讃の要衝で、虎丸山(標高372m)にあった。城の起源は不詳だが、元弘《げんこう》元年(1331)の後醍醐《ごだいご》天皇隠岐配流の際、佐伯《さえき》秀国《ひでくに》という地侍が親王のために築いたとも。中世は細川京兆家《ほそかわけいちょう》披官の寒川《さんがわ》氏の城。元亀《げんき》元年(1570)、同じ披官の安富《やすとみ》氏と三《み》好《よし》氏に城を奪われる。天正《てんしょう》10年(1582)、中富川の戦いで長宗我部元親《ちょうそかべもとちか》に敗れた十河存保《そごうまさやす》が籠城。翌年、再び元親に追われて十河城(高松市)に逃走。秀吉《ひでよし》の四国平定後、存保が取り戻す。廃城時期は不明。

獅子の鼻城 ししのはなじょう

山城

別名	和田城、大平城
築年／廃年	永禄年間(1558～1570)／天正14年(1586)頃？
築城主	大平国祐
城主	大平国祐
所在地	香川県観音寺市豊浜町和田

中讃を守る要衝

細川《ほそかわ》氏披官の香川《かがわ》氏の臣・大平《おおひら》氏の居城。伊予との国境付近、大谷山から北東へ突き出した獅子の鼻と呼ばれる尾根(標高80m)に築かれた。周囲を断崖に守られた要害。土佐から讃岐中原に至る道筋にもあたる。天正《てんしょう》6年(1578)、長宗我《ちょうそか》部《べ》元親《もとちか》の攻撃で落城。当主・国祐《くにすけ》は逃亡。後に仙石秀久《せんごくひでひさ》に仕えたが、秀久改易後に没落。この頃に廃城か。国祐は家臣に寄食して晩年を過ごし、「昔は養っていたが今は養われている」と慨嘆したという。

天霧城 あまぎりじょう

山城

別名	雨霧城、尼斬城
築年／廃年	貞治年間(1362～1368)／天正13年(1585)
築城主	香川景房
城主	香川景房～元景→之景→親和
所在地	香川県仲多度郡多度津町

“白米伝説” が残る香川氏の詰城

細川《ほそかわ》四天王(ほかに香西《こうざい》氏、奈良《なら》氏、安《やす》富《とみ》氏)の一、香川《かがわ》氏の城。戦時の最終拠点である詰城だった。平時は北方約3kmの多度津《たどつ》城(仲多度郡)を居城としていた。

丸亀平野の西端、標高382mの天霧山に位置。本丸がある主峰を囲むように弥谷山、黒戸山などが連なる要害。城域は約1km四方に及び、往時は47の櫓が置かれ、空堀、土塁、石垣で守られた要塞だった。

香川氏は南北朝期に細川氏に従い、高《たか》屋《や》城(羽曳野市)の戦いで活躍。当主・景房が三野、多度、豊田の西讃3郡を与えられ、多度津・天霧両城を築いた。後に香川氏は東讃の安富氏と並び、讃岐守護代となって西讃の大半を有した。細川京《けい》兆《ちょう》家が没落した元景《もとかげ》の頃、自立する。

三好長慶《みよしながよし》が台頭すると元景の子・之景《ゆきかげ》はこれに対抗。永禄《えいろく》元年(1558)、三好義《よし》賢《かた》(長慶の弟)の大軍を天霧城で迎撃、撃破した。天正《てんしょう》6年(1578)、長宗我部元親《ちょうそかべもとちか》に支城の藤目《ふじめ》城(観音寺市)を落とされ、翌年に元親の次男・親和《ちかかず》を養嗣子《ようしし》とし臣従。天正13年(1585)、秀吉《ひでよし》の四国征伐で元親が降伏し、香川氏は改易。城も廃城。

俗説では、当城で之景が元親と合戦し、城内の水枯渇を悟られないように白米を水に見せて馬を洗ったが、ひとりの尼が元親に「あれは白米です」と告げ、落城したとも。後に尼は香川勢に斬られ、尼斬城と呼ばれるようになったといわれる。

多度津城 たどつじょう

山城

別名	本台山城
築年/廃年	貞治3年(1364)／天正13年(1585)以降
築城主	香川景房
城主	香川景房～元景→之景→親和
所在地	香川県仲多度郡多度津町桃山

長宗我部に降った香川氏の居城

西讃の雄・香川《かがわ》氏の城。戦時の詰の城は天霧《あまぎり》城(仲多度郡)。沖合に塩飽《しわく》諸島がある要港・多度の津に臨む、標高90mの本台山にあった。香川氏は細川京兆《ほそかわけいちょう》家の臣。貞治《じょうじ》元年(1362)、景房《かげふさ》が同族の細川清氏《きようじ》を攻めて功があり、西讃に入封。瀬戸内の制海権を得るため築城した。戦国時代の当主・之景《ゆきかげ》は毛利《もうり》、信長《のぶなが》、長宗我《ちょうそか》部《べ》元親《もとちか》に接近し所領確保に努める。天正《てんしょう》7年(1579)、元親の次男・親和《ちかかず》を養嗣子《ようしし》に。秀吉《ひでよし》の四国征伐後改易。以後廃城。

藤尾城 ふじおじょう

平山城

別名	ー
築年/廃年	天正3年(1575)／天正13年(1585)以降
築城主	香西佳清
城主	香西佳清
所在地	香川県高松市香西本町

元親に攻められ降伏した香西氏の新城

水軍で知られる讃岐の豪族・香西《こうざい》氏の本城。瀬戸内海に注ぐ本津川河口の西、標高20m程度の藤尾山にあった。香西氏は中世に細川《ほそかわ》四天王、戦国時代には十河《そごう》氏に仕える。香西氏の本拠は南方の勝《かつ》賀《が》・佐料《さりょう》の2城(高松市)だが、当主の佳《よし》清《きよ》は長宗我部《ちょうそかべ》元親《もとちか》の讃岐侵攻に抗するに両城は防御不十分とし、新たに当城を築城。しかし天正《てんしょう》10年(1582)、元親の攻撃を受け、香川之景《かがわゆきかげ》の斡旋で臣従。秀吉《ひでよし》の四国平定後、佳清は敗れて下野し廃城に。

高松城 たかまつじょう

海城

別名	玉藻城
築年/廃年	天正16年(1588)／明治以降
築城主	生駒親正
城主	生駒親正→一正→正俊→高俊→松平(水戸)頼重～頼聰
所在地	香川県高松市玉藻町(玉藻公園)

瀬戸内の水を引き込んだ華麗な海城

豊臣《とよとみ》家臣・生駒親正《いこまちかまさ》が築いた名城。海水を引き込んだ水堀が巡る輪郭式平城。江戸時代は高松藩松平《まつだいら》(水戸)氏12万石の居城、藩庁となり、西国大名への抑えの城として明治まで存続。南西の日本庭園・栗林公園は松平氏時代に造営された。

天正《てんしょう》13年(1585)、秀吉《ひでよし》の四国平定後、讃岐は仙石秀久《せんごくひでひさ》に与えられたが、翌年の戸次川《へつぎがわ》の戦いでの失策を問われ改易。その後、尾藤《びとう》氏を経て、天正15年(1587)に生駒親正が讃岐17万石に封じられた。親正は美濃の人。当初引田《ひけた》城(東かがわ市)、次に聖通寺《しょうつうじ》城(綾歌郡)に移ったが、いずれも不便であり、玉藻浦の浜に新城を築いた。水軍強化が狙いと見られる。

北・東面が海に面し、西南の石清尾山を要害とする。諸説あるが、縄張は築城名人・黒田如水《くろだじょすい》とされる。如水は予定地を見て「良い場所です」と褒め、石清尾山を敵に利用されることを危ぶむ一正《かずまさ》(親正の子)に対し、「敵は必ず石清尾からきますが、道狭く大勢では通れず、むしろ味方に利となる山です」と答え、一正を安堵させたという。

生駒氏は寛永《かんえい》17年(1640)、高俊《たかとし》の代で改易。代わって水戸光圀《みとみつくに》の兄・松平頼重《よりしげ》が入城。頼重時代に独立式層塔型3重4階(地下1階)の天守が築かれたが、明治に破却。南蛮造の特異な天守だった。3重櫓の月見櫓と艮櫓、堀などが現存する。

藤目城 ふじめじょう

山城

別名	ー
築年／廃年	不明／不明
築城主	不明
城主	斎藤師郷→桑名太郎左衛門→新目弾正→斎藤師郷
所在地	香川県観音寺市粟井町竹成

元親の讃岐侵略の拠点になる

西讃の大物・香川《かがわ》氏に属していた斎藤《さいとう》氏の城。天霧《あまぎり》城(仲多度郡)の南方約8km、三豊平野に突き出す藤目山(標高136m)に位置する。戦略的に土佐方面より讃岐への入口となる。天正《てんしょう》6年(1578)、長宗我部元親《ちょうそかべもとちか》の侵攻で、城主・師郷《もろさと》は戦わず降伏。直後、十河存保《そごうまさやす》の命で奈良《なら》、羽床《はゆか》氏らの攻撃を受け落城。長宗我部の臣・桑名《くわな》氏は追われる。元親は再度当城を攻撃し、激戦の末に奪回。以後、元親の讃岐攻略の足がかりに。廃城時期は不明。

聖通寺城 しょうつうじじょう

山城

別名	宇多津城
築年／廃年	応仁年間(1467～1469)／天正16年(1588)
築城主	奈良元安
城主	奈良元安～元政→長宗我部氏→仙石秀久→尾藤知宣→生駒親正
所在地	香川県綾歌郡宇多津町平山

中富川に散った奈良氏の居城

細川《ほそかわ》四天王の一、奈良《なら》氏の本拠。宇多津の東、大東川河口付近の聖通寺山(標高122m)に築かれた。宇多津は管領《かんれい》・讃岐守護の細川頼之《よりゆき》が守護所を置いた地。応仁《おうにん》の頃に築城。天正《てんしょう》10年(1582)、讃岐攻略を進める長宗我部元親《ちょうそかべもとちか》に攻められ落城。奈良元政《もとまさ》は勝瑞《しょうずい》城(板野郡)の十河存《そごうまさ》保《やす》を頼った末、中富川合戦で敗死。奈良氏は滅亡した。天正13年(1585)の秀吉《ひでよし》の四国平定後、生駒親正《いこまちかまさ》が入城。親正は高《たか》松《まつ》城(高松市)を築き、当城は廃城。

勝賀城 かつがじょう

山城

別名	ー
築年／廃年	承久3年(1221)／天正13年(1585)
築城主	香西資村
城主	香西資村～親茂～元資～元定→元成～佳清
所在地	香川県高松市鬼無町佐料

桃太郎伝説がある香西氏の旧城

讃岐の豪族・香西《こうざい》氏18代400年の本拠。高松市西方の勝賀山(標高364m)にあった。承久《じょうきゅう》の乱(1221)で功があり、讃岐郡司となった資村《すけむら》の築城。東麓に平時の居城である佐料《さりょう》城を築き、当城を詰城とした。室町時代に細川京兆《ほそかわけいちょう》家に仕え、水軍を率いて全盛。なお勝賀山は「桃太郎が鬼を退治し“勝”利を祝“賀”した」という伝承がある。天正《てんしょう》3年(1575)、18代・佳《よし》清《きよ》が藤尾《ふじお》城(高松市)に移転。秀吉《ひでよし》の四国征伐で香西氏は敗れ、廃城に。

喜岡城 きおかじょう

平城

別名	高松城
築年／廃年	建武2年(1335)／天正13年(1585)以降
築城主	高松(舟木)頼重
城主	高松頼重～頼邑
所在地	香川県高松市高松町

香西氏と運命をともにした高松氏

讃岐の名族・高松《たかまつ》氏の居城。高松市東部、相引川南岸にある平城。建武《けんむ》の新政で功があり、讃岐守護に任じられた舟木《ふなき》頼重《よりしげ》の築城。頼重は高松氏を称したが、北朝方の細川《ほそかわ》氏に攻められ落城。その後、子孫が城を回復、戦国時代の当主・頼邑《よりむら》は香西《こうざい》氏に従う。香西氏が長宗我部元親《ちょうそかべもとちか》に降伏後、元親麾下《きか》に。天正《てんしょう》13年(1585)、秀吉《ひでよし》の四国征伐を受けた、宇喜多秀家《うきたひでいえ》を将とする2万の攻撃で陥落し、頼邑は城兵200人とともに玉砕。以後廃城に。

植田城　うえだじょう

山城

別名	戸田城、戸田山城
築年/廃年	不明／天正13年(1585)以降
築城主	不明
城主	植田氏→長宗我部親吉→戸波親武
所在地	香川県高松市東植田町

秀吉軍を相手に大勝負を図ったが……

長宗我部元親《ちょうそかべもとちか》が秀吉《ひでよし》軍を相手に大戦《おおいくさ》を仕かけようとした城。築城年代は不明だが、戦国時代は在地勢力・植田氏の城で、元親の讃岐侵攻に遭い落城。天正《てんしょう》13年(1585)、秀吉の四国征伐が始まると、元親は迎撃に最も適した城として大改修を施し、一族の戸波親武《へわちかたけ》を守将とした。山間部で豊臣《とよとみ》軍を包囲殲滅する作戦だったが、讃岐に上陸した豊臣軍の黒田如水《くろだじょすい》に「痩せ城を落としても無駄」と策を見破られ、作戦は失敗。元親降伏後に廃城。

阿波

徳島城　とくしまじょう

平山城

別名	渭山城、渭津城
築年/廃年	至徳2年(1385)、天正13年(1585)／明治以降
築城主	細川頼之、蜂須賀家政
城主	三島外記～森高次～吉田康俊→蜂須賀家政→至鎮～茂韶
所在地	徳島県徳島市徳島町

近世城郭ながら戦国風の構造

徳島藩蜂須賀《はちすか》氏25万石の居城。徳島市街中心部、標高62mの渭山に建つ。徳島は阿波北部と南部の接点で、東より紀伊水道を隔てて海路上方《かみがた》に繋がる。周囲を吉野川、鮎喰川などが流れる三角州の要害。有名な阿波踊りは、城落成の祝賀で行われたのが始まりともいう。

南北朝期に転戦してきた細川頼之《ほそかわよりゆき》が築いた渭山《いのやま》城が前身という。頼之は中国の渭水《いすい》(黄河支流)を思わせる景観に感動し、当地を渭津《いつ》、山を渭山と名づけた。

戦国時代にかけ森《もり》氏ら在地勢力が入城。天正《てんしょう》10年(1582)に阿波を平定した長宗我《ちょうそか》部元親《べもとちか》が家臣の吉田康俊《よしだやすとし》を在城させた。

天正13年(1585)、元親を降伏させ四国を平定した秀吉《ひでよし》は蜂須賀小六《はちすかころく》(正勝《まさかつ》)に阿波17万石を与えようとしたが、小六は老齢を理由に辞退。代わって子の家政《いえまさ》が阿波の主となり一宮《いちのみや》城(徳島市)に入城。不便な山城のため、秀吉の意向もあり渭山の縄張を改めて近世城郭に改築、新たな居城とする。以後、明治まで存続した。

縄張は本丸、東二ノ丸、西三ノ丸を連郭式に配す渭山の本城部と、山麓の御殿を別々に置く中世山城風の構造。初代天守は元和《げんな》の頃破却され、その後、中腹の東二ノ丸に御三階櫓として2代目天守が建てられた。本丸以外の天守は稀な例だが明治に取り壊された。緑色片岩《りょくしょくへんがん》で積まれた石垣や表御殿庭園などが残る。

海部城 かいふじょう

平山城

別　名	鞆城
築年/廃年	永禄年間(1558～1570)？／元和元年(1615)以降
築城主	海部宗寿
城　主	海部宗寿→香宗我部親泰～中村重友→益田一政→長行
所在地	徳島県海部郡海陽町

元親に阿波侵攻の口実を与えた海部氏

三好《みよし》氏重臣で、阿波南部を治めた海部氏の本拠。海部川河口付近の標高50mの小山にあった。城主の宗寿《むねとし》は三好義賢《よしかた》(長慶《ながよし》の弟)の妹婿とも。元亀《げんき》2年(1571)、宗寿は城に近い奈佐湊に停泊していた島《しま》親益《ちかます》(長宗我部《ちょうそかべ》元親《もとちか》の弟)の乗船を襲撃し殺害。これが後に元親の阿波侵攻の名分となり、天正《てんしょう》3年(1575)に長宗我部軍に攻められ落城。その後、阿波平定の拠点となり元親の弟・香宗我部《こうそかべ》親泰《ちかやす》が入城。後に蜂須賀《はちすか》領となり、一国一城令で廃城。

一宮城 いちのみやじょう

山城

別　名	ー
築年/廃年	暦応元年(1338)／元和元年(1615)以降
築城主	一宮(小笠原)長宗
城　主	一宮長宗～成助→谷忠兵衛・江村親家→蜂須賀家政→益田長行
所在地	徳島県徳島市一宮町

三好氏と長宗我部氏が争う

阿波最大級の山城。徳島市の西南、東竜王山より伸びる標高144mの尾根上に造られた。南城と北城から成っていたとされ、現在残る城址は北城と。北の鮎喰川が天然の堀として機能。南北朝時代に小笠原《おがさわら》一族が築城、当城に拠って一宮氏を称した。戦国期の城主・成助《なりすけ》は長宗我部《ちょうそかべ》元親《もとちか》に通じ三好《みよし》氏と抗争したが、阿波を平定した元親に謀殺された。秀吉《ひでよし》の四国征伐の際は谷忠兵衛《たにちゅうべえ》が守備。元親降伏後、蜂須賀《はちすか》氏が支配。一国一城令で廃城。

勝瑞城 しょうずいじょう

平城

別　名	阿波屋形、下屋形、勝瑞屋形
築年/廃年	鎌倉時代か貞治2年(1363)／天正10年(1582)
築城主	小笠原長清か細川詮春
城　主	細川詮春～成之→義春→之持→持隆→三好義賢→長治→十河存保
所在地	徳島県板野郡藍住町勝瑞

細川氏、三好氏が栄華を極めた城

中世阿波のシンボルで、阿波細川《ほそかわ》氏、戦国大名・三好《みよし》氏の本拠だった。旧吉野川南岸の自然堤防に位置。東を今切川が流れる。現在は平野部だが、往時は湿地と川、水堀に守られた要害だった。現在の見性寺(三好氏の菩提寺)に本城があり、広大な城下町を有していたと見られる。

発祥は不明。承久《じょうきゅう》の乱(1221)後に阿波守護となった小笠原《おがさわら》長清《ながきよ》の築城、または南北朝期の阿波守護・細川詮春《あきはる》の築城ともいう。詮春の兄・頼之《よりゆき》は管領《かんれい》、京兆家《けいちょう》として京に君臨、詮春は阿波細川氏の祖とする。宗家の京兆家屋敷を上屋形、阿波守護の当城は下屋形と尊称された。だが応仁《おうにん》の乱(1467～1477)後、細川氏は内紛で没落。家臣だった三好《みよし》長慶《ながよし》の台頭を招く。天文《てんぶん》22年(1553)、城主の細川持隆《もちたか》は長慶の弟・義賢《よしかた》(実休《じっきゅう》)に謀殺され、阿波の実権は三好氏が掌握。義賢の死後、阿波は長男の長治《ながはる》、讃岐は十河《そごう》氏の養子となった次男の存保《まさやす》が入り四国の三好王国を支えた。だが長慶が死し永禄《えいろく》11年(1568)に信長《のぶなが》が上洛して三好勢力は衰退。

天正《てんしょう》5年(1577)、長治は長宗我部《ちょうそかべ》元親《もとちか》の助力を得た細川真之《さねゆき》(持隆の子)に敗れ戦死。代わって存保が三好の家督を継ぎ、元親の侵攻に備えたが、天正10年(1582)の中富川の戦いで元親に大敗し讃岐に逃れた。城は廃城となり、長宗我部勢に破却された。現在は堀、土塁を残すのみ。

大西城《おおにしじょう》

平山城

別名	池田城
築年/廃年	承久3年(1221)頃／元和元年(1615)以降
築城主	小笠原長経
城主	小笠原長経～大西氏～牛田氏→中村氏
所在地	徳島県三好市池田町ウヱノ

三好氏発祥の城

池田町と吉野川のあいだの上野台地にあった。承久《じょうきゅう》の乱(1221)の軍功で阿波守護となった小笠原長清《おがさわらながきよ》の子・長経《ながつね》が守護代として下向し築城。長経の末裔が室町前期に三好《みよし》氏を称し、畿内を席巻することになる。戦国時代は三好氏重臣・大西《おおにし》氏が支配。吉野川を挟んで大西氏本拠の白地《はくち》城(三好市)がある。天正《てんしょう》6年(1578)、長宗我部元親《ちょうそかべもとちか》が大西覚養《かくよう》を打倒し制圧。秀吉《ひでよし》の四国攻め後、蜂須賀《はちすか》政権下で阿波九城の一となるが、一国一城令で廃城。

牛岐城《うしきじょう》

平山城

別名	富岡城、浮亀城
築年/廃年	不明／元和元年(1615)以降
築城主	新開氏
城主	新開氏→香宗我部親泰→賀島政慶
所在地	徳島県阿南市富岡町

長宗我部に謀殺された新開氏

細川《ほそかわ》氏と三好《みよし》氏の臣・新開《しんがい》氏の本拠。桑野川下流域の南岸の丘陵にあった。阿南の防波堤として機能した城。戦国時代の当主・道善《どうぜん》は三好義賢《よしかた》(長慶《ながよし》の弟)の娘を娶り、三好長治《ながはる》·十河存保《そごうまさやす》兄弟に仕え、長宗我部元親《ちょうそかべもとちか》に属する桑野《くわの》城(阿南市)の東条関兵衛《とうじょうかんべえ》と争っていた。天正《てんしょう》8年(1580)頃、香宗我部親泰《こうそかべちかやす》(元親の弟)に「ぜひお味方に」と誘われて降伏した。元親の阿波平定後、元親の臣・久武親直《ひさたけちかなお》に呼び出されて暗殺。一国一城令で廃城。

白地城《はくちじょう》

山城

別名	白地大西城
築年/廃年	鎌倉後期／天正13年(1585)以降
築城主	近藤京帝
城主	近藤京帝～大西頼武→覚養→長宗我部元親
所在地	徳島県三好市池田町白地

長宗我部元親の四国平定本部

長宗我部元親《ちょうそかべもとちか》の四国制覇の一大拠点。阿波、伊予、讃岐を結ぶ交通の要衝で、“四国のヘソ”“四国の十字路”といえる存在。直線距離で見ると、長宗我部本拠の岡豊《おこう》城(南国市)まで50km、三好《みよし》氏の勝瑞《しょうずい》城(板野郡)まで65km、河野《こうの》氏の湯築《ゆづき》城(松山市)まで95km、十河《そごう》氏の十河城(高松市)まで40kmという絶好の位置にある。

四国山脈の山間部の池田町にあり、吉野川と支流・馬路川との合流点に近い丘陵に立地。築城年代は不明だが、鎌倉時代に西園寺《さいおんじ》領の荘官だった近藤京帝《こんどうきょうてい》が館を築いたのが始まりと見られる。池田以西は大西と呼ばれ、近藤氏は大西と改姓し勢力を広げた。大西氏は阿波細川《ほそかわ》氏、次いで戦国時代に三好《みよし》氏に服属していた。

四国制覇を目論む元親はこの城の好立地に着目。しかし土佐からの道のりは険しく、上名の橋、西宇の歩危《ぼけ》、相川の橋という難所を進まねばならなかった。

元親は天正《てんしょう》4年(1576)に城主・覚養《かくよう》を懐柔したが､覚養は再び三好方に寝返る。天正6年(1578)、元親は人質だった大西《おおにし》上野介《こうずけのすけ》(覚養の養子)の手引きで難所を突破し、城を陥落させた。元親は城を大改修し、四国平定の本部として活用。天正13年(1585)、秀吉《ひでよし》の四国征伐では防衛本部として機能したが､元親降伏後に廃城。現在はわずかに土塁などが残るのみ。

岩倉城《いわくらじょう》

山城

別名	ー
築年/廃年	永禄年間(1558〜1570)/天正14年(1586)以降
築城主	三好笑岩(康長)
城主	三好笑岩→康俊→比江山親興
所在地	徳島県美馬市脇町田上

三好氏の西部防衛の要

三好《みよし》一族の三好笑岩《しょうがん》(長慶《ながよし》の叔父)の持ち城。東1kmの脇《わき》城(美馬市)とともに阿波西部最大の防衛拠点。長宗我部元親《ちょうそかべもとちか》の拠点・白地《はくち》城(三好市)と阿波三好の本拠・勝瑞《しょうずい》城(板野郡)の中間に位置し、戦略的にも重要。笑岩は高屋《たかや》城(羽曳野市)に本拠を置き、阿波の三好勢力を支援。戦国時代の当城は子の康俊《やすとし》が守備したが天正《てんしょう》7年(1579)に元親に降伏。その後、三好方に戻ったが、天正10年(1582)に再び降伏し退去。蜂須賀《はちすか》氏入国後、廃城。

桑野城《くわのじょう》

平山城

別名	ー
築年/廃年	天文年間(1532〜1555)/天正13年(1585)以降
築城主	東条(武田)信綱
城主	東条信綱→関兵衛
所在地	徳島県阿南市桑野町

元親に利用された東条氏

長宗我部元親《ちょうそかべもとちか》に属していた東条《とうじょう》氏の本拠。JR桑野駅東方の小山に位置する阿南の要害。東条氏は甲斐武田《たけだ》氏の出自とされ、天文《てんぶん》の頃、信綱《のぶつな》の代で当地に入部。天正《てんしょう》4年(1576)の海部《かいふ》合戦後、子の関兵《かんべ》衛《え》は長宗我部元親の重臣・久武親直《ひさたけちかなお》の縁戚となり、阿波侵攻を進める元親に服属。北東の牛岐《うしき》城(阿南市)の新開《しんがい》氏ら三好《みよし》方と激しく争った。しかし天正13年(1585)の秀吉《ひでよし》の四国征伐に際し、勝手に降伏したことの責を問われ処刑され、以後廃城。

撫養城《むやじょう》

平山城

別名	岡崎城
築年/廃年	不明/元和元年(1615)以降
築城主	不明
城主	小笠原氏?〜四宮氏〜真下飛騨守→益田正忠
所在地	徳島県鳴門市撫養町林崎

流浪の将軍・義稙が死去した地

四国東北端の要衝。渦潮で知られる鳴門海峡に臨む妙見山(標高62m)にあった。発祥時期は定かでなく、中世に小笠原《おがさわら》氏の館があったと伝わる。足利《あしかが》幕府10代将軍・義稙《よしたね》、14代・義栄《よしひで》が流浪の末に客死した地とも。戦国時代は三好《みよし》配下の四宮《しのみや》氏が城主。天正《てんしょう》10年(1582)、阿波を平定した長宗我部元親《ちょうそかべもとちか》の支配下に入り、真下《ました》氏が守備。天正13年(1585)の四国征伐後、蜂須賀《はちすか》政権下で阿波九城の一として重視され益田《ますだ》氏が入城。一国一城令で廃城。

土佐泊城《とさどまりじょう》

平山城

別名	ー
築年/廃年	天文年間(1532〜1555)/不明
築城主	森元村
城主	森元村→村春
所在地	徳島県鳴門市鳴門町土佐泊浦

水軍の長として活躍した森氏

阿波水軍で知られる森《もり》氏の城。土佐泊は紀伊水道と瀬戸内海に臨む古くからの要港。上方《かみがた》から土佐への寄港点。森氏改祖の佐田九郎左衛門《さだくろうざえもん》は因幡《いなば》の人とされ、戦国時代は阿波水軍を率いて阿波細川《ほそかわ》氏と三好《みよし》氏に仕えた。天文《てんぶん》の頃、子の元村《もとむら》が築城し、讃岐の兵と戦い武名を挙げた。長宗我部元親《ちょうそかべもとちか》の阿波侵略に抵抗、天正《てんしょう》13年(1585)の秀吉《ひでよし》の四国征伐で豊臣《とよとみ》方として活躍。続く村春《むらはる》は蜂須賀《はちすか》政権下で3000石を与えられた。廃城時期は不明。

川島城 かわしまじょう

平山城

別名	北の城
築年／廃年	天正元年(1573)頃／元和元年(1615)以降
築城主	川島惟忠
城主	川島惟忠〜林能勝
所在地	徳島県吉野川市川島町

吉野川に臨む三好方の拠点

徳島平野の中央にある古城山(標高50m)にあった。三好《みよし》一族の川島惟忠《これただ》の築城。元亀《げんき》3年(1572)、十河存保《そごうまさやす》は三好重臣の篠原長房《しのはらながふさ》に反意ありとして上桜《うえざくら》城(吉野川市)に長房を滅ぼす。戦後、功のあった惟忠に遺領が与えられ、上桜城北、吉野川南岸に当城を築造。当地は水上輸送が盛んだった中世の良港。惟忠は天正《てんしょう》7年(1579)、長宗我部元親《ちょうそかべもとちか》との岩倉合戦で戦死。蜂須賀《はちすか》政権下で阿波九城の一として重視されたが、一国一城令で廃城。

脇城 わきじょう

山城

別名	虎伏城
築年／廃年	天文2年(1533)／元和元年(1615)以降
築城主	三好長慶
城主	三河守兼則〜武田信顕→長宗我部親吉→稲田植元
所在地	徳島県美馬市脇町大字脇町

信玄の弟が長宗我部元親と戦った城

名将・三好長慶《みよしながよし》の築城。脇町北方の城山台地に築かれた。西1kmの岩倉《いわくら》城(美馬市)とともに、三好氏の阿波西部の防衛拠点だった。弘治《こうじ》2年(1556)に武田信玄《たけだしんげん》の異母弟・信顕《のぶあき》が長慶の計らいで城主に。天正《てんしょう》7年(1579)、長宗我部元親《ちょうそかべもとちか》に降伏。その後再び三好方に寝返る。天正10年(1582)に再び元親に攻撃され落城、信顕は討ち死に。天正13年(1585)の秀吉《ひでよし》の四国征伐では長宗我部親吉《ちかよし》が守ったが、再び陥落し親吉は戦死。一国一城令で廃城。

伊予

恵良城 えりょうじょう

山城

別名	恵良山城
築年／廃年	治承元年(1177)／慶長5年(1600)以降
築城主	河野通清
城主	河野通清〜土居通世〜得居氏〜(来島村上)通幸
所在地	愛媛県松山市上難波

来島村上一族・得居氏が拠る

風早平野の北、豊後《ぶんご》水道に近い標高302mの恵良山にあった。源平《げんぺい》合戦の頃、源氏方の河野通清《こうのみちきよ》が築造。南北朝期に河野氏支流の土居《どい》氏が南朝方で活躍。室町時代は同じく河野氏系の得居《とくい》氏が拠った。戦国時代に得居氏は来島村上《くるしまむらかみ》氏に押され、来島通康《みちやす》の子・通幸《みちゆき》が養子に入り、以後来島氏支配下に。通幸は鹿島《かしま》城(松山市)に移転後、毛利《もうり》から秀吉《ひでよし》に鞍替え。秀吉の四国平定後に3000石を与えられ当城に帰還。関ヶ原後の来島氏改易で廃城。

宇和島城 うわじまじょう 海城

別名	丸串城、鶴島城、板島城
築年/廃年	天慶4年(941)、慶長元年(1596)/明治以降
築城主	橘遠保、藤堂高虎
城主	橘遠保～家藤信種→西園寺宣久→持田右京～藤堂高虎→富田信高→藤堂良勝→伊達秀宗～宗徳
所在地	愛媛県宇和島市丸之内1

高虎によるからくり仕立ての縄張

築城名人・藤堂高虎《とうどうたかとら》が築いた名城のひとつ。江戸時代は宇和島伊達藩10万石の藩庁となった。南予(愛媛県南部)の中心地・宇和島市街の中心部、標高50m程度の独立丘陵に築かれた。当地は豊後および南予諸地域に通じる水陸交通の要衝。

天慶《てんぎょう》4年(941)、藤原純友《ふじわらのすみとも》の乱のとき、警固使《けいごし》・橘 遠保《たちばなのとおやす》がこの地に砦を構えたことが発祥という。鎌倉時代より西園寺《さいおんじ》氏の勢力下に入り、戦国時代には家臣の家藤《いえふじ》氏、西園寺宣久《のぶひさ》が拠った。当時の城名は板島丸串城《いたじままるくし》。豊後大友《ぶんごおおとも》氏への防波堤として機能したが、丸串城の実像は不明。

秀吉《ひでよし》の四国征伐後、持田《もちだ》氏を経て文禄《ぶんろく》4年(1595)に藤堂高虎が7万石を与えられ入城。高虎は翌年から丸串城の大改修に乗り出し、現在見られる不等辺五角形の特異な縄張に変え、名も宇和島城と改めた。敵に四角形と錯覚させ、死角となる一辺の空角を最大限に利用(出撃口、搬入口など)しようという縄張。この縄張は「空角《あきかく》の経始《なわ》」ともいう。なお往時の城は、直接宇和海に面する海城だった。

慶長《けいちょう》19年(1614)、伊達政宗《だてまさむね》の長男・秀宗《ひでむね》(嫡子でなく庶子)が入城。以後明治まで伊達氏の治世が続いた。高虎時代の望楼型3重3階の天守は2代藩主・宗利《むねとし》により改築され、寛文《かんぶん》11年(1671)に現在に残る独立式層塔型3重3階の天守が完成した。

黒瀬城 くろせじょう 山城

別名	―
築年/廃年	天文15年(1546)/天正15年(1587)以降
築城主	西園寺実充
城主	西園寺実充→公広
所在地	愛媛県西予市宇和町卯之町2

乱世に滅んだ名門・伊予西園寺氏

伊予西部に君臨した戦国大名・西園寺《さいおんじ》氏の本拠。中予・大洲方面に繋がる宇和島街道を見下ろす黒瀬山(標高350m)に築かれた。山頂の本丸は東西150m、南北25mと細長い構造。周囲は断崖絶壁で囲まれているほか、土塁、空堀が巡る堅固な構え。北に向け二ノ丸、三ノ丸が造成されている。山麓にかつて西園寺氏の菩提寺・光教寺があり(現・光教寺谷)、平時の居館もこの周辺にあった。

西園寺氏は藤原北家《ふじわらほっけ》、閑院《かんいん》流西園寺家の支流という名門。宇和地方は鎌倉中期からの西園寺家の荘園だった。南北朝期に庶流の西園寺公良《きんよし》が入国し、以後強大な在地勢力を築いた。西園寺氏の本拠は長く松葉《まつば》城(西予市)に置かれていたが、戦国時代、実充《さねみつ》の代で南方の当城に移転した。土佐の一条《いちじょう》氏や豊後《ぶんご》の大友《おおとも》氏らの脅威が高まったためである。

永禄《えいろく》11年(1568)、実充の子・公広《きんひろ》は河野《こうの》氏と結んで一条兼定《かねさだ》の侵攻を退ける。だが元亀《げんき》3年(1572)に一条氏と縁戚関係にあった大友宗麟《そうりん》の攻撃に押され和睦。

その後、公広は一条氏を滅ぼした長宗《ちょうそ》我部元親《かべもとちか》と長く抗争したが、天正《てんしょう》12年(1584)に降伏し、傘下に入った。直後の翌年、今度は豊臣《とよとみ》軍の小早川隆景《こばやかわたかかげ》に攻められて降伏。在城を許されたが勢力は衰え、天正15年(1587)に秀吉の家臣・戸田《とだ》勝隆《かつたか》に謀殺された。ほどなく廃城へ。

今治城 いまばりじょう

海城

別名	吹上城、美須賀城
築年/廃年	慶長7年(1602)/明治以降
築城主	藤堂高虎
城主	藤堂高虎→高吉→松平(久松)定房〜定法
所在地	愛媛県今治市通町3-1-3

藤堂高虎会心の海城

瀬戸内海の要路・来島《くるしま》海峡を扼する名城。海に開き、海水を引き入れた3重の船入り堀が大きな特徴である。堀の幅は60mに及ぶ広大なもの。江戸時代は今治藩松平《まつだいら》氏6万石の藩庁となった。

慶長《けいちょう》5年(1600)の関ヶ原合戦で活躍した藤堂高虎《とうどうたかとら》は、その功により宇和島8万石に加え、伊予国府12万石を加増された。高虎は宇和島《うわじま》城(宇和島市)より国分山《こくぶさん》城(今治市)に移ったが、手狭な山城だったため、北方の今張浦に着目。今治と改名し、海砂をかき集めて今に残る近世城郭を築いた。目的は瀬戸内海上権の確保にあった。なお、江戸初期の築城例として、過去に城がなかった地に造られる例は極めて珍しい。

城内には広大な船溜りが設けられ、常に軍船が停泊。厳しく海峡を見張った。本丸には日本初ともいわれる層塔型5重天守が築かれた。ほかに高石垣、9棟の櫓を擁する偉容は、オランダが台湾に築いた海岸要塞・ゼーランディア城を模したともいわれる。

慶長《けいちょう》13年(1608)、高虎が津《つ》城(津市)に転封となったあと、養子の藤堂高吉《たかよし》を経て久松《ひさまつ》松平氏が入城、明治までの居城とした。なお天守は高虎移封に伴い解体され、丹波亀山《かめやま》城(亀岡市)に移築されたともいわれる。現在は模擬天守が立つ。近年、鉄御門などが復元された。

松山城 まつやまじょう

平山城

別名	金亀城、勝山城
築年/廃年	慶長7年(1602)/明治以降
築城主	加藤嘉明
城主	加藤嘉明→蒲生忠知→松平(久松)定行〜勝善〜勝成
所在地	愛媛県松山市丸之内

あまりに立派な城だったことが徒に

賤ヶ岳《しずがたけ》七本槍のひとり、伊予松山20万石の領主だった加藤嘉明《かとうよしあき》の築城。また嘉明が立藩した松山藩の本拠。道後平野の中心部にある勝山(標高132m)に造られた。当地には戦国期に前身となる河野《こうの》氏の支城があったが、嘉明により大改修され、近世城郭として装いを新たにした。

嘉明は慶長《けいちょう》5年(1600)の関ヶ原合戦で徳川《とくがわ》方として功があり、松山に加増移封。

勝山は南北ふたつの峰より成っていた。嘉明は慶長7年(1602)より工事に着手。山の頂上を削り、谷を埋め、山頂に本丸、中腹に二ノ丸、山麓に三ノ丸を配した。工事は長引き、完成は寛永《かんえい》4年(1627)頃と見られる。が、嘉明は完成目前で会津に転封。あまりに大規模な築城が幕府に咎められたという。その後、蒲生《がもう》氏を経て松平《まつだいら》氏が入城し、明治まで続いた。

天守は、大天守と小天守、南隅櫓、北隅櫓を渡櫓で繋ぐ連立式である。大天守は層塔型で、嘉明時代には5重6階(地下1階)だったが、久松《ひさまつ》氏時代の寛永19年(1642)に3重に改築された。幕府に他意なきことを示す配慮とされる。だが、天《てん》明《めい》4年(1784)にこの天守は雷火で焼失してしまった。現存する大天守は嘉永《かえい》5年(1852)に再建されたものである。

現存12天守のなかでは最も新しい天守。松平氏により、瓦に葵の御紋が付されているのもよく知られている。

湯築城　ゆづきじょう

平山城

別名	湯月城
築年／廃年	建武3年（1336）／天正15年（1587）頃
築城主	河野通盛
城主	河野通盛～教通～通直（弾正少弼）→通宣→通直（伊予守）→小早川氏→福島正則
所在地	愛媛県松山市道後湯之町（道後公園）

中世の伊予守護・河野氏の本拠

伊予の守護大名・河野《こうの》氏250年の居城。観光地として有名な道後温泉の傍らにある小丘陵（比高30m）に築造された平山城である。北にある高縄山地を背後の守りとする。現在城址は道後公園として松山市民に親しまれている。なお、道後温泉は文献上、639年の舒明《じょめい》天皇の行幸（『日本書紀』）が記される日本最古の温泉。

城域は東西約300m、南北約350m。本丸にあたる本壇がある中央の丘陵部を、2重の堀と土塁で守る梯郭式の縄張である。東に大手門、西に搦手《からめて》を置く。建造物の遺構は皆無だが、城の縄張はほぼ完全な形で残り、内堀、外堀、土塁が見られる。内堀は南に幅12m、深さ2.5mの規模がある。本壇にある展望台からは松山平野や瀬戸内海の島々を望むことができる。

近年の発掘調査で南側（昭和に動物園があった旧動物園区域）に武家屋敷、土塀、排水溝、道などの遺構が出土。近年にこれらが復元された。

河野氏は3世紀に小市国《おちのくに》（今治市）を支配した小致命《おちのみこと》を祖とする越智《おち》氏の流れという。初代・玉澄《たますみ》が風早郡河野郷（北条市）に移って河野氏を称し、勢力を伸ばした。その後、高縄山《たかなわやま》城（松山市）を本拠にしたとされる。源平《げんぺい》合戦の頃、瀬戸内有数の水軍となり、河野通清《みちきよ》・通信《みちのぶ》父子の代で源　頼朝《みなもとのよりとも》に協力し、屋島・壇ノ浦の合戦で活躍。伊予国守護職に準ずる伊予惣領職を与えられた承久《じょうきゅう》の乱（1221）で上皇方に与した後、一時衰退へ。だが、元寇《げんこう》の際に通有《みちあり》が水軍を率いて軍功を現し、中興の祖となる。

伊予一国支配を目指し、鎌倉末期に当城を築いたのは通有の子・通盛《みちもり》。足利尊《あしかがたか》氏《うじ》に従い、南北朝期にかけ南朝方と戦った。河野氏は伊予守護に任じられ、以後戦国時代までほぼ一貫して守護の座にあった。しかし、庶流の予州河野氏ら一族の争いに悩まされ続けたことから、守護として絶対的権力を得るには至らず。地形上、大友《おおとも》氏や三好《みよし》氏ら周辺大名の干渉を受けやすい点も響いた。

応仁《おうにん》の乱（1467～1477）後、当主の通直《みちなお》（弾正少弼《だんじょうしょうひつ》）は娘婿の村上《むらかみ》（来島《くるしま》）通康《みちやす》を世継ぎにしようとしたため内紛が起き、求心力は一段と低下。戦国時代の伊予は南予に宇都宮《うつのみや》氏や西園寺《さいおんじ》氏、東予に金子《かねこ》氏ら諸勢力が割拠し、河野氏の勢力範囲はほぼ中予地域のみに限られた。

通直の子・通宣《みちのぶ》は養嗣子《ようしし》の通直《みちなお》（伊予《いよの》守《かみ》）に宍戸隆家《ししどたかいえ》の娘（毛利元就《もうりもとなり》の孫）を娶り、毛利に従属。永禄《えいろく》10年（1567）には毛利の援助を得て一条《いちじょう》氏と宇都宮氏の侵攻を阻んだ。しかし天正《てんしょう》13年（1585）に通直が長宗我部元親《ちょうそかべもとちか》に攻められ降伏した。

直後、秀吉《ひでよし》の四国征伐が始まり、毛利方の小早川隆景《こばやかわたかかげ》の侵攻を受ける。城内は四国勢として戦うか、隆景につくかで大もめ。通直は家中をまとめきれず、籠城の末、隆景に降伏した。通直は助命されたが所領は没収。隆景は35万石を得て伊予の新領主となり、通直の在城を許した。天正《てんしょう》15年（1587）に隆景が筑前へ転封したため、隆景の本領・竹原（竹原市）へ移動。通直は同年に没した。隆景に代わって11万石で入城した福島正則《ふくしままさのり》は国分山《こくぶさん》城へ移転。湯築城は廃城となり、河野氏と運命をともにした。

剣山城 つるぎやまじょう

山城

別名	鶴来山城
築年／廃年	享禄年間(1528～1532)／天正13年(1585)以降
築城主	黒川(長宗我部)元春
城主	黒川元春→通俊→通博
所在地	愛媛県西条市小松町妙口

東予に逃れた長宗我部元親の叔父

長宗我部《ちょうそかべ》氏傍流・黒川《くろかわ》氏の居城。妙之谷川中流域、標高250mの剣山にあった。長宗我部国親《くにちか》(元親《もとちか》の父)の弟・元春《もとはる》が兄と不和になり、当地に逃走。在地勢力の黒川氏と結んで黒川元春を称し、築城した。元春は河野《こうの》氏系の通俊《みちとし》を養子に迎え、以後河野氏の傘下に入り、高尾《たかお》城(西条市)の石川源太夫《いしかわげんだゆう》と抗争した。天正《てんしょう》13年(1585)、通博《みちひろ》の代で秀吉《ひでよし》の四国攻めに遭い、小早川隆景《こばやかわたかかげ》の攻撃で落城。通博は湯《ゆ》築《づき》城に逃走し、以後廃城となった。

高穴城 たかなじょう

山城

別名	―
築年／廃年	不明／天正13年(1585)以降
築城主	河野氏？
城主	河野氏
所在地	愛媛県松山市横谷

小早川隆景に落とされた河野氏属城

伊予の戦国大名・河野《こうの》氏の支城。河野川上流域、標高292mの高穴山に築かれた。山上からは北条平野が一望できる。築城年代は不明だが、周辺の雄甲《おんこう》・雌甲《めんこう》城とともに河野氏の東予方面の防御を担っていた。河野氏菩提寺の善応寺も近い。文明《ぶんめい》14年(1482)の細川義春《ほそかわよしはる》の伊予侵攻では河野一族の勝生が守り、勝利に貢献。天正《てんしょう》13年(1585)、秀吉《ひでよし》の四国征伐で小早《こばや》川隆景《かわたかかげ》に攻められた際、二神《ふたがみ》氏らが守ったが落城。以後廃城となった。

能島城 のしまじょう

海城

別名	野島城
築年／廃年	南北朝時代／天正13年(1585)
築城主	村上(能島)雅房
城主	村上雅房→隆勝→義忠→武吉→元吉
所在地	愛媛県今治市宮窪町

“日本一の海賊” 村上水軍の根拠

瀬戸内海の中央に浮かぶ能島にあった水軍城。三島(能島、来島《くるしま》、因島《いんのしま》)村上《むらかみ》氏の頭領で、戦国時代に「日本最大の海賊」(『日本史』フロイス)と呼ばれた能島村上武吉《たけよし》の本拠として有名である。

能島は周囲720m、面積約2.5k㎡の小島。能島村上氏の祖とされる雅房《まさふさ》の築城と。周囲は潮流が激しく渦潮が逆巻く。

平安中期に伊予で反乱を起こした藤原《ふじわらの》純友《すみとも》で知られるように、伊予沿岸・瀬戸内海は海賊(水軍)の根拠地でもあった。伊予村上氏の起源は不詳だが、中世に芸予諸島の能島、来島、因島をそれぞれ根拠地とする3家から成る三島村上氏が成立する。うち能島村上氏は宗家だったが、3家はそれぞれ独立色が強かった。中世の村上氏は強力な水軍を擁していたことから幕府より海上での特権を認められ、警固料、通行料収入で潤い、瀬戸内の制海権を握る存在となる。来島は河野《こうの》氏、因島は山名《やまな》・小早川《こばやかわ》氏と緊密な関係にあったが、能島は比較的自由な立場だった。

武吉の代で毛利元就《もうりもとなり》に与し、弘治《こうじ》元年(1555)の厳島《いつくしま》合戦で武名を現す。元就死後の元亀《げんき》2年(1571)、大友《おおとも》氏に通じて離反したが、小早川隆景《たかかげ》の火攻めで当城を鎮圧され、再び毛利に服属。天正《てんしょう》13年(1585)、豊臣秀吉《とよとみひでよし》の四国攻め後、武吉は小早川隆景旧領の竹原に移動。これに伴い廃城となった。

来島城 くるしまじょう

海城

別　名	―
築年／廃年	南北朝時代／慶長5年(1600)以降
築城主	村上(来島)吉房
城　主	村上吉房～通康→通総→長親
所在地	愛媛県今治市波止浜

毛利に協力した来島通康で知られる

来島村上《むらかみ》氏の本拠。瀬戸内に浮かぶ三島村上氏(能島《のしま》、来島、因島《いんのしま》)の根拠のなかで最も四国に近く、今治沖に位置。島の周囲は850m、面積約0.04k㎡。来島海峡の要の位置にあり、瀬戸内最大の難所である。周囲は激しい潮流が岩を削り断崖を成し、全島が城塞だった。

最も北に本丸を置き、南へ細長く二ノ丸、三ノ丸を連ねた連郭式の縄張。東方に空堀を隔てて居館と出丸があった。

南北朝の頃に村上師清《もろきよ》の嫡男・雅房《まさふさ》が能島、次男・吉房《よしふさ》が来島、三男・吉豊《よしとよ》(顕《あき》長《なが》)が因島に分かれ独立、以後3家は能島家を惣領として三島村上水軍を形成する。なお、来島氏は伊予守護の河《こう》野《の》氏に臣従していたが、因島氏は備後山名《びんごやまな》氏、小早《こばや》川《かわ》氏に従属、能島氏は独立路線だった。

戦国時代の当主・来島通康《みちやす》は主の河野通直《みちなお》(弾正少弼《だんじょうしょうひつ》)の信任を得て娘婿となり、後継者に指名。反対派の河野家臣団に城を攻撃されたが守り抜く。世継ぎにはなれなかったが、その後も河野重臣として腕を振るった。後に毛利元就《もうりもとなり》に協力し、弘治《こうじ》元年(1555)の厳島《いつくしま》の戦いで活躍。続く通総《みちふさ》は羽柴秀吉《はしばひでよし》の調略に遭い、織田《おだ》方へ寝返る。激怒した毛利・河野氏は城を攻撃し、通総は敗走。その後、秀吉の四国征伐で通総は河野氏を攻めて功があり、大名に取り立てられた。その子・長親《ながちか》が関ヶ原合戦で敗れ改易。城も廃城となる。

松葉城 まつばじょう

山城

別　名	岩瀬城
築年／廃年	不明／天文15年(1546)以降
築城主	不明
城　主	西園寺公良～実充
所在地	愛媛県西予市宇和町下松葉

杯に入った松の葉が由来

西園寺《さいおんじ》氏の旧城。宇和盆地東方の鳥殿山系より張り出す尾根上(比高170m)に築かれた。宇和盆地は標高200mの高原。宇和郡は鎌倉時代より名門・西園寺家の荘園。庶流の公良が永和《えいわ》2年(1376)に入部し在地勢力となるが、城はこれ以前よりあった様子。当初は岩瀬《いわせ》城という名。ある年、世継ぎの宴の際に武将の杯に松の葉が入ったことを吉事とし、松葉城と呼ぶようになったという。戦国時代、実《さね》充《みつ》が南方の黒瀬《くろせ》城(西予市)に移転し廃城。

大洲城 おおずじょう

平山城

別　名	地蔵ヶ嶽城、比志城、大津城
築年／廃年	元弘元年(1331)／明治以降
築城主	宇都宮豊房
城　主	宇都宮豊房～豊綱→大野直之～藤堂氏→脇坂安治→加藤貞泰～泰秋
所在地	愛媛県大洲市大洲

高虎が改修した近世城郭

伊予宇都宮《うつのみや》氏の本拠。後に藤堂高虎《とうどうたかとら》に改築され、大洲藩加藤《かとう》氏6万石の藩庁として明治まで存続。肱川に臨む標高23mの地蔵ヶ嶽に建つ。大洲は宇和島と松山の中間にある交通の要衝。宇都宮氏は藤《ふじ》原北家《わらほっけ》の名門、鎌倉末期に庶流の豊房《とよふさ》が入部。戦国時代にかけ南予の有力国人へ。永禄《えいろく》11年(1568)に当主の豊綱《とよつな》が毛利《もうり》・河《こう》野《の》連合軍に大敗し滅亡。文禄《ぶんろく》4年(1595)に宇和島7万石を得た高虎が支配し大改修して近世城郭に。近年木造天守が復元。

岡本城　おかもとじょう

山城

別名	ー
築年/廃年	不明／不明
築城主	不明
城主	河野通賢～土居氏
所在地	愛媛県宇和島市三間町土居垣内

長宗我部重臣・久武親信が討ち死に

伊予西園寺《さいおんじ》氏の属城。三間盆地の中央にある比高97mの丘陵に築かれた。北を流れる三間川が天然の外堀として機能する。築年は不明。戦国時代には西園寺麾《き》下《か》の河野通賢《こうのみちかた》、土居清良《どいきよよし》が守った。天正《てんしょう》7年(1579)、長宗我部元親《ちょうそかべもとちか》の重臣・久武《ひさたけ》親信《ちかのぶ》率いる7000の軍に攻撃される。親信は元親に南予侵攻の全権を託された名将。河野・土居勢は鉄砲隊を活用し、長宗我部軍を撃退。親信は戦死。元親の伊予攻めは一時滞ることに。廃城時期は不明。

川之江城　かわのえじょう

山城

別名	仏殿城、土肥城
築年/廃年	延元3年(1338)／江戸初期
築城主	河野通政
城主	土肥義昌～妻鳥氏→河上安勝→長宗我部氏
所在地	愛媛県四国中央市川之江町

争奪戦が繰り広げられた四国の要衝

伊予守護・河野《こうの》氏の支城。伊予東部、燧灘《ひうちなだ》に臨む標高62mの鷲尾山にあった。当地は讃岐、阿波、土佐に通じる交通の要衝。南北朝初期に河野通政《みちまさ》が讃岐の細《ほそ》川《かわ》氏をにらみ、家臣の土肥《どい》氏に築城させた。要衝とあって細川氏や阿波の三好《みよし》氏らの侵攻にあった。天正《てんしょう》2年(1574)、城主の妻鳥光家《めんどりみついえ》が長宗我部元親《ちょうそかべもとちか》に内応。光家は河上安勝《かわかみやすかつ》に討たれた。天正10年(1582)に元親の攻撃で落城。江戸初期に廃城となる。現在は模擬天守がある。

金子山城　かねこやまじょう

山城

別名	金子城
築年/廃年	南北朝時代／天正13年(1585)
築城主	金子広家？
城主	金子広家～元成→元宅
所在地	愛媛県新居浜市滝の宮町(滝の宮公園)

長宗我部と同盟した金子氏

東予の有力国人・金子氏の本拠。新居浜平野西端の金子山(標高80m)に築かれた。北方に大港の新居浜港があるが、中世は小漁村だった。金子氏は新居郷の地頭より勢力を広げ、新居・宇麻郡(新居浜市周辺)に君臨した。元宅《もといえ》の代で主筋の石川《いしかわ》氏とともに長宗我部元親《ちょうそかべもとちか》と結び、毛利《もうり》・河野《こうの》氏と争った。天正《てんしょう》13年(1585)、秀吉《ひでよし》の四国攻めに遭う。元宅は弟の元春《もとはる》に当城を守らせ自身は南5kmの高尾《たかお》城を守ったが、いずれも陥落し滅亡。廃城へ。

高尾城　たかおじょう

山城

別名	ー
築年/廃年	享禄年間(1528～1532)／天正13年(1585)以降
築城主	石川通清
城主	石川源太夫～越前守～金子元宅
所在地	愛媛県西条市氷見

長宗我部のために死んだ金子元宅

讃岐細川《ほそかわ》氏の代官的立場にあった石川《いしかわ》氏の城。本城・高峠《たかとうげ》城(西条市)の支城。剣山《つるぎやま》城(西条市)の黒川《くろかわ》氏に対する備えとして築かれた。戦国時代後半、家中を実質的に指揮していたのは金子山《かねこやま》城(新居浜市)の金子元宅《もといえ》で、長宗我部元親《ちょうそかべもとちか》と同盟して東予平定に貢献した。天正《てんしょう》13年(1585)に秀吉《ひでよし》の四国征伐が始まり、元宅は長宗我部方として当城に籠城。豊臣《とよとみ》方の毛利《もうり》軍と交戦した末、敗れて自刃した。以後廃城。高峠城も落城し石川氏も衰亡。

大森城　おおもりじょう

山城

別　名	ー
築年／廃年	不明／不明
築城主	不明
城　主	土居清良
所在地	愛媛県北宇和郡松野町

長宗我部の大軍を破った名将

伊予西園寺《さいおんじ》家の名将・土居清良《どいきよよし》の居城。三間盆地の西、標高319mの城山に位置。築城・廃城年とも不明。清良は西園寺十五将の一。永禄《えいろく》3年(1560)に一族を大友《おおとも》氏に滅ぼされ、永禄5年(1562)まで土佐一《いち》条《じょう》氏の下で人質に。帰国して2000石の領主。以後、大友・一条氏と抗争。天正《てんしょう》2年(1574)には岡本《おかもと》城(宇和島市)の戦いで鉄砲を駆使して長宗我部《ちょうそかべ》の大軍を撃破。秀吉《ひでよし》の四国征伐後、所領を安堵されたが、小早川《こばやかわ》氏移封後に下野、そのまま隠棲。

鷺ノ森城　さぎのもりじょう

海城

別　名	ー
築年／廃年	応永年間(1394〜1428)／不明
築城主	壬生川(桑原)通興
城　主	壬生川通興〜通国→桑原泰国
所在地	愛媛県西条市壬生川

河野氏麾下・壬生川氏の海城

伊予守護・河野《こうの》氏の属城。大曲川河口の低湿地帯にあった。現在は干拓が進み陸地だが、築城時は海に面す海城。南北朝期に河野通之《みちゆき》が讃岐の細川《ほそかわ》氏に対抗するため家臣の桑原通興《くわばらみちおき》に築かせた。通興は以後壬生川《にゅうがわ》氏を称す。戦国時代は阿波の三好《みよし》氏や東予の金子《かねこ》氏、黒川《くろかわ》氏にたびたび攻められた。天正《てんしょう》3年(1575)、金子・黒川氏の攻撃で落城。金子氏の支配下に入った後、天正13年(1585)に秀吉《ひでよし》の四国征伐を受け落城。廃城時期は不明。

国分山城　こくぶさんじょう

山城

別　名	国府城、唐子山城
築年／廃年	不明／慶長5年(1600)以降
築城主	不明
城　主	河野氏→小早川氏→福島正則→池田秀氏→小川祐忠→藤堂高虎
所在地	愛媛県今治市古国分

今治城に資材を流用される

今治平野の南、頓田川が燧灘《ひうちなだ》に注ぐ右岸の唐子山(標高106m)に位置。当地はかつて伊予国府が置かれた伊予の中心地。築城年は不明だが、古代から拠点があった公算大。中世は伊予守護で湯築《ゆづき》城(松山市)主の河野《こうの》氏の支配下。天正《てんしょう》13年(1585)、秀吉《ひでよし》の四国征伐で河野氏は滅亡。天正15年(1587)に湯築城主となった福島《ふくしま》正則《まさのり》は当城に移転。関ヶ原合戦後に入城した藤堂高虎《とうどうたかとら》は今治《いまばり》城(今治市)を築き、当城は解体され築城に利用された。

土佐

安芸城《あきじょう》

平山城

別　名	安芸(安喜)土居
築年/廃年	延慶2年(1309)／明治以降
築城主	安芸親氏
城　主	安芸親氏～元泰→国虎→香宗我部親泰～五藤為重→五藤氏
所在地	高知県安芸市土居

長宗我部 VS 安芸の“土佐の関ヶ原”

土佐七雄の一、安芸氏の本城。高知市と室戸岬のあいだ、安芸平野のほぼ中央。「お城山」と呼ばれる小高い丘に建つ。最上部に本丸、南側の平野部に曲輪《くるわ》を配した梯郭式縄張。東部を安芸川が流れる。

安芸氏は土佐に流された蘇我赤兄《そがのあかえ》の末裔とされ、室町時代に国人として成長。戦国時代には「安芸5000貫」(長宗我部《ちょうそかべ》は3000貫)と称され、土佐東部を領する国人となる。国虎《くにとら》の代には土佐国司・土佐一条房基《いちじょうふさもと》の娘を娶って最盛期を築いた。

長宗我部氏が弘治《こうじ》年間(1555～1558)に土佐中央南部に進出。安芸領と隣接してから国虎と元親《もとちか》の抗争がスタート。国虎は永禄《えいろく》6年(1563)に元親が留守中の岡豊《おこう》城(南国市)を攻撃するが失敗に終わる。

永禄12年(1569)、国虎が元親の和議の使者を追い返したことから、元親は7000を率いて安芸城へ向け侵攻。国虎も5000の兵で防備を固め、“土佐の関ヶ原”と呼ばれる決戦に臨む。両軍は安芸城西方4kmの八流《やながれ》で激突(八流の戦い)。敗れた国虎は安芸城に籠城。24日に及ぶ籠城戦となったが、安芸軍より離反者が続出し落城。国虎は自害し、安芸氏は滅亡した。

戦後、元親は弟の香宗我部親泰《こうそかべちかやす》を城主とし、阿波侵攻の拠点とした。山内《やまうち》氏治世下で五藤《ごとう》氏が入城。一国一城令後に屋敷を構えて土居《どい》とし、明治まで存続。土居の周囲に五藤氏時代の武家屋敷が残る。

浦戸城《うらどじょう》

山城

別　名	―
築年/廃年	天文年間(1532～1555)、天正19年(1591)／慶長8年(1603)
築城主	本山梅慶、長宗我部元親
城　主	本山氏→長宗我部(吉良)親貞～長宗我部元親→盛親→山内一豊
所在地	高知県高知市浦戸

「浦戸一揆」の悲劇で知られる

戦国大名・長宗我部《ちょうそかべ》氏の最後の居城。高知県下最大の観光地、景勝地として知られる桂浜公園にあった。太平洋に面する桂浜の背後にある高台(標高59m)に築かれた。浦戸は紀貫之《きのつらゆき》の『土佐日記』にも記されている、古くからの水運拠点。

当地には南北朝期に豪族の砦があったとされる。戦国時代に土佐中原へ進出した本山《もとやま》氏が、本格的な城塞を構えた。永禄《えいろく》3年(1560)に長宗我部国親《くにちか》(元親《もとちか》の父)が攻め取り、以後長宗我部氏の支城となる。天正《てんしょう》19年(1591)に元親が、岡豊《おこう》城(南国市)、大高坂《おおたかさ》城(高知城の前身、高知市)に次ぐ本拠として大改修。3重の天守、本丸、二ノ丸、三ノ丸、出丸を備えた近世城郭とし、浦戸湾岸に城下町も置かれた。

元親の死後、当主・盛親《もりちか》は慶長《けいちょう》5年(1600)の関ヶ原戦で敗北。長宗我部氏は改易、土佐一国は山内一豊《やまうちかずとよ》に与えられた。一領具足と呼ばれる長宗我部旧臣は城に籠もって抵抗。総勢は1万7000。50日に及ぶ籠城戦が始まる(浦戸一揆)。だが、無条件降伏を唱える桑名弥次兵衛《くわなやじべえ》ら不戦派が離反。悲惨な同士討ちの末に一揆は鎮圧され、273人の旧臣が殺害された。

戦後、入城した山内一豊は浦戸城を手狭と判断し、高知《こうち》城を築城。当城は資材が再利用された末、慶長8年(1603)に廃城となった。現在はわずかに石垣が残る。

岡豊城 おこうじょう

山城

別名	ー
築年/廃年	12〜14世紀／天正16年(1588)
築城主	長宗我部(秦)能俊？
城主	長宗我部能俊？〜兼能→雄親→兼序→本山氏？→国親→元親
所在地	高知県南国市岡豊町八幡

“風雲児” 長宗我部元親の城

四国を制覇した戦国大名・長宗我部《ちょうそかべ》氏の本城。南国市街北西、標高97mの岡豊山に築かれた。南に国分川、東に物部川が流れる要害。山頂からは高知平野が一望できる。現在は資料館を併設した公園に。東北部には鬼門鎮護として岡豊八幡宮が置かれた。また、東方1km弱にかつて紀貫之《きのつらゆき》が国司を務めた土佐国府跡がある。遺構は石垣、土塁、空堀を残すのみ。

城域は東西450m、南北650m。最頂部に本丸にあたる「詰」があり、この「詰の段」を中心に、一・二・三・四の段と階段状(階郭式)に曲輪《くるわ》が配置される縄張となっている。西側の丘陵には厩曲輪があった。豪族クラスの典型的な中世山城といった趣。本丸の西方に石垣と畝《うね》状竪堀が残り、この方面からの攻撃に備えていた。なお、長宗我部氏の居館がどこにあったかは不明だが、東麓ともいわれる。

長宗我部氏は秦始皇《しんしこう》の末裔(『元親記《もとちかき》』)というが不詳。平安後期〜鎌倉前期の頃、帰化人一族で信濃にあった秦能俊《はたよしとし》という人物が当地(長宗我部郷)を賜り入国。以後、能俊(または子孫)は長宗我部氏を名乗る。岡豊城が築かれた年は定かでなく、能俊の代に築かれたとも13〜14世紀の頃ともいわれる。代々の子孫により改修が重ねられ、戦国時代までに現在に残る城址が形成されることとなった。

戦国時代の土佐は、京の兵乱を避け移住してきた土佐一条《いちじょう》氏が事実上の国司となり、ほかに土佐七雄と呼ばれる氏(津野《つの》、大平《おおひら》、吉良《きら》、本山《もとやま》、安芸《あき》、香宗我部《こうそかべ》、長宗我部)が割拠。うち長宗我部氏の知行は3000貫(『長元物語』)だった。戦国前期の当主・兼序《かねつぐ》(元親の祖父)は、京の管領《かんれい》で土佐守護の細川政元《ほそかわまさもと》(京兆家《けいちょう》)と繋がりが深く、勢力を強めた。この際、政元の権威をかさに、諸豪族に傲慢な態度を取っていたとも。しかし永正《えいしょう》4年(1507)、政元暗殺により兼序は後ろ盾を失い国内で孤立。翌年、岡豊城は本山氏や吉良氏ら3000の諸豪族に急襲される。兼序は500の兵で籠城したが、防ぎきれず自刃。幼い子の国親《くにちか》は一条房家《ふさいえ》を頼って逃れたが、城と領土は本山氏らに奪われる。永正15年(1518)、元服した国親は房家の斡旋により、本山氏らから当城と本領を取り戻した。家を再興させた国親は本城を拠点に、諸豪族に対する復讐戦を挑む。

永禄《えいろく》3年(1560)、国親は本山氏と対陣中に病死。跡を継いだ元親は半農半兵の組織(一領具足)を活用して飛躍。元親が遠征中の永禄6年(1563)、当城は安芸国《くに》虎《とら》に襲撃されたが、長宗我部重臣の吉田《よしだ》重俊《しげとし》らの奮戦により撃退に成功している。安芸氏、本山氏らを次々に滅ぼした元親は、天正《てんしょう》3年(1575)、渡川《わたりがわ》の戦いで一条兼定《かねさだ》を降して土佐一国を統一した。

元親は次いで阿波、讃岐、伊予へも侵入し四国を制覇。しかし、天正13年(1585)、豊臣秀吉《とよとみひでよし》の四国攻めを受け降伏。土佐一国のみ安堵され、秀吉に臣従した。

天正16年(1588)、元親は交通不便な岡豊から土佐の中心地・大高坂《おおたかさ》に新城(高知城の前身、高知市)を築いて移転。住み慣れた当城を廃城に。ただ大高坂は水はけの悪い土地だったため、天正19年(1591)に浦戸《うらど》城(高知市)へ移る。元親は慶長《けいちょう》3年(1598)、京・伏見にて61歳で病没。

吉田城 よしだじょう

平城

別名	―
築年／廃年	不明／不明
築城主	吉田氏
城主	吉田孝頼
所在地	高知県南国市岡豊町吉田

長宗我部氏の柱石となった吉田氏

長宗我部《ちょうそかべ》重臣・吉田氏の居城。岡豊《おこう》城(南国市)より南東1kmの平野部にあった平城。吉田氏は山内首藤《やまうちすどう》氏の流れで、南北朝期に足利《あしかが》氏に属して当地を賜ったという。戦国時代、吉田孝頼《たかより》が長宗我部国親《くにちか》(元親《もとちか》の父)の妹を娶り国親と結託。以後、名参謀として国親の勢力拡大に尽くす。永禄《えいろく》4年(1561)、孝頼は井口《いぐち》城(高知市)に移転。廃城時期は不明。孝頼の弟"大備後《だいびんご》"重俊《しげとし》、重俊の次男"小備後"江村《えむら》親家《ちかいえ》ら一族は国親と元親の覇業に貢献。

吉良城 きらじょう

山城

別名	吉良峰城、弘岡城
築年／廃年	鎌倉時代？／天正16年(1588)以降
築城主	吉良八郎(鎌田希望)？
城主	吉良八郎〜宣直→本山(吉良)茂辰→吉良(長宗我部)親貞→親実
所在地	高知県高知市春野町

元親の弟・吉良親貞の城

源頼朝《みなもとのよりとも》の弟・希義《まれよし》を祖とする名門の土佐吉良氏の居城。仁淀川東岸、吉良ヶ嶺より伸びる丘陵の南嶺(標高115m)と北嶺(標高111m)より成る。主郭部は北嶺。希義の子・希望《まれもち》の築城と。吉良氏は土佐七雄の一。天文《てんぶん》9年(1540)、本山茂辰《もとやましげとき》の攻撃で落城し吉良氏は滅亡。茂辰は吉良を称するが長宗我部元親《ちょうそかべもとちか》に攻められ永禄《えいろく》6年(1563)に敗走。元親の弟・親貞《ちかさだ》が吉良を名乗る。天正《てんしょう》16年(1588)、親貞の子・親実《ちかざね》が元親の逆鱗に触れ切腹。以後廃城。

窪川城 くぼかわじょう

山城

別名	久保川城、茂串城
築年／廃年	不明／慶長5年(1600)以降
築城主	窪川氏
城主	窪川氏→林勝吉
所在地	高知県高岡郡四万十町茂串町

小豪族・窪川氏の拠点

長宗我部元親《ちょうそかべもとちか》の麾下《きか》にあった窪川氏の城。土佐西部を流れる四万十川の東、茂串山(標高372m)にあった。東側は緩やかな尾根で、最頂部の本丸より西側を中心に構成されている。窪川氏は仁井田《にいだ》五人衆の一。津野《つの》氏、一条《いちじょう》氏に従っていたが、長宗我部元親の勢力拡大を受け、元亀《げんき》2年(1571)より元親に臣従した。朝鮮出兵で当主が戦死したことから窪川氏は断絶。山内《やまうち》氏治世下で当地に封じられた林《はやし》氏が対岸の古渓山に移転し、廃城。

戸波城 へわじょう

平山城

別名	井場城
築年／廃年	不明／慶長5年(1600)以降
築城主	不明
城主	津野氏→福井玄蕃〜長尾正直〜戸波(長宗我部)親武→親清
所在地	高知県土佐市浅井

吉良親貞に奪われた一条氏の拠点

土佐一条《いちじょう》氏の重要拠点。土佐を東西に分ける仁淀川の西、蓮池《はすいけ》城(土佐市)と並ぶ拠点だった。築城年代は不明。戦国時代初期は土佐七雄の一、津野《つの》氏の属城だった。その後、一条氏が東進して支配下に。永正《えいしょう》14年(1517)、津野元実《もとざね》が一条氏の家臣・福井玄蕃《ふくいげんば》が守る当城を攻撃したが、撃退され戦死。元亀《げんき》元年(1570)、長宗我部元親《ちょうそかべもとちか》の弟・吉良親貞《きらちかさだ》に攻められ落城。元親の従兄弟・親武《ちかたけ》が城主となり戸波姓を名乗る。長宗我部氏改易後に廃城。

高知城 こうちじょう

平山城

別名	大高坂城、河中山城、高智山城、鷹城
築年／廃年	慶長6年(1601)／明治以降
築城主	山内一豊
城主	山内一豊→忠義～容堂→豊範
所在地	高知県高知市丸ノ内1

山内一豊の名城、現存天守が有名

江戸初期の大名・山内一豊《やまうちかずとよ》が築いた。土佐山内氏16代の居城にして土佐藩20万石の藩庁として、明治まで存続した。高知平野のほぼ中心にある大高坂《おおたかさ》山(標高44m)に造られた近世城郭。天守は現存12天守の一で、現在は高知のシンボルとなっている。天守に加え、御殿、追手門など15棟が現存。我が国唯一の本丸建造物が完全に残る城である。

大高坂は鏡川下流のデルタ地帯。周辺に豊かな穀倉地帯が広がり、東南に浦戸湾を臨む水陸交通の要衝。しかし中世の当地は水はけの悪い低湿地帯だった。

城の前身は南北朝期に南朝方の大高坂松王丸《まつおうまる》が築いた大高坂城。松王丸は平氏《へいし》、鎌倉時代に当地の地頭だった。建武《けんむ》3年(1336)、暦応《りゃくおう》2～3年(1339～1340)の2度に渡って攻城戦があり、激戦で松王丸は戦死。その後廃城になったという。

四国の覇者・長宗我部元親《ちょうそかべもとちか》は天正《てんしょう》13年(1585)に豊臣秀吉《とよとみひでよし》の四国征伐で降伏。土佐一国を安堵された。天正16年(1588)、近世大名への脱皮を図る元親は本拠を岡豊《おこう》城(南国市)から大高坂山に移転することを決意、近世城郭への大改修を始めた。軍役、材木役など豊臣家の奉公を果たすうえで岡豊城はあまりに交通不便な地だった。平野部に城下町を築いて家臣を移住させて兵農分離を図り、さらに浦戸湾を軸とした交易都市を作ることが狙い。

しかし元親は工事半ばで築城を断念し、天正19年(1591)に既存の浦戸《うらど》城(高知市)を改築して移転。洪水の害にしばしば見舞われたこと、大高坂築城に莫大な費用がかかることなどが理由と見られる。

慶長《けいちょう》5年(1600)の関ヶ原合戦で敗れた長宗我部盛親《もりちか》(元親の子)は改易。代わって土佐は山内一豊に与えられた。山内氏は備後《びんご》山内氏の流れ、一豊は信長《のぶなが》と秀吉に仕え、掛川《かけがわ》城(掛川市)5万石の城主だった。妻は名馬購入の内助の功で知られる見性院《けんしょういん》(千代《ちよ》)。関ヶ原本戦では功績はなかったが、戦前の小山会議で家康《いえやす》に東軍進行ルートにあたる掛川城を提供したことから異例の出世となった。

土佐に入部した一豊は浦戸では城下町を広げるには手狭と判断、元親の案を引き継ぐかたちで大高坂に新城を築城。鏡川など治水に力を入れ、慶長8年(1603)に完成。川に挟まれていたため河中山《こうちやま》城と命名された。水害が頻発したことから2代・忠義《ただよし》は河中という名を嫌い、高智《こうち》山《やま》城と改名。その後、省略され城も城下町も「高知」と呼ばれるように。縄張は山頂に天守・本丸と二ノ丸、東側の1段下に三ノ丸を配す梯郭式。本丸御殿は当初一豊夫婦が暮らしたが、後に儀式に利用され、歴代藩主は二ノ丸御殿に居住。

天守は望楼型4重6階の独立式。一豊が築いた初代天守は享保《きょうほう》12年(1727)に焼失。現在残る天守は延享《えんきょう》4年(1747)に忠実に再現されたもので高さは18.5m。江戸中期の築造ながら慶長期の様式に後世の築城術を加えた点が特徴。南北の千鳥破風、東西の唐破風が美しい。見逃せないのは最上階に巡る廻縁と高欄。かつて一豊の主君だった信長と秀吉が好んで採用したもので、一豊が特別に家康の許可を得て造ったという。また高欄には現存天守として唯一擬宝珠が飾られている。

香宗城 こうそじょう

平城

別名	香宗我部城
築年/廃年	建久4年(1193)/慶長5年(1600)以降
築城主	中原秋家
城主	中原秋家→香宗我部(中原)秋通～秀頼～親秀→(長宗我部)親泰→貞親
所在地	高知県香南市野市町土居

兄・元親を支えた香宗我部親泰

土佐七雄の一、香宗我部《こうそかべ》氏の居城。香長平野東部に位置。甲斐源氏一条《かいげんじいちじょう》氏家人の中原秋家《なかはらあきいえ》が当地(宗我郷)に地頭として入部し築城。秋家は一条忠頼《ただより》の子・秋通《あきみち》の後見人となり、香美郡山田に移り山田《やまだ》氏の祖に。代わって秋通が地頭となり香宗我部氏を称す。戦国時代、香宗我部親《ちか》秀《ひで》は長宗我部《ちょうそかべ》・安芸《あき》氏に挟まれ苦境。長宗我部国親《くにちか》の三男・親泰《ちかやす》を養子に迎え長宗我部傘下に。親泰は兄・元親《もとちか》の四国統一戦の副将格。長宗我部氏改易後に廃城。

坂本城 さかもとじょう

山城

別名	瓶岩土居城
築年/廃年	不明/不明
築城主	不明
城主	坂本喜三兵衛～中島源兵衛
所在地	高知県南国市亀岩

城主は坂本龍馬の先祖?

築城・廃城年は不明。明智光秀《あけちみつひで》に仕えていた坂本喜三兵衛《きさべえ》が天正《てんしょう》10年(1582)、近江坂本城(大津市)落城後に長宗我部元《ちょうそかべもと》親《ちか》に仕え城主になったという。喜三兵衛の父は“湖水渡り”で有名な明智秀満《ひでみつ》とも。元親の夫人は光秀の重臣・斎藤利三《さいとうとしみつ》の義妹で、長宗我部・明智の絆があったのは事実。後年、元親の家臣・中島源兵《なかじまげんべ》衛《え》が城主に。同時期に坂本龍馬《りょうま》の先祖(太郎五郎《たろうごろう》)が移り住んだという才谷《さいだに》村は近隣。太郎五郎と喜三兵衛の関係は不明。

宿毛城 すくもじょう

平山城

別名	松田城
築年/廃年	不明/元和元年(1615)以降
築城主	不明
城主	松田兵庫→依岡伯耆守～宿毛甚左衛門～山内可氏
所在地	高知県宿毛市宿毛中央2

長宗我部家臣・宿毛氏が知られる

四国西南端の要衝。松田川西岸の小丘陵(比高約30m)にある。伊予との国境に近い。築城年代は不明だが、松田《まつだ》氏の居城だった。戦国末期には依岡伯耆守《よりおかほうきのかみ》という武将の城。天正《てんしょう》3年(1575)、長宗我部《ちょうそかべ》元親《もとちか》の侵攻により落城。城主となった宿毛氏は元親の四国平定戦で活躍。慶長《けいちょう》5年(1600)の長宗我部氏改易後、土佐は山《やま》内一豊《うちかずとよ》の治世下に。一豊は甥の可氏《よしうじ》を入城させ、土佐西部の守りに当たらせた。一国一城令で廃城。石垣が残る。

朝倉城 あさくらじょう

平山城

別名	―
築年/廃年	大永年間(1521～1528)/永禄6年(1563)
築城主	本山梅慶
城主	本山梅慶→茂辰
所在地	高知県高知市朝倉

本山氏の土佐中原の拠点

土佐七雄の一、本山《もとやま》氏の土佐中央部の重要拠点。JR朝倉駅南西の城山(標高103m)にあった。高知県下最大クラスの城。本山氏は山間部の本山城(長岡郡)を本拠にしていた。梅慶《ばいけい》の代で長宗我部兼《ちょうそかべかね》序《つぐ》(元親《もとちか》の祖父)を降し勢力拡大。土佐中原制覇の拠点として城を築く。永禄《えいろく》3年(1560)、長宗我部国親《くにちか》(元親の父)が本山打倒の兵を挙げ、両家の抗争が再開。永禄6年(1563)、元親の攻撃で落城し、焼かれて廃城。茂辰《しげとき》(梅慶の子)は本山城に退去。

中村城 なかむらじょう

平山城

別名	為松城
築年/廃年	不明／元和元年(1615)以降
築城主	為松氏？
城主	為松氏→一条教房→房家→房冬→房基→兼定→吉良親貞～山内康豊
所在地	高知県四万十市中村丸の内

超名門・土佐一条氏の転落

戦国大名・土佐一条《いちじょう》氏の本城。中村町中心部北方、比高60mほどの為松山にあった。当地は“土佐の小京都”として知られ、四万十川と渡川《わたりがわ》に挟まれた要害。

一条氏は藤原北家《ふじわらほっけ》、五摂家のひとつで、代々摂政や関白に任じられてきた名門中の名門。応仁《おうにん》の乱(1467～1477)の頃、前関白・教房《のりふさ》が戦乱を避けて家領の土佐国幡多荘(幡多郡)へ避難した。教房は長宗《ちょうそ》我部《かべ》氏や本山《もとやま》氏ら土佐の諸豪族に国司と仰がれ、中村御所(現在の中村本町にある)を築いて土着。土佐一条氏5代の祖となる。御所の北方には家老の為松《ためまつ》氏の城があり、修築されて中村城となり、最終防衛拠点である詰の城として機能する。

一条氏はその後、戦国大名化して土佐西部と南予に侵攻し、一大勢力を築く。しかし長宗我部元親《もとちか》の台頭で徐々に零落。天正《てんしょう》元年(1573)、当主の兼定《かねさだ》は事実上追放され、豊後の大友《おおとも》家へ隠居。中村は長宗我部氏の勢力下に入り、代わって元親の弟・吉良親貞《きらちかさだ》が入城。天正3年(1575)、中村城奪回を企図した兼定は城西方の四万十川で元親軍と決戦(渡川の戦い)。兼定は大敗し、元親の土佐平定が成った。

慶長《けいちょう》5年(1600)の長宗我部氏改易後、土佐を領した山内一豊《やまうちかずとよ》の弟・康豊《やすとよ》が入城。康豊は城を修築したが、ほどなく一国一城令で廃城となった。現在残る石垣の遺構は、山内氏時代のものと見られる。

長浜城 ながはまじょう

山城

別名	―
築年/廃年	不明／永禄3年(1560)以降
築城主	不明
城主	大窪美作守
所在地	高知県高知市長浜

大工に落とされた本山氏の城

長宗我部《ちょうそかべ》氏と争った本山《もとやま》氏の拠点。浦戸湾の西、雪蹊寺裏手の丘陵にある。土佐中原の本山本拠・朝倉《あさくら》城(高知市)の支城として浦戸《うらど》城(高知市)と並ぶ存在。築城時期は不明。永禄《えいろく》の頃は浦戸湾対岸にある長宗我部方の種崎《たねざき》城(高知市)に対峙する城として、本山家臣・大窪美作守《おおくぼみまさかのかみ》が守った。永禄3年(1560)、長宗我部国親《くにちか》(元親《もとちか》の父)が長浜城の工事を手がけた大工・福富右馬丞《ふくとみうまのじょう》の手引きで侵入、落城させた。美作守は朝倉へ逃走。戦後に破却。

姫倉城 ひめくらじょう

山城

別名	岸本城
築年/廃年	不明／不明
築城主	姫倉氏
城主	姫倉備前守・右京→桑名丹後守
所在地	高知県香南市香我美町岸本

安芸氏の対長宗我部前線拠点

土佐湾に臨む月見山(標高68m)にあった。土佐東街道を扼する要衝。戦国時代は安芸《あき》城(安芸市)の安芸国虎《くにとら》の拠点で、隣接する長宗我部元親《ちょうそかべもとちか》に対する抑えの城。安芸家臣の姫倉氏が守っていた。元親は安芸西方の山間部より侵攻し、じわじわと城を孤立させ、永禄《えいろく》12年(1569)の安芸氏攻めで真っ先に攻撃。元親の弟・吉良親貞《きらちかさだ》と香宗我部親泰《こうそかべちかやす》の奮闘で落城させた。戦後、元親の重臣・桑名丹後守《くわなたんごのかみ》が城代となった。廃城時期は不明。

本山城 もとやまじょう

山城

別名	―
築年／廃年	不明／永禄6年(1563)以降
築城主	不明
城主	本山梅慶→茂辰
所在地	高知県長岡郡本山町本山

土佐最大の勢力を誇った本山氏

長宗我部《ちょうそかべ》氏と土佐の覇権を争った本山氏の本城。吉野川南方、長岡郡山間部の田井山から北に伸びる尾根の先端部(標高372m)に築造された。「国中第一の要害」(『土佐物語』)とも。尾根を切断して8mもの大堀切が造られ、3段で成る削平地を独立させ、最上部に本丸にあたる詰の段が設けられている。北麓に平時の居館のひとつとされる本山土居《どい》がある。

本山氏は吉良《きら》氏庶流の八木《やぎ》氏の流れともいわれるが、出自は不詳。築城年も不明である。戦国時代には長宗我部氏らとともに土佐七雄の一角を占める大豪族に成長。その勢力は土佐・吾川2郡と高岡郡東部合わせ5000貫(長宗我部氏は3000貫)だった。養明《ようめい》・梅慶《ばいけい》父子の代で飛躍し、永正《えいしょう》5年(1508)に長宗我部兼序《かねつぐ》(元親《もとちか》の祖父)を滅ぼして土佐中央部へ進出。梅慶は朝倉《あさくら》城(高知市)を土佐中原の拠点とし、本山氏の最盛期を築いた。国司の一《いち》条《じょう》氏を除いては土佐最大の豪族だった。

梅慶の子・茂辰《しげとき》は長宗我部元親に押され、永禄《えいろく》6年(1563)に朝倉城を放棄して本山城に後退。元親はかつて本山氏に敗れた森《もり》氏と組んで付城を築き、当城を圧迫。茂辰は城を捨て、さらに奥地の瓜生野に撤退した末、病死した。ほどなく当城も廃城になったと見られる。跡を継いだ子の親茂《ちかしげ》は長く元親に抵抗したが、永禄11年(1568)に降伏。元親の臣となる。

蓮池城 はすいけじょう

平山城

別名	―
築年／廃年	嘉応年間(1169～1171)頃／天正16年(1588)以降
築城主	蓮池家綱
城主	蓮池家綱～大平氏→一条氏→吉良親貞→親実
所在地	高知県土佐市蓮池

乱世に消えた大平氏

土佐七雄の一、大平《おおひら》氏の本城。波介川の北岸の小丘陵に位置。平重盛《たいらのしげもり》の家人・蓮池家綱《いえつな》の築城。家綱は源頼朝《みなもとのよりとも》の弟・希義《まれよし》を殺した男。平氏滅亡後、家綱は討たれ鎌倉御家人の藤原国信《ふじわらくにのぶ》が入城。以後大平姓を名乗って代々本拠とした。戦国時代に大平氏は4000貫を領す勢力になるが、天文《てんぶん》15年(1546)に一条房基《いちじょうふさもと》に敗れ降伏。一条方の城となり、永禄《えいろく》12年(1569)に長宗我部元親《ちょうそかべもとちか》の弟・吉良親貞《きらちかさだ》の攻撃で落城。その子・親実《ちかざね》の切腹後、廃城。

田辺島城 たなべじまじょう

平山城

別名	―
築年／廃年	不明／慶長5年(1600)以降
築城主	不明
城主	福留親政→隼人→政親
所在地	高知県高知市大津乙

元親に禁酒令を撤回させた豪傑・隼人

長宗我部《ちょうそかべ》家臣・福留《ふくどめ》氏の居城。岡豊《おこう》城(南国市)南西、国分川南岸の小丘陵に建つ。福留氏は、元親《もとちか》に仕え武勇で鳴らした親政《ちかまさ》・隼人《はやと》父子が有名。親政は安芸国虎《あきくにとら》との合戦で30人前後を斬って“福留の荒切り”と呼ばれ、隼人は禁酒令を出した元親が城内に酒を運んでいたのを咎め、諫めて改心させた逸話がある。「蛇もハミもそちよれ、隼人様のお通り」という童謡も。戸次川《へつぎがわ》で戦死。長宗我部氏改易後に廃城。現在は父子を祀る隼人神社に。

波川玄蕃城 はかわげんばじょう 平城

別名	波川城
築年/廃年	天正初年(1573)頃/天正8年(1580)
築城主	波川玄蕃
城主	波川玄蕃
所在地	高知県高岡郡日高村下分

元親を裏切った妹婿

長宗我部元親《ちょうそかべもとちか》の妹婿・波川玄蕃の居城。仁淀川西岸、伊野町波川と日高村の境にある山(標高171m)にあった。波川氏は蘇我《そが》氏の子孫ともいわれる。仁淀川流域を領し、元親には親族として重用されていた。しかし、伊予攻めで河野《こうの》氏の援軍に訪れた小早川隆景《こばやかわたかかげ》と独断で和睦したことから、元親の怒りを買って蟄居。天正《てんしょう》8年(1580)に謀反を企てたため、一族郎党ともに粛清された。城も廃城となり、現在は主郭周囲を巡る土塁が残る程度。

姫野々城 ひめののじょう 山城

別名	半山城
築年/廃年	平安時代?/慶長5年(1600)以降
築城主	津野(山内)経高?
城主	津野経高〜之高〜元実〜基高〜定勝→勝興→(長宗我部)親忠
所在地	高知県高岡郡津野町姫野々

元親に乗っ取られた名門

土佐七雄の一、津野《つの》氏代々の居城。新荘川上流の北岸、標高196mの半山にあった。津野氏は藤原仲平《ふじわらのなかひら》の子・山内経高《やまうちつねたか》が延喜《えんぎ》13年(913)に伊予から土佐に入国し、発祥したと伝わる。室町時代、之高《ゆきたか》の代で全盛。その孫・元実《もとざね》が戸波《へわ》城(土佐市)の戦いで敗死。以後衰運をたどった。後に長宗我部元親《ちょうそかべもとちか》に降った勝興《かつおき》は天正《てんしょう》6年(1578)に元親の三男・親忠《ちかただ》を養子に。親忠は世継ぎ争いの末、慶長《けいちょう》5年(1600)に弟の盛親《もりちか》に殺された。その後、廃城。

上夜須城 かみやすじょう 山城

別名	尼ヶ森城、二本松城、釣鐘城
築年/廃年	不明/不明
築城主	不明
城主	黒岩氏?→吉田重俊→重康→孝俊
所在地	高知県香南市夜須町上夜須

猛将「吉田大備後」の城

長宗我部《ちょうそかべ》氏の属城。夜須川の流れに沿って築かれた尼ヶ森《あまがもり》城、二本松《にほんまつ》城、釣鐘《つりがね》城の3城を総称して上夜須城と呼ばれる。もともとは安芸《あき》氏の家臣だった黒岩越前《くろいわえちぜん》の持ち城だったというが、長宗我部元親《もとちか》の安芸郡侵攻により、その支配下に入った。城主には国親《くにちか》と元親の2代に仕えた吉田重俊《よしだしげとし》(孝頼《たかより》の弟)がいる。「大備後《だいびんご》」と呼ばれ、元親の四国平定戦に欠かせない名将で、永禄《えいろく》6年(1563)、安芸国虎《くにとら》の侵攻を撃退している。廃城時期は不明。

中村御所 なかむらごしょ 居館

別名	−
築年/廃年	応仁2年(1468)/−
築城主	一条教房
城主	一条教房→房家→房冬→房基→兼定
所在地	高知県四万十市中村本町

土佐に君臨した関白の御所

土佐国司として権勢を振るった一条《いちじょう》氏の居館。小京都として知られる旧中村市街中心部にあった。現在は一条氏を祀る一条神社に。応仁《おうにん》の乱(1467〜1477)の戦火を逃れて五摂家の一条家が所領の幡多荘に下向し、御所として築かれた。以後、一条氏は長宗我部《ちょうそかべ》氏ら土佐七雄の盟主に。詰の城は北方の中村城である。天正《てんしょう》元年(1573)、5代・兼定《かねさだ》の追放で館は役目を終えた。侍女の化粧井戸が現存する。秋の一条大祭は土佐の三大祭として有名。

九州
沖縄地方

筑前

花尾城 はなおじょう

山城

別　名	ー
築年/廃年	建久7年(1196)／天正15年(1587)以降
築城主	麻生(宇都宮)重業
城　主	麻生重業～家春→家信→弘家～鎮里～家氏
所在地	福岡県北九州市八幡西区大字熊手

大内義隆の右腕・相良武任最期の地

筑前麻生《あそう》氏の城。現在公園として整備されている花尾山(標高626m)にあった。鎌倉初期に宇都宮《うつのみや》一族の重業《しげなり》が築城、麻生氏を称す。15世紀末より周防《すおう》大内《おおうち》氏に従属。文明《ぶんめい》10年(1478)に家信《いえのぶ》と弘家《ひろいえ》の家督争いが起こり、兄の家信が籠城。大内政弘《まさひろ》が弘家を推して3年間も攻防、結局和議となり弘家が継承。天文《てんぶん》20年(1551)、大内義隆《よしたか》を殺した陶晴賢《すえはるかた》が当城に逃げた相良武任《さがらたけとう》を攻め殺した。秀吉《ひでよし》の九州平定後廃城。麻生氏は黒田《くろだ》氏家臣となる。

岩屋城 いわやじょう

山城

別　名	ー
築年/廃年	天文年間(1532～1555)／天正15年(1587)
築城主	高橋鑑種
城　主	高橋鑑種→(吉弘)紹運→秋月種実→立花氏
所在地	福岡県太宰府市大字観世音寺

736人の玉砕戦で島津氏の野望を阻止

大友《おおとも》家臣・高橋紹運《たかはしじょううん》の玉砕戦で知られる城。大宰府北方、四天王寺山の中腹、通称岩屋山(比高220m)にある。

大友氏の家臣で、筑前守護代を務めた高橋鑑種《あきたね》の築城。東4kmの宝満《ほうまん》城(太宰府市)の支城。戦略上、両城は北筑前と南筑前を押さえる重要な位置にあった。

鑑種は毛利元就《もうりもとなり》に通じ宗麟《そうりん》を裏切ったが、元就が永禄《えいろく》12年(1569)の立花山《たちばなやま》城(福岡市)の戦いで宗麟に敗れたため追放。高橋氏の名跡と宝満・岩屋城は大友庶流・吉弘《よしひろ》一族の鎮理《しげただ》に。鎮理は高橋鎮種《しげたね》(法号・紹運)と称す。紹運は立花道雪《たちばなどうせつ》とともに大友家を担った重鎮。長子の宗茂《むねしげ》が道雪の養嗣子《ようしし》。天正《てんしょう》6年(1578)の耳川の戦いでの惨敗、天正13年(1585)の道雪病死後、宗茂と筑前戦線を支えた。

天正14年(1586)、九州平定を目指す島《しま》津《づ》氏が忠長《ただなが》を総大将に筑前へ侵攻。紹運は宝満城を次子・統増《むねます》、立花山城を宗茂に委ね、自身は736名の兵で第1目標にされるであろう当城に籠もった。目的は秀《ひで》吉《よし》の援軍がくるまでの時間稼ぎ。2万～5万ともいう島津軍相手に紹運は大善戦。半月に渡る攻防の末、紹運以下城兵は全員討ち死に。島津勢も4000もの死傷者を出し一時撤退。宝満城を開城させたが立花山城は落とせず、紹運の目論見通り秀吉軍到着で戦局は逆転した。秀吉の九州平定後、天正15年(1587)に廃城。

福岡城《ふくおかじょう》

平山城

別名	舞鶴城、石城
築年／廃年	慶長6年(1601)／明治以降
築城主	黒田如水・長政
城主	黒田長政→忠之～長知
所在地	福岡県福岡市中央区城内

清正も唸った如水会心の名城

江戸時代を通じ、福岡藩黒田《くろだ》氏の居城。福岡市中心部の丘陵に築かれた。

如水《じょすい》は赤松《あかまつ》一族・小寺《こでら》氏の旧臣。秀吉《ひでよし》に仕え、参謀として天下取りに貢献した。大坂《おおさか》城(大阪市)、広島《ひろしま》城(広島市)などに関わった築城名人としても知られる。

慶長《けいちょう》5年(1600)の関ヶ原合戦で功があった如水・長政《ながまさ》父子は、中津《なかつ》城(中津市)16万石から加増され、筑前一国52万石を得る。ただし、九州の西軍勢力を駆逐した如水の功は実質的に認められず、小早《こばや》川秀秋《かわひであき》らを離間させた長政が評価されたかたちとなっている。如水が戦乱に乗じ天下取りを企てたフシもあり、家康《いえやす》は「如水の働きは底心がしれない」(『武功雑記』)と評したともいう。

如水父子は名島《なじま》城(福岡市)に入城したが、立地的に城下町の整備ができないと判断。古くから港町として栄えていた博多を城下町とする当城を築城した。縄張は如水が手がけ、普請奉行は石積名人・野口一成《のぐちかずなり》が務めた。城は7年がかりで完成。中央に本丸、周囲に二ノ丸と三ノ丸を配した梯郭式縄張で、総面積は80万㎡。加藤清正《かとうきよまさ》も感心した出来映えだった。あまりに壮大だったため、幕府に遠慮し天守は築かれなかったという(天守台は存在)。大小47棟以上の櫓があったが、維新後に大半が解体。わずかに多聞櫓、二ノ丸南隅櫓などが現存する。

古処山城《こしょさんじょう》

山城

別名	古所山城
築年／廃年	建仁3年(1203)／天正15年(1587)
築城主	秋月(原田)種雄
城主	秋月種雄～文種→大友氏→種実
所在地	福岡県朝倉市秋月野鳥

秀吉に茶器と娘を献上した秋月氏

古代氏族大蔵《おおくら》氏の後裔、秋月《あきづき》氏代々の本城。標高859mの古処山に築かれ、山麓に居館(江戸時代に黒田《くろだ》氏が秋月陣屋とした)を置いた。秋月氏は少弐《しょうに》氏、大内《おおうち》氏、大友《おおとも》氏と主家を転々として乱世を生きた。弘治《こうじ》3年(1557)、毛利《もうり》氏に通じた文種《ふみたね》が大友宗麟《そうりん》に討たれ一時滅亡。後に子の種《たね》実《ざね》が回復し全盛。天正《てんしょう》15年(1587)、秀吉《ひでよし》の九州征伐で大軍に包囲され、家宝の茶器「楢柴《ならしば》」と娘を献上して降伏、高鍋《たかなべ》城(児湯郡)に移封され廃城に。

大宰府《だざいふ》

平城

別名	－
築年／廃年	7世紀後半／－
築城主	天智天皇
城主	－
所在地	福岡県太宰府市観世音寺4

中世は権威のみ、少弐氏が世襲

九州諸国の行政、海辺防備、外交を司った律令制の役所。長官は大宰帥《だざいのそち》で多く親王が補任し赴任せず。実務は次官の大宰大弐《だいに》、その下の少弐《しょうに》が執った。鎌倉幕府の成立で機能停止、政庁も荒廃。ただ権威は残り、鎌倉初期に秀郷《ひでさと》流の武藤資《むとうすけ》頼《より》が少弐に任じられ派遣。少弐職は以後世襲され、子孫が少弐氏を称す。室町時代より少弐氏は大内《おおうち》氏と対立し大宰府を追われ肥前へ。大内氏滅亡後は権威も形骸化。地名として「太宰府」と呼ばれる。

立花山城《たちばなやまじょう》

山城

別名	立花城
築年/廃年	建武年間(1334～1336)／慶長6年(1601)以降
築城主	立花(大友)貞載
城主	立花貞載～鑑載～毛利氏～立花道雪(戸次鑑連)→誾千代→宗茂→浦宗勝
所在地	福岡県福岡市東区

大友、毛利、島津が激しい争奪戦

貿易港博多を扼する、大友《おおとも》氏の重要拠点。福岡市と北九州市の中間に位置する、標高367mの立花山に築かれた。

南北朝初期、豊後守護・大友貞宗《さだむね》の次男の貞載《さだとし》が築城。貞載は立花《たちばな》氏を称し、以後その血流は本家に対し「西大友」と呼ばれる有力勢力となった。

永禄《えいろく》11年(1568)、城主の鑑載《あきとし》が毛利元《もうりもと》就《なり》に内応し、宗麟《そうりん》の重臣・戸次鑑連《べっきあきつら》(立花道雪《どうせつ》の前名)の攻撃を受け敗死。鑑連は若い頃に落雷を受け半身不随となった際、雷神を斬ったという伝承がある。宗麟は立花弥《や》十郎《じゅうろう》らに守らせたが、永禄12年(1569)、吉川元春《きっかわもとはる》と小早川隆景《こばやかわたかかげ》によって兵糧攻めに遭う。宗麟は救援したが毛利軍の包囲は厚く、城内の窮状を見た宗麟は弥十郎に開城を命じ、一時毛利の手に。

宗麟は出雲の山中鹿介《やまなかしかのすけ》や大内《おおうち》庶流の大内輝弘《てるひろ》らと謀り、毛利軍の後方を攪乱。元就は慌てて全軍に撤退を命じ、宗麟は城を奪回、元亀《げんき》2年(1571)に鑑連に立花氏の名跡を継がせ、城主とする。

道雪(鑑連)は宗麟の許しを得て天正《てんしょう》3年(1575)に娘の誾千代《ぎんちよ》を城主とし、天正9年(1581)に高橋紹運《たかはしじょううん》の子・宗茂《むねしげ》を婿に迎え養嗣子《ようしし》とした。道雪の死後の天正14年(1586)、宗茂は島津《しまづ》氏の侵攻に耐え、大友家を守るとともに秀吉《ひでよし》の中国平定に寄与。宗茂の柳川移封後、福岡《ふくおか》城(福岡市)を築いた黒田《くろだ》治世下で廃城となる。

宝満城《ほうまんじょう》

山城

別名	宝満山城
築年/廃年	天文年間(1532～1555)／天正15年(1587)以降
築城主	高橋鑑種
城主	高橋鑑種→(吉弘)紹運→秋月種実→立花氏
所在地	福岡県太宰府市大字北谷

岩屋城とセットだった大友氏の拠点

大友宗麟《おおともそうりん》の将・高橋鑑種《たかはしあきたね》の築城。大宰府の北東、標高868mの宝満山にあった。西4kmの岩屋《いわや》城(太宰府市)と対になる城で、筑前中部の重要拠点。鑑種は毛利元《もうりもと》就《なり》に通じて宗麟に背き、永禄《えいろく》12年(1569)に追われた。代わって吉弘鎮理《よしひろしげただ》が家督を継ぎ、名将・高橋紹運《じょううん》が両城の城主に。天正《てんしょう》14年(1586)、島津氏との戦いで次男の統増《むねます》が守ったが、岩屋城で紹運が戦死したため降伏。秀吉《ひでよし》の九州平定後、紹運の長子・立花宗茂《たちばなむねしげ》が奪回。ほどなく廃城。

名島城《なじまじょう》

平山城

別名	―
築年/廃年	天文年間(1532～1555)／慶長6年(1601)
築城主	立花鑑載
城主	立花氏→小早川隆景→(豊臣)秀秋→黒田長政
所在地	福岡県福岡市東区名島

関ヶ原の裏切りで有名な小早川秀秋の城

大友《おおとも》庶流・立花鑑載《たちばなあきとし》が立花山《たちばなやま》城(福岡市)の支城として博多湾岸に築いた。3方が海に面す。秀吉《ひでよし》の九州征伐後、筑前や筑後など52万石を与えられた小早川隆景《こばやかわたかかげ》が入城し、水軍基地として大改修。大陸進出をにらむ秀吉《ひでよし》の意向も強く働いた。文禄《ぶんろく》3年(1594)、木下家定《きのしたいえさだ》(北政所《きたのまんどころ》の兄)の子で秀吉の養子だった秀秋《ひであき》が隆景の養子になり、隆景の隠居後に入城。関ヶ原で東軍に寝返った秀秋は岡山へ加増移封。続く黒田《くろだ》氏が福岡《ふくおか》城(福岡市)を築き廃城。

対馬

金石城 かねいしじょう

平城

別名	金石屋形、厳原城
築年/廃年	享禄元年(1528)／明治以降
築城主	宗将盛
城主	宗氏
所在地	長崎県対馬市厳原町今屋敷

対馬宗氏の拠点

鎌倉時代から明治まで対馬を支配した宗《そう》氏の本拠。清水山の南麓にあった。宗氏は室町時代より対馬守護となり、朝鮮との貿易で勢力を広げた。居館・池《いけ》の館《やかた》を本拠としていたが、享禄《きょうろく》元年(1528)の宗盛治《もりはる》の反乱で焼失したため、当主の将《まさ》盛《もり》が当地に本拠を移した。金石屋形と呼ばれる居館だったが、寛文《かんぶん》5年(1665)に城郭を拡張して櫓を構え、金石城と称す。延宝《えんぽう》6年(1678)に北東隣に桟原《さじきはら》城を築き新しい府城としたが、明治まで存続。

清水山城 しみずやまじょう

山城

別名	―
築年/廃年	天正19年(1591)／慶長4年(1599)以降
築城主	豊臣秀吉
城主	豊臣氏
所在地	長崎県対馬市厳原町西里

文禄・慶長の役の兵站基地

豊臣秀吉《とよとみひでよし》が朝鮮出兵の兵站《へいたん》基地とした城。対馬府中、標高206mの清水山に築かれた。名護屋《なごや》城(唐津市)、勝本《かつもと》城(壱岐市)、釜山を望む対馬北端、大浦の撃《うち》方山《かたやま》城(対馬市)に連なる陣城(合戦のための城)である。山中にあった清水の泉が城名の由来という。普請役は、後に佐伯藩初代藩主となる毛利《もうり》(森《もり》)高政《たかまさ》が務めた。高政は毛利輝元《てるもと》と義兄弟の契りを結び、毛利姓を名乗った人物。戦争終結後に廃城。石垣がよく残る。

筑後

蒲池城《かまちじょう》

平城

別名	鎌池城
築年/廃年	天慶年間(938〜947)／不明
築城主	不明
城主	蒲池氏→立花氏
所在地	福岡県柳川市西蒲池

筑後に君臨した蒲池氏

筑後豪族・蒲池氏の旧本拠。柳川市北部にあった平城。築城主は藤原純友《ふじわらのすみとも》の弟・純乗《すみのり》とも、純友を討伐に向かった橘《たちばな》氏とも。鎌倉時代より松浦《まつら》党から興ったとされる蒲池氏代々の居城に。室町前期に嫡流は断絶したが、筑後宇都宮《うつのみや》一族の宇都宮久憲《ひさのり》が養子に。この系統が大友《おおとも》氏に従い、国人連合·筑後十五城の旗頭となる。戦国時代に当主・鑑盛《あきもり》が柳川城(柳川市)に移転し、以後支城に。秀吉《ひでよし》の九州平定後、立花《たちばな》氏が支配。廃城時期は不明。

久留米城《くるめじょう》

平山城

別名	久留目城、篠原城、笹原城
築年/廃年	天正15年(1587)／明治以降
築城主	毛利秀包
城主	毛利秀包→田中吉信〜有馬豊氏〜頼咸
所在地	福岡県久留米市篠山町

久留米藩・有馬氏の居城

筑紫平野の中央、筑後川左岸に位置する。16世紀初頭に当地の土豪が砦を築いたのが始まりという。秀吉《ひでよし》の九州平定後、毛利秀包《もうりひでかね》(元就《もとなり》の九男)が7万5000石で入城し、近世城郭へ改修した。関ヶ原合戦後に秀包は改易。代わって柳川《やながわ》城に入った田中吉政《たなかよしまさ》が支配し、次男の吉信《よしのぶ》が城主となる。田中氏の改易後、元和《げんな》6年(1620)に有馬豊氏《ありまとようじ》が21万石で入城し、久留米藩を立藩。現在の城址の原型を築く。以後、明治まで有馬氏代々の居城となった。

柳川城《やながわじょう》

平城

別名	柳河城、舞鶴城
築年/廃年	文亀年間(1501〜1504)／明治以降
築城主	蒲池治久
城主	蒲池鑑盛→鎮漣→龍造寺氏〜立花宗茂→田中吉政〜立花宗茂→立花氏
所在地	福岡県柳川市本城町

立花宗茂がカムバックを果たす

矢部川水系によって形成された低湿地帯に位置。もとは豪族・蒲池《かまち》氏の本城。天正《てんしょう》9年(1581)に当主の鎮漣《しげなみ》が龍造寺隆信《りゅうぞうじたかのぶ》に謀殺され、龍造寺氏の支城に。秀吉《ひでよし》の九州征伐後、立花宗茂《たちばなむねしげ》(道雪《どうせつ》の養嗣子《ようしし》で、高橋紹運《たかはしじょううん》の子)が入封。宗茂は関ヶ原合戦で西軍に加担して改易。代わって田中吉政《たなかよしまさ》が32万石で入城。吉政時代に5重天守(焼失)が建造されるなど城が整備された。田中氏断絶後、再び宗茂が入り、以後明治まで柳川藩立花氏10万9000石の居城。

山下城《やましたじょう》

山城

別名	人見城、鞍掛城
築年/廃年	永正年間(1504〜1521)／慶長6年(1601)以降
築城主	蒲池鑑広
城主	蒲池鑑広〜家恒→筑紫広門
所在地	福岡県八女市立花町北山

蒲池一門の居城

矢部川と白木川の合流点近くの独立丘陵(標高105m)にあった。大友《おおとも》氏幕下、蒲池《かまち》氏庶流の蒲池鑑広《あきひろ》の築城。天正《てんしょう》6年(1578)の耳川合戦で大友宗麟《そうりん》が敗れ、大友家は弱体化。鑑広は龍造寺隆信《りゅうぞうじたかのぶ》の攻撃に遭う。善戦したが大友の援軍がなかったため、以後龍造寺方に。秀吉《ひでよし》の九州征伐後、蒲池氏は三池に移封。代わって大友氏に属していた筑紫広門《ちくしひろかど》が1万8000石で入城したが、関ヶ原で西軍に与したため改易。田中《たなか》氏の治世下で廃城。

豊前

高森城 たかもりじょう

平城

別　名	―
築年／廃年	元暦元年(1184)／不明
築城主	緒方惟栄
城　主	加来綱平～彦次郎→黒田兵庫頭→利高
所在地	大分県宇佐市大字高森

加来氏代々の居城

豊前《ぶぜん》の豪族・加来《かく》(賀来とも)氏の城。国東《くにさき》半島のつけ根、周防灘《すおうなだ》に注ぐ駅館《やっかん》川河口付近にあった。源平《げんぺい》合戦期の武将・緒方惟栄《おがたこれよし》が 源《みなもとの》 義経《よしつね》の命を受けて築いたという。緒方一族の加来綱平《つなひら》が城主となり、以後戦国時代まで代々の城。大友《おおとも》氏に属す。秀吉《ひでよし》の九州平定後の天正《てんしょう》17年(1589)、豊前に封じられた黒田如水《くろだじょすい》の攻撃を受け、城主の彦次郎《ひこじろう》は切腹。以後、黒田氏が支配し、如水の弟・利高《としたか》が1万石を分知され入城。廃城時期の詳細は不明。

門司城 もじじょう

山城

別　名	門司関山城、亀城
築年／廃年	元暦2年(1185)／元和3年(1617)
築城主	紀井通資
城　主	門司氏～大内氏→大友氏→毛利氏～細川氏
所在地	福岡県北九州市門司区大字門司

毛利元就と大友宗麟が争う

毛利《もうり》氏や大友《おおとも》氏らが激しい争奪戦を繰り広げた九州最北端の城。源平《げんぺい》壇ノ浦の戦いで知られる早鞆瀬戸《はやとものせと》に臨む古城山(標高175m)にあった。当地は関門海峡を挟んで本州(下関市)と約1km、現在でも中国・九州地方の交通の要である。

平家《へいけ》の大将として有名な 平《たいらの》 知盛《とももり》が、壇ノ浦合戦を前に、家臣の紀井通資《きいみちすけ》に命じ築いたのが城の起こりという。後に豊前《ぶぜん》代官に任じられた藤原親房《ふじわらちかふさ》が入城し、以後子孫が門司氏を称して居城。門司氏は南北朝期に菊池《きくち》氏に従って大内《おおうち》氏に敗れる。戦国時代の大内氏滅亡後、大友宗麟《そうりん》と毛利元就《もとなり》は、宗麟の北九州平定と元就の防長侵攻をそれぞれ認める不可侵条約を締結。これにより宗麟は大内氏の養嗣《ようし》子《し》となっていた弟の晴英《はるふさ》を見殺しとした。

門司城は宗麟が支配したが、永禄《えいろく》元年(1558)、元就は約束を反故にして当城を急襲し制圧。北九州征服の野心を露わにする。永禄4年(1561)、宗麟は家臣の田《た》原親宏《わらちかひろ》に1万5000の兵を授け、門司城奪回に臨むが失敗。この際、宗麟は友好関係にあったポルトガル船数隻に頼み、海上から城を砲撃するという奇策を講じた。

後に元就は立花山《たちばなやま》城(福岡市)の戦いで宗麟に敗れ九州から撤兵したが、当城だけは長く毛利の支配下にあった。

関ヶ原後に細川《ほそかわ》氏が支配したが、元和《げんな》3年(1617)に廃城。わずかに石垣が残る。

小倉城 こくらじょう

平城

別名	勝山城、指月城
築年/廃年	永禄12年(1569)、慶長7年(1602)／明治以降
築城主	毛利氏、細川忠興
城主	高橋鑑種→元種→毛利(森)勝信→細川興元→忠興→忠利→小笠原忠真～忠忱
所在地	福岡県北九州市小倉北区城内2-1

細川氏が築いた近世城郭

北九州市の中心都市・小倉のシンボル。江戸時代を通じて小倉藩の藩庁だった。小倉は九州と本州を結ぶ陸海交通の要衝で、中津街道、唐津街道、長崎街道と、九州各地に通じる街道の起点だった。

小倉城の起こりは、永禄《えいろく》12年(1569)に毛利《もうり》氏が築いた城で、現在の城址の本丸付近にあったとされる。当時、毛利元就《もとなり》は博多制圧を目指し大友宗麟《おおともそうりん》と交戦していたが、立花山《たちばなやま》城(福岡市)の戦いで敗れて九州から撤退。わずかに勢力下にあった門司《もじ》城(北九州市)と並ぶ城として築城し、内応させて行き場のなくなっていた、大友旧臣の高橋鑑種《たかはしあきたね》(宝満《ほうまん》・岩屋《いわや》城主)を城主に任じた。

秀吉《ひでよし》の九州平定後、森勝信《もりかつのぶ》が毛利と改姓して入城。だが関ヶ原合戦で西軍に与したため改易。豊前《ぶぜん》39万石を得た細川忠興《ほそかわただおき》の支配下に入った。忠興は当初中津《なかつ》城(中津市)に入城したが、当城を本拠として拡張。慶長《けいちょう》7年(1602)から約7年の歳月をかけて近代城郭へ改築した。完成した新生小倉城は、紫川河口西岸の丘陵を本丸とし、周囲に松の丸、北の丸、二ノ丸、三ノ丸を配する輪郭式縄張となった。4重5階の層塔型大天守に小天守を連ねる天守群も築かれたが、江戸後期に焼失。

細川氏の肥後転封後は小笠原《おがさわら》氏が15万石で入城し明治まで治めた。遺構は堀と石垣など。昭和に天守や櫓が復興。

茅切城 かやきりじょう

山城

別名	萱切城、城井谷城、城井郷城
築年/廃年	建久6年(1195)／天正16年(1588)
築城主	宇都宮信房
城主	宇都宮信房～冬綱～長房→鎮房
所在地	福岡県築上郡築上町大字寒田

如水の陰謀で滅亡した宇都宮氏

下野《しもつけ》宇都宮《うつのみや》氏の分流・豊前《ぶぜん》宇都宮氏の本城。城井谷《きいだに》渓谷の奥地に築かれた。宇都宮氏は鎌倉時代に地頭として城井郷に土着。城井氏とも。戦国期の当主・鎮房《しげふさ》は大友《おおとも》氏や島津《しまづ》氏らに従属。九州を平定した秀吉《ひでよし》に伊予への移封と家宝の百人一首譲渡を命じられるが拒否。籠城して黒田如水《くろだじょすい》と戦う。攻めあぐんだ如水は鎮房の娘と子の長政《ながまさ》の婚姻を申し出て和議に持ち込み、中津《なかつ》城(中津市)に鎮房を招き暗殺。一族皆殺しにされ滅亡。城も廃城。

岩石城 がんじゃくじょう

山城

別名	―
築年/廃年	保元3年(1158)／元和年間(1615～1624)
築城主	大庭景親
城主	大庭景親～秋月氏→毛利氏
所在地	福岡県田川郡添田町添田

秀吉軍の前に1日で落城

古処山《こしょさん》城(朝倉市)を本拠とした秋月《あきづき》氏の属城として知られる。古処山東方約10kmの岩石山(標高446m)に位置。平清盛《たいらのきよもり》の命で大庭景親《おおばかげちか》が初めて築城したという。戦国時代に大友宗麟《おおともそうりん》の支配下に入ったが、天正《てんしょう》13年(1585)に秋月種実《たねざね》の攻撃で落城。天正15年(1587)、種実は秀吉《ひでよし》の九州征伐に抗し、熊井越中守《くまいえっちゅうのかみ》を守将に置いた。だが、蒲生氏郷《がもううじさと》や前田利長《まえだとしなが》らの攻撃に1日で陥落し、越中守は戦死。種実はほどなく降伏に追い込まれた。元和《げんな》に廃城。

馬ヶ岳城 うまがだけじょう

山城

別名	馬ヶ嶽城、大谷城
築年／廃年	天慶5年(942)／元和元年(1615)以降
築城主	源経基
城主	源経基～少弐氏～新田氏～大内氏～長野氏～黒田如水→細川氏
所在地	福岡県行橋市津積

ふたつの峰から成る

福岡県東部、京都平野を見下ろす馬ヶ岳(標高218m)に築かれた。清和源氏《せいわげんじ》の祖・源《みなもとの》経基《つねもと》の築城。峰は東山と西山に分かれ、高い西山に本丸があったと見られる。南北朝時代には新田《にった》氏の拠点だった。天文《てんぶん》20年(1551)、大内義隆《おおうちよしたか》を殺した陶晴賢《すえはるかた》の属城となったが、晴賢死後の弘《こう》治《じ》2年(1556)に大友宗麟《おおともそうりん》が攻略、長野《ながの》氏らが守備した。秀吉《ひでよし》の九州平定後、豊前《ぶぜん》6郡を得た黒田如水《くろだじょすい》が入城し、中津《なかつ》城(中津市)を築いて移転。一国一城令で廃城。

中津城 なかつじょう

海城

別名	扇城、小犬丸城、丸山城
築年／廃年	天正16年(1588)／明治以降
築城主	黒田如水
城主	黒田如水→細川忠利→忠興→小笠原長次～奥平昌成～昌邁
所在地	大分県中津市二ノ丁

敵を誘き寄せて暗殺した如水

黒田如水《くろだじょすい》の手による名城。江戸時代に中津藩の藩庁となり明治を迎えた。周防《すおう》灘《なだ》に注ぐ山国川右岸の河口に位置。秀吉《ひでよし》の九州平定後、豊前《ぶぜん》6郡16万石を得た如水が自ら縄張した梯郭式平城で、堀に海水を引き込んだ海城でもある。近隣に宇《う》都宮《つのみや》鎮房《しげふさ》という抵抗勢力があったため、子の長政《ながまさ》と鎮房の娘を娶わせて懐柔。如水は婚約成立を祝う名目で鎮房を完成早々の当城に誘き寄せ、従者や娘を含め皆殺しとした。現在は模擬天守が立つ。

豊後

木付城 きつきじょう

平山城

別名	杵築城、勝山城、台山城
築年／廃年	明徳4年(1393)／明治以降
築城主	木付頼直
城主	木付頼直～鎮直→統直→前田玄以～細川氏→小笠原忠知～(能見)松平氏
所在地	大分県杵築市大字杵築

大友氏滅亡に殉じた木付氏

大友《おおとも》氏家臣・木付氏の居城。八坂川河口の台山に位置。往時は周囲が断崖の島だった。天正《てんしょう》14年(1586)、島津《しまづ》重臣の新《にい》納《ろ》忠元《ただもと》に攻撃されたが、当主・鎮直《しげなお》が2か月死守、秀吉《ひでよし》の援軍到来で撃退に成功。文禄《ぶんろく》2年(1593)に大友義統《よしむね》が改易となり鎮直・統直《むねなお》父子は殉死。後に細川忠興《ほそかわただおき》の持ち城に。関ヶ原合戦の際、再起を図る義統が攻撃したが、黒田如水《くろだじょすい》に阻まれ石垣原合戦で敗れる。江戸前期に能見松平《のうみまつだいら》氏が3万2000石で入城、明治まで存続。

臼杵城《うすきじょう》

海城

別　名	丹生島城、亀城
築年／廃年	永禄5年(1562)／明治以降
築城主	大友宗麟
城　主	大友宗麟～福原直高→太田一吉→稲葉貞通～久通
所在地	大分県臼杵市大字臼杵(臼杵公園)

「国崩し」が有名な大友宗麟の城

豊後《ぶんご》の戦国大名で、熱心なキリシタンだった大友宗麟《おおともそうりん》(義鎮《よししげ》)の居城として知られる。大分県東南、臼杵湾の最奥部の丹生《にゅう》島《じま》(亀島)と呼ばれた河岸段丘(標高18m)に位置する。江戸時代には臼杵藩稲葉《いなば》氏5万石の居城として明治まで存続。

現在は埋め立てられて陸続きとなっているが、築城当時の丹生島は切り立つ断崖に囲まれ、3面が海に面した海城だった。西に陸地と結ばれる砂州があった。

城域は東西700m、南北200mと細長い。宣教師の記録には「城の如き島」(『耶蘇会士日本通信』)という評がある。縄張は東方より本丸、二ノ丸(西ノ丸)、三ノ丸を配す連郭式。城内は豪華で、二ノ丸に御殿、本丸に3重の天守があったほか、教会、修練院も設けられていた。

大友氏は相模大友郷(小田原市)より発祥した一族。初代・能直《よしなお》が鎌倉時代に豊後守護となり、繁栄の礎を築いた。室町時代には豊後、豊前《ぶぜん》、筑後に及ぶ有力な守護大名となる。応仁《おうにん》の乱後、20代・義《よし》鑑《あき》(宗麟の父)の頃に戦国大名化。天文《てんぶん》19年(1550)、「二階崩れの変」と呼ばれるお家騒動で義鑑が死亡し、宗麟が家督を継ぐ。宗麟は大内《おおうち》氏の滅亡後、北九州の大内旧領を獲得し、筑前に勢力を拡大。

しかし永禄《えいろく》4年(1561)、宗麟は門司《もじ》城(北九州市)の戦いで毛利元就《もうりもとなり》に敗れ、毛利対策が大きな課題となった。それまで大友家の本拠は府内大友氏館(大分市)で詰城が高崎山《たかさきさん》城(大分市)だったが、守りに不安があったため、翌年より隠居城と称して当城を築城する。宗麟は当城を明《みん》・南蛮貿易の基地、およびキリスト教の布教拠点とする狙いもあった。それまで漁師の寒村だった城下は、東九州の政治と経済の中心都市へと変身するに至った。

永禄12年(1569)、宗麟は立花山《たちばなやま》城(福岡市)の戦いで元就を破り、北九州の覇権を確立。大友氏を全盛期へ導く。天正《てんしょう》4年(1576)に家督を長男の義統《よしむね》に譲って府内を任せ当城との二頭体制を築く。

天正6年(1578)に日向《ひゅうが》へ侵攻し、島津《しまづ》氏と対決。しかし高城河原で痛恨の大敗(耳川の戦い)を喫し、以降急速に衰える。

天正14年(1586)、島津軍は豊後に襲来して府中を焼き、宗麟が拠る臼杵城へ迫った。ここで宗麟はポルトガルより入手した「国崩し」という大砲を用い、城から約400m離れた平清水の島津本陣へ発射した。轟音が響き、多くの兵がなぎ倒され、近くにあった大木がへし折れるほどの威力だったという。島津軍は驚愕して退却。翌年、豊臣秀吉《とよとみひでよし》の援軍到来により、大友家の危機は去った。しかし府内と臼杵城下は島津氏に焼かれ、これにショックを受けた宗麟はほどなく病没した。

文禄《ぶんろく》2年(1593)、義統は朝鮮出兵での失態により改易。その後福原《ふくはら》氏を経て丹《に》羽《わ》氏旧臣の太田一吉《おおたかずよし》が6万5000石で城主になり、関ヶ原の戦いで甥を東軍に、息子を西軍に参加させ自身は病と称し城に籠もる。東軍に属した岡《おか》城(竹田市)の中《なか》川《がわ》秀成《ひでしげ》に攻撃され、撃退した後に黒田如《くろだじょ》水《すい》に城を明け渡した。戦後、稲葉一鉄《いなばいってつ》の次男・貞通《さだみち》が入城、初代臼杵藩主となる。

稲葉氏時代に大改築され、近世城郭となったが、明治に天守など建物の大半が破却。現在残る石垣は稲葉氏時代のもの。

佐伯城 さいきじょう

平山城

別名	鶴ヶ城、鶴屋城
築年／廃年	慶長11年(1606)／明治以降
築城主	毛利高政
城主	毛利高政→高成～高謙
所在地	大分県佐伯市西谷町

築城者は中国大返しの人質

「佐伯の殿様、浦でもつ」で知られる佐伯藩毛利《もうり》氏2万石の居城。佐伯藩の財政は漁業が柱だった。大分県南部、番匠川河口の八幡山(標高144m)に位置。関ヶ原の戦いで功があった毛利高政《たかまさ》が佐伯2万石を与えられ栂牟礼《とがむれ》城(佐伯市)に入城し、海上の便を生かせる当城を築いて移転。高政は、当初森《もり》姓を称した秀吉《ひでよし》の旧臣。中国大返しの際、毛利氏に人質として出され、輝元《てるもと》に気に入られて毛利姓を名乗った。以後、明治まで存続。

小牟礼城 こむれじょう

平山城

別名	市万田城
築年／廃年	不明／不明
築城主	一萬田氏
城主	一萬田氏
所在地	大分県豊後大野市朝地町市万田

義統に自刃させられた一萬田鑑実

大友《おおとも》重臣・一萬田《いちまだ》氏の本拠。豊後《ぶんご》内陸部、肥後街道沿いの小丘陵に建つ。西北に居館の一萬田館、西方に属城の鳥屋《とや》城(豊後大野市)がある。一萬田氏は大友氏の始祖・能直《よしなお》の六男の時景《ときかげ》より続く家系。奉行人として重きを成した。宗麟《そうりん》時代の当主・鑑実《あきざね》は耳川の戦いで殿軍《しんがり》を務めるなど数々の合戦に従軍。天正《てんしょう》14年(1586)、島津《しまづ》軍に攻められ降伏。秀吉《ひでよし》の九州平定後、内応の罪で義統《よしむね》に自害させられる。廃城時期の詳細は不明。埋蔵金伝説も。

大友氏館 おおともしやかた

居館

別名	府内大友館
築年／廃年	鎌倉時代？／－
築城主	大友頼康？
城主	大友頼康～氏泰～義鑑→宗麟→義統
所在地	大分県大分市顕徳町

判明した大友氏の本拠

大友氏代々の居館。JR大分駅の東方、大分川が別府湾に注ぐ河口付近に位置する。従来、大友氏の館は線路を挟む南方の上野丘陵にある上原館《うえのはるやかた》(大分市)と考えられてきたが、近年の調査により当地に大規模な大友氏の館が存在していたことが明らかとなった。館の南東側には広大な敷地を持つ大友家の菩提寺・万寿寺《まんじゅじ》があった。大分市では館跡と万寿寺跡を総称して「大友氏遺跡」としている。

発祥時期は不明だが、元寇《げんこう》迫る文永《ぶんえい》9年(1272)に3代・頼康《よりやす》が鎌倉から下向しており、この時期に築かれた公算が大きい。なお、万寿寺は5代・貞親《さだちか》が建立した。

頼康以後、大友氏は豊後《ぶんご》に地盤を固め、全盛期の21代・宗麟《そうりん》の頃には、館は1辺約200m四方の巨大なものとなっていた。一説に京の足利《あしかが》将軍邸をモデルにしたとされるほど、立派な居館だったようだ。館跡の南東には庭園跡があり、東西60m以上の巨大な池、立派な庭石、松などの樹木の存在が判明している。

大友館を中心とする城下町は府内と呼ばれた。府内は宗麟の明《みん》・南蛮貿易で大いに栄え、5000もの家屋が立ち並び、数万の人口を誇る巨大都市だったようだ。町には日本初の西洋式病院、神学校まで設置されていた。文禄《ぶんろく》2年(1593)に22代・義統《よしむね》が改易され大名としての大友氏は滅亡。府内の中心は府内《ふない》城に変わる。

栂牟礼城 とがむれじょう

山城

別名	城山
築年/廃年	大永年間(1521～1528)／慶長11年(1606)
築城主	佐伯惟治
城主	佐伯惟治→惟勝→惟常～惟定～毛利高政
所在地	大分県佐伯市上岡

島津軍の侵攻を阻んだ佐伯氏

大友《おおとも》氏の臣・佐伯《さえき》氏の居城。東に佐伯湾を望む栂牟礼山(標高223m)にあった。大永《たいえい》7年(1527)、大友義鑑《よしあき》(宗麟《そうりん》の父)は城主・惟治《これはる》の謀反を疑い、臼杵長景《うすきながかげ》に討伐させる。攻めあぐんだ長景は、和議と偽って開城させ、惟治を殺害。戦後は佐伯庶流が継承。天正《てんしょう》14年(1586)、当主の惟定《これさだ》は攻め寄せた島津《しまづ》軍を撃退、秀吉《ひでよし》に働きを激賞された。大友氏改易後、惟定は城を出て藤堂《とうどう》氏に仕官。後に入城した毛利高政《もうりたかまさ》が佐伯城(佐伯市)を築き廃城。

府内城 ふないじょう

平城

別名	大分城、荷揚城、白雉城
築年/廃年	慶長2年(1597)／明治以降
築城主	福原直高
城主	福原直高→早川長政→竹中重利→重義→日根野氏～松平(大給)氏
所在地	大分県大分市荷揚町(城址公園)

大友氏滅亡後の大分のシンボル

府内藩2万石の藩庁。大分市街の中心、大分川河口付近に位置。府内とは大友氏《おおともし》館《やかた》を中心とした城下町を指す。大友氏改易後に封じられた福原直高《ふくはらなおたか》が、館の北方に天守を備えた近世城郭を造る。早川《はやかわ》氏を経て関ヶ原後に入城した竹中重利《たけなかしげとし》(半《はん》兵衛《べえ》の従兄弟)が、府内藩を立藩し大改修。現在の城址の原型を築く。この際天守も改築されたが、江戸中期の大火で焼失した。万治《まんじ》元年(1658)に大給松平《おぎゅうまつだいら》氏が拠り明治まで存続。隅櫓などが現存。

安岐城 あきじょう

山城

別名	―
築年/廃年	応永年間(1394～1428)／不明
築城主	田原親幸
城主	田原氏→大友氏～熊谷直盛
所在地	大分県国東市安岐町下原字古城

宗麟に背いた田原氏の城

大友《おおとも》重臣・田原《たわら》氏の城。大分空港の南、伊予灘に面す要害。飯塚《いいづか》城(国東《くにさき》市)、鞍《くら》懸《かけ》城(国東市)とともに田原領の要。天正《てんしょう》6年(1578)の耳川合戦後、当主の田原親《ちか》宏《ひろ》・親貫《ちかつら》父子が宗麟《そうりん》と不和に。親宏死後の天正8年(1580)、親貫は毛利《もうり》氏の援助を受け挙兵。宗麟は自ら出撃、10か月の攻防の末に安岐、飯塚、鞍懸の3城を陥落させ鎮圧。大友氏改易後の城主・熊谷《くまがい》氏は関ヶ原合戦で西軍に属し、黒田如水《くろだじょすい》に攻められ落城。廃城時期の詳細は不明。

岡城 おかじょう

山城

別名	臥牛城、豊後竹田城
築年/廃年	文治元年(1185)／明治以降
築城主	緒方惟義
城主	緒方氏～志賀貞朝～親次→中川秀成～久成
所在地	大分県竹田市大字竹田

源義経を迎えるための城だった

大友《おおとも》家臣・志賀《しが》氏代々の居城。江戸時代は岡藩中川《なかがわ》氏7万石の藩庁として明治まで存続。比高95mの天神山に建つ。源《げん》平《ぺい》争乱の時代、豪族の緒方《おがた》氏が頼朝《よりとも》に追われる義経《よしつね》を迎える城として築城。鎌倉末期に大友氏庶流の志賀氏が入城。天正《てんしょう》14年(1586)、親次《ちかつぐ》の代で島津《しまづ》氏の侵攻を受けたが見事に撃退。大友氏改易後に親次は去り、中川清秀《きよひで》の子・秀成《ひでしげ》が入城。城を約2倍の面積とする拡張工事を行った。瀧廉太郎《たきれんたろう》「荒城の月」のモデルとも。

鎧ヶ嶽城 よろいがたけじょう

山城

別名	―
築年／廃年	不明／不明
築城主	戸次氏
城主	戸次氏
所在地	大分県豊後大野市大野町

立花道雪ゆかりの城

大友《おおとも》氏支流・戸次《べっき》氏の城。大分市と豊後大野市の境、鎧ヶ嶽(標高847m)にあった。築城は鎌倉時代の大友氏3代・頼康《よりやす》の弟である重秀《しげひで》とも、室町中期の戸次親《ちか》載《とし》ともいうが不明。重秀は大野川中流域の戸次荘を得て戸次氏を称し、以後その血流が大友氏を支えた。戦国時代、名将・鑑連《あきつら》(立花道雪《たちばなどうせつ》)が立花山《たちばなやま》城(福岡市)に去った後、養子の鎮連《しげつら》が守備。だが秀吉《ひでよし》の九州平定後、義統《よしむね》に島津《しまづ》への内応を疑われ自害。廃城時期の詳細は不明。

高崎山城 たかさきさんじょう

山城

別名	高崎城
築年／廃年	延文3年(1358)／文禄2年(1593)以降
築城主	大友氏時
城主	大友氏
所在地	大分県大分市神埼

戸次川で敗れた大友義統が立ち寄る

大友《おおとも》氏の最終防衛拠点。ニホンザル生息地として有名な高崎山(標高628m)にあった。別府湾を望む天険。大友氏本拠は府内の大友氏館(大分市)だったが、戦時には西方に離れたこの城を詰城として活用した。南北朝期に8代・氏時《うじとき》が築城。天正《てんしょう》14年(1586)、島津《しまづ》氏の北上で戸次川《へつぎがわ》の戦いが勃発。敗れた大友義統《よしむね》は府内から一時当城へ身を寄せたが、戦わず豊前《ぶぜん》へ逃走している。文禄《ぶんろく》2年(1593)の義統改易後に廃城。狼煙《のろし》台の跡などが残る。

肥前

伊万里城 いまりじょう

平山城

別名	浜城、鶴亀城
築年／廃年	建保6年(1218)／不明
築城主	伊万里源三郎
城主	伊万里(峯上)源三郎～家利
所在地	佐賀県伊万里市伊万里町

龍造寺隆信に屈服した伊万里氏

肥前水軍松浦《まつら》党・伊万里氏代々の居城。伊万里川北岸の城山(標高42m)にあった。西方に伊万里港を望む。鎌倉初期に松浦一族の伊万里源三郎《げんざぶろう》が築いた。以後伊万里川、白野川河口周辺を支配。戦国時代に肥前平定を進める龍造寺隆信《りゅうぞうじたかのぶ》が台頭。時の当主・家利《いえとし》は肥前後藤《ごとう》氏らと組んでこれに対抗。しかし天正《てんしょう》8年(1580)に抗しきれず落城。家利は後藤氏のもとに逃れた。廃城時期は不明。

玖島城 くしまじょう

平山城

別　名	大村城
築年/廃年	慶長3年(1598)／明治以降
築城主	大村喜前
城　主	大村喜前→純頼～純熈
所在地	長崎県大村市玖島1(大村公園)

キリシタンに毒殺された城主!?

肥前藩大村《おおむら》氏2万7000石の居城。大村湾に突き出した半島にあった。現在本丸跡には大村神社がある。大村氏は藤原純《ふじわらのすみ》友《とも》の末裔。キリシタン大名・大村純忠《すみただ》の子である喜前《よしあき》の築城。純忠の代より本拠は三城《さんじょう》(大村市)にあったが、秀吉《ひでよし》の死後の政情不安をにらみ、海に近く防衛力の高い当城に移転。喜前はキリシタンを迫害したため、元和《げんな》2年(1616)に報復で毒殺されたという。以後明治まで大村氏が居城。加藤清正《かとうきよまさ》が指導した石垣が残る。

佐世保城 させぼじょう

平山城

別　名	ー
築年/廃年	永徳年間(1381～1384)？／不明
築城主	佐世保氏？
城　主	佐世保氏→遠藤但馬→赤崎伊予
所在地	長崎県佐世保市城山町

港湾都市・佐世保の城

松浦《まつら》党・佐世保氏の居城。東に烏帽子岳、南に佐世保湾を望む標高70mの城山にあった。当地は平戸と大村を結ぶ交通の要衝。築城年は不詳だが、南北朝期の文書に佐世保石見《いわみ》守元《もりもと》、佐世保左京亮《さきょうのすけ》の名が見られることから、この頃の築城と見られる。北方の大智庵《だいちあん》城(佐世保市)に拠った松浦氏惣領家の相神浦《あいこのうら》松浦氏の支城だった。平戸松浦氏が相神浦氏を破った後、平戸松浦氏の臣・遠藤但馬《えんどうたじま》と赤崎《あかさき》伊予《いよ》が守った。廃城時期の詳細は不明。

原城 はらじょう

平城

別　名	原の城、日暮城、有馬城
築年/廃年	明応5年(1496)／元和4年(1618)
築城主	有馬貴純
城　主	有馬氏～松倉氏
所在地	長崎県南島原市南有馬町

天草四郎ら一揆軍が1年籠城

農民一揆「島原の乱」の舞台として知られる。有明海に突き出した岬にあり、東南北の3方が海に面す。南方に天草諸島を望む。室町後期に有馬《ありま》氏が、本拠・日野江《ひのえ》城(南島原市)の支城として築城。

戦国時代の島原地方は有馬氏の保護政策により、日本のキリシタンの中心地となった。だが、有馬氏が江戸初期に延岡《のべおか》城(延岡市)へ国替えとなったことで状況は一変。元和《げんな》2年(1616)に4万3000石で日野江城主となった松倉重政《まつくらしげまさ》・勝家《かついえ》父子は新たに島原《しまばら》城(島原市)を築いて日野江・原城を廃城とし、重税を課して領民を苦しめ、徹底的にキリシタンを弾圧した。

寛永《かんえい》14年(1637)10月、島原の農民の不満は爆発。島原城を攻撃した後、天草一揆と合流して原城址に立て籠もり、空堀を穿《うが》ち、柵や土塁を巡らし幕府に反旗を翻す。総勢3万4000人、総大将はキリシタンのあいだでカリスマ的人望を集める16歳の天草四郎《あまくさしろう》。四郎は小西行長《こにしゆきなが》の遺臣の子で、聡明な美少年だったという。

四郎らは一致団結して緒戦を制したが、籠城戦が3か月を経過した頃に弾薬・兵糧が底をつく。寛永15年(1638)2月、追い詰められた原城は12万4000余の幕府軍に海と陸から攻撃され落城。四郎は自害し、一揆は皆殺しとされる。戦後、原城は破却。松倉勝家も乱の責任を問われ、大名としては異例の斬首に処せられた。

佐賀城(村中城) さがじょう(むらなかじょう) 平城

別名	佐嘉城、栄城、沈み城、龍造寺城
築年/廃年	鎌倉時代、慶長7年(1602)/明治以降
築城主	龍造寺季家?、鍋島直茂・勝茂
城主	龍造寺季家〜胤栄→隆信→政家→高房→鍋島勝茂→光茂〜直正→直大
所在地	佐賀県佐賀市城内

龍造寺・鍋島氏の歴史が残る名城

肥後の戦国大名・龍造寺隆信《りゅうぞうじたかのぶ》の本拠「村中城」があった場所。隆信の死後、龍造寺家臣の鍋島直茂《なべしまなおしげ》・勝茂《かつしげ》が村中城を拡張、改築して「佐賀城」を築いた。佐賀城は江戸時代を通じ佐賀藩鍋島氏35万石の居城となった。佐賀市中心部に位置する平城で、南方に有明海を望む。

平安時代末期に当地に下向した藤原秀《ふじわらのひで》郷《さと》の後裔の藤原季喜《すえよし》が高木季綱《すえつな》の次男・季家《すえいえ》を養子とし、鎌倉初期に季家が龍造寺村の地頭となり龍造寺氏を称する。村の中心の居館として、季家またはその後の数代で村中城が築かれたと見られる。

室町時代に龍造寺氏は少弐《しょうに》氏に従属。室町後期に本家(村中龍造寺氏)が内部分裂や当主の早世で衰え、分家(水ヶ江《みずがえ》龍造寺氏)で水ヶ江城(佐賀市)の龍造寺家《いえ》兼《かね》が実権を掌握。家兼は大内《おおうち》氏と結び少弐氏に謀反。少弐氏家臣・馬場頼周《ばばよりちか》に逆襲され一時城を追われたが、蒲池《かまち》氏や本家の協力を受け頼周を討伐。天文《てんぶん》17年(1548)、家兼の後継者で曾孫の隆信が本家も継承し、村中城に入城。永禄《えいろく》2年(1559)に少弐氏を滅ぼし、戦国大名化して肥前から筑後、肥後へ勢力を広げた。

村中城は現在の佐賀城址の北西、佐賀西高校や博物館一帯にあった。城域は東西350m、南北600m。詳細は不明な点が多いが、2重の堀で守られた堅城。隆信時代には一の曲輪《くるわ》(後年の佐賀城の諫早屋敷)、二の曲輪(同多久屋敷)、三の曲輪(同三ノ丸)のほか、一の曲輪の北に寺である龍造寺(同武雄屋敷)、南に4つの寺(同西ノ丸)があった。

隆信は大友《おおとも》・島津《しまづ》氏と渡り合う勢力を築いたが、天正《てんしょう》12年(1584)に沖田畷《おきたなわて》の戦いで有馬《ありま》・島津連合軍に敗れ討ち死に。子の政家《まさいえ》が跡を継ぐが、大名としての才に欠けていたため、実権は重臣の鍋島直茂が握ることになる。天正15年(1587)、秀吉《ひでよし》の九州平定後、政家は肥前7郡を安堵されたが強制的に隠居。秀吉承認のもと、鍋島体制への移行が固まった。

少弐一族ともいう鍋島直茂は隆信の右腕として辣腕を振るい、早くから秀吉《ひでよし》とも独自に誼《よしみ》を通じ信頼を得ていた。関ヶ原では東軍に属し本領安堵。家康《いえやす》より正式に信任を得た直茂は子の勝茂とともに村中城を取り込み、佐賀城を築城。慶長《けいちょう》12年(1607)に政家・高房《たかふさ》父子が死去し龍造寺氏は断絶、直茂・勝茂が遺領を完全に継承した。勝茂が初代藩主となった佐賀藩は佐賀城を本拠に明治まで継続。

城域は約900m四方。旧村中城南東に本丸を置き、5重の天守が築かれた(江戸中期の大火で焼失)。天守の北にあった門が現在残る鯱《しゃち》の門で、両端に青銅の鯱がある。石垣は本丸にあるのみで、ほかの曲輪は土塁で守られている。土塁上には松が植えられ内部を遮蔽した。防備の要は四周を巡る堀で、幅70〜100mに達する。また、有事の際は本丸以外を水没させて敵の侵攻を阻む仕かけがあるとされ、"沈み城"の異名がある。

明治の佐賀の乱で建造物の大半が失われ、遺構は鯱の門と続櫓など。近年に本丸御殿が復元された。なお、有名な「化け猫騒動」(勝茂の子・光茂《みつしげ》が化け猫に祟られる伝承)は、龍造寺氏の遺恨が怪談の誕生に繋がったともいわれる。

深江城《ふかえじょう》

平城

別名	―
築年／廃年	不明／元和4年(1618)
築城主	安富(深江)氏
城主	安富氏
所在地	長崎県南島原市深江町

有馬・島津連合の猛攻に耐える

肥前安富《やすとみ》氏の居城。深江川に面した舌状台地にあった。安富氏は鎌倉御家人で、文永《ぶんえい》2年(1265)に地頭として下向した安富頼清《よりきよ》が祖。戦国時代までに当城を築き、有馬《ありま》氏麾下《きか》に。天正《てんしょう》6年(1578)、龍造寺《りゅうぞうじ》隆信《たかのぶ》に攻められ当主の純治《すみはる》・純泰《すみやす》父子は隆信に従属。天正10年(1582)、有馬・島《しま》津《づ》連合軍が当城を攻撃。純泰は善戦し城を死守。天正12年(1584)、沖田畷《おきたなわて》の戦いで隆信が戦死し純泰は佐賀に逃れ、以後深江氏を称す。元和《げんな》4年(1618)に破却。

多比良城《たいらじょう》

平山城

別名	轟木城
築年／廃年	永暦元年(1160)／不明
築城主	日向通良？
城主	日向通良？～多比良通世～重通～重純
所在地	長崎県雲仙市国見町

有馬晴信が神代氏を謀殺した城

多比良氏の居城。島原半島の北、有明海を望む標高12mの丘に建つ。平安末期に豪族・日向通良《ひゅうがみちよし》が平家《へいけ》に反抗し構えたという。平清盛《たいらのきよもり》の命で通良は討たれた。鎌倉時代より通良の子孫と見られる多比良氏が拠る。室町時代より有馬《ありま》氏に臣従。天正《てんしょう》12年(1584)、龍造寺隆信《りゅうぞうじたかのぶ》が有馬・島《しま》津《づ》連合に討たれた後、龍造寺方の神代貴《こうじろたか》茂《しげ》が神代城(雲仙市)で抗戦。貴茂は和議の名目で有馬晴信《はるのぶ》に当城に呼び出され謀殺された。廃城時期の詳細は不明。

水ヶ江城《みずがえじょう》

平城

別名	―
築年／廃年	文明年間(1469～1487)／江戸初期
築城主	龍造寺康家
城主	龍造寺康家→家兼→隆信→長信
所在地	佐賀県佐賀市中の館町

隆信を輩出した水ヶ江龍造寺氏

龍造寺《りゅうぞうじ》氏分家・水ヶ江龍造寺氏の居城。本家・村中《むらなか》龍造寺氏の村中城(佐賀市)の至近、南東に位置。本家14代・康家《やすいえ》の隠居所として築かれ、五男の家兼《いえかね》が拠って城塞化。武略に富む家兼は本家を上回る勢力に。少弐《しょうに》氏家臣だったが大内《おおうち》氏に従う。これを遺恨とした馬場頼周《ばばよりちか》の策謀で城を奪われ一族を殺される。後に蒲池《かまち》氏らの支援を受け頼周を討って城を取り戻し、曾孫の隆信《たかのぶ》に後事を託す。隆信は本家も継承し戦国大名へ。江戸初期に廃城。

唐津城《からつじょう》

平山城

別名	舞鶴城
築年／廃年	慶長13年(1608)／明治以降
築城主	寺沢広高
城主	寺沢広高→堅高～大久保氏～土井氏～水野忠邦→小笠原長昌～長国
所在地	佐賀県唐津市東城内

虹の松原が知られる名城

唐津藩を立藩した寺沢広高《てらざわひろたか》の築城。松浦川が玄界灘に注ぐ河口付近の満島山(標高41m)に位置。九州の諸大名が協力、名護屋《なごや》城(唐津市)の資材が利用されたという。広高は豊臣《とよとみ》家臣で、秀吉《ひでよし》の死後は家康《いえやす》に従う。防風林として造った虹の松原が著名。関ヶ原後に天草を加増され12万石を領したが子の堅高《かたたか》が島原の乱の失政で天草を没収され、後に自刃。寺沢氏改易後、藩主は目まぐるしく代わるが城は明治まで存続。現在の天守は模擬天守。

平戸城　ひらどじょう

平山城

別名	亀岡城、亀甲城、日之嶽城
築年/廃年	慶長4年(1599)、元禄17年(1704)／明治以降
築城主	松浦鎮信、松浦棟
城主	松浦鎮信→久信→隆信～棟～清～詮
所在地	長崎県平戸市岩の上町(亀岡公園)

水軍を率いた松浦氏の城

平戸藩松浦《まつら》氏6万石の居城。平戸島の北、平戸瀬戸に3方を囲まれた亀岡山(標高50m)に位置する。

肥前水軍・松浦党は平安時代より松浦地方に割拠した武士団の総称。惣領の松浦氏は嵯峨《さが》源氏《げんじ》渡辺《わたなべ》氏の子孫というが不詳である。中世にかけ一族や関係ない者まで各地で松浦氏を称し、正確な系統は不明。戦国時代に岸岳《きしたけ》城(唐津市)の波多《はた》氏を中心とする上松浦党、勝尾嶽《かつおだけ》城(平戸市)の平戸松浦氏を中心とする下松浦党に色分けされたが、平戸松浦氏の松浦隆信《たかのぶ》が南蛮貿易で力を増し、上松浦党ら一族をまとめて松浦半島を統一、戦国大名に。続く鎮信《しげのぶ》は龍造寺《りゅうぞうじ》隆信《たかのぶ》の脅威にさらされたが、隆信の戦死で独立を保ち、天正《てんしょう》15年(1587)、秀吉《ひでよし》の九州征伐に参陣して松浦郡と壱岐を本領安堵された。後に当城を築いて近世大名への脱皮を図る。

慶長《けいちょう》5年(1600)の関ヶ原の戦いで鎮信は東軍、子の久信《ひさのぶ》は西軍に分かれた。戦後、所領は安堵されたが、久信は帰国を許されず2年後に京で急死(自刃説も)。慶長18年(1613)、鎮信は自ら火を放ち城を破却。家康《いえやす》の信任を得るため、久信を儚んだためともいうが真相は不明。鎮信は近隣に御館《おたち》を置き、藩主居館とした。元禄《げんろく》の頃、5代・棟《たかし》が山鹿《やまが》流に基づき平戸城を再建し明治まで存続。狸櫓、北虎口門などが現存。昭和の模擬天守が建つ。

名護屋城　なごやじょう

平山城

別名	名護屋御旅館
築年/廃年	天正19年(1591)／慶長3年(1598)
築城主	豊臣秀吉
城主	豊臣秀吉
所在地	佐賀県唐津市鎮西町名護屋

文禄・慶長の役の豊臣軍要塞

豊臣秀吉《とよとみひでよし》が朝鮮出兵の前線基地として築いた陣城(合戦のための城)。朝鮮半島へ最短距離にある松浦半島の北端に築かれた。玄界灘を臨む名護屋浦は船団の基地としても便利な場所で、かつては水軍・松浦党の交易拠点のひとつだった。

普請奉行は加藤清正《かとうきよまさ》、寺沢広高《てらざわひろたか》、縄張は黒田如水《くろだじょすい》と当代の築城名人が携わった。工事は天正《てんしょう》19年(1591)より開始。九州の諸大名を中心に、1日に4万～5万人の人夫が動員され、翌年に完成した。周囲3km、城域は17万㎡に及び、旧来の陣城の概念を覆す壮大な城郭となった。

標高80mの勝男山頂上を本丸とし、二ノ丸、三ノ丸、山里丸などを配置。金箔瓦を使った5重の天守も築かれた。また、周囲には166か所もの諸大名の陣営や、旅館、商家や遊郭まで造られた。西国の片田舎に突然大都市が現れた格好である。全盛期には10万を超す兵が駐屯し、ある将が「野も山も空いたところがない」と書き記すほどの賑わいを示した。

名護屋入りした秀吉は、文禄《ぶんろく》・慶長《けいちょう》の役を通じ、延べ1年3か月在陣。約20万人の遠征軍を後方から指揮した。

秀吉の没後、遠征軍帰国とともに廃城となり、建造物は破却された。後に寺沢広高は資材を唐津《からつ》城(唐津市)に流用した。現在は高石垣、堀、礎石などが残るほか、陣跡などが復元、整備されている。

島原城 しまばらじょう

平城

別名	森岳城、高来城
築年／廃年	元和4年(1618)／明治以降
築城主	松倉重政
城主	松倉重政→勝家→高力忠房～松平忠和
所在地	長崎県島原市城内1

島原の乱を呼んだ魔の城

島原藩の政庁。雲仙岳の麓、島原半島東海岸中央に位置。元和《げんな》2年(1616)に外様の松倉重政《まつくらしげまさ》・勝家《かついえ》父子が有馬《ありま》氏旧領4万3000石を得て日野江《ひのえ》城(南島原市)に入城。重政父子は領民に過酷な使役を課し、7年がかりで当城を築き移転。4重5階の天守を備えるなど10万石大名の城のような分不相応な城だった。キリシタン弾圧も行われ、ついに島原の乱へ繋がる。松倉氏改易後に幾度も藩主が代わり、明治に破却。現在の天守は昭和の復元。

須古城 すこじょう

山城

別名	犬山城、高城
築年／廃年	天文年間(1532～1555)／明治以降
築城主	平井氏
城主	平井氏→龍造寺信周～鍋島氏
所在地	佐賀県杵島郡白石町

龍造寺氏に落とされた有馬氏拠点

有馬《ありま》氏に属していた平井《ひらい》氏の居城。佐賀平野西端、杵島山東南の独立丘陵(標高42m)にあった。平井氏は鎌倉期から肥前千葉《ちば》氏に従っていたが、戦国時代に有馬氏に鞍替え。当城を築き、支城として東に男島《おじま》城、西に杵島《きしま》城を配した。天《てん》正《しょう》2年(1574)、平井経治《つねはる》の代に龍造寺隆《りゅうぞうじたか》信《のぶ》の攻撃を受け落城。経治は有馬氏を頼って脱出。戦後、隆信の異母弟・龍造寺信周《のぶちか》が入城。江戸時代はその子孫(須古鍋島《なべしま》氏)の居城となり、明治まで存続した。

日野江城 ひのえじょう

山城

別名	日之江城、火ノ江城
築年／廃年	建保年間(1213～1219)／元和4年(1618)
築城主	有馬(藤原)経澄
城主	有馬経澄～貴純～晴純～晴信→直純～松倉重政
所在地	長崎県南島原市北有馬町

城下に教会を作ったキリシタン有馬氏

戦国大名・肥前有馬《ありま》氏の居城。島原湾岸、有馬川河口付近の丘陵(標高60m)に位置。現在は干拓の進展で海岸から離れているが、往時は海に面す天然の要害だった。連郭式縄張で、最頂部の本丸を中心に、東に二ノ丸、北西に三ノ丸を配す。

鎌倉前期に藤原純友《ふじわらのすみとも》の子孫ともいう経《つね》澄《ずみ》が築城、以後有馬氏を称した。戦国初期、貴純《たかずみ》の代で島原半島を中心に肥前一帯に勢力を広げ、戦国大名化に成功。南方に支城として原《はら》城(南島原市)を築き、海上に橋を渡して2城間を往来したという。貴純の孫・晴純《はるずみ》の代には最大版図21万石を領した。龍造寺隆信《りゅうぞうじたかのぶ》が台頭する前は、肥前を代表する勢力であった。

晴純の孫がキリシタン大名として知られる晴信《はるのぶ》(洗礼名プロタジオ)である。キリスト教保護に尽力し、城下に教会、セミナリオを設置した。

晴信は龍造寺隆信の攻勢に屈し一時臣従したが、密かに島津《しまづ》氏と結び、天正《てんしょう》12年(1584)に隆信を沖田畷《おきたなわて》で討った。天正15年(1587)の秀吉《ひでよし》の九州征伐でいち早く降伏。関ヶ原合戦でも西軍から東軍に寝返るなど巧みな処世術で本領を安堵。だが、慶長《けいちょう》17年(1612)に疑獄事件の岡本大《おかもとだい》八《はち》事件に巻き込まれ刑死。後嗣《こうし》の直純《なおずみ》は慶長19年(1614)に延岡《のべおか》城(延岡市)に転封。代わって入城した松倉重政《まつくらしげまさ》は新たに島原《しまばら》城(島原市)を築き、当城は廃城。

諫早城 いさはやじょう

平山城

別名	高城、亀城
築年/廃年	文明年間(1469～1487)／元禄年間(1688～1704)
築城主	西郷尚善
城主	西郷尚善→純久→純堯→信尚→龍造寺家晴→諫早(龍造寺)直孝～茂門
所在地	長崎県諫早市高城町

秀吉の不興を買った西郷氏

有馬《ありま》氏に属した西郷《さいごう》氏の城。長崎県中央にある諫早市街中心部、本明川南岸にそびえる小山に建つ。築城主の尚善《なおよし》が有馬晴純《はるずみ》の弟・純久《すみひさ》を養子に迎え、西郷氏は続く純堯《すみたか》の3代に渡り諫早に君臨、後に龍造寺《りゅうぞうじ》隆信《たかのぶ》に臣従した。しかし秀吉《ひでよし》の九州征伐に純堯の子・信尚《のぶひさ》が参陣しなかったことから所領没収。城は龍造寺一族の龍造寺家晴《いえはる》に与えられ、以後子孫が鍋《なべ》島《しま》氏に1万石の家老として仕え、諫早氏を称し居城。元禄の頃、老朽化で廃城。

神代城 こうじろじょう

海城

別名	鶴亀城
築年/廃年	不明／明治以降
築城主	不明
城主	神代貴益～貴茂→有馬氏→鍋島氏
所在地	長崎県雲仙市国見町神代

潮の満ち引きを利用した海城

島原半島北端、南方以外を海に囲まれた海城。有明海の潮の干満を利用して築かれた。南北朝期に神代貴益《たかます》という将が拠っていた。戦国時代の城主・貴茂《たかしげ》は龍《りゅう》造寺《ぞうじ》隆信《たかのぶ》に従属。天正《てんしょう》12年(1584)、隆信は沖田畷《おきたなわて》で有馬《ありま》・島津《しまづ》連合軍に敗れ戦死。貴茂は当城で防戦し、有馬軍を苦しめた。有馬軍は和議と偽って多比良《たいら》城(雲仙市)に貴茂を誘い出し謀殺。秀吉《ひでよし》の九州征伐後、鍋島直茂《なべしまなおしげ》に飛び地として与えられ、一角に鍋島陣屋が置かれて明治まで存続。

岸岳城 きしたけじょう

山城

別名	鬼子城、貴志岳城
築年/廃年	平安末期／慶長5年(1600)以降
築城主	松浦(波多)持
城主	波多氏
所在地	佐賀県唐津市北波多

秀吉が美人妻に横恋慕？

松浦《まつら》党・波多《はた》氏の居城。標高320mの岸(鬼子)岳にあった。平安時代末期に源《みなもとの》 持《たもつ》が波多郷を与えられ築城したという。持は波多氏を名乗り、以後約400年の城となる。室町時代に上松浦党の中心として全盛を迎えたが、戦国時代に同じ松浦党の平戸松浦氏に従属。秀吉《ひでよし》の朝鮮出兵の際、当主の波多親《ちかし》は秀吉の不興を買い改易、筑波山へ流罪。原因は秀吉が美女だった親の妻(秀の前)に出仕を命じ拒否されたことども。寺沢広高《てらざわひろたか》領となり廃城。

岩尾城 いわおじょう

山城

別名	―
築年/廃年	室町中期／慶長17年(1612)
築城主	阿蘇惟忠
城主	阿蘇氏～小西氏→加藤氏
所在地	熊本県上益城郡山都町城原

島津氏と戦った阿蘇大宮司・阿蘇氏

阿蘇の豪族・阿蘇《あそ》氏の城。江戸期の水路橋として有名な通潤橋《つうじゅんきょう》の北方の山(比高40m)にある。阿蘇氏は阿蘇神社の神主家で、祭政一致の領主として中世にかけ武士団を形成。浜の館(上益城郡)を居館としたが、15世紀半ばに15代・惟忠《これただ》が有事の詰城として館の南に築いた。戦国時代に家老・甲斐宗運《かいそううん》の活躍で島津《しまづ》氏に抗す。宗運の死後、天正《てんしょう》13年(1585)に当主の惟光《これみつ》が島津の前に敗走し事実上滅亡。加藤《かとう》氏治世下の慶長《けいちょう》17年(1612)に廃城。

勢福寺城 せいふくじじょう

山城

別　名	成福寺城、清福寺城
築年／廃年	文和2年(1353)／天正17年(1589)
築城主	一色直氏
城　主	一色直氏→菊池氏→少弐氏→大内氏～少弐氏→龍造寺氏
所在地	佐賀県神埼市神埼町城原

少弐氏滅亡の城

東肥前の要衝。吉野ヶ里の西方、標高193mの城山にあった。南北朝期に九州探題《たんだい》の一色直氏《いっしきなおうじ》が築いた。戦国時代にかけ城主は目まぐるしく代わる。天文《てんぶん》9年(1540)に名門・少弐《しょうに》氏を再興させた少弐冬尚《ふゆひさ》が居城としたが、大内《おおうち》氏に接近した重臣の龍造寺《りゅうぞうじ》家兼《いえかね》と対立。永禄《えいろく》2年(1559)に家兼の曾孫・隆信《たかのぶ》に攻められ落城。冬尚は自刃し少弐氏は滅亡。龍造寺隆信の次男・家種《いえたね》が城主となるが天正《てんしょう》17年(1589)に蓮池《はすいけ》城(佐賀市)に移り、廃城。

三城 さんじょう

平山城

別　名	三城城
築年／廃年	永禄7年(1564)／寛永14年(1637)
築城主	大村純忠
城　主	大村純忠→喜前
所在地	長崎県大村市三城町

大村純忠の「七騎籠もり」で有名

キリシタン大名・大村純忠《おおむらすみただ》の城。大村市中心部の比高30mの丘陵に位置。南の本堂川が天然の堀に。大村氏は北西の大村館に拠っていたが、後藤《ごとう》・松浦《まつら》氏への備えとして築城。本丸、二ノ丸、三ノ丸の3つの曲輪《くるわ》から成ることが城名の由来。元亀《げんき》3年(1572)、後藤・松浦・西郷《さいごう》の連合軍が来襲。純忠は主従7騎とわずかな兵で撃退。「三城の七騎籠もり」と呼ばれた。子の喜前《よしあき》の代で海に近い玖島《くしま》城(大村市)に移転。寛永《かんえい》14年(1637)に廃城。

肥後

隈庄城 くまのしょうじょう

平山城

別　名	隈牟田城、隈庄殿の城
築年／廃年	鎌倉時代／慶長5年(1600)
築城主	不明
城　主	菊池氏～目方能登守→甲斐氏～伊集院忠棟～小西主殿介
所在地	熊本県熊本市南区城南町隈庄(城の鼻公園)

甲斐宗運が娘婿を降した城

肥後中部の要衝。舞原丘陵の西端にあった。鎌倉時代に原型が造られ、南北朝期に九州探題《たんだい》・今川了俊《いまがわりょうしゅん》も拠ったという。以後、菊池《きくち》・阿蘇《あそ》・大友《おおとも》氏らの争奪の対象に。天文《てんぶん》12年(1543)に阿蘇氏家臣・甲《か》斐《い》一族の親昌《ちかまさ》が目方《めかた》氏を追い入城。天正《てんしょう》8年(1580)に御船《みふね》城(上益城《かみましき》郡)主で阿蘇氏家老の甲斐宗運《そううん》が、隈庄城主で離反しようとしていた守昌《もりまさ》(宗運の娘婿)を追い制圧。島津《しまづ》氏の支配を経て小西行長《こにしゆきなが》領となったが、行長が関ヶ原に敗死して廃城。

宇土城 うとじょう

平山城

別名	鶴ノ城
築年／廃年	天正17年(1589)頃／慶長17年(1612)
築城主	小西行長
城主	小西行長→加藤氏
所在地	熊本県宇土市古城町

関ヶ原に散った小西行長の城

豊臣《とよとみ》氏重臣で、キリシタン大名として知られる小西行長《こにしゆきなが》の本城。宇土市街南西の城山(標高13m)に建つ。宇土は肥後の中央に位置し、中世から交通の要衝だった地である。

なお、城の西方、西岡台(標高39m)に菊池《きくち》一族(宇土氏、名和《なわ》氏)が拠った宇土古城がある。行長の築城以前の中世城郭。天正《てんしょう》15年(1587)の秀吉《ひでよし》の九州平定により、豊臣氏の支配下に置かれていた。

行長は堺の豪商・小西隆佐《りゅうさ》の子。初め宇喜多《うきた》氏に仕え、後に秀吉の臣となった。水軍を率いて秀吉の天下統一戦で活躍。九州平定後の肥後国人一揆鎮圧でも軍功を現した。天正16年(1588)、失政を問われた肥後領主・佐々成政《さっさなりまさ》の切腹後、肥後南半国20万石を与えられた(北半国は加藤清正《かとうきよまさ》)。行長は宇土を本拠とし、新たに近世城郭の当城を築くこととした。この際、行長は天草《あまくさ》氏ら天草国人衆に普請の手伝いを命じたが、不満を持つ国人衆は反乱を起こし、行長・清正に鎮圧された。城は天正17年(1589)より着工、以後行長は朝鮮出兵で忙殺され、竣工は慶長《けいちょう》5年(1600)の関ヶ原合戦の前頃と見られる。南蛮技術を取り入れ、3重の天守を備えた豪華な城となったが、詳細は不明。

行長は関ヶ原で敗死。当城も清正に攻められ、留守を守る弟の小西行景《ゆきかげ》らの善戦空しく落城。慶長17年(1612)に廃城。

菊池城 きくちじょう

山城

別名	隈府城、隈部城、守山城、菊池山城
築年／廃年	正平年間(1346～1370)／天正15年(1587)以降
築城主	菊池武政
城主	菊池武政～能運～赤星親家～隈部親永
所在地	熊本県菊池市隈府

中世の肥後守護・菊池氏の城

中世肥後を代表する勢力だった肥後守護・菊池氏の本拠である。肥後北部、菊池市の北東山麓に位置する。明治維新後に建てられた菊池神社が本丸跡である。

菊池氏は平安後期の則隆《のりたか》を始祖とする一族。藤原北家《ふじわらほっけ》を自称するが、起源は諸説ある。則隆の本拠は当城より南2kmの菊《きく》の池《いけ》城(菊池市)とされる。以後、菊池氏は在地勢力として成長。南北朝時代、武政《たけまさ》の代で当城を築いて移転。当城を中心とした「菊池十八外城《とじょう》」と呼ばれる城塞群を築き、九州南朝勢力の中心となる。

両朝合一後に武政の子・武朝《たけとも》は肥後守護に任じられ、以後、戦国時代の22代当主・能運《よしゆき》まで保持。能運の頃の菊池氏は一族の宇土《うと》氏や重臣の隈部《くまべ》氏らの反乱に悩まされ、求心力は低下。永正《えいしょう》元年(1504)に能運が嗣子《しし》なく没したため、後嗣問題が勃発。正統は断絶し、大友《おおとも》氏や阿蘇《あそ》氏の介入で城主は目まぐるしく代わる。

天正《てんしょう》9年(1581)に赤星《あかほし》氏を降した隈部親永《ちかなが》が入城。親永は龍造寺隆信《りゅうぞうじたかのぶ》と結び、赤星氏が属していた大友勢力と争った男。天正12年(1584)に沖田畷《おきたなわて》の戦いで隆信が戦死すると島津《しまづ》氏に降る。天正15年(1587)、秀吉《ひでよし》の九州平定後、親永は佐々成政《さっさなりまさ》の配下となるが、検地を拒否し当城に籠城、肥後国人一揆の旗頭に。秀吉の命で西国大名が鎮圧に赴き、一揆は壊滅。戦後に親永は自刃し、城も破却された。

熊本城 くまもとじょう

平山城

別　名	銀杏城、隈本城、千葉城
築年／廃年	応仁年間(1467～1469)頃、天正19年(1591)／明治以降
築城主	出田秀信、加藤清正
城　主	出田氏～鹿子木氏→城氏→佐々成政→加藤清正→忠広→細川忠利～護久
所在地	熊本県熊本市本丸

加藤清正、会心の芸術的名城

築城名人・加藤清正《かとうきよまさ》が築いた珠玉の名城。江戸時代を通じ、熊本藩細川《ほそかわ》氏54万石の藩庁となった。熊本市街中心部、金鶏山から東南に伸びた尾根筋の茶臼山に位置する。“清正流”と呼ばれる美しくも豪快な石垣が有名だ。城下町より発展した熊本市は九州の中央部に位置し、古来、交通の要衝。近年は福岡にその座を取って代わられたが、戦前まで九州の政治・経済・軍事の中心都市だった。

この茶臼山一帯には中世に千葉《ちば》城(熊本城の北東)、隈本《くまもと》城(古城・熊本城の南)の2城が存在し、清正がこの2城を取り込んで現在の城址の原型が造られた。

千葉城は応仁《おうにん》の乱の頃、肥後守護・菊《きく》池《ち》一族の出田秀信《いでたひでのぶ》が築いた。出田氏に代わって16世紀初頭に入城した鹿子木親員《かのこぎちかかず》が新たに隈本城を築城。次いで大友《おおとも》方の城《じょう》氏が入り、城氏が島津《しまづ》氏に鞍替えした後、天正《てんしょう》15年(1587)の秀吉《ひでよし》の九州平定を迎える。秀吉は佐々成政《さっさなりまさ》に肥後一国を与え新たな城主とする。なお、隈本城を見た秀吉は「名城であり肥後の府中である」(『九州御動座記』)と感嘆している。だが、成政は同年に勃発した肥後国人一揆の責を負い翌年に切腹。

代わって肥後北半国19万5000石を与えられた加藤清正が入城(南半国は小西行《こにしゆき》長《なが》)、当城を築く。清正は尾張の人で虎退治の伝承も有名。母が秀吉の生母の縁戚で、幼少時より秀吉に仕えた。天正《てんしょう》11年(1583)の賤ヶ岳《しずがたけ》の戦いで「七本槍」の一角として大活躍。畿内に3000石の知行を得た。以後、天下統一戦に従軍し武功をあげた。清正の城主抜擢は明《みん》・朝鮮出兵の先鋒役をにらんだもの。清正が大陸に渡ったこともあり工事は長期化、完工は帰国、関ヶ原を挟んだ慶長《けいちょう》11年(1606)頃。肥後一国52万石の大名となった清正は名を熊本城に改めた。清正死後の寛永《かんえい》9年(1632)、子の忠広《ただひろ》が失政を理由に改易。小倉《こくら》城(北九州市)の細川忠利《ただとし》(忠興《ただおき》の子)が入城、細川氏の代で明治に至る。

城域は東西1.5km、南北1.2kmと広大で、白川と井芹川を外堀、坪井川を内堀とする。東に高石垣、尾根続きの北西には3重もの深い空堀を穿《うが》ち、難攻不落と呼ぶにふさわしい構えとなっている。縄張は東高西低の茶臼山の地形を生かし、東側に本丸を置き、西方へ向け二ノ丸、三ノ丸を配す梯郭式。天守がある丘陵の最高所と市街地の比高差は38mである。

城の中心は本丸の望楼型天守で、3重6階地下1階の大天守と、3重4階地下1階の小天守を渡櫓で結ぶ連結式であった。最終防衛拠点として籠城戦を考慮し、畳には藁の代わりに里芋茎《ずいき》が使われ、壁には干瓢《かんぴょう》が塗り込まれていたという。朝鮮出兵で兵糧に苦しんだ清正らしい工夫である。本丸御殿も天守への関門としての機能を強く意識するものだった。また各曲《くる》輪《わ》には、3重天守に匹敵する五階櫓が5基も築かれていたことも特色。

遺構として残る石垣は反りをつけて強度を高めたもの。上部にかけ垂直になるカーブは“扇の勾配”“武者返し”という。西南戦争の舞台となり、天守はじめ建造物の大半が焼失。宇土櫓、監物櫓、長塀などが現存する。天守は昭和に外観を復元。

人吉城　ひとよしじょう

平山城

別名	繊月城、三日月城
築年／廃年	平安末期／明治以降
築城主	矢瀬主馬助
城主	矢瀬主馬助→相良長頼→頼親～義滋～義陽～頼寛～頼基
所在地	熊本県人吉市麓町

武者返石垣が残る相良氏の城

肥前南部の戦国大名・相良《さがら》氏の本城。江戸時代は人吉藩相良氏2万2000石の藩庁となった。人吉は古代より肥後から薩摩、日向、大隅へ向かう交通の要衝。

球磨西方、球磨川と胸川の合流点にある断崖上に位置する。丘陵上の本丸から球磨川方面へ二ノ丸、三ノ丸を配す。北と西を流れる両川が天然の堀として機能。多くの船着き場を設けて水運が盛んに行われた。西·東面も堀が巡らされている。

もともとこの地には源平《げんぺい》合戦の頃に平《たいらの》頼盛《よりもり》の家人である矢瀬主馬助《やせしゅめのすけ》の城があった。建久《けんきゅう》9年(1198)に藤原南家《ふじわらなんけ》の流れである相良長頼《ながより》が主馬助を謀殺して入城。長頼を始祖に相良氏の在城は35代670年に及ぶものとなる。室町後期に球磨、八代、葦北の肥後3郡を統一した相良氏は、戦国時代に分国法「相良氏法度」を制定。明《みん》との貿易も行い最盛期を迎える。

天正《てんしょう》9年(1581)に義陽《よしひ》の代で島津《しまづ》氏に降り、義陽が阿蘇《あそ》氏との戦いで敗死してから斜陽。秀吉《ひでよし》の九州平定後、子の頼房《よりふさ》が本領を安堵され、関ヶ原後に人吉藩を立藩。この頼房の代で現在に残る城址の原型が造られ、以後明治まで存続した。

文久《ぶんきゅう》2年(1862)に火災で全焼した後、「武者返石垣」が造られた。最上段の石を突き出したもので、五稜郭にも見られる幕末の築城法。遺構は石垣のみだが、近年に隅櫓、長塀、多聞櫓が復元された。

堅志田城　かたしだじょう

山城

別名	勢多尾城、赤蜂尾城
築年／廃年	戦国時代／天正15年(1587)以降
築城主	阿蘇氏
城主	阿蘇氏～島津氏
所在地	熊本県下益城郡美里町中郡

阿蘇氏の家督争いに敗れた兄

肥後豪族・阿蘇《あそ》氏の属城。肥後中部、標高256mの城山にあった。築城年代は不詳。菊池《きくち》氏を継いでいた阿蘇惟長《これなが》(菊池武経《たけつね》)は菊池家中をまとめられず、阿蘇に戻ろうとしたが、永正《えいしょう》年間(1504～1521)に弟の惟豊《これとよ》に敗れる。惟長と子の惟前《これさき》は大永《たいえい》3年(1523)に当城へ入城。惟前は相《さが》良《ら》氏と結んだが、天文《てんぶん》12年(1543)に惟豊に攻められ落城。対島津《しまづ》氏の前線拠点となったが、天正《てんしょう》13年(1585)に陥落し島津氏が支配。秀吉《ひでよし》の九州平定後に廃城。

水俣城　みなまたじょう

山城

別名	陣内城、陣の城
築年／廃年	南北朝時代／慶長17年(1612)
築城主	水俣氏
城主	水俣氏～相良氏→島津氏→豊臣氏→寺沢広高→小西氏→加藤氏
所在地	熊本県水俣市古城(城山公園)

島津と相良の歌合戦があった城

水俣川北岸、標高30m程度の独立丘陵にあった。戦国時代は相良《さがら》氏の支配下だったが、肥後最南部の拠点であり、常に島津《しまづ》氏の脅威にさらされた。天正《てんしょう》7年(1579)、島津氏に攻囲された際、島津軍が戯れに「秋風にみなまた落つる木の葉かな」という発句を城内へ射ると、「よせてはしずむ月のうら波」という次の句が射返されたという。2年後、相良氏の撤退により島津氏が接収。小西《こにし》氏、加藤《かとう》氏の支配を経て、慶長《けいちょう》17年(1612)に破却。

御船城 みふねじょう

平山城

別名	―
築年/廃年	不明／天正16年(1588)以降
築城主	不明
城主	御船盛安～房行→甲斐宗運→親英→島津氏～小西氏→加藤氏
所在地	熊本県上益城郡御船町大字御船

名将・甲斐宗運の居城

阿蘇《あそ》氏筆頭家老・甲斐宗運《かいそううん》の居城として有名。御船町南東の独立丘陵(標高34m)に位置。発祥は不詳だが、中世より阿蘇氏の拠点で、戦国期は阿蘇氏家臣の御船氏が守備していた。御船氏が島津《しまづ》氏に内通したため天文《てんぶん》10年(1541)に宗運が討伐、城主を務める。宗運は大友《おおとも》・龍造《りゅうぞう》寺《じ》・島津氏と渡り合い、阿蘇氏を守る。天正《てんしょう》9年(1581)、島津方となった相良義《さがらよし》陽《ひ》の攻撃を受けたが撃退。宗運の死後、島津氏により陥落。清正《きよまさ》政権下で廃城。

麦島城 むぎしまじょう

平城

別名	八代城
築年/廃年	天正16年(1588)／元和5年(1619)
築城主	小西行重
城主	小西行重→加藤氏
所在地	熊本県八代市古城町

小西氏の拠点で八代城の前身

宇土《うと》城(宇土市)主・小西行長《こにしゆきなが》の支城。球磨川河口近く、八代市中心部にある。この地には相良《さがら》氏の拠点・古麓《ふるふもと》城があったが島津《しまづ》氏に接収された。秀吉《ひでよし》の九州征伐後、佐々《さっさ》氏を経て行長の支配下に置かれた。行長は古麓城を廃して当城を築き、重臣の小西行重《ゆきしげ》を城代とした。南蛮貿易の拠点にしたとも。関ヶ原後に行長が刑死した後に加藤《かとう》氏が支配したが、元和《げんな》5年(1619)に地震で倒壊。3年後、城址の北に松江《まつえ》城(八代城《やつしろ》)として再建された。

富岡城 とみおかじょう

平山城

別名	臥龍城
築年/廃年	慶長10年(1605)／寛文10年(1670)
築城主	寺沢広高
城主	寺沢氏→山崎家治～戸田忠昌
所在地	熊本県天草郡苓北町富岡

島原の乱で一揆軍に攻撃される

唐津藩初代藩主・寺沢広高《てらざわひろたか》の築城。天草下島の北西、富岡半島南東の丘陵(標高70m)に位置。広高は唐津《からつ》城(唐津市)に拠って城代を置き天草を支配した。天草はキリシタン信仰が強く残る地だったため広高はこれを弾圧。寛永《かんえい》14年(1637)、天草と島原領民は天草四郎《あまくさしろう》を盟主に蜂起(島原の乱)、当城も攻撃している。一揆鎮圧後の寛文《かんぶん》10年(1670)、戸田忠昌《とだただまさ》が、城の管理が領民の負担になっていると判断し、破却して陣屋を置いた。

日向

延岡城　のべおかじょう　平山城

別名	縣城、亀井城
築年/廃年	慶長6年(1601)／明治以降
築城主	高橋元種
城主	高橋元種→有馬直純→康純→清純→三浦明敬→牧野氏→内藤氏
所在地	宮崎県延岡市本小路(城山公園)

「千人殺しの石垣」の秘密

近世城郭として日向《ひゅうが》を代表する存在。江戸時代を通じて延岡藩5万石の政庁だった。筑前秋月《あきづき》氏の血を引く高橋元種《たかはしもとたね》の築城。水郷として知られる延岡市街中心部、五ヶ瀬川と大瀬川に挟まれた延岡山(標高53m)にある。東に日向灘を望む。

城主は高橋氏のあと、有馬《ありま》・牧野《まきの》氏らを経て内藤《ないとう》氏支配で明治を迎えた。山頂に本丸、以下西方にかけ二ノ丸、三ノ丸を配す梯郭式縄張。さらに西方に外郭があった。五ヶ瀬川と大瀬川から水を引いた内堀が巡る。有馬氏時代に外郭部分は城主居館である西ノ丸として整備された。

高橋元種は秋月種実《たねざね》の次男で、天正《てんしょう》6年(1578)に大友宗麟《おおともそうりん》の重臣だった高橋鑑《あき》種《たね》の養嗣子《ようしし》となった。鑑種は毛利元就《もうりもとなり》に通じて宗麟を裏切った男。元種は島津《しまづ》氏と結んで宗麟と戦い、天正15年(1587)の秀吉《ひでよし》の九州征伐を受け降伏。秀吉より松《まつ》尾《お》城(延岡市)5万石を与えられた。慶長《けいちょう》5年(1600)の関ヶ原合戦後、近世城郭の重要性を認識した元種は松尾城東方に当城を築く。だが、慶長18年(1613)に罪人を領内に隠した罪で改易された。

代わって有馬氏が入城、2代・康純《やすずみ》が改修を施し、実質天守だった御三階櫓(焼失)と石垣を整備。二ノ丸北面に残る高さ20mの石垣は“千人殺し”と呼ばれ、礎石をはずすと敵1000人を殺す仕かけがあるという。明治建造の鐘つき堂も著名。

宮崎城　みやざきじょう　山城

別名	池内城
築年/廃年	延元元年(1336)頃／元和元年(1615)以降
築城主	図師慈円
城主	図師慈円～落合彦左衛門～伊東義祐～日置忠充～上井覚兼→権藤種盛～有馬氏
所在地	宮崎県宮崎市池内町字城

伊東氏や島津氏らが支配

宮崎平野、日向《ひゅうが》灘を一望する標高120mの丘陵にあった。南裾を大淀川が洗う要害。南北朝期に伊東《いとう》氏麾下《きか》の図師《ずし》氏が築いた。本丸、野首《のくび》城など多くの独立曲輪《くるわ》から成る。戦国時代は伊東四十八城の一。伊東氏と島津《しまづ》氏の飫肥《おび》城(日南市)攻防戦では伊東義祐《よしすけ》が拠点とした。島津氏を経て、秀吉《ひでよし》の九州征伐後に高橋元種《たかはしもとたね》の属城に。慶長《けいちょう》5年(1600)の関ヶ原合戦時、黒《くろ》田如水《だじょすい》の煽動で伊東氏家老・稲津掃部助《いなづかもんのすけ》に攻められ落城。一国一城令で廃城。

高原城　たかはるじょう　山城

別名	松ヶ城
築年/廃年	永禄年間(1558～1570)／元和元年(1615)以降
築城主	梅北掃部
城主	梅北掃部→伊東勘解由～福永源左衛門→長倉祐政→上原尚近
所在地	宮崎県西諸県郡高原町大字西麓

日向と大隅の国境付近の要衝

伊東《いとう》四十八城の一で、島津《しまづ》氏との激戦が繰り広げられた。霧島連山東麓、比高60mの丘陵に位置。深い谷が巡る天然の要害。島津氏に従っていた梅北《うめきた》氏が築いたが伊東義祐《よしすけ》の攻撃で陥落。一時は勢威を振るった義祐だが、元亀《げんき》3年(1572)の木崎原《きざきばる》の戦いで島津氏に敗れ衰退。天正《てんしょう》4年(1576)、当城も島津氏の攻撃を受ける。義祐は救援できず、城主の長倉祐政《ながくらすけまさ》は降伏。戦後は島津家老の上原尚近《うえはらなおちか》が城主となった。一国一城令で廃城。

高城 たかじょう

山城

別　名	高城城、新納院高城
築年/廃年	建武2年(1335)／元和元年(1615)以降
築城主	新納(島津)時久
城　主	新納時久～土持氏～伊東氏→山田有信→秋月氏
所在地	宮崎県児湯郡木城町高城

耳川合戦、九州征伐に耐え抜いた堅城

“九州の関ヶ原”として知られる、島津《しまづ》対大友《おおとも》の「耳川の戦い」でポイントとなった城。後の豊臣秀吉《とよとみひでよし》の九州征伐でも激闘が繰り広げられた。この都合2度の合戦で大友と豊臣の大軍を相手に持ちこたえた、難攻不落の名城である。日向《ひゅうが》中部を扼する要衝で、北方から日向に侵攻する際には避けて通れない城。なお、日向には高城と呼ばれる城が、ほかにも都城市と宮崎市にあるため、新納院《にいろいん》(当地の旧名)高城と呼ばれる場合もある。

日向中部を東流する小丸川(高城川)北岸、尾鈴山地より突き出した丘陵(標高60m)に築かれた。城域は東西600m、南北250mと規模としては小さい。構成も、東に本丸、西に二ノ丸を置くのみ。ただし、北、南、東の3方は断崖、平地に繋がる西方には7つの空堀が設けられていた。周辺は沼で囲まれていたともいう。自然の地形を最大限に利用し、少ない兵力で守るに適した城であった。

南北朝期に島津4代・忠宗《ただむね》の四男の時《とき》久《ひさ》が足利尊氏《あしかがたかうじ》に新納院を与えられ、築城した。時久は新納氏を称し、有名な新納忠元《ただもと》の先祖となる。その後、新納土持《つちもち》氏を経て、戦国時代には日向の戦国大名・伊東《いとう》氏に支配され、伊東四十八城の一に。天正《てんしょう》5年(1577)、伊東義祐《よしすけ》は島津義久《よしひさ》に圧迫され大友宗麟《そうりん》を頼って豊後《ぶんご》へ逃れた。日向を得た義久は名将の誉れ高い家老の山田有信《やまだありのぶ》を当城の城主とした。

一方、宗麟は義祐より助力を請われ、これを快諾。キリシタン大名として知られる宗麟は、日向にキリスト教国を築く野心を抱き、3月に4万の大軍を率いて南下。ここに北九州の大友と南九州の島津は、九州の覇権を賭けて激突する。

日向に入った大友軍は延岡の諸城を降し、10月に高城を包囲した。宗麟は延岡港沿いの務志賀《むしか》に陣営を置いてとどまっていた。高城は有信の手勢に加え、島津家久《いえひさ》(義久と義弘《よしひろ》の弟)の援軍を含め、3000(500とも)で守った。大友軍の総攻撃が開始されたが、有信ら将兵はこれをよく防ぎ、援軍の到来を待った。

11月11日に義久率いる島津本軍が高城より小丸川対岸の根城坂に到着。翌12日に大友軍が渡河して先制攻撃を仕かけ、緒戦は大友軍優位に。だが、左翼より島津一族の以久《ゆきひさ》が大友軍の横腹を突いて戦況は逆転。高城からも家久らが打って出たため、大友軍は総崩れとなる。敗北を知った宗麟は慌てて豊後へ逃走した。

敗走した大友軍は北方30kmの耳川まで追撃され、川を渡りきれず多数の将兵が溺死。大友軍は3000近い戦死者を出したが、その大半が耳川で殺されたという。通称は耳川の戦いだが、本戦は高城・小丸川で行われたため、「高城河原の戦い」とも呼ばれる。この一戦で宗麟は佐伯宗《さえきそう》天《てん》や田北鎮周《たきたしげかね》ら有力な将を失い、以後衰運。一方、義久は九州平定の道を開いた。

天正15年(1587)、秀吉《ひでよし》の九州征伐で高城は再び標的となる。今度は豊臣秀長《とよとみひでなが》率いる8万の大軍の攻撃を受けたが、有信は1500の城兵を指揮して大善戦。しかし、義久率いる本軍が根城坂の戦いで敗退。有信は戦意喪失した義久に降伏するよう説得され、やむなく開城した。戦後は秋《あき》月《づき》氏の属城となり、一国一城令で廃城。

佐土原城 さどわらじょう

山城

別名	田島城
築年/廃年	建武年間(1334～1338)、天文11～12年(1542～1543)/明治以降
築城主	田島休助、伊東義祐
城主	田島氏→伊東(佐土原)祐賀～祐国～義祐→島津家久→豊久～以久～忠寛
所在地	宮崎県宮崎市佐土原町上田島

天守の存在がクローズアップ

日向《ひゅうが》の戦国大名・伊東義祐《いとうよしすけ》の本城として知られる。江戸時代を通じて佐土原藩島津《しまづ》氏3万石の居城となった。一ツ瀬川南岸、標高70mの鶴松山に築かれた。近年、天守の存在が発掘調査で裏づけられ、南九州で唯一天守があった城として注目を集めている。ただし、伊東氏時代か島津氏時代のものかは判然としていない。

前身は伊東一族の田島《たじま》氏が築いた田島城。田島氏は都於郡《とのこおり》城(西都市)の伊東宗家に追われ、一門の伊東祐賀《すけよし》が入城。佐土原氏を名乗る。室町中期に伊東祐堯《すけたか》の子・祐国《すけくに》が入り、伊東宗家の持ち城に。

戦国時代の当主・義祐(伊東マンショの祖父)は、天文《てんぶん》5年(1536)に家督を相続。都於郡城が焼失していたため当城に拠った。翌年に当城も焼け宮崎《みやざき》城(宮崎市)に移転。日向平定を進め勢いを増す義祐は、天文11～12年(1542～1543)頃に当城を再建、拡張し、再び本拠に。本丸、二ノ丸、松尾丸などから成る大規模な城となり、義祐の勢威を見て城下も活況。城内には金閣寺を模した金柏寺《きんぱくじ》も建立された。

天正《てんしょう》5年(1577)、義祐は島津氏に押され豊後《ぶんご》へ逃亡。義久《よしひさ》の弟・家久《いえひさ》が入城した。慶長《けいちょう》8年(1603)、島津以久《ゆきひさ》が3万石で入城し佐土原藩を立藩。江戸前期に山上の城は廃棄され、山麓の二ノ丸に移転。明治に藩庁を広瀬に移し城は破却。

高鍋城 たかなべじょう

平山城

別名	財部城、舞鶴城
築年/廃年	平安時代/明治以降
築城主	財部土持氏
城主	土持氏→落合民部少輔→川上忠智～秋月種長～種殷
所在地	宮崎県児湯郡高鍋町大字上江字島田

筑前秋月氏が幕末まで拠った

江戸時代を通じ高鍋藩秋月《あきづき》氏3万石の藩庁。宮崎県中部を流れる小丸川南岸、標高73mの丘陵に位置。東に日向灘を望む。中世にかけ財部土持《たからべつちもち》氏の居城だったが、長禄《ちょうろく》元年(1457)に伊東《いとう》氏の侵攻で落城。落合民部少輔《おちあいみんぶのしょう》(代々名跡を世襲)に与えられた。天正《てんしょう》5年(1577)、伊東義祐《よしすけ》が島津《しまづ》氏に追われた際、落合氏は寝返り島津方に。秀吉《ひでよし》の九州征伐後、筑前の秋月種実《たねざね》が移封され、子の種長《たねなが》が近世城郭に改修、秋月氏の本拠として明治を迎えた。

志布志城(内城) しぶしじょう(ないじょう)

山城

別名	―
築年/廃年	南北朝時代/元和元年(1615)以降
築城主	不明
城主	楡井氏～畠山氏～島津氏→新納氏～肝付氏→鎌田政近
所在地	鹿児島県志布志市志布志町帖

志布志港を望む境目の城

日向《ひゅうが》と大隅の国境付近にあり、志布志港を扼する要衝。内城、松尾《まつお》城、高《たか》城、新《しん》城の4つの城郭を総称して志布志城と呼ばれる。うち、最も規模が大きいのが内城。3面が絶壁となる標高57mの台地上に造られた。南北朝時代の築城と見られる。城主は楡井《にれい》氏、畠山《はたけやま》氏、島津《しまづ》氏、新納《にいろ》氏など目まぐるしく代わった。天正《てんしょう》5年(1577)より島津氏が直轄し、地頭として重臣の鎌田政近《かまたまさちか》が入った。一国一城令で廃城。遺構がよく残る。

九州・沖縄地方
日向

都於郡城 とのこおりじょう

山城

別名	浮船城
築年／廃年	建武4年（1337）／元和元年（1615）以降
築城主	伊東祐持
城主	伊東祐持→祐重～尹祐→義益→義賢→島津氏
所在地	宮崎県西都市大字鹿野田字高屋

日向伊東氏代々の居城

伊東《いとう》氏代々の居城。西都市中心部より南、三財川に臨む標高100m程度の段丘上に位置。本城部を中心に、周辺に支城、堀などを配す。伊東氏の祖は曽我《そが》兄弟に討たれた工藤祐経《くどうすけつね》。建武《けんむ》の頃、当地に下向した祐持《すけもち》・祐重《すけしげ》父子により築かれた。伊東氏は島津《しまづ》氏を圧倒して版図を広げ、当城と佐土原《さどわら》城（宮崎市）を本拠に、日向《ひゅうが》に48の支城（伊東四十八城）を擁した。天《てん》正《しょう》5年（1577）、伊東一族は島津氏に敗れ城を捨て豊後《ぶんご》に敗走。一国一城令で廃城。

八代城 やつしろじょう

山城

別名	―
築年／廃年	元弘年間（1331～1334）／江戸初期
築城主	伊東祐広
城主	伊東祐広～八代氏→伊東氏～相良長広
所在地	宮崎県東諸県郡国富町八代南俣

日向中部の伊東氏支城

伊東《いとう》四十八城の一。日向《ひゅうが》内陸部、三名川水系に囲まれた比高40mの丘陵にあった。本丸、二ノ丸、三ノ丸、取添《とりそえ》から成り、それぞれ堀切で仕切られている。南北朝期、伊東氏の支族で、南朝方だった伊東祐広《すけひろ》が築いた。南北朝末期には同じく伊東一族の八代氏が拠った。その後、伊東宗家の持ち城となる。天正《てんしょう》5年（1577）、伊東氏当主の義祐《よしすけ》は島津《しまづ》氏に追われ、豊《ぶん》後《ご》へ逃亡。島津の臣・相良《さがら》氏が城主となる。江戸初期に廃城。

都之城 みやのじょう

山城

別名	都城、都城城、鶴丸城
築年／廃年	天授元年（1375）／元和元年（1615）以降
築城主	北郷（島津）義久
城主	北郷義久～持久～時久～伊集院忠棟→忠真→北郷忠能
所在地	宮崎県都城市都島町

島津氏の支族・北郷氏の城

北郷《ほんごう》氏（都城島津《しまづ》氏）の居城。日向《ひゅうが》南西端、JR西都城駅の南西に位置。大隅との国境に近い。北郷氏の始祖は島津4代・忠宗《ただむね》の子の資忠《すけただ》。その子・義久《よしひさ》が南北朝期に築造。天正《てんしょう》15年（1587）、九州征伐後に北郷氏は宮之城（薩摩川内《せんだい》市）に移転。代わって伊集院忠棟《いじゅういんただむね》が入城したが、慶長《けいちょう》4年（1599）、忠棟の台頭を憎む島津18代・忠恒《ただつね》が手討ち。これを不服とした忠棟の子・忠真《ただざね》は庄内の乱を起こした。和睦後に北郷氏が復帰。一国一城令で廃城。

飫肥城 おびじょう

平山城

別名	―
築年／廃年	不明／明治以降
築城主	不明
城主	土持氏～新納忠続→島津忠廉～伊東祐兵→上原長門守→伊東祐兵～祐実～祐帰
所在地	宮崎県日南市大字楠原

飫肥藩伊東氏の本拠

伊東《いとう》氏と島津《しまづ》氏が長年争奪戦を繰り広げた、日向《ひゅうが》南部の要衝。城の起こりは不明だが、南北朝期に土持《つちもち》氏が攻略したと伝わる。長禄《ちょうろく》2年（1458）、島津一族の新《にい》納《ろ》忠続《ただつぐ》が城主となり、日向中北部を支配する伊東氏の侵攻に備えた。以後、両軍の抗争が続く。秀吉《ひでよし》が九州を平定した天《てん》正《しょう》15年（1587）、元城主で義祐《よしすけ》の子・祐兵《すけたけ》が返り咲き。以後、飫肥藩伊東氏5万石の居城として明治を迎える。祐実《すけざね》の代で大改修。昭和に大手門や御殿が復元。

加久藤城《かくとうじょう》

山城

別　名	久藤城、覚頭城
築年／廃年	応永年間(1394～1428)／元和元年(1615)以降
築城主	北原氏
城　主	北原氏→川上忠智
所在地	宮崎県えびの市小田

島津義弘が伊東軍を打ち破る

島津《しまづ》氏が伊東《いとう》氏に大勝した「木崎原《きざきばる》の戦い」の舞台。霧島連山北方、川内《せんだい》川北岸の比高60mの丘陵にある。もとは在地勢力・北原《きたはら》氏の居城。永禄《えいろく》7年(1564)に島津義弘《よしひろ》が改修し、夫人の広瀬《ひろせ》氏と嫡子・鶴寿丸《かくじゅまる》を住ませ、自身は東方の飯野《いいの》城(えびの市)に拠った。城代は川上忠智《かわかみただとも》。元《げん》亀《き》3年(1572)、伊東義祐《よしすけ》の大軍が襲来。義弘は城下の木崎原で奇襲をかけ大勝した。この一戦を機に、伊東氏は衰亡へ向かう。一国一城令で廃城。

務志賀軍営《むしかぐんえい》

山城

別　名	無鹿軍営
築年／廃年	天正6年(1578)／—
築城主	大友宗麟
城　主	大友宗麟
所在地	宮崎県延岡市無鹿町

神の国ムジカ、宗麟の夢の跡

日向《ひゅうが》にキリスト教国を造ろうと夢想した大友宗麟《おおともそうりん》が、その拠点と考えた地。一説に“神の国ムジカ(musica　ラテン語で音楽の意味)”と呼ばれている。日向灘に近い延岡市郊外の丘に造られた陣営。教会が置かれた。宗麟は豊後《ぶんご》の戦国大名で、ドン・フランシスコの洗礼名を受けたキリシタン。島津《しまづ》氏に追われた伊東義祐《いとうよしすけ》の要請により、宗麟は天正《てんしょう》6年(1578)、島津氏と戦うべく日向に進出。しかし同年の耳川の戦いに惨敗し、豊後へ戻った。

大隈

加治木館《かじきやかた》

居館

別　名	—
築年／廃年	慶長11年(1606)／—
築城主	島津義弘
城　主	島津義弘→忠恒(家久)→忠朗→島津氏
所在地	鹿児島県始良市加治木町仮屋町

“敵中突破”の義弘、終の棲家

島津《しまづ》17代・義弘《よしひろ》の晩年の居館。加治木城山麓に造られた。慶長《けいちょう》5年(1600)の関ヶ原合戦で敗れた義弘は敵中突破し本国に帰還。本領を安堵され家督を子の忠恒《ただつね》に譲る。義弘は岩剣《いわつるぎ》城(始良《あいら》市)山麓の平松《ひらまつ》城にあったが加治木城への移転を計画。だが幕府を刺激することに考慮し、平地に中の丸、東の丸で構成される当館を造る。義弘の死後、忠恒が西の丸を増築し居住。以後、忠恒の三男・忠朗《ただあき》から始まる加治木島津家の館となり明治まで続く。

岩剣城 いわつるぎじょう

山城

別名	岩剣城
築年/廃年	享禄年間(1528～1532)頃／慶長11年(1606)
築城主	祁答院良重
城主	祁答院良重→島津義弘
所在地	鹿児島県姶良市平松山之口

島津三兄弟、初陣の城

薩摩国人・祁答院良重《けどういんよししげ》が戦国期に築いた城である。薩摩と大隅の国境付近にある標高210mの岩剣山に築かれた。尾根が剣状の形をしていることが名の由来。3面が断崖絶壁で、山続きとなっている南面には堀切が設けられていた。大隅屈指の難攻不落の要害である。

祁答院氏は桓武平氏秩父《かんむへいしちちぶ》党の一派である渋谷《しぶや》氏の一族。蒲生《かもう》・菱刈《ひしかり》氏らと同盟を結び、薩摩守護・島津《しまづ》氏と対立していた。

天文《てんぶん》23年(1554)に、蒲生・菱刈軍が島津傘下の肝付《きもつき》氏が守る加治木《かじき》城(姶良《あいら》市)を攻撃した。貴久《たかひさ》はこれを救援すべく、当城を攻撃することで加治木城の囲みを解かせようとした。この合戦で、貴久の子である義久《よしひさ》、義弘《よしひろ》、歳久《としひさ》の三兄弟が初陣となった。貴久はじわじわと城を追い詰め、計画通り蒲生氏らは加治木城の包囲を解いて救援に赴き、島津軍はこれを撃退。援軍の見込みがなくなった良重は敗走。以後没落することになる。

なお、この合戦で鉄砲が初めて実戦で使用された(異説もある)とする見方もある。戦後、義弘が城主となったが、あまりに不便だったため山麓に平松《ひらまつ》城(館)を構えて居住した。慶長《けいちょう》11年(1606)、義弘が加治木館(姶良市)に移ったため、岩剣城は廃城。平松城は元文《げんぶん》2年(1737)に再興された越前島津家の居館となり、明治まで存続した。

加治木城 かじきじょう

山城

別名	大蔵城
築年/廃年	平安時代／慶長11年(1606)
築城主	大蔵氏
城主	大蔵氏→加治木(藤原)経平～久平→伊地知重貞→肝付兼演～兼盛～兼三～島津氏
所在地	鹿児島県姶良市加治木町反土

在地勢力・加治木氏の城

南に錦江湾と桜島を望む丘陵にあった。帰化民族の大蔵《おおくら》氏の築城という。大蔵氏はこの地に流罪となった藤原経平《ふじわらのつねひら》を婿養子に迎え、以後加治木氏を称す。室町時代前期に加治木氏は追放され島津《しまづ》氏の支配下に入る。島津傘下の肝付兼盛《きもつきかねもり》が城主の天文《てんぶん》23年(1554)、蒲生《かもう》・菱刈《ひしかり》氏らに攻撃されたが、島津貴久《たかひさ》の救援により撃退。文禄《ぶんろく》4年(1595)、一時豊臣《とよとみ》氏の直轄となるが再び島津領に戻る。関ヶ原後、島津義《よし》弘《ひろ》が麓に加治木館を建造。以後、廃城。

高隈城 たかくまじょう

山城

別名	松尾城
築年/廃年	正平年間(1346～1370)／不明
築城主	楡井頼仲
城主	楡井頼仲→田代以久～禰寝氏→肝付氏→伊集院氏
所在地	鹿児島県鹿屋市上高隈町

串良川が取り巻く天然の要害

肝付《きもつき》氏の属城として知られる。大隅半島中央部、錦江湾沿いに連なる高隈山地より西方に突き出した台地にあった。3方を巡る串良川が天然の堀。南北朝期に南朝方に属した楡井《にれい》氏の築城。戦国時代、肝付氏に従った禰寝清年《ねじめきよとし》が城主となるが、天文《てんぶん》7年(1538)に肝付氏が直接支配。天正《てんしょう》2年(1574)に肝付氏は島津《しまづ》氏に臣従し、以後没落。天正6年(1578)に島津重臣・伊集院忠棟《いじゅういんただむね》の持ち城となった。その後は薩摩藩の城(外城《とじょう》)に。廃城時期は不明。

鹿屋城 かのやじょう

平山城

別名	亀鶴城
築年/廃年	天正6年(1578)/江戸前期?
築城主	伊集院忠棟
城主	伊集院忠棟→島津氏
所在地	鹿児島県鹿屋市北田町(城山公園)

主君の不興を買った伊集院忠棟

島津《しまづ》氏重臣・伊集院忠棟《いじゅういんただむね》の居城。肝付《きもつき》一族の鹿屋氏の城が前身とされる。肝付氏は島津氏に圧迫され衰退。天正《てんしょう》6年(1578)に島津氏の九州平定戦で軍功があった忠棟が1万3000石で鹿屋を領して築城。天正15年(1587)、秀吉《ひでよし》の九州征伐の際、忠棟は義久《よしひさ》・義弘《よしひろ》兄弟に降伏を勧め、島津軍が追い詰められると降伏の交渉役として奔走。秀吉に評価され都城8万石を与えられ移転。後に忠棟の台頭を疎む忠恒《ただつね》に殺された。江戸前期に廃城か。

隼人城 はやとじょう

山城

別名	国府城、清水新城
築年/廃年	古代/不明
築城主	熊襲・隼人
城主	熊襲・隼人~税所淳弘~本田兼親~島津氏
所在地	鹿児島県霧島市国分上小川

熊襲・隼人伝説が残る城

熊襲《くまそ》(古代南九州に居住した部族)、隼人(熊襲の後身ともいわれる、薩摩と大隅に居住した部族)の居城だったと伝わる城。国分の街並みを見下ろす城山(標高192m)にあった。近年の調査で縄文・弥生期の居住が裏づけられている。中世に在地豪族の税所《さいしょ》氏らが拠った。慶長《けいちょう》9年(1604)に島津《しまづ》義久《よしひさ》が富隈《とみのくま》城(霧島市)より移転し、南麓に居館として国分《こくぶ》城を築造。この際、当城は有事の際の防衛拠点である詰城となった。廃城時期は不明。

高山城 こうやまじょう

平山城

別名	肝付城
築年/廃年	不明/天正8年(1580)
築城主	肝付氏
城主	肝付兼俊?~兼重~兼久→兼興→兼続→良兼→兼亮→兼護
所在地	鹿児島県肝属郡肝付町新富字本城

島津の軍門に降った肝付氏

大隅半島に覇を唱えた肝付《きもつき》氏の本城。半島の中心、国見連山北麓の台地にあった。周囲を木佐貫川と本城川が取り巻く要害。肝付氏は本姓伴《ばん》氏。平安時代に肝属郡の弁済使《べんざいし》となった伴兼行《かねゆき》の子・兼俊《かねとし》が肝付氏を称して始まる。城の発祥は不詳だが、兼俊の頃に居館があった可能性がある。戦国時代に島津《しまづ》氏と対立、兼続《かねつぐ》の代で最盛期を迎えるが、天正《てんしょう》2年(1574)、兼亮《かねあき》の代で島津に敗れる。天正8年(1580)、続く兼護《かねもり》が所領を没収され、廃城。

国分城 こくぶじょう

居館

別名	舞鶴城、国分新城、国分御屋形
築年/廃年	慶長9年(1604)/ー
築城主	島津義久
城主	島津義久→亀寿姫→島津氏
所在地	鹿児島県霧島市国分中央

島津義久が晩年を過ごす

島津《しまづ》16代・義久《よしひさ》の晩年の居館。文禄《ぶんろく》4年(1595)、秀吉《ひでよし》に隠居させられた義久は内《うち》城(鹿児島市)より富隈《とみのくま》城(霧島市)に移動。これより関ヶ原合戦を挟む10年後、隼人《はやと》城南麓のこの地に移った。肥後との国境が近いことから、加藤清正《かとうきよまさ》に備えるための移転と見られる。隼人城は当城の詰城として合戦時の拠点と考えられた。義久の死後、18代・忠恒《ただつね》の正室の亀寿姫《かめじゅひめ》が鹿児島より移り住み別居。亀寿姫の死後、城は藩主直轄として明治を迎える。

蒲生城 かもうじょう

山城

別名	竜ヶ山城
築年/廃年	保安年間(1120～1124)／不明
築城主	蒲生(藤原)舜清
城主	蒲生舜清～茂清→範清→島津氏
所在地	鹿児島県姶良市蒲生町久末

薩摩蒲生氏が拠った巨大山城

南九州の有力国人・薩摩蒲生氏の本拠。蒲生川南岸の龍ヶ山(標高160m)にあった。城域は広大で、本城域のほかに東ヶ城、二階城など多くの曲輪《くるわ》が取り巻き、総構えは8.5km。平安後期の当地の地頭・藤原舜清《ふじわらちかきよ》が築城、蒲生氏を称し、以後代々430余年の居城となる。戦国時代の当主・範清《のりきよ》は菱刈《ひしかり》氏や祁答院《けどういん》氏らと結んで、薩摩守護・島津《しまづ》貴久《たかひさ》に反旗。しかし弘治《こうじ》3年(1557)に敗れて落城。その後は薩摩藩の城(外城《とじょう》)に。廃城時期は不明。

富隈城 とみのくまじょう

居館

別名	―
築年/廃年	文禄4年(1595)／―
築城主	島津義久
城主	島津義久
所在地	鹿児島県霧島市隼人町住吉

加藤清正の寄進石が残る

島津《しまづ》16代・義久《よしひさ》の居館。天正《てんしょう》15年(1587)、秀吉《ひでよし》の九州征伐に降伏した義久は、家督を弟の義弘《よしひろ》に譲る。これは形式的なもので、本拠の内城《うち》(鹿児島市)にとどまり実権を掌握。文禄《ぶんろく》4年(1595)、秀吉に強制的に隠居させられた義久はこの地に移転。防御面で弱く、有事の防衛拠点となる詰城を持たない居館である。秀吉に恭順の意を示すことが理由とも。慶長《けいちょう》9年(1604)に国分《こくぶ》城に引っ越し、廃城。遺構の巨石は加藤清正《かとうきよまさ》の寄進ともいう。

薩摩

伊作城 いざくじょう

山城

別名	中山城、亀丸城
築年/廃年	南北朝時代／元和元年(1615)以降
築城主	島津(伊作)氏
城主	伊作宗久～善久→忠良→島津勝久→伊地知重貞→忠良
所在地	鹿児島県日置市吹上町中原

戦国島津氏発祥の城

島津《しまづ》氏の分家・伊作島津家の城。薩摩半島中西部、吹上浜に臨む標高72mの丘陵に造られた。伊作家は島津3代の久経《ひさつね》の次男・久長《ひさなが》より始まる家系。室町中期に断絶後、9代の忠国《ただくに》の子・久逸《ひさやす》が継承。宗家に近い家柄だった。戦国時代に登場した忠良《ただよし》が、大永《たいえい》6年(1526)に子の貴久《たかひさ》を宗家の14代・勝久《かつひさ》の養嗣子《ようしし》とし、島津薩州家を破って近世大名・島津氏の基礎を確立した。始祖の城として江戸時代も城番が置かれたが、一国一城令で廃城。

一宇治城《いちうじじょう》

平山城

別名	伊集院城、鉄山城
築年／廃年	鎌倉初期／江戸初期
築城主	伊集院時清
城主	伊集院時清〜久兼〜忠国〜煕久〜島津貴久
所在地	鹿児島県日置市伊集院町

島津一族・伊集院氏代々の本城

島津《しまづ》氏庶流・伊集院《いじゅういん》氏の城。伊集院は薩摩半島ののど元にあたる要衝で、標高144mの鉄丸山にあった。鎌倉時代に紀《きの》貫之《つらゆき》の後胤の時清《ときさよ》が築いたが、血流が断絶。元寇《げんこう》の頃、島津一族の久兼《ひさかね》が城主となり伊集院家を継承。室町前期に島津宗家を脅かす勢力に。宝徳《ほうとく》2年(1450)、島津忠国《ただくに》に攻められ城主の煕久《ひろひさ》は敗走。島津氏の支配下に入る。後に戦国島津氏の祖、忠良《ただよし》・貴久《たかひさ》父子が拠る。貴久の内《うち》城(鹿児島市)移転後、江戸初期に廃城。

穎娃城《えいじょう》

山城

別名	獅子城、野首城
築年／廃年	応永27年(1420)／天正16年(1588)
築城主	穎娃(肝付)兼政
城主	穎娃兼政〜久虎→久音
所在地	鹿児島県南九州市頴娃町郡

欧州で初めて紹介された中世山城

肝付《きもつき》一族の頴娃氏の城。薩摩半島南端、荷辛地《にがらじ》峠の北に位置する。南北朝時代に頴娃氏(川辺《かわべ》氏系)を滅ぼした島津《しまづ》久豊《ひさとよ》が、大隅の国衆・肝付兼元《きもつきかねもと》の次男の兼政《かねまさ》に当地を与え、兼政が築城した。以後、子孫が居城。天文《てんぶん》16年(1547)、寄港したポルトガル商人アルバレスが記録を残し、ヨーロッパで最初に紹介された中世山城となる。天正《てんしょう》15年(1587)、久虎《ひさとら》の代で大改修、5重の天守が築かれたという。翌年にその子・久音《ひさふえ》が改易され廃城に。

出水城《いずみじょう》

平山城

別名	亀ヶ城、和泉城、花見ヶ城
築年／廃年	建久年間(1190〜1199)／文禄2年(1593)
築城主	和泉兼保
城主	和泉兼保〜島津忠氏〜直久〜島津(薩州)用久〜実久→義虎→忠辰
所在地	鹿児島県出水市麓町

薩州島津家の本拠

島津《しまづ》氏分家・薩州《さっしゅう》家の本城。薩摩北部の出水にある全山火山灰の城山(標高82m)に位置。鎌倉初期に伴《ばん》姓和泉《いずみ》氏が築いたという。南北朝期に和泉(出水)島津氏が継承するも断絶。享徳《きょうとく》2年(1453)、本家の島津忠国《ただくに》の弟・用久《もちひさ》が入城。薩摩守と号し薩州家を興す。5代・実久《さねひさ》は宗家の家督継承を巡り、伊作《いざく》家の島津忠良《ただよし》と対立。別府《べっぷ》城(南さつま市)の戦いに敗れ、天文《てんぶん》9年(1540)に降伏。後に7代・忠辰《ただとき》が朝鮮出兵の失態で秀吉《ひでよし》に改易され廃城。

知覧城《ちらんじょう》

平山城

別名	―
築年／廃年	平安末期／不明
築城主	知覧(頴娃)忠信
城主	知覧忠信〜佐多忠光〜久達
所在地	鹿児島県南九州市知覧町永里

島津重臣・佐多氏の城

薩摩半島中南部、知覧院と呼ばれた地にあった。火山灰台地と浸食谷を利用して、郡司だった平氏《へいし》の知覧氏が築城。南北朝時代に知覧氏は南朝方につき没落。代わって島津《しまづ》一族の佐多《さた》氏が領す。室町時代に入り伊集院《いじゅういん》一族に一時押領されたが、島津久豊《ひさとよ》の攻撃で再び佐多氏に帰する。佐多氏は戦国島津氏の重臣として活躍。当主・久達《ひさたつ》の頃、火災により焼失し廃城となる。佐多氏は明治まで領主として継続。廃城時期の詳細は不明。

鹿児島城　かごしまじょう　平城

別　名	鶴丸城、府城、御館
築年/廃年	慶長7年(1602)／明治以降
築城主	島津忠恒(家久)
城　主	島津忠恒→光久～吉貴～斉彬→忠義
所在地	鹿児島県鹿児島市城山町

あまりにシンプルな島津氏260年の本拠

薩摩藩島津《しまづ》氏77万石の本拠。薩摩半島北東部、鹿児島市街中心部の城山(標高107m)東麓に築かれた。地形が鶴の翼を広げた形に似ているため、また島津氏家紋(鶴丸の紋)にちなみ鶴丸《つるまる》城とも呼ばれる。東に錦江湾、桜島、大隅半島を望む。19代・光久《みつひさ》が造った別邸跡(磯庭園)、28代・斉彬《なりあきら》による尚古集成館《しょうこしゅうせいかん》が北にある。

加賀100万石に次ぐ大大名の居城にしては非常に質素な点が特徴。周囲を堀、石垣が巡る近世城郭だが、縄張は単純で、本丸と二ノ丸が連郭式に並ぶのみ。天守も重層櫓もない屋形造りで、藩では城と呼ばず御館と呼んでいたほどであった。往時の城域は1万800㎡。鬼門(北東の方角)除けとして、本丸の北東石垣の角が落とされているのが著名である。

島津氏は渡来系氏族の秦《はた》氏の流れ、源《みなもとの》　頼朝《よりとも》に薩摩、大隅、日向《ひゅうが》(三州)の守護に任じられた惟宗忠久《これむねただひさ》が始祖である。忠久は頼朝の落胤ともいわれるが不詳。三州にまたがる荘園は島津荘と呼ばれ、忠久は島津氏を称する。元寇《げんこう》を機に3代・久経《ひさつね》が下向。以降、一門が南九州に土着した。宗家の本拠は木牟礼《きのむれ》城(出水《いずみ》市)、東福寺《とうふくじ》城(鹿児島市)と変わり、嘉慶《かけい》元年(1387)、7代・元久《もとひさ》の代から清水《しみず》城(鹿児島市)に入る。これが鹿児島開府となり、以後14代・勝久《かつひさ》までの居城となった。

中世の島津氏宗家は一族の内部争いが続き、弱体化の一途。このなか、伊作《いざく》家の忠良《ただよし》が他家を服属させ、大永《たいえい》6年(1526)に子の貴久《たかひさ》を15代当主とし、戦国大名・島津氏の礎を築く。貴久は一宇治《いちうじ》城(日置市)に拠って薩摩を平定。後に内《うち》城(鹿児島市)へ移転。続く義久《よしひさ》が弟の義弘《よしひろ》、歳久《としひさ》、家久《いえひさ》と協力して大隅と日向を制し、天正《てんしょう》4年(1576)に三州再統一に成功。その後、龍造寺《りゅうぞうじ》氏と大友《おおとも》氏を破り九州制覇を目前とした。しかし天正15年(1587)、豊臣秀吉《とよとみひでよし》の九州征伐に敗れて降伏。薩摩、大隅と日向の一部を安堵された。この際に義弘が17代当主になったとされる。

慶長《けいちょう》5年(1600)の関ヶ原の戦いで敗れた義弘は家康《いえやす》に降伏。本領を安堵された。だが依然幕府の脅威にさらされていたことから、手狭な内城から新城への移転構想が生まれた。義弘は清水城への帰還を主張、後継者である子の忠恒《ただつね》(後に18代当主。家久《いえひさ》と改名)は新時代にふさわしい近世城郭と城下町建設を望み、城山を主張。義弘は内城より城山が海に近いことを懸念したが、結局城山に決した。

完成した城は近世城郭のイメージとはほど遠いものだったが、これは幕府への恭順を示すもの、また「城をもって守りとなさず、人をもって守りとなす」という島津家の遺訓によるものともいう。

一方、忠恒は“内城”となる当城に対し、藩内の要地に113ともいわれる“外城《とじょう》(麓とも)”という砦を設け、家臣団を分散、駐屯させて守備させた。この外城制は一国一城令後も存続。内城こそ簡素なものの、領国を守る武器となった。

以後260年、島津家の本城となった。幕末の薩英戦争では義弘の懸念通り、英軍鑑から砲撃を受け大きな被害を受ける。明治に入り大火で全焼した後、一角に西郷隆盛《さいごうたかもり》の私学校が造られ、西南戦争の舞台となった。石垣には弾痕が残る。

別府城《べっぷじょう》

平山城

別名	加世田城
築年／廃年	建久年間(1190～1199)／不明
築城主	別府忠明
城主	別府忠明～島津(薩州)氏
所在地	鹿児島県南さつま市加世田武田

島津兵法の基、3軍攻撃が行われる

戦国時代に島津《しまづ》氏の内部闘争が繰り広げられた城。旧加世田市中心部、加世田川北岸の台地に位置。最盛期は東城と新城から成る別城一郭の城で、それぞれ本丸、二ノ丸、三ノ丸があった。

平安末期に薩摩平氏《へいし》系川辺一族の別府氏が当地を領し築城。以後代々の城となった。別府氏は南北朝期に南朝について没落、応永《おうえい》年間(1394～1428)に島津8代・久豊《ひさとよ》が侵攻し、別府氏は城を去った。久豊は孫の国久《くにひさ》(薩州《さっしゅう》家初代・用久《もちひさ》の子)に城を与え、以後、出水《いずみ》、阿久根地方とともに薩州家の拠点となった。

戦国時代、島津14代・勝久《かつひさ》の頃、庶家の乱立と自立の動きにより島津宗家は弱体化していた。大永《たいえい》6年(1526)、勝久は有力分家である伊作《いざく》家の島津忠良《ただよし》を頼り、忠良の子・貴久《たかひさ》に家督を譲る。薩州家の島津実久《さねひさ》はこれを不満とし、伊作・薩州家による内訌《ないこう》が始まった。

実久は当城を本拠・出水城(出水市)の前衛拠点とし、家臣の大山内蔵介《おおやまくらのすけ》を配して忠良父子に抗する。天文《てんぶん》7年(1538)、攻略に臨んだ忠良は兵を3軍に分けて3方から敵を殲滅する戦法を用いて猛攻。翌年に城を陥落させた。この3軍攻撃法が島津の兵法の基になったとされる。続く紫原《むらさきばる》の戦いにも敗れた実久は降伏。忠良父子は薩摩を平定した。廃城時期は不明。江戸時代に加世田は外城《とじょう》が置かれた。

内城《うちじょう》

平城

別名	御内、水上城、大龍寺城
築年／廃年	天文19年(1550)／慶長7年(1602)
築城主	島津貴久
城主	島津貴久→義久→忠恒
所在地	鹿児島県鹿児島市大竜町

九州制覇を進めた幻の島津氏本拠

慶長《けいちょう》7年(1602)に鹿児島《かごしま》城(鹿児島市)へ移る前の島津《しまづ》氏本拠。島津15代・貴久《たかひさ》は一宇治《いちうじ》城(日置市)を拠点に薩摩を平定。三州統一を目指す貴久は大隅・日向《ひゅうが》方面への侵攻をにらみ、東進して鹿児島へ移った。鹿児島は長年の島津宗家本拠・清水《しみず》城(鹿児島市)がある地。簡素な屋形造りの平城で、東福寺《とうふくじ》城(鹿児島市)を有事の詰城とした。鹿児島城へ移転後廃城。跡地に貴久・義久《よしひさ》菩提寺の大龍寺が建造されたがこれも廃され、遺構はない。

指宿城《いぶすきじょう》

平山城

別名	松尾城
築年／廃年	文治年間(1185～1190)／元和元年(1615)以降
築城主	指宿(頴娃)忠光
城主	指宿忠光～忠合→阿多時成→奈良美作守→頴娃氏→島津氏
所在地	鹿児島県指宿市西方

指宿氏、頴娃氏が長く統治

薩摩半島南東端、東に錦江湾を見下ろす丘にあった。鎌倉初期に頴娃《えい》一族の忠《ただ》光《みつ》が築城。以後、指宿氏を名乗り代々200年の居城となる。応永《おうえい》の頃、城主の忠合《ただよし》が島津《しまづ》7代・元久《もとひさ》に滅ぼされ、島津氏の支配下に。阿多時成《あたときなり》を経て奈良《なら》美作《みまさかの》守《かみ》が城主となったが、失政により追討され再び落城。応永27年(1420)に頴娃兼政の持ち城となる。頴娃氏は島津氏重臣として活躍したが、天正《てんしょう》16年(1588)に当主の久音《ひさふえ》が改易。後に一国一城令で廃城。

九州・沖縄地方

薩摩

平佐城 ひらさじょう 平山城

別名	諏訪之尾城
築年／廃年	鎌倉末期？／不明
築城主	薩摩氏？
城主	薩摩氏～入来院氏～島津氏～入来院氏→桂忠詮
所在地	鹿児島県薩摩川内市平佐町

九州攻めに最後まで抵抗した城

鎌倉時代に川内《せんだい》を支配した薩摩《さつま》氏の築造というが不詳。JR川内駅西方一帯にあった。後に秩父《ちちぶ》党渋谷《しぶや》一族の入来院《いりきいん》氏が入ったとも。南北朝時代より島津《しまづ》氏は奥州《おうしゅう》・総州《そうしゅう》家に分裂し総州家の伊久《これひさ》が支配。総州家の衰亡後、入来院氏を経て島津義久《よしひさ》の属城に。天正《てんしょう》8年(1580)、家臣の桂忠詮《かつらただのり》が入城。天正15年(1587)、秀吉《ひでよし》の九州征伐では忠詮以下城兵300が抵抗。義久《よしひさ》の降伏まで戦った。その後は薩摩藩の城(外城《とじょう》)となる。廃城時期は不明。

大口城 おおくちじょう 山城

別名	牛山城、牟田口城
築年／廃年	保元3年(1158)／不明
築城主	牛屎(太秦)元衡
城主	牛屎元衡～歓元～島津忠明→菱刈重明～新納忠元→忠清
所在地	鹿児島県伊佐市大口里上之馬場

島津の猛将・新納忠元の城

薩摩北部の伊佐の城山(標高225m)に位置。平基盛《たいらのもともり》の子・信基《のぶもと》が保元《ほうげん》の乱で軍功を現して牛屎院《ねばりいん》と呼ばれた当地を賜り、四男・元衡《もとひら》が下向し築造、牛屎氏を称したという。戦国時代に島津《しまづ》一族の忠《ただ》明《あき》が入城するが、享禄《きょうろく》3年(1530)に菱刈《ひしかり》氏に攻められ落城。永禄《えいろく》12年(1569)、菱刈氏は島津貴久《たかひさ》に敗退し逃走。貴久の重臣、“鬼武蔵”こと新納忠元《にいろただもと》が入城。忠元は慶長《けいちょう》15年(1610)に当城で病没。その後は薩摩藩の城(外城《とじょう》)に。廃城時期は不明。

清水城 しみずじょう 山城

別名	ー
築年／廃年	嘉慶元年(1387)／慶長7年(1602)以降
築城主	島津元久
城主	島津元久～勝久→貴久
所在地	鹿児島県鹿児島市清水町

戦国前期までの島津氏本城

島津《しまづ》氏の旧本拠。鹿児島市街の北、標高50m程度の丘陵に築かれ、山麓に居館が置かれた。島津氏は5代・貞久《さだひさ》より東《とう》福寺《ふくじ》城(鹿児島市)を本拠としていたが、7代・元久《もとひさ》が手狭と判断して築城の工を起こし、以後15代・貴久《たかひさ》までの居城となった。ただし貴久は拠点をもっぱら一宇《いちう》治《じ》城(日置市)に置き、薩摩制圧に力を注いだ。天文《てんぶん》19年(1550)、貴久が本拠を内《うち》城に変えたあとも存続。慶長《けいちょう》7年(1602)の鹿児島《かごしま》城(鹿児島市)築城後に廃城。

東福寺城 とうふくじじょう 山城

別名	ー
築年／廃年	天喜元年(1053)／慶長7年(1602)以降
築城主	長谷場永純
城主	長谷場永純～矢上氏～肝付氏→島津氏
所在地	鹿児島県鹿児島市清水町

海に面した軍事上の重要拠点

長く島津《しまづ》氏の拠点だった城。錦江湾に臨む海岸沿いの丘陵地帯で、海側が絶壁となる要害。藤原純友《ふじわらのすみとも》の後胤・長谷場永《はせばなが》純《ずみ》の築城。南北朝時代に激しい争奪戦があり、暦応《りゃくおう》4年(1341)に北朝方の島津5代・貞久《さだひさ》が南朝方の肝付《きもつき》氏を破り奪取。以後島津氏の本拠となる。7代・元久《もとひさ》が清水《しみず》城(鹿児島市)に移転した後も重視され、15代・貴久《たかひさ》の内《うち》城(鹿児島市)時代は詰城の位置づけ。鹿児島《かごしま》城(鹿児島市)築城後に廃城。幕末に砲塁が置かれた。

琉球

首里城 しゅりじょう

山城

別名	中山城、王城
築年／廃年	14世紀末／明治以降
築城主	不明
城主	尚氏
所在地	沖縄県那覇市首里当蔵町3

戦災で焼失した王城

琉球王朝の王城。沖縄の象徴、世界遺産である。那覇市郊外、珊瑚礁が隆起してできた丘陵に築かれた。築城年代は不明だが、最古の遺構は14世紀末のもの。北山《ほくざん》、中山《ちゅうざん》、南山《なんざん》という3つの小国家が鼎立していた三山《さんざん》時代(14〜15世紀)には中山の城だった。15世紀初期に三山を統一した尚巴志《しょうはし》が整備し、王家の居城に。明治12年(1879)の琉球処分で王宮としての歴史が終わる。第2次大戦で全壊。戦後、守礼門や正殿などが復元された。

今帰仁城 なきじんじょう

山城

別名	北山城
築年／廃年	14世紀／寛文5年(1665)
築城主	北山王
城主	北山王〜尚氏
所在地	沖縄県国頭郡今帰仁村

首里城と並ぶ世界遺産

14〜15世紀、沖縄に北山《ほくざん》、中山《ちゅうざん》、南山《なんざん》という3つの小国家が鼎立していた三山《さんざん》時代に、北山王の居城だった。首里《しゅり》城と並ぶ沖縄の世界遺産として知られる。

縄張は本丸、二ノ丸、北殿跡から成る連郭式の丘城である。城域は南北350m、東西800m。周囲を蛇行する石垣群が残っている。

当城では、沖縄の歴史に大きな影響を及ぼした、ふたつの大きな落城があった。ひとつめは応永《おうえい》23年(1416)の尚巴志《しょうはし》の侵攻だった。尚巴志はもと佐敷の領主で、武寧《ぶねい》を滅ぼして中山を平定した人物である。尚巴志は3000の兵を率いて当城を攻撃したが、城内の防戦に苦戦。そこで内応者を得て北山王・攀安知《はんあんち》を討った。尚巴志は当城に監守を置いて北山支配の拠点とした。その後、尚巴志は南山も平定して沖縄を統一し、首里城を拠点として琉球王国を樹立した。

ふたつめは慶長《けいちょう》14年(1609)の薩摩島津《しまづ》氏の琉球侵攻。島津軍は3000余名の軍、軍船100隻で琉球へ進撃。奄美群島を次々に平定し、沖縄本島に上陸した。第1目標となったのが当城であった。上陸した島津軍は、実戦経験に乏しい琉球軍を圧倒して敗走させ、空城となった当城を制圧する。島津氏はほどなく第2尚氏7代・尚寧《ねい》を屈服させ、琉球を薩摩藩の支配下に置いた。寛文《かんぶん》5年(1665)に廃城。

付録と索引

お城の基礎知識

◆歴史と今

「城」とは、外敵の侵入を防ぐ施設、建造物を指す。一般的に城といえば、豪華な天守や壮大な石垣があるものを想像しがちだが、そうした立派なものだけが城ではない。

城は大昔から存在し、古くは「柵」や「城」(「き」と読む)と書かれた。この柵・城には“内と外を区切る”という意味がある。周囲を柵で区切るから柵というわけだ。こうした城のルーツのひとつとして有名なのが、佐賀県にある吉野ヶ里遺跡である。吉野ヶ里遺跡は弥生時代(紀元前8〜紀元前7世紀前後から後2〜3世紀頃まで)のもので、周囲に濠(堀)を巡らせた集落跡である。なお、この堀は水堀ではない空堀である。この空堀は内と外が2重で深く穿《うが》たれ、さらに木の柵や茨で作った柵(逆茂木《さかもぎ》と呼ばれる)、土を積み上げて作った土塁も設置されて、厳重に守備されていた。古代にも数々の争いがあり、人々が自衛のために知恵を絞っていたことがよくわかる。こうした集落は、濠が巡っていることから「環濠集落」と呼ばれる。土を穿ち、土を盛ったこのシンプルな環濠集落が、日本の城の原点であったのだ。

その後、7〜9世紀に朝廷により福岡の水城《みずき》(大野城市)、宮城の多賀城《たがのき》(多賀城市)など、九州、東北地方に軍事・行政機能を合わせ持つ城が生まれる。11世紀の前九年・後三年の役には、岩手・秋田にあったとされる、厨川柵《くりやがわのさく》・金沢柵といった合戦を目的とした古代城柵が見られ、城柵の攻防が戦争の舞台となっていく。平安末期の源平《げんぺい》合戦の頃になると城は「しろ」と訓読されるようになり、平家の一ノ谷《いちのたに》城(神戸市)、北陸の豪族・寺社連合の火燧《ひうちが》城(南条郡)などが登場する。両城ともそれぞれ自然の地形に守られた陣営だったが、一ノ谷城は空堀や逆茂木で厳重に守られ、火燧城は水を堰き止めて造った人工の湖で敵の侵攻を阻むなど、「地形を生かしつつ人の手で工夫を凝らす」という城の進化が読み取れる。ただし、こうした城はイメージ的には陣営、砦の域を出ないものだった。鎌倉時代には周囲を堀や土塁で囲った武家の方形館が全国に造られたが、これも後年の城とはほど遠いものだった。

大人数の合戦が主流となった南北朝時代に入って、名将・楠木正成《くすのきまさしげ》の千早《ちはや》城、赤坂《あかさか》城(ともに南河内郡)が出現する。両城は尾根筋に造られた多くの砦群で形成された城で、最終的な防衛拠点は千早城だった。空堀や土塁が造られたり、ところどころ平らにしたり(削平と呼ばれる)など、本格的な土木工事が施された城だった。千早・赤坂城は、その後に主流となる中世山城の先駆的存在となった。

応仁の乱後、戦火が日本中に拡大すると、武将たちは自領の要所に城を築き、また他国に攻め入っては要所に城を築いたことから、日本全土に築城ラッシュが始まることとなる。戦国時代に入ると大名たちは知恵を絞って「絶対に落とされない城」を築くために創意工夫を重ねる。丈夫な石垣や壮大な堀も誕生し、築城技術もレベルアップしていった。

エポックメイキングとなったのが、織田信長《おだのぶなが》が築いた安土《あづち》城(近江八幡市)である。

安土城はほぼ初めてといっていい本格的な天守を備え、総石垣造りとなった城だった。華麗なる安土城は日本の城の概念や歴史を根底から変え、近世城郭の先駆けとなった。以降、豊臣秀吉《とよとみひでよし》の大坂《おおさか》城（大阪市）、徳川家康《とくがわいえやす》の江戸《えど》城（千代田区）など、安土城を範とした名城が続々と築かれ、日本に城の黄金時代が到来することになるのである。

しかし、大坂の陣終結後の元和《げんな》元年（1615）に江戸幕府の一国一城令（大名の本城〈居城〉を除くすべての支城を破壊する令）が発令されるとともに、築城ブームは終結。太平の世となっては、大名の居城・政庁である城を除いては、城は不要のものとなったのである。時代が進み、明治となって各地の城はさらに破壊され、昭和に入ってからは太平洋戦争の戦災で焼失してしまった城も多かった。

日本の城の数は2万～3万に上るともいわれるが、こうした歴史の過程でその大半が失われてしまった。奇跡的に建造物の遺構をよく残す城は姫路《ひめじ》城（姫路市）が筆頭で、あとは彦根《ひこね》城（彦根市）、松本《まつもと》城（松本市）があげられよう。なお、天守を残している城はこの3城に加え、弘前《ひろさき》城（弘前市）、犬山《いぬやま》城（犬山市）、丸岡《まるおか》城（坂井市）、松江《まつえ》城（松江市）、備中松山《びっちゅうまつやま》城（高梁市）、丸亀《まるがめ》城（丸亀市）、伊予松山《まつやま》城（松山市）、宇和島《うわじま》城（宇和島市）、高知《こうち》城（高知市）を加えた計12城（現存12天守）だけである。

しかし、たとえ遺構がわずかでも、丁寧な復元が施された城や、土だけの遺構しか残らない多数の城にも、現代人を唸らせるような設計の創意工夫を感じさせるものも少なくない。近年、城巡りは歴史のロマンを知り、また先人の知恵を学ぶ貴重な場として再評価されており、全国の城跡では天守、御殿、城門などの復元の動きが活発となってきた。観光資源としての見直しの動きも強まっているほか、昭和に復元されたコンクリート造りの天守の寿命も取り沙汰されるようになっており、今後の我が国には装いを新たにした築城ブームが訪れる可能性も高まっている。

◉立地による形態

城は立地条件によって大きく3つに分類される。

ひとつめは**山城**。山頂や山腹に築かれた天然の要害である。中世の城の主流だった。高所の山なら、守る側は下から攻め上る敵を頭上から迎撃しやすく、相手の人数や動きを把握することも容易であった。高取《たかとり》城（高市郡）、岩村《いわむら》城（恵那市）、備中松山城は日本三大山城とも呼ばれる。ただし、山城は領地の経営や居住の面で不便なので、城主の館や家臣団の屋敷は山麓に置かれた。この形式は根小屋とも呼ばれる。

ふたつめは**平城**。平地に築かれた城で、防御面では山城に劣るが、居住や交通の面で便利である。中世には4方を沼地で囲まれた備中高松《たかまつ》城（岡山市）のように、守るに適した平城も多かった。戦国末期には築城技術の進展で、山に城を築かなくても高い石垣や広い水堀で堅固な備えをすることが可能となり、大名たちは平地に政庁を兼ねた平城を築くようになった。名古屋《なごや》城（名古屋市）、広島《ひろしま》城（広島市）などが代表例だ。

3つめは**平山城**。平地の丘や小山に築かれる。一般的には独立した丘や比高100m前後の高地に築かれたものを指すが、山城と厳密な区別はない。山城の防御性と平城の利便性を兼ね備えたもので、近世城郭の大半がこれにあたる。姫路城、熊本《くまもと》城（熊本市）、高知城などがよく知られる。

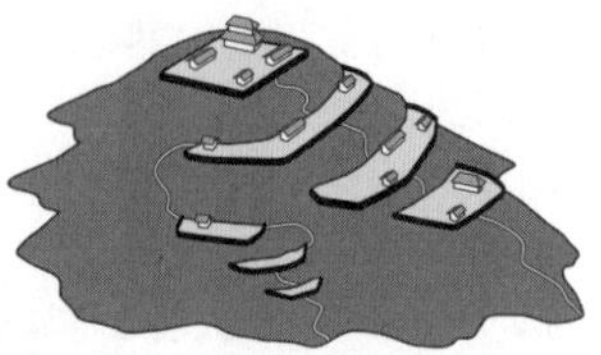

・山城
中世城郭の主流。地形が険しく守りやすい山に築かれた。室町・戦国時代に発達した

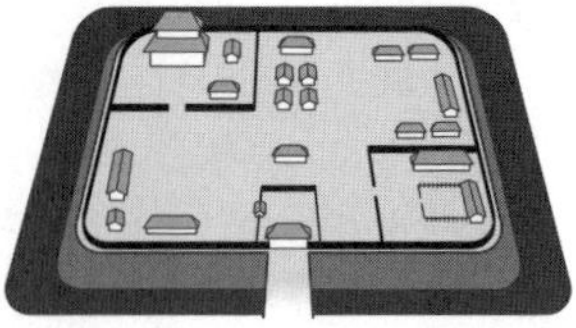

・平城
平地だけを利用して築かれた。交通の便がいいうえ、大兵力を蓄えることも可能である

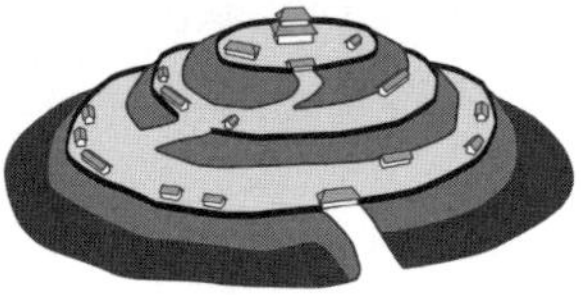

・平山城
平野にある丘や小山に、周辺の平地を含めて築かれた。壮大な石垣を備えるものが多い

ほかに、海・川・湖に面した城は**水城**、海の場合は**海城**と呼ばれる。岬など水面に張り出した断崖や中州などに築かれたものが多く、構造的には平山城・平城である。代表例は讃岐高松城(高松市)で、船が直接出入りできることが水城や海城の強みのひとつだった。ほぼ島だった臼杵《うすき》城(臼杵市)や、村上《むらかみ》水軍の能島《のしま》城(今治市)のように、海に浮かぶ島そのものが城だった例もある。水軍の城は**海賊城**とも呼ばれた。

◉曲輪の種類

城を構成する区画を曲輪《くるわ》(郭)と呼ぶ。周囲と区別するため、土塁や石垣などで区切られることが多い。近世城郭では「丸」とも呼ばれる。

城内の中心となる曲輪が**本丸**。いざ合戦の際は必ず司令部が置かれる場所で、まさに城の心臓である。中世城郭では「最後の」を意味する「詰」と呼ばれることもある。近世城郭では天守、城主が住む御殿が置かれるケースも多い。

本丸の次に重要な拠点が**二ノ丸**。本丸を防衛する第2の拠点で、古くは二の城と呼ばれる場合もある。重臣の屋敷が置かれることも多い。二ノ丸の外側に置かれるのが**三ノ丸**で、これも本丸防衛を目的とする曲輪。家臣屋敷や城主の馬小屋などが置かれることもある。

また、城の防衛強化や物見などの目的で城の外に築かれた曲輪は**出丸**という。真田《さなだ》幸村《ゆきむら》が大坂城外に築いた真田丸は代表例だ。

本丸の西方の曲輪は**西ノ丸**。おもに隠居した城主や、城主の妻子が居住した。家康が江戸城に築いた隠居城が始まりである。本丸などの主要な曲輪を囲むように築かれた曲輪を**帯曲輪**と呼び、山城や平山城では斜面中腹に築かれ、上部の曲輪を守備した。ほかに井戸や溜池など水源がある**水手曲輪**、茶室や庭園を設けた保養目的の**山里曲輪**、信仰上の目的で築いた**稲荷曲輪・八幡曲輪**、草花を栽培した**花畑曲輪**などがある。

◉縄張の種類

縄張とは城郭の設計を意味する。実際に縄を張り巡らせて曲輪の位置を定めたことが語源である。敵の侵攻を防ぐために本丸、二・三ノ丸をどこに置くか、堀や石垣をどう配置するか、縄張は城の運命を左右する重要なものだった。

連郭式は本丸と二ノ丸、三ノ丸などを直線上に並べた形式。山の稜線や斜面に沿って築かれる山城に多く見られる。本丸を側面から攻撃されやすいことが弱点だ。例は彦根城、水戸《みと》城(水戸市)など。

輪郭式は本丸を二ノ丸、三ノ丸と順に回の字のように囲む形式。防御機能に優れているが、城郭は広いスペースが必要となる。平城で多く見られる。駿府《すんぷ》城(静岡市)、大坂城など。

梯郭式は本丸の2方、または3方を囲むように二ノ丸、三ノ丸が囲む。本丸は城郭の隅に位置することになる。守られていない方面は海や山など天然の防御がある場合が多い。代表例は岡山《おかやま》城(岡山市)。輪郭式と梯郭式を組み合わせた例も多い。赤穂《あこう》城(赤穂市)では輪郭式の本丸、二ノ丸の北に三ノ丸が梯郭式に配置されている。

ほかに**円郭式**と呼ばれるものがあるが、これは回の字を円形にした輪郭式の亜流である。採用例は少なく、田中《たなか》城(藤枝市)など。なお、幕末には星形で知られる五稜郭《ごりょうかく》(函館市)のような**稜堡式**という形式も登場した。稜堡とは三角の突角部を指す言葉である。中世の欧州で発達した、大砲を最大限に利用するための様式だ。

・連郭式
本丸、二ノ丸、三ノ丸と連ねて配置する。横に曲輪を置けない山城でよく採用される。あいだは空堀で区切られる

・輪郭式
本丸を中心に、それを囲む二ノ丸、さらに三ノ丸が配置される。二条城など、藤堂高虎が縄張した城に多い

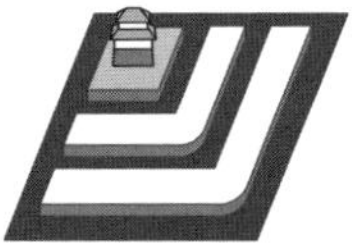

・梯郭式
本丸の2方ないし3方を二ノ丸、三ノ丸が囲む形式。近世城郭の大部分を占める縄張である

・輪郭式＋梯郭式
輪郭・梯郭式というふたつの基本形を組み合わせたもの。本丸、二ノ丸の輪郭式に梯郭式の三ノ丸が連なっている

◉堀の種類

城の工事は、堀・土塁・石垣を構築する**普請**と、天守・御殿・櫓などを築く**作事**に分かれる。普請は土木工事、作事は大工仕事による工事となる。城造りの中心は普請(特に石垣工事)で、近世城郭では総工費のおよそ7～8割を占めた。建設機械もない時代、土木工事は人夫を多く必要とし、建築よりも遙かにコストがかかったのだ。

容易に越えられない幅と深さを持つ堀は、すべての城に見られる重要な防衛ラインだ。堀には、水をたたえた**水堀**と水のない**空堀**がある。

中世山城の大半は空堀。尾根を区切るように造られた**堀切**や、斜面に縦に掘られた**竪堀**などがある。複数の竪堀を連続して並べたものは**畝《うね》状竪堀**と呼ばれる。こうした空堀の構造は、V字型で底が尖った断面となる**薬研堀**という構造が中心だった。底が平らな箱のような堀は**箱堀**という。

近世城郭の時代に発達したのが、河川や海の水を引き込んだ水堀である。特に鉄砲に対応するため、射程距離(約60m)を上回る幅の水堀(水深は2～4m程度)が多く造られた。城の巨大化の流れとともに水堀も壮大なものとなった。広い幅の例では高田《たかだ》城(上越市)の約150mがあげられる。なお、空堀と水堀を併用して使った城も多い。

◉土塁と石垣

堀と並ぶ防御設備が**土塁**だ。おもに斜面や断崖を整形して造られた。原始的であるがゆえに、早く、簡単にできることが大きな強みだ。勾配は最も安定する45度が中心で、山城でよく見られる60度超のものは**切岸**という。平城ではよく堀とセットで造られ、堀の排土がそのまま土塁に転用される例も多い。こうして手軽に築かれた城は**掻き揚げ城**とも呼ばれる。

土塁は雨に弱いのが大きな難点で、崩落の危険性も大きかった。そこで登場したのが耐久性に富む**石垣**である。石垣技術が発展したのは近江で、その先駆けは観音寺《かんのんじ》城(近江八幡市)、観音寺城にヒントを得たと見られる安土城などである。近江に現れた**穴太衆《あのう》**と呼ばれる石工のプロ集団を中心に、石垣技術は全国に波及。各地で石垣を備える城郭が次々に築かれた。

石垣は「石の積み方」により、石垣の目が横に通るように積まれた見栄えのいい**布積**と、目が通らない雑然とした**乱積**の2種類に分かれる。一見、乱積は簡単に見えるが、実は形の異なる石材を巧みに組み合わせるため遙かに高い技術を要し、強度も布積を上回るのである。

また「石の加工の程度」による種類分けもあり、①ほとんど加工されていない自然石である**野面**、②石の接合部が加工された**打込接《はぎ》**、③石を徹底的に加工して方形とした**切込接**、の3つがある。なお「接ぐ」とは繋ぐという意味だ。それぞれの特徴は、野面は排水性に優れ丈夫だが、出っ張りや隙間が多くて敵に登られやすい。打込接は接合面が増すので急勾配の石垣を積むことが可能となる。切込接は隙間がないので登られる心配はないが、排水の面で難がある——など。

石垣の区別の基本は、“野面布積”“打込接乱積”といったように、「積み方の2種類×加工度3種類」の計6種類に分かれることになる。

◉虎口と城門

城の進入口は**虎口**《こぐち》と呼ぶ。攻城戦の中心となる場所だ。「虎口を脱する」という言葉があるように"危険な場所"だ。城門にはいろいろな種類があるが、基本は表門である**大手**と、裏門の**搦手**《からめて》がポイントとなる。大手は、敵の正面を攻める軍という意味である追手とも書かれる。また搦手には「搦め取る」、敵の背後や側面を攻める軍という意味がある。

門には2本の柱に冠木という水平材を渡した**冠木門**、後の2本の控え柱に小さな屋根が別々にかかる**高麗門**、上部が櫓になっている堅牢な**櫓門**などがある。櫓門は石垣のあいだを通すように造られることが多い。

古代の城の虎口は直線方向に進める簡単な出入口だった。これを平入りという。しかし平入りでは一気に大軍に侵入される恐れがあった。中世に入ると"通路を曲げる"という発想が生まれた。例えば、よく進路が右に曲がっている城があるが、あれは敵が左腰に刀を差し、右手に刀を持つことを想定したものである。右に曲がったところで城側は手薄な左側面に矢や鉄砲で攻撃が仕かけられる。こうした側面攻撃は**横矢**と呼ばれ、城の設計で最も重視されたもののひとつである。

虎口の前面に枡のような四角い形をした広場を設け、外門・内門と門を2重にしたものは**枡形**と呼ばれる。戦国末期に登場して近世城郭の大半に採用されたもので、外門に高麗門、内門に櫓門が置かれるのが一般的だ。敵の進行を妨げるようにそれぞれ

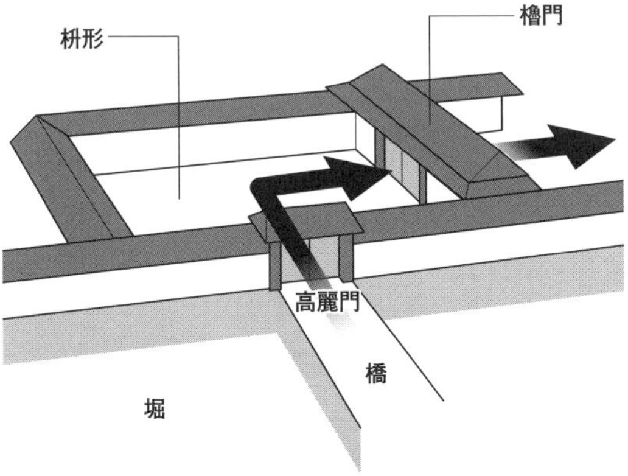

・枡形虎口の構造
寄せ手は狭い橋→小さい門の経路(一度に大人数が通れない)で枡形に導かれ、3方から攻撃を受けてしまう

直角に配置され、城側は敵を枡形内に閉じ込め、櫓門と、残る2方から包むように横矢で殲滅させることを狙いとする。ほかに、城壁をひと続きに平行とせず、食い違いに造った虎口は**喰違**と呼ばれる。S字を描くような進行を強いられる敵に対し、これも横矢が仕かけやすくなる。

防御性を高めるため、虎口の外に小さな曲輪が造られることもある。これは**馬出**《うまだし》と呼ばれるもので、当初は敵に人馬の出入りを見えづらくさせることを狙いとしたものだった。これが大きくなるとほぼ出丸となり、真田丸のように横矢を仕かける攻撃施設としても機能した。形態により半円形の**丸馬出**、方形の**角馬出**などの種類がある。

◉櫓と御殿

櫓は敵の侵入を監視し、攻撃を仕かける設備で、城門や城壁などに設置された。特に2方向に視界が広がることから曲輪の隅に建てられることが多く、こうした櫓は**隅櫓**と呼ばれる。重数によって分類され、1重の**平櫓**、2重の**二重櫓**、ほぼ天守と変わらない構造を持つ3重の**三重櫓**などがある。

城壁上に伸びた長屋状の櫓は**多聞櫓**と呼ばれ、平時には倉庫や住居に利用された。隅櫓と天守を繋ぐ櫓は**渡櫓**という。

本丸に置かれた御殿が**本丸御殿**。城主の邸宅であるとともに、政務を執ったり、公的儀式、家臣との謁見を行う場としても利用された。江戸城の本丸御殿にあった**大奥**は、御殿内に置かれた将軍夫人や側室の居住区画であった。

◉天守の役割

天守は**天守台**と呼ばれる石垣の台座の上に築かれた、木造の高層建築物である。物見の役割を持っていた櫓の発展系といえる。天守の建築ラッシュがあった戦国末期から江戸時代初期にかけ、「天守」「殿主」「殿守」と記され、いずれも「てんしゅ」と読まれていた。現在は天守が正式な呼称である。天守の発祥については諸説あるが、織田信長が天正《てんしょう》4年(1576)に築いた安土城天守が本格的な天守建築の先駆けとなったことは事実と見られる。なお「天守閣」ともいうが、これは江戸時代後期に発生した俗称である。

天守の役目は物見、また籠城の際の司令部などがあげられるが、最も重要なのは「権威の誇示」である。信長が築いた安土城天守の狙いは「見せるための城」という一点にあった。天下に向けて己の力を大々的に示し、「戦わずして敵を圧する」ことを最大の目的としたのである。この安土城天守をモデルに、続く秀吉、家康も豪華絢爛な天守を築き、絶大な権威を見せつけた。諸国の大名たちもまた、天守を築造することで敵や領内に己の力を見せつけたのである。

◉天守の形式・種類

天守は大きく**望楼型**と**層塔型**に分かれる。

望楼型の望楼とは「遠くを見る物見台」「高櫓」という意味がある。1～2階建ての入母屋造(屋根上部が2方に勾配があり、屋根下部が4方に勾配を持つ)と呼ばれる基部の上に小型の望楼を乗せた形式である。

層塔型は関ヶ原の戦い以降に現れた新式天守。同じ形式の建物を重ねた五重塔のようなタワータイプで、全体的に統一感があるのが特徴だ。

両者の区別は、1～2階の屋根に大きな入母屋破風(屋根の両端の切妻にある合掌形の装飾板)があれば望楼型、なければ層塔型である。

天守は付属する建築物によっても区別される。

最もシンプルな構造は**独立式**。天守が単独で立ち、付櫓や小天守などの付属建築物はない。代表例は丸岡城、宇和島城など。

天守に付櫓や小天守などの付属建築物が直結している構造は**複合式**。彦根城、松江城などが該当する。

天守と小天守を渡櫓や土橋で連結したものが**連結式**。熊本城、名古屋城など。

天守と2基以上の小天守、隅櫓などを、中庭を囲むようにして築き、それらを渡櫓で連結した形式は**連立式**と呼ばれる。最も複雑で防御性の高い構造といえよう。姫路城、伊予松山城などに例がある。

・望楼型天守
御殿建築の延長にある旧式天守。じっくり眺めると、入母屋の基部と望楼部のふたつに分かれていることがわかる

・層塔型天守
寺社建築の五重塔などの建築法より発展した新式天守。関ヶ原の戦い後に登場。同じ形式の建物を重ねる構造

・独立式
天守が1基だけで、全く付属建築物がない形式。層塔型天守で多く見られる

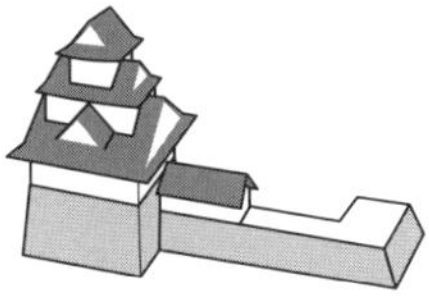

・複合式
付櫓や小天守など付属建築物が直結して設けられている形式。実例が非常に多い

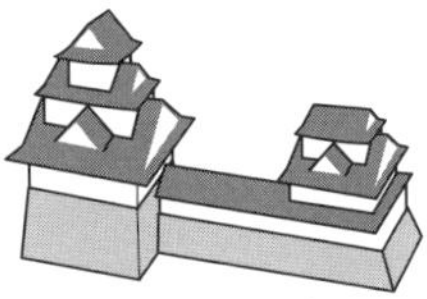

・連結式
天守と小天守を渡櫓で連結した形式。名古屋城では渡櫓の代わりに、土塀で挟んだ橋台で連結されている

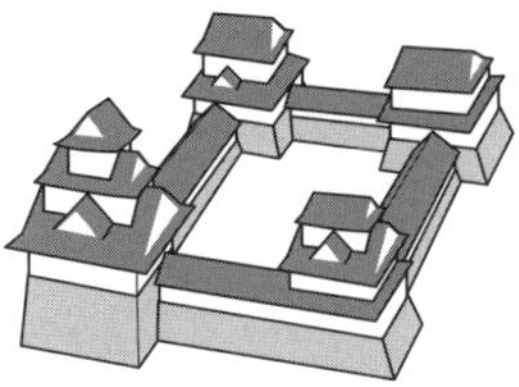

・連立式
天守と2基以上の小天守、隅櫓を、中庭を囲むようにして建て、渡櫓で連結する。中庭に曲輪が築かれるケースも

◉天守の壁

天守にはさまざまな外観があるが、一般に「黒い城」「白い城」と呼ばれる城がある。外壁表面の仕上げで違いが出ているものだ。秀吉系の城は黒いものが多く、一方、家康系の城は白いものが多い。両者の好んだ色の違いがあったようで興味深い。

黒い城の壁は大部分が黒塗りの**下見板張**である。表面に煤と渋柿を塗った黒い板を張ったもので、コスト的には低いがやや武骨な印象がある。松江城、岡山城などで採用されている。

一方、白い城の壁は**塗籠**で、白漆喰で仕上げられたものだ。優美なイメージで姫路城が代表的である。見栄えはいいが、メンテナンスに手間がかかることが難点だ。

ほかにかつて徳川家光が築いた江戸城寛永度天守は、銅板が張られた**銅板張**というものもあった。また新発田《しばた》城（新発田市）三階櫓に見られる**海鼠壁**《なまこかべ》、かつての福山《ふくやま》城（福山市）天守の一面を鉄板で覆った**鉄板張**など、ユニークな外壁もある。

岡山城天守

カラスを示す「烏城」の通称で知られる。大部分が黒塗りの下見板張。戦災で焼失したため昭和に外観復元

姫路城天守

「白鷺城」でお馴染みの現存天守。白漆喰の塗籠で仕上げられた。劣化剥落しやすく、数十年ごとに塗り直しが必要

◉天守の屋根

天守の構造は「○重×階」で示される。「重」は外から見た屋根の数。「階」は内部の階数。内部に屋根裏階などがあるため、重数と階数は必ずしも一致しない。天守の屋根には耐久性に優れた瓦が葺かれる。瓦には一般的な土瓦のほか、信長や秀吉が好んだ金箔貼りの**金瓦**、軽量で耐震性に富む緑黄色の**銅瓦**、寒冷地で採用された寒さに強い**石瓦**などがある。前田家の金沢《かなざわ》城（金沢市）では**鉛瓦**が使われたが、いざ合戦に備え、溶かして弾薬に利用する目的があったとも。屋根頂部、水平の大棟の両端には、

飾りとして城の守り神として尊まれた**鯱**が載せられる。

◉破風と狭間

天守を見て目につくのは、破風の存在である。妻(端)の垂木板を隠すための飾り板だ。特に望楼型天守では基部が必ず入母屋であるため、大きな**入母屋破風**ができる。ほかに破風には、屋根の斜面の中間に置かれた**千鳥破風**、シンプルな**切妻破風**、曲線状の**唐破風**などがある。彦根城天守は、この4つが巧みに施されていることで著名だ。また、天守の壁面にある小さな穴(櫓や土塀などに造られる場合もある)は、**狭間**と呼ばれる。その形状は丸、三角、四角とさまざま。狭間は窓とともに使われた天守の攻撃装置で、矢を放つ**矢狭間**、鉄砲を撃つ**鉄砲狭間**などがあった。

破風の内部には**破風の間**と呼ばれる小部屋があることが多い。伊予松山城の破風の間には、敵を想定して、外に向けた鉄砲狭間が設けられている。

築城年順索引①

築城年がある程度わかっている城を築城年順に並べた索引。

885?	富山城	備前	241
941	宇和島城	伊予	298
942	馬ヶ岳城	豊前	321
1053	東福寺城	薩摩	348
1063	三芦城	陸奥	50
1065	四本松城	陸奥	53
1126	千葉城	上総	80
1148	小山城	下野	71
1158	岩石城	豊前	320
	大口城	薩摩	348
1160	多比良城	肥前	328
1177	恵良城	伊予	297
1184	木舟城	越中	125
	高森城	豊前	319
1185	岩村城	美濃	159
	門司城	豊前	319
	岡城	豊後	324
1185頃?	月山富田城	出雲	260
1191?	羽黒堂城	陸奥	31
1192?	小田城	常陸	76
1193	香宗城	土佐	309
1195	茅切城	豊前	320
1196	花尾城	筑前	314
1197	茂木城	下野	71
1201	岐阜城	美濃	158
1201頃	鳥坂城	越後	105
1203	古処山城	筑前	315
1206	高山城	安芸	273
1212	新宮城	陸奥	48
1218	伊万里城	肥前	325
1221	朽木氏岩神館	近江	191
	槇嶋城	山城	195
	勝賀城	讃岐	292
1221頃	大西城	阿波	295
1221?	三刀屋城	出雲	258
1222?	横山城	石見	263
1223	二ツ山城	石見	268
1232	大宝城	常陸	77
1238頃	米沢城	出羽	19
1240	松山城	備中	245
1247?	明知城	美濃	157
1258	木村城	安芸	276
1265	亀山城	伊勢	171
1274	長野城	伊勢	171
1277	湯沢城	出羽	24
1295	津和野城	石見	265
1300?	横手城	出羽	20
1305	三沢城	出雲	258
1306?	志苔館	蝦夷	9
1309	安芸城	土佐	305
1309?	二桜城	陸奥	29
1316	蔀山城	備後	253
1326	小高城	陸奥	51
1331	笠置城	山城	191
	笠岡山城	備中	246
	大洲城	伊予	302
1332	高取城	大和	196
	千早城	河内	206
1333	大光寺城	陸奥	60
	三石城	備前	239
1334	根城	陸奥	44
	石川城	陸奥	55
1335	高水寺城	陸奥	32
	魚津城	越中	122
	神辺城	備後	250
	保木城	安芸	277
	喜岡城	讃岐	292
	高城	日向	338
1336	堀越城	陸奥	43
	金ヶ崎城	越前	133
	田丸城	伊勢	174
	長浜城	近江	188
	上月城	播磨	221
	鷲尾山城	備後	251
	吉田郡山城	安芸	269
	湯築城	伊予	300
1336頃	宮崎城	日向	337
1337	都於郡城	日向	340
1338	一宮城	阿波	294
	川之江城	伊予	303
1339?	勝龍寺城	山城	193
1340	白河小峰城	陸奥	60
1342	霧山城・北畠氏館	伊勢	175
1342?	明智長山城	美濃	160
1344	涌津城	陸奥	29
1346	姫路城	播磨	222
1347	東根城	出羽	17
1351	名生城	陸奥	37
1352	花倉城	駿河	143
1353	猿掛城	備中	242
	勢福寺城	肥前	332
1355	藤掛城	石見	267

1357	山形城	出羽	11
1358	高崎山城	豊後	325
1364	多度津城	讃岐	291
1366	木造城	伊勢	175
	羽衣石城	伯耆	232
1366頃?	大曲城	出羽	28
1367	峯城	伊勢	174
1372	此隅山城	但馬	219
1375	天童城	出羽	16
	都之城	日向	340
1377	瀬戸山城	出雲	259
1381	成沢城	出羽	12
	鈴尾城	安芸	275
1384	会津若松城	陸奥	46
1385	徳島城	阿波	293
1387	清水城	薩摩	348
1390?	岩谷城	陸奥	52
1392以降	宇山城砦群	石見	263
1393	木付城	豊後	321
1394頃	沓掛城	尾張	164
1399	松山城	武蔵	88
1401	広城	紀伊	204
1405	清洲城	尾張	165
1406	楯岡城	出羽	15
1411	駿府城	駿河	142
1414	二本松城	陸奥	52
1415	大河内城	伊勢	174
1417	烏山城	下野	72
	小田原城	相模	94
1420	頴娃城	薩摩	345
1429	筒井城	大和	196
1432	高田城	大和	199
1440	安祥城	三河	149
1441	岩屋城	美作	236
1443頃?	花沢館	蝦夷	9
1445	加納城	美濃	157
1452	岡崎城	三河	150
1454	下妻城	常陸	78
1455	古河公方館	下総	81
1456	真里谷城	上総	79
	国府台城	下総	83
1457	関宿城	下総	83
	江戸城	武蔵	87
	川越城	武蔵	88
1462?	壬生城	下野	68
1465以降	石和館	甲斐	119
1467	船岡山城	山城	195
1468	中村御所	土佐	312
1469	金山城	上野	66
	置塩城	播磨	223
1469頃	掛川城	遠江	146
1470頃?	米子城	伯耆	233
1471	吉崎御坊	越前	131
1473?	八ツ沼城	出羽	14
1476	清水城	出羽	10
1478	亀ヶ崎城	出羽	26
	下館城	常陸	73
	岩槻城	武蔵	91
1479頃	岩倉城	尾張	168
1480	田原城	三河	153
1482	長島城	伊勢	173
1483	山科本願寺	山城	193
1484頃	江美城	伯耆	232
1486頃	稲村城	安房	86
1488頃	三木城	播磨	221
1491	種里城	陸奥	56
	韮山城	伊豆	141
1496	原城	肥前	326
1499	志川滝山城	備後	251
1500?	大垣城	美濃	159
1502	大浦城	陸奥	43
1503	白山城	安芸	274
1504	松本城	信濃	110
	楽田城	尾張	169
1505	吉田城	三河	151
	野田城	三河	153
1508	長篠城	三河	152
	八上城	丹波	214
1509	藤ヶ瀬城	出雲	259
1512	玉縄城	相模	93
1513頃	布勢天神山城	因幡	230
1515	芥川山城	摂津	209
1516	越水城	摂津	208
1516頃	小谷城	近江	184
1517	佐井田城	備中	247
1519	躑躅ヶ崎館	甲斐	118
	御着城	播磨	224
1520	花岡城	出羽	23
	要害山城	甲斐	117
1520頃	生城山城	安芸	276
1521	勝浦城	上総	79
	大多喜根古屋城	上総	79
	滝山城	武蔵	92
1522	後瀬山城	若狭	136
	小幡城	尾張	166
1523	頭崎城	安芸	274
1526	洲本城	淡路	225
1526?	神尾山城	丹波	214

1526以降?	矢筈城	石見	267
1528	金石城	対馬	317
1528頃	矢滝城	石見	266
1529	牛久保城	三河	151
1530	猿啄城	美濃	157
1532	沼田城	上野	63
	矢筈城	美作	235
1532頃	一之瀬城	美作	235
1533	刈谷城	三河	151
	三村氏居館	備中	244
	鶴首城	備中	246
	脇城	阿波	297
1534	古渡城	尾張	164
1535	鮭延城	出羽	10
	上山城	出羽	13
	本堂城	出羽	22
1536	信貴山城	大和	198
1537	田中城	駿河	145
	金山城	美濃	159
	犬山城	尾張	163
1543	玉縄城	陸奥	50
	富山城	越中	124
1544?	乙子城	備前	237
1546	黒瀬城	伊予	298
1546頃	日野山城	安芸	275
1547	延沢城	出羽	20
1548	丸森城	陸奥	35
	末森城	尾張	168
1550	内城	薩摩	347
1552	新高山城	安芸	273
1554以前	宮尾城	安芸	270
1554	小諸城	信濃	115
	天神山城	備前	241
1555	葛山城	信濃	107
	貝塚寺内	和泉	207
1556	国吉城	若狭	137
	高嶺城	周防	282
1556頃	余崎城	備後	252
1557	静原城	山城	195
1559	中野城	出羽	23
	安中城	上野	67
	郡上八幡城	美濃	160
	丸根砦	尾張	162
	善照寺砦	尾張	166
	福光城	石見	266
1559?	菩提山城	美濃	161
	撫川城	備中	245
1560	多聞山城	大和	198
1560頃	海津城	信濃	109
1561	横山城	近江	182
1562	洗合城	出雲	255
	臼杵城	豊後	322
1563	小牧山城	尾張	165
1564	三城	肥前	332
1564頃	飯山城	信濃	113
1565頃	綾部城	丹波	216
1566	明禅寺城	備前	242
1566頃	墨俣城	美濃	160
1567頃	三原城	備後	250
	青木城	備後	252
1568	向羽黒山城	陸奥	60
1568頃	久能山城	駿河	143
1568?	花隈城	摂津	209
1569	清水城	駿河	144
	小倉城	豊前	320
1570	江尻城	駿河	144
	浜松城	遠江	148
	上野城	伊勢	172
	宇佐山城	近江	180
1571	三瀬館	伊勢	175
	坂本城	近江	185
	辰市城	大和	199
1572	虎御前山城	近江	183
1573	諏訪原城	遠江	147
1573頃	慶徳城	陸奥	48
	相方城	備後	254
	川島城	阿波	297
	波川玄蕃城	土佐	312
1574	出石城	但馬	219
1575	大野城	越前	133
	北ノ庄城	越前	134
	鳶ヶ巣砦	三河	153
	藤尾城	讃岐	291
1576	丸岡城	越前	131
	新城城	三河	154
	安土城	近江	181
	太田城	紀伊	202
	鞆城	備後	252
1577	亀嵩城	出雲	255
1578	横須賀城	遠江	147
	大溝城	近江	190
	亀山城	丹波	213
	務志賀軍営	日向	341
	鹿屋城	大隅	343
1578頃	金山城	丹波	214
1579	松倉城	飛騨	155
1579?	沼津古城	駿河	144
1580	金沢城	加賀	128

	勝山城	越前	133
	松ヶ島城	伊勢	172
	宮津城	丹後	217
	豊岡城	但馬	220
1581	新府城	甲斐	117
	兵庫城	摂津	212
1582	小丸山城	能登	127
1583	上田城	信濃	111
	甲府城	甲斐	116
	賤ヶ岳砦	近江	189
	大坂城	摂津	210
1583頃	小山家館	出羽	17
	敦賀城	越前	135
	吉川元春館	安芸	268
1584	小国城	出羽	28
1585	桧原城	陸奥	54
	上野城	伊賀	179
	八幡山城	近江	188
	水口岡山城	近江	191
	和歌山城	紀伊	201
	田辺城	丹後	218
1585頃	鎮海山城	安芸	278
1586	大津城	近江	186
	聚楽第	山城	194
	船上城	播磨	223
1587	久留米城	筑後	318
1587頃	八王子城	武蔵	89
1588	館山城	安房	85
	高山城	飛騨	155
	松坂城	伊勢	172
	高松城	讃岐	291
	中津城	豊前	321
	麦島城	肥後	336
1589	広島城	安芸	271
1589頃	宇土城	肥後	333
1590	大多喜城	上総	80
	石垣山城	相模	95
1591	白石城	陸奥	41
	清水山城	対馬	317
	名護屋城	肥前	329
1592	福島城	陸奥	54
	高島城	信濃	113
	伏見城	山城	194
1594	鳥羽城	志摩	169
1595	富隈城	大隅	344
1596	堀之内大台城	常陸	74
1597	府内城	豊後	324
1598	盛岡城	陸奥	33
	高崎城	上野	66
	玖島城	肥前	326
1599	平戸城	肥前	329
1600	神指城	陸奥	57
	真田庵	紀伊	205
1600頃	福島城	越後	104
1601	仙台城	陸奥	39
	福井城	越前	134
	小浜城	若狭	136
	桑名城	伊勢	171
	膳所城	近江	190
	岩国城	周防	281
	高知城	土佐	308
	福岡城	筑前	315
	延岡城	日向	337
1602	二条城	山城	192
	今治城	伊予	299
	松山城	伊予	299
	鹿児島城	薩摩	346
1603	滝沢城	出羽	25
	磐城平城	陸奥	57
	彦根城	近江	187
1604	久保田城	出羽	21
	萩城	長門	280
	国分城	大隅	343
1605	富岡城	肥後	336
1606	松前城	蝦夷	8
	田辺城	紀伊	200
	佐伯城	豊後	323
	加治木館	大隅	341
1607	松江城	出雲	257
1608	唐津城	肥前	328
1609	高岡城	越中	123
	篠山城	丹波	216
1610	本荘城	出羽	25
	佐倉城	下総	83
	名古屋城	尾張	167
1611	弘前城	陸奥	42
	相馬中村城	陸奥	50
	岩屋城	淡路	225
1614	高田城	越後	98
	真田丸出城	摂津	212
1618	新宮城	紀伊	205
	明石城	播磨	224
	島原城	肥前	330
1619	福島正則館	信濃	114
1620	浜田城	石見	266
1622	福山城	備後	251

築城年順索引②

築城年がはっきりわからない城を「○○年間」や「□□時代」などで大まかに並べた索引。

古代	隼人城	大隅	343
7世紀後半	大宰府	筑前	315
天慶年間(938～947)	蒲池城	筑後	318
10世紀末	高槻城	摂津	211
天喜年間(1053～1058)?	小桜城	出羽	16
10～11世紀	福島城	陸奥	41
11世紀末	新田目城	出羽	13
保安年間(1120～1123)	蒲生城	大隅	344
応保年間(1161～1162)	三星城	美作	235
嘉応年間(1169～1170)頃	蓮池城	土佐	311
承安年間(1171～1174)?	高畠城	出羽	18
治承年間(1177～1180)	羽床城	讃岐	288
寿永年間(1182～1183)	沢津城	備中	246
文治年間(1185～1189)	鷺山城	美濃	162
	指宿城	薩摩	347
平安時代(794～1192)	多気山城	下野	72
	高鍋城	日向	339
	加治木城	大隅	342
平安時代?	花巻城	陸奥	31
	宇都宮城	下野	69
	姫野々城	土佐	312
平安後期	足利城	下野	70
平安後期?	太田城	常陸	77
平安末期	足利氏館	下野	70
	唐沢山城	下野	71
	結城城	下総	81
	曽我城	相模	96
	山本山城	近江	182
	岸岳城	肥前	331
	人吉城	肥後	335
	知覧城	薩摩	345
平安末期?	岩倉城	伯耆	233
	真山城	出雲	258
建久年間(1190～1198)	勝山城	下野	68
	水戸城	常陸	75
	出水城	薩摩	345
	別府城	薩摩	347
建仁年間(1201～1203)頃	若桜城	因幡	230
建保年間(1213～1218)	日野江城	肥前	330
承久年間(1219～1221)	大桑城	美濃	161
	鳥籠山城	安芸	277
承久年間頃	金川城	備前	237
嘉禄年間(1225～1226)	寒河江城	出羽	26
建長年間(1249～1255)	長瀞城	出羽	17
	一戸城	陸奥	35
建長年間?	稲庭城	出羽	24

13世紀末頃	七尾城	石見	267
延慶年間(1308～1310)	山吹城	石見	264
延慶年間前後	幸山城	備中	248
元亨年間(1321～1323)	甲山城	備後	254
元弘年間(1331～1333)	赤坂城	河内	206
	八代城	日向	340
元弘年間頃	練馬城	武蔵	92
観応年間(1350～1351)	桐生城	上野	64
鎌倉時代(1192～1333)	小松城	出羽	14
	岩谷堂城	陸奥	30
	石巻城	陸奥	38
	梁川城	陸奥	47
	石母田城	陸奥	58
	真壁城	常陸	74
	笠間城	常陸	76
	関城	常陸	76
	宍戸城	常陸	77
	平塚城	武蔵	92
	津久井城	相模	93
	大聖寺城	加賀	129
	加古川城	播磨	220
	比叡尾山城	備後	253
	雲井城	石見	263
	萩尾城	石見	266
	佐東銀山城	安芸	272
	桜尾城	安芸	273
	佐賀城	肥前	327
	隈庄城	肥後	332
鎌倉時代?	赤岩城	陸奥	36
	桑折西山城	陸奥	45
	藤田城	陸奥	47
	猪苗代城	陸奥	54
	懸田城	陸奥	58
	松任城	加賀	129
	三隅城	石見	263
	勝瑞城	阿波	294
	吉良城	土佐	307
	大友氏館	豊後	323
鎌倉初期	鶴ヶ岡城	出羽	15
	古河城	下総	82
	一宇治城	薩摩	345
鎌倉初期?	院庄館	美作	236
鎌倉中期	長光寺城	近江	186
鎌倉後期	新井城	相模	95
	白地城	阿波	295
鎌倉末期	岩瀬山城	陸奥	49

	楪城	備中	246
	国吉城	備中	247
	下瀬山城	石見	267
鎌倉末期？	七戸城	陸奥	45
	平佐城	薩摩	348
建武年間(1334～1338)	児山城	下野	73
	黒井城	丹波	213
	福原城	播磨	224
	立花山城	筑前	316
	佐土原城	日向	339
建武年間頃	朝日山城	出羽	13
建武年間？	飯盛山城	河内	206
康永年間(1342～1344)	五ヶ所城	伊勢	175
文和年間(1352～1355)	二上山城	因幡	231
延文年間(1356～1360)	打吹城	伯耆	234
貞治年間(1362～1367)	天霧城	讃岐	290
正平年間(1346～1370)	高楯城	出羽	28
	岡山城	備前	238
	菊池城	肥後	333
	高隈城	大隅	342
応安年間(1368～1374)	南天山城	備後	253
文中年間(1372～1375)	中野城	出羽	12
永徳年間(1381～1383)？	佐世保城	肥前	326
元中年間(1384～1392)	大田原城	下野	70
南北朝時代(1336～1392)	赤尾津城	出羽	25
	檜山城	出羽	27
	岩崎城	陸奥	35
	倉賀野城	上野	66
	蕨城	武蔵	90
	柿崎城	越後	100
	琵琶島城	越後	101
	栃尾城	越後	102
	坂戸城	越後	103
	守山城	越中	123
	松倉城	越中	123
	一乗谷城・朝倉館	越前	132
	蒲原城	駿河	146
	波切城	志摩	170
	大野城	紀伊	204
	龍松山城	紀伊	204
	手取城	紀伊	204
	有岡城	摂津	211
	建部山城	丹後	218
	芦屋城	但馬	219
	坂本城	播磨	223
	神吉城	播磨	224
	景石城	因幡	228
	真壁城	備中	245
	川本温湯城	石見	264
	尼子陣所	石見	265
	五龍城	安芸	272
	小倉山城	安芸	275
	松尾城	安芸	276
	陶氏館	周防	284
	十河城	讃岐	289
	能島城	伊予	301
	来島城	伊予	302
	金子山城	伊予	303
	水俣城	肥後	335
	志布志城	日向	339
	伊作城	薩摩	344
南北朝時代？	角館城	出羽	22
	岩切城	陸奥	40
	新田城	陸奥	45
	長沼城	陸奥	56
	山入城	常陸	73
	桐山城	因幡	230
	旗返山城	備後	249
南北朝初期	山崎城	山城	193
鎌倉末期～南北朝時代	大森城	陸奥	59
明徳年間(1390～1393)	若江城	河内	206
明徳年間以前	夕景城	出雲	262
12～14世紀	岡豊城	土佐	306
14世紀	今帰仁城	琉球	349
14世紀末	首里城	琉球	349
応永年間(1394～1428)	鮎貝城	出羽	15
	岩出山城	陸奥	36
	中丸城	陸奥	50
	須賀川城	陸奥	57
	小弓城	下総	84
	足柄城	駿河	145
	天方城	遠江	149
	松平城	三河	151
	亀山城	三河	154
	松尾山城	美濃	161
	鳴海城	尾張	168
	岸和田城	和泉	207
	銀山城	備後	249
	青影城	備後	252
	鷺ノ森城	伊予	304
	安岐城	豊後	324
	加久藤城	日向	341
応永年間頃	湊城	出羽	27
	世田谷城	武蔵	91
応永年間？	高楯城	出羽	14
	獅子吼城	甲斐	119
永享年間(1429～1441)	白井城	上野	66
	平井城	上野	67

	土浦城	常陸	74
	瀬田城	近江	185
永享年間以前	荒平山城	備中	248
永享年間初期	涌谷城	陸奥	58
嘉吉年間(1441～1444)	竹田城	但馬	220
	津山城	美作	236
文安年間(1444～1449)	牛越城	陸奥	49
享徳年間(1452～1455)	逆井城	下総	84
長禄年間(1457～1460)	雨滝城	讃岐	288
室町時代(1392～1466)	原田城	出羽	27
	唐川城	陸奥	42
	雫石城	陸奥	56
	二子城	陸奥	59
	岩櫃城	上野	62
	小机城	武蔵	90
	二俣城	遠江	149
	鍋山城	飛騨	156
	宇津城	丹波	212
	弓木城	丹後	217
	高砂城	播磨	223
	甲ノ尾城	隠岐	231
	牛尾城	出雲	256
	布部城	出雲	261
	福良城	出雲	261
	十神山城	出雲	262
	渡川城	長門	281
	若山城	周防	282
	須々万沼城	周防	284
室町時代？	千石城	陸奥	38
室町初期	川手城	美濃	162
	亀山城	紀伊	200
室町前期	鴫山城	陸奥	57
室町中期	勝山館	蝦夷	9
	糟屋館	相模	96
	葛山城	駿河	141
	高天神城	遠江	147
	帰雲城	飛騨	156
	永原城	近江	180
	淀古城	山城	195
	八木城	丹波	215
	五品嶽城	備後	249
	岩尾城	肥前	331
室町後期	矢島城	出羽	26
	鱒沢館	陸奥	30
	水沢城	陸奥	32
	忍城	武蔵	89
	北条幻庵居館	相模	95
	興国寺城	駿河	143
	福住城	大和	200
	熊野城	出雲	255
	桂城	安芸	272
	金明山城	安芸	276
長禄・寛正年間(1457～1466)	鏡山城	安芸	270
応仁年間(1467～1469)	浪岡城	陸奥	55
	佐貫城	上総	80
	丸亀城	讃岐	289
	聖通寺城	讃岐	292
	熊本城	肥後	334
応仁・文明年間(1467～1487)	観音寺城	近江	182
	音羽城	近江	186
文明年間(1469～1487)	野沢城	陸奥	43
	小浜城	陸奥	53
	鉢形城	武蔵	90
	田峰城	三河	153
	石部城	近江	185
	長藪城	紀伊	203
	砥石城	備前	240
	常山城	備前	240
	水ヶ江城	肥前	328
	諫早城	肥前	331
文明年間？	久慈城	陸奥	34
	戸倉城	駿河	145
	虎倉城	備前	239
	高取山城	備前	240
延徳年間(1489～1492)	小泉城	上野	68
15世紀	館林城	上野	62
15世紀前半	上条城	越後	101
15世紀半ば	大内館	周防	283
文明～明応年間(1469～1501)	高屋城	河内	205
明応年間(1492～1501)	九戸城	陸奥	34
	楯山城	陸奥	41
	綱取城	陸奥	55
	名胡桃城	上野	64
明応年間？	多治比猿掛城	安芸	273
文亀年間(1501～1504)	柳川城	筑後	318
永正年間(1504～1521)	十狐城	出羽	24
	三春城	陸奥	51
	弓庄城	越中	122
	桜洞城	飛騨	155
	勝幡城	尾張	168
	上平寺城	近江	183
	籾井城	丹波	215
	鳶ヶ巣城	出雲	262
	山下城	筑後	318
永正年間？	栖吉城	越後	105
永正・大永年間(1504～1528)	箕輪城	上野	65
大永年間(1521～1528)	新保山城	若狭	135
	肥田城	近江	189

	中野城	近江	190
	朝倉城	土佐	309
	栂牟礼城	豊後	324
享禄年間(1528～1532)	剣山城	伊予	301
	高尾城	伊予	303
享禄年間頃	岩剣城	大隅	342
天文年間(1532～1555)	尾浦城	出羽	26
	高清水城	陸奥	37
	松山城	陸奥	49
	百目木城	陸奥	53
	船岡城	陸奥	58
	久留里城	上総	78
	下倉城	越後	98
	真田本城	信濃	112
	荒子城	尾張	164
	神戸城	伊勢	174
	龍王山城	大和	199
	猪崎城	丹波	217
	鳥取城	因幡	229
	龍の口城	備前	240
	経山城	備中	248
	高麻城	出雲	256
	槌山城	安芸	274
	桑野城	阿波	296
	土佐泊城	阿波	296
	岩屋城	筑前	314
	宝満城	筑前	316
	名島城	筑前	316
	須古城	肥前	330
	浦戸城	土佐	305
天文年間？	大館城	出羽	23
天文年間初期	亀山城	備前	239
	新庄山城	備前	242
天文・弘治年間(1532～1558)	木曽福島城	信濃	115
弘治年間(1555～1558)	御館	越後	104
永禄年間(1558～1570)	六郷城	出羽	22
	金山城	陸奥	36
	三戸城	陸奥	44
	戸山城	陸奥	55
	山中城	伊豆	140
	柏原城	伊賀	178
	獅子の鼻城	讃岐	290
	岩倉城	阿波	296
	高原城	日向	337
永禄年間？	八木城	出羽	21
	海部城	阿波	294
永禄年間前半	松井田城	上野	67
元亀年間(1570～1573)	津城	伊勢	173
天正年間(1573～1592)	大里城	陸奥	48
	亘理城	陸奥	59
	与板城	越後	102
	防己尾城	因幡	230
	高松城	備中	243
天正年間？	角田城	陸奥	59
天正年間初期	一関城	陸奥	30
	鍋倉城	陸奥	56
文禄年間(1592～1596)	下津井城	備前	237
安土桃山時代(1568～1598)	伊奈氏陣屋	武蔵	91
	千石堀城	和泉	208
16世紀	羽黒山城	陸奥	60
16世紀初頭	福知山城	丹波	215
	青屋城	備後	253
16世紀前半	船山城	備前	239
戦国時代(1467～1600)	長谷堂城	出羽	12
	丸岡城	出羽	18
	小滝城	出羽	18
	沼館城	出羽	21
	白華城	出羽	22
	長岡城	出羽	23
	馬場目城	出羽	24
	横山城	出羽	28
	大窪城	陸奥	38
	高倉城	陸奥	49
	天神山城	武蔵	91
	浦賀城	相模	93
	村上城	越後	103
	根知城	越後	104
	黒滝城	越後	105
	久知城	佐渡	106
	河原田城	佐渡	106
	羽茂城	佐渡	106
	阿尾城	越中	125
	国府城	志摩	170
	安濃城	伊勢	170
	青蓮寺城	伊賀	178
	百地丹波城	伊賀	180
	堀内新宮城	紀伊	203
	雑賀城	紀伊	203
	本丸城	美作	235
	石蟹山城	備中	247
	高瀬城	出雲	256
	新宮党館	出雲	258
	長山城	周防	284
	堅志田城	肥後	335
戦国初期	小松城	加賀	129
	郡山城	大和	197
	三入高松城	安芸	275
戦国前期	山野辺城	出羽	17

戦国後期	鳥越城	加賀	… 130
慶長年間(1596～1615)	畑谷城	出羽	……27
16～18世紀	根室半島チャシ跡群	蝦夷	…… 9

廃城年順索引①

廃城年がある程度わかっている城を廃城年順に並べた索引。

1343以降	関城	常陸	76
	大宝城	常陸	77
1392	千早城	河内	206
1455以降	千葉城	上総	80
1469頃	坂本城	播磨	223
1477以降	練馬城	武蔵	92
1478以降	平塚城	武蔵	92
1478頃以降	石神井城	武蔵	90
1505	綱取城	陸奥	55
1511以降？	船岡山城	山城	195
1521以降	青屋城	備後	253
1523	音羽城	近江	186
1532	山科本願寺	山城	193
1536以降	花倉城	駿河	143
1538以降	小弓城	下総	84
1540	稲村城	安房	86
1542以降	桑原城	信濃	107
1545	福与城	信濃	114
1548以降	桑折西山城	陸奥	45
	古渡城	尾張	164
1550	小倉山城	安芸	275
1550頃	木村城	安芸	276
1550以降	林城	信濃	114
1552	志川滝山城	備後	251
	高山城	安芸	273
1556以降	鷺山城	美濃	162
1557	末森城	尾張	168
	勝山城	長門	279
1557以降	雲井城	石見	263
1557以降	若山城	周防	282
1557以降	須々万沼城	周防	284
1558？	児山城	下野	73
1559	曽我城	相模	96
1559以降	高取山城	備前	240
1560	平井城	上野	67
1560以降	安祥城	三河	149
	大高城	尾張	166
	夕景城	出雲	262
	長浜城	土佐	310
1560以降？	守山城	尾張	164
1562	朝倉城	土佐	309
1563	勝沼城	武蔵	86
	南天山城	備後	253
	白鹿城	出雲	261
1563以降	本山城	土佐	311
1565以降	戸山城	陸奥	55
1566	洗合城	出雲	255
1567	小牧山城	尾張	165
	船山城	備前	239
1567以降	蕨城	武蔵	90
	明禅寺城	備前	242
1568以降	観音寺城	近江	182
	越水城	摂津	208
1569以降	岩切城	陸奥	40
	四本松城	陸奥	53
1570	長野城	伊勢	171
	三隅城	石見	263
1570以降	布部城	出雲	261
1571以降	宇佐山城	近江	180
	高瀬城	出雲	256
1573頃	芥川山城	摂津	209
1573以降	横山城	近江	182
1574	小谷城	近江	184
	此隅山城	但馬	219
1575	天神山城	備前	241
1575頃	乙子城	備前	237
	新庄山城	備前	242
1575以降	一乗谷城・朝倉館	越前	132
	猿啄城	美濃	157
	高屋城	河内	205
	砥石城	備前	240
	荒平山城	備中	248
	幸山城	備中	248
1576	長篠城	三河	152
	霧山城・北畠氏館	伊勢	175
1576？	多聞山城	大和	198
1576頃	長光寺城	近江	186
	五ヶ所城	伊勢	175
	飯盛山城	河内	206
1577	信貴山城	大和	198
	置塩城	播磨	223
1577？	福原城	播磨	224
1577以降	大河内城	伊勢	174
	龍王山城	大和	199
1578以降	上月城	播磨	221
1579	三星城	美作	235
1579以降	松尾山城	美濃	161
	金山城	丹波	214
	御着城	播磨	224
1580	筒井城	大和	196
	高田城	大和	199
	一之瀬城	美作	235
	波川玄蕃城	土佐	312
	高山城	大隅	343
1580頃	若江城	河内	206
	池田城	摂津	209

1580以降	花隈城	摂津	209
1580以降？	金山城	安房	84
1581以降	高天神城	遠江	147
	荒子城	尾張	164
1582	上原城	信濃	114
	新府城	甲斐	117
	葛山城	駿河	141
	山本山城	近江	182
	矢筈城	美作	235
	冠山城	備中	244
	勝瑞城	阿波	294
1582？	日幡城	備中	247
1582以降	獅子吼城	甲斐	119
	高原諏訪城	飛騨	154
	加治田城	美濃	157
	加茂城	備中	244
	撫川城	備中	245
	経山城	備中	248
1582以降？	勝龍寺城	山城	193
1583	瀬田城	近江	185
	有岡城	摂津	211
1583頃	金ヶ崎城	越前	133
1583以降	荒砥城	信濃	108
1584	天童城	出羽	16
	山崎城	山城	193
1584以降	小幡城	尾張	166
	大野城	尾張	166
	楽田城	尾張	169
	峯城	伊勢	174
1585	真田本城	信濃	112
	津幡城	加賀	130
	松倉城	飛騨	155
	帰雲城	飛騨	156
	安土城	近江	181
	千石堀城	和泉	208
	建部山城	丹後	218
	天霧城	讃岐	290
	勝賀城	讃岐	292
	能島城	伊予	301
	金子山城	伊予	303
1585以降	桜洞城	飛騨	155
	向小島城	飛騨	156
	多度津城	讃岐	291
	藤尾城	讃岐	291
	喜岡城	讃岐	292
	植田城	讃岐	293
	白地城	阿波	295
	桑野城	阿波	296
	剣山城	伊予	301
	高穴城	伊予	301
	高尾城	伊予	303
1585以降？	雑賀城	紀伊	203
1586	木舟城	越中	125
	坂本城	近江	185
	十河城	讃岐	289
1586頃？	獅子の鼻城	讃岐	290
1586以降	羽床城	讃岐	288
	岩倉城	阿波	296
1587	岩屋城	筑前	314
	古処山城	筑前	315
1587頃	滝山城	武蔵	92
	湯築城	伊予	300
1587以降	黒瀬城	伊予	298
	花尾城	筑前	314
	宝満城	筑前	316
	菊池城	肥後	333
	竪志田城	肥後	335
1588	鍋山城	飛騨	156
	松ヶ島城	伊勢	172
	虎倉城	備前	239
	相方城	備後	254
	聖通寺城	讃岐	292
	岡豊城	土佐	306
	茅切城	豊前	320
	頴娃城	薩摩	345
1588以降	小手森城	陸奥	53
	百目木城	陸奥	53
	吉良城	土佐	307
	蓮池城	土佐	311
	御船城	肥後	336
1588以降？	笠岡山城	備中	246
1589	河原田城	佐渡	106
	七尾城	能登	126
	勢福寺城	肥前	332
1589頃	三沢城	出雲	258
1589以降	慶徳城	陸奥	48
	桧原城	陸奥	54
1589以降？	馬場目城	出羽	24
	浦城	出羽	25
1590	利府城	陸奥	36
	三芦城	陸奥	50
	中丸城	陸奥	50
	石母田城	陸奥	58
	二子城	陸奥	59
	桐生城	上野	64
	国峯城	上野	64
	松井田城	上野	67
	大多喜根古屋城	上総	79
	小机城	武蔵	90
	世田谷城	武蔵	91
	天神山城	武蔵	91
	津久井城	相模	93

廃城年順索引②

廃城年がはっきりわからない城を「○○年間」や「□□時代」などで大まかに並べた索引。

50音順索引

あ

会津若松城 陸奥 あいづわかまつじょう……46
青影城 備後 あおかげじょう……252
青木城 備後 あおきじょう……252
青篠城 陸奥 あおざさじょう……30
阿尾城 越中 あおじょう……125
青葉城 陸奥 あおばじょう……→仙台城
青屋城 備後 あおやじょう……253
赤岩城 陸奥 あかいわじょう……36
赤坂城 河内 あかさかじょう……206
明石城 播磨 あかしじょう……224
安芸城 土佐 あきじょう……305
安岐城 豊後 あきじょう……324
秋田城 出羽 あきたじょう……→久保田城
芥川山城 摂津 あくたがわやまじょう……209
明智長山城 美濃 あけちおさやまじょう……160
明知城 美濃 あけちじょう……157
赤尾津城 出羽 あこうづじょう……25
朝倉城 土佐 あさくらじょう……309
朝日山城 出羽 あさひやまじょう……13
足利氏館 下野 あしかがしやかた……70
足利城 下野 あしかがじょう……70
足柄城 駿河 あしがらじょう……145
芦屋城 但馬 あしやじょう……219
安土城 近江 あづちじょう……181
穴水城 能登 あなみずじょう……127
安濃城 伊勢 あのうじょう……170
安濃津城 伊勢 あのつじょう……→津城
天方城 遠江 あまがたじょう……149
天霧城 讃岐 あまぎりじょう……290
尼子陣所 石見 あまごじんしょ……265
余部城 丹波 あまるべじょう……216
雨滝城 讃岐 あめたきじょう……288
綾部城 丹波 あやべじょう……216
鮎貝城 出羽 あゆかいじょう……15
新井城 相模 あらいじょう……95
荒子城 尾張 あらこじょう……164
荒滝城 長門 あらたきじょう……279
新田目城 出羽 あらためじょう……13
荒砥城 信濃 あらとじょう……108
荒平山城 備中 あらひらやまじょう……248
洗合城 出雲 あらわいじょう……255
有岡城 摂津 ありおかじょう……211
有田城 安芸 ありたじょう……277
安祥城 三河 あんしょうじょう……149
安中城 上野 あんなかじょう……67

い

飯倉城 陸奥 いいくらじょう……29
飯盛山城 河内 いいもりやまじょう……206
飯山城 信濃 いいやまじょう……113
池田城 摂津 いけだじょう……209
猪崎城 丹波 いざきじょう……217
伊作城 薩摩 いざくじょう……344
諫早城 肥前 いさはやじょう……331
石和館 甲斐 いさわやかた……119
石垣山城 相模 いしがきやまじょう……95
石蟹山城 備中 いしがやまじょう……247
石川城 陸奥 いしかわじょう……55
石巻城 陸奥 いしのまきじょう……38
石部城 近江 いしべじょう……185
石母田城 陸奥 いしもだじょう……58
出石城 但馬 いずしじょう……219
出水城 薩摩 いずみじょう……345
伊丹城 摂津 いたみじょう……→有岡城
一宇治城 薩摩 いちうじじょう……345
一条氏館・上野城 甲斐 いちじょうしやかた・うえのじょう……116
一乗谷城・朝倉館 越前 いちじょうだにじょう・あさくらやかた……132
一関城 陸奥 いちのせきじょう……30
一之瀬城 美作 いちのせじょう……235
一戸城 陸奥 いちのへじょう……35
一宮城 阿波 いちのみやじょう……294
伊奈氏陣屋 武蔵 いなしじんや……91
稲庭城 出羽 いなにわじょう……24
稲葉山城 美濃 いなばやまじょう……→岐阜城
稲村城 安房 いなむらじょう……86
猪苗代城 陸奥 いなわしろじょう……54
犬山城 尾張 いぬやまじょう……163
茨木城 摂津 いばらきじょう……208
指宿城 薩摩 いぶすきじょう……347
今浜城 近江 いまはまじょう……→長浜城
今治城 伊予 いまばりじょう……299
伊万里城 肥前 いまりじょう……325
岩尾城 肥前 いわおじょう……331
磐城平城 陸奥 いわきたいらじょう……57
岩切城 陸奥 いわきりじょう……40
岩国城 周防 いわくにじょう……281
岩倉城 尾張 いわくらじょう……168
岩倉城 伯耆 いわくらじょう……233
岩倉城 阿波 いわくらじょう……296
岩崎城 陸奥 いわさきじょう……35

岩瀬山城	陸奥	いわせやまじょう	49
岩槻城	武蔵	いわつきじょう	91
岩剣城	大隅	いわつるぎじょう	342
岩出山城	陸奥	いわでやまじょう	36
岩殿山城	甲斐	いわどのやまじょう	116
岩櫃城	上野	いわびつじょう	62
石見城	石見	いわみじょう	265
岩村城	美濃	いわむらじょう	159
岩屋城	淡路	いわやじょう	225
岩屋城	美作	いわやじょう	236
岩屋城	筑前	いわやじょう	314
岩谷堂城	陸奥	いわやどうじょう	30
院庄館	美作	いんのしょうやかた	236

う

羽衣石城	伯耆	うえしじょう	232
上田城	信濃	うえだじょう	111
植田城	讃岐	うえだじょう	293
上野城	甲斐	うえのじょう	117
上野城	伊勢	うえのじょう	172
上野城	伊賀	うえのじょう	179
上原城	信濃	うえはらじょう	114
魚津城	越中	うおづじょう	122
宇佐山城	近江	うさやまじょう	180
牛尾城	出雲	うしおじょう	256
牛岐城	阿波	うしきじょう	295
牛久保城	三河	うしくぼじょう	151
牛越城	陸奥	うしごえじょう	49
鳥城	備前	うじょう	→岡山城
臼杵城	豊後	うすきじょう	322
内城	薩摩	うちじょう	347
宇津城	丹波	うつじょう	212
宇都宮城	下野	うつのみやじょう	69
打吹城	伯耆	うつぶきじょう	234
宇土城	肥後	うとじょう	333
馬ヶ岳城	豊前	うまがだけじょう	321
宇山城砦群	石見	うやまじょうさいぐん	263
浦賀城	相模	うらがじょう	93
浦城	出羽	うらじょう	25
浦戸城	土佐	うらどじょう	305
宇和島城	伊予	うわじまじょう	298

え

穎娃城	薩摩	えいじょう	345
江尻城	駿河	えじりじょう	144
江戸城	武蔵	えどじょう	87
江美城	伯耆	えびじょう	232
恵良城	伊予	えりょうじょう	297

お

尾浦城	出羽	おうらじょう	26
大内館	周防	おおうちやかた	283
大浦城	陸奥	おおうらじょう	43
大垣城	美濃	おおがきじょう	159
大桑城	美濃	おおがじょう	161
生城山城	安芸	おおぎやまじょう	276
大口城	薩摩	おおくちじょう	348
大窪城	陸奥	おおくぼじょう	38
大坂城	摂津	おおさかじょう	210
大里城	陸奥	おおさとじょう	48
大洲城	伊予	おおずじょう	302
大高城	尾張	おおだかじょう	166
大多喜城	上総	おおたきじょう	80
大多喜根古屋城	上総	おおたきねごやじょう	79
太田城	常陸	おおたじょう	77
太田城	紀伊	おおたじょう	202
大館城	出羽	おおだてじょう	23
大田原城	下野	おおたわらじょう	70
大津城	近江	おおつじょう	186
大友氏館	豊後	おおともしやかた	323
大西城	阿波	おおにしじょう	295
大野城	越前	おおのじょう	133
大野城	尾張	おおのじょう	166
大野城	紀伊	おおのじょう	204
大迫城	陸奥	おおはさまじょう	34
大曲城	出羽	おおまがりじょう	28
大溝城	近江	おおみぞじょう	190
大森城	陸奥	おおもりじょう	59
大森城	伊予	おおもりじょう	304
岡崎城	三河	おかざきじょう	150
岡城	豊後	おかじょう	324
岡本城	伊予	おかもとじょう	303
岡山城	備前	おかやまじょう	238
大河内城	伊勢	おかわちじょう	174
置塩城	播磨	おきしおじょう	223
小国城	出羽	おぐにじょう	28
小倉山城	安芸	おぐらやまじょう	275
岡豊城	土佐	おこうじょう	306
忍城	武蔵	おしじょう	89
小高城	陸奥	おだかじょう	51
尾高城	伯耆	おだかじょう	234
小田城	常陸	おだじょう	76
御館	越後	おたて	104
小谷城	近江	おだにじょう	184
小田山城	陸奥	おだやまじょう	47
小田原城	相模	おだわらじょう	94
小手森城	陸奥	おでもりじょう	53
乙子城	備前	おとごじょう	237
音羽城	近江	おとわじょう	186
小幡城	尾張	おばたじょう	166
小浜城	陸奥	おばまじょう	53

小浜城　若狭　おばまじょう……136
飫肥城　日向　おびじょう……340
小山城　下野　おやまじょう……71
小弓城　下総　おゆみじょう……84

か

貝塚寺内　和泉　かいづかじない……207
海津城　信濃　かいづじょう……109
海部城　阿波　かいふじょう……294
帰雲城　飛騨　かえりくもじょう……156
鏡城　陸奥　かがみじょう……43
鏡山城　安芸　かがみやまじょう……270
柿崎城　越後　かきざきじょう……100
賀儀城　安芸　かぎじょう……278
鶴首城　備中　かくしゅじょう……246
角田城　陸奥　かくだじょう……59
楽田城　尾張　がくでんじょう……169
加久藤城　日向　かくとうじょう……341
角館城　出羽　かくのだてじょう……22
景石城　因幡　かげいしじょう……228
掛川城　遠江　かけがわじょう……146
懸田城　陸奥　かけだじょう……58
加古川城　播磨　かこがわじょう……220
鹿児島城　薩摩　かごしまじょう……346
笠岡山城　備中　かさおかやまじょう……246
笠置城　山城　かさぎじょう……191
笠間城　常陸　かさまじょう……76
加治木城　大隅　かじきじょう……342
加治木館　大隅　かじきやかた……341
加治田城　美濃　かじたじょう……157
頭崎城　安芸　かしらざきじょう……274
柏原城　伊賀　かしわらじょう……178
春日山城　越後　かすがやまじょう……99
糟屋館　相模　かすやのやかた……96
堅志田城　肥後　かたしだじょう……335
勝浦城　上総　かつうらじょう……79
勝賀城　讃岐　かつがじょう……292
月山富田城　出雲　がっさんとだじょう……260
勝沼城　武蔵　かつぬまじょう……86
勝山城　下野　かつやまじょう……68
勝山城　甲斐　かつやまじょう……116
勝山城　越前　かつやまじょう……133
勝山城　長門　かつやまじょう……279
勝山館　蝦夷　かつやまたて……9
葛尾城　信濃　かつらおじょう……107
桂城　安芸　かつらじょう……272
葛山城　信濃　かつらやまじょう……107
葛山城　駿河　かつらやまじょう……141
金ヶ崎城　越前　かながさきじょう……133
金川城　備前　かながわじょう……237
金沢城　加賀　かなざわじょう……128
金山城　上野　かなやまじょう……66
金山城　安房　かなやまじょう……84
金石城　対馬　かねいしじょう……317
金子山城　伊予　かねこやまじょう……303
金山城　陸奥　かねやまじょう……36
金山城　美濃　かねやまじょう……159
金山城　丹波　かねやまじょう……214
加納城　美濃　かのうじょう……157
鹿屋城　大隅　かのやじょう……343
樺野沢城　越後　かばのさわじょう……104
蒲池城　筑後　かまちじょう……318
上山城　出羽　かみのやまじょう……13
上夜須城　土佐　かみやすじょう……312
亀ヶ崎城　出羽　かめがさきじょう……26
亀嵩城　出雲　かめだけじょう……255
亀山城　三河　かめやまじょう……154
亀山城　伊勢　かめやまじょう……171
亀山城　紀伊　かめやまじょう……200
亀山城　丹波　かめやまじょう……213
亀山城　備前　かめやまじょう……239
亀山城　備中　かめやまじょう……244
蒲生城　大隅　かもうじょう……344
加茂城　備中　かもじょう……244
茅切城　豊前　かやきりじょう……320
唐川城　陸奥　からかわじょう……42
唐沢山城　下野　からさわやまじょう……71
烏城　信濃　からすじょう……→松本城
烏山城　下野　からすやまじょう……72
唐津城　肥前　からつじょう……328
刈谷城　三河　かりやじょう……151
河越城　武蔵　かわごえじょう……→川越城
川越城　武蔵　かわごえじょう……88
川島城　阿波　かわしまじょう……297
川手城　美濃　かわてじょう……162
川之江城　伊予　かわのえじょう……303
河原田城　佐渡　かわはらだじょう……106
川本温湯城　石見　かわもとぬくゆじょう……264
河原崎城　陸奥　かわらざきじょう……52
神吉城　播磨　かんきじょう……224
岩谷城　陸奥　がんごくじょう……52
岩石城　豊前　がんじゃくじょう……320
神辺城　備後　かんなべじょう……250
神尾山城　丹波　かんのおさんじょう……214
観音寺城　近江　かんのんじじょう……182
蒲原城　駿河　かんばらじょう……146
神戸城　伊勢　かんべじょう……174
冠山城　備中　かんむりやまじょう……244

き

喜岡城	讃岐	きおかじょう	292
菊池城	肥後	きくちじょう	333
岸岳城	肥前	きしたけじょう	331
岸和田城	和泉	きしわだじょう	207
木曽福島城	信濃	きそふくしまじょう	115
北条城	越後	きたじょうじょう	102
北ノ庄城	越前	きたのしょうじょう	134
吉川元春館	安芸	きっかわもとはるやかた	268
木付城	豊後	きつきじょう	321
岐阜城	美濃	ぎふじょう	158
木舟城	越中	きふねじょう	125
木村城	安芸	きむらじょう	276
肝付城	大隅	きもつきじょう	→高山城
経山城	備中	きょうやまじょう	248
清洲城	尾張	きよすじょう	165
吉良城	土佐	きらじょう	307
桐山城	因幡	きりやまじょう	230
霧山城・北畠氏館	伊勢	きりやまじょう・きたばたけしやかた	175
桐生城	上野	きりゅうじょう	64
銀山城	備後	ぎんざんじょう	249
金明山城	安芸	きんめいさんじょう	276

く

櫛崎城	長門	くしざきじょう	279
久慈城	陸奥	くじじょう	34
久知城	佐渡	くじじょう	106
玖島城	肥前	くしまじょう	326
郡上八幡城	美濃	ぐじょうはちまんじょう	160
沓掛城	尾張	くつかけじょう	164
朽木氏岩神館	近江	くつきしいわがみやかた	191
国峯城	上野	くにみねじょう	64
国吉城	若狭	くによしじょう	137
国吉城	備中	くによしじょう	247
久能山城	駿河	くのうざんじょう	143
九戸城	陸奥	くのへじょう	34
窪川城	土佐	くぼかわじょう	307
久保田城	出羽	くぼたじょう	21
熊野城	出雲	くまのじょう	255
隈庄城	肥後	くまのしょうじょう	332
熊本城	肥後	くまもとじょう	334
雲井城	石見	くもいじょう	263
鞍掛山城	周防	くらかけやまじょう	285
倉賀野城	上野	くらがのじょう	66
来島城	伊予	くるしまじょう	302
久留米城	筑後	くるめじょう	318
久留里城	上総	くるりじょう	78
黒井城	丹波	くろいじょう	213
黒瀬城	伊予	くろせじょう	298
黒滝城	越後	くろたきじょう	105
黒羽城	下野	くろばねじょう	72
桑名城	伊勢	くわなじょう	171
桑野城	阿波	くわのじょう	296
桑原城	信濃	くわばらじょう	107

け

慶徳城	陸奥	けいとくじょう	48
剣吉城	陸奥	けんよしじょう	44

こ

小泉城	上野	こいずみじょう	68
興国寺城	駿河	こうこくじじょう	143
神指城	陸奥	こうざしじょう	57
幸山城	備中	こうざんじょう	248
国府城	志摩	こうじょう	170
神代城	肥前	こうじろじょう	331
高水寺城	陸奥	こうすいじじょう	32
香宗城	土佐	こうそじょう	309
高知城	土佐	こうちじょう	308
上月城	播磨	こうづきじょう	221
甲ノ尾城	隠岐	こうのおじょう	231
国府台城	下総	こうのだいじょう	83
高嶺城	周防	こうのみねじょう	282
甲府城	甲斐	こうふじょう	116
甲山城	備後	こうやまじょう	254
高山城	大隅	こうやまじょう	343
桑折城	陸奥	こおりじょう	38
桑折西山城	陸奥	こおりにしやまじょう	45
郡山城	大和	こおりやまじょう	197
古河公方館	下総	こがくぼうかん	81
古河城	下総	こがじょう	82
五ヶ所城	伊勢	ごかしょじょう	175
国分山城	伊予	こくぶさんじょう	304
国分城	大隅	こくぶじょう	343
虎倉城	備前	こくらじょう	239
小倉城	豊前	こくらじょう	320
小桜城	出羽	こざくらじょう	16
越水城	摂津	こしみずじょう	208
古処山城	筑前	こしょさんじょう	315
小滝城	出羽	こたきじょう	18
御着城	播磨	ごちゃくじょう	224
小机城	武蔵	こづくえじょう	90
木造城	伊勢	こつくりじょう	175
此隅山城	但馬	このすみやまじょう	219
五品嶽城	備後	ごほんがたけじょう	249
小牧山城	尾張	こまきやまじょう	165
小松城	出羽	こまつじょう	14
小松城	加賀	こまつじょう	129
小丸山城	能登	こまるやまじょう	127
小牟礼城	豊後	こむれじょう	323
小諸城	信濃	こもろじょう	115

児山城　下野　こやまじょう……73
小山家館　出羽　こやんべやかた……17
五龍城　安芸　ごりゅうじょう……272

さ

雑賀城　紀伊　さいかじょう……203
佐伯城　豊後　さいきじょう……323
佐井田城　備中　さいたじょう……247
蔵王堂城　越後　ざおうどうじょう……101
逆井城　下総　さかいじょう……84
寒河江城　出羽　さがえじょう……26
佐賀城　肥前　さがじょう……327
相方城　備後　さがたじょう……254
坂戸城　越後　さかとじょう……103
坂本城　近江　さかもとじょう……185
坂本城　播磨　さかもとじょう……223
坂本城　土佐　さかもとじょう……309
鷺ノ森城　伊予　さぎのもりじょう……304
鷺山城　美濃　さぎやまじょう……162
桜尾城　安芸　さくらおじょう……273
佐倉城　下総　さくらじょう……83
桜洞城　飛騨　さくらぼらじょう……155
鮭延城　出羽　さけのべじょう……10
篠山城　丹波　ささやまじょう……216
佐世保城　肥前　させぼじょう……326
佐東銀山城　安芸　さとうかなやまじょう……272
佐土原城　日向　さどわらじょう……339
真田庵　紀伊　さなだあん……205
真田城　信濃　さなだじょう……→上田城
真田本城　信濃　さなだほんじょう……112
真田丸出城　摂津　さなだまるでじろ……212
真田館　信濃　さなだやかた……112
佐貫城　上総　さぬきじょう……80
佐沼城　陸奥　さぬまじょう……40
鮫ヶ尾城　越後　さめがおじょう……100
猿掛城　備中　さるかけじょう……242
猿啄城　美濃　さるばみじょう……157
佐和山城　近江　さわやまじょう……183
三城　肥前　さんじょう……332
三戸城　陸奥　さんのへじょう……44

し

四本松城　陸奥　しおのまつじょう……53
志賀城　信濃　しがじょう……112
鹿野城　因幡　しかのじょう……228
志川滝山城　備後　しかわたきやまじょう……251
信貴山城　大和　しぎさんじょう……198
鴫山城　陸奥　しぎやまじょう……57
獅子吼城　甲斐　ししくじょう……119
宍戸城　常陸　ししどじょう……77
獅子の鼻城　讃岐　ししのはなじょう……290
賤ヶ岳砦　近江　しずがたけとりで……189
雫石城　陸奥　しずくいしじょう……56
静原城　山城　しずはらじょう……195
下倉城　越後　したぐらじょう……98
七戸城　陸奥　しちのへじょう……45
蔀山城　備後　しとみやまじょう……253
志苔館　蝦夷　しのりたて……9
新発田城　越後　しばたじょう……100
志布志城　日向　しぶしじょう……339
島原城　肥前　しまばらじょう……330
清水城　出羽　しみずじょう……10
清水城　駿河　しみずじょう……144
清水城　薩摩　しみずじょう……348
清水山城　対馬　しみずやまじょう……317
下瀬山城　石見　しもせやまじょう……267
下田城　伊豆　しもだじょう……140
下館城　常陸　しもだてじょう……73
下津井城　備前　しもついじょう……237
下妻城　常陸　しもつまじょう……78
石神井城　武蔵　しゃくじいじょう……90
聚楽第　山城　じゅらくてい……194
首里城　琉球　しゅりじょう……349
上条城　越後　じょうじょうじょう……101
勝瑞城　阿波　しょうずいじょう……294
聖通寺城　讃岐　しょうつうじじょう……292
上平寺城　近江　じょうへいじじょう……183
勝龍寺城　山城　しょうりゅうじじょう……193
青蓮寺城　伊賀　しょうれんじじょう……178
勝幡城　尾張　しょばたじょう……168
白鹿城　出雲　しらがじょう……261
白河小峰城　陸奥　しらかわこみねじょう……60
白鳥城　出羽　しらとりじょう……16
白華城　出羽　しらはなじょう……22
白石城　陸奥　しろいしじょう……41
白井城　上野　しろいじょう……66
白山城　安芸　しろやまじょう……274
新宮城　陸奥　しんぐうじょう……48
新宮城　紀伊　しんぐうじょう……205
新宮党館　出雲　しんぐうとうやかた……258
神西城　出雲　じんざいじょう……259
新庄城　越中　しんじょうじょう……123
新庄山城　備前　しんじょうやまじょう……242
新城城　三河　しんしろじょう……154
新府城　甲斐　しんぷじょう……117
新保山城　若狭　しんぼやまじょう……135
真山城　出雲　しんやまじょう……258

す

陶氏館　周防　すえしやかた……284
末森城　能登　すえもりじょう……127

末森城 尾張 すえもりじょう……168
須賀川城 陸奥 すかがわじょう……57
宿毛城 土佐 すくもじょう……309
須古城 肥前 すこじょう……330
鈴尾城 安芸 すずおじょう……275
須々万沼城 周防 すすまぬまじょう……284
墨俣城 美濃 すのまたじょう……160
洲本城 淡路 すもとじょう……225
栖吉城 越後 すよしじょう……105
諏訪原城 遠江 すわはらじょう……147
駿府城 駿河 すんぷじょう……142

せ

勢福寺城 肥前 せいふくじじょう……332
関城 常陸 せきじょう……76
関宿城 下総 せきやどじょう……83
膳所城 近江 ぜぜじょう……190
世田谷城 武蔵 せたがやじょう……91
瀬田城 近江 せたじょう……185
瀬戸山城 出雲 せとやまじょう……259
千石城 陸奥 せんごくじょう……38
千石堀城 和泉 せんごくぼりじょう……208
善照寺砦 尾張 ぜんしょうじとりで……166
仙台城 陸奥 せんだいじょう……39

そ

沢津城 備中 そうずじょう……246
相馬中村城 陸奥 そうまなかむらじょう……50
曽我城 相模 そがじょう……96
十河城 讃岐 そごうじょう……289

た

大光寺城 陸奥 だいこうじじょう……60
大聖寺城 加賀 だいしょうじじょう……129
大宝城 常陸 だいほうじょう……77
多比良城 肥前 たいらじょう……328
高岡城 越中 たかおかじょう……123
高尾城 伊予 たかおじょう……303
高隈城 大隅 たかくまじょう……342
高倉城 陸奥 たかくらじょう……49
高崎山城 豊後 たかさきさんじょう……325
高崎城 上野 たかさきじょう……66
高砂城 播磨 たかさごじょう……223
高麻城 出雲 たかさじょう……256
高島城 信濃 たかしまじょう……113
高清水城 陸奥 たかしみずじょう……37
高城 日向 たかじょう……338
高瀬城 出雲 たかせじょう……256
高田城 大和 たかたじょう……199
高田城 越後 たかだじょう……98
高楯城 出羽 たかだてじょう……14
高櫤城 出羽 たかだまじょう……28
高槻城 摂津 たかつきじょう……211
高天神城 遠江 たかてんじんじょう……147
高遠城 信濃 たかとおじょう……108
高取城 大和 たかとりじょう……196
高取山城 備前 たかとりやまじょう……240
高穴城 伊予 たかなじょう……301
高鍋城 日向 たかなべじょう……339
高畠城 出羽 たかはたじょう……18
高原諏訪城 飛騨 たかはらすわじょう……154
高原城 日向 たかはるじょう……337
高平城 因幡 たかひらじょう……228
高松城 備中 たかまつじょう……243
高松城 讃岐 たかまつじょう……291
高森城 豊前 たかもりじょう……319
高屋城 河内 たかやじょう……205
高山城 飛騨 たかやまじょう……155
高山城 安芸 たかやまじょう……273
滝沢城 出羽 たきざわじょう……25
滝山城 武蔵 たきやまじょう……92
多気山城 下野 たげさんじょう……72
竹田城 但馬 たけだじょう……220
建部山城 丹後 たけべやまじょう……218
高尾城 加賀 たこじょう……130
大宰府 筑前 だざいふ……315
多治比猿掛城 安芸 たじひさるがけじょう……273
立花山城 筑前 たちばなやまじょう……316
辰市城 大和 たついちじょう……199
龍の口城 備前 たつのくちじょう……240
楯岡城 出羽 たておかじょう……15
館林城 上野 たてばやしじょう……62
館山城 出羽 たてやまじょう……20
楯山城 陸奥 たてやまじょう……41
館山城 安房 たてやまじょう……85
多度津城 讃岐 たどつじょう……291
田中城 駿河 たなかじょう……145
田辺島城 土佐 たなべじまじょう……311
田辺城 紀伊 たなべじょう……200
田辺城 丹後 たなべじょう……218
種里城 陸奥 たねさとじょう……56
田原城 三河 たはらじょう……153
玉縄城 陸奥 たまなわじょう……50
玉縄城 相模 たまなわじょう……93
田丸城 伊勢 たまるじょう……174
田峰城 三河 だみねじょう……153
多聞山城 大和 たもんやまじょう……198

ち

千葉城 上総 ちばじょう……80
千早城 河内 ちはやじょう……206
長光寺城 近江 ちょうこうじじょう……186

知覧城 薩摩 ちらんじょう ……345
鎮海山城 安芸 ちんかいやまじょう ……278

つ

津久井城 相模 つくいじょう …… 93
津城 伊勢 つじょう ……173
土浦城 常陸 つちうらじょう …… 74
槌山城 安芸 つちやまじょう ……274
筒井城 大和 つついじょう ……196
躑躅ヶ崎館 甲斐 つつじがさきやかた ……118
防己尾城 因幡 つづらおじょう ……230
綱取城 陸奥 つなとりじょう …… 55
常山城 備前 つねやまじょう ……240
津幡城 加賀 つばたじょう ……130
妻籠城 信濃 つまごじょう ……108
津山城 美作 つやまじょう ……236
鶴ヶ岡城 出羽 つるがおかじょう …… 15
敦賀城 越前 つるがじょう ……135
剣山城 伊予 つるぎやまじょう ……301
津和野城 石見 つわのじょう ……265

て

手取城 紀伊 てどりじょう ……204
寺池城 陸奥 てらいけじょう …… 40
天神山城 武蔵 てんじんやまじょう …… 91
天神山城 備前 てんじんやまじょう ……241
天神山城 安芸 てんじんやまじょう ……277
天童城 出羽 てんどうじょう …… 16

と

戸石城 信濃 といしじょう ……113
砥石城 備前 といしじょう ……240
東福寺城 薩摩 とうふくじじょう ……348
百目木城 陸奥 どうめきじょう …… 53
十神山城 出雲 とかみやまじょう ……262
栂牟礼城 豊後 とがむれじょう ……324
徳島城 阿波 とくしまじょう ……293
戸倉城 駿河 とくらじょう ……145
鳥籠山城 安芸 とこのやまじょう ……277
土佐泊城 阿波 とさどまりじょう ……296
栃尾城 越後 とちおじょう ……102
十狐城 出羽 とっこじょう …… 24
鳥坂城 越後 とっさかじょう ……105
鳥取城 因幡 とっとりじょう ……229
都於郡城 日向 とのこおりじょう ……340
鳥羽城 志摩 とばじょう ……169
鳶ヶ巣城 出雲 とびがすじょう ……262
鳶ヶ巣砦 三河 とびがすとりで ……153
富岡城 肥後 とみおかじょう ……336
富隈城 大隅 とみのくまじょう ……344
富山城 備前 とみやまじょう ……241
鞆城 備後 ともじょう ……252
鳥屋ヶ森城 出羽 とやがもりじょう …… 14
戸山城 陸奥 とやまじょう …… 55
富山城 越中 とやまじょう ……124
豊岡城 但馬 とよおかじょう ……220
虎御前山城 近江 とらごぜやまじょう ……183
虎丸城 讃岐 とらまるじょう ……290
鳥越城 加賀 とりごえじょう ……130

な

内城 日向 ないじょう …… →志布志城
長岡城 出羽 ながおかじょう …… 23
長久保城 駿河 ながくぼじょう ……145
長篠城 三河 ながしのじょう ……152
長島城 伊勢 ながしまじょう ……173
中津城 豊前 なかつじょう ……321
長瀞城 出羽 ながとろじょう …… 17
長沼城 陸奥 ながぬまじょう …… 56
中野城(山形県) 出羽 なかのじょう …… 12
中野城(秋田県) 出羽 なかのじょう …… 23
中野城 近江 なかのじょう ……190
長野城 伊勢 ながのじょう ……171
長浜城 近江 ながはまじょう ……188
長浜城 土佐 ながはまじょう ……310
永原城 近江 ながはらじょう ……180
中丸城 陸奥 なかまるじょう …… 50
中村御所 土佐 なかむらごしょ ……312
中村城 土佐 なかむらじょう ……310
長藪城 紀伊 ながやぶじょう ……203
長山城 周防 ながやまじょう ……284
今帰仁城 琉球 なきじんじょう ……349
波切城 志摩 なきりじょう ……170
名胡桃城 上野 なぐるみじょう …… 64
名古屋城 尾張 なごやじょう ……167
名護屋城 肥前 なごやじょう ……329
名島城 筑前 なじまじょう ……316
撫川城 備中 なつかわじょう ……245
七尾城 能登 ななおじょう ……126
七尾城 石見 ななおじょう ……267
鍋倉城 陸奥 なべくらじょう …… 56
鍋山城 飛騨 なべやまじょう ……156
鯰江城 近江 なまずえじょう ……190
浪岡城 陸奥 なみおかじょう …… 55
成沢城 出羽 なりさわじょう …… 12
鳴海城 尾張 なるみじょう ……168
南天山城 備後 なんてんざんじょう ……253

に

新高山城 安芸 にいたかやまじょう ……273
新田城 陸奥 にいだじょう …… 45
二条城 山城 にじょうじょう ……192
二本松城 陸奥 にほんまつじょう …… 52

韮山城 伊豆 にらやまじょう……141
二桜城 陸奥 にろうじょう……29
ぬ
野沢城 陸奥 ぬさじょう……43
沼尻城 陸奥 ぬましりじょう……31
沼田城 上野 ぬまたじょう……63
沼館城 出羽 ぬまだてじょう……21
沼津古城 駿河 ぬまづこじょう……144
ね
根来寺 紀伊 ねごろじ……202
根城 陸奥 ねじょう……44
根知城 越後 ねちじょう……104
根室半島チャシ跡群 蝦夷 ねむろはんとうちゃしあとぐん……9
練馬城 武蔵 ねりまじょう……92
の
能島城 伊予 のしまじょう……301
野田城 三河 のだじょう……153
後瀬山城 若狭 のちせやまじょう……136
延岡城 日向 のべおかじょう……337
延沢城 出羽 のべさわじょう……20
野辺地城 陸奥 のへじじょう……45
は
波川玄蕃城 土佐 はかわげんばじょう……312
萩尾城 石見 はぎおじょう……266
萩城 長門 はぎじょう……280
白地城 阿波 はくちじょう……295
白鷺城 播磨 はくろじょう……→姫路城
羽黒堂城 陸奥 はぐろどうじょう……31
羽黒山城 陸奥 はぐろやまじょう……60
波佐谷城 加賀 はさたにじょう……130
蓮池城 土佐 はすいけじょう……311
長谷堂城 出羽 はせどうじょう……12
旗返山城 備後 はたがえしやまじょう……249
畑谷城 出羽 はたやじょう……27
八王子城 武蔵 はちおうじじょう……89
鉢形城 武蔵 はちがたじょう……90
八幡山城 近江 はちまんやまじょう……188
八丁目城 陸奥 はっちょうめじょう……54
花岡城 出羽 はなおかじょう……23
花尾城 筑前 はなおじょう……314
花隈城 摂津 はなくまじょう……209
花倉城 駿河 はなぐらじょう……143
花沢館 蝦夷 はなざわだて……9
花巻城 陸奥 はなまきじょう……31
花輪館 陸奥 はなわだて……42
馬場目城 出羽 ばばのめじょう……24
浜田城 石見 はまだじょう……266
浜松城 遠江 はままつじょう……148
羽茂城 佐渡 はもちじょう……106
林城 信濃 はやしじょう……114
隼人城 大隅 はやとじょう……343
羽床城 讃岐 はゆかじょう……288
原城 肥前 はらじょう……326
原田城 出羽 はらだじょう……27
ひ
比叡尾山城 備後 ひえびやまじょう……253
東根城 出羽 ひがしねじょう……17
引田城 讃岐 ひけたじょう……288
彦根城 近江 ひこねじょう……187
肥田城 近江 ひだじょう……189
人吉城 肥後 ひとよしじょう……335
日野江城 肥前 ひのえじょう……330
日野山城 安芸 ひのやまじょう……275
日幡城 備中 ひばたじょう……247
桧原城 陸奥 ひばらじょう……54
姫倉城 土佐 ひめくらじょう……310
姫路城 播磨 ひめじじょう……222
姫野々城 土佐 ひめののじょう……312
檜山城 出羽 ひやまじょう……27
兵庫城 摂津 ひょうごじょう……212
平井城 上野 ひらいじょう……67
平佐城 薩摩 ひらさじょう……348
平塚城 武蔵 ひらつかじょう……92
平戸城 肥前 ひらどじょう……329
弘前城 陸奥 ひろさきじょう……42
広島城 安芸 ひろしまじょう……271
広城 紀伊 ひろじょう……204
琵琶島城 越後 びわじまじょう……101
ふ
深江城 肥前 ふかえじょう……328
深沢城 駿河 ふかざわじょう……144
深志城 信濃 ふかしじょう……→松本城
福井城 越前 ふくいじょう……134
福岡城 筑前 ふくおかじょう……315
福島城(青森県) 陸奥 ふくしまじょう……41
福島城(福島県) 陸奥 ふくしまじょう……54
福島城 越後 ふくしまじょう……104
福島正則館 信濃 ふくしままさのりやかた……114
福住城 大和 ふくすみじょう……200
福知山城 丹波 ふくちやまじょう……215
福原城 播磨 ふくはらじょう……224
福光城 石見 ふくみつじょう……266
福山城 備後 ふくやまじょう……251
福山館 蝦夷 ふくやまだて……→松前城
福与城 信濃 ふくよじょう……114
福良城 出雲 ふくらじょう……261
藤尾城 讃岐 ふじおじょう……291
藤掛城 石見 ふじかけじょう……267

明禅寺城 備前 みょうぜんじじょう ………242
三芦城 陸奥 みよしじょう ……………… 50

む

向小島城 飛騨 むかいこじまじょう ………156
向羽黒山城 陸奥 むかいはぐろやまじょう …… 60
麦島城 肥後 むぎしまじょう ……………336
椋梨城 安芸 むくなしじょう ……………274
務志賀軍営 日向 むしかぐんえい …………341
撫養城 阿波 むやじょう …………………296
村上城 越後 むらかみじょう ……………103
村中城 肥前 むらなかじょう …… →佐賀城

も

門司城 豊前 もじじょう …………………319
茂木城 下野 もてぎじょう ……………… 71
本太城 備前 もとぶとじょう ……………241
本山城 土佐 もとやまじょう ……………311
本与板城 越後 もとよいたじょう …………101
籾井城 丹波 もみいじょう ………………215
百地丹波城 伊賀 ももちたんばじょう ………180
盛岡城 陸奥 もりおかじょう …………… 33
守山城 陸奥 もりやまじょう …………… 48
守山城 越中 もりやまじょう ……………123
守山城 尾張 もりやまじょう ……………164

や

八上城 丹波 やかみじょう ………………214
八木城 出羽 やぎじょう ………………… 21
八木城 丹波 やぎじょう …………………215
柳生城 大和 やぎゅうじょう ……………199
矢島城 出羽 やじまじょう ……………… 26
矢滝城 石見 やたきじょう ………………266
八代城 日向 やつしろじょう ……………340
八ツ沼城 出羽 やつぬまじょう ………… 14
梁川城 陸奥 やながわじょう …………… 47
柳川城 筑後 やながわじょう ……………318
矢筈城 美作 やはずじょう ………………235
矢筈城 石見 やはずじょう ………………267
八橋城 伯耆 やばせじょう ………………234
山入城 常陸 やまいりじょう …………… 73
山形城 出羽 やまがたじょう …………… 11
山崎城 山城 やまざきじょう ……………193
山下城 筑後 やましたじょう ……………318
山科本願寺 山城 やましなほんがんじ ………193
山中城 伊豆 やまなかじょう ……………140
山野辺城 出羽 やまのべじょう ………… 17
山吹城 石見 やまぶきじょう ……………264
山本山城 近江 やまもとやまじょう ………182

ゆ

結城城 下総 ゆうきじょう ……………… 81
夕景城 出雲 ゆうげじょう ………………262
湯沢城 出羽 ゆざわじょう ……………… 24
楪城 備中 ゆずりはじょう ………………246
湯築城 伊予 ゆづきじょう ………………300
弓木城 丹後 ゆみのきじょう ……………217
弓庄城 越中 ゆみのしょうじょう …………122

よ

与板城 越後 よいたじょう ………………102
要害山城 甲斐 ようがいやまじょう ………117
横須賀城 遠江 よこすかじょう …………147
横手城 出羽 よこてじょう ……………… 20
横山城 出羽 よこやまじょう …………… 28
横山城 近江 よこやまじょう ……………182
横山城 石見 よこやまじょう ……………263
余崎城 備後 よざきじょう ………………252
吉崎御坊 越前 よしざきごぼう …………131
吉田郡山城 安芸 よしだこおりやまじょう ……269
吉田城 三河 よしだじょう ………………151
吉田城 土佐 よしだじょう ………………307
淀古城 山城 よどこじょう ………………195
米子城 伯耆 よなごじょう ………………233
米ヶ崎城 陸奥 よねがさきじょう ………… 35
米沢城 出羽 よねざわじょう …………… 19
鎧ヶ嶽城 豊後 よろいがたけじょう ………325

り

利府城 陸奥 りふじょう ………………… 36
龍王山城 大和 りゅうおうざんじょう ………199
龍松山城 紀伊 りゅうしょうざんじょう ……204

れ

蓮華山城 周防 れんげやまじょう …………285

ろ

六郷城 出羽 ろくごうじょう …………… 22

わ

若江城 河内 わかえじょう ………………206
若桜城 因幡 わかさじょう ………………230
和歌山城 紀伊 わかやまじょう …………201
若山城 周防 わかやまじょう ……………282
脇城 阿波 わきじょう ……………………297
涌津城 陸奥 わくつじょう ……………… 29
涌谷城 陸奥 わくやじょう ……………… 58
鷲尾山城 備後 わしおやまじょう …………251
和田城 近江 わだじょう …………………189
渡川城 長門 わたりがわじょう …………281
亘理城 陸奥 わたりじょう ……………… 59
蕨城 武蔵 わらびじょう ………………… 90

参考文献

『日本の城 復原図譜』西ケ谷恭弘 著／理工学社
『中世の城と考古学』石井進、萩原三雄 編／新人物往来社
『中世城郭史の研究』小和田哲男 著／清文堂出版
『江戸城 その全容と歴史』西ケ谷恭弘 著／東京堂出版
『城破《わ》りの考古学』藤木久志、伊藤正義 編／吉川弘文館
『日本城郭史 名城が語る日本の歴史』鈴木亨 著／東洋書院
『日本城郭大系』新人物往来社
『群書類従』続群書類従完成会
『戦国人名事典』阿部猛、西村圭子 編／新人物往来社
『名将言行録』岡谷繁実 著／岩波書店
『常山紀談』湯浅常山 著　森銑三 校訂／岩波書店
『関ケ原合戦史料集』藤井治左衛門 編著／新人物往来社
『桑田忠親著作集』桑田忠親 著／秋田書店
『国別守護・戦国大名事典』西ヶ谷恭弘 編／東京堂出版
『改訂 甲陽軍鑑』磯貝正義、服部治則 校注／新人物往来社
『甲陽軍鑑』腰原哲朗 訳／ニュートンプレス
『三河物語』小林賢章 訳／ニュートンプレス
『小田原北条記』江西逸志子 原著　岸正尚 訳／ニュートンプレス
『織田信長 文書の研究』奥野高広 著／吉川弘文館
『織田信長総合事典』岡田正人 編著／雄山閣出版
『太閤記』小瀬甫庵 原著　吉田豊 訳／教育社
『武田信玄大事典』柴辻俊六 編／新人物往来社
『武田軍記』小林計一郎 著／朝日新聞社
『戦国史料叢書 武田史料集』服部治則、清水茂夫 校注／新人物往来社
『定本・武田信玄 21世紀の戦国大名論』萩原三雄、笹本正治 編／高志書院
『真田三代軍記』小林計一郎 著／新人物往来社
『謙信軍記・上杉二十五将』中村晃 著／勉誠社
『武田信玄 風林火山の旗風』木暮正夫 著／講談社
『九州戦国の武将たち』吉永正春 著／海鳥社
『長宗我部元親のすべて』山本大 編／新人物往来社
『完訳フロイス日本史』ルイス・フロイス 著　松田毅一、川崎桃太 訳／中央公論新社
『日本史探訪 第15集』海音寺潮五郎 他著／角川書店
『ものと人間の文化史 城』井上宗和 著／法政大学出版局
『改訂 信長公記』太田牛一 著　桑田忠親 校注／新人物往来社

『定本・北条氏康』藤木久志、黒田基樹 編／高志書院
『戦国の山城をゆく 信長や秀吉に滅ぼされた世界』安部龍太郎 著／集英社
『日本の名城 知識と鑑賞の旅』井上宗和 著／雄山閣出版
『日本の歴史』中央公論新社
『日本の歴史』小学館
『日本の歴史』集英社
『室町戦国の社会 商業・貨幣・交通』永原慶二 著／吉川弘文館
『古文書の語る日本史 5』峰岸純夫 編／筑摩書房
『戦国武将の手紙を読む』二木謙一 著／角川書店
『日本の城ハンドブック』南条範夫 監修／三省堂
『日本の合戦』桑田忠親 編集／新人物往来社
『類従伝記大日本史』雄山閣出版
『大友宗麟』外山幹夫 著／吉川弘文館
『長宗我部元親』山本大 著／吉川弘文館
『毛利元就のすべて』河合正治 編／新人物往来社
『城郭』西ケ谷恭弘 著／東京堂出版
『定本日本城郭事典』西ケ谷恭弘 編／秋田書店
『日本の名城・古城もの知り事典 日本史興亡の舞台』小和田哲男 監修／主婦と生活社
『国別 城郭・陣屋・要害・台場事典』西ヶ谷恭弘 編　東京堂出版
『加藤清正 築城と治水』谷川健一 編／冨山房インターナショナル
『近世城下町の設計技法 視軸と神秘的な三角形の秘密』高見敞志 著／技報堂出版
『城のつくり方図典』三浦正幸 著／小学館
『図説「城造り」のすべて』三浦正幸 監修／学習研究社

〈著者プロフィール〉

吉田龍司（よしだ　りゅうじ）

文筆家。京都市出身。
1989年市立都留文科大学文学部英文学科卒。
証券経済専門紙「株式新聞」元デスク。
2002年よりフリーになってからは、おもに歴史、経済、サブカル方面で活躍。記者生活での取材経験を活かし、古城･古戦場のフィールドワークや各種文献の調査などを好む。

著書　『毛利元就』（新紀元社）
　　　『武田信玄』（新紀元社）
　　　『長宗我部元親』（新紀元社）
　　　『日本の名城伝』（宝島社）
　　　『戦国クロニクル』（宝島社）
　　　『時代がわかる！年代別 戦国合戦史』（戦国クロニクル文庫版・宝島社）
　　　『今日からいっぱし！経済通』（日本経営協会総合研究所）
　　　『儲かる株を自分で探せる本』（講談社）

共著は『戦国武将事典 乱世を生きた830人』（新紀元社）、『戦国大名格付け』（綜合図書）、『戦国合戦超ビジュアル地図』（宝島社）など多数。

ryu38915@yahoo.co.jp

Truth In History 28

戦国城事典

2012年8月11日 初版発行

著　　者　吉田龍司

編　　集　新紀元社編集部／堀良江／栗原加奈夫

発 行 者　藤原健二

発 行 所　株式会社新紀元社
〒160-0022
東京都新宿区新宿1-9-2-3F
TEL：03-5312-4481　FAX：03-5312-4482
http://www.shinkigensha.co.jp/
郵便振替　00110-4-27618

カバーイラスト　福地貴子

本文イラスト　福地貴子

デザイン・DTP　株式会社明昌堂

印刷・製本　株式会社リーブルテック

ISBN978-4-7753-1003-8